P9-CJJ-081

LANGENSCHEIDT'S
UNIVERSAL DICTIONARY

ENGLISH-CROATIAN
CROATIAN-ENGLISH

LANGENSCHEIDT

Contents

Abbreviations

adj	adjective, pridjev	jur	jurisprudence, plavo
adv	adverb, prilog	mar	maritime term, moreplovstvo
aero	aeronautics, zrakoplovstvo		
		math	mathematics, matematika
agr	agriculture, poljoprivreda		
		med	medicine, medicina
Am	American English, američki engleski	mil	military, vojnički
		min	mineralogy, mineralogija
anat	anatomy, anatomija		
archit	architecture, arhitektura	mot	motoring, motoristika
		mus	music, glazba
ast	astronomy, astronomija	n	noun, imenica
		opt	optics, optika
biol	biology, biologija	paint	painting, slikarstvo
bot	botany, botanika	parl	parliament, parlament
Br	British English, britanski engleski		
		phot	photography, fotografija
chem	chemistry, kemija		
coll	colloquial, kolokvijalno	phys	physics, fizika
		pl	plural, množina
com	commerce, trgovački	poet	poetical, poezija
comp	comparative, komparativ	pol	politics, politika
		pp	past participle, particip prošli
cul	culinary, kulinarstvo		
derog	derogative, preziran	pret	preterite, preterit
eccl	ecclesiastical, crkveni	pron	pronom, zamjenica
el	electricity, elektricitet	rel	religion, religija
etc	et cetera, and so on, i tako dalje	rlw	railway, željeznica
		sg	singular, jednina
		sl	slang
fam	familiar, familijarno	tech	technology, tehnika
fig	figurative, figurativno	teleph	telephony, telefon
		theat	theatre, kazalište
gen	genitive, genitiv	ugl	uglavnom, chiefly
geom	geometry, geometrija	v	verb, glagol
geogr	geography, geografija	vet	veterinary medicine, veterina
geol	geology, geologija		
gram	grammar, gramatika		
inf	infinitive, infinitiv	zool	zoology, zoologija

A

a [ei, ə] neodređeni član; jedan, neki

aback [ə'bæk] otraga; *coll* **taken~** zapanjen, preneražen

abandon [ə'bændən] odreći se; napustiti; **~ed** odbačen

abash [ə'bæʃ] posramiti

abate [ə'beit] smanjiti (se); **ment~** popust

abbey ['æbi] opatija

abbreviat|e [ə'bri:vieit] skratiti; **~ion** kratica; pokraćenje

abdicat|e ['æbdikeit] odreći se; abdicirati; **~ion** odricanje; abdikacija

abdomen ['æbdəmen] (donji) trbuh

abduct [əb'dʌkt] oteti; **~ion** otmica

abed [ə'bed] u krevet(u)

abet [ə'bet] podbadati

abeyance [ə'beiəns] neriješenost

abhor [əb'hɔː] gnušati se;

~rence gnušanje; **~rent** gnusan

abide [ə'baid] ostati; ustrajati

ability [ə'biliti] sposobnost

abject ['æbdʒekt] bijedan, prezren

abjure [əb'dʒuə] odreći se pod zakletvom

able ['eibl] sposoban; valjan; **~-bodied** fizički sposoban

abnegate ['æbnigeit] poreći, zanijekati

aboard [ə'bɔːd] na brodu; **all~**! *Am*, *rlw* polazak!

abode [ə'boud] boravak; prebivalište

abolish [ə'boliʃ] ukinuti

abolition [æbə'liʃən] ukidanje

abomina|ble [ə'bominəbl] odvratan; **~tion** mrskost

abortion [ə'bɔːʃən] pobačaj

abound [ə'baund] obilovati (čime), imati u izobilju

about [ə'baut] oko, okolo; otprilike; o

above [ə'bʌv] (iz)nad; gore; ~ **all** prije svega

abreast [ə'brest] usporedo; **keep**~ **of** ići u korak s

abridg|e [ə'bridʒ] pokratiti; ~**(e)ment** skraćena verzija

abroad [ə'brɔ:d] u inozemstvo(u)

abrogat|e ['æbrəgeit] ukinuti; ~**ion** ukinuće

abrupt [ə'brʌpt] iznenadan; osoran

abscess ['æbsis] apsces

absence ['æbsəns] odsutnost; pomanjkanje

absent ['æbsənt] odsutan; ~ **-minded** rastresen

absolute ['æbsəlu:t] apsolutan; ~**ly** potpuno

absolve [əb'zɔlv] osloboditi, odriješiti

absor|b [əb'sɔ:b] upiti; ~**ption** upijanje

abstain [əb'stein] uzdržati se; ~**er** apstinent

abstemious [æb'sti:miəs] umjeren

abstention [æb'stenʃən] uzdržavanje

abstinen|ce ['æbstinəns] apstinencija; ~**t** koji apstinira

abstract ['æbstrækt] apstraktan; rezime, sažetak

absurd [əb'sɔ:d] apsurdan; smiješan; ~**ity** bez smislenost

abundan|ce [ə'bʌndəns] (izo)bilje; ~**t** obilan

abus|e [ə'bju:z] zlorabiti; [ə'bju:s] zloupotreba; ~**ive** pogrdan

abut [ə'bʌt] graničiti; ~**ter** susjed

abyss [ə'bis] bezdan

academ|ic [ækə'demik] akademski; ~**ician** akademik; ~**y** akademija

accelerat|e [æk'seləreit] ubrzati; *mot* dati gas; ~**ion** ubrzanje; ~**or** pedala gasa

accent ['æksənt] naglasak; ~**uate** naglasiti; ~**uation**, naglašavanje

accept [ək'sept] prihvatiti; ~**able** prihvatljiv; ~**ance** prihvaćanje; ~**or** *com* prihvatnik (mjenice)

acces ['ækses] pristup; *med* napadaj; ~**ible** dostupan **(to)**

accessor|y [æk'sesəri] pripadan; *pl* ~**ies** pribor; pripaci

accident ['æksidənt] slučaj; nesretan slučaj; ~ **insurance** osiguranje protiv nesretnog slučaja; ~**al** slučajan

acclamation [ækləˈmeiʃən] klicanje, aklimacija
acclimatize [əˈklaimətaiz] aklimatizirati
acclivity [əˈkliviti] uzbrdica
accommodat|e [əˈkɔmədeit] prilagoditi; smjestiti; ~ing uslužan; ~ion prilagođavanje; smještaj; **seating** ~**ion** broj sjedala; ~**ion train** Am lokalni vlak
accomp|animent [əˈkʌmpənimənt] pratnja; ~**any** pratiti; ~**lice** [əˈkɔmplis] sukrivac, ortak
accomplish [əˈkɔmpliʃ] izvršiti; ~ed obrazovan; ~**ment** izvršenje; postignuće; ugl pl sposobnosti
accord [əˈkɔːd] 1. slagati se; 2. ~**ance** podudaranje; ~**ing to** u skladu
accordion [əˈkɔːdiən] harmonika
accost [əˈkɔst] osloviti
account [əˈkaunt] račun; obračun; konto; prikaz; razlog; on no~ nikako on~ of zbog; ~ for razjasniti; sport postići; ~**able** odgovoran; ~**ant** knjigovodstveni revizor ~-**book** knjiga računa
accoutrements [əˈkuːtə-

məns] pl oprema
accredit [əˈkredit] akreditirati
accretion [æˈkriʃən] prirast
accrue [əˈkruː] izrasti (from); narasti
accumulat|e [əˈkjuːmjuleit] nakupiti (se); ~**ion** nakupljanje, akumulacija
accura|cy [ˈækjurəsi] tačnost; ~**te** tačan
accursed [əˈkɔːsid] (pro)klet
accus|ation [ækjuˈzeiʃən] optužba; ~**e** optužiti; ~**er** tužilac
accustom [əˈkʌstəm] priviknuti (to na); ~**ed** priviknut
ace [eis] as
acerbity [əˈsɔːbiti] jetkost
acet|ate [ˈæsitit] chem acetat; **alumina** ~ aluminijev-acetat; ~**ic acid** octena kiselina; ~**ify** zakiseliti (se); ~**one** aceton; ~**ylene** acetilen
ache [eik] boljeti; bol
achieve [əˈtʃiːv] postići; provesti; ~**ment** dostignuće; izvršenje
aching [ˈeikiŋ] bolan
acid [ˈæsid] kiseo; kiselina; ~**ity** kiselost; ~-**proof** otporan na kiseline; ~**ulous** kiselkast
acknowledg|e [əkˈnɔlidʒ]

priznati; potvrditi (prijem); ~(e)ment priznanje

acme ['ækmi] vrhunac; kriza

acorn ['eikɔːn] *bot* žir

acoustics [ə'kuːstiks] akustika

acquaint [ə'kweint] upoznati; ~ance poznanstvo; znanac

acquiesce [ækwi'es] pomiriti se (in sa)

acquire [ə'kwaiə] steći; ~ment (s)tečevina, stjecanje

acquisition [ækwi'ziʃən] stjecanje; (s)tečevina; nabavka

acquit [ə'kwit] osloboditi (of do); ~tal oslobođenje; ~tance namira

acre ['eikə] jutro, ral (40,46 ara)

across [ə'krɔs] preko; u promjeru; **come~** nabasati na

act [ækt] djelovati; ponašati se; *theat* glumiti; čin, akt; ~ing postupak; *theat* gluma; ~ion akcija, postupak, djelovanje; tužba, sudski postupak; ~ionable kažnjiv

activ|e ['æktiv] aktivan; okretan; marljiv, ~ity aktivnost; živahnost; marljivost

actor ['æktə], **actress** glumac(-ica)

actual ['æktʃuəl] pravi, stvaran; ~ity stvarnost, zbilja

acute [ə'kjuːt] oštar (*bol*, *sluh*); oštrouman

A.D. ['ei'diː] = **Anno Domini** ljeta gospodnjeg

adapt [ə'dæpt] prilagoditi; ~ability prilagodivost; ~able prilagodiv

add [æd] dodati; pribrojiti, zbrojiti; ~ up zbrojiti

adder ['ædə] riđovka

addition [ə'diʃən] dodatak; zbrajanje; **in ~ to** osim

address [ə'dres] adresirati; osloviti; adresa; nastup; ~ oneself obratiti se; ~ee naslovnik(-ica)

adept [ə'dept] upućen, vješt

adequa|cy ['ædikwəsi] adekvatnost; ~te adekvatan

adhere [əd'hiə] (to) prianjati; držati se (čega); pristajati (uz); ~nt koji se drži čega; pristaša

adhesive [əd'hiːsiv] ljepljiv; ljepivo

adit ['ædit] hodnik u rudniku

adjacen|cy [ə'dʒeisənsi]

graničenje; susjedstvo; ~t susjedni

adjoin [ə'dʒɔin] graničiti (sa)

adjourn [ə'dʒə:n] odgoditi; prekinuti (zasjedanje)

adjudge [ə'dʒʌdʒ] dosuditi (to nekome)

adjudication [ə,dʒu:di-'keiʃən] presuda (u nečiju korist)

adjunct ['ædʒʌŋkt] dodatak; (uredski) pomoćnik

adjure [ə'dʒuə] preklinjati

adjust [ə'dʒʌst] popraviti, namjestiti; *tech* podesiti (to); ~ment podešavanje ispravljanje; pomirenje; izravnavanje

administ|er [əd'ministə] upravljati; ~ **an oath** zakleti (*koga*); ~**ration** uprava; ~**rator** administrator; izvršitelj oporuke

admira|ble ['ædmərəbl] izvrstan, zadivljujući; ~**tion** divljenje

admiss|ible [əd'misəbl] dopustiv, ~**ion** primanje, pristup; priznanje; ~**ion ticket** ulaznica

admit [əd'mit] dozvoliti pristup; priznati; ~**tance** pristup; **no ~tance! ulaz zabranjen!**

admixture [əd'mikstʃə]

primjesa

admoni|sh [əd'mɔniʃ] opomenuti; ~**tion** opomena

ado [ə'du:] buka; skanjivanje

adopt [ə'dɔpt] posvojiti, usvojiti; ~**ion** posvajanje; usvajanje

ador|able [ə'dɔ:rəbl] divan; ~**ation** obožavanje; ~**e** obožavati

adorn [ə'dɔ:n] ukrasiti; ~**ment** ukras

adroit [ə'drɔit] spretan; ~**ness** spretnost

adulat|ion [ædju'leiʃən] ulagivanje; ~**or** dodvorica

adult ['ædʌlt] odrastao; odrasla osoba

adulter|ate [ə'dʌltəreit] patvoriti; ~**ation** patvorenje; ~**er**, ~**ess** preljubnik (~ica); ~**y** preljub

advance [əd'va:ns] napredovati; prodrijeti; dati predujam; napredak, napredovanje; predujam; ~**ment** unapređenje

advantage [əd'va:ntidʒ] prednost; ~**ous** povoljan

adventur|e [əd'ventʃə] pustolovina; ~**er** pustolov; ~**ous** pustolovan; uzbudljiv

advers|ary ['ædvəsəri] protivnik; **~e** nepovoljan; **~ity** nedaća

advert [əd'vəːt]: **~to** upozoriti na

advertis|e ['ædvətaiz] oglasiti; **~ement** reklama; **~er** oglašivač; **~ing film** reklami film; **~ing space** prostor za reklamu

advice [əd'vais] savjet(i); **~-boat** izvidnički brod

advisable [əd'vaizəbl] uputan; **~ness** uputnost

advis|e [əd'vaiz] savjetovati; posavjetovati se **(with** sa); **~e** razboriti; **~ory board** savjetodavna komisija

advoca|cy ['ædvəkəsi] zagovaranje; **~te** ['~it] zagovornik; ['~eit] zagovarati

aerial ['ɛəriəl] zračni; *radio* antena

aero... ['ɛərou] zračni; **~drome** uzletište; **~gram** radiogram; **~naut** zrakoplovac; **~plane** avion

afar [ə'faː] (*ugl* **~ off**) daleko

affab|ility [æfə'biliti] prijaznost; **~le** prijazan

affair [ə'fɛə] posao; prilika; stvar

affect [ə'fekt] djelovati na;

škoditi (zdravlju); pretvarati se; **~ation** prenemaganje; **~ed** afektiran; **~ion** ljubav; čuvstvo; **~ionate** privržen

affidavit [æfi'deivit] izjava pod prisegom

affiliat|e [ə'filieit] pripojiti; **~ion** primanje, pripajanje; pripadnost

affinity [ə'finiti] srodnost

affirm [ə'fəːm] potvrditi; **~ation** tvrdnja; iskaz; **~ative** potvrdan

affix [ə'fiks] pričvrstiti

afflict [ə'flikt] ožalostiti; **~ed with** koji pati od; **~ion** tuga; nedaća

affluen|ce ['æfluəns] obilje; **~t** pritok

afford [ə'fɔːd] pružiti; **I can't ~ it** ne mogu sebi priuštiti

affront [ə'frʌnt] uvrijediti; uvreda

afield [ə'fiːld] u polje(u)

afloat [ə'flout] koji plovi; u pokretu; u opticaju

afoot [ə'fut] pješke; koji se odvija

aforesaid [ə'fɔːsed] već spomenut

afraid [ə'freid] uplašen; **be ~ of** bojati se od

afresh [ə'freʃ] iznova

after [ˈaːftə] nakon; poslije; **~birth** *anat* posteljica; **~-crop** pabirčenje

~-effect naknadno djelovanje; ~-glow večernje rumenilo; ~noon poslijepodne; ~wards kasnije, zatim

again [ə'gein] opet, ponovo; now and ~ tu i tamo; ~ and ~ opetovano, neprestano

against [ə'geinst] protiv

age [eidʒ] dob, starost; of ~ punoljetan; under ~ maloljetan; ~d postariji

agen|cy ['eidʒənsi] agencija; ~t agent, zastupnik

agglomerat|e [ə'glɔmə-reit] zgrudati (se); ~ion nakupina

aggrandize ['ægrəndaiz] povećati

aggravat|e ['ægrəveit] otežati; pogoršati; ~ion pogoršanje; coll razljučivanje

aggregat|e ['ægrigeit] nakupiti (se); ~ion nakupina

aggress|ion [ə'greʃən] napad; ~ive agresivan; borben; ~or napadač

agil|e ['ædʒail] okretan, agilan; ~ity agilnost

agitat|e ['ædʒiteit] uzburkati; rovariti; ~ion burkanje; uzbuđenje; ~or agitator

ago [ə'gou]; a year ~

prije godinu dana; long ~ davno

agon|izing ['ægənaiziŋ] bolan; ~y bol; agonija

agrarian [ə'grɛəriən] zemljoradnik; zemljoradnički

agree [ə'griː] složiti se; pristati; prijati; uskladiti; ~able prijatan; sporazuman (to sa); ~ment sporazum; slaganje; sklad

agricultur|al ['ægri'kʌl-tʃərəl] poljoprivredni; ratarski; ~e poljoprivreda; ~ist poljoprivrednik

ague ['eigjuː] groznica

ahead [ə'hed] naprijed; straight ~ pravo

aid [eid] pomoći; pomoć

ail [eil]; what ~s you što te tišti? ~ing bolešljiv; ~ment bolest

aim [eim] ciljati (at na); fig ~ at težiti za; cilj; svrha; ~less besciljan

air [ɛə] zrak; povjetarac; prozračiti; izraz lica; izgled; napjev; in the open ~ na otvorenom; Am on the ~ uključen za emitiranje; Am a show is on the ~ program se emitira; ~-base zračno uporište; ~-conditioned s klima uređajem; ~-cooled na

zračno hlađenje; **∼craft
avion**(i); **∼craft carrier**
nosač aviona; **∼-cushi-
on** zračni jastuk; **∼-for-
ce** vojno zrakoplovstvo;
∼ing provjetravanje;
šetnja; **∼-jacket** prsluk
za spasavanje; **∼-lift**
zračni most; **∼-liner**
putnički avion; **∼-mail**
avionska pošta; **∼-man**
letač; **∼-passenger** put-
nik u avionu; **∼-pipe**
cijev za zrak; **∼-plane**
Am avion; **∼-pocket**
razrijeđeni zračni prostor;
∼-raid zračni napad;
∼-raid shelter sklonište
od zračnog napada; **∼-
ship** cepelin; **∼-tight**
hermetičan; **∼-tube**
zračnica; **∼y** zračan;
lakomislen

ajar [ə'dʒɑ:] pritvoren,
otškrinut

akin [ə'kin] srodan (to
kome)

alarm [ə'lɑ:m] uzbuna;
strah; alarmirati; uzne-
miriti; **∼-clock** budilica

alas [ə'lɑ:s] jao! avaj!

alcohol ['ælkəhɔl] alko-
hol; **∼ic** alkoholni

alcove ['ælkouv] alkoven;
niša

alderman ['ɔ:ldəmən] vi-
jećnik

ale [eil] svijetlo englesko

pivo

alert [ə'lə:t] budan; **on
the ∼** na oprezu

alien ['eiljən] stran; stra-
nac; **∼ate** otuđiti; **∼a-
tion** otuđenje

alight [ə'lait] zapaljen;
osvijetljen; sići, izići; *aero*
spustiti se

alike [ə'laik] sličan

aliment ['ælimənt] hrana;
∼ary prehrambeni; **∼-
ation** prehrana; uzdrža-
vanje

alive [ə'laiv] živ; živahan

all [ɔ:l] svi; sve; cijeli;
not at ∼ nikako; nema
na čemu!; **for ∼ I care**
što se mene tiče; **∼ the
better** utoliko bolje; **∼
right** u redu! dobro!

alleg|ation [æle'geiʃən]
navod; tvrdnja; **∼e** [ə-
'ledʒ] navesti; tvrditi

allegorical [æle'gɔrik(ə)l]
alegoričan

alleviat|e [ə'li:vieit] olak-
šati; **∼ion** olakšanje

alley ['æli] aleja; uličica

All Fools' Day Prvi april

alliance [ə'laiəns] savez

all-in sveukupni

allopathist [ə'lɔpəθist]
alopat

allocution [ælə'kju:ʃən]
besjeda

allot [ə'lɔt] dodijeliti;
∼ment dodjela; parcela

allow [ə'lau] dopustiti; odobriti; uračunati, uzeti u obzir; ∼**able** dopustiv; ∼**ance** dozvola; džeparac; doplatak; popust

alloy [ə'ɔbi] legura; [ə'ɔbi] legirati

all-round svestran

All Saints' Day Svisveti; ∼ **Souls' Day** Dušni dan

allude [ə'lu:d] aludirati (to na)

allure [ə'ljuə] namamiti; -**ment** mamljenje; privlačnost

allusion [ə'lu:ʒən] aluzija

ally [ə'lai] sklopiti savez sa; udružiti se; ['ælai] saveznik

almight|**iness** [ɔ:l'maitinis] svemoćnost; ∼**y** Svemogući

almond ['a:mənd] badem

almost ['ɔ:lmoust] skoro (skoro)

alms [a:mz] sg ili pl milostinja

aloft [ə'ɔft] gore, visoko

alone [ə'loun] sam; **let** (ili **leave**) **a** p ∼ pustiti nekoga na miru

along [ə'ɔŋ] duž, niz; all ∼ od početka, skroz

aloof [ə'lu:f] dalek(o); po strani

aloud [ə'laud] glasno

alp [ælp] gorski vrh; ∼**s** Alpe; **Alpine sun** visinsko sunce

already [ɔ:l'redi] već

Alsace ['ælsæs] Elzas

also ['ɔ:lsou] također; nadalje

altar ['ɔ:ltə] oltar

alter ['ɔ:ltə] promijeniti (se); popraviti (se); ∼**ation** popravak (konfekcije)

altercation [ɔ:ltə:'keiʃən] rječkanje

alterna|**te** [ɔ:l'tə:nit] naizmjeničan; ['∼neit] izmjenjivati (se); ∼**ting current** izmjenična struja; ∼**tion** izmjena; ∼**tive** alternativa; **I have no** ∼ nemam izbora

although [ɔ:l'ðou] premda

altitude ['æltitju:d] visina; ∼ **flight** visinski lijet

altogether [ɔ:ltə'geðə] ukupno; potpuno

alum ['æləm] stipsa

always ['ɔ:lwəz] uvijek

am [æm] (je)sam vidi **be**

a. m. ['ei'em] = **ante meridiem** dopodne

amalgamat|**e** [ə'mælgəmeit] stopiti (se); ∼**ion** stapanje; fuzija

amass [ə'mæs] nakupiti, zgrnuti

amaz|**e** [ə'meiz] (jako) začuditi; ∼**ement** iznenađenje; ∼**ing** koji iznenaduje

ambassador [æm'bæsədə]

ambasador, izaslanik

amber ['æmbə] jantar

ambigu|ity [æmbi'gjuiti] dvosmislenost; ~**ous** dvosmislen, nejasan

ambitio|n [æm'biʃən] ambicija; ~**us** ambiciozan

ambulance ['æmbjuləns] bolesnička kola; ~ **station** stanica za hitnu pomoć

ambuscade [æmbəs'keid], **ambush** ['æmbuʃ] zasjeda; napasti iz zasjede

amend [ə'mend] popraviti (se); ~**ment** ispravak, amandman; ~**s** pl odšteta

amiab|ility [eimjə'biliti] ljubaznost; ~**le** ljubazan

America [ə'merikə] Amerika; ~**n** Amerikanac (-ka); američki

amicable ['æmikəbl] prijateljski; miroljubiv

amid(st) [ə'mid(st)] između

amiss [ə'mis] krivo; loše; **take** ~ zamjeriti

amity ['æmiti] prijateljski odnosi

ammonia [ə'mounjə] amonijak; **liquid** ~ salmijak

ammunition [æmju'niʃən] municija

amnesty ['æmnesti] am-

nestija; pomilovati

among(st) [ə'mʌŋ(st)] između

amorous ['æmərəs] zaljubljen (**of** u)

amortiz|ation [əmɔːti-'zeiʃən] amortizacija; ~**e** amortizirati

amount [ə'maunt] (**to**) iznositi; iznos, zbroj

ample ['æmpl] prostran; opsežan; obilan; ~**ness** opsežnost

amplification [æmplifi-'keiʃən] proširivanje; pojačavanje

amplif|ier ['æmplifaiə] (**valve**) *radio* pojačalo; ~**y** pojačati; proširiti

amputate ['æmpjuteit] amputirati; istrgnuti

amuse [ə'mjuːz] zabavljati; nasmijavati; ~**ment** zabava

an [æn, ən] neodređeni član; jedan, neki

anaemi|a [ə'niːmiə] anemija; ~**c** slabokrvan

anaesthetic [ænis'θetik] anestetik

analog|ic(al) [ænə'lɔdʒik(əl)] analogan, sličan

analog|ous [ə'næləgəs] analogan; ~**y** [~ədʒi] analogija

analysis [ə'næləisz] analizirati, raščlaniti; ~**is**, pl ~**es** [ə'næləsis, ~iːz] analiza, raščlanjivanje

anarchy ['ænki] anarhija

anatom|ist [ə'nætəmist] anatom; ~**y** anatomija

ancest|or [ænsistə] praotac; predak; ~**ry** preci

anchor ['æŋkə] sidro; usidriti se; **at** ~ usidren

anchovy [æn'tʃouvi] inćun, sardela

ancient ['einʃənt] drevan, nekadašnji; ~**ly** od davnine

and [ænd] i; a

anew [ə'nju:] iznova

angel ['eindʒəl] anđeo

anger ['æŋgə] ljutnja; gnjev; razgnjeviti

angle ['æŋgl] kut; ugao; **(for)** pecati, *fig* loviti

Anglo-Saxon ['æŋglou-'sæksən] Anglosas; anglosaski

angry ['æŋgri] ljutit

anguish ['æŋgwiʃ] bol, patnja, tjeskoba

angular ['æŋgjulə] uglat

animadversion [æni-məd'və:ʃən] prigovor, kritika, osuda

animal ['æniməl] životinja; životinjski

animat|e ['ænimeit] oživiti, obodriti; ~**ion** oživljavanje; život

animosity [æni'mɔsiti] neprijateljstvo

anise ['ænis] anis

ankle ['æŋkl] gležanj

annals ['ænlz] *pl* ljetopis, anali

annex [ə'neks] dodati; priključiti; ['æneks] dodatak; dependansa, krilo; ~**ation** aneksija

annihilate [ə'naiəleit] uništiti

anniversary [æni'və:səri] godišnjica

annotat|e ['ænouteit] popratiti opaskama; ~**ion** opaska

announce [ə'nauns] najaviti; oglasiti; ~**ment** najava; oglas; ~**r** *radio* spiker (-ica)

annoy [ə'nɔi] ljutiti; dodijavati; ~**ance** ljutnja; smetanje; ~**ing** dosadan, koji smeta

annual ['ænjuəl] godišnji

annuity [ə'njuiti] anuitet

annul [ə'nʌl] poništiti; ~**ment** poništenje

anon [ə'nɔn] odmah; u brzo; **ever and** ~ neprestano

anonym|ity [ænə'nimiti] anonimnost; ~**ous** anoniman

another [ə'nʌðə] drugi; još jedan

answer ['a:nsə] odgovoriti; odgovarati; ~ **the bell** otvoriti vrata kuće (stana); odgovor **(to** na);

~able odgovoran

ant [ænt] mrav

antagonist [æn'tægənist] protivnik (-ica)

ante|cedents [ænti'si:dənts] raniji život; ~-chamber predsoblje; ~-date antedatirati; ~-diluvian pretpotopan, staromodan

antelope ['æntiloup] *zool* antilopa

ant-hill mravinjak

anti... ['ænti] protu...

anti-aircraft-gun protu-avionski top

anticipat|e [æn'tisipeit] ~ion predusretanje; predviđanje; predosjećaj

anti-dazzle (shield) *mot* štitnik nad farovima

antidote ['æntidout] protuotrov

anti-freeze *mot* antifriz

antipathy [æn'tipəθi] antipatija (**against, to** pre-ma)

antiqua|rian [ænti'kweə-riən] antikni; ~y antikvar

antiqu|e [æn'ti:k] antikni, star; ~ity davnina, stari vijek

antiseptic [ænti'septik] antiseptik

anti-tank gun protutenkovski top

antlers ['æntləz] rogovlje

anus ['einəs] *anat* čmar

anvil ['ænvil] nakovanj

anxiety [æŋ'zaiəti] tjeskoba; uznemirenost

anxious ['æŋkʃəs] zabrinut (**for, about** zbog); nestrpljiv

any ['eni] itko, tko (koji); svatko; ~body, ~one bilo tko; ~how bilo kako; u svakom slučaju, bilo šta, sve; ~way = ~-how; ~where bilo gdje (kamo)

apart [ə'pa:t] na stranu; posebno; ~ **from** osim; ~ment soba; *Am* stan

apath|etic [æpə'θetik] apatičan; ~y ['æpəθi] bezvoljnost

ape [eip] (čovjekoliki) majmun; majmunisati

aperient [ə'piəriənt] sredstvo za otvaranje

aperture ['æpətjuə] otvor

apiary ['eipiəri] pčelinjak

apiece [ə'pi:s] po komadu, svaki

apish ['eipiʃ] majmunski (i *fig*)

apolog|ist [ə'pɔlədʒist] branilac; ~ize ispričati se (**for** zbog); ~y izvinjenje

apople|ctic [æpə'plektik] ~ctic fit kap; ~xy kap, izljev krvi

apostroph|e [ə'pɔstrəfi] apostrof; obraćanje; **~-ize** obratiti se

appal [ə'pɔːl] zapanjiti

apparatus [æpə'reitəs] aparat

apparel [ə'pærəl]: **wearing ~** odjeća

apparent [ə'pærənt] očit; naizgled, prividan

appeal [ə'piːl] apelirati (**to** na); obratiti se; **~ing** koji umoljava; primamljiv

appear [ə'piə] pojaviti se; nastupiti; **~ance** pojava; nastup; vanjština; izgled

appease [ə'piːz] umiriti; utažiti

append [ə'pend] dodati; **~icitis** [~di'saitis] upala slijepog crijeva

appertain [æpə'tein] pripadati (**to** kome, čemu)

appeti|te ['æpitait] apetit (**for** za); **~zing** privlačan, ukusan

applau|d [ə'plɔːd] odobravati; pljeskati; **~se** [~z] aplauz, odobravanje

apple [æpl] jabuka; **~-pie** pita od jabuka

appliance [ə'plaiəns] sprava; kućanski aparat

applicable ['æplikəbl]

primjenjiv (**to** na)

applicant ['æplikənt] molilac

application [æpli'keiʃən] premazivanje; oblaganje; primjena; molba (**for** za); marljivost

apply [ə'plai] staviti; primijeniti (**to** na)

appoint [ə'pɔint] odrediti; imenovati; **~ment** dogovor; imenovanje

appraise [ə'preiz] procijeniti; **~ment** procjena; **~r** procjenitelj

appreciat|e [ə'priːʃieit] cijeniti; poštovati; **I fully ~ it** potpuno sam svjestan toga; duboko to cijenim; **~ion** poštivanje; razumijevanje

apprehen|d [æpri'hend] uhapsiti; shvatiti; bojati se; **~sible** shvatljiv; **~sion** hapšenje; shvaćanje; **~sive** zabrinut (**of** zbog, za)

apprentice [ə'prentis] naučnik, šegrt; dati u nauk; **~ship** nauk

apprise [ə'praiz] obavijestiti

approach [ə'prəutʃ] približiti se; *fig* pristupiti; približavanje; pristup; **~able** pristupačan

approbation [æprə'beiʃən] odobrenje

appropriat|e [ə'proupriit] primjeren; [~ieit] prisvojiti; odvojiti; ~ion prisvajanje; odvajanje (sredstava)

approv|al [ə'pru:vəl] odobrenje; **on** ~ na ogled; ~e odobriti; ~-ed prokušan

approximate [ə'prɔksimit] približan

appurtenances [ə'pɔ:tinənsiz] pl pripaci; pribor

apricot ['eiprikɔt] kajsija, marelica

April ['eipril] travanj, april

apron ['eiprən] pregača

apt [æpt] prikladan; sklon **(to do)**; okretan **(at** u**)**

aptitude ['æptitju:d] sposobnost, dar za

aquatic [ə'kwɔtik] vodeni; ~s pl vodeni sportovi

Arab ['ærəb] Arapin; ~ia [ə'reibjə] Arabija; ~ian arapski; Arapin (-kinja) ~ic ['ærəbik] arapski; **gum** ~ic gumirabika, ljepilo

arbitra|riness ['a:bitrərinis] proizvoljnost; ~ry proizvoljan; samovoljan

arbitrat|e ['a:bitreit] presuditi; ~ion arbitraža; ~or arbiter

arbour ['a:bə] sjenica

arc [a:k] luk

arcade [a:'keid] arkada

arch [a:tʃ] luk; svod; vragoljast

archaeolog|ist [a:ki-'ɔlədʒist] arheolog; ~y arheologija

arch|bishop ['a:tʃ'biʃəp] nadbiskup; ~duchess nadvojvodkinja; ~duke nadvojvoda

archipelago [a:ki'peligou] arhipelag

architect ['a:kitekt] arhitekt; ~ure ['~ktʃə] arhitektura

archives ['a:kaivz] pl arhiv

archness ['a:tʃnis] vragolanstvo

arc-lamp ['a:klæmp] lučna lampa

arctic ['a:ktik] arktički, sjeverni, polarni

ardent ['a:dənt] vatren, gorljiv, strastven

ard|our ['a:də] vatrenost, gorljivost; revnost; ~uous naporan; ustrajan

are [a:] si, smo, ste, su

area ['εəriə] površina, ploha; **danger** ~ opasno područje; **prohibited** ~ zabranjena zona

Argentine ['a:dʒəntain] argentinski; Argentinac (-ka); **the** ~ Argentina

argue ['a:gju:] dokazivati

raspravljati; rezonirati

argument ['a:gjumənt] argument; rasprava; ~**ation** argumentacija

arid ['ærid] suh, spržen; ~**ity** [æ'riditi] suša

aright [ə'rait] *adv* pravo, dobro

arise [ə'raiz] dizati se (**from** iz)

aristocra|cy [æris'tɔkrəsi] aristokracija; ~**t** aristokrat; ~**tic(al)** aristokratski

arithmetic [ə'riθmətik] aritmetika; ~**al** [æriθ-'metikl] aritmetika; aritmetički

ark [a:k] arka, korablja

arm [a:m] ruka; oslon za ruke; oružje (*ugl pl*); *pl* grb; naoružati (se); ~**ament industry** industrija za naoruživanje

armature ['a:mətjuə] armatura; *el* rotor, kotva

arm|chair ['a:mtʃeə] naslonjač; ~**ful** naramak

armistice [a:'mistis] primirje

armlet ['a:mlit] narukvica; traka oko rukava

armour ['a:mə] oklop; oklopne jedinice; oklopiti; ~**ed train** oklopni vlak; ~**er** oružar; ~**y** oružana

armpit ['a:mpit] pazuho

army ['a:mi] vojska (i *fig*); armija; ~ **command staff** komanda vojske

aroma [ə'roumə] aroma; ~**tic** [ærə'mætik] aromatičan

around [ə'raund] oko(lo)

arouse [ə'rauz] probuditi; potaknuti

arrange [ə'reindʒ] urediti; dogovoriti; organizirati; ~**ment** aranžman; dogovor

array [ə'rei] (borbeni) poredak; poredati; odjenuti

arrear [ə'riə] zaostatak

arrest [ə'rest] hapšenje; obustava; uhapsiti; zaustaviti

arriv|al [ə'raivəl] dolazak; došljak; *pl* brodovi (vlakovi) u dolasku; *com* dospjela roba; ~**e** doći; prispjeti; ~**e at** doći do (zaključka)

arrogan|ce ['ærəgəns] arogancija; ~**t** arogantan

arrow ['ærou] strijela

arsenal ['a:sinl] arsenal

arsenic ['a:snik] arsen

arson ['a:sn] palež

art [a:t] umjetnost; umijeće; **Master of ~s, M. A.** magistar humanističkih znanosti; **applied ~s, ~s and**

crafts primjenjena umjetnost, umjetni obrt
arter|ial [a:'tiəriəl] arterijski; **~ial road** prometna arterija; **~iosclerosis** arterioskleroza; **~y** ['a:təri] arterija
artful ['a:tful] lukav, prepreden; **~ness** lukavost
artichoke ['a:titʃouk] artičoka
article ['a:tikl] artikl; članak; stavak; odlomak
articulat|e [a:'tikjuleit] artikulirati; **~ion** artikulacija; raščlanjivanje
artificial [a:ti'fiʃəl] umjetan; **~ silk** umjetna svila
artisan [a:ti'zæn] obrtnik
artist ['a:tist] umjetnik (-ca); **~ic** umjetnički
artless ['a:tlis] naravan, prostodušan
as [æz] kao; kada; pošto; **~ good ~ dobar** kao i; **~ it were** tako reći; **~ well ~ kao i**
ascen|d [ə'send] uspeti se; vinuti se; **~dancy** nadmoć, prevlast (**over** nad); **~sion (Day)** Spasovo, Uzašašće; **↑ uspon**
ascertain [æsə'tein] ustanoviti
ascetic [ə'setik] asketski; asket; **~ism** askeza
ascribe [əs'kraib] pripisati
ash [æʃ] pepeo; **↗ Wed-**

nesday Pepelnica
ashamed [ə'ʃeimd] postiden; **be ili feel ~ stidjeti se (of** čega)
ash-can *Am* kanta za smeće
ashore [ə'ʃɔ:] na obali (u)
ash-tray pepeljara
Asia ['eiʃə] Azija; **~ Minor Mala Azija**
Asiatic [eiʃi'ætik] azijatski; Azijat(-kinja)
aside [ə'said] na stranu; po strani; postrance
ask [a:sk] pitati; moliti (**for** za); pozvati; zahtijevati (**for** nešto)
asleep [ə'sli:p] u snu; **to be ~ spavati**
asparagus [əs'pærəgəs] šparga
aspect ['æspekt] pogled; izgled; stanovište
aspen ['æspən] jasika; **~ leaf** jasikov list
asperse [əs'pə:s] poškropiti
aspir|e [əs'paiə] težiti (**to, after** za); **~in** ['æspirin] aspirin
ass [æs] magarac
assail [ə'seil] napasti; salijetati; **~ant** napadač
assassin [ə'sæsin] atentator; plaćeni ubojica; **~ate** izvršiti atentat; **~ation** atentat
assault [ə'sɔ:lt] napadaj;

juriš; jurišati; napasti

assembl|age [ə'semblidʒ] sastavljanje; montaža; **~e** sastaviti, sakupiti (se); **~er** monter; **~y** skupština; montaža (stroja); **~y line** *Am* tekuća vrpca

assent [ə'sent] pristanak; pristati

assert [ə'sə:t] ustvrditi; **~ion** izjava

assess [ə'ses] oporezovati; procijeniti; **~ment** procjena; **~or** prisjednik

assets ['æsets] *pl* aktiva; imovina

assid|uity [æsi'djuiti] ustrajnost, marljivost; **~uous** [ə'sidjuɔs] marljiv

assign [ə'sain] doznačiti; **~able** doznačiv; prijenosan; **~ee** [æsi'ni:] opunomoćenik; *jur* povjerenik

assist [ə'sist] pomagati; **~ance** pomoć; **~ant** pomoćnik (-ica)

assizes [ə'saiziz] *pl* porotni sud

associat|e [ə'souʃieit] asociirati; udružiti (se); [**~**iit] drug; **~ion** udruživanje, društvo

assort [ə'sɔ:t] sortirati; **~ment** asortiman, izbor

assuage [ə'sweidʒ] ublažiti; utažiti

assum|e [ə'sju:m] pretpostavljati; poprimiti; preuzeti (vlast); **~ption** pretpostavka, preuzimanje; drzovitost

assur|ance [ə'ʃuərəns] osiguranje; garancija; samopouzdanje; sigurnost; **~e** osigurati

asthm|a ['æsmə] astma; **~atic** [æs'mætik] astmatičan; astmatičar

astir [əs'tə:] u pokretu

astonish [əs'tɔniʃ] iznenaditi, zapanjiti; **~ing** zapanjujući

astound [əs'taund] zapanjiti

astray [əs'trei] zalutao; **go ~** zalutati; dospeti na krivi put

astride [əs'traid] raširenih nogu (of preko); objahavši, opkoračivši

astringent [əs'trindʒənt] koji steže (sredstvo); opor

astro|loger [əs'trɔlədʒə] astrolog; **~nomer** astronom; **~nomy** astronomija

asunder [ə'sʌndə] na komade, raskidan, razdvojen

asylum [ə'sailəm] azil

at [æt] na, u, kod; **~ the door** na vratima; **~ a ball** na plesu; **~ table**

za stolom; **~ school** u školi; **~ the age of** u starosti od; **~ a blow** jednim udarcem; **~ five o'clock** u pet sati; **~ home** kod kuće

Athens ['æθinz] Atena

athlet|e ['æθli:t] atlet; **~ic(al)** [~'letik(əl)] atletski; **~ics** pl atletika

at-home za dan za primanje posjeta

atmosphere ['ætməsfiə] atmosfera; **~ics** [~'fe-riks] radio atmosferske smetnje

atom ['ætəm] atom; **~ic** [ə'tɔmik] atomski; **~ bomb** atomska bomba; **~ energy** atomska energija; **~izer** ['ætəmaizə] raspršivač, sprej

atone [ə'toun] **for** dati odštetu; okajati

atroci|ous [ə'trouʃəs] grozan; **~ty** [ə'trɔsiti] grozota; zvjerstvo

attach [ə'tætʃ] pripojiti, pričvrstiti; fig pridodati; **~ oneself** pridružiti se; **~ed** pričvršćen (**to** kome); **~ment** privrženost

attack [ə'tæk] napasti; zadesiti; napad(aj)

attain [ə'tein] postići (**to** nešto); dočepati se; **~ments** pl znanje; do-

stignuća

attempt [ə'tempt] pokušati; pokušaj, nastojanje; atentat

attend [ə'tend] pratiti; posluživati; polaziti, pohađati; pobrinuti se; **~ance** posluživanje; posjećivanje; pohađanje; publika; **hours of ~ance** uredovno vrijeme; **~ant** sluga; poslužitelj

attent|ion [ə'tenʃən] pažnja; **~ive** pažljiv

attenuate [ə'tenjueit] oslabiti

attest [ə'test] potvrditi, posvjedočiti; **~ation** potvrda; svjedočanstvo

attic ['ætik] potkrovlje

attitud|e [ə'tetijud] stav; držanje; aero položaj aviona u letu; **~ of mind** gledanje na, nazori; **~inize** pozivati, izvještačeno se držati

attorney [ə'tɔ:ni] odvjetnik

attract [ə'trækt] privlačiti; **~ion** privlačnost, atrakcija; **~ive** privlačan; lijep; **~iveness** privlačnost

attribut|able [ə'tribjut-əbl] pripisiv; **~e** [ə'tribju:t] pripisivati; ['æt~] atribut, značajka; **~ion** [ætri'bju:ʃən] pripisivanje, pridavanje

attrition [ə'triʃən] trošenje; zator

auburn ['ɔːbən] crvenkasto-kestenjav

auction ['ɔːkʃən] dražba; ~eer dražbovatelj

audaci|ous [ɔː'deiʃəs] smion, drzak; ~ty [ɔː'dæsiti] smionost, drskost

audible ['ɔːdəbl] čujan

audience ['ɔːdjəns] audijencija; publika

auditor ['ɔːditə] knjigovodstveni revizor

auditorium [ɔːdi'tɔːriəm] gledalište; dvorana

aught [ɔːt]: for ~ I care što se mene tiče

augment [ɔːg'ment] povećati (se); ~ation povećanje, prirast

August ['ɔːgəst] kolovoz, august; ~ [ɔː'gʌst] uzvišen, slavan

aunt [aːnt] tetka, strina

aurist ['ɔːrist] specijalist za ušne bolesti

aurora [ɔː'rɔːrə] rumenilo zore, zora

auspic|es ['ɔːspisiz] pl okrilje; ~ious [~'piʃəs] povoljan

austere [ɔːs'tiə] strog, opor; ~ity [~'teriti] strogost, štednja

Austria ['ɔːstriə] Austrija; ~n austrijski, Austrija-

nac (-ka)

autar|chy, ~ky ['ɔːtaːki] autarhija

authentic [ɔː'θentik] autentičan; ~ate provjeriti

author|(ess) ['ɔːθə(ris)] pisac, autor; začetnik; ~itative [~'θoriteitiv] autoritativan; ~ity autoritet; vlast; stručnjak; punomoć; on good ~ity iz pouzdanog vrela; ~ize ovlastiti, opunomoćiti; ~ship autorstvo

auto ['ɔːtou] Am coll automobil

autogenous [ɔː'tɔdʒinəs]: ~ welding autogeno zavarivanje

auto|giro ['ɔːtoudʒaiərou] aero autožiro; ~graph autogram; ~matic(ally) automatski; ~nomous autonoman; ~psy autopsija

autumn ['ɔːtəm] jesen; ~al [ɔː'tʌmnəl] jesenski

avail [ə'veil] pomoći; ~ oneself of poslužiti se; ~able raspoloživ; koga ima

avalanche ['ævəlaːnʃ] lavina

avaric|e ['ævəris] gramzljivost; ~ious [ævə'riʃəs] gramzljiv

avenge [ə'vendʒ] osvetiti

~r osvetnik
avenue ['ævinju:] aleja; *Am* avenija
average ['ævəridʒ] prosjek; havarija; **on an ~** u prosjeku; **~ person** prosječan čovjek; izračunati prosjek; iznositi u prosjeku
aver|se [ə'və:s] nesklon (to, from); **~sion** averzija; **~t** odvratiti
aviat|e ['eivieit] *aero* letjeti; **~ion** avijacija; **~ion ground** uzletište; **~or** pilot, avijatičar
avocation [ævə'keiʃən] uzgredno bavljenje; hobi
avoid [ə'vɔid] izbjegavati
avow [ə'vau] priznati; izjaviti; **~al** očitovanje
await [ə'weit] očekivati
awake [ə'weik] budan; **be ~ to a danger** biti svjestan opasnosti; **wide ~** potpuno budan; **~n** probuditi se; **~n** probuditi
award [ə'wɔːd] nagrada; presuda; dodijeliti

aware [ə'wɛə]: **be ~ of** biti svjestan čega; znati; **become ~ of** postati svjestan čega, primijetiti
away [ə'wei] odatle; na stranu
aw|e [ɔ:] strahopoštovanje; **~-struck** pun strahopoštovanja; **~ful** strašan; **~fully** *coll* vrlo
awhile [ə'wail] načas, na neko vrijeme
awkward ['ɔ:kwəd] nespretan; nezgodan; **~ness** nespretnost
awning ['ɔ:niŋ] platneni krov (čamca, dućana, kavane)
awry [ə'rai] naopako, naheren(o); naopak(o) (i *fig*)
axe [æks] sjekira; odsjeći; *coll* otpustiti
ax|is *pl* **~es** ['æksis, ~i:z] osovina; **~le** osovina kotača
ay|e [ai] da!, razumijem!
azure ['æʒə] azuran; nebesko plavetnilo

B

B. A. ['bi: 'ei] = **Bachelor of Arts** osoba koja ima diplomu (drugog stupnja) na filozofskom fakultetu

babble [bæbl] tepati; blebetati; blebetanje; **~r** blebetalo
baby ['beibi] malo dijete, beba; **~hood** najranije

djetinjstvo

bachelor ['bætʃələ] neženja; ~ **girl** neudata djevojka

back ['bæk] leđa; pozadina; naslon; natrag, otraga; podržati; indosirati; kladiti se na; ~**bite** ogovarati; ~**bone** kičma; ~**coupling** feedback; ~**door** stražnja vrata; ~**ground** pozadina; ~**hand(er)** bekhend; ~**stairs** stražnje stubište; ~**ward** natraške; zaostao; ~**wardness** zaostalost

bacon ['beikən] slanina

bacteri|um pl ~**a** [bæk'tiəriə(m)] bakterija

bad [bæd] loš, pokvaren, zao; he is ~**ly off** loše mu ide; want ~**ly** jako željeti, nužno trebati

badge [bædʒ] značka

badger ['bædʒə] jazavac

badness ['bædnis] pokvarenost

baffle ['bæfl] osujetiti

bag [bæg] torba, vreća; ~**gage** mil ili Am prtljaga; ~**gage check** Am potvrda iz garderobe; ~**gy** vrećast; ~**pipe** gajde; ~**snatcher** otimač tašni

bail [beil] jamstvo; jamac; jamčiti

bailiff ['beilif] nadzornik sudnice

bait [beit] meka; mamac

bak|e [beik] peći; ~**er** pekar; ~**ery** pekara; ~**ing powder** prašak za pecivo

balance ['bæləns] vaga; ravnoteža; bilanca; saldo; (iz)balansirati (se)

balcony ['bælkəni] balkon (i theat)

bald [bɔːld] ćelav; ~**ness** ćelavost

bale [beil] bala

balk [bɔːk] greda; balvan; zapreka; spriječiti

ball [bɔːl] ples, bal; lopta; klupko; tane, zrno; tech ~**-and-socket** kuglični zglob

ballast ['bæləst] balast

ball-bearing kuglični ležaj

ballet ['bælei] balet; ~**-dancer** ['bælida:nsə] balerina; baletni plesač

balloon [bə'lu:n] balon

ballot ['bælət] glasačka kuglica ili listić; tajno glasati; ~**box** glasačka kutija

balm [ba:m] melem; **balsam** ['bɔːsəm] balzam

Baltic ['bɔːltik] baltički; ~ **(Sea)** Baltik

balustrade [bæləs'treid] balustrada

bamboo [bæm'bu:] bambus

ban [bæn] zabrana; zabraniti

banana [bə'na:nə] banana; *radio* ~ **plug** banana utikač

band [bænd] vrpca, traka; orkestar, glazba, družina

bandage ['bændidʒ] povez, zavoj

band|box kutija za šešire; ~(-)**master** dirigent, kapelnik

bang [bæŋ] prasak; udariti; zalupiti

banish ['bæniʃ] prognati; ~**ment** progonstvo

banisters ['bænistəz] *pl* ograda stepenica

bank [bæŋk] obala; banka; uložiti (novac) u banku; *aero* nagnuti se u zavoju; ~(**ing**) **account** bankovni račun; ~-**bill** bankovna mjenica; *Am* novčanica; ~**er** bankar; ~**ing** bankarstvo; ~**ing-house** bankovna kuća; ~-**note** novčanica; ~-**rate** diskontna stopa; ~**rupt** bankrot; ~**rupt-cy** stečaj; ~**rupt's estate** stečajna masa

banns [bænz] *pl* crkveni ozivi za vjenčanje

banquet ['bæŋkwit] banket gozba; gostiti se

banter ['bæntə] zadirkivanje; zadirkivati

bapti|sm ['bæptizəm] krštenje; ~**st** baptist; ~**ze** ['bæptaiz] krstiti

bar [ba:] šipka; prečka; greda; šank; *jur* odvjetnički stalež; zakračunati, spređavati

barb [ba:b] kuka (strelice i sl); ~**ed wire** bodljikava žica

barbar|ian [ba:'bɛəriən] barbar; ~**ous** ['ba:bərəs] barbarski

barber ['ba:bə] brijač; ~**'s shop** brijačnica

bare [bɛə] gol; prazan; bez dlaka; otkriven; ~-**faced** besraman; ~-**footed** bos(onog); ~-**headed** gologlav; ~-**ness** golotinja; oskudnost

bargain ['ba:gin] jeftina kupnja; pogodba; cjenkati se

barge [ba:dʒ] teglenica

bark [ba:k] kora drveta; lavež; lajati

bar-keeper gostioničar

barley ['ba:li] ječam

barm [ba:m] kvasac, vinska pjenica

barmaid pipničarka

barn [ba:n] hambar, štagalj

barometer [bə'rɔmitə] barometar

baron ['bærən] barun; **~ess** barunica

barracks ['bærəks] *pl* kasarna

barrage ['bæra:ʒ] brana; *mil* baraža **~ baloon** baražni balon

barrel ['bærəl] bačva; bubanj; cijev od puške; **~-organ** orguljice, vergle

barren ['bærən] jalov

barri|cade [bæri'keid] barikada; dići barikadu; **~er** barijera; zapreka; *rlw* peronska ograda

barrister ['bæristə] (viši) odvjetnik

bartender *Am* pipničar

barter ['ba:tə] trgovanje zamjenom robe; tako trgovati; **~(away)** zamijeniti

base [beis] nizak; podao; osnovica; baza (i *chem, mil*); temeljiti; *aero* sletjeti; **be ~d on** temeljiti se na; **~ball** bejzbol; **~less** neosnovan; **~ment** postolje; suteren; **~ness** niskost, podlost

bashful ['bæʃful] stidljiv, plah

basin ['beisn] umivaonik; lavor; bazen

bask [ba:sk] sunčati se

basket ['ba:skit] košara

bass [bæs] grgeč; brincin;

[beis] bas (**glas**)

bast [bæst] liko drveta

bastard ['bæstəd] nezakonit; nezakonito dijete

baste [beist] zalijevati (pečenje) vlastitom masti; privremeno prošiti, „heftati"; *coll* izlupati

bat [bæt] šišmiš; kriket palica

bath [ba:θ] kupanje; **~robe** *Am* ogrtač za kupanje; **~-room** kupaona; **~(ing)-tub** kada za kupanje

bathe [beiϑ] kupanje; kupati se na otvorenom

bathing-cap ['beiϑiŋkæp] kapa za kupanje; **~-costume** kupaći kostim; **~-drawers** kupaće gaćice; **~-gown** ogrtač za kupanje; **~ suit** *Am* kupaći kostim

batsman ['bætsmən] kriket branič (s palicom)

batter ['bætə] udarati, oštetiti, istrošiti

battle ['bætl] bitka; boriti se; **~ plane** borbeni avion

battue [bæ'tu:] hajka

Bavaria [bə'veəriə] Bavarska; **~n** bavarski, Bavarac

bawl [bɔ:l] derati se; urlati; plakati

bay [bei] zaljev, zaton; lovor; lajati; riđan (konj)

be [bi:] biti; there is, are ima; ~ reading upravo čitati; I am to ~ moram (treba da...)

beach [bi:tʃ] žal, plaža

beacon ['bi:kən] svjetionik

bead [bi:d] (stakleno i dr) zrno ogrlice

beak [bi:k] kljun

beam [bi:m] greda; zraka svjetla; sjaj; ~ aerial usmjerena antena

bean [bi:n] grah

bear [bɛə] medvjed; com besist

bear [bɛə] podnositi; nositi; roditi; ~ to the right držati desno; ~ up ustrajati

beard [biəd] brada; ~ed bradat; ~less golobrad

bear|er ['bɛərə] nosač; donosilac (mjenice); ~ing nošenje; podnošenje; držanje orijentacija; tech, ugl pl ležaj; take one's ~ings orijentirati se (about u pogledu)

beast [bi:st] zvijer; blago; ~ly zvjerski; grozan

beat [bi:t] (is)tući, udarati; prestići; udar; kucaj; revir

beauti|ful ['bju:təful] lijep; ~fy uljepšati

beauty ['bju:ti] ljepota; ljepotica; ~ shop, Am ~ parlor kozmetički salon; ~-spot umjetni madež; mjesto s lijepom prirodom

beaver ['bi:və] dabar; dabrovina

because [bi'kɔz] jer; ~ of zbog

beckon ['bekən] to dozvati (koga) migom

become [bi'kʌm] postati; doličiti; pristajati (šešir itd.); ~ing pristao; doličan

bed [bed] krevet; lijeha; podloga; ~-clothes pl posteljina; stelja; ~ fellow drug u spavanju; ~-linen posteljina (bez pokrivača); ~-pan noćna posuda (za krevet); ~rid(den) prikovan uz krevet; ~room spavaća soba; ~side lamp lampa na noćnom ormariću; ~side rug prostirač pred krevetom; ~spread (ukrasni) prekrivač za krevet; ~stead okvir kreveta; ~tick inlet; ~time vrijeme za spavanje

bee [bi:] pčela; Am moba; coll have a ~ in one's bonnet imati fiksnu ideju

beech [bi:tʃ] bukva

beef [bi:f] govedina; ~

eater stražar u london-
skom Toweru; **~steak**
biftek; **~-tea** bujon
beehive ['bi:haiv] koš-
nica; **~-keeper** pčelar;
~-keeping pčelarstvo;
~-line zračna linija; *coll*
make a ~ for krenuti
ravno prema
beer [biə] pivo
beet [bi:t] repa; **red ~**
cikla
beetle ['bi:tl] kukac
beetroot ['bi:trut] repa;
~ sugar šećer od šećerne
repe
befall [bi'fɔ:l] zadesiti, do-
goditi se
befit [bi'fit] pristajati se
befool [bi'fu:l] nasamariti
before [bi'fɔ:] prije; ra-
nije; ispred; **~hand** una-
prijed (i — **with**)
befriend [bi'frend] spri-
jateljiti s s nekim; štititi
beg [beg] moliti, umolja-
vati (**of**); *com* **I ~ to
state** slobodan sam pri-
mijetiti
beget [bi'get] začeti; ro-
diti
beggar ['begə] prosjak;
coll prijan
begin [bi'gin] početi; **~-
ner** početnik; **~ning**
početak
begrudge [bi'grʌdʒ] za-
vidjeti

beguile [bi'gail] zavarati;
kratiti (vrijeme)
behalf [bi'ha:f]: **on** (ili
in) **~ of** u ime; u korist
behav|e [bi'heiv] ponašati
se, vladati se; **~iour**
ponašanje
behead [bi'hed] odrubiti
glavu
behind [bi'haind] iza;
straga
behold [bi'hould] ugledati
beige [beiʒ] drap (boja)
being ['bi:iŋ] biće; posto-
janje
belay [bi'lei] *mar* omotati
konop oko klina
belch [beltʃ] podrigivati
se; rigati
belfry ['belfri] zvonik
Belgi|an [beldʒən] bel-
gijski; Belgijanac; **~um**
Belgija
belie [bi'lai] poricati; iz-
nevjeriti
belie|f [bi'li:f] vjerovanje;
~vable vjerojatan; **~ve**
vjerovati; **~ver** vjernik
bell [bel] zvono, zvonce;
~-flower zvončić; lje-
vač zvona; **~-glass** stak-
leno zvono; **~-boy** lift
boj
bellows ['belouz] *pl* (**a
pair of ~**) mijeh
bell|-pull povlak za zvon-
ce; **~-push** dugme za
zvono; **~-wiring** žice

za zvonce

belly ['beli] trbuh

belong [bi'lɒŋ] pripadati (to kome, čemu); ~**ings** imovina

beloved [bi'lʌvd] voljen; ~ ['-id] voljeno biće

below [bi'lou] dolje, ispod, niže

belt [belt] pojas; pogonski remen; opasati

bemoan [bi'moun] oplakivati

bench [bentʃ] klupa; sud

bend [bend] zavoj, okuka; savinuti (se); pokoriti se

beneath [bi'ni:θ] = below

benefact|ion [beni'fækʃən] dobročinstvo, blagodat; ~**or**, ~**ress** dobročinitelj

benefi|cence [bi'nefisns] dobrotvornost; ~**cent** dobrotvoran; ~**cial** korisan; ~**t** koristiti; blagodat; *theat* dobrotvorna priredba; **for the ~ of** u korist

benevolen|ce [bi'nevələns] dobrohotnost; ~**t** dobrohotan

benign [bi'nain] dobrostiv; blagonaklon; *med* neopasan; ~**ity** [bi'nigniti] dobrostivost

bent: ~ on odlučan, na-

kanio; sklonost

benumb [bi'nʌm] otupiti, umrtviti

benzene, ~**ine** ['benzi:n] benzin (za mrlje)

benzol(e) ['benzɒl], ~**ine** benzol

bequ|eath [bi'kwi:θ] o-poručno ostaviti; ~**est** ostavština

bereave [bi'ri:v] lišiti

berry ['beri] boba

berth [bə:θ] *mar* sidrište; brodski ležaj; *fig* (dobar) položaj

beseech [bi'si:tʃ] zaklinjati; ~**ing** molećiv

beside [bi'said] pokraj; ~**s** osim

besiege [bi'si:dʒ] opsjedati

besom ['bi:zəm] metla od pruća

besprinkle [bi'spriŋkl] poštrcati

best najbolje; nešto najbolje; ~ **man** vjenčani kum; **Sunday ~** nedeljno odijelo; **make the ~ of a bad job** spašavati situaciju

bestir [bi'stə:]: ~ **oneself** pokrenuti se

bestow [bi'stou] dati, podijeliti; ~**al** darivanje

bet [bet] oklada; kladiti se; ~**ting** kladenje

betake [bi'teik]: ~ **one-**

self poći, obratiti se **(to** kome)

bethink [bi'θiŋk]: ~ **oneself** sjetiti se **(of** na)

betimes [bi'taimz] rano, navrijeme

betray [bi'trei] iznevjeriti; izdati; ~**al** izdaja; ~**er** izdajica

betroth [bi'trouð] zaručiti se (to za); ~**al** zaruke

better [*'betə*] bolje; nešto bolje; **get the ~ of** savladati; **so much the ~** utoliko bolje; **you had ~ go** bilo bi bolje da odeš

between [bi'twi:n] između; ~ **you and me** među nama rečeno; ~**-decks** potpalublje

bevel [*'bevəl*] kosina; ukositi; *tech* ~**wheel** čunjasti zupčanik

beverage [*'bevəridʒ*] napitak

bevy [*'bevi*] jato; društvo (žena)

bewail [bi'weil] oplakivati

beware [bi'wɛə] čuvati se

bewilder [bi'wildə] zbuniti; ~**ment** zbunjenost

bewitch [bi'witʃ] očarati (i *fig*)

beyond [bi'jɔnd] tamo daleko; preko; **it is ~ me** ne ide mi u glavu; ~

measure pretjerano

Bible [*'baibl*] Biblija

bicarbonate [bai'ka:bə-nit]: ~ **of soda** soda bikarbona

bicycl|e [*'baisikl*] bicikl; voziti bicikl; ~**ist** biciklist

bid nalog; ponuda; pokušaj; narediti; ponuditi; ~ **farewell** reći zbogom

bier [biə] mrtvačka nosila; odar

big velik; krupan; **talk ~** praviti se važan

bigamy [*'bigəmi*] bigamija

bight [bait] uvala

bigness [*'bignis*] krupnoća

bigot [*'bigət*] bigot

bigwig [*'bigwig*] *coll* velika zvjerka

bike [baik] *coll* bicikl

bilberry [*'bilbəri*] *bot* borovnica

bil|e [bail] žuč; gnjev; ~**ious** [*'biljəs*] žučljiv

bill [bil] kljun; lista; zakonski prijedlog; mjenica (i ~ **of exchange**); račun; ~ **of fare** jelovnik; ~ **of loading** brodski tovarni list

billet [*'bilit*] doznaka za konačište; ukonačiti

billfold *Am* lisnica

billiard [*'biljəd*] biljarski; ~**-cue** štap za biljar;

~s *pl* biljar

billow ['bilou] veliki val; talasati se; **~y** uzburkan

bill-sticker ljepitelj oglasa

bi-motored dvomotorni

bin sud, posuda

bind [baind] (za-, pri-)vezati; obavezati; **~ing** obavezan

binoculars [bi'nɔkjuləz] *pl* dvogled

biograph|er [bai'ɔgrəfə] životopisac; **~y** životopis

biplane dvokrilac

birch [bə:tʃ] breza

bird [bə:d] ptica; **~'s eye view** ptičja perspektiva

birth [bə:θ] rođenje; po-rod; **~day** rođendan; **~place** rodno mjesto

biscuit ['biskit] keks

bissextile [bi'sekstail] ye-ar prestupna godina

bit komadić; *tech* šiljak svrdla; žvale

bit|e [bait] ugriz; zagristi; peći (papar); štipati (studen); **~e** at otresti se na; **~ing** oštar; **once ~ten twice shy** tko se jednom opeče i na hladno puše

bitter ['bitə] gorak; gorko pivo; **~ness** ogorčenost; **~s** *pl* gorki liker

black [blæk] crn; taman; mračan; laštiti (cipele);

~berry kupina; **~ eye** modrica na oku; **~head** sujedica; miteser; **~ing** crno laštilo za cipele; **~leg** štrajkolomac; **~market(eer)** šverc(er); **~ sheep** *fig* crna ovca; **~smith** kovač

bladder ['blædə] mjehur

blade [bleid] oštrica; pločtica; vlat

blam|e [bleim] krivnja; okrivljavanje; okrivlja-vati; **~(e)able, ~ewor-thy** pokudan, vrijedan prijekora; **~eless** nedu-žan

bland [blænd] blag

blank [blænk] neispisan; bezizražajan; bez rime; praznina

blanket ['blænkit] pokri-vač, deka

blaspheme [blæs'fi:m] huliti (**against** na); **~y** ['blæsfimi] hula

blast [bla:st] zapuh (nalet) vjetra; trubljenje; *tech* jaki mlaz zraka; uništiti; dići u zrak; **~-furnace** visoka peć

blaze [bleiz] plamen; plamsati; buktjeti

blazer ['bleizə] „blejzer" (sportski kaput od vune)

bleach [bli:tʃ] bijeliti

bleak [bli:k] gol, pust; surov

bleat [bli:t] blejati

bleed [bli:d] krvariti

blemish ['blemiʃ] mrlja; ljaga; nagrditi

blend (po)mij ešati; mješavina

bless [bles] blagosloviti; hvaliti; ~ed blagoslovljen, usrećen (**with**)

blessing ['blesiŋ] blagoslov

blind [blaind] slijep; (*fig* to za); ~ **alley** slijepa ulica; ~ **flying** letenje po instrumentima; ~ **gut** slijepo crijevo; ~ **shell** *mil* granata koja zataji, zaslijepiti; platnena žaluzina; ~**fold** 1. zavezanih očiju; 2. zavezati oči; ~**ness** sljepoća

blink treptanje; bljesak; treptati; ~ **the facts** zatvoriti oči pred činjenicama

bliss blaženstvo; ~**ful** blažen, presretan

blister ['blistə] mjehur

blizzard ['blizəd] mećava

bloat [blout] naduti; ~**er** dimljen slani sled

block blok; panj; zapreka; ~ **up** zapriječiti, blokirati; ~**ed account** blorani račun; ~**ade** blokada; ~**head** budala; ~**system** *rlw* blok sistem

blood [blʌd] krv (*i fig*); ~**blister** krvavi žulj; ~**less** beskrvan (*i fig*); ~**poisoning** otrovanje krvi; ~**pressure** krvni pritisak; ~**shot** zakrvavljen; ~**vessel** krvni sud

bloom [blu:m] cvijet; cvat; (pro)cvasti

bloomer ['blu:mə] *coll* greška

blot mrlja (*i fig*); ~ **out** precrtati; ~**ter** upijač; ~**ting-pad** podloga od bugačice; ~**ting paper** bugačica

blouse [blauz] bluza

blow [blou] udarac (*i fig*); come to ~**s** potući se; puhati; izgoriti (osigurač); ~ **in** *coll*, *fig* banuti; ~ **over** proći; ~ **one's nose** useknuti se; ~ **up** dići (odletjeti) u zrak; eksplodirati (*i fig*); ~**er** vratašca peći; ~ **fly** muha zujara

blue [blu:] plav, modar; plavetnilo; modrina; ~**bottle** različka; ~ **jacket** mornar; ~**print** plan

bluff [blʌf] strm; otvoren; strma obala; blef(irati)

bluish ['blu:iʃ] plavkast

blunder ['blʌndə] greška; pogriješiti

blunt [blʌnt] otvoren; bez uvijanja; **∼ness** otvorenost

blurb [bləːb] *Am* reklama na ovojnici

blurt [bləːt] **∼ out** izlanuti

blush [blʌʃ] crvenilo; pocrvenjeti

bluster ['blʌstə] razmetljivost; huka

boar [bɔː] vepar; nerast

board [bɔːd] daska; karton; stol; košta; uprava; ministarstvo; komisija; *Am* ukrcati se; pokriti daskama; kuhati za; **∼ of Trade** ministarstvo trgovine; *Am* privredna komora; **∼er** osoba na hrani; **∼ing house** pansion; **∼ing school** internat

boast [boust] hvalisanje; hvalisati se

boat [bout] čamac; brod; **∼ing** vožnja čamcem; **∼swain** [bousn] noštromo

bob [bɔb] uteg njihala; ljuljati se; poskakivati; **∼bed hair** potkraćena (ženska) kosa

bobbin ['bɔbin] kalem; **∼-lace** čipka na batiće

bobby ['bɔbi] *sl* policajac

bodice ['bɔdis] prslučić; košuljac; gornji dio haljine

ne

bodily ['bɔdili] tjelesni

bodkin ['bɔdkin] šilo; debela igla za navodenje

body ['bɔdi] tijelo; trup; **(dead) ∼** leš; karoserija; skup

bog [bɔg] močvara; **∼gy** močvaran

bogus ['bougəs] lažan

Bohemia [bou'hiːmjə] Češka; **∼n** Čeh; boem

boil [bɔil] kipjeti; ključanje; čir; **∼er** (parni) kotao

boisterous ['bɔistərəs] bučan, neobuzdan

bold [bould] smion; **∼ness** smionost

bolster ['boulstə] jastuk (na kauču), podloga; poduprijeti

bolt [boult] klin; zasun; zakračunati; juriti; naglo gutati; plašiti se (konj); **a ∼ from the blue** grom iz vedra neba

bomb [bɔm] bomba; **incendiary ∼** zapaljiva bomba; bombardirati; **∼ out** beskućnik zbog bombardiranja; **∼er** bombarder; **∼-proof** siguran od bombi

bond [bɔnd] veza; *pl* okovi; obveznica; **in ∼** pod carinskom zabranom; **∼ed**

warehouse konsignaciono skladište; **~age** ropstvo

bone [boun] kost

bonfire ['bɔnfaiə] kries

bonnet ['bɔnit] šešireć

bonus ['bounəs] premija; posebna dividenda; doplatak

bony [bouni] košćat

booby-prize ['bu:bi-praiz] coll nagrada zadnjemu

book [buk] knjiga; svezak; knjižiti, upisati, rezervirati (karte); **be in a person's good (bad) ~s** dobro (loše) stajati kod nekoga; **~-binder** knjigoveža; **~-case** ormar za knjige; **~-end** potporanj za knjige; **~-ing office** blagajna za vozne karte; **~-keeper** knjigovođa; **~-mark** znak u knjizi (da se zapamti mjesto); **~-seller** knjižar; **~-shelf** polica za knjige

boom [bu:m] konjunktura; nagli razvoj; imati veliki komercijalni uspjeh

boon [bu:n] blagodat

boost [bu:st] Am coll reklamirati; stimulirati

boot [bu:t] visoka cipela, čizma; prostor za prtljagu; **~-jack** izuvač za

čizme; **~s** pl sluga u svratištu

booty ['bu:ti] plijen

booze [bu:z] coll piti; piće; pijančevanje; **~r** pijanac

border ['bɔːdə] rub; granica; izvati, obrubiti; graničiti (**upon** sa)

bore [bɔː] plimni val

bore [bɔː] bušiti; coll gnjaviti; coll gnjavator; **~dom** dosada

boric ['bɔːrik]: **~ acid solution** med borna voda

borough ['bʌrə] trgovište; **(municipal) ~** gradska općina

borrow ['bɔrou] posuditi (od)

bosh [bɔʃ] coll glupost

bosom ['buzəm] grudi; njedra

boss izbočina; coll poslodavac, gazda, šef

botan|ical [bo'tænikəl] botanički; **~ist** botaničar; **~y** botanika

botch [bɔtʃ] pokvariti

both [bouθ] oba, obje, oboje; **~ of them** oba, obje, oboje; **~...and** i...i, kako... tako

bother ['bɔðə] gnjavaža; gnjaviti se

bottle ['bɔtl] boca; puniti u boce; **~d beer** pivo u bocama

bottom ['bɔtəm] dno; uzrok; **~less** bez dna

bough [bau] grana

bounce [bauns] poskočiti, odskočiti; poskok, odskok

bound [baund] obavezan; **be ~ to** do morati učiniti, sigurno učiniti; na putu; ograničiti; skočiti; **~ary** granica; **~less** bezgraničan; **~s** *pl fig* granica

boun|tiful ['bauntiful] obilan; darežljiv; **~ty** darežljivost; premija

bouquet ['bukei] kita cvijeća; aroma (vina)

bovril ['bɔvril] bujon od ekstrakta

bow [bou] luk; mašna; [bau] naklon; nakloniti se

bowels ['bauəlz] *pl* utroba

bowl [boul] zdjela; glava lule; kugla; kotrljati; kuglati se; **~er** polucilindar

box kutija; šimšir; sanduk; *theat* loža; kočijaševo sjedalo; *tech* ležaj; boksati; **~er** boksač; **~-keeper** vratar loža; **~ on the ear** zaušnica; **~ a person's ear** ćušnuti nekoga; **~-office** kazališna blagajna; **~-room** ostava

boy dječak; mladić; **~hood** dječaštvo; **~ish** dječački; **~ Scouts** skauti

brace [breis] spona; **~s** *pl*, naramice; proteza; osvježiti

bracelet ['breislit] narukvica

bracket ['brækit] konzola; zagrada; staviti u zagrade

brag [bræg] hvalisanje; hvalisati se; **~gart** ['~gət] hvalisavac

braid [breid] pletenica; gajtan; (o)plesti

brain [brein] mozak; razum; **rack** *ili* **puzzle one's ~s** razbijati glavu; **~less** bez pameti, nepromišljen; **~-wave** *coll* ideja; **~-worker** intelektualni radnik

brake [breik] kočnica; kočiti

bran [bræn] mekinje

branch [brɑːntʃ] grana; ogranak; struka; podružnica; **~ (out)** granati se; **~line** odvojak pruge; **~-office** podružnica

brand [brænd] glavnja; zaštitni znak; vrsta; užeći

brand-new nov novcat

brandy ['brændi] konjak; rakija

brass [brɑːs] mjed; **~band** duvačka glazba

brassiere ['bræsiə] grud-
njak
brave [breiv] hrabar; pr-
kositi; ~ry hrabrost
brawl [brɔːl] glasna svada;
svadati se
brawn [brɔːn] mišice
brazen ['breizn] mjeden;
drzak; ~ness drskost
Brazil-nut [brə'zil'nʌt]
brazilski orah
breach [briːtʃ] prekid;
prekinuti; ~ **of contract**
povreda ugovora; ~ **of
peace** javni izgred
bread [bred] kruh; ~ **and
butter** kruh s maslacem
breadth [bredθ] širina
break [breik] prelom;
slom; stanka, odmor; ~
of day osvit; ~ **down**
oboriti, slomiti se; zapla-
kati; ~ **up** raskomadati,
rastjerati, razići se ras-
pasti se; ~able loman;
~**down** slom; *mot* kvar;
~**fast** doručak; doruč-
kovati; ~**neck** vrato-
loman
breast [brest] grudi; ~
-pin igla za kravatu; ~
-stroke prsno plivanje
breath [breθ] dah; **below
one's** ~ šaptom; ~**e**
[briːð] disati; ~**ing** di-
sanje ~**less** bez daha;
breathtaking zapanjuju-
ć

breeches ['britʃiz] *pl* li-
vrejske hlače; jahaće hlače
breed [briːd] pasmina; iz-
leći; uzgajati
breez|e [briːz] povjetarac;
~**y** lahorast
brevity ['breviti] kratkoća
brew [bruː] variti (pivo);
kuhati (kavu); spremati
se (oluja i *fig*); ~**age**
svareni napitak; ~**er** pi-
var; ~**ery** pivara
bribe [braib] mito; pod-
mititi; ~**ry** podmićiva-
nje
brick [brik] opeka; ~**la-
yer** zidar; ~**-works** *pl*
ciglana
bridal ['braidl] svadbeni
bride [braid] mlada; ~**-
groom** mladoženja; ~**-
smaid** djeveruša
bridge [bridʒ] most; bridž
(kartaška igra)
bridle ['braidl] uzda; (za)-
uzdati; ~**-path** jahačka
staza
brief [briːf] kratak; ~**-
ness** kratkoća
brig brig (jedrenjak s dva
jarbola)
brigand ['brigənd] raz-
bojnik
bright [brait] svijetao,
sjajan, bliještav; pametan;
~**en** oživiti, razvedriti
se; ~**ness** sjaj, vedrina,

inteligencija

brillian|cy ['brilјənsi] sjaj; visoka inteligencija; **~t** briljantan, vrlo inteligentan

brim rub; obod

brimstone ['brimstən] sumpor

bring [briŋ] donijeti; **~ an action** podići tužbu; **~ about** izazvati; **~ along** donijeti; **~ forth** roditi, stvoriti; **~ out** iznijeti; istaknuti; **~ up** uznijeti; odgojiti; **~er** donosilac

brink rub; obala

briquette [bri'ket] briket

brisk žustar; brz

brisket ['briskit] prsa (meso)

bristle ['brisl] čekinja; **~ up** nakostriješiti se

Brit|ain ['britən] (Velika) Britanija; **~ish** britanski; **~on** Britanac

brittle ['britl] krhak

broach [broutʃ] ražanj; načeti (bačvu, temu)

broad [brɔːd] širok, prostran; **~axe** bradva; **~cast** emisija; emitirati; **~cast(ing)-station** radio stanica; **~day** bijeli dan; **~minded** širokogrudan, tolerantan

broil [broil] peći

broker ['broukə] mešetar,

posrednik

bronze [brɔnz] bronca, brončan

brooch [broutʃ] broš

brood [bruːd] leglo; izleći

brook [bruk] potok; **~let** potočić

broom [brum] metla; **~stick** držak metle

Bros. ['brʌðəz] = **brothers** (u naslovu poduzeća)

broth [brɔθ] juha od mesa i povrća

brother ['brʌðə] brat; **~hood** bratstvo; **~-in-law** šurjak

brow [brau] obrva; čelo

brown [braun] smeđ; crn (kruh); **~ paper** pak-papir

bruise [bruːz] modrica; ostaviti modricu

brush [brʌʃ] četka; kist; (o)četkati; **~ up** obnoviti, osvježiti; **~wood** guštara

Brussels ['brʌslz] Bruxelles; **~ sprouts** prokulice

brut|al ['bruːtl] brutalan; **~ality** [~'tæliti] brutalnost; **~e** životinjski; *fig* životinja

bubble ['bʌbl] mjehur(ić); tlapnja; varka

buck [bʌk] *zool* mužjak

bucket ['bʌkit] kablica, vedro

buckle ['bʌkl] kopča; za-
kopčati
buckram ['bækrəm] kruto
platno
bud [bʌd] pupoljak; pu-
pati
budge [bʌdʒ] maknuti se
budget ['bʌdʒit] budžet
buff [bʌf] meka goveđa
koža
buffer ['bʌfə] odbojnik
vagona
buffet ['bʌfit] udarac; bife
(serviranje); udarati; bo-
riti se sa
buffoon [bə'fuːn] lakrdi-
jaš
bug [bʌg] stjenica; *Am*
kukac; ~**aboo**, ~**bear**
strašilo; ~**gy** stjeničav
bugle-horn ['bjuːglhɔːn]
lovački rog
build [bild] graditi; oslo-
niti se (**upon** na); in
ugraditi; ~ **up** izgrađi-
vati; ~**er** graditelj; ~-
ing zgrada; ~**ing trade**
graditeljstvo, građevinar-
stvo
bulb [bʌlb] lukovica; ža-
rulja
bulge [bʌldʒ] izbočina;
izbočiti se
bulk [bʌlk] obujam; glav-
nina; ~**y** opsežan; glo-
mazan
bull [bul] bula; bik; muž-
jak; *com* hosist (špeku-

lant); ~**dog** buldog;
~**et** tane, zrno; ~**etin**
bilten
bullion ['buljən] zlato
(srebro) u šipkama
bullock ['bulək] vol
bull's-eye ['bulzai] centar
mete
bumble-bee ['bʌmblbiː]
bumbar
bump [bʌmp] udarac;
čvoruga; udariti u; ~ **off**
Am sl ucecati, ubiti
bumper ['bʌmpə] čaša
puna do ruba; *mot* branik
bun [bʌn] žemička (s
grožđicama)
bunch [bʌntʃ] svežanj;
grupa
bundle [bʌndl] zavežljaj;
smotati
bung [bʌŋ] vranj (čep)
bačve; ~**alow** prizemni
ljetnikovac; ~**-hole** ru-
pa u bačvi za vranj
(čep)
bungle [bʌŋgl] loš posao;
pokvariti
bunion ['bʌnjən] *med*
oteklina prvog zgloba na
nožnom palcu
bunk [bʌŋk] ugrađen le-
žaj; ležaj na lađi
bunker ['bʌŋkə] brodsko
spremište za ugljen
bunk(um) ['bʌŋk(əm)]
Am coll blebetanje, glu-
post

buoy [bɔi] plutača; **~ancy** sposobnost plutanja; **~ant** koji ne tone; poletan

burden ['bɜ:dən] teret, tovar, breme; **~some** tegotan, neugodan

burglar ['bɜ:glə] (noćni) provalnik; **~y** provala

burgundy ['bɜ:gəndi] burgundac (vino)

burial ['beriəl] pogreb; **~-ground** groblje

burlesque [bɜ:'lesk] burleskan; lakrdija

burn [bɜ:n] opeklina; (iz)gorjeti, spaliti; **~er** plamenik; **~ing** gorući; **~ish** polirati, laštiti; **~t gas** ispušni plin

burst [bɜ:st] prsnuće; provala; raspuknuti se, eksplodirati; **~ out laughing** prasnuti u smijeh

bury ['beri] pokopati; sakriti

bus [bʌs] autobus; **miss the ~** zakasniti na autobus; *fig* propustiti priliku

busby ['bʌzbi] visoka gardijska šubara

bush [buʃ] grm; šikara; *tech* metalna obloga ležaja

bushel [buʃl] mjera za žito (35 l)

bushy ['buʃi] čupav

business ['biznis] posao

(i *fig*); poslovi; stvar; **on ~ poslovno**; *pl* **~es** lokali; **~-like** poslovan

bus-stop ['bʌs'stɔp] autobusna stanica

bust [bʌst] poprsje

bustle ['bʌsl] žurba, vreva; užurbati se

busy ['bizi] zaposlen; prometan; **~ oneself** zaposliti se

but [bʌt] ali; nego; osim; samo; **all ~** skoro, gotovo; **~ now** tek sada

butcher ['butʃə] mesar; **~y** mesnica

butler ['bʌtlə] pivničar; glavni sluga

butt [bʌt] kundak; meta (i *fig*); **~ in** *coll* umiješati se

butter ['bʌtə] maslac; namazati maslacem; **~fly** leptir

button ['bʌtn] dugme; **~ up** zakopčati; **~-hole** rupica za dugme

buy [bai] kupiti; **~er** kupac, nakupac

buzz [bʌz] zujanje; zujati; došaptavati; **~er** *teleph* zujalo

by [bai] kraj; uz; pomoću; mimo; **~ day** danju; **~ far** daleko; **~ itself** (samo) po sebi; **~ rail** željeznicom; **day ~**

dan za danom; ~ **twos** po dvoje; ~ **the** ~ uzgred govoreći; **go** ~ proći mimo; ~**gone** minuo; ~**-name** drugo ime; nadimak; ~**-product** nusproizvod; ~**stander** promatrač; ~**-street** sporedna ulica; ~**-way** sporedni put

C

cab fijaker; taksi

cabbage ['kæbidʒ] kupus; ~**-lettuce** salata glavatica

cabby ['kæbi] *coll* fijakerist; taksist

cabin ['kæbin] koliba; kabina; ~**-boy** „mali" na brodu

cabinet ['kæbinit] ormarić; kabinet; radio kutija aparata; ~ **council** ministarsko vijeće; ~**-maker** model-stolar

cable ['keibl] kabl; poslati kablogram; ~**gram** kablogram

cab|man fijakerist; taksist; ~**-stand** stajalište za taksije

cackle ['kækl] kokodakanje; kokodakati

cadeverous [kə'dævərəs] mrtvački blijed

caddy ['kædi] nosač golf palica

cage [keidʒ] (zatvoriti u) kavez; *min* teretno dizalo

cajole [kə'dʒoul] laskati; ~**ry** laskanje

cake [keik] kolač(ić), torta; komad

calamit|ous [kə'læmitəs] zlosretan; ~**y** nesreća

calcify ['kælsifai] ovapneniti (se)

calcula|ble ['kælkjuləbl] izračunljiv; ~**te** (iz)računati; *Am coll* misliti; ~**ting machine** računski stroj; ~**tion** računanje

calendar ['kælində] kalendar

calf, *pl* **calves** [kɑːf, -vz] tele; list (na nozi)

calibre ['kælibə] kalibar (i *fig*)

calico ['kælikou] šareno platno

call [kɔːl] poziv; uzvik; *theat* poziv pred zavjesu; posjeta; on ~ *com* na opoziv; zvati; nazvati; pozvati; posjetiti (**at, on** koga); ~ **for** doći po; ~ **up** pozvati u vojsku; ~**-box** i ~**-office** telefonska govornica; ~ing poziv; zvanje

callo|sity ['kæ'lɒsiti] žuljavost; ~us ['kæləs] žuljav; bešćutan

calm [ka:m] miran, spokojan; bezvjetrina; ~ down smiriti se

calorie ['kæləri] kalorija

column|iate [kə'lʌmnieit] klevetati; ~y kleveta

cambric ['keimbrik] batist

camel ['kæməl] deva

camera ['kæmərə] fotoaparat

camomile ['kæməmail]; ~ tea čaj od kamilice

camp [kæmp] logor; ~-bed poljski krevet; ~-stool lovački stolac; logorovati

campaign [kæm'pein] pohod

camphor ['kæmfə] kamfor

can [kæn] moći; limena kutija; Am konzerva; ~ned goods Am konzerve; ~ opener Am otvarač konzervi

canal [kə'næl] kanal (umjetni i med)

canary [kə'nɛəri] (~bird) kanarinac

cancel ['kænsəl] ukinuti; otkazati

cancer ['kænsə] med rak;

~ous kancerozan

candit ['kændid] iskren

candidate ['kændidit] kandidat

candied ['kændid] ušećeren

candle ['kændl] svijeća; ~ power I svijeća (mjera); ~stick svijećnjak

candour ['kændə] iskrenost

candy ['kændi] kandis (šećer); Am bombon(i); ušećeriti

cane [kein] trska; štap

canister ['kænistə] limena kutija

cannery ['kænəri] Am tvornica konzervi

cannon ['kænən] top(ovi); (biljar) karambol

cannot ['kænət] ne mogu

canoe [kə'nu:] indijanski kanu

canon ['kænən] kanon; kanonik

canopy ['kænəpi] baldahin

can|t [kænt] žargon; licemjerstvo; ~teen kantina; ~ter kratki kas, galop

canvas ['kænvəs] jedrenina; ulje (slika); ~s agitirati; agitiranje

cap [kæp] kapa; poklopac

capa|bility [keipə'biliti] sposobnost; ~ble ['

əbl] sposoban, u stanju

capacious [kəˈpeiʃəs] prostoran, opsežan

capacit|ate [kəˈpæsiteit] osposobiti; **~y** kapacitet

cape [keip] rt; pelerina

caper [ˈkeipə] kapar; skok u vis

capital [ˈkæpitl] kažnjiv smrću; izvrstan; glavni grad; kapital; veliko slovo; **~ism** kapitalizam; **~ist** kapitalist; **~ist(ic)** kapitalistički; **~ization** kapitalizacija; **~ize** kapitalizirati

capitulat|e [kəˈpitjuleit] kapitulirati; **~ion** kapitulacija

capon [ˈkeipən] kopun

capric|e [kəˈpriːs] hir; **~ous** [kəˈpriʃəs] mušičav; **~iousness** hirovitost

capsize [kæpˈsaiz] prevrnuti (se) (brod)

captain [ˈkæptin] kapetan; zapovjednik

caption [ˈkæpʃən] *Am* natpis; film prijevod

captivate [ˈkæptiveit] zarobiti; očarati

captive [ˈkæptiv] uhvaćen; zarobljenik; **~ balloon** vezani balon; **~ity** sužanjstvo

capture [ˈkæptʃə] hvatanje; plijen; uhvatiti; za-

plijeniti

car [kaː] kola; auto; **~ lift** garažna dizalica

caravan [ˈkærəˈvæn] karavan; prikolica

caraway [ˈkærəwei] kumin, kiml

carbide [ˈkaːbaid] karbid

carbine [ˈkaːbain] karabin

carbohydrate [ˈkaːbouˈhaidreit] ugljični hidrat

carbolic [kaːˈbɔlik]: **~ acid** karbolna kiselina

carbonic [kaːˈbɔnik]: **~ acid** ugljična kiselina

carbon [ˈkaːbən] ugljik; kopija; **~ paper** karbon papir

carbuncle [ˈkaːbʌŋkl] tvrd, bolan čir

carburrettor [ˈkaːbjuretə] rasplinjač

card [kaːd] karta; throw up one's **~s** otkriti karte; **~board** karton

cardinal [ˈkaːdinl] kardinal; **~ number** glavni broj

card-index, **~ registry** kartoteka; **~ sharper** varalica na kartama; **~ table** stol za kartanje

care [kεə] briga; **~ of** (c/o)... kod; **take ~** čuvati se; paziti; **take ~** brinuti se (of); **~ for** brinuti se za; I don't **~ for** (ili about) it svejedno mi je; ne volim; **with** ~ brižljivo, oprezno!

career [kə'riə] karijera

care|ful ['keəful] pažljiv **(about sa)**; ~**less** bezbrižan; nemaran

caress [kə'res] milovanje; milovati

caretaker ['keəteikə] pazikuća; ~**-worn** tzmučen od briga

cargo ['ka:gou] teret

caricature ['kærikə'tjuə] karikatura; karikirati

caries ['keərii:z] truljenje zubi

carman ['ka:mən] vozar

carmine ['ka:main] karmin

carnation [ka:'neišən] karamfil

carnival [ka:'nivəl] karneval

carol ['kærəl]: **Christmas** ~ božićna pjesma

carouse [kə'rauz] pijančevati

carp [ka:p] šaran; čangrizati; ~ **at** gundati na

carpenter ['ka:pintə] tesar; stolar

carpet ['ka:pit] tepih; ~**ing** sagovi (na metar); ~**-sweeper** aspirator

carriage ['kæridž] prijevoz; vagon, kočija; prevoznina; držanje; ~-

-free ~**-paid** uz besplatan dovoz

carrier ['kæriə] prevoznik, otpremnik

carrot ['kærət] mrkva

carry ['kæri] nositi; donijeti; ~ **away** odnijeti; ~ **on** nastaviti; ~ **out** provesti

cart [ka:t] kola; **put the** ~ **before the horse** *fig* početi naopako; kirijašiti; ~**age** vozarina; ~**er** vozar; ~**-grease** kolomaz

cartoon [ka:'tu:n] nacrt; karikatura; crtani film

cartridge ['ka:tridž] metak

carve [ka:v] (raz)rezati; gravirati; klesati

carving ['ka:viŋ] rezbarija; ~**-knife** nož za rezanje pečenog mesa

cascade [kæs'keid] slap(ovi)

case [keis] kutija; futrola; sanduk; slučaj; **in** ~ u slučaju; **in any** ~ u svakom slučaju

casement ['keismənt] prozorsko krilo

cash [kæš] gotovina; unovčiti; ~ **down** polog; ~ **payment** plaćanje u gotovom; ~ **on delivery** pouzećem; ~**-register** regisar kasa

cashier [kæˈʃiə] blagajnik; [kəˈ~] otpustiti uz lišenje čina
cashmere [kæʃˈmiə] kašmir
casing ['keisiŋ] navlaka
casino [kəˈsiːnou] kasino
cask [kaːsk] bačva; ~et kutija za nakit; Am lijes
cast [kaːst] bacanje; odljev; fig kov; (iz-, od-) ljev; tech lijevati; ~ iron lijevano željezo; ~ steel lijevani čelik
castaway ['kaːstəwei] brodolomac
caste [kaːst] kasta; ~-feeling kastinski duh
castigate [kæstigeit] kazniti
castle [kaːsl] dvorac; zamak; (šah) kula; roširati
castrol-oil ['kaːstərˈɔil] ricinusovo ulje
casual [kæʒjuəl] slučajan, prigodan; ~ty nesreća; ~ties mil gubici
cat [kæt] mačka
catalogue [kætələg] katalog; popis
cataract ['kætərækt] vodopad; brzaci
catarrh [kəˈtaː] katar; hunjavica
catastroph|e [kəˈtæstrəfi] katastrofa; ~ic [kætəˈstrɔfik] katastrofalan
catch [kætʃ] ulov; plijen;

uloviti; uhvatiti; zateći ~ on imati uspjeha ~-ing zarazan; ~penny bazarski artikl; ~word krilatica, natuknica
caterpillar ['kætəpilə] gusjenica; ~ tractor gusjeničar
catgut [kætgʌt] med katgut, niti od ovčjih crijeva
cathedral [kəˈθiːdrəl] katedrala
Catholic [kæθəlik] katolički; katolik
cattle [kætl] stoka; ~-show izložba stoke
caucus [kɔːkəs] sastanak pred izbore (glasanje)
cauldron [kɔːldrən] kotao
cauliflower [kɔliflauə] cvjetača
causal [kɔːsəl] uzročni; ~ity uzročnost
cause [kɔːz] uzrok; proces; pouzročiti, izazvati; ~less bezrazložan
caustic [kɔːstik] sredstvo za izjedanje; fig zajedljiv
cauterize [kɔːtəraiz] ispaliti (ranu)
cauti|on [kɔːʃən] oprez(nost); opomena; upozoriti; ~ous oprezan
cave [keiv] špilja
cavil [kævil] tražiti prigovore (at, about čemu)
cavity [kæviti] šupljina

caw [kɔ:] graktanje

cayman ['keimən] *zool* kajman (vrsta krokodila)

cease [si:s] prestati; **~less** neprestan

cede [si:d] ustupiti, prepustiti

ceiling ['si:liŋ] strop; *aero* maksimalna visina; *fig* gornja granica; **~ price** najviša cijena

celebrat|e ['selibreit] slaviti; **~ed** glasovit; **~ion** proslava

celebrity [si'lebriti] slavna osoba

celerity [si'leriti] brzina

celery ['seləri] celer

celestial [si'lestjəl] nebeski

celibacy ['selibəsi] celibat; neženstvo

cell [sel] ćelija; **~ar** podrum; pivnica

cellophane ['seləfein] celofan

cellul|oid ['seljuloid] celuloid; **~ose** celuloza

cement [si'ment] cement; ljepilo

cementery ['semitri] groblje

censor ['sensə] cenzor; cenzurirati; **~ship** cenzura

censure ['senʃə] kritika; osuditi

census ['sensəs] popis stanovništva

cent [sent]: **per ~** posto

centennial [sen'tenjəl] stogodišnji (-ca)

central ['sentrəl] središnji; **~ heating** centralno grijanje; **~ office** (*el ~ station*) centrala; **~ization** centralizacija; **~ize** centralizirati

centre ['sentə] centar; **~ forward** vođa navale; **~ half** centarhalf; koncentrirati se

century ['sentʃuri] stoljeće

cereal ['siəriəl] žitni, žitne pahuljice; **~s** žitarice

cerebral ['seribrəl] mozgovni

ceremon|ial [seri'mounjəl] svečan; ceremoniozan; **~y** ceremonija

certain ['sə:tən] siguran; izvjestan; **~ty** sigurnost

certificat|e [sə'tifikit] svjedodžba; **~ion** posvjedočenje

certi|fy ['sə:tifai] posvjedočiti; **~tude** sigurnost

cession ['seʃən] odstup

cesspool ['sespu:l] zahodna jama

chafe [tʃeif] trljati; upaliti; bjesnjeti

chaff [tʃa:f] pljeva; trica

chain [tʃein] lanac; okovati lancima

chair [tʃɛə] stolica; ~**man** predsjednik

chalk [tʃɔːk] kreda; ~ **up** označiti kredom

challenge [ˈtʃælindʒ] izazov; prigovor; poticaj; teškoća; izazvati; osporiti

chamber [ˈtʃeimbə] soba; ~ **of Industry and Commerce** privredno-trgovačka komora; ~**lain** komornik; ~**maid** sobarica

chamois [ˈʃæmwɑ] divokoza

champagne [ʃæmˈpein] šampanjac

champion [ˈtʃæmpjən] pobornik; prvak; ~**ship** prvenstvo

chance [tʃɑːns] slučaj; sreća; prilika; **by** ~ slučajno

chancellor [ˈtʃɑːnsələ] kancelar

chandelier [ʃændiˈliə] veliki luster

change [tʃeindʒ] promjena; mijenjanje; sitniš; promijeniti; rlw presjesti; ~**less** nepromjenljiv; ~**able** promjenljiv

channel [ˈtʃænl] kanal; **official** ~**s** službeni put(evi)

chap [tʃæp] momak, čo-

vjek; ispucana koža

chapel [ˈtʃæpəl] kapelica

chaplain [ˈtʃæplin] kapelan

chapter [ˈtʃæptə] poglavlje

character [ˈkæriktə] slovo; karakter; lik; (doba) glas; karakteristika; ~**istic** karakterističan (of za); ~**ize** karakterizirati

charcoal [ˈtʃɑːkoul] drveni ugalj

charge [tʃɑːdʒ] punjenje; naboj; zaduženje; briga; služba; ~**s** pl troškovi; **free of** ~**s** besplatan; napuniti; zaračunati; povjeriti; optužiti; ~**able** pripisiv; podložan

charit|able [ˈtʃæritəbl] dobrotvoran; ~**y** ljubav prema bližnjemu; dobrotvornost; ~**y begins at home** najprije je bog sebi bradu stvorio

charlotte [ˈʃɑːlət] vrst torte od jabuka

charm [tʃɑːm] čarolija; draž; šarmirati

chart [tʃɑːt] pomorska karta

charter [ˈtʃɑːtə] povelja; najmiti; ~**party** ugovor o brodskom najmu

charwoman [ˈtʃɑːwumən] dvorkinja

chase ['tʃeis] lov; progon; loviti; progoniti

chasm ['kæzəm] ponor

chassis ['ʃæsi] šasija

chaste [tʃeist] krepostan; čist

chasti|se [tʃæs'taiz] kazniti; **~ty** djevičanstvo

chat [tʃæt] čavrljanje; čavrljati; **~ter** klepetati; cvokotati; **~terbox** klepetalo

cheap [tʃiːp] jeftin (*i fig*); **~en** pojeftiniti; **~ness** jeftinoća

cheat [tʃiːt] prevara; varalica; prevariti

check [tʃek] šah (u šahu); zapreka; *Am* ček; sprečavati; provjeriti; **~ed** kockast; **~er** nadglednik; **~mate** šahmat; **~room** *Am* garderoba; **~up** *Am* kontrola, pregled

cheek [tʃiːk] obraz; *coll* drskost; **~y** *coll* drzak

cheer [tʃiə] raspoloženost; klicanje; **three ~s!** triput hura! razveseliti klicati nekome; (i **~ up**) razveseliti se; **~ful** veseo; **~less** neveseo

cheese [tʃiːz] sir; **~-monger** prodavač sira

chemical ['kemikəl] kemijski; **~s** *pl* kemikalije

chemise [ʃi'miːz] košuljac

chemist ['kemist] kemičar; apotekar; **~ry** kemija

cheque [tʃek] ček; **~-book** čekovna knjižica; **~red** kockast; šaren

cherish ['tʃeriʃ] voljeti, njegovati

cherry ['tʃeri] trešnja

chess [tʃes] šah; **~board** šahovska ploča; **~man** šahovska figura

chest [tʃest] sanduk; grudi; **~ of drawers** komoda

chestnut ['tʃestnət] kesten; kestenjast

chew [tʃuː] žvakati

chewing-gum guma za žvakanje

chicken ['tʃikin] pile; **~-pox** *med* kozice

chief [tʃiːf] glavni; glavar; šef; **~tain** poglavica

chilblain ['tʃilblein] ozeblina

child [tʃaild] *pl* **~ren** ['tʃildrən] dijete; **~hood** djetinjstvo; **~ish** djetinjast, djetinji

chill [tʃil] studen; zimnica; **take the ~ off** smlačiti (tekućinu); **~ed meat** meso iz frižidera; **~(i)ness** hladnoća; **~y** hladan; **feel ~** zepsti

chime [tʃaim] skladna zvonjava; odbijati (sat)

fig složiti se

chimney ['tʃimni] dimnjak; **~-sweeper** dimnjačar

chin [tʃin] brada (kost)

china ['tʃainə] porculan

chine [tʃain] hrptenjača

Chinese [tʃai'niːz] kineski; Kinez(i)

chink [tʃink] pukotina

chip [tʃip] komadić; okrhnuti; odrezati; *coll* **~s** ili **~ped** (ili **chip**) **potatoes** pržene ploške krumpira

chirp [tʃəːp] cvrkutati

chirrup ['tʃirəp] coktati; cvrčati

chisel ['tʃizl] dlijeto; klesati

chivalr|ous ['ʃivəlrəs] viteški; **~y** viteštvo

chlor|ine ['klɔːriːn] klor; **~oform** kloroform; kloroformirati

chocolate ['tʃɔkəlit] čokolada

choice [tʃɔis] izbor; izabran; **~ness** odabranost

choir ['kwaiə] (pjevački) zbor; kor (dio crkve)

chok|e [tʃouk] (u)gušiti; gušenje; *el* **~ing coil** prigušnica

choler|a ['kɔlərə] kolera; **~ic** koleričan

choose [tʃuːz] izabrati; odlučiti se za

chop [tʃɔp] udar; kotlet; sjeći; **~-house** restoran; **~per** mesarska sjekirica; **~py** nestalan (vjetar); uzburkan (more)

chord [kɔːd] struna, akord

chorus ['kɔːrəs] kor; zbor; refren

christen ['krisn] krstiti; **~ing** krštenje

Christian ['kristjən] kršćanski; **~-name** krsno ime; **~ity** kršćanstvo

Christmas ['krisməs] Božić; **~-box** Božićni poklon

chromatic [krə'mætik] kromatski

chromium ['kroumiəm]: **~-plated** kromiran

chromo(litograph) ['kroumou'liθəgra:f]) višebojna litografija

chronic ['krɔnik] kroničan; **~le** kronika

chronological [krɔnə'lɔdʒikəl] kronološki

chuck [tʃʌk] *coll* otpuštanje; **~ out** izbaciti

chuckle ['tʃʌkl] smijuljiti se

chum [tʃʌm] drug

church [tʃəːtʃ] crkva; **~-service** služba božja; **~yard** groblje

churl [tʃəːl] neotesanac; **~ish** neotesan

churn [tʃəːn] bućkati

(maslac); zapjeniti se

cicatrize ['sikətraiz] zarasti

cider ['saidə] jabukovo vino

cigar [si'ga:] cigara; ~-box kutija za cigare; ~-case etui za cigare; ~-cutter nožić za cigare; ~-holder cigarluk

cigarette [sigə'ret] cigareta

cinder ['sində] žeravica; troska, šljaka

cinema ['sinimə] kino; ~-show kino predstava

cipher ['saifə] nula; šifrirati

circle ['sə:kl] krug; *theat* dress ~ mezanin; **upper** ~ balkon; okružiti

circuit ['sə:kit] strujni krug; kružni let; **short** ~ kratki spoj

circula|r ['sə:kjulə] kružni; ~r letter okružnica; ~r railway kružna pruga; ~r saw kružna pila; ~te kolati; ~tion kolanje

circum|ference [sə'kamfərəns] obujam; ~navigate oploviti; ~scribe opisati; ~stance okolnost; ~stantial podroban

circus ['sə:kəs] cirkus; okrugli trg

cistern ['sistən] cisterna

cite [sait] citirati; pozvati (na sud)

citizen ['sitizn] građanin; ~ship državljanstvo

city ['siti] grad; poslovni dio grada

civil ['sivil] građanski, uljudan; ~ity [si'viliti] uljudnost; ~ization civilizacija; ~ize civilizirati

clad [klæd] odjeven; odjenut

claim [kleim] pravo; zahtjev na; zahtijevati; tvrditi

clamber ['klæmbə] verati se

clammy ['klæmi] hladan i znojan, hladno vlažan

clamour ['klæmə] vika; bučiti

clamp [klæmp] spona; štip

clandestine [klæn'destin] potajan

clang [klæŋ] zveka; zvečati; odjekivati

clap [klæp] udarac; pljeskati

claret ['klærət] crno (trpko) vino

clash [klæʃ] sukob; zveket; sukobiti se

clasp [kla:sp] kopča, spona; zakvačiti; zakopčati; ~-knife nož na sklapanje

class [klɑːs] klasa; razred;
~ with svrstati sa

classic ['klæsik] klasik; *pl*
mrtvi jezici; **(~al)** klasičan

classi|fication [klæsifi-
'keiʃən] klasifikacija; **~fy**
['~fai] klasificirati razvrstati

class|-struggle, ~-war
klasna borba

clause [klɔːz] klauzula;
gram (kratka) rečenica

claw [klɔː] kandža; pandža; (rakova) kliješta;
grepsti

clay [klei] glina; ilovača;
~ey glinen

clean [kliːn] čist; čistiti;
~liness ['klenlinis] čistoća; **~ly** čist; **~se** čistiti

clear [kliə] jasan; bistar;
netto; **~ (up)** razvedriti
(se); razjasniti (se); očistiti **(of)**; **~ance** razjašnjenje; *tech* slobodan
prostor; carinjenje; carinska potvrda; **~ance**
sale rasprodaja

Clearing|House obračunski zavod; **≈ arrangement** klirinški sporazum

clearness ['kliənis] jasnoća; razumljivost

cleave [kliːv] raskoliti;
fig prionuti **(to)**

cleft [kleft] pukotina; rascjep

clemency ['klemənsi] blagost

clench [klentʃ] stegnuti;
stisnuti (*zube, šaku*)

clergy ['klɔːdʒi] svećenstvo; **~man** svećenik

clerical ['klerikəl] svećenički; činovnički

clerk [klɑːk] činovnik;
Am trgovački pomoćnik

clever ['klevə] okretan;
pametan; **~ness** spretnost; pamet

click [klik] škljocaj;
škljocnuti

client ['klaiənt] klijent

cliff [klif] greben; hridina

climate ['klaimit] klima

climb [klaim] (po)peti se;
~er alpinist; penjačica;
~ing iron *pl* dereze

clinch [klintʃ] učvrstiti;
com perfektuirati; **~er**
coll nepobitan argument

cling [kliŋ] (to) priljepiti
se uz

clinic ['klinik] klinika;
~al klinički; **~ thermometer** toplomjer

clink [kliŋk] zveket; **~
glasses** kucnuti se

clip [klip] štipaljka; kvačica; striženje; **fountain-
-pen** ~ zakvačka nalivpera; **(paper)** ~ spojnica; **tie-~** igla za kra-

vatu; odrezati; bušiti (kartu); ~per *Am* veliki putnički avion; ~pers *pl* mašina za šišanje; ~pings odresci; novinski izresci

cloak [klouk] ogrtač; ~-**room** garderoba; *rlw* prtljažna garderoba

clock [klɔk] veliki (zidni i sl) sat; ukrasni uzorak na čarapi sa strane; ~-**wise** u smjeru kazaljke na satu

clod [klɔd] gruda (zemlje)

clog [klɔg] panj; klompa; sputati

close [klous] zatvoren; skriven; diskretan; uzak; tijesan; zbit; prigušen; [klouz] svršetak; ~ **by**, ~ **to** blizu, pokraj; ~-**up** *film* snimak izbliza; **closing time** vrijeme zatvaranja lokala; redarstveni sat

closet ['klɔzit] kabinet, ormar

closure ['klouʒə]: *parl* **motion for** ~ zahtjev za zaključenje rasprave

cloth [klɔθ], *pl* ~**s** štof; stolnjak; ~-**dish** krpa za suđe; **face** ~ mali ručnik za pranje lica; **lay the** ~ prostrijeti stol; ~ **e** [klouð] obući; zaodjeti; ~**es** *pl* odjeća; odijela; rublje;

posteljina; ~**es-basket** košara za prljavo rublje; ~**es-peg** štipaljka; ~-**press** ormar za odjeću rublje; ~**ier** prodavač tekstila; ~**ing** odjeća

cloud [klaud] oblak; naoblačiti (se); ~**y** oblačan

clove [klouv] klinčić (mirodije)

clover ['klouvə] *bot* djetelina

clown [klaun] klaun

club [klʌb] toljaga; klub; udruženje

clue [klu:] *fig* ključ; trag

clump [klʌmp] gruda

clums|iness ['klʌmzinis] nespretnost; ~**y** nespretan; nezgrapan

cluster ['klʌstə] grozd; skup

clutch [klʌtʃ] zahvat; *mot* kvačilo; zgrabiti

Co. [kou] = **Company**
c/o = **care of**

coach [koutʃ] kočija; vagon; trener; voziti kočiju; trenirati; ~-**box** kočijaševo sjedalo; ~-**man** kočijaš

coagulate [kou'ægjuleit] zgrušati se

coal [koul] (kameni) ugljen; ~-**pit** rudnik ugljena; ~-**scuttle** kanta za ugljen

coarse [kɔ:s] grub; sirov; **~ness** grubost

coast [koust] obala; *Am* sanjkalište; sanjkati se; **~er** brod obalne plovidbe

coat [kout] kaput(ić), ogrtač; prevlaka; premaz; zaodjeti; pokriti, premazati; **cut one's ~ according to one's cloth** pružati se prema pokrivaču; **~ of arms** grb; **~ing** pokrivač, prevlaka, premaz

coax [kouks] laskati

cobble ['kɔbl] kocka za popločivanje; krpati cipele; **~r** postolar

cobweb ['kɔbweb] paučina

cock [kɔk] pijetao; **~-chafer** hrušt; **~-crowing** kukurikanje; **~-fight(ing)** borba pijetlova; **~ney** rodeni Londonac; **~pit** pilotska kabina; **~roach** žohar; **~scomb** pijetlova krijesta; **~-sure** *coll* samouvjeren; **~tail** koktel

cocoa ['koukou] kakao

coco-nut ['koukʌnʌt] kokosov orah

cod [kɔd] bakalar; **dried ~** sušeni bakalar

cod-liver oil bakalarevo (riblje) ulje

coefficient [koui'fiʃənt] koji zajedno djeluje; **~ of safety** koeficijent sigurnosti

coerc|e [kou'ə:s] prisiliti; **~ion** prisila, prinuda

coexist ['kouig'zist] postojati istodobno; **~ence** koegzistencija, istovremenost

coffee ['kɔfi] kava; **~-bean** zrno kave; **~-grounds** kavin talog; **~-pot** lonac za kavu; **~-room** mala blagovaonica (osobito u hotelu)

coffin ['kɔfin] lijes; staviti u lijes

cog [kɔg] *tech* zub na zupčaniku

cogitate ['kɔdʒiteit] razmišljati; smišljati

cognac ['kounjæk] konjak

cognition [kɔg'niʃən] spoznaja

cog-wheel *tech* zupčanik

coheir ['kou'ɛə] subaštinik; **~ess** subaštinica

cohere [kou'hiə] biti suvisao; **~nce**, **~ncy** suvislost; **~nt** suvisao

coil [kɔil] navoj; *el* svitak; **~ up** smotati (se); krivudati

coin [kɔin] (kovani) novac; kovati; **~ed money** kovani novac; **~age** kovanica; **~(-box)** te-

lephone javna telefonska govornica

coincide ['kouin'said] podudarati se

coincidence [kou'insidəns] podudaranje

coiner ['koinə] krivotvoritelj novca

coke [kouk] koks; koksirati

Col. = colonel ['kə:nl]

cold [kould] hladan; hladnoća; prehlada; ~ **meat** hladni naresci; **catch** ~ prehladiti se

colic ['kolik] kolika

collaborat|e [kə'læbəreit] surađivati; ~**or** suradnik

collapse [kə'læps] (doživjeti) slom

collar ['kɔlə] ovratnik; ulaz; ščepati; ~-**bone** ključna kost

collation [kɔ'leiʃən] uspoređivanje; laki obrok

colleague ['kɔli:g] kolega

collect ['kɔlekt] kratka molitva; [kə'lekt] skupiti; pridignuti; naplatiti; ~**ion** zbirka; **forcible** ~**ion** utjerivanje; ~**or** sakupljač; primalac

college ['kɔlidʒ] koledž; fakultet

collide [kə'laid] sudariti se (with)

collie ['kɔli] škotski ovčarski pas

collier ['kɔliə] kopač ugljena

collision [kə'liʒən] sudar

colloquial [kə'loukwiəl] **language** razgovorni jezik

colonel ['kə:nl] pukovnik

coloniz|ation [kɔlənai-'zeiʃən] kolonizacija; ~**e** kolonizirati, naseliti (se)

colony ['kɔləni] kolonija

colour ['kʌlə] boja; rumen (lica); izlika; ~**s** pl zastava; bojiti; uljepšati; pocrveniti; ~**ed** obojen; crnački; nebijelački; ~-**less** bezbojan

colt [koult] ždrijebe

column ['kɔləm] stup; stupac; rubrika

comb [koum] češalj; češljati

combat ['kɔmbət] borba; boriti se protiv

combination [kɔmbi'neiʃən] kombinacija; ~**s** pl gaće i potkošulja u jednom

combine [kəm'bain] spajati, sjediniti; ['kɔmbain] Am com savez trust; kombajn

combusti|ble [kəm'bʌstəbl] zapaljiv; ~**bles** pl gorivo, mot pogonsko gorivo (internal) ~**on** [kəm'bʌstʃən] **engine** motor s unutrašnjim sagorijevanjem

come [kʌm] doći; **to ~** budući; **~** along pridruži ti se; požuri!; **~-back** coll fig povratak; spreman odgovor; **~** by proći pokraj; **~ for** doći po; **~ in** ući; **~ up to** biti ravan, odgovarati; **~ up with** dostići

comedian [kə'mi:diən] komičar; **~y** ['komidi] komedija

comely ['kʌmli] pristao

comestibles [kə'mestiblz] pl jestvine

comfort ['kʌmfət] udobnost; utjeha; tješiti; **~able** udoban; **~er** (topli) šal

comic ['komik] komičar; **~ paper** humoristički časopis; **~ strip** strip

command [kə'ma:nd] zapovjedništvo; zapovijed; **at** (ili **by**) **~** po naređenju; **~er** zapovjednik; **~er-in-chief** vrhovni zapovjednik; **~ment** rel zapovijed

commemorat|e [kə'meməreit] komemorirati; **~ion** komemoracija

commence [kə'mens] započeti; **~ment** početak

commend [kə'mend] preporučiti; **~able** preporučljiv

comment ['komənt] komentar; **~ on** komentirati; **~ary** komentar

commerc|e ['koməːs] trgovina; promet; **~ial** komercijalan; trgovački; **~ialize** komercijalizirati; iznijeti na tržište

commission [kə'miʃən] nalog; provizija; komisija; naložiti; **~er** opunomoćenik, komesar

commit [kə'mit] povjeriti; počiniti; angažirati; **~tee** odbor

commod|e [kə'moud] komoda; bolesnička stolica za obavljanje nužde; **~ity** roba, artikl

common ['komən] zajednički, uobičajen, opći; **& Council** općinsko vijeće; **~ law** običajno pravo; **~ sense** zdravi razum; **~er** neplemić; član Donjeg doma; **~place** otrcana fraza; banalan; **~s** pl pučani; **House of &s** Donji dom; **the British &wealth** Britanska zajednica naroda

commotion [kə'mouʃən] uzbuđenje; komešanje

communal ['komjunl] zajednički; općinski

communica|te [kə'mju:nikeit] saopćiti; održavati

vezu, komunicirati (**with**); ~**tive** razgovorljiv; ~**tion** saopćenje, komunikacija

commun|ion [kə'mju:njən] općenje; pričest; ~**ism** komunizam; ~**ity** zajednica; zajedništvo

compact ['kɔmpækt] sporazum; [kə'~] kompaktan, sažet

companion [kəm'pænjən] pratilac; kompanjon; ~**ship** društvo

company ['kʌmpəni] društvo; kompanija;

comper|able ['kɔmpərəbl] usporediv; ~**ative** [kəm'pærətiv] komparativan; relativan ~**e** usporediti; ~**ison** usporedba; *gram* komparacija

compartment [kəm'pa:tmənt] odjeljak; kupe

compas ['kʌmpəs] opseg; kompas; ~**es** *pl* šestar

compassion [kəm'pæʃən] saučešće; ~**ate** sućutan

compatible [kəm'pætəbl] spojiv, koji se podnosi

compatriot [kəm'pætriət] zemljak

compel [kəm'pel] prisiliti

compendious [kəm'pendiəs] skraćen; sažet

compensat|e ['kɔmpenseit] nadoknaditi; odšteti; izjednačiti; ~**ion**

nadoknada; odšteta; izjednačenje

compete [kəm'pi:t] natjecati se (**for**); takmičiti se; ~**nce** nadležnost; sposobnost; ~**nt** nadležan, sposoban

competit|ion [kɔmpi'tiʃən] takmičenje; konkurencija; ~**or** takmičar, konkurent

complacent [kəm'pleisnt] spokojan

complain [kəm'plein] žaliti se (**about, of**); potužiti se; ~**t** žalba; bolest

complaisant [kəm'pleizənt] uslužan

complete [kəm'pli:t] potpun; završiti; ~**ion** izvršenje; dopuna

complex|ion [kəm'plekʃən] ten, boja lica; ~**ity** zamršenost

compliance [kəm'plaiəns] udovoljenje; **in** ~ **with** prema, u skladu sa

complicate ['kɔmplikeit] komplicirati

compliment ['kɔmplimənt] kompliment; pozdrav; ['~ment] učiniti kompliment, čestitati

comply [kəm'plai] udovoljiti, poslušati (**with**)

component [kəm'pounənt] sastavni dio

compos|e [kəm'pouz] sastaviti; napisati; umiriti; ~er kompozitor; ~ition sastavljanje; kompozicija (školski) sastav; ~itor slagar; ~ure [~'pouʒə] sabranost

compound ['kɔmpaund] složen; ~ interest kamate na kamate; ~fracture med komplicirani prelom

comprehen|d [kɔmpri'hend] shvatiti; ~ sive shvatljiv; ~sion shvaćanje; ~sive opsežan

compress [kɔm'pres] sažeti; ['kɔm~] oblog; ~or tech kompresor

comprise [kɔm'praiz] obuhvaćati, uključivati, sadržavati

compromise ['kɔmpramaiz] kompromis; kompromitirati

compuls|ion [kɔm'pʌlʃən] prinuda; ~ory expropriation prisilno razvlaštenje

compute [kɔm'pju:t] (iz)računati; procijeniti (at)

comrade ['kɔmrid] drug

concave ['kɔn'keiv] konkavan; ~ mirror udubljeno ogledalo

conceal [kɔn'si:l] zatajiti; sakriti

concede [kɔn'si:d] pre

pustiti; priznati

conceit [kɔn'si:t] uobraženost; ~ed umišljen; ~edness umišljenost

conceive [kɔn'si:v] zamisliti; začeti

concentr|ate ['kɔnsentreit] koncentrirati (se); zgusnuti; ~ation camp koncentracioni logor; ~ic koncentričan

conception [kɔn'sepʃən] predodžba, koncepcija

concern [kɔn'sə:n] briga; stvar; važnost; ticati se; zanimati; ~ing što se tiče, u vezi sa

concert ['kɔnsət] koncert; [kɔn'sə:t] uskladiti

concession [kɔn'seʃən] ustupak; dozvola

conciliat|e [kɔn'silieit] pomiriti; ~ory pomirljiv

concise [kɔn'saiz] sažet

conclu|de [kɔn'klu:d] zaključiti; završiti; ~sion [~ʒən] zaključak; ~sive zaključan; uvjerljiv

concord ['kɔnkɔ:d] sloga; ~ant u skladu

concrete ['kɔnkri:t] konkretan; beton

concur [kɔn'kə:] sastati se; slagati se; pridonijeti

concussion [kɔn'kʌʃən] potres

condemn [kɔn'dem] osu

diti; ~ation [kɔndem-
'neiʃən] osuda
condense [kən'dens] zgus-
nuti (se); ~r kondenza-
tor
condescend [kɔndi'send]
udostojati se; ~ing mi-
lostiv
condition [kən'diʃən] sta-
nje; položaj; uvjet; ~s
pl prilike, okolnosti; ~al
uvjetni, ovisan (upon)
condole [kən'doul] izra-
ziti saučešće; ~nce sa-
učešće
conduce [kən'djuːs] vo-
diti, pridonijeti (to); ~
ive koji pridonosi
conduct [kɔndʌkt] po-
našanje; [kən'dʌkt] vo-
diti; vladati se; ~ing
sprovoditi; ~ion vođe-
nje; ~or kondukter; el
vodič; dirigent
conduit ['kɔndit] provo-
dna cijev; kanal
cone [koun] stožac; češer
confection|er [kən'fek-
ʃənə] slastičar; ~ery sla-
stice; slastičarna
confedera|cy [kən'fedə-
rəsi] savez; ~te udru-
žen; saveznik; ~tion
savez
confer [kən'fəː] podije-
liti; vijećati; ~ence kon-
ferencija
confess [kən'fes] priznati;

~ion priznanje; ispovi-
jed; ~or ispovjednik
confid|ant(e) [kɔnfi-
'dænt] pouzdanik; ~e
[kən'faid] povjeriti (se);
~ence povjerenje; sa-
mopouzdanje; ~ential
povjerljiv
confine [kən'fain] ogra-
ničiti (to); be ~d ležati
kao porodilja; ~ment
ograničenje; zatvor; po-
rod
confirm [kən'fəːm] po-
tvrditi; ~ation potvrda;
rel krizma
confiscat|e ['kɔnfiskeit]
konfiscirati; ~ion kon-
fiskacija
conflagration [kɔnflə-
'greiʃən] (veliki) požar
conflict [kɔnflikt] borba;
sukob; [kən'~] sukobiti
se (with)
confluence ['kɔnfluəns]
stjecište; spajanje
conform [kən'fɔːm] pri-
lagoditi; ravnati se (to);
~ity sklad; in ~ity
with prema
confound [kən'faund]
pobrkati; smesti
confront [kən'frant] su-
očiti (with); suprostaviti
se
confus|e [kən'fjuːz] po-
brkati; zbuniti; ~ion
zbrka; zabuna

confute [kənˈfjuːt] pobiti (tvrdnju)

congenial [kənˈdʒiːniəl] srodan (po duši)

congestion [kənˈdʒest-ʃən] navala krvi; zakrčenost

conglomerate [kənˈglɔmərit] zgrudan; konglomerat; [~reit] zgrudati (se)

congratulat|e [kənˈgrætjuleit] čestitati; ~ion čestitanje

congregat|e [ˈkɔŋgrigeit] sakupiti (se); ~ion zbor; vjernici, pastva

congress [ˈkɔŋgres] kongres; ~man *Am* član Kongresa

conic(al) [ˈkɔnik(əl)] čunjast; ~ section presjek stošca

conjecture [kənˈdʒektʃə] nagađati

conjunct|iva [kɔndʒʌŋktaivə] očna spojnica; ~ivitis** konjunktivitis; ~ure** stjecaj okolnosti

conjur|ation [kɔndʒuˈreiʃən] zaklinjanje; ~e [ˈkʌndʒə] zaklinjati; ~up** prizvati; dočarati

conne|ct [kəˈnekt] povezati (se); **be well ~ed** imati dobre veze; ~ing rod *tech* radilica; ~tive tissue** vezivno tkivo;

~xion** veza; spoj

conquer [ˈkɔŋkə] pobijediti; osvojiti; ~or** osvajač; pobjednik

conquest [ˈkɔŋkwest] osvajanje; pobjeda

conscience [ˈkɔnʃəns] savjest; ~tious** [~ʃiˈenʃəs] savjestan

conscious [ˈkɔnʃəs] svjestan; ~ness** svijest

conscription [kənˈskripʃən] opća vojna obveza

consecrate [ˈkɔnsikreit] posvetiti; blagosloviti

consecutive [kənˈsekjutiv] konsekutivan; za redom

consent [kənˈsent] pristanak; dozvola; pristati

consequen|ce [ˈkɔnsikwens] posljedica; **of no ~** nevažan; **in ~ce of** uslijed; ~tly** dakle; prema tome; kasnije

conserva|tion [kɔnsəˈveiʃən] očuvanje; ~tive** konzervativan [kənˈsɔːvətiv]

consider [kənˈsidə] razmatrati; smatrati; ~able** znatan; priličan; ~ate** obziran; ~ation** razmatranje; obzir

consign [kənˈsain] poslati; ~ment** pošiljka; ~ee** naslovnik, primalac; ~or** pošiljač

consist [kən'sist] sastoji se **(of, in)**

consisten|cy [kən'sistənsi] čvrstoća, gustoća; dosljednost; **~t** dosljedan; u skladu sa, spojiv

consol|ation [kɔnsə'leiʃən] utjeha; **~e** [kən'soul] tješiti

consolidat|e [kən'sɔlideit] učvrstiti, sjediniti; **~ion** konsolidacija

consort ['kɔnsɔ:t] suprug (a)

conspicuous [kən'spikjuəs] upadan; **be ~ by one's absence** odsutnošću pokazati svoju vrijednost

conspir|acy [kən'spirəsi] zavjera; **~ator** urotnik; **~e** [~'spaiə] urotiti se

constable ['kʌnstəbl] policajac

constan|cy ['kɔnstənsi] postojanost; stalnost; vjeran, postojan

consternation [kɔnstə:'neiʃən] zaprepaštenje

constituen|cy [kən'stitjuənsi] birači; izborni kotar; **~t** sastavni dio

constitut|e ['kɔnstitju:t] sačinjavati; predstavljati; osnovati; postaviti; **~ion** sastav; konstitucija; ustav

constrain [kən'strein] pri-

siliti; **~t** prinuda

construct [kən'strʌkt] (sa)graditi; **~ion** (iz)gradnja; **~or** graditelj

consul ['kɔnsəl] konzul; **~ General** generalni konzul

consult [kən'sʌlt] 'posavjetovati se; potražiti (u knjizi); **~ing hours** vrijeme ordiniranja; **~ing room** liječnička ordinacija

consume [kən'sju:m] potrošiti; **~r** potrošač; **~r goods** roba široke potrošnje

consummate [kən'sʌmit] savršen; ['kɔnsʌmeit] dovršiti

consumption [kən'sʌmpʃən] potrošnja; *med* sušica

contact ['kɔntækt] dodir, kontakt; [kən'tækt] naći, kontaktirati

contagio|n [kən'teidʒən] zaraza; **~us** zarazan

contain [kən'tein] sadržavati; **~er** posuda; ambalaža

contemplat|e ['kɔntempleit] razmatrati; **~ion** razmatranje; **~ive** kontemplativan

contemporary [kən'tempərəri] suvremen; suvremenik

contempt [kən'tempt] prezir; **~ible** prezira vrijedan; **~uous** preziran

content [kən'tent] zadovoljan; zadovoljiti; **to one's heart's ~** do mile volje; **~s** ['kɔntents] *pl* sadržaj; **bone of ~ion** kamen smutnje; **~ment** zadovoljstvo

contest ['kɔntest] borba; [kən'test] osporavati; **~able** prijeporan

context ['kɔntekst] kontekst

continent ['kɔntinənt] kontinent; *ƹ* Evropa; **~al** kontinentalan

continu|al [kən'tinjuəl] neprekidan; stalan; **~ance** trajanje, nastavljanje; **~ation** nastavak; **~ation school** produžna škola; **~e** nastaviti; zadržati; **to be ~ed** nastavak slijedi; **~ous** neprekidan; **~ous current** istosmjerna struja

contour ['kɔntuə] kontura

contraband ['kɔntrabænd] krijumčaren; krijumčarena roba

contract [kən'trækt] stisnuti (se); navući (bolest); ugovoriti; ['kɔn~] ugovor; **~ing party**

ugovorna strana; **~or** poduzetnik; **~ual** ugovorni

contradict [kɔntrə'dikt] protusloviti; **~ion** protuslovlje; **~ory** protuslovan

contrary ['kɔntrəri] suprotan; nepovoljan; **on the ~** naprotiv

contrast ['kɔntræst] oprečnost; [kən'træst] kontrastirati; odskakivati

contravention [kɔntrə-'venʃən] kršenje

contribut|e [kən'tribjut] pridonijeti; **~ion** doprinos; **~or** suradnik; **~ory** doprinosni

contrite ['kɔntrait] skrušen, pokajnički

contriv|ance [kən'traivəns] izum; domišljatost; naprava; **~e** izumiti; postići; **~er** domišljata osoba

control [kən'troul] nadzor; vlast nad; **Government ~, State ~** državni nadzor; **foreign ~** strana uprava; **remote ~** ili **distant ~** teledirigiranje; *radio* **volume ~** regulator zvuka; nadzirati; **~ (oneself)** obuzdati (se); **~ler** kontrolor; nadglednik; *mot* vozareva kočnica

controversy ['kɔntrəvə:si] spor(no pitanje)

contus|e [kən'tju:z] nabiti, ostaviti; modrica; ∼**ion** naboj, modrica;

convalesce [kɔnvə'les] oporavljati se; ∼**nce** oporavljanje; ∼**nt** koji se oporavlja

convenien|ce [kən'vi:njəns] pogodnost; **at your earliest** ∼**ce** što prije moguće; ∼**t** pogodan

convent ['kɔnvənt] samostan; ∼**ion** kongres; ∼**ional** konvencionalan

convers|ation [kɔnvə'seiʃən] razgovor; ∼**e** razgovarati; ∼**ion** pretvaranje; obraćanje; prelaženje

convey [kən'vei] prenijeti; prevesti; ∼**ance** otpremanje; odvoz; priopćenje; ∼**or** (**belt**) konvejer, tekuća vrpca

convict ['kɔnvikt] kažnjenik; robijaš; [kən'∼] osuditi (**of** na)

convince [kən'vins] uvjeriti (**of** u)

convocation [kɔnvə'keiʃən] sazivanje

convoy ['kɔnvɔi] pratnja; pratiti

convulsion [kən'vʌlʃən] grčevi; *fig* potres

cook [kuk] kuhanje; kuhar(ica); kuhati

cool [ku:l] prohladan; hladnokrvan; ohladiti se; ∼**ness** hladnoća; svježina

coolie [ku:li] kuli

cooper ['ku:pə] bačvar; badnjar

co-operat|e [kou'ɔpəreit] surađivati; ∼**ion** suradnja; ∼**ive** spreman na suradnju; ∼**ive society** potrošačka zadruga; ∼**ive store** zadružna prodavaonica

cop [kɔp] *sl* policajac

cope [koup] ogledati se; biti dorastao (**with** čemu)

copious ['koupjəs] obilan; razvučen

copper ['kɔpə] bakar; bakreni sitniš; ∼ **plate** (**engraving**) bakrorez

copy ['kɔpi] kopija; prijepis; uzorak; primjerak (*knjige*); broj (*novina*); **fair** ∼ čistopis; **rough** ∼ koncept; prepisivati, kopirati; ∼-**book** bilježnica; ∼-**ing**-**ink** tinta za kopiranje; ∼-**ing**-**press** tijesak za kopiranje; ∼**right** autorsko pravo

coral ['kɔrəl] koralj

cord [kɔ:d] špaga; konop; vezati; ∼**ed** rebrast (tkanina); ∼**age** užad; užarska roba

cordial ['kɔːdiəl] srdačan; želučani liker

corduroys ['kɔːdərɔiz] *pl* hlače od kordsamta

core [kɔː] srž; srčika

cork [kɔːk] pluto; (za)čepiti; **~screw** vadičep

corn [kɔːn] žito; *Am* kukuruz; kurje oko; usoliti; **~ed beef** konzervirana govedina; **(~)cob** *Am* klip kukuruza

corner ['kɔːnə] ugao; kut; **~-house** kuća na uglu

cornet ['kɔːnit] *mus* kornet; tuljac

Cornish ['kɔːniʃ] kornvalski; iz Cornwalla

coron|ation [kɔrə'neiʃən] krunidba; **~er** ['~nə] mrtvozornik; **~et** ['~it] dijadem

corpor|al ['kɔːpərəl] tjelesni; kaplar, desetar; **~ation** korporacija; *Am* dioničko društvo

corpse [kɔːps] lešina

corpulen|ce ['kɔːpjuləns], **~cy** debljina; **~t** debeo

corpus ['kɔːpəs] korpus, zbirka, tijelo; **∼ Christi** Tijelovo

corral [kɔ'raːl] obor (za stoku)

correct [kə'rekt] tačan, ispravan, ispraviti, popraviti; korigirati; *chem* razblažiti; **~ion** popra-

vak, ispravak; kazna; **~ness** ispravnost

correspond [kɔris'pɔnd] odgovarati (**to** čemu); dopisivati se; **~ence** podudaranje; dopisivanje; **~ent** korespondent; **~ing** odgovarajući

corridor ['kɔridɔː] hodnik; **~-train** vlak s hodnikom koji spaja vagone

corrigible ['kɔridʒəbl] ispravljiv

corroborate [kə'rɔbəreit] potvrditi

corro|de [kə'roud] izjedati; nagrizati; **~sive** *tech* sredstvo koje nagriza; **~sion** nagrizanje

corrugate ['kɔrugeit] narebriti; nažlijebiti; **~d iron** valoviti lim

corrupt [kə'rʌpt] pokvaren; pokvariti; podmititi; **~ion** pokvarenost; podmitljivost

corset ['kɔːsit] steznik

cosiness ['kouzinis] udobnost

cost [kɔst] cijena; trošak; **I learnt it to my ~** naučio sam to na vlastitoj koži; koštati; *com* izračunati cijenu koštanja

costermonger ['kɔstəmʌŋə] ulični prodavač

cost|ly ['kɔstli] skup; dragocjen; **~-price** cijena

koštanja; nabavna cijena
costume ['kɔstjuːm] odjeća; odjenuti
cosy ['kouzi] prijatan; poklopac za čajnik
cot [kɔt] poljski krevet; kolijevka
cottage ['kɔtidʒ] kućica; vikendica
cotton ['kɔtn] pamuk; pamučno platno; pamučni
couch [kautʃ] ležaj; ležaljka; kauč; prilegnuti; čučnuti
cough [kɔf] kašalj; kašljati
council ['kaunsl] vijeće; ~**lor** ['~silə] vijećnik
counsel ['kaunsəl] savjet; odvjetnik; savjetovati; ~**lor** savjetnik
count [kaunt] brojenje; zbroj; grof; brojati; ~ **upon a p** *fig* računati s nekim
countenance ['kauntinəns] lice; duševni mir
counter ['kauntə] brojilo; brojilac; žeton; tezga; protivno; uzvraćati udarac (u boksu); ~**act** suzbijati; ~**balance** protuteža; uravnotežiti; *com* izravnati; ~**clockwise** obrnuto od smjera kazaljke na satu; ~**feit** ['~fit] patvoren; krivotvoren; ~**feiter** krivotvorina; krivotvoren ~**part** par(alela) duplikat; ~**sign** supotpisati
countess ['kauntis] grofica
count|ing-house poslovnica; ~**less** bezbrojan
countr|ified ['kʌntrifaid] seljački; neuglađen; ~**y** selo; predio; zemlja, domovina; ~**yman** seljak; zemljak; ~**ywoman** seljankinja
county ['kaunti] grofovija
coupl|e ['kʌpl] par; spojiti; ~**ing** *tech* spojka
courage ['kʌridʒ] hrabrost; ~**ous** [kə'reidʒəs] hrabar, odvažan
course [kɔːs] tok; *mar* i *com* kurs; hod; *univ* kolegij; jelo (po redu); utrka; trkalište; **in due** ~ kad bude vrijeme; redovitim putem; **of** ~ jasno, naravno
court [kɔːt] dvor; sud; udvarati se; zaova uljudan; ~**esy** uljudnost; ~**ier** dvoranin; ~-**martial** vojni sud; ~-**plaster** ljepljivi melem; ~**ship** udvaranje; ~**yard** dvorište
cousin ['kʌzn] bratić; sestrična
cover ['kʌvə] pokrivač; poklopac; omot; pokrov; zaklon; zaštita; *mot* vanj-

ska guma (kod dvo-kolice); stolni pribor za jednu osobu; pokriti; prevući; ~ing pokrov, prevlaka; **floor** ~ing materijal za pod; ~let prekrivač za krevet; ~t skrovit; udata; skrovište; guštara

covetous ['kʌvitəs] gramzljiv; ~ness gramzljivost

cow [kau] krava

coward ['kauəd] kukavica; plašljivac; ~ice kukavičluk

cow|boy dječak koji čuva krave; *Am* kauboj; ~-catcher *rlw Am* plug (lokomotive)

cower ['kauə] čučati; zguriti se

cowhide ['kauhaid] goveđa koža

cox|comb ['kɔkskoum] kicoš; budala; ~swain ['kɔks(wei)n] kormilar

coy [kɔi] plah, bojažljiv

crab [kræb] rak; morski rak

crack [kræk] prasak; pukotina; prasnuti; slomiti; skršiti; razbiti; ~ **a joke** ispričati šalu; ~ed napuknut; ~er bombon praskalica; *Am* keks; ~le pucketati; ~nel tanki dvopek

cradle ['kreidl] kolijevka;

položiti u kolijevku

craft [kra:ft] lukavost; obrt; vozilo; letalo, plovni objekt; ~sman obrtnik; ~smanship vještina; izrada; ~y lukav, prepreden

crag [kræg] litica; ~gy krševit

cram [kræm] nabiti; *coll* bubati

cramp [kræmp] grč; *tech* spona

cranberry ['krænbəri] *bot* brusnica

crane [krein] ždral; dizalica; ~ **one's neck** kriviti vrat

crank [kræŋk] ručka; (~ up) *mot* ručno pokrenuti; ~shaft *tech* koljenčasta osovina; radilica

crape [kreip] krep, flor

crash [kræʃ] slom; *aero* pad aviona, udes; tresnuti; *aero* srušiti se; ~-helmet zaštitni šljem

crate [kreit] sanduće od letava; pletena košara; sanduk

crater ['kreitə] krater; rupa granate

crav|e [kreiv] usrdno moliti; čeznuti za; žudjeti; ~ing čežnja, žudnja

crawl [krɔ:l] puzanje; gmizanje; puzati; gmizati; *sport* kraul

crayfish [ˈkreifiʃ] rak (potočni)

crazy [ˈkreizi] lud

creak [kriːk] škripati

cream [kriːm] vrhnje; krema; obirati vrhnje; **cold ~** krema za lice

crease [kriːs] nabor; pregib; **well ~ed trousers** hlače s oštrom crtom

creat|e [kriːˈeit] stvarati; *theat* kreirati; izazvati; **~ion** stvaranje; **~or** stvaralac; **~ure** [ˈkriːtʃə] stvor

credentials [krediˈenʃəlz] *pl* vjerodajnice, akreditivi

credib|lility [krediˈbiliti] vjerodostojnost; **~le** [ˈkridəbl] vjerodostojan

credit [ˈkredit] povjerenje; vjerodostojnost; časť; kredit; **letter of ~** kreditno pismo; pripisati; kreditirati; **~able** vrijedan povjerenja; **~or** vjerovnik

credulity [kriˈdjuːliti] lakovjernost

creed [kriːd] vjera, vjerovanje

creek [kriːk] zaton; draga; *Am* rječica

creep [kriːp] puzati (i *fig*); **my flesh ~s** jeza me podilazi; **~er** penjačica; **~y** jeziv

cremat|ion [kriˈmeiʃən] spaljivanje (leša); **~orium**, *Am* **~ory** krematorij

crepuscular [kriˈpʌskjulə] sumračan

crescent [ˈkresnt] polumjesec

crest [krest] kresta; kukma; perjanica; vrhunac; **~ fallen** pokunjen

crevasse [kriˈvæs] raspuklina (u glečeru)

crevice [ˈkrevis] pukotina

crew [kruː] posada, momčad

crib [krib] jasle; škola; skriveni prijevod

crick [krik] grč

cricket [ˈkrikit] zrikavac; *sport* kriket; **not ~** nepošteno

crier [ˈkraiə] izvikivač; telal

crim|e [kraim] zločin; prestup; kriminal; **~inal** [ˈkriminl] prestupnički; kriminalac

crimson [ˈkrimzn] grimiz(an); karmin; zagasitocrven

cringle [krindʒ] puzati pred (to)

cripple [ˈkripl] bogalj; osakatiti; *fig* onemogućiti

cris|is, *pl* **-es** [ˈkraisis, **~iːz**] kriza

crisp [krisp] svjež; hrskav; kovrčati se

criti|c ['kritik] kritičar; **~cism** kritika; **~cize** kritizirati; osuđivati

croak [krouk] graktati, kreketati; **~er** *fig* zloguki prorok

crochet ['krouʃei] kačkanje; kačkati

crockery ['krɔkəri] zemljano suđe

crocodile ['krɔkədail] krokodil

crooked ['krukid] kriv

crop [krɔp] guša; usjevi, prihod

cross [krɔs] križ; križanje; ljut (with na); **be at ~ purposes** krivo se razumjeti; **~-beam** nosač; traverza; **~-examination** unakrsno ispitivanje; **~ing** križanje; **~-word puzzle** križaljka

crotchet ['krɔtʃit] kukica

crouch [krautʃ] čučnuti

croup [kru:p] *med* krup, gušobolja

crow [krou] vrana; graktati; **~-bar** željezna poluga

crowd [kraud] mnoštvo, gomila; gomilati (se); nabiti; vrvjeti

crown [kraun] kruna; okruniti

crucible ['kru:sibl] lonac za taljenje

crucifixion [kru:si'fikʃən] raspeće

crude [kru:d] sirov; nerafiniran

cruel ['kruəl] okrutan; nemilosrdan; **~ty** okrutnost

cruise [kru:z] krstariti; kružno putovanje (brodom); **~r** *mar* krstaš, krstarica

crumb [krʌm] mrvica; **~le** (raz)mrviti (se)

crumple ['krʌmpl] (iz)gužvati (se); (z)gnječiti (se)

crusade [kru:'seid] križarska vojna

crush [krʌʃ] gužva; smrskati; zdrobiti

crust [krʌst] kora, okoriti se (snijeg); **~ed** pokrit kožicom (staro vino); uvriježen (običaj)

crutch [krʌtʃ] štaka

cry [krai] uzvik; dozivanje; vikati; plakati

crystal ['kristl] kristal; **~lize** kristalizirati

ct(s) = cents

cub [kʌb] mladunče (lava itd.)

cub|e [kju:b] kocka; **~ic root** kubni korijen

cuckold ['kʌkəld] rogonja; učiniti rogonjom

cuckoo ['kuku:] kukavica

cucumber ['kju:kəmbə] krastavac

cudgel ['kʌdʒəl] kijača, toljaga; ~ one's brains razbijati glavu;

cue [kju:] štap za biljar; znak (riječ)

cuff [kʌf] manšeta, suvratak (rukava)

culminat|e ['kʌlmineit] kulminirati; ~ion fig vrhunac, najviša tačka

culp|able ['kʌlpəbl] kriv; kažnjiv; ~rit krivac; optuženik

cultivat|e ['kʌltiveit] kultivirati; obrađivati; njegovati; ~ion kultiviranje fig njegovanje; ~or zemljoradnik

cultur|al ['kʌltʃərəl] kulturan; kulturni; ~e ['kʌltʃə] kultura; gajenje; ~ed obrazovan

cumin ['kʌmin] bot kumin, kim

cumulative ['kju:mjulətiv] koji se gomila

cunning ['kʌniŋ] lukav; lukavost

cup [kʌp] šalica; pehar; pokal; ~board ['kʌbəd] kredenc, ormar za posuđe

curable ['kjuərəbl] izlječiv

curate ['kjuərit] kapelan

curbstone ['kə:bstoun] kameni rub pločnika

curd [kə:d] gruševina, skuta; ~le zgrušati (se)

cure [kjuə] liječenje; lijek; liječiti; soliti

curio|sity [kjuəri'ɔsiti] radoznalost; raritet; ~us ['~riəs] radoznao; čudan

curl [kə:l] uvojak; kovrčati; ~ing irons, ~ing tongs „brenšer", kovrčaljka (za kosu); kovrčav

currant ['kʌrənt] grožđica; ribiz

curren|cy ['kʌrənsi] kolanje; valuta; ~t struja; tok; tekući, sadašnji

curse [kə:s] prokletstvo; prokleti

curtail [kə:'teil] potkresati; skratiti (of za)

curtain ['kə:tn] zastor; zavjesa; ~lecture „propovijed" žene mužu prije spavanja

curts(e)y ['kə:tsi] „kniks"; „kniksati"

curv|ature ['kə:vətʃə] of the spine iskrivljenost kičme; ~e krivulja; (is)kriviti

cushion ['kuʃən] (tvrd) jastuk; obložiti; ublažiti

custard ['kʌstəd] krema od jaja

custody ['kʌstədi] nadzor; zatvor

custom ['kʌstəm] navika; običaj; mušterije; ~s carina; ~ary uobičajen

~er kupac; **queer ~er** čudak; ~-house carinarnica; ~-house officer carinik

cut [kʌt] (od-, na-, ra-, pro-, pre-) sjeći, rezati; odrezak; porezotina; rezanje (igraćih karata); prekid; redukcija; **(short ~)** prečac; ~ **teeth** dobijati zube; ~ **off** *tel* prekinuti; ~ **out** *el* isključiti; ~ **short** prekinuti; ~ **glass** brušeno staklo; **be ~ out for** biti stvoren za; **you have your work ~ out with him** imat ćeš dosta posla s njim

cutler ['kʌtlə] nožar; ~**y** jedaći pribor

cutlet ['kʌtlit] kotlet

cut|-out *mot* zaklopac ispuha; ~**ter** krojilac; *mar* kuter; ~**ting** zajedljiv; oštar; izrezak; odrezak

cwt. = **hundredweight**

cycl|e ['saikl] ciklus; bicikli; voziti bicikl; four-~**e engine** četverotaktni motor; ~**ist** biciklist

cylinder ['silində] cilindar; valjak

cynic ['sinik] cinik; ~**al** ciničan

Czech [tʃek] Čeh(inja); češki; ~**o-Slovak** Čehoslovak

D

dab [dæb] lupkanje; mrlja; (lako) dodirnuti

dabble ['dæbl] brljati; baviti se čim (amaterski)

daddy ['dædi] tatica

dagger ['dægə] bodež

daily ['deili] dnevni(o); dnevne novine

daint|iness ['deintinis] nježnost; izbirljivost; ~**y** nježan; izbirljiv; slastan; poslastica

dairy ['dɛəri] mljekarstvo

daisy ['deizi] tratinčica

dam [dæm] brana; zagra-

diti branom

damage ['dæmidʒ] šteta; *pl* odšteta; oštetiti

damask ['dæməsk] damast

damn [dæm] proklinjati; osuditi

damp [dæmp] vlažan, pun pare; vlaga; (*Am i* ~**en**) ovlažiti; prigušiti; ~**er** prigušivač

danc|e [da:ns] ples; plesati; ~**er** plesač(ica); ~-**ing room** plesna dvorana

dandy ['dændi] kicoš

Dane [dein] Danac, Dankinja

danger ['deindʒə] opasnost; ~ous opasan

dangle ['dæŋgl] visjeti

Danish ['deiniʃ] danski

dapple|d ['dæpld] šaren, pjegav; ~-grey zelenko (konj)

dare [dɛə] usuditi se; prkositi

daring ['dɛəriŋ] smion, odvažnost

dark [da:k] taman; mračan; leap in the ~ skok u nepoznato; ~ lantern svjetiljka sljepica; ~en potamniti; ~ness tama; ~-room tamna komora

darling ['da:liŋ] dragi; ljubimac

darn [da:n] (po)krpati (čarape); ~ing-needle igla za štopanje; ~ing yarn konac za štopanje

dart [da:t] sulica; strelica; baciti; pojuriti

dash [dæʃ] jurenje; nalet; dodatak (ruma i sl.); povlaka; cut a ~ coll ostaviti blistav dojam; zavitlati; razbiti; uništiti (nadu); srnuti; ~through ~ugh projuriti; ~-board blatobran; mot ploča za instrumente; ~ing vatren

date [deit] datum; vrije-

me; rok; *Am coll* sastanak; datirati; out of ~ zastarjeo; up to ~ suvremen; ažuran

date [deit] datulja

daughter ['dɔ:tə] kći; ~-in-law snaha

dauntless ['dɔ:ntlis] neustrašiv

dawdle ['dɔ:dl] coll dangubiti

dawn [dɔ:n] zora; svitati

day [dei] dan; rok; this ~ danas; the other ~ neki dan; ~'s work dnevni posao; ~break svitanje; ~light dnevno svjetlo

daze [deiz], **dazzle** ['dæzl] zabljeshtiti

dead [ded] mrtav; zamro; pust; nepokretan; dubok (san); neisporuciv (pismo); ~-beat nasmrt umoran; ~en umrtviti, prigušiti; reach a ~lock doći do mrtve tačke, zapeti; ~ly ubitačan; ~ slow! najmanjom brzinom!

deaf [def] gluh (to za); zaglušiti; ~ness gluhoća

deal [di:l] dio, količina; posao; (ras-, po-)dijeliti; postupati; ~ with baviti se sa; a great ~ mnogo; ~er trgovac; ~ings pl poslovi; kontakt

dear [diə] skup; drag

dearth [dɔːθ] nestašica

death [deθ] smrt; ~**rate** smrtnost

debarkation [diːbɑːˈkeiʃən] iskrcavanje

debase [diˈbeis] smanjiti vrijednost

debate [diˈbeit] debata; debatirati

debauch [diˈbɔːtʃ] raskalašenost

debenture [diˈbentʃə] obveznica

debit [ˈdebit] dugovanje; to the ~ of na teret; zadužiti

debt [det] dug; ~**or** dužnik(-ca)

decadence [ˈdekədəns] propadanje

decanter [diˈkæntə] brušena stolna boca

decapitate [diˈkæpiteit] odrubiti glavu

decay [diˈkei] propadanje; propadati; raspadati se

decease [diˈsiːs] smrt; preminuti

deceit [diˈsiːt] prevara; ~**ful** prevaran

deceive [diˈsiːv] zavesti; obmanuti

December [diˈsembə] prosinac, decembar

decen|cy [ˈdiːsnsi] pristojnost, doličnost; ~**t** pristojan

deception [diˈsepʃən] prevara

decide [diˈsaid] odlučiti (se); ~**d** odlučan

decipher [diˈsaifə] dešifrirati

decisi|on [diˈsiʒən] odluka; ~**on board** komisija za donošenje odluka; ~**ve** [diˈsaisiv] odlučan, presudan

deck paluba; ~**-chair** ležaljka

declaim [diˈkleim] deklamirati; napadati

declar|ation [dekləˈreiʃən] deklaracija; ~**e** [diˈkleə] izjaviti; deklarirati

decline [diˈklain] opadanje; slabljenje; opasti

decode [diˈkoud] dešifrirati

de|compose [diːkəmˈpouz] raščlaniti; raspadati se; ~**compressor** mot dekompresor ; ~**control** ukinuti privredna ograničenja

decorat|e [ˈdekəreit] ukrasiti; odlikovati; ~**ion** odlikovanje

decorous [ˈdekərəs] doličan

decrease [ˈdiːkriːs] smanjivanje; [diːˈkriːs] opasti

decree [diˈkriː] dekret; naredba; donijeti naredbu

decry [diˈkrai] kuditi

dedicat|e ['dedikeit] posvetiti; **~ion** posveta; požrtvovnost

deduce [di'dju:s] zaključivati

deduct [di'dakt] odbiti, odračunati; **~ion** odbijanje

deed [di:d] djelo, čin; isprava, dokument

deem [di:m] smatrati

deep [di:p] dubok; dubina; **~en** produbiti (se); **~ness** dubina

deer [di'ə] jelen; jelenska divljač

deface [di'feis] nagrditi

defalcation [di'fæl'kei-ʃən] pronevjerenje

defame [di'feim] klevetati

defeat [di'fi:t] poraz, poraziti; osujetiti

defect [di'fekt] nedostatak; mana; **~ion** otpad; **~ive** manjkav

defen|ce [di'fens] obrana; **~celess** nezaštićen; **~d** braniti (se); **~dant** optuženik; **~sive** obramben

defer [di'fə:] odgadati

deference ['defərəns] pokoravanje; poštovanje

defi|ance [di'faiəns] prkos; neposluh; **~ant** prkosan; **~ciency** [di-'fiʃənsi] manjak; **~cient** nedostatan

deficit ['defisit] manjak

defile [di'fail] klanac; [di'fail] defilirati

defin|e [di'fain] definirati; odrediti; **~ite** ['definit] određen; **~ition** definicija; *opt* oštrina; **~itive** definitivan

deflat|e [di'fleit] (balon itd.) ispuhati; smanjiti inflaciju (valute); **~ion** deflacija

deform [di'fɔ:m] izobličiti, deformirati; **~ity** izobličenje, nagrdenost

defraud [di'frɔ:d] prevariti **(of)**

defray [di'frei] snositi (troškove), podmiriti

deft spretan, okretan

defy izazivati, prkositi

degenerat|e [di'dʒenəreit] izroditi se, degenerirati se; **~ion** degeneracija

degrad|ation [degrə'dei-ʃən] degradacija; **~e** degradirati

degree [di'gri:] stupanj (i *fig*); **by ~s** postepeno; **in some ~** donekle

deign [dein] udostojati se

delay [di'lei] odgoda; zakašnjenje; odgoditi

delegate ['deligeit] delegirati; ['~git] delegat

deliberate ['di'librit] namjeran; [~reit] vijećati

delica|cy ['delikəsi] poslastica; istančanost; **~te** nježan; slabašan

delicious [di'liʃəs] ukusan

delight [di'lait] uživanje; uživati u; **~ful** divan

delineate [di'linieit] opisati

delinquent [di'liŋkwənt] prekršitelj

deliver [di'livə] osloboditi; isporučiti; *med* pomoći pri porodu; predati (poruku); održati (govor); dostaviti (poštu); **~ance** izbavljenje; **~y** dostava, isporuka; predaja; način predavanja; porod

delude [di'lu:d] varati; obmanuti

deluge [delju:dʒ] poplava

delusi|on [di'lu:ʒən] zabluda; iluzija; **~ve** [~siv] varav

demagogue ['deməgɔg] demagog

demand [di'ma:nd] zahtjev; potražnja; zahtjevati; **on ~** na zahtjev

demeanour [di'mi:nə] ponašanje

demesne [di'mein] posjed, domena

demi ... ['demi] poludemilitariz|ation ['di-militərai'zeiʃən] demilitarizacija; **~e** demilitarizirati

demob(ilize) ['di:'mɔb-(di:'moubilaiz)] demobilizirati

democra|cy [di'mɔkrəsi] demokracija; **~t** ['deməkræt] demokrat; **~tic** demokratski; **~tize** demokratizirati

demoli|sh [di'mɔliʃ] demolirati; **~tion** [demo-'liʃən] razaranje

demon ['di:mən] demon; zloduh

demonstrat|e ['demənstreit] dokazati; pokazati; demonstrirati; **~ion** monstracija; prikazivanje; dokazivanje

demur [di'mə:] oklijevanje

demure [di'mjuə] trijezan; smjeran

den [den] jazbina; *coll* radna soba

denial [di'naiəl] nijekanje; demanti

denominate [di'nɔmineit] nazvati

denote [di'nout] označiti

denounce [di'nauns] tužiti

dens|e [dens] gust; zbit; **~ity** gustoća

dent [dent] ulupina

dent|ifrice ['dentifris] zubna pasta (prah); **~ist** zubar; **~ure** umjetno zubalo

denude [di'nju:d] ogoliti

deny [di'nai] zanijekati; demantirati

depart [di'pa:t] otputovati; odstupiti (**from** od); **~ment** odjel; *Am* **State ~ ment** ministarstvo vanjskih poslova; **~ ment store(s)** robna kuća; **~ure** odlazak

depend [di'pend] (**up)on** ovisiti o; osloniti se na; **it ~s**, to ovisi; *Am* **~** član obitelji (vojne osobe); **~ence** ovisnost

depict [di'pikt] ocrtati

depilatory [de'pilətəri] depilator

deplorable [di'plɔ:rəbl] za osudu

depopulation ['di:pɔpju:'leiʃən] opadanje (gubitak) stanovništva

deport [di'pɔ:t] deportirati; **~ation** deportacija

depose [di'pouz] svrgnuti; dati izjavu

deposit [di'pɔzit] polaganje; *chem* taloženje; ulaganje (u banku); uplata; deponirati; taložiti (se)

depot ['depou] depo, skladište; *Am* ['di:pou] željeznička stanica

deprecat|e ['deprikeit] kuditi; **~ion** neodobravanje

depreciat|e [di'pri:ʃieit] sniziti vrijednost; omalovažavati; **~ion** omalovažavanje; *com* amortizacija

depress [di'pres] pritisnuti; sniziti; deprimirati; **~ed** potišten; **~ion** potištenost; (**barometric**) **~ion** niski pritisak

deprive [di'praiv] lišiti

depth [depθ] dubina

deputy [di'depjuti] zastupnik

derail [di'reil] iskočiti iz tračnica; **~ment** iskakanje vlaka

derange [di'reindʒ] poremetiti (i duševno)

derision [di'riʒən] izrugivanje

derive [di'raiv] izvesti; potjecati; (korist) izvlačiti (**from** od)

derogate ['derəgeit] prikraćivati (**from**)

descend [di'send] sići, spustiti se; *min* spustiti se u rov; **~ant** potomak

descent [di'sent] silaženje; potjecanje; *min* silaženje u rov; strmina

describe [dis'kraib] opisati, prikazati

description [dis'kripʃən] opis

desert ['dezət] pust; pustinja; [di'zə:t] napustiti; dezertirati; **∼y** napuštanje; dezertiranje

deserve [di'zə:v] zaslužiti, zavrijediti

design [di'zain] nacrt; uzorak; desen; *tech* konstrukcija, izvedba; konstruirati; namijeniti; **∼er** dizajner; konstruktor

designat|e ['dezigneit] označiti; **∼ion** oznaka

desir|able [di'zaiərəbl] poželjan; ugodan; **∼e** želja; željeti; **∼ous** želian

desist [di'zist] odustati (**from**)

desk pisaći stol; školska klupa

desolat|e ['desəleit] opustošiti; ['∼lit] pust; **∼ion** opustošenje

despair [dis'pɛə] očaj; očajavati

desperate ['despərit] očajan

despise [dis'paiz] prezirati

despite [dis'pait] prezir; prkos; **in ∼ of** usprkos

despond [dis'pɔnd] očajavati; **∼ency** očaj

dessert [di'zə:t] slatko (voće) poslije jela, slatkiš

destin|ation [desti'neišən] odredište, cilj; **∼e** ['∼tin] odrediti; **∼y** ['∼tini] sudbina

destitut|e ['destitju:t] siromašan; lišen; **∼ion** oskudica; bijeda

destroy [dis'trɔi] razoriti; **∼er** razarač

destruct|ion [dis'trʌkšən] razorenje; **∼ive** razoran

detach [di'tætš] odvojiti; odijeliti; **∼ment** odvajanje; odred

detail ['di:teil] potankost, pojedinost; potanko opisati; **∼ed** detaljan

detain [di'tein] zadržati, zaustaviti

detect [di'tekt] otkriti; **∼ive** detektiv; **∼or** radio detektor

detention [di'tenšən] pritvor

deter [di'tə:] odvratiti

deteriorate [di'tiəriəreit] pogoršati se

determin|ate [di'tə:minit] određen; **∼ation** odlučnost; određenje; **∼e** odrediti; odlučiti

detest [di'test] osjećati odvratnost prema; **∼able** odvratan

detonation [detou'neišən] eksplozija; prasak

detract [di'trækt] kuditi

detriment ['detrimənt] šteta; uštrb

devaluat|ion [di:vælju-

'eiʃən] devalvacija; ~e
devalvirati

devastate ['devəsteit] o-
pustošiti

develop [di'veləp] raz-
viti (se); ~er phot raz-
vijač; ~ment razvoj

deviat|e ['di:vieit] zastra-
niti; ~ion devijacija

device [di'vais] naprava;
sredstvo; crtež; geslo

devil ['devl] davo; ~ish
davolji

devise [di'vaiz] izmisliti

devoid [di'vɔid] (of) li-
šen, bez

devolve [di'vɔlv] preći
(upon)

devot|e [di'vout] posve-
titi; ~ed odan; ~ion
odanost; pobožnost

devour [di'vauə] proždri-
jeti

devout [di'vaut] pobožan

dew [dju:] rosa; ~y rosan

dexterity [deks'teriti]
spretnost; ~ous spretan

diabetes [daiə'bi:ti:z] še-
ćerna bolest

diagnos|e ['daiəgnouz]
med postaviti dijagnozu;
~is, pl ~es dijagnoza

dial ['daiəl] sunčana ura;
brojčanik telefona (sata);
tel birati broj

dialect ['daiəlekt] narječje

diameter [dai'æmitə] pro-
mjer

diamond ['daiəmənd] di-
jamant

diaphragm ['daiəfræm]
osit; tel membrana; opt
blenda

diarrhoea [daiə'riə] med
proljev

diary ['daiəri] dnevnik

dice [dais] pl kocke; koc-
kati se; ~-box čaša za
kockanje

dictat|e [dik'teit] diktirati;
propisivati; ~ion diktat;
~or diktator; ~orial
diktatorski; ~orship
diktatura

dictionary ['dikʃənri]
rječnik

die, pl **dice** kocka; umri-
jeti; odumrijeti; ~ out
izumrijeti

diet ['daiət] dijeta; pro-
pisana hrana; sabor, skup-
ština

differ ['difə] razlikovati
se; razilaziti se; ~ence
razlika; razmimoilaženje
nesuglasica; ~ent razli-
čit

difficult ['difikəlt] težak,
naporan; ~y teškoća

diffuse [di'fju:z] proširiti

dig (is-)kopati

digest [di'dʒest] probaviti;
['daidʒest] sažeti; prikaz,
pregled; ~ible probav-
ljiv; ~ion probava

dignif|ied ['dignifaid] do-

stojanstven; **~y** *fig* uz-
visiti
dignity ['digniti] dosto-
janstvo
digress [dai'gres] udaljiti
se od predmeta; **~ion**
digresija
dike [daik] nasip; kanal;
ograditi nasipom
dilate [dai'leit] raširiti (se)
diligen|ce ['dilidʒəns]
marljivost; **~t** marljiv
dilute [dai'lju:t] razrije-
diti
dim taman; nejasan; *mot*
~ the headlights pri-
gušiti farove
dimension　　[di'menʃən]
opseg, dimenzija
diminish [di'miniʃ] sma-
njiti (se); spasti
diminution [dimi'nju:-
ʃən] smanjenje
dimple ['dimpl] jamica
din buka; galama
dine [dain] ručati, večerati
ding-dong zvonjava
dingy ['dindʒi] prljav;
tmuran
dining|-car kola za ruča-
nje; **~-room** blagovao-
nica
dinner ['dinə] glavni ob-
rok dana (ručak ili veče-
ra)
dint: by ~ of pomoću,
zahvaljujući
dip umočiti; potopiti;

utonuti; uranjanje; krat-
ko kupanje; nagibi
diphtheria　　[dif'θiəriə]
difterija
diplomacy [di'plouməsi]
diplomacija
dipper ['dipə] velika ku-
hača
direct [di'rekt] izravan;
neposredan; **~ current**
istosmjerna struja; **~ hit**
puni pogodak; direktno
(i **~ly**); upravljati; us-
mjeriti; uputiti; nasloviti;
~ion smjer; upravljanje;
upućivanje; adresa; upra-
va;
director [di'rektə] direk-
tor; **board of ~s** uprav-
ni odbor; **~y** adresar
dirigible ['diridʒəbl] u-
pravljiv; cepelin
dirt [də:t] prljavština;
zemlja; **~ cheap** za
bagatelu; **~y** prljav; u-
prljati
disability [disə'biliti] ne-
sposobnost
disable [dis'eibl] onespo-
sobiti; osakatiti; **~d** in-
valid; **~d ex-service-
man** ratni vojni invalid
disabuse [disə'bju:z] o-
tvoriti oči (*fig*)
disadvantage [disəd'va:n-
tidʒ] nepovoljan položaj;
~ous nepovoljan
disaffect [disə'fekt] otu-

diti; ~ion nezadovolj-
stvo

disagree [disə'gri:] ne
slagati se; ne podnositi;
~**able** neugodan; ~
ment neslaganje

disappear [disə'piə] ne-
stati; ~**ance** nestanak

disappoint [disə'point]
razočarati; ~**ment** razo-
čaranje

disappro|bation, ~**val**
[disæprə'beiʃən, ~ə'pru:-
vəl] negodovanje; ~**ve**
ne odobravati

disarm [dis'a:m] razoru-
žati (se); ~**ament** razo-
ružanje

disarrange ['disə'reindʒ]
poremetiti; ~**ment** pore-
mećenje

disast|er [di'za:stə] kata-
strofa; ~**rous** koban;
katastrofalan

disavow ['disə'vau] zani-
jekati; odreći se; ~**al**
odricanje

disbelie|f ['disbi'li:f] ne-
vjerovanje, sumnja; ~**ve**
ne vjerovati, sumnjati

disburse [dis'bə:s] ispla-
titi; izdati; ~**ment** is-
plata; izdatak

discern [di'sə:n] razabrati;
razlučiti; uvidjeti; ~**ing**
oštrouman; ~**ment**
oštroumlje

disharge [dis'tʃa:dʒ] ras-

teretiti; isprazniti; is-
paliti; izvršiti (dužnost);
namiriti (dug); otpustiti;
rasterećenje; izvršenje;
otpuštanje

discipl|e [di'saipl] učenik;
sljedbenik; ~**ine** ['disi-
plin] disciplina, stega;
disciplinirati, kazniti

diclaim [dis'kleim] nije-
kati

disclos|e [dis'klouz] razo-
riti; odati; ~**ure** raz-
otkrivanje

dis|colour [dis'kʌlə] gu-
biti boju; ~**comfort**
neudobnost; nelagodnost;
biti neugodan; ~**com-
pose** uznemiriti; ~**con-
cert** smutiti; osujetiti;
~**connect** prekinuti ve-
zu (**from**, **with**); *el*
isključiti; *tech* otkvačiti;
~**consolate** neutješan

discontent [diskən'tent]
nezadovoljstvo; ~**ed** ne-
zadovoljan

discontinu|ance [diskən-
'tinjuəns] prekid; ~**e**
prekinuti; otkazati (no-
vine)

discord(ance) [dis'kɔ:d-
(əns)] nesklad, gloženje

discount ['diskaunt] po-
pust; dati popust; ~
able odračunljiv; ~
enance osuditi

discourage [dis'kʌridʒ]

obeshrabriti; destimulirati

discourse [dis'kɔːs] govor; ~ **on, upon, about** govoriti o

discover [dis'kʌvə] otkriti; ~**er** pronalazač; ~**y** otkriće

discredit [dis'kredit] loš glas; diskreditiranost; diskreditirati

discreet [dis'kriːt] diskretan

discretion [dis'kreʃən] diskrecija; razboritost; sloboda odlučivanja; **at one's** ~ po volji (nahođenju)

discriminat|e [dis'krimineit] razlikovati od; ~**ion** razlikovanje; diskriminacija

discuss [dis'kʌs] raspravljati; diskutirati; ~**ion** [~'kʌʃən] diskusija

disdain [dis'dein] prezir; prezirati; omalovažavati

disease [di'ziːz] bolest; ~**d** bolestan

disembark ['disim'baːk] iskrcati (se)

disengage ['disin'geidʒ] osloboditi; ~**d** slobodan; ~**ment** oslobođenje; raskidanje zaruka

disentangle ['disin'tæŋgl] razmrsiti

disfigure [dis'figə] nagrditi

disgrace [dis'greis] nemilost; sramota; baciti u nemilost; osramotiti; ~**ful** sramotan

disguise [dis'gaiz] prerušiti; zakrabuljiti; prikriti; maska, krinka

disgust [dis'gʌst] odvratnost (**at, for**); ~**ed with** osjećati ogorčenost (odvratnost) prema; ~**ing** odvratan

dish [diʃ] zdjela; pojedino jelo; ~ **up** (i fig) garnirati

dishearten [dis'haːtn] obeshrabriti

dishonest [dis'ɔnist] nepošten; ~**y** nepoštenje

dishonour [dis'ɔnə] beščasnost; sramota; osramotiti; ne prihvatiti (mjenicu); ~**able** sramotan, nepošten

disillusion [disi'luːʒən] deziluziranost; razočaranje

disinclin|ation [disinkli-'neiʃən] nesklonost (**for, to**); ~**ed** ['~klaind] nesklon

disinfect [disin'fekt] dezinficirati; ~**ant** raskužno sredstvo; ~**ion** dezinfekcija

disinherit [disin'herit] razbaštiniti

disinterested [dis'intris-tid] nezainteresiran

disk (okrugla) ploča; gramofonska ploča

dislike [dis'laik] antipatija; ne voljeti; ~d omrznut

dislocate ['disləkeit] poremetiti; iščašiti

dismal ['dizməl] turoban

dismantle [dis'mæntl] demontirati

dismay [dis'mei] očaj; očajavati

dismember [dis'membə] raskomadati

dismiss [dis'mis] otpustiti; likvidirati sa; ~al otpust

dismount [dis'maunt] sjahati; skinuti

disobedien|ce [disə'bi-djəns] neposluh; ~t neposlušan (to)

disobey [disə'bei] biti neposlušan

disobliging ['disə'blaid-ʒiŋ] nesusretljiv; neljudan

disoder [dis'ɔːdə] nered; *med* smetnja; poremetiti; ~ly neuredan; izgrednički

disown [dis'oun] ne priznavati; odreći se

dispatch [dis'pætʃ] brzo rješenje; žurba; odaslati; ~er otpremnik

dispens|able [dis'pensəbl]

nevažan; ~ary apoteka; ~e **with** moći bez; biti bez

disperse [dis'pəːs] raspršiti (se)

displace [dis'pleis] premjestiti; pomaći; preseliti; potisnuti; ~d **person** raseljeno lice

display [dis'plei] iznošenje; prikazivanje; aranžirana roba; izložiti; prikazati

displease [dis'pliːz] ozlovoljiti; ~ure [~'pleʒə] negodovanje

dispos|al [dis'pouzəl] raspolaganje; određenje; ~e odrediti; ~e **of** raspolagati nečim; primijeniti; likvidirati; ~ed sklon; ~ition [dispə'ziʃən] određivanje; *fig* sklonost; narav

disproportion ['dispro-'pɔːʃən] nesrazmjer

dispute [dis'pjuːt] spor; osporavati; raspravljati (about)

disqualif|ication [dis-kwɔlifi'keiʃən] diskvalifikacija; ~y [~fai] diskvalificirati

dis|quiet [dis'kwaiət] nemir; briga; uznemiriti; ~regard ignoriranje; ne obazirati se; zanemariti; ~reputable na zlu glasu;

ozloglašen; ~**respectful**
drzak

dissatis|faction ['dissæ-
tis'fækʃən] nezadovolj-
stvo; ~**fy** ne zadovoljiti

dissemble [di'sembl] pri-
kriti; pretvarati se

dissen|sion [di'senʃən]
razmirica; ~**t** razilaziti
(se) (**from**); neslaganje

dissertation [disəː'teiʃən]
(učena) rasprava (**on**)

dissimilar ['di'similə] raz-
ličit

dissipat|e ['disipeit] razići
se; rasuti; ~**ed** razuzdan;
~**ion** rastrošnost

dissociate [di'souʃieit]
rastaviti

dissolv|able [di'zɔlvəbl]
rastopiv; ~**e** rastopiti

dissua|de [di'sweid] od-
vratiti od (**from**); ~**sive**
koji odvraća od

distan|ce [di'stəns] dalji-
na; razmak; uzdržanost;
~**t** udaljen; dalek; uz-
držan

distaste [dis'teist] neskla-
nost (**for a th**)

distend [dis'tend] napuh-
nuti (se)

distil [dis'til] destilirati;
~**ation** destilacija; ~
ler(y) tvor(n)ica (a)

distinct [dis'tiŋkt] razli-
čit; jasan; ~**ion** razliko-
vanje; **in** ~**ion from**

za razliku od; isticanje;
~**ive** značajan; osebujan

distinguish [dis'tiŋgwiʃ]
razlikovati; (**oneself**) is-
taknuti (se); ~**ed** istak-
nut; odličan; otmjen

distort [dis'tɔːt] iskriviti;
izvrnuti; izobličiti; iz-
vrtanje; izobličenje (i
radio, opt)

distract [dis'trækt] od-
vratiti (pažnju); rastresti;
~**ed** rastrojen; ~**ion**
odvraćanje; ludilo

distress [dis'tres] nevolja;
ojaditi; ~**ful** jadan

distribut|e [dis'tribjuːt]
(raz-, po-)dijeliti; (robu)
raspačavati; ~**ion** ras-
podjela; distribucija; ~**or** distributer; prodavač

district ['distrikt] općina,
kotar, okrug; predio

distrust [dis'trʌst] ne-
povjerenje; nemati povjere-
nja u

disturb [dis'təːb] uzne-
miriti; ometati; ~**ance**
smetnja

disunion ['dis'juːnjən] ne-
sloga

disuse [dis'juːs] neupo-
treba

ditch [ditʃ] jarak

dive [daiv] skok naglavce;
(u)roniti; (u)skočiti; *aero*
obrušavanje; ~**r** ronilac

divers|e [dai'vəːs] različit;

raznorodan; **∼ion** skretanje; razonoda; **∼ity** raznolikost

divert [dai'vəːt] odvratiti; zabaviti

divest [dai'vest] svući

divide [di'vaid] (po)dijeliti (se); razdijeliti (se); Am razvođe

divin|ation [divi'neiʃən] gatanje; **∼e** [di'vain] božanski; **∼ity** [di'viniti] božanstvo; teologija

division [di'viʒən] dioba, divizija

divorce [di'vɔːs] rastava (braka); rastaviti (se)

dizz|iness ['dizinis] vrtoglavica; **∼y** vrtoglav

do [duː] činiti; pripravljati, kuhati; (uslugu) učiniti; obaviti; osjećati se; odgovarati; **that will ∼** dosta je; **how ∼ you ∼** milo mi je; kako ste? **∼ you like London?** — **I ∼** da li vam se sviđa London? Da; **what is to be ∼ne** što da se radi? **I could ∼ with** ne bih imao ništa protiv; **∼ without** moći i bez, biti bez; Pitanje: **∼ you see him**: vidiš (vidaš) li ga? Nijekanje: **we ∼ not know** ne znamo; Pojačanje: **∼ shut up!** daj

prestani već jednom! **I ∼ feel better** zaista se bolje osjećam

docile ['dousail] poslušan; povodljiv

dock [dɔk] dok; **∼er** lučki radnik; **∼yard** brodogradilište

doctor ['dɔktə] doktor; liječnik

document ['dɔkjumənt] dokument; **∼ary** dokumentaran; **∼ary film** dokumentarni film

dodge [dɔdʒ] izmicanje; trik; izmicati; **(artful) ∼r** prepredenjak

dog pas; **go to the ∼s** propasti; **∼cart** jednoprežna dvokolica; **∼-days** najvrući dani ljeta; **∼ged** uporan; **∼-tired** premoren

doing ['duːiŋ] djelovanje; čin; pl zbivanje, stvari

dole [doul] potpora za nezaposlenost; **be on the ∼** primati potporu; **∼ful** žalostan, turoban

doll [dɔl] lutka

dolphin ['dɔlfin] dupin

dome [doum] katedrala; kupola

domestic [də'mestik] kućni; sluga; **∼s** pl služinčad

domicile ['dɔmisail] mjesto boravka; **∼d** sa stalnim boravkom u

domination [dɔmi'neiʃən] (pre)vlast

domineer [dɔmi'niə] komandirati; **∼ing** nasilan; bahat

dominion [də'minjən] vlast; **the ∼s** pl dominioni (engleske kolonije sa samoupravom)

donation [dou'neiʃən] dar; prilog

done [dʌn] učinjen; iscrpljen; svršen; **well ∼** dobro ispečen

donkey ['dɔnki] magarac

donor ['dounə] darivatelj; davalac

doom [du:m] sudbina; kob; osuditi

door [dɔ:] vrata; **next ∼ (to)** susjedni; **within ∼s** u kući; **out of ∼s** vani; **∼-handle** kvaka na vratima; **∼-keeper,** *Am* **∼-man** vratar; **∼way** veža

dope [doup] *Am* droga; dopingovati

dormant ['dɔ:mənt] **partner** tajni kompanjon

dose [douz] doza; dozirati

dot tačka; mrlja; istočkati

dote [dout] (po)djetinjiti; ludovati (**on** za)

double ['dʌbl] dvostruk; duplikat; dvojnik; *sport* igra parova; prepoloviti; **∼-breasted** dvoredni

(sako); **∼-entry** dvostruko knjigovodstvo **∼-faced** dvoličan; **∼-line** dvostruki kolosjek

doubt [daut] sumnjati; sumnja; **no ∼** nesumnjivo; **∼ful** sumnjiv

douche [du:ʃ] irigiranje; tuš; irigirati (se)

dough [dou] tijesto; **∼nut** uštipak

dove [dʌv] golub

dowager ['dauədʒə] udovica (plemkinja)

dower ['dauə] miraz

down [daun] paperje; pl brežuljkasta pustopoljina

down [daun] dolje; (is)pod; naniže; **∼ the river** nizvodno; **∼ platform** polazni peron; **∼-hearted** utučen; **∼hill** nizbrdo; **∼pour** pljusak; **∼right** temeljito; **∼right** potpun (laž, besmisao); **∼stairs** dolje, u prizemlju; **∼wards** naniže

dowry ['dauəri] miraz

doze [douz] drijemati; drijemež

dozen ['dʌzn] tuce

Dr. = debtor; doctor

drab [dræb] mutnosmeđ; *fig* dosadan; neugledan; monotonija

draft, draught [dra:ft] (trasirana) mjenica; sa-

staviti nacrt, koncipirati
drag povlačna mreža;
smetnja; potezati; vući;
ići tromo (poslovi)

dragon ['drægən] zmaj

dragoon [drə'gu:n] dragun

drain [drein] odvodni kanal; isušiti; oteći; ~**age** (uređaji za) isušivanje

dramatist ['dræmətist] dramatičar

draper ['dreipə] trgovac tekstilom; ~**y** trgovina tekstilom; tekstil; drapiranje

draught [dra:ft] vučenje; propuh; gutljaj; pl dama (igra); ~**sman** crtač; ~**y** izvrgnut propuhu

draw [drɔ:] (po-, na-, od-, raz-)vući; podići (novac); crtati; upijati (zrak); pomodni artikl; vučenje; ~ **up** sastaviti, koncipirati; ~**back** nedostatak; smetnja; ~**bridge** most na dizanje; ~**ee** *com* trasat

drawer ['drɔːə] crtač; *com* trasant; ladica; **(pair of)** ~**s** [drɔːz] pl gaće; **chest of** ~**s** komoda

drawing ['drɔːin] vučenje; crtanje; ~**board** crtaća daska; ~**room** soba za primanje, salon

dread [dred] strah; strava;

plašiti se; ~**ful** strašan; grozan

dream [dri:m] san; sanjati; **I** ~**t** sanjao sam

dreary ['driəri] turoban, pust

dredge [dredʒ] bager; jaružati

drench [drentʃ] smočiti do kože; ~**er** pljusak

dress [dres] odjeća; haljina; očistiti, prirediti; obući (se); povijati (rane); **in full** ~ u svečanoj odjeći; ~**-circle** *theat* mezzanin; ~**-coat** frak; ~**er** kredenc

dressing ['dresin] priređivati; *med* povoj; apretura; ~**-case** neseser; ~**-gown** kućni ogrtač; ~**-table** toaletni stolić

dress|maker krojačica; ~**-suit** večernje odijelo

drift tok misli; (sniježni) nanos; biti tjeran (nošen); ~**-ice** ledene sante

drill svrdlo; bušilica; uvježbavanje; uvježbavati

drink [drink] piće; napitak; piti; ~**able** pitak; ~**ing glass** čaša

drip kapati; curiti; ~**ping** mast od pečenja

drive [draiv] vožnja; *mot* pogon; *fig* inicijativa; voziti; goniti; (na)tjerati; ~ **on** natjerati; ~ **up to**

zaustaviti kola pred; **~r** vozač; šofer; kočijaš

driving ['draiviŋ] vožnja; **~ mirror** vozačko ogledalo; **~ school** auto škola; **~-wheel** pogonski kotač

drizzle ['drizl] kišica

droll [droul] smiješan

drone [droun] *zool* trut (i *fig*)

droop [dru:p] objesiti se

drop kap; (o)pad(anje); kapati; ispustiti; ubaciti (pismo); baciti (bombe); **~ in** navratiti; **~ a line** napisati nekome par redaka; iskrcati putnika (iz kola); **~-scene** *theat* zastor; finale

dropsy ['drɔpsi] vodena bolest

drought [draut] suša

drown [draun] utopiti se; preplaviti; *fig* zaglušiti; **be ~ed** utopiti se

drowse [drauz] drijemati; biti pospan; **~y** pospan

drug [drʌg] lijek; droga; **~gist** drogerist; *Am* ljekarnik; **~store** *Am* (velika) drogerija

drum [drʌm] bubanj; bubnjati; **~ head** strana bubnja s kožom

drunk [drʌŋk] pijan; **~ard** pijanica; **~enness**

pijanstvo

dry [drai] suh; isušen; sušiti; **~ up** isušiti; **~-cleaning** kemijsko čišćenje; **~ goods** *Am* tekstil; **~ness** suhoća

dual carriage-way cesta s dvostrukim kolovozom

dubious ['dju:biəs] neizvjestan

ducal ['dju:kəl] vojvodski

duchess ['dʌtʃis] vojvotkinja

duchy ['dʌtʃi] vojvodstvo

duck [dʌk] patka; jedrenina; potopiti; zaroniti

ductile ['dʌktail] rastezljiv; kovan

due [dju:] dužan; dospio; **in ~ time** u svoje (pravo) vrijeme; **the train is ~ at 5** vlak treba doći u 5; što pripada; dug; **~s** *pl* pristojbe

duel ['dju:əl] dvoboj

dug-out ['dʌgaut] *mil* zemunica

duke [dju:k] vojvoda; **~dom** vojvodstvo

dull [dʌl] tup (i *fig*); mutan; mukao; dosadan; trom; mlitav; otupiti; **~ness** tupost; dosada; jednoličnost

dumb [dʌm] nijem; *Am* glup; **deaf and ~** gluhonijem; **~ waiter**

okretni stolić za poslu-
živanje; *Am* kuhinjski
lift; **~-bell** bučice za
gimnastiku; *Am* glupan
dummy ['dʌmi] imita-
cija; krojačka lutka; *fig*
prazna figura
dump [dʌmp] izbaciti;
com dempovati, baciti
jeftinu robu na tržište;
fig pl potištenost; **~ing**
com demping
dumpling ['dʌmpliŋ] val-
jušak
dung [dʌŋ] gnojivo; po-
gnojiti
dungeon ['dʌndʒən] tam-
nica
dunghill ['dʌŋhil] gno-
jište
dupe [djuːp] prevarena
(lakovjerna) osoba; na-
samariti
duplicate ['djuːplikit]
dvostruk; duplikat; [′~-
keit] kopirati; umnožiti
dura|bility [djuərəˈbiliti]
trajnost; **~ble** trajan;
~tion trajanje
during ['djuəriŋ] za vri-
jeme
dusk [dʌsk] sumrak
dust [dʌst] prašina; (is-,
o-) prašiti; **~-bin** kanta
za smeće; **~-cloak ~-
-coat** kuta, radni ogrtač;

~-proof koji ne pro-
pušta prašinu; **~y** praš-
njav
Dutch [dʌtʃ] holandski;
the ~ Holanđani; **~-
man** Holandez; **~-
-woman** Holanđanka
dutiable ['djuːtiəbl] što
podliježe carini
dutiful ['djuːtiful] po-
slušan; **~ness** posluš-
nost; pokornost
duty ['djuːti] dužnost;
carina; služba; **on ~** u
službi, dežuran; **off ~**
koji nije u službi; **pay
(the) ~ on** platiti ca-
rinu na; **~-free** slobo-
dan od carine
dwarf [dwɔːf] patuljak
dwell stanovati; zadržati
se na ([up]on)
dwelling ['dweliŋ] stan;
~-house stambena kuća
dye [dai] boja; bojati; **~r**
bojadisač; **~-works** bo-
jadisaonica
dying ['daiiŋ] umirući;
umiranje
dynam|ic [dai'næmik]
~ical dinamičan; **~ics**
dinamika; **~ite** ['dainə-
mait] dinamit; **~o** ['dai-
nəmou] dinamo
dysentery ['disntri] *med*
dizenterija

E

E. = East(ern); English
each [iːtʃ] svaki; ~ **other**
jedan drugoga, se
eager ['iːgə] željan (**after,**
for); nestrpljiv; ~**ness**
želja; žudnja (**for**); ne-
strpljivost
eagle ['iːgl] orao
ear [iə] uho; sluh; klas;
ručka (na peharu i sl.);
~**-ache** uhobolja; ~
-drum *anat* bubnjić
earl [əːl] grof (u Engle-
skoj)
earliness ['əːlinis] ranost
early ['əːli] ran(o); usko-
ro; ~ **in the morning**
rano ujutro; ~ **in May**
početkom svibnja; **as** ~
as još, već
earn [əːn] zaraditi; ~**ed**
income osobna zarada
earnest ['əːnist] ozbiljan;
be in ~ ozbiljno misliti
earnings ['əːniŋz] *pl* za-
rada; prihod
ear|-pendant privjesak za
uho; ~**-ring** naušnica;
~**-splitting** zaglušan;
~**-trumpet** rog za na-
gluhe; ~**-wax** ušna
mast; ~**wig** uholaža
earth [əːθ] zemlja; svijet;
tlo; *radio* uzemljiti; ~**en**
zemljan; ~**enware** zem-

ljano posuđe; ~**ly** ze-
maljski; ~**quake** potres;
~**-worm** glista
eas|e [iːz] ugodnost; udob-
nost; spokojnost; neusi-
ljenost; olakšati; (bol)
ublažiti; **at** ~ mirno,
ležerno; ~**iness** lakoća;
neusiljenost
east [iːst] istok; Orijent;
istočni
Easter ['iːstə] Uskrs
eastwards ['iːstwəd(z)]
prema istoku
easy ['iːzi] lak; udoban;
trom (tržište); **make**
your mind ~ **about**
that! o tom ne brini;
take it ~! ne uzrujavaj
se! bez žurbe! ~**-chair**
naslonjač; ~**-going** bez-
brižan
eat [iːt] jesti; žderati; *fig*
gristi; ~ **up** pojesti; ~**-**
ables ['iːtəblz] *pl* jestvi-
ne; **poor (great)** ~**er**
osoba koja malo (puno)
jede; ~**ing** ječanje; ~**-**
ing-house gostionica
eaves [iːvz] *pl* streha
ebb oseka (i ~**-tide**);
opadati (i *fig*)
ebony ['ebəni] ebanovi-
na
E. C. = **Eastern Central**

(poštanski distrikt London-
dona)
eccentric(al) [ik'sentrik(əl)] ekscentričan
ecclesiastic [ikli:zi'æstikl] crkveni
echo ['ekou] jeka
eclipse [i'klips] pomrčina
econom|ic [i:kə'nɔmik] ekonomski; **~ic crisis** kriza; **~ic policy** privredna politika; **~ical** ekonomičan, štedljiv; **~y** štedljivost; **political ~y** politička ekonomija
ecstasy ['ekstəsi] zanos
ed. = **edition, editor**
edge [edʒ] oštrina; rub; ivica; brid; britkost; **she is on ~ today** danas je napeta; oštriti; porubiti; **~ways, ~wise** pobočke
edging ['edʒiŋ] oštrenje; rub; opšav
edible ['edibl] jestivo
edifice ['edifis] građevina
edify ['edifai] *fig* izgrađivati; **~ing** poučan
edit ['edit] (knjigu) urediti; **~ion** izdanje; naklada
editor ['editə] urednik; **~ial** uvodni članak; **~ship** uredništvo
educat|e ['edju:keit] odgajati; podučavati; obra-

zovati; **~ion** odgoj; obrazovanje; **Board of ~ion** ministarstvo prosvjete
eel [i:l] jegulja
efface [i'feis] izbrisati; *fig* uništiti
effect [i'fekt] učinak; posljedica; djelovanje; *tech* kapacitet; **~s** *pl* vrijednosni papiri; imovina; **take ~** djelovati, stupiti na snagu; **of no ~** bez učinka; **in ~** doista, izazvati; **~ive** djelotvoran; **become ~ive** *Am* stupiti na snagu **~ive capacity** korisni kapacitet; *ugl mil* **~ives** aktivna vojska; **~uate** izvršiti
effeminate [i'feminit] ženskast
effervescent [efə'vesnt] pjenušav; **~ powder** prašak za umjetna sodna pića
efficacious [efi'keiʃəs] efikasan
efficien|cy [i'fiʃənsi] djelotvornost; **~t** sposoban
effigy ['efidʒi] slika; lutka
effluence ['efluəns] istjecanje
effort ['efət] napor; nastojanje; **~less** bez muke (napora)
effuse [e'fju:z] izlijevati

effus|ion [e'fju:ʒən] iz-
ljev; prolijevanje; ~ive
pretjeran

e. g. = exempli gratia
npr., na primjer

egg jaje; **scrambled ~s**
pl kajgana; **fried ~s** jaja
na oko; ~-**cup** čašica za
jaje; ~-**shell** ljuska ja-
jeta

ego|ism ['egouizəm] ego-
izam; ~**ist** egoist; ~-
istic(al) egoistačan

Egypt ['i:dʒipt] Egipat;
~**ian** egipatski; Egipća-
nin

eight [eit] osam; osmica;
~**een** osamnaest; ~-
eenth osamnaesti; ~-
fold osmerostruko; ~**h**
osmi; osmina; ~**ieth**
osamdeseti; ~**some reel**
škotsko kolo za osmero;
~**y** osamdeset

either ['aiðə] jedan od
dvojice; oba; bilo koji
(od dvojice); ~ ... **or**
ili ... ili, bilo ... ili

ejaculation [idʒækju'lei-
ʃən] uzvik

eject [i'dʒekt] izbaciti

eke [i:k]: ~ **out** dopu-
niti, "skrpati"; *fig* kubu-
riti

elaborate [i'læbərit] fino
izrađen; razrađen; složen;
[~reit] razraditi; opširno
iznositi; ~**ness** pažljiva

obrada

elapse [i'læps] proteći
(vrijeme)

elastic [i'læstik] elastičan,
rastezljiv; elastika; ~**ity**
fig elastičnost

elbow ['elbou] lakat; **at
one's ~** pri ruci; na
dohvat; ~ **one's way
through (a crowd)** pro-
gurati se; ~-**room** slo-
bodan prostor

elder ['eldə] stariji; bazga;
~**ly** postariji

eldest ['eldist] najstariji;
the ~ born prvorođeni

elect [i'lekt] izabran; bi-
rati; ~**ion** izbori

elector [i'lektə] izbornik

electri|c(al) [i'lektrikəl]
električni; ~**cal engi-
neer** elektroinženjer; ~-
cian električar; ~-**city**
struja; ~-**fication** elektri-
fikacija; ~-**fy** elektrifici-
rati; elektrizirati

electro|cution [ilektrə-
'kju:ʃən] smaknuće na
električnoj stolici; ~-
type galvanoplastični oti-
sak (kliše)

elegan|ce ['eligəns] ele-
gancija; ~**t** elegantan

element ['elimənt] ele-
ment; počelo; ~**ary** ele-
mentaran; jednostavan;
početni; ~**ary school**
osnovna škola

elephant ['elifənt] slon

elevat|e ['eliveit] podignuti; uzvisiti; ~ed (railroad) Am nadzemna željeznica; ~ion uzdignuće; uzvisivanje; uzvisina; ~or Am lift

eleven [i'levn] jedanaest; jedanaestica; ~th jedanaesti

eligibility [elidʒə'biliti] izberivost, prihvatljivost

eliminate [i'limineit] eliminirati; isključiti

elk evropski los

elm, ~-tree brijest

elope [i'loup] pobjeći (s ljubavnikom)

eloquen|ce ['eləkwəns] rječitost; ~t rječit

else [els] inače; anyone ~ bilo tko drugi; what ~? šta drugo (još)? ~where

eludicate [i'lu:sideit] razjasniti: rastumačiti

elu|de [i'lu:d] izbjegavati; izigrati; ~sive [~siv] neuhvatljiv, lukav

emaciat|e [i'meifieit] smršaviti; ~ion [~si-'eifən] mršavljenje; mršavost

emanate ['eməneit] izbijati (zračiti) iz

emancipate [i'mænsipeit] osloboditi

embalm [im'ba:m] balzamirati

embank [im'bæŋk] podići nasip; ~ment nasip; kej

embargo [em'ba:gou] mar embargo

embark [im'ba:k] ukrcati (se) (for); ~ation ukrcavanje

embrrass [im'bærəs] smesti; dovesti u nezgodan položaj; ~ment smetenost; zapreka

embassy ['embəsi] ambasada

emblish [im'belif] ukrasiti; iskititi

embers ['embəz] pl žeravica, žar

embezzle [im'bezl] pronevjeriti; ~ment pronevjera

embitter [im'bitə] ogorčiti

emblem ['embləm] emblem

embod|iment [im'bɔdimənt] utjelovljenje; ~y utjeloviti

embrace [im'breis] zagrliti (se); zagrljaj

embroider [im'brɔidə] vesti; ~y vezenje; vez

embroilment [im'brɔilmənt] zapletaj; upletenost

emerald ['emərəld] smaragd

emerge [i'mə:dʒ] izroniti; pojaviti se; proizaći (**from**); ~ncy slučaj nužde; ~ncy decree izvanredne odredbe; ~ncy exit izlaz za nuždu

emery ['eməri] šmirak

emetic [i'metik] sredstvo za povraćanje

emigra|nt ['emigrənt] iseljenik; ~te iseliti se; ~tion iseljenje

eminen|ce ['eminəns] visok položaj; istaknutost; eminencija (*titula*); ~t *fig* istaknut

emit [i'mit] ispuštati, zračiti

emotion [i'mouʃən] emocija; čuvstvo

emperor ['empərə] car

empha|sis ['emfəsis] isticanje; ~size naglasiti; ~tic naglašen

empire ['empaiə] carstvo

employ [im'plɔi] upotrijebiti (**in, for, on**); zaposliti; **in the ~ of** namješten kod; ~ee namještenik; ~er poslodavac; ~ment zaposlenost; namještenje; ~ment agency zavod za zapošljavanje

empower [im'pauə] ovlastiti; opunomoćiti

empress ['empris] carica

empt|iness ['emptinis] praznina; ispraznost; ~y

prazan; *fig* isprazan, ništavan; (is)prazniti (se); ~ies *pl* ambalaža

emulate ['emjuleit] takmičiti se sa; oponašati

enable [i'neibl] osposobiti; omogućiti (**to do**) zakoniti

enact [i'nækt] uzakoniti; odrediti; *theat* glumiti

enamel [i'næml] emajl, gleđa; caklina (zubna); emajlirati

enamour [i'næmə]: **be ~ed of** zaljubiti se u

encamp [in'kæmp] utaboriti (se)

encase [in'keis] zatvoriti (u kutiju)

encashment [in'kæʃmənt] inkaso; unovčenje

enchant [in'tʃɑːnt] očarati; ~ing čaroban

encircle [in'səːkl] okružiti

enclos|e [in'klouz] ograditi; priložiti (u pismu); ~ure ograđeno zemljište; prilog (pismu)

encore [ɔŋ'kɔː] *theat* tražiti ponavljanje; dodatak (programu); ponavljanje

encounter [in'kauntə] susret; okršaj; sukobiti se sa; (teškoćama itd.); naići na

encourage [in'kʌridʒ] hrabriti; stimulirati; ~

ment hrabrenje; stimulacija

encroach [in'krout∫] dirnuti u nečija prava; prekoračiti ([up]on)

encumber [in'kʌmbə] opteretiti; ometati; ~rance smetnja; **without ~rance** bez djece

end danje; **no ~ of** bezbrojno; **be at an ~** biti pri kraju; **in the ~** konačno to (ili for) this ~ u tu svrhu; **to no ~** uzalud; **my hair stood on ~** kosa mi se naježila; dokrajčiti

endanger [in'deindʒə] ugroziti

endear [in'diə] omiliti

endeavour [in'devə] nastojanje; težnja; nastojati; težiti (**after**)

end|ing ['endiŋ] kraj; svršetak; ~**less** beskrajan

endorse [in'dɔ:s] *com* indorsirati; poduprijeti; ~**e** žirant(ar); ~**ment** žiro; podrška; ~**r** indosant, žirant

endow [in'dau] obdariti; pokloniti zakladu

endur|able [in'djuərəbl] podnošljiv; ~**ance** izdržljivost; **past** ~**ance** neizdržljiv; ~**e** izdržati

enema ['enimə] klistir

enemy ['enimi] neprijatelj

energ|etic [enə'dʒetik] energičan; ~**y** energija

enervate ['enə:veit] iscrpsti, istrošiti

enfeeble [in'fi:bl] oslabiti

enforce [in'fɔ:s] pojačati; nametnuti (**upon** kome); provesti

enfranchise [in'fræntʃaiz] osloboditi; dati pravo glasa

engage [in'geidʒ] obavezati; angažirati; zaposliti; rezervirati; **line ~d!** linija je zauzeta; ~**ment** angažman; obaveza; zaruke; namještenje

engine ['endʒin] stroj; lokomotiva; motor; ~**-driver** strojovoda; ~**-trouble** kvar (smetnje) na motoru, defekt

engineer [endʒi'niə] inženjer; stojar; *Am* strojovoda; *coll* udesiti; ~**ing** tehnika

English ['iŋgliʃ] engleski; **the ~** Englezi; ~**man** Englez; ~**woman** Engleskinja

engrave [in'greiv] gravirati, urezati; ~**r** graver

engross [in'grous] (potpuno) zaokupiti

enhance [in'ha:ns] povećati; ~**ment** povećanje

enigma [i'nigmə] zagonetka

enjoin [in'dʒɔin] naložiti **(on a p)**

enjoy [in'dʒɔi] uživati; radovati se; **I ~ my dinner** prija mi ručak; **~able** zabavan; prijatan; **~ment** užitak

enlarge [in'la:dʒ] povećati (i *phot*); proširiti (se); **~ment** proširenje; rasprostranjenje

enlighten [in'laitn] *fig* prosvijetliti; razjasniti

enlist [in'list] zaverbovati; stupiti u

enliven [in'laivn] oživiti

enmity ['enmiti] neprijateljstvo

enorm|ity [i'nɔ:miti] golemost; **~ous** golem

enough [i'nʌf] dosta

enrage [in'reidʒ] razbijesniti

en|rapture [in'ræptʃə] zanijeti; **~rich** obogatiti; pojačati

ensign ['ensain] zastava

enslave [in'sleiv] zarobiti; **~ment** ropstvo

ensnare [in'snɛə] uhvatiti u zamku

ensue [in'sju:] slijediti, proizlaziti **(from, on)**

ensure [in'ʃuə] osigurati

entail [in'teil] povlačiti za sobom

entangle [in'tæŋgl] zaplesti

enter ['entə] ući; stupiti u; (pro)knjižiti; **~ into** stupiti u; spadati u

enteri|c [en'terik] **fever** trbušni tifus; **~tis** crijevni katar

enterpris|e ['entəpraiz] poduzeće; poduzetnost; **~ing** poduzetan

entertain [entə'tein] zabavljati; primati goste **(at)**; **~ment** zabava; **~ment tax** porez kao dio ulaznice (sa zabavne priredbe)

enthusias|m [in'θju:ziæzəm] oduševljenje; **~t** zanesenjak; **~tic** ushićen

entic|e [in'tais] namamiti; **~ing** primamljiv

entire [in'taiə] cio; potpun; **~ly** potpuno, u cijelosti

entitle [in'taitl] dati ime (pravo) na **(to)**

entrails ['entreilz] *pl* utroba

entrance ['entrəns] ulaz; pristup

entreat [in'tri:t] zaklinjati; **~y** zaklinjanje, (usrdna) molba

entrust [in'trʌst] povjeriti

entry ['entri] ulaženje; ulaz; knjiženje, stavka; carinska deklaracija; **~**

permit dozvola ulaska

enumerate [i'nju:məreit] nabrojiti

envelop [in'veləp] okružiti; umotati; ∼e ovoj; koverta

envi|able ['enviəbl] zavidan (uspjeh); ∼ious zavidan (čovjek); ∼y ['∼vi] zavist, zloba

epidemic [epi'demik] epidemički; epidemija

epilepsy ['epilepsi] padavica

episcopa|l [i'piskəpl] biskupski; ∼te biskupska čast

episode ['episoud] epizoda

epistle [i'pisl] poslanica

epitaph ['epita:f] nadgrobni natpis

epoch-making ['i:pɔk-'meikin] epohalan

equal ['i:kwəl] jednak; ravnopravan; ∼ to dorastao (čemu); premac; my ∼s meni ravni; not to be ∼led bez premca; ∼ity jednakost; ravnopravnost; ∼ize izjednačiti

equanimity [i:kwə'nimiti] staloženost

equat|ion [i'kwei∫ən] math jednadžba; ∼or ekvator

equerry [i'kweri] konjuš-

nik

equestrian [i'kwestriən] jahač(ki)

equilibrium [i:kwi'libriəm] ravnoteža

equinox ['i:kwinɔks] ekvinocij

equip [i'kwip] opremiti; ∼ment oprema; fig sprema

equitable ['ekwitəbl] pravedan; nepristran

equivalent [i'kwivələnt] istovrijedan; istoznačan (to)

equivocal [i'kwivəkəl] dvomislen

era ['iərə] era, doba

erase [i'reiz] izbrisati; fig iskorijeniti; ∼r strugač; Am gumica

erect [i'rekt] uspravan; uspraviti; ∼ion podizanje; zgrada; ∼or dizač; graditelj

eremite ['erimait] pustinjak

ermine ['ə:min] hermelin

erode [i'roud] istrošiti, podlokati

err [ə:] pogriješiti; upasti u bludnju

errand ['erənd] sitni posao (za obavljanje); ∼-boy dostavljač; teklić

errat|um [i'reitəm], pl ∼a tiskarska pogreška

erroneous [i'rounjəs] pogrešan; u zabludi

error ['erə] pogreška

erudition [eru:'diʃən] učenost

eruption [i'rʌpʃən] provala (vulkana); osip

erysipelas [eri'sipiləs] *med* vrbanac

escalator ['eskəleitə] pomične stepenice

escap|ade [eskə'peid] ispad; ludorija; ~e pobjeći, umaknuti; izbjeći; bijeg; **have a narrow ~e** za dlaku umaknuti

escort ['eskɔ:t] pratnja; [is'k~] pratiti

especial [is'peʃəl] naročit; poseban; ~**ly** naročito

espy [is'pai] ugledati

esquire [is'kwaiə] niži plemić (posjednik); zemljoradnik

essay [e'sei] pokušati; ['esei] pokus; sastavak; esej

essential [i'senʃəl] bitan

establish [is'tæbliʃ] postaviti; ustanoviti; osnovati; ~**ment** osnivanje; utemeljenje; tvrtka

estate [is'teit] *pol* stalež; posjed; imovina; **personal ~** pokretni imetak; **real ~** nekretnine; ~ **duty** porez na ostavštinu

esteem [is'ti:m] štovanje (**with**); ugled; cijeniti

estimable ['estimabl] vrijedan štovanja

estimat|e ['estimit] (pro)cijeniti (**at**); rough ~e ['~mit] gruba procjena; ocijeniti; ~**ion** štovanje; sud, ocjena

estrange [is'treindʒ] otuditi; ~**ment** otuđenje

etern|al [i'tə:nl] vječan; ~**alize** ovjekovječiti; ~**ity** vječnost

ether ['i:θə] eter; ~**eal** [i:'θiəriəl] eteričan

ethics ['eθiks] *ugl sg* etika; ćudoređe

euphony ['ju:fəni] blagozvučje

Europe ['juərəp] Evropa; ~**an** [juərə'piən] evropropski; Evropejac

evacuate [i'vækjueit] isprazniti; *mil* povući se iz

evade [i'veid] izbjegavati; izigrati

evaluat|e [i'væljueit] procijeniti; vrednovati; ~**ion** procjena

evaporat|e [i'væpəreit] ispariti (se); ishlapiti; ~**ion** isparivanje

evasive [i'veisiv] koji okolišа; nedoređen (**of**)

eve [i:v] predvečerje

even ['i:vən] baš; ravan;

izjednačen; **com of ~
date** istog datuma; čak;
~not ~ čak ni; **~ if, ~
though** pa makar i
evening ['i:vniŋ] večer;
~ dress večernje (sve-
čano) odijelo (toaleta)
evenness ['i:vənnis] jed-
nakost; mirnoća
event [i'vent] događaj;
sport takmičenje; **at all ~**
svakako; **~full** zname-
nit; **~uality** [~ju'æliti]
mogućnost
ever ['evə] ikada; **~ so**
vrlo; makoliko; **~ since**
otada; otkad; **for ~** za-
uvijek; **~lasting** nepre-
stan; vječan; **~more**
uvijek; vječno
every ['evri] svaki; **~
few days** svakih par
dana; **~ other day** svaki
drugi dan; **~ bit as
much** sasvim jednako;
~one, ~body svatko;
~day svakodnevni; **~
thing** sve; **~ where**
svagdje
eviden|ce ['evidəns] do-
kaz(i); svjedočanstvo; **~t**
očit; jasan, vidljiv
evil ['i:vil] zao; loš; zlo
evince [i'vins] pokazivati;
odavati
evolution [i:və'lu:ʃən]
razvoj
ewer ['juə] vrč

ex com ~ factory franko
tvornica; **~-minister**
bivši ministar
exact [ig'zækt] tačan; za-
htijevati; iznuditi; **~-
itude, ~ness** točnost
exaggerat|e [ig'zædʒə-
reit] pretjerivati; **~ion**
pretjerivanje
exaltation [egzɔ:l'teiʃən]
zanos
examin|ation [igzæmi-
'neiʃən] ispiti(vanje); pre-
gled; **~e** ispit(iv)ati;
pregledati; istražiti; **~er**
ispitivač
example [ig'za:mpl] pri-
mjer(ak); uzor, ugled;
for ~ na primjer
exasperat|e [ig'za:spəreit]
ogorčiti; pogoršati; **~-
ion** ogorčenje
excavat|e ['ekskəveit] is-
kopavati; izdupsti; **~-
ion** iskopavanje
exceed [ik'si:d] nadma-
šiti; pretjerati; **~ingly**
izvanredno
excel [ik'sel] nadmašiti;
isticati se; **(in, at)**; **~-
lence** izvrsnost; odlič-
nost; **~lency** titula ek-
scelencija; **~lent** izvrstan
except [ik'sept] izuzeti,
isključiti; **~ion** izuze-
tak; **~ional** izuzetan
excess [ik'ses] prekorače-
nje; prekomjernost; **~**

fare nadoplata na voznu kartu; ~ **luggage** prtljaga preko dozvoljene težine; ~ **postage** nadoplata poštarine; ~**ive** pretjeran; preko mjere

exchange [iks'tʃeindʒ] zamijeniti; razmijeniti **(for)**; zamjena; razmjena *(novca)*; burza; telefonska centrala; **foreign ~ control office** devizna uprava; ~**able** zamjenljiv **(for)**

exchequer [iks'tʃekə] državna riznica (blagajna)

excise [ek'saiz] trošarina; oporezovati; izrezati

excit|able [ik'saitəbl] lako uzbudljiv; ~**e** uzbuditi; nadražiti; ~**ement** uzbuđenje

exclaim [iks'kleim] uzviknuti; glasno optužiti **(against)**

exclamation [eksklə'meiʃən] uzvik

exclu|de [iks'klu:d] isključiti; ~**sion** isključenje; ~**sive** isključiv; ekskluzivan

excrescence [iks'kresns] izraslina

excursion [iks'kə:ʃən] izlet; ~ **train** izletnički vlak; ~**ist** izletnik

excus|able [iks'kju:zəbl] oprostiv; opravdan; ~**e**

[~z] ispričati (se); [~s] isprika

execrate ['eksikreit] proklinjati; biti odvratan

execut|e ['eksikju:t] izvršiti; obaviti; *mus* izvesti; ~**ion** izvođenje; provođenje; *mus* izvedba; smaknuće; ~**ioner** krvnik; **(the)** ~**ive** egzekutiva, izvršni odbor; ~**or** izvršitelj (oporuke)

exempl|ary [ig'zempləri] uzoran; ~**ify** služiti kao primjer

exempt [ig'zempt] izuzet **(from)**; osloboditi; poštediti; poštedjeti **(from)**

exercise ['eksəsaiz] vježba; kretanje; **take** ~ razgibati se; vježbati; obučavati

exert [ig'zə:t] **oneself** napregnuti se; nastojati; ~**ion** napor

exhal|ation [ekshə'leiʃən] izdisanje; ~**e** [eks'heil] izdahnuti

exhaust [ig'zɔ:st] iscrpsti; (zrak) ispumpati; *tech* ispuh; ~ **gas** ispušni plin; ~ **pipe** ispušna cijev; ~**ion** iscrpljenost; ~**ive** *fig* iscrpan

exhibit [ig'zibit] izložiti; pokazati; ispoljiti; ~**ion** izložba; stipendija; ~**or** *film* prikazivač

exhilarate [ig'ziləreit] razveseliti

exhort [ig'zɔːt] opominjati; **~ation** opomena

exhumation [ekshjuː'meiʃən] iskop

exile ['eksail] progonstvo; prognanik; prognati **(from)**

exist [ig'zist] postojati; živjeti; **~ence** postojanje; život; **~ent** postojeći

exit ['eksit] izlaz; smrt; odlazak; *theat* izlazi („odlazi"); **~ permit** dozvola izlazka iz zemlje

exorbitan|ce [ig'zɔːbitəns] pretjeranost; **~t** pretjeran

expan|d [iks'pænd] proširiti (se); raširiti (se); **~sion** širenje; **~sive** ekspanzivan; opsežan; širok

expect [iks'pekt] očekivati; **~ant** koji očekuje; **~ation** očekivanje

expectorat|e [iks'pektəreit] iskašljavati; **~ion** iskašljavanje

expedi|ency [iks'piːdiənsi] svrsishodnost; **~ent** sredstvo (u nuždi); **~te** pospješiti; **~tion** ekspedicija

expel [iks'pel] izbaciti; istjerati

expen|d [iks'pend] izdati; potrošiti; **~diture** izdaci; **~ses** *pl* troškovi; **~sive** skup

experience [iks'piəriəns] iskustvo; doživjeti; **~d** iskusan

experiment [iks'perimənt] pokus; [~ment] praviti pokuse

expert ['ekspəːt] stručan; stručnjak; **~ness** stručnost

expiation [ekspi'eiʃən] pokora

expir|ation [ekspaiə'reiʃən] izdisanje; istek; **~e** izdisati; izdahnuti; isteći (rok)

expl|ain [iks'plein] objasniti, rastumačiti; protumačiti; **~anation** [ekspləʹ~] razjašnjenje, itd.; **~icable** ['eksplikəbl] razjašnjiv

explicit [iks'plisit] izričit

explode [iks'ploud] eksplodirati; detonirati

exploit ['eksplɔit] podvig

explor|ation [eksplɔː'reiʃən] istraživanje; **~e** istraživati; **~er** istraživač

explosi|on [iks'plouʒən] eksplozija; provala; **~ve** eksplozivan; eksploziv

export [eks'pɔːt] izvoziti; ['~] izvoz; **~ licence** izvozna dozvola; **~ tra-**

de izvozništvo; **~s** *pl*
izvoz (roba); **~ation**
izvoz; **~er** izvoznik

expos|e [iks'pouz] izložiti
(i *fig*); *phot* eksponirati;
~ure [iks'pouʒə] izloženost (elementima); *phot*
eksponaža; *fig* razotkrivanje

express [iks'pres] izričit;
ekspresni; (**~ train**) brzi
vlak; ekspresno; izraziti
(misli); istisnuti; **~ion**
izraz; istiskivanje

expropriat|e [eks'prou-
prieit] izvlastiti; **~ion**
izvlaštenje

exquisite ['ekskwizit] iz-
vrstan; delikatan; **~ness**
profinjenost

extant [eks'tænt] posto-
jeći

extemporize [iks'tempə-
raiz] improvizirati

extend [iks'tend] proteg-
nuti (se); proširiti; pro-
dužiti (*rok*); pružati se
(**to**)

extensi|bility [ikstensə-
'biliti] rastežljivost; **~ble**
rastežljiv; **~on** proši-
renje; produljenje; **~on
cord** *el* produžni kabl;
~on table stol na raz-
lačenje; **~ve** opsežan

extent [iks'tent] opseg,
veličina; **to a certain ~**
donekle

extenuate [eks'tenjueit]
ublažiti; ispričati

exterior [eks'tiəriə] vanj-
ski; vanjština; *film* ekste-
rijer

exterminate [eks'tə:mi-
neit] iskorijeniti; uništiti

external [eks'tə:nl] vanj-
ski

extinct [iks'tiŋkt] ugas-
nuo; *fig* izumro; **~ion**
gašenje (i *fig*)

extinguish [iks'tiŋgwiʃ]
ugasiti; iskorijeniti; **~er**
gasilo

extirpat|e [eksta:peit] is-
korijeniti; **~ion** iskori-
jenjenje

extort [iks'tɔ:t] iznuditi
(**from**); **~ion** inudiva-
nje

extra ['ekstrə] dodatni;
posebni; dodatak; **~
special** kasno izdanje;
~s *pl* posebni troškovi

extract ['ekstrækt] eks-
trakt; [iks'trækt] izvući;
~ion porijeklo

extraneous [eks'treinjəs]
vanjski; nebitan (**to**);
tuđi

extraordinary [iks'trɔ:d-
nəri] izvanredan; neobi-
čan

extravagan|ce [iks'trævi-
gəns] pretjeranost; rasip-
nost; **~t** pretjeran; rasi-
pan

extreme [iks'tri:m] krajnost; ekstrem; krajnji

extremit|y [iks'tremiti] krajnja nužda; **~ies** pl udovi

exuberan|ce [ig'zju:bərəns] bujnost; **~t** bujan; pun života

exude [ig'zju:d] lučiti

exult [ig'zʌlt] veseliti se; **~ation** likovanje

eye [ai] oko (i fig i bot); pogled; vid; ušica; (paž-ljivo) promatrati; **~ball** očna jabučica; **~brow** obrva; **~-catcher** nešto što privlači pažnju; **~-glass** monokl; **(a pair og ~glasses)** naočale; **~lash** trepavica; **~lid** očni kapak; **~-opener** fig nešto što otvara oči; **~shot** vidokrug; **~-sight** vid; coll **~-wash** obmana; **~-witness** oče-vidac

F

f. = **farthing; fathom; following; foot**

fable ['feibl] bajka

fabric ['fæbrik] tkivo; tkanina; **~ate** izmišljati; **~ation** izmišljotina

fabulous ['fæbjuləs] bajoslovan

face [feis] lice; obraz; iz-raz lica; površina; pred-nja strana; brojčanik sata; **on the ~ of it** na izgled; na prvi pogled; **~ value** nominalna vrijednost; stajati nasuprot; suočiti se sa; prkositi; prevući; opločiti

facetious [fə'si:ʃəs] šaljiv

facil|e ['fæsail] lagan; spretan; **~itate** olakšati;

~ity lakoća, mogućnost; pl instalacije

facing ['feisiŋ] tech pre-vlaka, oplata

fact [fækt] činjenica; **~s** pl (of the case) činjenič-no stanje; **in (point of) ~** u stvari, zapravo

faction ['fækʃən] frakcija; **~ist** frakcionaš

factious ['fækʃəs] bunto-van

factitious [fæk'tiʃəs] fik-tivan

factor ['fæktə] činilac; **~y** tvornica; faktorija

faculty ['fækəlti] sposob-nost; sila; fig nadarenost; fakultet

fad|e [feid] uvenuti; iz-blijediti; **~ away** postepeno iščezavati; **~ing** radio nestajanje tona

fag [[fæg] *sl* cigareta

faggot ['fægət] svežanj pruća

fail [feil] (uz)manjkati; promašiti; zakazati (*glas*) propustiti; ne učiniti; propasti; srušiti (*ispitanika*); iznjeveriti; **without** ~ neizostavno; **~ure** neuspjeh; propao (promašen) čovjek

faint [feint] slab; blijed; onesvjestiti se; **~hearted** malodušan; **~ness** slabost

fair [fɛə] lijep; **the ~ sex** krasni spol; čist; svjetao; plavokos; pošten (**with**); (vele)sajam; ~ **copy** čist prijepis; ~ **play** pošten postupak (*igra*); **~ly** prilično; **~ness** ljepota; plava kosa (i bijela put); poštenje; **~way** plovni dio (sredina) rijeke, kanala

fairy ['fɛəri] vila

faith [feiθ] vjera (**in**); vjernost; povjerenje; **~ful** vjeran; **~less** nevjeran

fake [feik] *sl* prevara; *Am* imitacija; *Am* varalica (i **~r**); *Am* patvoriti (i **up**)

falcon ['fɔ:lkən] sokol

fall [fɔ:l] pad; propast; opadanje (*lišća, snijega, vode itd.*); *Am* jesen; pad (*cijena*); (o-, ot-, is-)pasti; survati se; popustiti; utjecati (**into**); ~ **asleep** zaspati; ~ **between two stools** proigrati obje prilike; ~ **due** dospjeti; ~ **ill** (*Am* **sick**) razboliti (se); ~ **in love with** zaljubiti se u; ~ **in with** slagati se sa; ~ **short of** ne postići; podbaciti

fallow-deer ['fæloudiə] jelen lopataš

false [fɔ:ls] kriv; neiskren; lažan; ~ **key** otpirač; **~hood** laž; neiskrenost

falsi |**fication** ['fɔ:lsifi'kei-ʃən] falsifikat; **~fy** krivotvoriti ['~fai]

falter ['fɔ:ltə] pokolebati se; zapinjati (*glas*)

fame [feim] slava; glasovitost; **~d** glasovit (**for**)

familiar [fə'miljə] (dobro) poznat; upućen; prisan; **~ity** familjarnost; prisnost; **~ize** pobliže upoznati

family ['fæmili] obitelj

famine ['fæmin] glad(ovanje)

famous ['feiməs] slavan

fan [fæn] lepeza; *agr* vijača (*žita*); ventilator; *sport coll* ljubitelj nečega: *radio*

amater; hladiti (se) lepe-
zom

fanatic [fə'nætik] fanatik;
~**ism** [~sizm] fanati-
zam

fanciful ['fænsiful] mašto-
vit

fancy ['fænsi] mašta; fan-
tazija; sklonost; ljubav
za; ubraziti; **take a** ~
zavoljeti; ~ **articles** pl
galanterija; ~ **dress** ko-
stim za krabuljni ples;
~ **goods** galanterija;
~**-work** fini (ženski)
ručni rad

fantastic [fæn'tæstik] fant-
stičan; ~**ally** fantastič-
no

far [fa:] daleko; ~ **the**
best daleko najbolji; **by**
~ daleko, neusporedivo

farce [fa:s] farsa; lakrdija
(i theat)

fare [fɛə] prevoznina;
putnik; ~**well** zbogom!
~**well party** slavljenje
rastanka

far-fetched [fa:'fetʃt] fig
pretjeran, nategnut

farm [fa:m] imanje; gaz-
dinstvo; farma; baviti se
seoskim gospodarstvom;
~**er** seljak; farmer; ~-
ing seosko gospodarstvo;
~**yard** seosko dvori-
šte

far-off ['fa:rɔf] dalek

farrier ['færiə] potkivač

far-sighted dalekovidan

farth|er ['fa:ðə] dalji(e);
~**est** najdalji(e)

farthing ['fa:ðiŋ] $1/4$ pe-
nija; fig para

fascinate ['fæsineit] oča-
rati

fashion ['fæʃən] oblik;
kroj; moda; oblikovati;
~**able** moderan; modni;
elegantan

fast [fa:st] čvrst; učvršćen;
nepomičan; brz; koji ide
naprijed (sat); koji ne
pušta boju u pranju;
„laka" (žena); ~ **train**
brzi vlak; **be** ~ **asleep**
čvrsto spavati; **it is**
raining ~ kiša lijeva;
~ **day** posni dan

fasten ['fa:sn] pričvrstiti;
privezati; dobro zatvo-
riti (vrata); ~**er** kopča;
zatvarač; **patent** ~ dru-
ker

fastidious [fæs'tidiəs] iz-
birljiv

fastness ['fa:stnis] čvrsto-
ća; brzina

fat [fæt] mastan; debeo;
mast

fatal ['feitl] koban; smrto-
nosan; ~**ity** kobnost;
žrtva

fate [feit] sudbina; kob

father ['fɑːðə] otac; ~-
-in-law svekar, punac;
~**less** bez oca; ~**ly**
očinski

fathom ['fæðəm] hvat;
mar paš (1,8 m); do-
kučiti; ~**less** nedoku-
čiv

fatigue [fə'tiːg] umor; iz-
moriti

fat|**ness** ['fætnis] debljina;
~**ty** debeo, usaljen

fatuity [fə'tjuiti] blesa-
vost

fault [fɔːlt] greška; mana;
krivnja; **find ~ with**
kuditi; ~**iness** manj-
kavost; ~**less** bez ma-
ne; ~**y** pogrešan; neis-
pravan

favour ['feivə] sklonost;
usluga; favorizirati; po-
povoljan; ~**ite** ljubimac;
favorit

fawn [fɔːn] lane; žućka-
sto-smed; puzati pred
(**upon**)

fear [fiə] strah; bojati se;
~**ful** strašan; strašljiv;
~**less** neustrašiv

feasible ['fiːzəbl] ostva-
riv; izvediv

feast [fiːst] gozba; svet-
kovina; pogostiti; gostiti
(se)

feat [fiːt] podvig

feather ['feðə] pero; **that
is a ~ in his cap**

se može podičiti; ~**ed**
pernat

feature ['fiːtʃə] crta lica;
značajka; ~ **film** cjelo-
večernji film; imati kao
značajku; uključivati; **a
film ~ing N. N.** film
sa N. N. u glavnoj ulozi

febrifuge ['febrifjuːdʒ]
sredstvo protiv groznice

February ['februəri] ve-
ljača, februar

federa|**l** ['fedərəl] savezni;
~**lize**, ~**te** stupiti (oku-
piti) u savez; ~**tion** fe-
deracija (strukovni) savez

fee [fiː] pristojba; hono-
rar

feeble ['fiːbl] slab; ~-
-**ness** slabost

feed [fiːd] hrana; (na-
ot-)hraniti; posluživati;
(stroj); puniti; hraniti se
pasti; ~ **up** toviti; tech
dovodni uređaj; bočica
s dudom

feeding ['fiːdiŋ] hranje-
nje; ~ **bottle** bočica s
dudom; ~ **crane** rlw
hidraulična pumpa; ~-
-**trough** valov; korito

feel [fiːl] osjećati (se); pi-
pati; **I ~ like doing**
rado bih; ~**er** ticalo fig
ispitivanje terena; ~**ing**
osjećajan; osjećaj

feet [fiːt] pl od **foot** sto-
pala

feign [fein] (i ~ to do) pretvarati se

felicitat|e [fi'lisiteit] čestitati; ~ion čestitanje

felicity [fi'lisiti] sreća

fell oboriti; posjeći

fellow ['felou] drug; kolega; *coll* čovjek; ~-citizen sugrađanin; ~-traveller suputnik

felt filc; pokriti filcom

female ['fi:meil] ženski; ženka

feminine ['feminin] ženski (*i gram*)

fen močvara

fenc|e [fens] ograda; plot; opasati; ograditi; mačevati; ~ing ograđivanje; ~ing-foil floret

fend: ~ off odvratiti

fender ['fendə] niska ograda kamina; *Am mot* blatobran

ferment [fə:mənt] vrenje; [~'ment] vreti; ~ation vrenje

fern [fə:n] paprat

ferocious [fə'roušəs] divlji

ferret ['ferit] afrički tvor; njuškati

ferrule ['feru:l] okov; prsten

ferry ['feri] skela; prevesti; ~-boat trajekt; ~man brodar, skelar

fertil|e ['fə:tail] plodan;

~ity plodnost; ~ize oploditi

ferv|ent ['fə:vənt], ~id *fig* gorući; revan; ~our žar; revnost

festiv|al ['festəvəl] svetkovina; ~e svečan; ~ity svečanost

festoon [fes'tu:n] girlanda

fetch [fetš] donijeti; postići (*cijenu*)

fetter ['fetə] lanac; sputati

feud [fju:d] svađa; feud

fever ['fi:və] groznica; ~ed, ~ish grozničav

few [fju:] malo; **a** ~ nekoliko

fibr|e ['faibə] vlakno; nit; ~ous vlaknast

fickle ['fikl] prevrtljiv; ~ness prevrtljivost

fiction ['fikšən] izmišljotina; roman, pripovijest, beletristika

fiddle ['fidl] violina; guslati

fidelity [fi'deliti] vjernost (**to**)

fidget ['fidžit] vrpoljenje; **have the** ~**s** vrpoljiti se; ~y uzvrpoljen

field [fi:ld] polje; igralište; *fig* područje; doseg; ~-glass dalekozor; ~-sports *pl* lov i ribolov

fierce [fiəs] divlji, žestok; ~ness žestina

fiery ['faiəri] vatren, žestok.

fif|teen ['fif'ti:n] petnaest; **~teenth** petnaesti; **~th** peti; petina; **~thly** peto; **~tieth** pedeseti, pedesetina; **~ty** pedeset

fig smokva

fight [fait] borba; boriti se; tući se; **show ~** pružati otpor

figure ['figə] figura; stas; brojka; predstaviti (se); javljati se; **cut a sorry ~e** ostaviti jadan dojam; **~ up** ili **out** izračunati; **~ out** at izlaziti na

filament ['filəmənt] vlakno; nit; prašnik; **~ resistance** ogrjevni otpornik

file [fail] fascikl; evidencija; turpija; evidentirati; odložiti (spis); turpijati

filial ['filjəl] sinovski; kćerinski

filigree ['filigri:] filigran

filings ['failinz] *pl* kovinske strugotine

fill (na-, is-)puniti; biti na (položaju); *Am* izvršiti (*nalog*); **~ in** ili **up** ispuniti (tiskanicu)

fillet ['filit] *cul* pečenica (*riblji*) file; *archit* letva

filling ['filin] nadjev; *mot* **~ station** benzinska stanica

film kožica; opna; film; **shoot** (*ili* **take**) **a ~** snimiti film; snimati

filter ['filtə] filter; filtrirati; procjeđivati

filth [filθ] prljavština; **~y** prljav; pornografski

fin peraja; *sl* ruka; *aero* bočno kormilo; *mot* (**radiator**) **~** rebro radijatora

final ['fainl] konačan; zaključan; *sp* finale

financ|e [fi'næns] financije; financirati; **~ial** [fai'nænʃəl] financijski

find [faind] naći; naići na; proglasiti (krivim); **~ out** otkriti; informirati se; **~er** nalaznik; *opt* tražilac; **~ing** nalažénje; nalaz; **~ings** *pl Am* alat, potrepštine

fine fin; nježan; otmjen; lijep; **cut it ~** doći u zadnji čas; „**knap**" proračunati; globa; oglobiti; **~ness** finoća; **~ry** *fig* puna parada

finger ['fingə] prst; **have a ~ in the pie** biti umješan; opipa(va)ti; **~post** putokaz na raskršću; **~-print** otisak prstiju; **~-stall** navlaka za prst

finish ['finiʃ] dokrajčiti; svršiti; prekinuti; **~ing touch** završno dotjeriva-

nje; apretura
fir [fə:] jela; **~-cone**
češer
fire ['faiə] vatra; požar;
(za-, is-)paliti; *Am coll*
otpustiti; on ~ koji gori;
~-alarm požarni alarm;
~-brigade vatrogasci;
~-curtain *theat* željezna
(protupožarna) zavjesa;
~-department *Am* va-
trogasci; **~-engine** va-
trogasna kola; **~-escape**
protupožarne ljestve; **~-**
-fighter *Am* vatrogasac;
~-insurance osiguranje
protiv požara; **~-irons**
lopatica, kliješta i žarač
uz kamin; **~-lighter**
palilo za kamin; **~-man**
vatrogasac; ložač; **~-**
place kamin; ognjište;
~plug hidrant; **~proof**
vatrostalan; **~-screen**
zaklon od vatre (kod
kamina); **~-station** va-
trogasna stanica; **~wood**
ogrjevno drvo; **~works**
vatromet
firing ['faiəriŋ] paljenje;
loženje
firm [fə:m] čvrst; posto-
jan; tvrtka, firma; **~ness**
čvrstoća
first [fə:st] prvi; kao prvo;
at ~ s početka; isprva;
~ of all prije svega; **~ly**
u prvom redu; **~-rate**

prvoklasan; izvrstan
firth [fə:θ] fjord; ušće
fish [fiʃ] riba; pecati; ri-
bariti; **~-boone** riblja
kost; **~-(plate)** *rlw* spoj-
nica
fisher|man ['fiʃəmən] ri-
bar; **~y** ribarstvo
fishing ['fiʃiŋ] ribarenje;
~-rod štap za pecanje;
~-tackle pribor za pe-
canje
fissure ['fiʃə] pukotina
fist šaka
fit pogodan; sposoban;
odgovarati; namjestiti;
probati (i ~ on); ~ out
opremiti; ~ up podesiti
namjestiti; napadaj; **~-**
ness sposobnost; **~ter**
monter; instalater; **~-**
ting koji odgovara;
montaža; **~tings** pribor;
okovi; namještaj; rasvjet-
na tijela
five [faiv] pet; **~fold**
petorostruk(o)
fix [fiks] učvrstiti; priko-
vati (pogled); utvrditi;
odrediti (dan); ~ up *Am*
urediti; prirediti; *coll* be
in a ~ biti u neprilici;
~ed čvrst; utvrđen;
ukočen (pogled); fiksni
(ideja); **~ed star** zvijezda
stajaćica
fizz pjenušati se, prštati
fl. = florin

flabbergast ['flæbəgɑːst] *coll* zapanjiti

flabby ['flæbi], **flaccid** ['flæksid] mlitav

flag [flæg] zastava; ploča; vodeni ljiljan; omlitavjeti

flake [fleik] pahuljica; otpadati u ljuskama

flame [fleim] plamen; plamsati, gorjeti (i *fig*)

flank [flæŋk] bok; stajati o boku

flannel ['flænl] flanel; **~s** *pl* odijelo (ili hlače) od flanelastog sukna

flap [flæp] uša resa; preklop; lomatati

flapper ['flæpə] *sl fig* šiparica

flare [flɛə] bljeśtati

flash [flæʃ] bljesak; bljesnuti; **~light** *phot* „fleš" lampa; *Am* džepna lampa; **~ signal** svjetlosni signal

flask [flɑːsk] demižon; džepna boca

flat [flæt] plosnat; plitak; bez sjaja; bezbojan; ravnica; stan; **~-foot** ravni tabani; **~ iron** pegla; **~ten** spljoštiti (se)

flatter ['flætə] laskati; **~er** laskavac; **~y** laskanje

flatulen|ce ['flætjuləns], **~cy** nadutost

flavour ['fleivə] okus; aroma; začiniti

flaw [flɔː] pukotina, napuklina; mana

flax [flæks] lan

flea [fliː] buha

flee [fliː] bježati; **~ from** pobjeći, udaljivati se

fleece [fliːs] runo; ovčice (oblaci); *fig* operušati; **~y** runast

fleet [fliːt] flota; vozni park

flesh [fleʃ] meso; put

flex *el* kabl; žica; **~ibility** savitljivost; **~ible** elastičan

flicker ['flikə] treptati; podrhtavati; treperiti

flier, flyer ['flaiə] letač

flight [flait] lijet; bijeg; stepenise (do prvog prekida)

flims|iness ['flimzinis] tankoća; **~y** tanak; loš

flinch [flintʃ] trgnuti se; ustuknuti

fling [fliŋ] bacanje; zavitlati; **~ away** (od)baciti

flint [flint] kremen; kresivo

flip udarac; kvrcaj; *aero sl* let

flirt [fləːt] ljubakati; flertovati; **~ation** ljubakanje, flert

flit šmugnuti

flitch [flitʃ] pola slanine

flitter ['flitə] lepršati

float [flout] plovak (i *aero*); lopata na kotaču; osposobiti (*brod*); pokrenuti; pustiti u opticaj; plutati; ploviti; lebdjeti

floating ['floutiŋ]; ~ **bridge** pontonski most; ~ **capital** obrtna glavnica; ~ **debt** viseći dug; ~ **ice** sante leda; ~ **kidney** putujući bubreg

flock krdo; stado; pramen; jatiti se

flog [flog] šibati, bičevati; ~**ging** batinanje, bičevanje

flood [flʌd] poplava; poplaviti, ~-**disaster** katastrofalna poplava; ~-**gate** ustanova; ~-**light** reflektor; obasjati

floor [flɔ:] pod; kat; *agr* guvno; *Am parl* poslaničke klupe; **take the** ~ *Am* uzeti riječ u debati; popodiţi; ~-**lamp** stajaća lampa; ~-**walker** *Am* = **shopwalker**; ~-**wax** laštilo za parkete

florin ['florin] florin (dva šilinga)

florist ['florist] cvjećar(ica)

flounce [flauns] volan

flounder ['flaundə] iverak (*riba*)

flour [flauə] brašno

flourish ['flʌriʃ] ukrasni zavoj (šara); slikoviti po-

kret; *mus* tuš; biti u procvatu; mahati

flow [flou] tok; struja; izljev; teći; izlijevati se

flower [flauə] cvijet; cvat

flu [flu:] *coll* **influenza** gripa

fluctuat|e ['flʌktjueit] kolebati se; ~**ion** fluktuiranje

fluen|cy ['flu:ənsi] tečnost, glatkoća; ~**t** tečan, gladak

fluff [flʌf] pahuljica; ~**y** pahuljičav; mek i našušuren

fluid ['flu:id] tekuć; tekućina

flurry ['flʌri] nalet; uzbuđenost; uznemiriti

flush [flʌʃ] crvenilo; mlaz; zarumeniti se; isplahnuti

flute [flu:t] flauta

flutter ['flʌtə] lepršati

flux [flʌks] *med tech*, *fig* tok

fly [flai] muha; *theat pl* **flies** sofita; letjeti; puštati (*zmaja*); prenositi (*avionski*); *aero* pilotirati; ~ **into a passion** razbjesniti se; ~ **open** naglo se otvoriti

flying ['flaiiŋ] leteći; ~ **boat** hidroavion (bez plovaka); ~ **machine** letalo; ~ **squad** leteća patrola; ~ **visit** kratka iznenadna posjeta

foal [foul] ždrijebe

foam [foum] pjena; pjeniti se; **~y** pjenušav

f. o. b. = **free on board**

focus ['foukəs] žarište; *opt* i *fig* izoštriti (sliku)

fog magla; **~gy** maglovito

fog-horn sirena za maglu

foil [fɔil] folija; metalna podloga ogledala; osujetiti

fold [fould] nabor; preklop; preklopiti; **~ up** složiti; sklopiti; sklopljivi prospekt; fascikl; nož za savijanje papira

folding ['fouldin]: **~-boat** (sklopljivi) kajak; **~-chair** sklopljiva stolica; **~ door(s** *pl* **)** razvlačna (sklopljiva) vrata; **~-screen** sklopljivi paravan

foliage ['fouliidʒ] lišće, krošnja

folk [fouk] narod; ljudi; *Am coll* **my ~s** moja obitelj

follow ['fɔlou] slijediti; pratiti; **~ up** nastaviti iskoristiti; **~er** sljedbenik

folly ['fɔli] ludost

foment [fou'ment] poticati

fond odviše nježan; **be**

~ of voljeti; **~le** milovati; **~ness** nježnost

food [fuːd] hrana; jelo; **~-shortage** nestašica hrane; **~-stuffs** *pl coll* prehrambeni artikli; **~-value** hranljivost

fool [fuːl] budala; ludovati, zbijati šalu; **~hardy** smion; **~ish** nerazborit; **~proof** vrlo jednostavan; potpuno siguran

foot [fut], *pl* **feet** stopalo; *mil* pješadija; **on ~** pješice; u toku; **~-ball** nogomet; **~-board** papuča; **~-gear** obuća; **~-ing** osnova; *fig* uporište; **~-lights** *pl theat* svjetla rampe; **~-man** lakaj; **~-passenger** pješak; **~-path** pješačka staza; **~-step** korak, stopa; **~-wear** *Am* = **foot-gear**

fop kicoš

for za; radi; u; **~ example** *ili* **instance** na primjer

forbear [fɔː'bɛə] uzdržati se; **~ance** uzdržljivost

forbid [fə'bid] zabraniti

force [fɔːs] sila; snaga; moć; **the ~** policija; prisiliti; **~ on** natjerati; **~ open** razvaliti; **~d landing** prisilno spuštanje; ~d loan prinudni zajam; ~d sale prinudna prodaja; ~-pump kompresiona pumpa

forcible ['fɔ:səbl] snažan, moćan

fore [fɔ:] sprijeda; prednji; ~bode nagovještati; ~cast prognoza; ~finger kažiprst; ~ground prvi plan; ~hand tenis; ~ (stroke) forhend; ~head ['fɔrid] čelo

foreign ['fɔrin] stran; tuđ; the ~ Office ministarstvo vanjskih poslova; ~ policy vanjska politika; ~ trade vanjska trgovina; ~er stranac

fore|land rt; predzemlje; ~leg prednja noga; ~most najistaknutiji; ~man predsjednik (porote); predradnik (poslovoda; ~noon prijepodne; ~runner preteča; ~see predvidjeti; ~sight dalekovidnost; ~taste nagovještaj

forest ['fɔrist] šuma; ~er šumar

forfeit ['fɔ:fit] proigrati; pokora; globa; otkupnina; ~s pl igra zaloga; proigrati

forge [fɔ:dʒ] kovačnica; kovati; krivotvoriti; ~r

kovač; krivotvorilac; ~ry krivotvorina

forget [fə'get] zaboraviti; ~fulness zaboravljivost; ~-me-not potočnica

forgive [fə'giv] oprostiti; ~ness oproštenje

fork [fɔ:k] viljuška; račvati se

form [fɔ:m] oblik; lik; forma; tiskanica; klupa; razred; oblikovati (se); formirati (se); sp be in ~ biti u formi; ~al formalan; ~ality formalnost; without ~alities bez ceremonija

former ['fɔ:mə] prijašnji; bivši; prethodni; ~ly prije

formic ['fɔ:mik] acid mravlja kiselina

formidable ['fɔ:midəbl] zastrašujući; velik; težak

formless ['fɔ:mlis] bezobličan

formul|a ['fɔ:mjulə] formula; pravilo; ~ate formulirati

forsake [fə'seik] napustiti

forswear [fɔ:'swɛə] odreći se

fort tvrđava

forth [fɔ:θ] dalje; odatle; ~-coming predstojeći; ~with smjesta

fortieth ['fɔ:tiiθ] četrdeseti

fortify ['fɔ:tifai] utvrditi;
fortieth ['fɔ:tiiθ] četrde-
seti
fortify ['fɔ:tifai] utvrditi;
pojačati
fortnight ['fɔ:tnait] če-
trnaest dana; **~ly** polu-
mjesečno
fortress ['fɔ:tris] tvrđava
fortuitous [fɔ:'tjuitəs] slu-
čajan
fortunate ['fɔ:tʃnit] sre-
tan; **~ly** srećom
fortune ['fɔ:tʃən] sreća;
sudbina; slučaj; bogat-
stvo; **~-teller** gatara
forty ['fɔ:ti] četrdeset
forward ['fɔ:wəd] pred-
nji; bezobrazan; napri-
jed; sport navalni igrač;
otpremati, slati dalje;
~ing agent otpremnik
foster ['fɔstə] njegovati
(i fig); **~-child** posvoj
če; **~-parents** poočim
i pomajka
foul [faul] odvratan, od-
bojan; zagađen; pokva-
ren; sport protupravilan;
zaplesti; omesti
found [faund] osnovati;
zasnivati (se); lijevati
~ation osnivanje; za-
klada; temelj; **~er** osni-
vač; ljevač
foundling ['faundliŋ] na-
hoče (dijete)
foundry ['faundri] ljeva-

onica
fountain ['fauntin] čes-
ma; fig vrelo; **~-pen**
naliv pero
four [fɔ:] četiri; sp četve-
rac; **~-cycle** ili **~-
stroke engine** četvero-
taktni motor; **~-engi-
ned** četveromotorni; **~-
fold** četverostruko; **~-
in-hand** četveropreg;
~-power talk četvorni
razgovori; **~-seater** mot
četverosjed; **~teen(th)**
četrnaest(i); četrnaestina;
~th četvrti(na); **~thly**
četvrto; **~-wheel-drive**
mot auto s dvije pogon-
ske osovine
fowl [faul] perad; kokoš;
~ing-piece laka sačma-
rica (puška)
fox [fɔks] lisica
Fr = France; French;
Friday
fraction ['frækʃən] mali
dio; math razlomak
fracture ['fræktʃə] lom
kosti
fragil|e ['frædʒail] loman;
krhak; **~ity** krhkost
fragment ['frægmənt]
odlomak
fragran|ce ['freigrəns] (u-
godan) miris; **~t** mirisav
frail [freil] krhak, slabašan
frame [freim] (tjelesna)
građa; stas; okvir; **~ of**

mind raspoloženje; duševno stanje; sastaviti; zamisliti; uokviriti; *Am* potkopati; **~-up** *Am* smicalica; **~work** *tech* okosnica, struktura
France [frɑːns] Francuska
franchise ['fræntʃaiz] biračko pravo
frank ['fræŋk] iskren, otvoren; **~ness** otvorenost
frantic ['fræntik] lud; izvan sebe **(with)**
fratern|al [frə'təːnl] bratski; **~ity** bratstvo
fraud [frɔːd] prevara; **~ulent** prevaran
fray [frei] izlizati (se), otrcati (se)
freckle ['frekl] sunčana pjega
free [friː] slobodan; darežljiv; obilan; **~ trade** slobodna trgovina; osloboditi; **run ~** *tech* rad na „prazno"; **set ~** osloboditi; **~dom** sloboda, neusiljenost; **~-kick** *sp* slobodan udarac
freemason ['friːmeisn], **~ry** mason(stvo)
freez|e [friːz] smrznuti (se), zepsti; **~ing point** ledište
freight [freit] teret; natovariti; **~er** teretni brod
French [frentʃ] francuski;

francuski jezik; **the ~** Francuzi; **~man** Francuz; **~woman** Francuskinja
frequen|cy ['friːkwənsi] učestalost; *el* frekvencija; **~t** čest; [fri'kwent] pohađati
fresh [freʃ] svjež; nov; neiskusan; **~water** slatka voda (riječna); **~-frozen** svježe zaleđen; **~ness** svježina; novina
fret uzrujavanje; briga; uzrujavati (se); gristi se
fret|-saw rezbarska pilica; **~-work** rezbarije (u šperploči)
friar ['fraiə] redovnik
friction ['frikʃən] trenje
Friday ['fraidi] petak; **Good ~** Veliki Petak
friend [frend] prijatelj(ica); **~ly** prijateljski; **~ship** prijateljstvo
frigate ['frigit] fregata
fright [frait] strah; **~en** uplašiti; **~ful** strašan
frigid ['fridʒid] leden, hladan
frill ukrasni nabor; ukrasiti
fringe [frindʒ] resa; šiška
frivol|ity [fri'vɔliti] frivolnost; **~ous** neozbiljan, frivolan
fro [frou]: **to and ~** amo tamo

frock [frɔk] ženska (dječja) haljina; ~-**coat** kaput

frog žaba

frolic(some) ['frɔlik-(səm)] vragoljanski; prpošan

from iz; od; sa; ~ **above** odozgo

front [frʌnt] čelo; pročelje; fronta; **in** ~ **of** ispred; ~ **room** soba s ulične strane; ~ **view** izgled s prednje strane; ~ **wheel drive** prenos (pogon) na prednje kotače; ~**ier** državna granica; ~**ispiece** naslovna ilustracija

frost [frɔst] mraz; inje; ~-**bitten** promrzao; ~**y** leden

froth [frɔθ] pjena; (za)pjeniti se

frown [fraun] (na)mrštiti se; mrko gledati

frozen ['frouzn] smrznut; zaleđen (kapital); ~ **meat** smrznuto meso; ~ **up** ili over zamrznut

frugal ['fru:gəl] umjeren; štedljiv

fruit [fru:t] voće; plod; ~**arian** sljedbenik voćne dijete; ~**erer** prodavač voća; ~**ful** plodan; ~**less** besplodan

frustrate [frʌs'treit] osujetiti; razočarati

fry [frai] prženo jelo; pržiti

frying-pan tava; **get out of the** ~ **into the fire** zapasti iz zla u gore

ft. = **foot, feet**

fuel ['fjuəl] gorivo (i *mot*)

fugitive ['fju:dʒitiv] prolazan; prolaznik

fulfil [ful'fil] ispuniti; izvršiti; ~**ment** izvršenje

full pun; potpun; punopravan; opširan; ~-**dress** svečani, paradni; ~-**length** u naravnoj veličini

ful(l)ness ['fulnis] punoća

fumble ['fʌmbl] prtljati; šeprtljiti

fume [fju:m] dim; isparenje; (o)dimiti; *coll* bjesnjeti

fumigat|e ['fju:migeit] ciklonizirati; ~**ion** ciklonizacija

fun [fʌn] šala; zabava

function ['fʌnkʃən] funkcija; funkcionirati; ~**ary** funkcionar

fund [fʌnd] fond; *pl* sredstva

funeral ['fju:nərəl] sprovod

funicular [fju:'nikjulə]: ~ **railway** uspinjača

funk [fʌnk] (i **blue** ~) *coll* smrtni strah

funnel ['fʌnl] lijevak; brodski dimnjak

funny ['fʌni] šaljiv, smiješan

fur [fəː] krzno; oblog (na jeziku); ~s *pl* krznena odjeća (izrađevine); ~coat krzneni kaput; ~-lined postavljen krznom; ~red obložen (jezik)

furious ['fjuəriəs] bijesan

furnace ['fəːnis] velika peć (talionice, centralnog grijanja)

furnish ['fəːniʃ] opremiti **(with)**; namjestiti; opskrbiti

furniture ['fəːnitʃə] namještaj

furrier ['fʌriə] krznar

furrow ['fʌrou] brazda; brazdati

further ['fəːðə] dalji(e); unapređivati; ~-more osim toga

furtive ['fəːtiv] potajan

fury ['fjuəri] bijes; gnjev

fus|e [fjuːz] stopiti; *el* osigurač; upaljač; ~ible taljiv; ~ion ['fjuːʒən] stapanje; *phys* fuzija

fuss [fʌs] buka; zbrka; uznemirivati se, komplicirati; *Am* udvarati

fustian ['fʌstiən] pljesniv; staromodan

futile ['fjuːtail] uzaludan

future ['fjuːtʃə] budućnost; budući

G

gab [gæb]: have the gift of the ~ biti okretan na jeziku

gable ['geibl] zabat

gad [gæd]: ~ **about** lunjati, dangubiti

gag [gæg] povez; začepiti usta; *theat* improvizirati

gage [geidʒ] zalog

gaiety ['geiəti] veselost

gain [gein] dobitak; dobiti; postići; ~ful employment plaćeni radni odnos

gait [geit] hod; ~er gamaša

gale [geil] jaki vjetar; *fig* provala

gall [gɔːl] žuč; žučni mjehur; ranjavo mjesto

gallant ['gælənt] viteški; hrabar; galantan

gallery ['gæləri] galerija; *min* hodnik

gallivant [gæli'vænt] skitati se

gallon ['gælən] galon (4,54 litre)

gallows ['gælouz] vješala

galosh [gə'lɔʃ] kaljača

gamble ['gæmbl] kockati; ~ing-house kockarnica

game [geim] igra; divljač; kockati; ~licence lovna dozvola

gander ['gændə] gusak

gang [gæŋ] družina; skupina

gangrene ['gæŋgri:n] med gangrena

gangway ['gæŋwei] prolaz; mar mostić za ulaz na brod

gap [gæp] otvor; prekid; (spark-) ~ el iskrište

gape [geip] blenuti; zjapiti

garage ['gæra:ʒ] garaža; garažirati (auto)

garden ['ga:dn] vrt; ~er vrtlar

gargle ['ga:gl] grgljati; tekućina za grgljanje

garland ['ga:lənd] vijenac

garlic ['ga:lik] češnjak

garment ['ga:mənt] odjevni predmet

garnet ['ga:nit] granat

garnish ['ga:niʃ] garnirati; (na)kititi

garret ['gærət] sobica u potkrovlju

garrison ['gærisn] posada; garnizon

garter ['ga:tə] podvezica;

Am muška podvezica; **Order of the** ~ red podvezice

gas [gæs], pl ~es plin; Am mot benzin; mot step on the ~ dati gas; ~-bracket plinska cijev s plamenikom; ~-burner plinski plamenik; ~-fitter uvoditelj plina

gash [gæʃ] duboka rana; duboko se porezati

gas-lighter ['gæslaitə] plinski upaljač; ~metre plinska ura; ~olene, ~oline Am mot benzin

gasp [ga:sp] teško disanje

gas-stove plinska peć; ~works plinara

gate (velika) vrata; ~man vratar perona; ~way kolni prolaz; veža

gather ['gæðə] skupljati; ubirati; sazrijevati (i fig); ~from fig zaključivati prema

gaudy ['gɔ:di] kričav

gauge [geidʒ] mjera; šablona; rlw širina kolosjeka; baždariti

gauntlet ['gɔ:ntlit] rukavica s dugim suvratkom

gauze [gɔ:z] gaza

gay [gei] veseo; šaren; živahan

gaze [geiz] zuriti

gazette [gə'zet] službene novine; službeno objaviti

gear [giə] pribor; zupčanici; **~box**, **~case** mjenjačka kutija; **~-change** *mot* mijenjanje brzina; **~ing** zupčanici; **~lever**, *Am* **~shift** poluga mjenjača

gem [dʒem] dragulj

gender ['dʒendə] *gram* rod

general ['dʒenərəl] općenit; glavni; general; **~ize** generalizirati; **~ly** općenito; obično

generation [dʒenə'reiʃən] rađanje; naraštaj

gener|osity [dʒenə'rɔsiti] velikodušnost; darežljivost; **~ous** velikodušan; darežljiv

Geneva [dʒi'ni:və] Ženeva

genial ['dʒi:njəl] srdačan

genius ['dʒi:njəs] genij; dobar duh

Geno|a ['dʒenouə] Dženova; **~ese** [~'i:z] Dženovežanin; dženoveški

gentian ['dʒenʃiən] *bot* goreč

gentle ['dʒentl] blag; pitom; **~man** džentlmen; gospodin; **~manlike** džentlmenski; **~ness** blagost; nježnost; **~woman** plemkinja

gentry ['dʒentri] niže plemstvo, veleposjednici

genuine ['dʒenjuin] nepatvoren; pravi

geograph|er [dʒi'ɔgrəfə] zemljopisac, geograf; **~y** geografija, zemljopis

geolog|ist [dʒi'ɔlədʒist], **~y** geolog(ija)

geomet|er [dʒi'ɔmitə], **~rician** geometar; **~ry** geometrija

germ [dʒə:m] bacil, klica

German ['dʒə:mən] njemački; Nijemac; njemački jezik; **~ Ocean** Sjeverno more; **~y** Njemačka

germ|inate ['dʒə:mineit] klijati; **~-killing** koji ubija klice

gesture ['dʒestʃə] kretnja; gesta

get [dʒet] dobiti; nabaviti; postići; domoći se; doći; dospjeti; uhvatiti; razumjeti; postati; **you have got to obey** moraš slušati; **~ off** skinuti (odjeću); **~ out** izvući izaći; **~ ready** spremiti se; **~ abroad** pročuti se; **~ along with** slagati se sa; **~ along** *ili* **on** napredovati; **~ in** ući; **~ off** sići; **~ over** preći; prebolJeti; **~ through** to *tel* dobiti vezu; **~ up** ustati; **~-up** oprema

ghastly ['gɑːstli] grozan; sablastan

ghost [goust] duh; prikaza

giant ['dʒaiənt] divovski; div

giblets ['dʒiblits] pl iznutrice od guske (peradi)

giddiness ['gidinis] vrtoglavica

giddy ['gidi] vrtoglav

gift [gift] (na)dar(enost); poklon; **~box** poklon pakovanje; **~ed** nadaren

gigantic [dʒai'gæntik] divovski

giggle ['gigl] hihotanje

gild pozlatiti

gilt-edged ['giltedʒd] sa zlatnim rezom; pupilarni (vrijednosni papiri)

gin [dʒin] džin

ginger ['dʒindʒə] đumbir; coll polet; život; **~ (up)** coll oживiti; **~beer** pjenušavo piće; paprena soda; **~bread** paprenjak, medenjak začinjen đumbirom

gipsy ['dʒipsi] ciganin

gird [gəːd] opasati; **~le** pojas

girl [gəːl] djevojka; **~hood** djevojaštvo; **~ish** djevojački

girth [gəːθ] kolan; obujam

give [giv] dati; pružiti;

podijeliti; predati; navesti; pokloniti; popustiti; uvinuti se; **~ way (to)** ustupiti; povući se; **~ away** pokloniti; coll izdati; **~ back** vratiti; out izdavati; iscrpsti se; **~ in** to popustiti nekome; **~ up** odustati od; **~ in** to popustiti nekome; **~ out** izdavati; iscrpsti se

glaci|al ['gleisiəl] leden; **~er** ledenjak

glad [glæd] zadovoljan; veseo; **~ly** rado; **~ness** zadovoljstvo

glance [glɑːns] bljesak; letimičan pogled; **~ at** pogledati

gland [glænd] žlijezda

glar|e [glɛə] zasljepljivanje; bijesan pogled; zablještiti; **~ at** zuriti u; **~ing** zasljepljujući; očit

glass [glɑːs] staklo; čaša; dalekozor; barometar; ogledalo; **~es** pl naočale; **~-works** staklana; **~y** staklen

glaz|e [gleiz] glazura; glazirati; **~ier** staklar

gleam [gliːm] sjaj; sjati

glean [gliːn] pabirčiti (i fig)

glee [gliː] veselje

glen [glen] uska dolina

glid|e [glaid] klizanje; lebdenje; klizati; letjeti bez motora; **~er** jedrilica (zračna) (i **~ing**

boat, ~ing machine)
glimmer ['glimə] svjetlucanje; svjetlucati
glimpse [glimps] letimičan pogled (**of**); **catch a** ~ of načas opaziti
glitter ['glitə] blistati
gloaming ['gloumiŋ] sutton
gloat [glout]: ~ **over** uživati nad
globe [gloub] kugla; zemljina kugla; ~**trotter** svjetski putnik
gloom [glu:m] polumrak; sumornost; ~**y** tmuran; smrknut
glori|fication [glɔ:rifi-'keiʃən] veličanje; ~**fy** veličati; ~**ous** sjajan; slavan
glory ['glɔ:ri] slava; blaženstvo; ~ **in** uživati u
gloss [glɔs] uglačanost; ulaštiti; ~ **over** uljepšati; ~**y** sjajan; ulašten; izlizan (odijelo)
glove [glʌv] rukavica; ~**r** rukavičar
glow [glou] žar; sjaj; žariti se; sjaj; ~ **worm** krijesnica
glue [glu:] ljepilo; lijepiti
glut [glʌt] zasićenost; zaititi; ~**ton** proždrljivac
gnash [næʃ] škripati zubima
gnat [næt] komarac

gnaw [nɔ:] glodati
go [gou] ići; poći; otići; voziti se; putovati; biti u pokretu, raditi (stroj, sat); dopirati (**to**); postati; ~ **bad** pokvariti se; ~ **mad** poludjeti; ~ **wrong** zalutati, zastraniti; **just** ~ **and try** pokušaj samo!; **let** ~ (is)pustiti; about obilaziti; ~ **by** proći mimo; ravnati se po; ~ **in for** baviti (zanimati) se nečim; ~ **on** ići dalje; nastaviti; ~ **through** proći; pregledati; ~ **up** popeti se; porasti
goal [goul] cilj; (nogomet) **score a** ~ postići zgoditak; ~**-keeper** vratar
goat [gout] koza; sl **get a p 's** ~ razljutiti; ~**ee** šiljata bradica
God rel Bog; fig idol; ~**child** kumče; ~**dess** božica; ~**father** krsni kum; ~**like** bogu sličan
go-getter Am energičan i poduzetan čovjek (kome se uspijeva)
goggle ['gɔgl] buljiti; **a pair of**) ~**s** pl zaštitne naočale
going ['gouiŋ] **be** ~ **to** spremati se; upravo htjeti; **keep** ~ održavati

gold [gould] zlato; zlatan
golf golf; ~**er** igrač golfa; ~**-links** pl igralište golfa
good [gud] dobar; drag; vrijedan; sposoban; prikladan; dobro; korist; ~**s** pl roba; **for** ~ zauvijek; **that's no** ~ **to** ne pomaže (vrijedi); **no** ~ **talking about it** nema smisla govoriti o tome
good|**-bye** [gud'bai] zbogom! do viđenja!; ~**-for-nothing** ništarija; ~**-natured** dobroćudan; ~**ness** dob rota
goods|**station**, ~ **train** teretni kolodvor, vlak
goodwill ['gud'wil] dobrohotnost; com mušterije, uvedeno poslovanje
goose, pl **geese** [gu:s, gi:s] guska; ~**berry** ogrozd
gorge [gɔ:dʒ] gudura; proždirati; nažderati se
gorgeous ['gɔ:dʒəs] divan
gormandize ['gɔ:məndaiz] žderati
gospel ['gɔspəl] evanđelje
gossip ['gɔsip] naklapanje; tračati
gourd [guəd] bundeva
gout [gaut] kostobolja; ~**y** kostoboljan
govern ['gʌvən] vladati;

upravljati; voditi; ~**ess** guvernanta; ~**ment** vlada(nje); ~**or** namjesnik; guverner
gown [gaun] ženska duga haljina; talar
grace [greis] dražest; milost; vrlina; **your** ~ Vaša milosti; ~**ful** dražestan; graciozan
gracious ['greiʃəs] milostiv, dobrohotan; **good** ~ ! za boga miloga!
grade [greid] stupanj; nagib; stupnjevati
gradua|**l** [grædjuəl] postupan; ~**te** ['~eit] diplomirati; stupnjevati
graft [gra:ft] Am mito; kalem; ucijepiti; ~**er** davalac (ili primalac) mita
grain [grein] žito; zrno; zrnce; mrviti (se)
grammar ['græmə] gramatika
gram(me) [græm] gram
gramophone ['græməfoun] gramofon; ~ **disk** ili **record** gramofonska ploča
granary ['grænəri] ambar; žitnica
grand [grænd] velik; veličanstven; sjajan; ~**daughter** unuka; ~**eur** veličina; sjaj; ~**father** djed; ~**mother** baka;

~son unuk

grange [greindʒ] majur

granite ['grænit] granit

grant [graːnt] podjeljivanje; dotacija; dodijeliti; darovati; odobriti

granular ['grænjulə] zrnat

grape [greip] grožđe; ~-**fruit** grepfrut; ~-**sugar** grožđani šećer

grapple ['græpl] pograbiti; ~ **with** uhvatiti se u koštac sa

grasp [graːsp] zahvat; stisak; zgrabiti; shvatiti

grass [graːs] trava; pašnjak; ~**hopper** skakavac; ~-**widow(er)** coll slamnata udovica (-ac)

grate [greit] rešetka; roštilj; ribati (sir); škripati

grateful [greitful] zahvalan; ~**ness** zahvalnost

grater ['greitə] ribež

grati|fy ['grætifai] udovoljiti; zadovoljiti; ~**tude** ['~tjuːd] zahvalnost

gratuit|ous [grə'tjuːitəs] besplatan; ~**y** napojnica

grave [greiv] ozbiljan; težak; grob; ~-**digger** grobar

gravel ['grævəl] šljunak; med pijesak (u žuči)

graveyard ['greivjaːd] groblje

gravit|ation [grævi'tei-

[ʃən] sila teža; ~**y** težina; ozbiljnost; važnost

gravy ['greivi] sok od pečenke

graze [greiz] pasti; napasti

grease [griːs] mast; [~z] zamastiti; pomazati; ~-**proof** koji ne propušta masnoću; ~ **paper** masni papir

greasy ['griːzi] mastan; zamašćen

great [greit] velik; ✗ **Britain** Velika Britanija; ~**grandchild** praunuk(a); **a** ~ **deal** mnogo; ~**ly** uvelike; ~**ness** veličina

Greece [griːs] Grčka

greed|iness ['griːdinis] pohlepa; ~**y** pohlepan

Greek [griːk] grčki; Grk(inja); grčki jezik

green [griːn] zelen; nezreo; zelenilo; pl zelenje; ~**grocer** povrćar; ~-**horn** žutokljunac; ~**ish** zelenkast; ~**sward** tratina

greet [griːt] pozdraviti; ~**ing** pozdrav

grey [grei] siv; ~**hound** hrt

grid radio rešetka; ~ **iron** roštilj

grief [griːf] žalost; tuga

griev|ance ['griːvəns] pritužba; jadanje; ~e žalostiti se

grill [gril] pržiti na roštilju; roštilj

grim ozbiljan; mračan

grimace [gri'meis] grimasa; praviti grimase

grimy ['graimi] prljav; čađav

grin cerenje; osmjeh; ceriti se **(at)**

grind [graind] mrviti; (sa)mljeti; brusiti; *sl* bubati; muka; škripati (zubima); ~er kutnjak; brusač

grip zgrabiti, stisnuti; zahvat; ~sack *Am* putna torba

grizzly ['grizli] (pro)sijed; ~ **bear** sivi američki medvjed

groan [groun] jecaj; jecati; stenjati **(for)**

groats [grouts] *pl* zobena krupica

grocer ['grousə] trgovac mješovitom robom; ~-ies *pl* mješovita roba

grog grog

groin [grɔin] *anat* prepona

groom [grum] konjušar

groove [gru:v] žlijeb

gross [grous] tust; krupan; neotesan; brutto (težina); gros (12 tuceta)

ground [graund] tlo; pod; gradilište; ~s *pl* talog;

~s *pl* perivoj; nasadi; osnovati; *el* uzemljiti; ~-floor prizemlje; ~-less bestemeljan; ~-staff neletačko (tehničko) osoblje

group [gru:p] grupa; grupirati se

grove [grouv] gaj; šumarak

grow [grou] rasti; posta(ja)ti; ~ **into fashion** postati moderno; ~er uzgajatelj; poljoprivrednik

growl [graul] režanje; režati

growth [grouθ] rast(enje); raslinstvo; izraslina

grudge [grʌdʒ] zamjerka; zamjerati

gruel [gruəl] zobena kaša

gruff [grʌf] otresit; zlovoljan

grumble ['grʌmbl] gunđati; ~r gundalo; nezadovoljnik

guarantee [gærən'ti:] garancija; garantirati **(for)**

guard [gɑ:d] straža; čuvar; gazda; stražariti; čuvati se **(against)**; ~ian zaštitnik; skrbnik

guess [ges] nagađati; pogađati; *Am* misliti, pretpostavljati

guest [gest] gost

guid|able ['gaidəbl] (po)-

vodljiv; **~ance** vodstvo
guide [gaid] vođa; voditi;
~-book vodič (knjiga);
~-post kažiprst
guild [gild] ceh; bratovština
guilt [gilt] krivnja; **~y**
kriv; kažnjiv
guise [gaiz] *fig* krinka
guitar [gi'ta:] gitara
gulf [gʌlf] zaljev; bezdan
gullet ['gʌlit] *anat* jednjak;
grlo
gully ['gʌli] vododerina;
odvodni kanal
gulp gutljaj; gutanje
gum [gʌm] desni (i *sl* pl)
guma; gumirati; **~boil**
čir na desnima
gun [gʌn] top, puška; *Am*

revolver; **~-licence** *Am*
oružna dozvola; **~ner**
topnik; **~ powder** barut
gust [gʌst] zapuh vjetra;
~y vjetrovit
gut crijevo; izvaditi utrobu; *fig* isprazniti; **~ted**
izgorio
gutter ['gʌtə] oluk; slivnik za pločnik; curiti
(svijeća); **~-press** bulevarska štampa
gymnas|ium [dʒim'neizjəm] gimnastička dvorana; **~tics** [~'næstiks];
light ~ *pl* slobodne
vježbe
gyp [dʒip] *Am sl* prevariti
gypsum ['dʒipsəm] sadra

H

haberdasher ['hæbədæʃə]
trgovac kratkom robom
habit ['hæbit] navika; **be
in the ~ of** imati naviku;
~ation prebivalište; **~ual** uobičajen
hack [hæk] zasjek; zasjeci
haddock ['hædək] kolja
(*riba*)
haemorrh|age ['heməridʒ] krvarenje; **~oids**
pl hemoroidi
haft [ha:ft] držak
haggard ['hægəd] upalih

očiju; mršav
haggle ['hægl] **(about)**
cjenkati se
Hague [heig] **the ~** Haag
hail [heil] tuča; padati
(tuča); pozdraviti
hair [hɛə] kosa; **~-cut**
šišanje; **~dresser** frizer;
~-dryer fen za kosu;
~pin ukosnica; **~y** dlakav
half [ha:f] pola; (*pl* **halves**) polovica; **a pound
and a ~** funta i pol

**~-bred, -~-breed, ~-
-caste** miješan, meleski;
melez; **~-moon** polu-
mjesec; **~-time** sp polu-
vrijeme; **~-way** na pola
puta

hall [hɔ:l] dvorana; pred-
soblje; vlastelinska kuća;
~-mark znak čistoće
(nepatvorenosti)

Hallowmas ['hæloumæs]
Svi Sveti (blagdan)

halo ['heilou] *astr* kolut
oko sunca (mjeseca)

halt [hɔ:lt] zastajanje, pre-
kid; *rlw* stajalište; za-
ustaviti (se)

ham [hæm] šunka

hamlet ['hæmlit] zaselak

hammer ['hæmə] čekić;
zabijati

hammock ['hæmək] mre-
ža za spavanje

hamper ['hæmpə] košara
za piknik; priječiti

ham-roll žemlja sa šun-
kom

hand [hænd] ruka; ruko-
pis; kazaljka; čovjek,
radnik; **at ~** pri ruci;
on the one ~ s jedne
strane; **on the other ~**
s druge strane; **a good ~
at** okretan u; **be ~ and
glove** biti vrlo prisni;
change ~s mijenjati
vlasnika; **come to ~**
dopasti u ruke (pismo);

on ~ pri ruci, postojeći;
**he can turn his ~ to
anything** u svakom po-
slu će se snaći; **~ in** pre-
dati; **~ over** izručiti;
~bag torbica; taška; **~-
ful** pregršt

handi|craft ['hændikra:ft]
obrt; **~ness** prikladnost,
praktičnost

handerchief ['hæŋkətʃif]
džepni rupčić

handle ['hændl] ručka;
fly off the ~ *coll* raz-
bjesniti se; **~-bar** upra-
vljač, guvernal (na biciklu)

hand|some ['hænsəm] li-
jep; pristao; **~-writing**
['hændraitiŋ] rukopis;
~y priručan, prikladan

hang [hæŋ] visjeti, obje-
siti **(on)**; **~ about** dan-
gubiti

hangar ['hæŋə] hangar

hangman ['hæŋmən] krv-
nik

happen ['hæpən] dogo-
diti se; **~ to be** slučajno
biti

happ|ily ['hæpili] na sre-
ću; **~iness** ['hæpinis]
sreća; **~y** sretan

harras ['hærəs] mučiti,
uznemirivati

harbour ['ha:bə] luka;
pružiti zaklon; gajiti

hard [ha:d] tvrd; strog;
neumoljiv; težak; **the**

~ **facts** neumoljive činjenice; ~ **of hearing** nagluh; **it is snowing** ~ pada gusti snijeg; **work** ~ mnogo raditi; ~**-boiled** tvrdo kuhan; *Am* trijezan; ~**en** otvrdnuti; ~**-hearted** tvrda srca; ~**ly** jedva; ~**ness** tvrdoća; neumoljivost; ~**-shell** neumoljiv; *Am* ortodoksan; ~**ship** tegoba; ~**ware** metalna roba, željezarija; ~**y** otporan; smion

hare [heə] zec; ~**-brained** smušen; ~**lip** *anat* zečja usna

hark [ha:k] osluškivati (**to**)

harm [ha:m] šteta; zlo; naškoditi; ~**ful** štetan; ~**less** neškodljiv

harness [ha:nis] konjska orma; upregnuti

harp [ha:p] harfa; **be always** ~**ing on the same string** guditi uvijek istu pjesmu

harpoon [ha:'pu:n] harpuna; pogoditi harpunom

harrow ['hærou] drljača; drljati

harsh [ha:ʃ] hrapav; opor; neskladan

harum-scarum ['heərəm'skeərəm] *coll* brzo-

pleta osoba

harvest ['ha:vist] žetva; (po)žeti; ~**er** žetelica (i stroj)

hash [hæʃ] sjeckano meso; sasjeckati

hast|e [heist] žurba; hitnja; **make** ~**e** žuriti se; ~**en** (po)žuriti; ~**y** nagao, nepromišljen

hat [hæt] šešir

hatch [hætʃ] leglo; *mar* grotlo; *aero* otvor za krcanje

hatchet ['hætʃit] sjekira

hatchway grotlo (nad hodnikom)

hate [heit] mrziti; ~**ful** mrzak; odvratan

hatred ['heitrid] mržnja

hatter ['hætə] klobučar

haugt|iness ['hɔtinis] oholost; ~**y** ohol; arogantan

haul [hɔ:l] ulov (ribe); vuci

haunch [hɔ:ntʃ] bok; but

haunt [hɔ:nt] progoniti; posjećivati (duhovi)

have [hæv] imati; dobiti; posjedovati; ~ **to do** morati učiniti; **I had rather go** bit će bolje da odem; **I would** ~ **you know** želim da znate; ~ **about one** imati kod sebe; ~ **it out with** izvesti na čistac

havoc ['hævək]: **make ~ of** *ili* **among** opustošiti, poharati

hawk [hɔːk] jastreb; kobac; hrakati; torbariti; piljariti; **~er** ulični trgovac s kolicima

hay [hei] sijeno; **~ fever** peludna groznica; **~ loft** sjenik

hazard ['hæzəd] slučaj; izvrgnuti se opasnosti; **~ous** opasan

haze [heiz] maglica

hazel-nut ['heizlnʌt] lješnjak

he [hiː] on; **~ who** onaj tko

head [hed] glava; razum; komad; glavar; vođa; direktor; voditi, biti na čelu; dati zaglavlje; *nogomet*: igrati glavom; **~ for** krenuti prema; **come to a ~** sazrijeti (*čir*) doći do kritičke tačke; **make ~ against** pružati uspješan otpor; **I can't 6 make ~ or tail of I** ništa ja tu ne razumijem; **~ache** glavobolja; **~dress** ukras za glavu; frizura; **~er** skok naglavce; **~gear** pokrivalo, šešir; **~ing** naslov, rubrika; **~land** (visoki) rt; **~less** bezglav; **~light** *mot* glavno prednje

svjetlo; **~-master** direktor škole; **~most** naistaknutiji; **~-phone, ~-piece, ~-receiver** *radio* slušalica; **~-quarters** *pl* glavni stan; centrala; **~way: make~** napredovati; imati uspjeha

heal [hiːl] liječiti; (*i ~ up*) zacijeliti

health [helθ] zdravlje; **~-resort** lječilište; **~y** zdrav

heap [hiːp] gomila; nagomilati

hear [hiə] čuti; saslušati; uslišati; **~ing** sluh; preslušavanje; audijencija; domet sluha

hearken ['haːkən] čuti; osluškivati (to)

hearse [həːs] mrtvačka kola

heart [haːt] srce; *fig* hrabrost; duša; jezgro; **by ~** napamet; **out of ~** snužden; **~-beat** kucanje srca; **~-breaking** koji para srce; **~burn** žgaravica; **~en** ohrabriti

hearth [haːθ] ognjište

heart|iness ['haːtinis] srdačnost; srčanost; **~less** bez srca; **~y** srdačan, srčan

heat [hiːt] vrućina; žar; zagrijati; ražariti; **dead**

~ neodlučna utrka
heath [hi:θ] ledina
heathen ['hi:ðən] poganin; poganski
heating ['hi:tiŋ] grijanje; ~ **cushion**, ~ **pad** električni termofor
heat|-stroke sunčanica; **~-value** ogrjevna moć; ~ **wave** val vrućine
heave [hi:v] dignuti; nadimati se; ~ **the anchor** podići sidro
heaven ['hevn] nebo; **~ly** nebeski
heaviness ['hevinis] težina
heavy ['hevi] težak (i *fig*); tmuran; glomazan; ~ **current** jaka struja; **~-weight** *boks*: teške kategorije
Hebrew ['hi:bru:] hebrejski; Hebrej, Židov
hectic ['hektik] grozničav; *coll* uzbudljiv
hedge [hedʒ] živica; ograditi živicom; **~hog** jež
heed [hi:d] obzir; uzimati u obzir; take ~ of čuvati se nečega; **~ful** koji se osvrće na (**of**); **~less** koji zanemaruje
heel [hi:l] peta; **take to one's ~s** pobjeći
height [hait] visina; uzvisina; vrhunac; **~en** povisiti; povećati
heir [ɛə] nasljednik; **~ess**

nasljednica
hell pakao; **~ish** paklenski
helm rudo kormila
helmet šljem (i *mot*, *aero*)
help [help] pomoć; (pomoćno) sredstvo; *Am* kućna pomoćnica; **lady** ~ pomagačica domaćice; **mother's** ~ dječja pateljica; pomagati; poslužiti; **I can't** ~ **saying** ne mogu a da ne kažem; **~er**, **~mate** pomagač(ica); **~ful** koristan; susretljiv; **~ing** porcija; **~less** bespomoćan
hem (po)rub; (po)rubiti; nakašljati se
he-man *Am* pravi muškarac
hemisphere ['hemisfiə] hemisfera
hemlock ['hemlɔk] kukuta
hemp konoplja
hemstitch ažur; raditi ažur
hen kokoš
hence [hens] odavle; odsada; zato; **~forth** ubuduće
hen|-party *coll* žensko društvo (zabava); **-pecked** koji je pod papučom
her [hə:] njen, njezin; nje, njoj, nju, njom

herald ['herəld] glasnik, najaviti

herb [hə:b] (kulinarska, ljekovita) biljka

herd [hə:d] krdo; okupljati se u krdo; **~sman** pastir

here [hiə] ovdje; ovamo; **~about(s)** tu negdje; **~by** ovime, na temelju toga

hereditary [hi'reditəri] nasljedan

heresy ['herəsi] krivovjerje

here|upon nato; **~with** ovime

heritage ['heritidʒ] baština

hermit ['hə:mit] pustinjak

hernia ['hə:njə] med kila

hero ['hiərou], pl **~es** heroj; **~ic** herojski; **~ine** junakinja; **~ism** junaštvo

herring ['heriŋ] sled; **~-bone pattern** uzorak „riblja kost"

hers [hə:z] njezin

herself [hə:'self] ona sama; nju samu

hesitate ['heziteit] oklijevati; **~ion** oklijevanje; neodlučnost

hew [hju:] sjeckati, sjeći

hiccup ['hikʌp] štucavica; štucati

hide [haid] koža (velikih životinja); sakriti se

(from a p)

hideous ['hidiəs] ružan; odvratan

hiding ['haidiŋ] skrivanje; batine; **~-place** skrovište

high [hai] visok; otmjen; ponosan; nadmen; žestok; **~ spirits** dobro raspoloženje; **~diving** sp skakanje s tornja; **~ life** otmjeni krugovi i život; **~lights** pl ono najvažnije (najistaknutije); **~ tension** el visoka napetost; **~-bred** plemićki; otmjen; **~-brow** Am intelektualac; **~-class** prvoklasan; **~-coloured** jako rumen; živopisan; **~lands** pl brda; **~-level railway** visinska željeznica; **~ly** vrlo; **~ness** fig visina; (naslov) Visost; **~-power station** velika centrala; **~-power radio** (ili **wireless**) **statio** snažna radio stanica; **~-road** (ili **~-way**) cesta; **~-wayman** drumski razbojnik

hike [haik] Am coll izlet pješke

hilarious [hi'leəriəs] veseo; radostan

hill brežuljak; brijeg; **~y** brdovit

hilt balčak

him njega, njemu, njim

himself [him'self] sam, sama, sebe; **of** ~ sam od sebe; **by** ~ sam

hind [haind]: ~ **leg** stražnja noga

hind|er ['hində] spriječiti (**from**); ometati; ~**rance** zapreka

hinge [hindʒ] šarka, šarnir

hint mig; natuknuti;

hip bok; kuk; ~**-bath** sjedeća kada; ~**ped** iščašena (spuštena) kuka

hire [haiə] najamnina; nadnica; uzeti u najam; ~**-purchase** kupnja na otplatu

his [hiz] njegov

hiss psikanje; psikati

histor|ian [his'tɔːriən] povjesničar; ~**ical** povijesni; ~**y** ['histəri] povijest

hit udarac; pogodak; sretan slučaj; *theat* uspio komad; udariti; pogoditi

hitch [hitʃ] trzaj; *fig* smetnja; ~**-hike** *Am coll* putovati autostopom

hither ['hiðə] ovamo; ~**to** dosada

hive [haiv] košnica

H. M. S. = His (Her) Majesty's Ship

hoard [hɔːd] zaliha; tajno; zgrtati (novac, blago); (**food**) ~**er** onaj koji

zgrće zalihe hrane; ~**ing** visoka ograda oko gradnje; **advertisement** ~**ing** ograda za lijepljenje plakata

hoarfrost ['hɔːfrɔst] mraz, inje

hoarse [hɔːs] promukao; ~**ness** promuklost

hoax [houks] obmana; prevariti

hobble [hɔbl] šepati

hobby ['hɔbi] hobi

hobo ['houbou] *Am* skitnica

hock [hɔk] rajnsko vino

hockey ['hɔki] hokej

hog svinja; ~**shead** velika (podrumska) bačva; ~**skin** svinjska koža

hoist [hɔist] dizalo; dizati

hold [hould] držanje; zahvat; tovarni brodski prostor; **catch** (*ili* **get, lay, take**) ~ **of** uhvatiti; dohvatiti; (o-, za-, pri-, iz-)držati; smatrati; ~ **the line** *tel* ostati na aparatu; ~ **good** (*ili* **true**) vrijediti; ~ **water** ne curiti; biti logičan (argument); ~ **to** držati se nečega; ~ **up** držati se (uspravno); ~**er** držalac; posjednik; ~**er of shares** dioničar; ~**ing** držanje; posjed; ~**over** *Am* ostatak; ~**-up** *Am* prepad; zastoj

hole rupa, udubina; iz-dupsti

holiday ['hɔlidei] praznik, slobodan dan; *pl* ferije

holiness ['houlinis] sve-tost

hollow ['hɔlou] šupalj, izduben; šupljina

holly ['hɔli] božikovina

holy ['houli] svet; **~ Week** Veliki tjedan

homage ['hɔmidʒ] oda-vanje štovanja (priznanja)

home [houm] 1. dom; domovina; **at ~** kod kuće; 2. domaći; kućni; **~ Office** Ministarstvo unutrašnjih poslova; **~ trade** unutarnja trgovina; **bring ~ to** razjasniti; **hit** (*ili* **strike**) **~** pogodi-ti u pravo mjesto; **see ~** otpratiti do kuće; **~less** bez doma; **~ly** jedno-stavan; priprost; **~-made** domaći; **be ~-sick** biti nostalgičan; **~sickness** nostalgija; **~ward(s)** kući; **~-work** (*ili* **~-lessons**) domaća zadaća

Hon. = **honorable**; **honorary**

honest ['ɔnist] pošten; **~y** poštenje

honey ['hʌni] med; **~-moon** medeni mjesec;

~suckle kozja krv

honk *mot* trubiti

honorary ['ɔnrəri] po-častan

honour ['ɔnə] čast; po-čast; **~s** *pl* počasti; iska-zivati počasti; **~able** častan; čestit; pohvalan

hood [hud] kukuljica; kapa (*i tech*); *mot* pokrov motora (hauba); pomični krov auta; **~lum** ['huːdləm] *Am* huligan; **~wink** obmanuti, preva-riti

hoof [huːf] kopito; papak

hook [huk] kvaka; *coll* **by ~ or (by) crook** milom ili silom; zakvačiti ku-kom (udicom); **~ed** za-kast; **~-up** *radio*: pove-zivanje stanica radi pre-nosa

hooligan ['huːligən] hu-ligan

hoop [huːp] obruč

hooping-cough ['huːpiŋkɔf] hripavac

hoot [huːt] galamiti; *mot* trubiti; **~er** sirena; *mot* truba

hop skok; skakutanje; *aero* etapa; skakutati; *sl* **~ it** odmagliti; **~ off** *aero Am* uzletjeti

hope [houp] nada; nadati se; **~ful** pun nade; **~less** beznadan

horizon [hə'raizn] horizont; ~**tal** [hɔri'zɒntl] horizontalan

horn [hɔːn] rog; megafon; *mot* truba; ~**ed** rogat

hornet ['hɔːnit] stršen

horri|ble ['hɔrəbl] strahovit; grozan; ~**d** ['~id] grozan; strašan; ~**fy** užasnuti

horror ['hɔrə] groza; užas; strava

horse [hɔːs] konj; on ~**back** na konju; ~**-dealer** trgovac konjima; ~**manship** jahačka vještina; ~.**power** konjska sila; ~**-radish** hren; ~**shoe** potkova; ~**-whip** bič za konje

hose [houz] (duga) čarapa; crijevo (za polijevanje)

hosier ['houʒə] trgovac čarapama i pletenom robom; ~**y** ['~ri] čarape i pletena roba

hospitable ['hɔspitəbl] gostoljubiv

hospital ['hɔspitl] bolnica; ~**ity** [~'tæliti] gostoljubivost; ~**ize** ['~təlaiz] *Am* smjestiti u bolnicu; liječiti u bolnici

host [houst] domaćin; krčmar; hostija; ~**age** talac; ~**el** đački (studentski) dom; **youth** ~**el**

omladinsko prenočište; ~**ess** domaćica

hostil|e ['hɔstail] neprijateljski; ~**ity** [~'tiliti] neprijateljstvo

hot vruć; oštar; žestok; strastven; ~ **air** mlaćenje prazne slame; **go** (*ili* **sell**) **like** ~ **cakes** prodavati se na jagmu; ~ **dogs** *Am* hrenovke u žemlji; ~**el** [hou'tel] hotel; ~**head** usijana glava; ~**house** staklenik; ~**spur** napržica; ~**-water** ~ **bottle** termofor; ~ **heating** grijanje na vruću vodu; ~ **supply** snabdjevanje toplom vodom

hound [haund] lovački pas

hour ['auə] sat; vrijeme; čas; *pl* radno vrijeme; ~**ly** svaki sat

house [haus] kuća; [hauz] staviti (primiti) u kuću; smjestiti; ~**breaker** *Am* provalnik; poduzetnik koji ruši stare kuće; ~**-hold** kućanstvo; ~**-hunting** traženje kuće (stana); ~**keeper** kućanica; ~**-trained** (pas) koji ne vrši nuždu u kući

housing shortage stambeni problem

hovel ['hɔvəl] potlušica

hover ['hɔvə] lebdjeti; zadržavati se u blizini

how [hau] kako; ~ **about** ... šta mislite o ...? kako bi bilo da ...?; ~**ever** međutim

howl urlati; *radio* pištati; ~**ing** urlanje; *radio* pištanje

h. p. = **horse power**

H. R. H. = **His (Her) Royal Highness** Njegovo kraljevsko visočanstvo

huckster ['hʌkstə] pokućarac; pokućariti

huddle ['hʌdl] nagomilati; ~ **(together)** stisnuti se; ~ **on** prebaciti (odjeću) na sebe

hue [hju:] boja; nijansa

huff [hʌf] grubo postupati; „pojesti" kamen (u igri Dame); ~**y** *coll* razljućen

hug [hʌg] zagrljaj; zagrliti

huge [hju:dʒ] golem, ogroman

hugger-mugger ['hʌgə-'mʌgə] *coll* konspiracija; zbrka

hull [hʌl] komuška; mahuna; *mar* korito broda; ljuštiti komuške

hullabaloo [hʌləbə'lu:] galama, strka

hum [hʌm] zujanje; zu-

jati; *coll* **make things ~** živo pokrenuti posao, snažno aktivirati

human ['hju:mən] ljudski; ~**e** human; ~**ity** čovječanstvo; čovječnost

humble ['hʌmbl] čedan; ponizan; poniziti

humbug ['hʌmbʌg] obmana, varka

humdrum ['hʌmdrʌm] jednoličan; prozaičan

humid ['hju:mid] vlažan; ~**ity** vlaga

humili|ate [hju:'milieit] poniziti; ~**ation** poniženje; ~**ty** poniznost

humorous ['hju:mərəs] humorističan; šaljiv

humour ['hju:mə] raspoloženje; humor; populštati, ugađati

hump [hʌmp] grba

hunchback ['hʌntʃbæk] grbavac

hundred ['hʌndrəd] sto(tina); stotica; ~**fold** stostruki(o); ~**th** stoti; ~**weight** 112 funti (50,8 kg)

Hungar|ian [hʌŋ'gɛəriən] mađarski (jezik); Mađar; ~**y** ['hʌŋgəri] Mađarska

hunger ['hʌŋgə] glad; gladovati **(for, after)**; ~**ry** gladan

hunt [hʌnt] lov; loviti;

~er lovac; ~ing: go ~
ići u lov

hurdle ['həːdl] prepona;
~-race trčanje (trka) s
preponama

hurl [həːl] bacanje; baciti

hurricane ['hʌrikən] or-
kan

hurr|ied ['hʌrid] žuran;
na brzinu; ~y žurba;
hitnja; be in a ~ žuriti
se (i ~ up)

hurt [həːt] povreda; po-
vrijediti; uvrijediti; ozli-
jediti; ~ful štetan (to)

husband ['hʌzbənd] su-
prug; ~ry seosko gospo-
darstvo

hush [hʌʃ] tišina!; utišati;
~ up ušutkati; ~-mon-
ey plaća za šutnju

husk [hʌsk] lupina; ljuska;
ljuštiti

hussar [hu'zaː] husar

hustle ['hʌsl] gurati (se);
Am živo raditi; *Am* radi-

nost

hut [hʌt] koliba; baraka

hydro|-(aero)plane ['hai-
drou-] hidroavion; ~-
-cloric acid solna kise-
lina; ~gen vodik; ~
pathy liječenje vodom;
~-phobia strah od vode

hyena [hai'iːnə] hijena

hygien|e ['haidʒiːn] hi-
gijena; ~ic higijenski

hygrometer [hai'grɔmitə]
vlagomjer

hymn [him] crkvena pjes-
ma; pjevati crkvene pjes-
me (ili hvalospjeve)

hyphen ['haifən] crtica
(između riječi)

hypno|sis [hip'nousis]
hipnoza; ~tist ['hipnə-
tist] hipnotizer

hypo|chondria [haipə-
'kɔndriə] hipohondrija;
~crite licemjerac

hyster|ia [his'tiəriə] histe-
rija; ~ical histeričan

I

I [ai] ja

ib = ibidem [i'baidem]
isto (mjesto)

ice led; sladoled; *Am* cut
no ~ nemati djelovanja;
coll ne paliti; zalediti;
rashladiti ledom; preliti
šećernom glazurom; ~-

-axe (alpinistički) cepin;
~-cream sladoled; ~-
land Island

icicle ['aisikl] ledena svi-
jeća (siga)

icy ['aisi] leden (i *fig*)

idea [ai'diə] ideja; misao,
predožba; pojam

ideal [ai'diəl] ideal(an); **~ism** idealizam; **~ize** idealizirati

identi|cal [ai'dentikəl] identičan; **~fication (card)** *Am* legitimacija; **~fy** identificirati; **~ty card** legitimacija

ideology [aidi'ɔlədʒi] ideologija

idiom ['idiəm] idiom; narječje

idiot ['idiət] idiot

idle ['aidl] besposlen; lijen; isprazan; *tech* run **~** biti u praznom hodu; **~ness** besposlenost; **~r** lijenčina

idol ['aidl] idol, kumir; **~ize** obožavati

idy(l) ['aidil] idila; **~lic** idiličan

i. e. = **id est** (= that is) to jest

if ako; iako; da li

ignition [ig'niʃən] *mot* paljenje

ignor|amus [ignə'reiməs] neznalica; **~ance** ['ignərəns] neznanje; **~ant** neuk; **~e** [ig'nɔ:] ignorirati; zanemariti

ill zao; loš; bolestan; nesretan; teško; zlo; nevolja; **~-advised** nerazborit; nesmotren; **~-bred** neodgojen

illegal [i'li:gəl] nezakonit

illegible [i'ledʒibl] nečitljiv

illegitima|cy [ili'dʒitiməsi] nezakonitost; **~te** nezakonit

ill|-fated ['il'feitid] zlokoban; **~-gotten** nepošteno stečen; **~iterate** nepismen; **~-matched** loše sparen; koji ne pristaje jedan uz drugog; **~-natured** mrzovoljan; **~ness** bolest; **~-tempered** zloćudan; **~-timed** u zao čas; **~-treat** zlostavljati

illuminate [i'lju:mineit] rasvijetliti; **~ed advertising** svjetleća reklama; **~ion** rasvjeta

ill-use zlostavljati

illus|ion [i'lu:ʒən] iluzija; **~ive** [~siv] iluzoran

illustrat|e ['iləstreit] ilustracija, objašnjenje

illustrious [i'lʌstriəs] slavan

image ['imidʒ] slika; lik; slikom prikazati; odraziti

imagin|able [i'mædʒinəbl] zamisliv; **~ation** mašta; **~e** zamišljati

imitat|e ['imiteit] oponašati; **~ion** imitacija; **~ion leather** umjetna koža; **~ive** koji oponaša; **~or** imitator

immeasurable [i'meʒərəbl] nemjeriv, neizmjeran

immediate [i'mi:djət] neposredan; izravan; trenutan; **~ly** odmah

immense [i'mens] beskrajan

immers|e [i'mə:s] zaroniti; **~ion heater** *el* ogrjevno ronilo

immigra|nt [i'migrənt] doseljenik; **~te** doseliti; **~tion** doseljenje

imminent ['iminənt] predstojeći; neizbježan

immoderate [i'mɔdərit] neumjeren

immodest [i'mɔdist] nečedan; neskroman

immoral [i'mɔrəl] nemoralan; **~ity** nemoralnost

immortal [i'mɔːtl] besmrtan; **~ity** besmrtnost

immovable [i'mu:vəbl] nepokretan; nepomičan

immun|e [i'mju:n] imun **(from)**; **~ity from** oslobođenje od, neosjetljivost na; **~ize** imunizirati

impair [im'pɛə] oštetiti; naškoditi

impalpable [im'pælpəbl] neopipljiv; *fig* nedokučiv

impart [im'pa:t] pružati, davati

im|partial [im'pa:ʃəl] nepristran; **~passable** neprohodan; **~passive** bešćutan

impatien|ce [im'peiʃəns] nestrpljivost; **~t** nestrpljiv **(of);** željan nečega **(for)**

impeach [im'pi:tʃ] optužiti; okriviti; naškoditi

impediment [im'pedimənt] zapreka; **~ in one's speech** govorna mana

impel [im'pel] nagnati; prisiliti

impend [im'pend] lebdjeti **(over)**; predstojati; prijetiti

impenetrable [im'penitrəbl] neprobojan **(to, by)**

imperative [im'perətiv] zapovjedni; neodložan

imperceptible [impə'septəbl] nezamjetljiv

imperfect [im'pə:fikt] nesavršen; nepotpun; manjkav

imperial [im'piəriəl] carski

imperious [im'piəriəs] zapovjednički; prijeko potreban

imperishable [im'periʃəbl] neuništiv

impersona|l [im'pə:snl] bezličan; **~te** utjeclovljati; *theat* predstavljati;

tion utjelovljavanje; *theat* predstavljanje; imitiranje

impertinen|ce [im'pə:tinəns] drskost; **~t** drzak

imperturbable [impə-'tə:bəbl] koga ništa ne uzbuđuje

impervious [im'pə:viəs] nepristupačan; neprobojan (to)

impetuous [im'petjuəs] nagao, neobuzdan

implacable [im'plækəbl] nepomirljiv

implant [im'pla:nt] *fig* usaditi

implement ['implimənt] oruđe, pribor

implicat|e ['implikeit] uplesti (in); **~ion** upletenost; ono što proizlazi

implicit [im'plisit] koji se podrazumijeva; bezuvjetan

implore [im'plɔ:] zaklinjati

imply [im'plai] podrazumijevati; uključivati; dati naslutiti

impolite [impə'lait] nepristojan

imponderable [im'pɔndərəbl] koji se ne može odvagnuti (ocijeniti)

import [im'pɔ:t] uvoz; značenje; smisao; [im'pɔ:t] uvoziti; **~ance** važnost; **~ant** važan

importunate [im'pɔ:tjunit] nametljiv, dosadan

impos|e [im'pouz] nametnuti; odrediti; **~ upon** prevariti; nametnuti; **~ing** impozantan; **~ition** nametanje; zadatak (kao kazna); prevara

impossib|ility [impɔsə-'biliti] nemogućnost; **~le** nemoguć

impostor [im'pɔstə] varalica

impracticab|ility [impræktikə'biliti] neizvedivost; **~le** neizvediv

imprecation [impri'keiʃən] kletva

impregna|ble [im'pregnəbl] neosvojiv; **~te** ['~neit] oploditi; **~** pregnirati; prožeti

impress ['impres] utisak; otisak; žig; [im'pres] impresionirati; otisnuti; utisnuti; **~ion** dojam; otisak; izdanje; **be under the ~ion that** imati dojam da; **~ive** impresivan

imprint [im'print] utisnuti; usaditi

imprison [im'prizn] zatvoriti; **~ment** zatvor

improbab|ility [imprɔbə'biliti] nevjerojatnost; **~le** nevjerojatan

improper [im'prɔpə] ne-
pristojan
improv|able [im'pru:-
vəbl] koji se može po-
boljšati; **~e** poboljšati
(se), popraviti (se); **~**
ement poboljšanje
improvi|dent [im'prɔvi-
dənt] nesmotren; nešted-
ljiv; **~se** improvizirati
impruden|ce [im'pru:-
dəns] nerazboritost; **~t**
nerazuman
impud|ence ['impjudəns]
drskost; **~ent** drzak
impulse ['impʌls] poziv;
pobuda
im|punity [im'pju:niti]
nekažnjivost; **~pure**
[im'pjuə] nečist (i *fig*)
imput|ation [impju:'tei-
ʃən] objeđivanje; **~e** pri-
pisati
in u; na; kod; po; unutra;
be ~ a) biti kod kuće;
b) sudjelovati u; biti na
vlasti
in|ability [inə'biliti] ne-
sposobnost; **~accessible**
nepristupačan; **~accur-**
ate netočan
inacti|on [in'ækʃən] ne-
rad; **~ve** neaktivan
in|adequate [in'ædikwit]
nedovoljan; neodgovara-
jući; **~admissible** ne-
dopustiv; **~alienable**
neotuđiv; **~alterable**

nepromjenljiv; **~ani-**
mate neživ
inanition [inə'niʃən] *med*
iznurenost
in|applicable [in'æpli-
kəbl] neprimjenljiv; **~**
appreciable neprocje-
njiv; neznatan; nepri-
mjetan; **~approachable**
nepristupačan, nedostiživ
~apt nepodesan; **~arti-**
culate nerazgovjetan
inasmuch [inəz'mʌtʃ]: **~**
as budući da
inattenti|on [inə'tenʃən]
nepažnja; **~ve** nepažljiv
inaudible [in'ɔdəbl] ne-
čujan
inaugurat|e [i'nɔ:gjureit]
ustoličiti; svečano otvo-
riti; uvesti; **~ion** usto-
ličenje itd.
incalculable [in'kælkju-
ləbl] neizračunljiv; ne-
procjenljiv
incandescent [inkæn'de-
snt] užaren (do bjelila);
~ light električno svje-
tlo
incapa|bility [inkeipə'-
biliti] nesposobnost; **~**
ble nesposoban; **~city**
nemoć
incautious [in'kɔ:ʃəs] ne-
oprezan
incendiary [in'sendjəri]
palikuća
incen|se ['insens] tamjan;

[in'sens] razbjesniti; **∼tive** poticaj; inicijativa

incessant [in'sesnt] neprestan

inch [intʃ] palac (2,54 cm); **by ∼es** pedalj po pedalj

incident ['insidənt] slučaj; incident

incineration [insinə'reiʃən] spaljivanje

incis|e [in'saiz] zarezati; **∼ion** (u)rez; **∼or** sjekutić (zub)

incite [in'sait] dražiti; **∼ment** poticanje; draženje

incivility [insi'viliti] neučtivost

inclin|ation [inkli'neiʃən] sklonost; **∼e** [in'klain] biti nagnut; imati sklonost; nagib

inclu|de [in'klu:d] uključiti; **∼sive** [∼siv] uključiv

in|coherent [inkou'hiərənt] nesuvisao; **∼combustible** neizgoriv

income ['inkəm] dohodak; **∼ tax return** prijava poreza na dohodak

in|comparable [in'kɔmpərəbl] neusporediv; **∼compatible** nespojiv; **∼competent** nesposoban; nenadležan; **∼complete** nepotpun; **∼comprehensible,**

conceivable neshvatljiv; **∼congruous** koji se ne slaže; neskladan

in|considera|ble [inkən'sidərəbl] neznatan; **∼te** [∼'sidərit] bezobziran

in|consistent [inkən'sistənt] nedosljedan; nespojiv; protuslovan; **∼consolable** neutješan; **∼constant** nepostojan; **∼contestable** nepobitan; neosporan

incontinence [in'kɔntinəns] neobuzdanost; **∼ of urine** nesposobnost zadržavanja mokraće

inconvenien|ce [inkən'vi:njəns] nezgodnost; smetnja; smetati; **∼t** nezgodan

inconvertible [inkən'və:təbl] nepretvoriv; nezamjenjiv

incorporate [in'kɔ:pəreit] utjeloviti; pripojiti; **∼d** utjeloviti; zakonski konstituiran

in|correct [inkə'rekt] netočan; **∼corrigible** nepopravljiv; **∼corruptible** nepokvarljiv

increase [in'kri:s] porasti **(in)**; prirasti; umnožiti (se); ['inkri:s] porast; prirast; uvećanje

incred|ible [in'kredəbl] nevjerojatan; **∼ulous**

[~juləs] zapanjen; sumnjičav

increment ['inkrimənt] rast; dobitak; **(unearned)** ~ **value** nezaradeni višak

incriminate [in'krimineit] okriviti; inkriminirati

incubator ['inkjubeitə] inkubator

inculcate ['inkʌlkeit] usaditi, utuviti (u glavu)

inculpate ['inkʌlpeit] okriviti, optužiti

incur [in'kə:] izvrgnuti se; navući na sebe

incurability [inkjuərə'biliti] neizlječivost; ~**le** neizlječiv

indebted [in'detid] zadužen; obavezan **(to)**

indecency [in'di:snsi] nepristojnost; ~**t** nepristojan

indecision [indi'siʒən] neodlučnost

indeed [in'di:d] doista; zaista? nije moguće!

indefatigable [indi'fætigəbl] neumoran

indefensible [indi'fensəbl] neodrživ, neobranljiv

indefinite [in'definit] neodređen

indelible [in'delibl] neizbrisiv; neoperiv

indelicacy [in'delikəsi] bezobzirnost; prostota

indemnification [indemnifi'keiʃən] odšteta; ~**fy** obeštetiti; ~**ty** odšteta

indent [in'dent] ulupiti; naručiti; ['~] uleknina; ~**ure** ugovor (o naukovanju)

independence [indi'pendəns] nezavisnost; ~**t** nezavisan

indescribable [indis'kraibəbl] neopisiv; ~**destructable** neuništiv; ~**determinable** neodrediv

index, pl ~**ices** ['indeks, '~isi:z] pokazatelj; kažiprst; kazalo; registrirati

India ['indjə] Indija; ~**-rubber** guma, brisalo; ~**n** indijski; indijanski; Indijac; Indijanac

indicate ['indikeit] (u-)kazivati; ~**ion** upozorenje, znak

indict [in'dait] podići tužbu; ~**ment** tužba

Indies ['indiz] pl: the ~ Indija

indifference [in'difərəns] ravnodušnost **(to)**; ~**t** ravnodušan; osrednji

indigestible [indi'dʒestəbl] neprobavljiv; ~**ion** probavne smetnje

indignant [in'dignənt] ogorčen; ~**ation** ogorčenost

indiscernible [indi'sə:-

nəbl] nezamjetljiv

indiscre|te [indis'kri:t] indiskretan; nepromišljen; **~tion** [~'kreʃən] nerazborit postupak; indiskrecija

indiscriminate [indis'kriminit] bez odabiranja; nekritičan

indispensable [indis'pensəbl] neophodan, prijeko potreban, nezamjenljiv

indispos|ed [indis'pouzd] neraspoložen; **~ition** neraspoloženje

indisputable [indis'pju:təbl] nepobitan

indissoluble [indi'sɔljubl] neraskidiv

indistinct [indis'tiŋkt] nejasan

indistinguishable [indis-'tiŋgwiʃəbl] koji se ne može razlikovati

individual [indi'vidjuəl] osobni; pojedinačan; individua(lan)

indivisible [indi'vizəbl] nedjeljiv

indolen|ce ['indələns] nemar; **~t** nemaran, lijen

indoor ['indɔ:]: **~ aerial** sobna antena; **~ gymnastics** sobna gimnastika; **~ swimming-bath** Am **~ swimming-pool** zatvoreni bazen; **~s** u kući, pod krovom

induce [in'dju:s] navesti; potaći; **~d current** inducirana struja

indulge [in'dʌldʒ] popuštati, udovoljavati; **~ in sebi nešto dopustiti;** **~nce** popuštanje; **~nt** popustljiv

industr|ial [in'dʌstriəl] industrijski; **~ialist** industrijalac; **~ialize** industrijalizirati; **~ious** marljiv, vrijedan; **~y** industrija; **the heavy ~ies** teška industrija

inebriate [i'ni:brieit] opiti; [~iit] opit; pijanica

ineffable [in'efəbl] neizreciv

ineffective [ini'fektiv], **inefficient** neefikasan, neuspješan, nesposoban

inept [i'nept] neumjestan; nespretan

inequality [ini:'kwɔliti] nejednakost

inequitable [in'ekwitəbl] nepravedan

inert [i'nɔ:t] nepomičan, trom; **~ness** inercija

in|estimable [in'estiməbl] neprocjenjiv; **~evitable** neizbježan; **~excusable** neoprostiv; **~exhaustible** neiscrpan; **~exorable** neumoljiv; **~expedient** nesvrsishodan; **~expensive** jeftin;

umjeren; ~**experienced**
neiskusan; ~**explicable**
nerazjašnjiv

inexpress|ible [iniks'pre-
səbl] neizreciv; ~**ive**
bezizražajan

inextinguishable [iniks-
'tiŋgwiʃəbl] neugasiv

infallible [in'fæləbl] ne-
pogrešiv

infamous ['infəməs] sra-
motan

infan|cy ['infənsi] djetinj-
stvo (i *fig*); ~**t** djetešce;
~**t welfare** skrb za
novorođenčad; ~**ticide**
čedomorstvo; čedomor-
ka; ~**tile** djetinjski; ~**-
tile paralysis** dječja pa-
raliza; ~**try** pješadija

infatuate [in'fætjueit] za-
luditi; ~**d with** zaluđen
kime

infect [in'fekt] zaraziti;
okužiti; ~**ion** zaraza;
~**ious** zarazan

infelicitous [infi'lisitəs]
nesretan; nepodesan

infer [in'fə:] zaključivati;
~**ence** ['infərəns] zaklju-
čak, izvod

inferior [in'fiəriə] donji;
podređeni; niži; manji
(**to**); inferioran; **be ~ to**
biti lošiji od; ~**ity:** ~**-
complex** osjećaj manje
vrijednosti

infernal [in'fə:nl] paklen-

ski

infest [in'fest] vrvjeti od

infiltrate ['infiltreit] po-
malo prodirati; infiltrirati

infinit|e ['infinit] bes-
krajan; ~**y** neizmjerno
mnogo

infirm [in'fə:m] slab; ~**-
ary** bolnica; ~**ity** sla-
bost; bolest

inflame [in'fleim] zapaliti
(se)

inflamma|ble [in'flæmə-
bl] upaljiv; ~**tion** [in-
flə'meiʃən] upala

inflat|e [in'fleit] napuh-
nuti; ~**ion** inflacija

inflexib|ility [infleksə-
'biliti] krutost; ~**le** ne-
elastičan; *fig* neumoljiv

inflict [in'flikt] zadati; na-
nijeti; odrediti (kaznu)

influence ['influəns] utje-
caj (**with, up**(**on**)); utje-
cati

inform [in'fə:m] obavije-
stiti, saopćiti; ~**al** ne-
služben; ~**er** prokazivač;
~**ation** saopćenje; vijest;
znanje; informacija; **gath-
her** ~**ation** prikupljati
obavijesti

infringe [in'frindʒ] kršiti
(zakon); ~**ment** kršenje

infus|e [in'fju:z] ulijevati;
~**ion** ulijevanje; *fig* pro-
žimanje; ~**oria** *pl* infu-
zorija

ingen|ious [in'dʒi:njəs]
duhovit; **∼uity** domiš-
ljatost; **∼uous** [in'dʒen-
juəs] iskren, prostodušan,
naravan

inglorious [in'glɔ:riəs]
neslavan; nečastan

ingratitude [in'grætitju:-
d] nezahvalnost

ingredient [in'gri:diənt]
sastojak

inguinal [ingwinl]: **∼**
rupture med kila

inhabit [in'hæbit] stano-
vati; nastavati; **∼able**
prikladan za stanovanje;
∼ant stanovnik

inhale [in'heil] udisati;
∼r inhalator

inhere [in'hiə] biti sadržan
u; pripadati

inherit [in'herit] naslije-
diti; **∼ance** nasljedstvo

inhibit [in'hibit] spriječiti;
zabraniti kome nešto (a
p from a th); **∼ion**
[∼'biʃən] sprečavanje,
zabrana; „hemung"

inhospitable [in'hɔspitə-
bl] negostoljubiv

inhuman [in'hju:mən] ne-
ljudski

initia|l [i'niʃəl] početno
slovo; **∼te** I. [∼ʃiit]
upućena osoba; 2. [∼
ʃieit] uputiti u (into);
∼tive [∼ʃiətiv] inicija-
tiva

inject [in'dʒekt] uštrcati;
∼ion uštrcavanje

injunction [in'dʒʌnkʃən]
nalog; zabrana

injur|e ['indʒə] oštetiti,
ozlijediti; **∼ious** štetan;
∼y šteta; ozljeda

injustice [in'dʒʌstis] ne-
pravda

ink [iŋk] tinta; **∼pot** tin-
tarica; **∼lines** podložak
sa crtama, **∼stand** stalak
za tintarnicu

inland ['inlænd] unutraš-
njost

inlay [in'lei] praviti intar-
ziju

inlet ['inlet] otvor; pri-
pust; **∼valve** pripusni
ventil

inmate ['inmeit] stanar;
ukućanin

inmost ['inmoust] naj-
dublji

inn gostionica

innate [i'neit] prirođen

inner ['inə] unutarnji; **∼**
life duševni život; **∼**
tube mot zračnica,
„šlauh"

innocen|ce [i'nɔsns] ne-
vinost; **∼t** nevin (of);
bezazlen

innovation [inə'veiʃən]
novotarija

innumerable [i'nju:mə-
rəbl] bezbrojan

inoculate [i'nɔkjuleit] ci-

jepiti; nakalamiti
inodorous [in'oudərəs] bezmirisan
inoffensive [inə'fensiv] bezazlen
inopportune [in'ɔpətjuːn] u nezgodan čas
inquest ['inkwest] istraga
inquir|e [in'kwaiə] raspitati se; informirati se; (about, after, for); ~e into istražiti; ~ing ispitivački; ~y istraga, raspitivanje; make ~ies raspitivati se
inquisitive [in'kwizitiv] radoznao
inroad [inroud] provala
insan|e [in'sein] umoboian; ~ity [in'sæniti] ludilo
insatiable [in'seiʃiəbl] nezasitan
inscri|be [in'skraib] upisati; ~ption [in'skripʃən] natpis; upis
insect ['insekt] kukac
insecure [insi'kjuə] nesiguran
insens|ibility [insensə'biliti] ravnodušnost; nesvjesnost; ~ible neosjetljiv; ravnodušan (of, to); besmislen
inseparable [in'sepərəbl] nedjeljiv; nerazdruživ
insert [in'səːt] umetnuti;

uvrstiti; ~ion umetanje; oglas
inside ['insaid] unutrašnjost; nutrina; unutra; nogomet: ~left, ~ right (lijeva, desna) spojka
insight [insait] uvid (into)
insignificant [insig'nifikənt] nevažan
insincere [insin'siə] neiskren
insinuate [in'sinjueit] (zlobno) natuknuti; ~ oneself ulaskati se
insipid [in'sipid] bljutav
insist [in'sist] (up)on insistirati; ne popuštati
insolen|ce [insələns] drskost; ~t drzak
insolven|cy [in'sɔlvənsi] nesposobnost plaćanja; ~t insolventan; nesposoban da plati
insomnia [in'sɔmniə] nesanica
inspect [in'spekt] nadzirati; kontrolirati; razgledati; ~ion nadziranje; kontrola; ~or inspektor
inspir|ation [inspə'reiʃən] nadahnuće; ~e [in'spaiə] nadahnuti; inspirirati
inst. = instant ['instənt] ovog mjeseca
install [in'stɔːl] ustoličiti (in); instalirati
instalment [in'stɔːlmənt]

obrok (otplate), rata; **by ~s** na otplatu

instance ['instəns] usrđna molba; **for ~** na primjer

instant ['instənt] trenutan, neodložan; **on the 10th ~** lo-og tekućeg mjeseca; **~aneous** trenutačan; **~ly** smjesta

instead [in'sted] **of** umjesto

instep ['instep] svod stopala, „rist"

instigat|e [in'instigeit] podbadati; **at ~ion of** na poticaj

instinct ['instiŋkt] instikt; **~ive** instiktivan

institut|e ['institju:t] postaviti; institut; pokrenuti; **~ion** uvođenje; institut

instruct [in'strʌkt] poučavati, uputiti, dati razjašnjenje; **~ion** pouka, uputa; **~ive** poučan

instrument ['instrumənt] instrument, oruđe; dokument

in|subordinate [insə'bɔ:dnit] nepokoran; **~sufferable** nepodnošljiv; **~sufficient** nedovoljan

insula|r ['insjulə] otočni; **~te** izolirati; **~ting tape** traka za izoliranje; **~tor** izolator

insult ['insʌlt] uvreda;

[in'sʌlt] uvrijediti; napasti

insuperable [in'sju:pərəbl] nesavladiv

insupportable [insə'pɔ:təbl] nepodnošljiv

insur|ance [in'ʃuərəns] osiguranje; **~ant** osiguranik; **~e** osigurati

insurgent [in'sə:dʒənt] ustanik

insurmountable [insə:-'mauntəbl] nesavladiv

insurrection [insə'rekʃən] ustanak

intact [in'tækt] netaknut

integr|al ['intigrəl] cjelovit, nedjeljiv; **~ity** [in'tegriti] cjelovitost; poštenje

intellect ['intilekt] intelekt; **~ual** [~'lektʃuəl] intelektualan; intelektualac

intelligence [in'telidʒəns] inteligencija, razum; **~ department**, **~ service** obavještajna služba; **~ office** *Am* obavještajni ured

intellig|ent [in'telidʒənt] inteligentan; **~ible** razumljiv **(to)**

intempera|nce [in'tempərəns] neumjerenost; **~te** neumjeren

intend [in'tend] namjeravati; **~ for** predvidjeti

za; ~ed odabranik(-ca), „budući(a)"

intense [in'tens] intenzivan, snažan

intensi|fication [intensifi'keiʃən] pojačanje; ~**fy** pojačati (se); zaoštriti (se); ~**ty** intenzitet, jačina; ~**ve** intenzivan

intent [in'tent] napet, usredotočen (on); ~**ion** namjera, nakana; ~**ional** namjera(va)n

interact ['intərækt] *theat* međučin

intercede [intə:'si:d] posredovati

intercept [intə:'sept] presresti, uhvatiti u kretanju

intercession [intə'seʃən] zagovor

interchange [intə:'tʃeindʒ] izmjenjivati; izmjenjivanje; ~**able** zamjenljiv

intercourse ['intə:kɔ:s] općenje, ophođenje

interdict [intə:'dikt] zabraniti

interest ['intrist] interes, zanimanje; udio; kamate; zainteresirati za (in) be ~**ed in** zanimati se za; ~**ed party** interesent; ~**ing** zanimljiv

interfere [intə'fiə] upletati se; miješati se u;

smetati (with); *radio* ~**nce elimination** otklanjanje smetnji, ~**nce suppressor** ublaživač smetnji

interior [in'tiəriə] unutrašnji; unutrašnjost; (**art of**) ~ **decoration** uređenje interijera

interlude ['intəlu:d] međuigra

intermedia|ry [intə'mi:diəri] posredan; posrednik; ~**te** u sredini, među; ~**te landing** *aero* međuslijetanje

interminable [in'tə:minəbl] beskrajan, beskončan

intermission [intə'miʃən] prekid; *Am theat* pauza

intermit [intə'mit] (is)prekidati; ~**tent fever** nastupna groznica

intern [in'tə:n] internirati; ~**al** [in'tə:nl] unutarnji

international [intə:'næʃnl] međunarodni; ~ **exhibition** svjetska izložba; ~ **law** međunarodno pravo

interpellate [in'tə:peleit] interpelirati; postaviti pitanje

interpose [intə'pouz] staviti među; umiješati se

interpret [in'tə:prit] raz-

jasniti; tumačiti; ~er
tumač

interrogat|e [in'terəgeit]
preslušavati; ~ion pre-
slušavanje; **note** *ili* **mark**
ili **point of** ~**ion** upit-
nik; ~**ive** upitan; upitna
riječ

interrupt [intə'rʌpt] pre-
kidati; ~**ion** prekid

interval ['intəvəl] inter-
val; razmak; stanka

interven|e [intə'vi:n] in-
tervenirati; ~**tion** [~'-
venʃən] intervencija; u-
plitanje

interview ['intəvju:] in-
tervju; razgovor; ispiti-
vanje

intima|cy ['intiməsi] int-
imnost; ~**te** intiman,
prisan

intimation [inti'meiʃən]
davanje na znanje

intimidate [in'timideit]
zastrašiti

into ['intu] u

intolera|ble [in'tɔlərəbl]
nepodnošljiv; ~**nt** netr-
peljiv

intoxicate [in'tɔksikeit]
opiti

intractable [in'træktəbl]
nepokoran, tvrdoglav;
neukrotiv

intrepid [in'trepid] ne-
ustrašiv; ~**ity** [intri'pi-
diti] neustrašivost

intricate ['intrikit] zamr-
šen

intrigue [in'tri:g] intriga;
intrigirati

introduc|e [intrə'dju:s] u-
vesti; predstaviti (**to**);
~**tion** [~'dʌkʃən] uvod,
upoznavanje; **letter of**
~**ion** preporučno pi-
smo

intrude [in'tru:d] name-
tati se (**into**); ~**r** uljez;
nezvan gost

intrusive [in'tru:siv] na-
metljiv

intuition [intju'iʃən] in-
tuicija; pronicanje

inundat|e ['inʌndeit] po-
plaviti; ~**ion** poplava

inure [i'njuə] priviknuti
(se) (**to**)

invade [in'veid] provaliti,
upasti u; ~**r** napadač,
osvajač

invalid [in'vælid] nepra-
vomoćan; ['invəlid] ne-
sposoban za vojsku; bo-
lestan; ~**ate** proglasiti
nepravovaljanim; ~**ity**
[invə'liditi] nepravovaljan-
ost; nesposobnost

invaluable [in'væljuəbl]
neprocjenjiv

invariable [in'vɛəriəbl]
nepromjenljiv

invasion [in'veiʒən] inva-
zija, provala u (**of**), na-
pad

invective [in'vektiv] pogrda

inveigh [in'vei] grditi; ~ **against** psovati (nekoga)

invent [in'vent] izumiti; ~**ion** izum; ~**or** izumitelj

inver|se ['in'və:s] obrnut; ~**t** [in'və:t] okrenuti

invest [in'vest] zaodjenuti; uložiti (novac)

investigat|e [in'vestigeit] istražiti, ispitati; ~**ion** istraga

investment [in'vestmənt] investicija

inveterate [in'vetərit] ukorijenjen, okorio

invidious [in'vidiəs] zavidan; zloban

invigorate [in'vigəreit] okrijepiti; ojačati; obodriti

invincible [in'vinsəbl] nepobjediv

inviolable [in'vaiələbl] nepovrediv

invisible [in'vizibl] nevidljiv

invit|ation [invi'teiʃən] poziv; ~**e** [in'vait] pozvati u goste; izazivati; primamljivati

invoice ['invɔis] faktura; fakturirati

invoke [in'vouk] zazivati;

pozivati se na; dozivati (duha)

involuntary [in'vɔləntəri] nehotičan

involve [in'vɔlv] zamotati; uključivati; povlačiti za sobom, imati za posljedicu; uplesti (**in**)

invulnerable [in'vʌlnərəbl] neranjiv

inward ['inwəd] nutarnji; ~**s** (prema) unutra; ~**ly** u sebi, u duši; ~**ness** nutarnjost, bit

iodine ['aiədi:n] jod

IOU = I owe you zadužnica

Ireland ['aiələnd] Irska

Irish ['aiəriʃ] irski; **the ~** Irci

iron ['aiən] željezo; glačalo; ~**s** pl okovi (i fig); glačati rublje; ~**-bound** željezom okovan; vrlo strog; ~**-clad** oklopljen; ~**er** peglačica; ~**-foundry** ljevaonica

ironic(al) [ai'rɔnik(əl)] ironičan

iron|ing ['aiənin] glačanje; ~**-monger** željezar; ~**-mould** mrlja od rđe; ~**-works** željezara

irony ['aiərəni] ironija

irradiant [i'reidiənt] sjajan, koji baca zrake

irrational [i'ræʃnl] nerazuman, iracionalan

irreconcilable [i'rekən-sailəbl] nepomirljiv

ir|recoverable [iri'kʌvə-rəbl] nenadoknadiv; **~redeemable** neotkupiv; **~refutable** nepobitan

irregular [i'regjulə] nepravilan; **~ity** [iregju-'læriti] nepravilnost

irrelevan|ce [i'relivəns] irelevantnost; **~t** irele-vantan (to)

irremovable [iri'muːvəbl] neukloniv; stalan

irreparable [i'repərəbl] nenadoknadiv

irreproachable [iri'prout-fəbl] besprijekoran

irresistible [iri'zistəbl] ne-odoljiv

ir|resolute [i'rezəluːt] ne-odlučan; **~respective** of bez obzira na

irresponsib|ility [i'ris-pɔnsə'biliti] neodgovor-nost; **~le** neodgovoran

irretrievable [iri'triːvəbl] nenadoknadiv; nenado-mjestiv

irreverence [i'revərəns] nepoštivanje; bez pošto-vanja

irrevocab|ility [irəvɔkə-'biliti] neopozivost; **~le** neopoziv

irrigat|e ['irigeit] navod-njavati; **~ion** navodnja-vanje

irrita|bility [iritə'biliti] razdražljivost; **~ble** raz-dražljiv; **~te** dražiti; **~ting** koji razdražuje; **~tion** razdraživanje, raz-ljućenost; razdraženost

is [iz] je, jest; that **~** to say to je jest

island ['ailənd] otok; otok za pješake (usred ulice)

isn't ['iznt] = **is not**

isolate ['aisəleit] izolirati; osamiti

issue ['isjuː] istjecanje; izda(va)nje; broj (novina); potomstvo; sporna točka; problem; istjecati; objaviti; izdati; poteći od (from)

it to, ono

Italien [i'tæljən] talijanski; Talijan(ka); talijanski je-zik

Italy ['itəli] Italija

itch [itʃ] svrbež; svrbiti

item ['aitəm] isto; stavka; točka

iterat|e [i'itəreit] ponoviti; **~ion** ponavljanje

itinerary [ai'tinərəri] put; maršruta; dnevnik puta

its njegov, svoj

itself [it'self] ono samo; se, sebe; by **~** sam(o) po sebi

ivory ['aivəri] slonovača

ivy ['aivi] bršljan

J

jack [dʒæk] dizalica (za kola)

jackal ['dʒækɔːl] šakal

jackdaw ['dʒækdɔː] čavka

jacket ['dʒækit] sako; kaput; *tech* omotač; ovojnica (*knjige*)

jack-of-all-trades ['dʒækəv'ɔːltreidʒ] majstor za sve

jail [dʒeil] zatvor; utamničiti; ~er tamničar

jam [dʒæm] pekmez; gužva; naguravati (se); *radio* ometati prijem

January ['dʒænjuəri] siječanj, januar

Japan [dʒə'pæn] Japan; ~ lak (na umjetninama); ~ese japanski; Japanac

jar [dʒaː] vrč; škripati; tresti; ~ **upon** vrijeđati, parati

jaundice ['dʒɔːndis] žutica; ~d žutičav

jaw [dʒɔː] čeljust; razglagoljati se; *pop* grditi; ~-bone vilica, čeljust

jazz-band ['dʒæz'bænd] džez orkestar

jealous ['dʒeləs] ljubomoran (**of**); ~y ljubomora

jeer [dʒiə] podrugivanje; podrugivati se

jelly ['dʒeli] hladetina, žele

jeopardize ['dʒepədaiz] staviti na kocku, ugroziti; **by** ~s u trzajima, isprekidano; ~y trzav, grčevit

jerk [dʒəːk] trzaj; tech

jersey ['dʒəːzi] džemper; žerse (materijal)

jest [dʒest] šala; šaliti se; ~er šaljivčina

jet [dʒet] mlaz; mlazni avion; šiknuti mlazom; gagat, crni jantar

jet-black crn kao gagat

jet-plane mlazni avion

jetty ['dʒeti] lukobran

Jew [dʒuː] Židov

jewel ['dʒuːəl] dragulj; ~ler draguljar; ~(le)ry dragulji; nakit

Jew|ess ['dʒuːis] Židovka; ~ish židovski

jingle ['dʒiŋgl] zveckanje; zveckati

jingo ['dʒiŋgou] šovinist

job [dʒɔb] posao; namještenje; **by the** ~ **na** akord; ~ **lot** partija razne lošije robe; ~-work rad na akordu; ~ber mešetar na burzi

jockey ['dʒɔki] džokej

Joe [dʒou] Josip

joggle ['dʒɔgl] drmati; tresti

John [dʒɔn] Ivan

join [dʒɔin] spojiti, združiti (to); pridružiti se

joiner ['dʒɔinə] stolar

joint [dʒɔint] spoj; sastavak; zglob; but; veliki komad mesa; ~-**stock company** dioničko društvo

joke [dʒouk] šala; šaliti se

jolly ['dʒɔli] veselo

jolt [dʒoult] tresti, drmati; udarac

jostle ['dʒɔsl] gurati

jot [dʒɔt] mrva; malenkost

journal ['dʒəːnl] dnevnik; novine; časopis; ~ism novinarstvo; ~ist novinar

journey ['dʒəːni] put(ovanje); vožnja; putovati (kopnom)

jovial ['dʒouvjəl] veselo; društven

joy [dʒɔi] veselje; ~ful, ~ous veselo; ~-ride „posudba" kola, besplatna vožnja

jubilate ['dʒuːbileit] klicati, bučno slaviti; ~ee obljetnica; jubilej

judge [dʒʌdʒ] sudac; suditi (ugl fig)

judg(e)ment ['dʒʌdʒ- mənt] presuda; sud; mišljenje

judicature ['dʒuːdikətʃə] pravosuđe; ~ial [~'di-ʃəl] sudski; ~ious razborit, pametan

jug [dʒʌg] vrč

juggle ['dʒʌgl] žonglirati, izvoditi trikove; ~r čarobnjak; ~ry čarobnjaštvo

Jugoslav ['juːgou'slaːv] jugoslavenski; Jugoslaven(ka); ~ia Jugoslavija

juice [dʒuːs] sok; ~y sočan

July [dʒuː'lai] srpanj, juli

jump [dʒʌmp] skok; (pre)skočiti; trgnuti se; ~ at nasrnuti na; ~er skakač; ~ing-pole motka za skakanje

junction ['dʒʌŋkʃən] spoj; rlw čvorište

June [dʒuːn] lipanj, juni

jungle ['dʒʌŋgl] džungla, prašuma

junior ['dʒuːnjə] mladi; junior

jurisdiction [dʒuəris-'dikʃən] jurisdikcija; ~prudence nauka o pravu

juror ['dʒuərə] porotnik

jury ['dʒuəri] porota; žiri

just [dʒʌst] pravedan; tačan; upravo, tačno; ~ now upravo sada; but ~ malo prije

justice ['dʒʌstis] pravda; sudac; **court of ~** sud
justification [dʒʌstifi'keiʃən] opravdanje
justify ['dʒʌstifai] oprav-

dati
Jute [dʒuːt] juta; Jutlandanin
juvenile ['dʒuːvinail] mladenački

K

Kate [keit] Kata
keel [kiːl] kobilica (broda)
keen [kiːn] oštar; revan; **~ness** oštrina; oštroumnost
keep [kiːp] (od-, uz-)držati; čuvati; voditi (*knjige*); uzdržavanje; **~ company** praviti društvo; **~ time** biti tačan (sat); **~ waiting** pustiti nekoga da čeka; **~ away** držati se podalje; **~ on** zadržati (na sebi; u službi) **~ out** isključiti; **~ in with** održavati dobre odnose; **~ doing** nastaviti; **~ on talking** nastaviti govoriti; **~ up with** ići u korak s; **~ to** držati se čega
keep|er ['kiːpə] čuvar; upravitelj; lugar; **~ing** čuvanje; **be out of ~ing with** biti u neskladu s; **~sake** dar za uspomenu
kennel ['kenl] pasja kućica
kernel ['kəːnl] koštica; jezgra

kettle ['ketl] kotao; **~drum** veliki bubanj
key [kiː] ključ (i *fig*); tipka; taster; **~board** klavijatura; tastatura; **~hole** ključanica; **~industry** ključna industrija; **~note** temeljni ton; **~position** ključni položaj
kick [kik] udarac nogom; udariti nogom; ritnuti se (*konj*)
kid jare; **~ glove** glasé rukavica
kidney ['kidni] bubreg; *coll* soj, vrsta
kill ubiti; zaklati; **~ing** ubilački; *coll* smiješan; **~joy** kvaritelj veselja
kilo|cycle ['kiləsaikl] kiloherc; **~gramme** kilogram; **~metre** kilometar; **~watt** kilowat
kin srodstvo
kind [kaind] dobar; ljubazan; prijazan (**to**); vrsta; rod; **value in ~** vrijednost u naturi

kindle ['kindl] zapaliti (se)
kindness ['kaindnis] dobrota; ljubaznost; prijaznost
kindred ['kindrid] srodan; rodbina
king [kiŋ] kralj; ~**dom** kraljevstvo
kipper ['kipə] dimljeni sled
kiss poljubac; poljubiti; ~**-proof** koji se ne skida (*ruž*)
kitchen ['kitʃin] kuhinja; ~**-range** štednjak
kite [kait] papirnati zmaj
kitten ['kitn] mače
knack [næk] vještina; trik
knag [næg] kvrga; ~**gy** kvrgav
knapsack ['næpsæk] uprtnjača
knav|e [neiv] lopov; ~**ery** lopovluk; ~**ish** lopovski
knead [ni:d] mijesiti; masirati
knee [ni:] koljeno; ~**-cap**, ~**-pan** čaška, iver (koljena)
kneel [ni:l] klečati
knell [nel] pogrebno zvono

knicker|bockers ['nikəbokəz] *pl* (kratke) pumphlače; ~**s** *pl* gaćice
knife, *pl* **knives** [naif, ~vz] nož; ubosti nožem; ~**-battle** borba noževima; ~**-grinder** brusač noževa
knight [nait] vitez; učiniti vitezom
knit [nit] plesti; tijesno (se) združiti; ~ **the brows** namrštiti čelo
knob [nob] kvrga; dugme
knock [nok] udarac; kucanje; udariti, kucati; ~ **down**, ~ **out** nokautirati; ~**er** alka (na vratima); ~**-kneed** s „iksericama"; ~**-out** *boks* nokaut
knot [not] čvor; (i *mar* uzao, morska milja); zauzlati
know [nou] znati; (pre)poznati; upoznati; **make** ~**n** objaviti; ~**ing** bistar; pun razumijevanja; ~**ledge** ['nolidʒ] poznavanje; znanje; **to my** ~**ledge** koliko ja znam
knuckle ['nʌkl] zglob prsta; ~**-duster** (metalni) bokser

L

label ['leibl] naljepnica; etiketa; etiketirati
laboratory [lə'bɔrətəri] laboratorij
aborious [lə'bɔːriəs] naporan; mučan; radin
abour ['leibə] rad; mučan posao; *med* trudovi; radnici; radna snaga; **Ministry of ~** Ministarstvo rada; **hard ~** prisilan rad; **~ Exchange,** *Am* labor registry office burza rada; **~ Party** Laburistička stranka; **~er: heavy (manual) ~er** teški fizički radnik, nadničar
lace [leis] čipka; vrpca; vezati vrpcom; **~d boots** cipele na vezice
lack [læk] pomanjkanje; manjkati, nemati, nedostajati
lackey ['læki] lakaj
laconic [lə'kɔnik], **~ally** lakonski
lacquer ['lækə] lak; lakirati
lad [læd] dječak, momče
ladder ['lædə] ljestve; spuštena očica; **~proof** kome ne bježe očice (čarapa)
lad|e [leid] natovariti;

~ing krcanje; tovar
ladle ['leidl] kutlača; vaditi (dijeliti) kutlačom
lady ['leidi] gospođa, dama; plemkinja; gospodarica; **~'s maid** sobarica, komorkinja
lager (beer) ['laːgə] svijetlo (njemačko) pivo
lagoon [lə'guːn] laguna
lake [leik] jezero; (grimizna) boja, lak
lamb [læm] janje
lame [leim] šepav; klimav; šepati; **~ness** šepavost
lament [lə'ment] jadikovka; jadikovati; **~able** žalostan; **~ation** jadikovka
lamp [læmp] svjetiljka; **~-post** stup ulične svjetiljke
lamprey ['læmpri] *zool* paklara (*riba*), piškor
lance [laːns] koplje; razrezati
land [lænd] kopno; zemlja, posjed; iskrcati se; **~holder** zemljoposjednik
landing ['lændiŋ] pristajanje; spuštanje; odmorište (stubišta); *aero* **gear** stajni trap; **~**

ground uzletište; ~-
-**stage** plovno pristanište

land|lady ['lændleidi]
gazdarica, kućevlasnica;
~**lord** gazda, kućevlasnik; ~**mark** međaš;
nešto upadljivo; značajan događaj; ~**scape**
krajobraz; ~**slide** *pol*
velika većina na izborima; ~-**tax** zemljarina

lane [lein] uličica; prolaz
kroz špalir

language ['læŋgwidʒ] jezik

langu|id ['læŋgwid] trom,
mlitav; ~**ish** venuti;
čamiti; ~**or** [~gə] klonulost; snenost

lank(y) ['læŋk(i)] mršav;
visok, štrkljast

lantern ['læntən] fenjer;
dark ~ sljepica

lap [læp] krilo; oplakivanje (valova); (po)lokati

lapel [lə'pel] suvratak,
rever

lapse [læps] odmicanje;
tok (vremena); propust;
odmicati; zapasti (**into**)

lard [la:d] svinjska mast;
nadjevati slaninom; ~**er**
smočnica

large [la:dʒ] velik, opsežan; brojan; ~-**ness**
veličina; ~-**minded** širokogrudan; ~**scale**

velik, opsežan; ~-**siz-
e(d)** velik; krupan

lark [la:k] ševa; šala; zbijati ludorije

laryn|x, *pl* ~**ges** ['læriŋks, lə'rindʒi:z] grkljan

lash [læʃ] udarac bičem;
remen biča (kandžije);
bičevati; *fig* šibati; ~ **out**
ritnuti se

lass [læs] djevojka

lassitude ['læsitju:d] klonulost

last [la:st] posljednji; protekli, prošli; krajnji; trajati; doteći; izdržljivost;
kalup; ~ **but one** predzadnji; **at** ~ konačno;
~**ing** trajan; ~**ly** konačno

latch [lætʃ] kvaka; zasun;
~-**key** ključ patent brave

late [leit] kasni(o); preminuo; prijašnji; **be** ~
(za)kasniti; ~-**comer**
kasni dolaznik; prišipetlja; ~**ly** u posljednje
vrijeme; ~ **r on** kasnije

lateral ['lætərəl] pobočan

lath [la:θ] letva; obiti letvama

lathe [leið] tokarska klupa

lather ['la:ðə] sapunica,
nasapunati; pjeniti se

Latin ['lætin] latinski;
latinski jezik

latitude ['lætitju:d] širina
(i *geog*, *fig*)

latter ['lætə] noviji; drugi, potonji; ~**ly** u posljednje vrijeme

lattice ['lætis] rešetka; staviti rešetku

laudable ['lɔ:dəbl] pohvalan

laugh [la:f] smijeh; smijati se; ~ **at** ismijavati; ~**able** smiješan; ~**ter** smijeh

launch [lɔ:ntʃ] porinuće; poprinuti; pokrenuti; lansirati

laund|ress ['lɔ:ndris] pralja; ~**ry** praonica; rublje

laurel ['lɔral] lovor

lavatory ['lævətəri] umivaonik; **public** ~ javni zahod

lavish ['læviʃ] vrlo darežljiv; raskošan; rasipati

law [lɔ:] zakon; **go to** ~ tužiti sudu; ~-**court** sud(nica); ~**ful** zakonit

lawn [lɔ:n] tratina; ~-**sprinkler** prskalo za polijevanje tratine

lawsuit ['lɔ:sju:t] parnica

lawyer ['lɔ:jə] pravnik; odvjetnik, advokat

lax [læks] mlitav; popustljiv; nemaran; ~**ative** sredstvo za otvaranje; ~**ity** mlitavost

lay [lei] položaj; smjer; *coll* zaposlenje; postaviti; položiti; nesti; kladiti se;

prostrijeti; ~-**by** malo parkiralište uz autoput; ~ **down** spustiti, odložiti; naložiti, odrediti; graditi (*ceste i sl*); ~ **on** provesti (plinske, vodovodne cijevi); ~ **out** izložiti; zasaditi (vrt)

layer ['leiə] naslaga; sloj

layman ['leimən] nestručnjak; laik

lay-out ['leiaut] plan; (tiskarski) prijelom

laz|iness ['leizinis] lijenost; ~**y** lijen

lead [led] olovo; *mar* dubinomjer; ~-**pencil** olovka

lead [li:d] vodstvo; *el* vod; remen za psa; voditi; navoditi; prvi bacati (kartu); ~ **on** zavesti; namamiti; ~ **up to** dovesti do

leaden ['ledn] olovan (i *fig*)

lead|er ['li:də] voda; prvak; (konj) prednjak; uvodnik; ~**ing** vodeći; vođenje; vodstvo

leaf [li:f] *pl* **leaves** list; krilo (vrata ftd.); produžetak stola na sklapanje; ~**let** listak; letak; prospekt

league [li:g] savez; £ **of Nations** Liga Nacija; morska milja (4,8 km);

udružiti se; **~-match** prvenstvena utakmica

leak [liːk] rupa (koja propušta vodu); propuštati; **~age** izbijanje na javu; propuštanje

lean [liːn] mršav; krt (meso); naslanjati (se); **~ness** mršavost

leap [liːp] skok; skočiti; **~-year** prestupna godina

learn [ləːn] učiti; saznati; **~ from** shvatiti iz; **~ed** ['~nid] učen; **~er** početnik, učenik

lease [liːs] najam, zakup; **~holder** zakupnik

least [liːst] najmanji(e); **at (the) ~** barem

leather ['leðə] koža; obložiti kožom; **~y** kožnat, žilav

leave [liːv] dopuštanje; dopust; odlazak; (na)pustiti; otići, otputovati; **~ off** prestati

lecture ['lektʃə] predavanje; korenje; predavati; očitati bukvicu; **~r** predavač; docent; lektor

ledge [ledʒ] izbočina; hrbat; podboj (prozora); **~r com** glavna knjiga poslovanja

leech [liːtʃ] pijavica; *fig* krvopija

leer [liə] ceriti se (at)

lees [liːz] *pl* drožđe, talog

left lijevi (-o); lijeva strana; **~-handed** ljevak

leg noga; but, plećka

legacy ['legəsi] baština, ostavština

legal ['liːgəl] zakonit; **~ization** ozakonjenje; **~ize** ozakoniti

legation [li'geiʃən] poslanstvo

legend ['ledʒənd] legenda; **~ary** legendaran

leggings ['leginz] *pl* sare; gležnjaci

legible ['ledʒəbl] čitljiv

legion ['liːdʒən] legija

legislat|ive ['ledʒisleitiv] zakonodavan; **~or** zakonodavac

legitima|cy [li'dʒitiməsi] zakonitost; **~te** [~meit] ozakoniti; [~mit] zakonit

leisure ['leʒə] slobodno vrijeme; dokolica; **~ly** bez žurbe

Leman ['leman]: **Lake ~** Ženevsko jezero

lemon ['lemən] limun; **~-squash** limunada

lend posuditi; pružiti (pomoć)

length [leŋθ] dužina; trajanje; **at ~** konačno; **~en** produljiti (se); **~ways, ~wise** po duljini

lenient ['liːniənt] blag; obziran

lens [lenz] leća (staklo)

Lent korizma

lentil ['lentil] *bot* leća

leprosy ['leprəsi] *med* guba

less manji, (-e); *com uz* odbitak; ~en smanjiti (se); ublažiti (se)

lesson ['lesn] zadaća; školski sat; ~s *pl* poduka

lest da ne (bi)

let (do)pustiti; iznajmiti (at, for); ~ alone a kamoli; pustiti na miru; ~ down ostaviti na cjedilu, iznevjeriti; ~ on odati tajnu; ~ out ispustiti, izbrbljati; ~ up *Am* prestati

letter ['letə] slovo; pismo; *pl* književnost; by ~ pismom; pismeno; ~-box poštanski ormarić; ~-carrier *Am* pismonoša; ~-case lisnica; ~gram *Am* noćni brzojav, telegram

lettuce ['letis] zelena salata

level ['levl] vodoravan; ravan; izjednačen; razina; do one's ~ best dati sve od sebe; *rlw* ~ crossing cestovni prijelaz preko pruge; libela; razina; nivo; on a ~ with

na istoj razini; ~ of the sea morska razina; on the ~ *coll Am* pošteno, otvoreno; izravnati; nivelirati; ~ up povisiti

lever ['liːvə] poluga; ~-watch sat s kotvenim zaporom

levy ['levi] raspisivanje (*poreza*); *mil* podizanje vojske; raspisati (*porez*); podizati (*vojsku*)

liabilit|y [laiə'biliti] odgovornost; ~ies *pl* pasiva dugovanja

liable ['laiəbl] odgovoran; obavezan (to); sklon (to); ~ to duty ocarinjiv

liar ['laiə] lažac

libel ['laibəl] kleveta

liberal ['libərəl] darežljiv (of); slobodouman; ~ity darežljivost; širokogrudnost

liberate ['libəreit] osloboditi (from)

liberty ['libəti] sloboda; be at ~ slobodno (činiti)

librarian [lai'breəriən] knjižničar

licen|ce ['laisəns] licenca; dozvola; (driving ~ce) vozačka dozvola; ~se dozvoliti; dati licencu; ~see korisnik dozvole; ~ser izdavalac dozvole

~tious [~'senʃəs] raskalašen

lick (ob)lizati; *coll* pobijediti; **~ing** *coll* batine

lid poklopac; očni kapak

lie [lai] laž; položaj; **tell a ~** lagati

lien ['li:ən] *jur* pravo zadržanja

lieu: in ~ of an oath umjesto zakletve

life *pl* **lives** [laif, ~vz] život; **~-annuity** doživotna renta; **~-belt**, **~-boat** pojas (čamac) za spasavanje; **~-insurance** životno osiguranje; **~less** bez života; **~-sized** u prirodnoj veličini; **~-time** trajanje života

lift dizalo; *aero* uzgon; dizati (se); uzdići (se); **~ing power** *aero* uzgon

ligature ['ligətʃuə] povez; spojnica; *med* podvez

light [lait] svjetlost (i *fig*); svjetiljka; prozor; zapaliti; rasvijetliti; lagan; plavokos; svijetao; **come to ~** izići na vidjelo | **give a p a ~** pripaliti nekome; **~ on** slučajno naći; **~en** sijevati; olakšati (se); **~er** upaljač; **~house** svjetionik; **~-minded** bezbrižan; **~ness** lakoća; neozbiljnost

lightning ['laitniŋ] mu-

nja; **~-conductor** gromobran; **~-strike** „divlji" štrajk

like [laik] sličan; poput, kao; ~ that tako; **what is he ~?** kako izgleda?, kakav je?; voljeti; sviđati se; **how do you ~ him?** kako vam se sviđa?; **~lihood** vjerojatnost; **~ly** vjerojatan; **he is ~ly to die** vjerojatno će umrijeti; **~ness** sličnost; slika; **~wise** također

liking ['laikiŋ] sklonost; simpatija

lilac ['lailək] ljubičast; jorgovan

lily ['lili] ljiljan

limb [lim] udo; grana

lime vapno; lipa; **in the ~ light** biti u središtu pažnje

limit ['limit] granica; **that's the ~!** to je vrhunac!, tu prestaje sve!; ograničiti (to); **~ation** ograničenje; *jur* zastara; **~ed company** društvo s ograničenim jamstvom

limp šepati; opušten, mlitav

line [lain] crta; redak; potez; *rlw* pruga; *tel* vod; žica; konopac; povraz; **that's not my ~** to nije moje područje (struka); *pl* **~s** smjernice; **stand**

in ~ *Am* stajati (čekati) u redu; izvući crte; postaviti; napuniti (džepove); ~ **up** *Am* postrojiti (se)

lineament ['li:niəmənt] crta (lica)

linen ['linin] platno; rublje; platnen; ~**-draper** trgovac platnenom robom

liner ['lainə] veliki putnički brod (ili avion)

linger ['lingə] zadržavati se, otezati; vući se (*bolest*); ~**ing** dugotrajan

lining ['lainiŋ] podstava

link [liŋk] karika; *fig* veza; povezati

links [liŋks] *pl* obalne dine; igralište golfa

linseed ['linsi:d] laneno sjeme; ~ **oil** laneno ulje

lion ['laiən] lav; ~**ess** lavica

lip usna; ~**-stick** ruž za usne

liqu|efy ['likwifai] (ras)-topiti se; ~**id** tekuć; bistar; tekućina; ~**idate** ['~ideit] likvidirati

liquor ['likə] tekućina; ~**ice** ['likəris] „crni" šećer

Lisbon ['lizbən] Lisabon

lisp šušljati (loše izgovarati „s")

list rub; popis; *mar* nagib

(broda); popisati

listen ['lisn] slušati; ~ **in** *radio* slušati; ~**er** slušalac

listless ['listlis] bezvoljan

litera|l ['litərəl] doslovan; ~**ture** ['litəritʃə] književnost

litter ['litə] otpaci, smeće

little ['litl] malen; kratak (vrijeme); malo; sitnica; ~ **by** ~ malo po malo

live [liv] živjeti; stanovati; trajati; ~ **on** živjeti od (čega); ~ **out** preživjeti

livel|ihood ['laivlihud] zarada za život; ~**iness** živahnost; ~**y** živahan

liver ['livə] jetra; onaj koji živi

livery ['livəri] livreja

livid ['livid] sivomodar; blijed

living ['liviŋ] živ; stanovanje; način života; zarada za život; ~**-room** dnevna soba

lizard ['lizəd] gušter

Lloyd's [lɔidz] Londonska tvrtka

load [loud] tovar; teret; *tech* opterećenje; (na)tovariti; ~**ing** krcanje; tovar

loaf [louf], *pl* **loaves** hljeb; glava šećera; skitati se, besposličiti

loafer ['loufə] besposličar

loam [loum] ilovača

loan [loun] zajam; **on ~** na zajam

loath [louθ] nesklon; **~e** mrziti; **~ing** gnušanje; **~some** gnusan

lobby ['lɔbi] predvorje; *theat* foaje; kuloari

lobe [loub] **of the ear** ušna resica

lobster ['lɔbstə] jastog

local ['loukəl] mjesni; **~ity** mjesto; nalazište; **~ize** lokalizirati

locate [lou'keit] smjestiti; naći položaj (mjesto); **be ~d** *Am* biti smješten

lock brava; ustava; uvojak; zabraviti, zaključati; **~et** medaljon; **~out** lokaut, prekid rada od strane poslodavca zbog neslaganja s radničkim zahtjevima; **~smith** bravar

locust ['loukəst] skakavac

lodge [lɔdʒ] smjestiti; spremiti; **~e a complaint** uložiti žalbu; stanovati; **~er** (pod)stanar; **~ings** *pl* stan

loft potkrovlje; crkveni kor; **~iness** uzvišenost; plemenitost; **~y** visok; uznosit

log deblo; panj

loggerheads ['lɔgəhedz]:

be at (come to) ~ (with) (po)svađati se

logic ['lɔdʒik] logika; **~al** logičan

loin [lɔin] slabine; bubrežnjak

loiter ['lɔitə] klatiti se; dangubiti

lonely ['lounli] osamljen

long [lɔŋ] dug(o); **before ~** uskoro; **be ~** dugo trajati, zadržati se; **in the ~ run** u konačnoj liniji; **~ for** čeznuti za; **~-dated** dugoročan; **~-distance call** međugradski razgovor; **~ing** čežnja; **~-sighted** dalekovidan (i *fig*)

look [luk] pogled; (**~s** *pl*) vanjština; **have a ~ at** pogledati; gledati (**at, on**); **~ after** brinuti se za; **~ for** očekivati; tražiti; **~ forward to** unaprijed se radovati; **~ in** navratiti; **~ into** ispitati; **~ out!** pazi(te)!; **~ out** izabrati; **~ over** pregledati; **~ to** pobrinuti se; **~ up** podići oči; popraviti se; **~ up(on)** smatrati (**as**); **~er-on** gledalac; **~ing-glass** ogledalo; **~-out** promatračnica; oprez; izgled

loom [lu:m] tkalački stan;

pojaviti se nejasno u daljini, ocrtavati se

loop [luːp] petlja; zavoj (rijeke); načiniti petlju; ~ **the** ~ *aero* izvesti luping; ~**hole** puškarnica; *fig* rupa; *rlw* ~**-line** odvojak u obliku petlje

loose [luːs] labav, klimav; prostran; komotan; rahal; raspušten; **be at a** ~ **end** biti slobodan (neangažiran); olabaviti, olabaviti (se); ~**n** razriješiti (se), olabaviti (se)

lop-sided ['lɔp'saidid] naheren

loquacious [lə'kweiʃəs] glagoljiv

lord [lɔːd] gospodin, lord

Lord [lɔːd] Bog, Gospod; ~'**s Prayer** očenaš; ~'**s Supper** pričest

lord|ly ['lɔːdli] gospodski; otmjen; ~**ship** čast (naslov) lorda

Lorraine [lə'rein] Lotaringija

lorry ['lɔri] *rlw* laki plato vagon za popravak pruge; **(motor-)** ~ kamion, teretnjak

lose [luːz] izgubiti; potratiti; propustiti; kasniti (sat)

loss gubitak; **at a** ~ na čudu, u neprilici

lot ždrijeb; udio; parcela;

a ~ **of people** mnogo ljudi

lotion ['louʃən] losion

lottery ['lɔtəri] lutrija

loud [laud] glasan; bučan; ~**-speaker** *radio* zvučnik

lounge [laundʒ] besposličiti; fotelja; društvena prostorija; foaje; ~ **suit** dnevno odijelo

louse [laus] *pl lice* uš

lovable ['lʌvəbl] ljubak;

love [lʌv] ljubav; dragi, (-a); **what a** ~ **of a hat!** kakav krasan šešir!; **give** (ili **send**) **one's** ~ **to** poslati pozdrave; **make** ~ **(to)** voditi ljubav (sa); udvarati; ~**ly** dražestan; divan; lijep; ~**r** ljubavnik; dragi, (-a); **pair of** ~**rs** ljubavni par

loving ['lʌviŋ] pun ljubavi

low [lou] nizak; dubok(o); tiho, *fig* potišten; (pri)prost; ~**-brow** *coll* priprosta osoba, poluinteligent; ~**er** niži; donji; spustiti; prigušiti (*glas*); oboriti (*oči*); sniziti (*cijene*); ~**-necked** dekoltiran; ~**-pressure** niski tlak (pritisak); ~**-spirited** potišten, malodušan

loyal ['lɔiəl] vjeran; ~**ty** vjernost

lozenge ['lɔzindʒ] pastila, tableta

Ltd = limited

lubricate ['lu:brikeit] podmazati, nauljiti

lucid: ~ **interval** *med* trenuci nepomračenog uma

luck [lʌk] sreća (sretan slučaj); **bad** ~ nesreća; ~**ily** srećom; ~**y** sretan

lucrative ['lu:krətiv] unosan

ludicrous ['lu:dikrəs] smiješan

luge [lu:ʒ] sportske saonice; sanjkati se

luggage ['lʌgidʒ] prtljaga; ~-**rack** polica za prtljagu

lukewarm ['lu:kwɔːm] mlak; ravnodušan

lumbago [lʌm'beigou] lumbago, krstobolja, "heksnšus"

lumber ['lʌmbə] starudija; ~-**room** ropotarnica

luminous ['lu:minəs] svijetao; svijetleći; blistav

lump [lʌmp] gruda; komad; **in the** ~ u cijelome, poprijeko; ~ **sugar** šećer u kockama; ~

sum okrugao (paušalni) iznos

lunatic ['lu:nətik] lud; luđak; ~ **asylum** ludnica

lunch(eon) ['lʌntʃən] ručak; ručati; ~**time** vrijeme ručka, pauza za ručak

lungs [lʌŋz] pluća

lurch [lə:tʃ]: **leave in the** ~ ostaviti na cjedilu

lure [ljuə] mamac; namamiti

lurk [lə:k] vrebati; ležati u busiji

luscious ['lʌʃəs] sočan, slastan

lustre ['lʌstə] sjaj; luster; ~**less** bez sjaja; mutan

lute [lu:t] leut, lutnja; brtvilo, kit; zabrtviti

luxurious [lʌg'zjuəriəs] raskošan; ~**ness** raskošnost

luxury ['lʌkʃəri] raskoš(nost); luksuz

lying-in ['laiin'in] hospital rodilište

lynch [lintʃ] linčovati; ~-**law** zakon linča

lynx [liŋks] ris

lyric [lirik] lirski; lirska pjesma; ~**s** *pl* lirika; riječi pjesme (šlagera)

M

M. A. = Master of Arts
ma'am [mæm] = **madam**
macaroon [mækə'ru:n] kolačić s mljevenim bademima
mace [meis] *parl* žezlo
machine [mə'ʃi:n] stroj, mašina; **~-driven** na strojni pogon; **~ gun** (puško) mitraljez; **~ry** strojevi; mašinerija; **~-tool** alatni stroj
machinist [mə'ʃi:nist] strojar; upravljač strojem
mackerel ['mækrəl] lokarda, skuša; ovčice (oblak)
mackintosh ['mækintɔʃ] kišni ogrtač
mad [mæd] lud; ljut; **drive ~** natjerati u ludilo
madam ['mædəm] gospođo (kod oslovljavanja)
mad|den ['mædn] razbjesniti; **~house** ludnica; **~man** luđak; **~ness** ludost
magazine [mægə'zi:n] skladište; časopis
maggot ['mægət] crv(ić)
magic ['mædʒik], **~al** čaroban; čarolija; **~ian** [mə'dʒiʃən] čarobnjak;

mađioničar
magist|racy ['mædʒistrəsi] položaj suca; **~rate** (policijski, niži) sudac
magnanimity [mægnə'nimiti] velikodušnost
magnet ['mægnit] magnet
magnificen|ce [mæg'nifisns] veličanstvenost; **~t** sjajan; divan
magnify ['mægnifai] poveća(va)ti; **~ing glass** povećalo
magnitude ['mægnitju:d] veličina; važnost
magpie ['mægpai] svraka
mahogany [mə'hɔgəni] mahagoni
maid [meid] djevojka; **old ~** usidjelica; **~en**, **~enly** djevojački; čedan; **~en name** djevojačko prezime; **~servant** sluškinja
mail [meil] pošta (pisma itd.); *Am* poslati poštom; **~-bag** poštanska torba; **~-boat** poštanski brod; **~-box** poštanski ormarić; **~-carrier** (ili **~-man**) *Am* poštar; **~-coach** poštanska kočija; **~-order house** *Am* robna kuća za narudbe

preko kataloga; **~-train** poštanski vlak; **~ed fist** *fig* gruba sila

maim [meim] osakatiti

main [mein] glavni; **~ point** ono glavno; **~ station** *teleph* centrala; glavni vodovod; **~land** kopno

maintain [men'tein] poddržavati; ostati kod svoga

maintenance ['meintinəns] (p)održavanje; uzdržavanje

maize [meiz] kukuruz

majest|ic, **~ically** [mə-'dʒestik(əli)] veličanstven; **~y** ['mædʒisti] veličanstvo

major ['meidʒə] veći; važan; glavni; *mus* dur; *mil* major; *Am* glavni predmet studija

make [meik] (u-, na-)činit; (na)praviti; spremiti, pripraviti; obaviti; (tjelesna) građa; forma; marka; tip; **~ sure of** provjeriti; osigurati se; **~ way** prokrčiti sebi put; **~ out** razabrati; ispostaviti; sastaviti; **~ up** sastaviti; našminkati se; **~ up one's mind** odlučiti (se); **~ up for** nadoknaditi; **~r** proizvođač; **~shift** privremeno pomagalo; **~-up** ustroj-

stvo; struktura; šminka

malady ['mælədi] bolest

male [meil] muški; mužjak

malediction [mæli'dikʃən] proklinjanje

malevolen|ce [mə'levələns] zloba; **~t** zloban

malic|e ['mælis] zloba; **~ious** [mə'liʃəs] zloban

malign [mə'lain] poguban, štetan; klevetati; **~ant** [~'lignənt] zloban; *med* zloćudan

malle|able ['mæliəbl] kovak; **~t** ['~it] *tech* kladivo, bat

malnutrition ['mælnju-'triʃən] neishranjenost

malt [mɔːlt] slad; pretvarati (se) u slad

mammal ['mæməl] sisavac

man [mæn], *pl* **men** čovjek; muškarac; čovječanstvo; *mil* snabdjeti posadom

manage ['mænidʒ] rukovati; upravljati; postupati; uspjeti; ravnati (držati u poslušnosti); **~able** spretan za rukovanje; savitljiv; **~ment** upravljanje; uprava; **~r** upravitelj; direktor; menedžer; *theat* intendant

mane [mein] griva

manful ['mænful] muževan; srčan

manger ['meindʒə] jasle

mangle [mæŋgl] tijesak za rublje; izažimati rublje u tijesku; osakatiti; unakaziti

manhood ['mænhud] muževnost; svi muškarci

mania ['meiniə] manija; mahnitost; ~c manijak

manicur|e ['mænikjuə] manikiranje; ~ist manikirka

manifest ['mænifest] očit; ispoljiti; ~ation manifestacija

manifold ['mænifould] mnogostruk; umnožiti

manipulate [mə'nipjuleit] manipulirati, rukovati

man|kind [mæn'kaind] čovječanstvo; ~ly muževan

mannequin ['mænikin] maneken

manner ['mænə] način; manira; ~ism manirizam; ~ly uljudan

manoeuvre [mə'nu:və] manevar

man-of-war ratni brod

manor ['mænə] plemićki (gospodski) posjed; ~-house plemićki (vlasteoski) dvorac

man-power sposobno muško stanovništvo; radna snaga (stanovništvo)

mansion ['mænʃən] velika kuća

manslaughter ['mænslɔ:tə] ubojstvo (bez predumišljaja)

mantelpiece ['mæntlpi:s] polica nad kaminom

mantle ['mæntl] ogrtač; pokrov; zastrijeti; fig sakriti

mantrap ['mæntræp] stupica za ljude

manual ['mænjuəl] ručni; priručnik

manufactory [mænju-'fæktəri] tvornica

manufactur|e [mænju-'fæktʃə] fabrikat; prerađivati; proizvoditi (into); ~er tvorničar

manure [mə'njuə] gnoj đubre; đubriti

many ['meni] mnogo; ~ a mnogi (čovjek)

map [mæp] geografska karta; izraditi nacrt; ~ out prikazati

maple ['meipl] javor

mar [ma:] pokvariti

maraud [mə'rɔ:d] pljačkati

marble ['ma:bl] mramor; špekula; mramoran

March [ma:tʃ] ožujak, mart

march [ma:tʃ] marš; marširati; hodati

marchioness ['ma:ʃənis] markiza

marchpane ['ma:tʃpein] marcipan

marconigram [ma:'kounigræm] radiotelegram

mare [mɛə] kobila

margin ['ma:dʒin] rub; prostor za manevriranje; marža

marigold ['mærigould] neven

marine [məˈriːn] (po)morski; mornarica; ~r mornar, pomorac

maritime ['mæritaim] pomorski; primorski; moreplovni

mark [ma:k] znak; oznaka; biljeg; zaštitni znak; ožiljak; cilj; školska ocjena; označiti; upamtiti; **be up to the ~** ispuniti očekivanja; ~ed izrazit

market ['ma:kit] trg; tržnica; prodavati (kupovati) na tržištu; ~ing tržišni poslovi

marking|-ink tuš za obilježavanje rublja; ~**-iron** željezo za žigosanje

marmalade ['ma:məleid] (gorak) pekmez od naranči

marplot ['ma:plɒt] mutikaša; zabadalo

marqu|ess, ~**is** ['ma:kwis] markiz

marriage ['mæridʒ] ženidba; udaja; vjenčanje;

brak; ~**able** dorastao za brak; ~**-certificate** ili ~**-lines** vjenčani list

married ['mærid] oženjen, udata

marrow ['mærou] koštana moždina

marry ['mæri] oženiti se; udati se

marsh [ma:ʃ] močvara, močvarno tlo; ~ **fever** močvarna groznica; ~ **gas** barski plin; ~**y** močvaran, barski

marshal ['ma:ʃəl] maršal; redati

marten ['ma:tin] kuna

martial ['ma:ʃəl] ratni-(čki); ~ **law** prijeki sud, izvanredno stanje

martyr ['ma:tə] mučenik; mučiti (na smrt)

marvel ['ma:vəl] divota; čuđenje; čuditi (diviti) se; ~**lous** čudesan, divan

mascot ['mæskət] maskota; talisman; *mot radiator* ~ figura na hladnjaku

masculine ['mæskjulin] muški, mužévan

mash [mæʃ] kaša; ~**ed potatoes** *pl* pire krumpir

mask [ma:sk] maska; maskirati

mason [meisn] zidar; klesar

masquerade [mæskə'reid]
maskerada; krabuljni ples
mass [mæs] *rel* misa;
sa; ~ **meeting** masovni
sastanak; gomilati (se)
massacre ['mæsəkə] po-
kolj
massage ['mæsɑːʒ] ma-
saža; masirati
massive ['mæsiv] masi-
van; čvrst
mast [mɑːst] jarbol; opre-
miti jarbolom
master ['mɑːstə] gospo-
dar; majstor; učitelj; ~
of Arts magistar (aka-
demski stupanj); savla-
dati; temeljito naučiti;
~**-builder** graditelj; ~**-
ly** majstorski; ~**piece**
majstorsko djelo; ~**ship**
majstorstvo; služba uči-
telja; ~**y** vlast; majstor-
stvo
masticate ['mæstikeit]
žvakati
mat [mæt] rogožina; mat
(bez sjaja)
match [mætʃ] žigica;
utakmica; par (nekome);
brak; pristajati nečemu;
biti dorastao; **well** ~**ed**
dobro usklađen; ~**-box**
kutija žigica; ~**less** bez
premca
mate [meit] drug; su-
prug(a)
material [mə'tiəriəl] ma-

terijalan; tvaran, bitan;
materijal; sukno; ~**ize**
ostvariti (se)
maternal [mə'təːnl] maj-
činski, po majci
maternity [mə'təːniti]
majčinstvo; ~ **hospital**
rodilište; ~**suit** trud-
nička haljina
mathematics [mæθi'mæ-
tiks] matematika
matrimony ['mætriməni]
brak
matron ['meitrən] matro-
na; nadzornica; ~**ly**
matronski, staložen
matter ['mætə] materija,
tvar; stvar; posao; pred-
met; *med* gnoj; **postal** ~
sve što se može slati
poštom; **printed** ~ tiska-
nica; **in the** ~ **of** s
obzirom na; **what's the**
~ **(with you)** šta (ti) je?;
no ~ nije važno, ništa
zato; **no** ~ **who** bilo
tko; ~ **of course** što se
samo po sebi razumije;
~ **of fact** činjenica; ~
of taste stvar ukusa; **it**
važan; **it does not** ~
nije važno
mattres ['mætris] madrac
matur|e [mə'tjuə] zreo;
sazreti; dospjeti (mje-
nica); ~**ity** zrelost; do-
spjeće
Maundy ['mɔːndi]

Thursday Veliki Četvrtak

mauve [mouv] svijetlo-ljubičast

maxim ['mæksim] načelo; ~um maksimum; ~um output maksimalna proizvodnja

may [mei] smjeti, moći

May [mei] svibanj, maj; ~-day prvi svibnja

mayor [mɛə] gradonačelnik

maze [meiz] labirint

me mene, me; meni, mi; mnom

meadow ['medou] livada

meagre ['mi:gə] mršav; štur

meal [mi:l] obrok; grubo brašno; ~-time vrijeme jela; ~y brašnast

mean [mi:n] podao; škrt; srednji; (ozbiljno) misliti; htjeti reći; sredina; **by all ~s** svakako; **by no ~s** nikako; **by ~s of** pomoću; ~**ing** smisao, značenje; ~**ness** podlost; ~**time** međuvrijeme; ~**while** u međuvremenu, međutim

measles ['mizzlz] ospice

measurable ['meʒərəb'] izmjeriv

measure ['meʒə] mjera; takt; ~ **of capacity**

šuplja mjera; **in some ~** donekle; (od-, iz-)mjeriti; ~**ment** mjerenje

meat [mi:t] meso; **roast ~** pečeno meso; ~ **tea** popodnevni čaj s mesom

mechani|c [mi'kænik], ~**cal** mehanički; mehaničar; obrtnik; ~**cs** *ugl sg* mehanika; ~**sm** ['mekənizəm] mehanizam; ~**ze** mehanizirati

medal ['medl] medalja

meddle ['medl] miješati se

medial ['mi:diəl] srednji; prosječan

mediat|e ['mi:dieit] sredovati; ~**ion** posredovanje; ~**or** posrednik

medica|l ['medikəl] medicinski; liječnički; ⚡ **Superintendent** glavni liječnik; ~**ment** lijek; ~**te** liječiti

medicin|al [me'disinl] ljekovit; ~**e** ['medsin] lijek; ~**e chest** kućna apoteka

medieval [medi'i:vəl] srednjovjekovan

mediocr|e ['midioukə] osrednji; ity ['ɔkriti] mediokritet(nost)

meditat|e ['mediteit] razmišljati; snovati; ~**ive** sklon razmišljanju

Mediterranean [meditə-'reinjən] **Sea** Sredozemno more

medium ['miːdiəm], *pl* **media** sredina; medij; srednji; prosječni

meek [miːk] krotak; ~**ness** krotkost

meet [miːt] (su)sresti (se), naći se; dočekati; ispuniti obavezu; okupiti se; ~ **with** naići na; ~ **with an accident** doživjeti nesreću; ~**ing** sastanak; zbor; zasjedanje

melancholy ['melənkəli] melankolija; melankoličan

mellow ['melou] mek; zreo; smekšati

melod|**ious** [mi'loudjəs] melodiozan; ~**y** melodija

melon ['melən] dinja, lubenica

melt (o-, ras-)topiti (se); ~ **away** rastopiti se; ~**ing point** točka taljenja

member ['membə] udo; član; ~**ship** članstvo

memor|**able** ['memərəbl] vrijedan spomena; ~**andum** memorandum, zabilježba; ~**ial** spomenik; ~**ize** *Am* naučiti napamet; ~**y** pamćenje; uspomena

menace ['menəs] prijetiti; prijetnja

mend popraviti; krpati

mendacious [men'deifəs] lažljiv

mental ['mentl] duševni; ~ **arithmetic** računanje u glavi; ~ **hospital** duševna bolnica; ~**ity** mentalitet

mention ['menfən] spominjanje; spomenuti; **don't** ~ **it!** nema na čemu!; **not to** ~ a kamo li

mercantile ['məːkəntail] trgovački

mercenary ['məːsinəri] plaćenički; potkupljiv; plaćenik

mercer ['məːsə] trgovac tkaninama; ~**y** tkanina; trgovina tkaninama

merchan|**dize** ['məːtfəndaiz] roba; ~**t** ['~t] trgovac na veliko (*Am* i na malo)

merci|**ful** ['məːsiful] milosrdan; ~**less** nemilosrdan; ~**y** milosrđe; milost

mere [miə] puki; tek

merge [məːdʒ] *fig* stopiti (se); ~**r** *Am* fuzija

meridian [mə'ridiən] meridian; podnevni

merit ['merit] zasluga; vrijednost; prednost

merry ['meri] veseo; radostan; **make ~** veseliti se

mesh [meʃ] oko (mreže), **~es** pl mreža

mess [mes] zbrka; nered; neprilika; pobrkati

mess|age [mesidʒ] vijest; **~enger** glasnik

metal ['metl] kovina; tucanik; **~lic** kovan, od kovine; **~lurgy** metalurgija

meteorolog|ical [mi:tjərə'lɔdʒikəl] meteorološki; **~ist** meteorolog; **~y** meteorologija

method ['meθəd] metoda; postupak; **~ical** metodički

meticulous [mi'tikjuləs] vrlo tačan, pedantan

metre ['mi:tə] metar (i pjesnički)

metropolis [mi'trɔpəlis] metropola

mettle ['metl] kov; žar; **~some** vatren, odvažan

micro|phone ['maikrəfoun] mikrofon; **~scope** mikroskop

midday ['middei] podne

middle ['midl] sredina; srednji; **ᶻ Ages** pl Srednji Vijek; **~ classes** srednji stalež; **~aged** srednjih godina; **~-sized** srednje veličine

middling ['midliŋ] osrednji

midge [midʒ] mušica; **~t** patuljak

midnight ['midnait] ponoć

midship|man ['midʃipmən] stariji (mornarički) kadet; **~s** sredina broda

midst: in the **~** of usred

mid|summer ['midsʌmə] sredina ljeta; **~way** na pola puta

might [mait] moć; **~y** moćan, snažan

Milan [mi'læn] Milano

milch-cow ['miltʃ-] krava muzara

mild [maild] blag, krotak

mildew ['mildju:] snijet; plijesan

mildness ['maildnis] blagost

mile [mail] milja; **~age** daljina u miljama

military [mi'militəri] vojni(čki); vojska

militia [mi'liʃə] milicija

milk mlijeko; musti; **~er** muzar; **~-float** kola za mlijeko; **~man** mljekar

mill mlin; tvornica; mljeti; obrađivati na glodalici; valjati; **~er** mlinar

millet ['milit] proso

milliard ['milja:d] milijarda

milliner ['milinə] modistica, kitničarka; **~y** posao (roba) modistice

milt slezena; riblja mliječ

mime [maim] lakrdija

mimic ['mimik] mimičar; oponašati

mince [mins] kosati; **not to ~ matters** otvoreno reći; (**~d meat**) kosano meso; **~meat** nadjev od grožđica itd. (za kolač); **~-pie** kolač od grožđica

mind [maind] duh, pamet, um; mišljenje; sklonost; svijest; **change one's ~** predomisliti se; **bear in ~** imati na umu; **have half a ~ to** gotovo htjeti (što učiniti); paziti, brinuti se za; **never ~** ništa za to!; **I don't ~** nemam ništa protiv; **do you ~ my smoking?** da li bi vas smetalo ako zapušim?; **would you ~ taking off your hat?** biste li bili tako dobri da skinete šešir?; **~ your own business!** to se vas ne tiče!; **~ful** obziran (**of**)

mine [main] moj; rudnik; *mil* mina; rovati (kopati) u zemlji; *min* kopati rudu; potkopati; **~r** rudar; *mil* miner; **~ral** ['minərəl] ruda; rudni, mineralni

mingle ['miŋgl] miješati se, družiti se (**in, with**)

miniature ['minjətʃə] minijatura

minimum ['miniməm] minimum; najmanji

mining ['mainiŋ] rudarenje; (*i* **~ industry**) rudarstvo

minister ['ministə] svećenik; ministar; poslanik; pomagati; pružati (pomoć)

ministry ['ministri] ministarstvo

mink [miŋk] krzno kanadske kune zlatice („nerc")

minor ['mainə] manji; nevažan; malodoban; *mus* mol; *Am* sporedan predmet studija

minster ['minstə] stolna crkva

mint metvica; kovnica; kovati novac; **~age** kovanje novca

mint-sauce umak od metvice

minuet [minju'et] menuet

minute ['minit] minuta; *coll* tren; zapis; **~s** *pl* zapisnik; službeno zapisati; **~-hand** minutna kazaljka

miracle ['mirəkl] čudo; **~ulous** čudesan

mirage ['mira:ʒ] fatamorgana

mire ['maiə] blato, glib

mirror ['mirə] ogledalo; zrcaliti se

mirth [mə:θ] veselje; **~ful** veseo

misadventure ['misəd'ventʃə] nezgoda

misanthrop|ist, **~y** [mi'zænθrəpist, ~ i] mizantrop(ija)

misappl|ication ['misæpli'keiʃən] kriva primjena; zlouporaba; **~y** krivo upotrebiti

mis|apprehension ['misæpri'henʃən] krivo shvaćanje; **~behaviour** loše vladanje; **~belief** krivovjerje, pogrešno vjerovanje

miscalculat|e ['mis'kælkjuleit] krivo (iz)računati; **~ion** pogrešan račun

miscarriage [mis'kæridʒ] gubitak (pošiljke), pobačaj; **~ of justice** nepravedna, pogrešna osuda

miscellaneous [misi'leinjəs] mješovit; raznovrstan

mischance [mis'tʃa:ns] nezgoda, nesretan slučaj

mischie|f [mis'tʃif] šteta; psina; zločko; **~vous** ['~vəs] štetan; zločest; vragoljast

misconduct [mis'kəndʌkt] loše vladanje; ['~kən'dʌkt] loše upravljati

misdeed ['mis'di:d] zlodjelo

miser ['maizə] škrtac

miser|able ['mizərəbl] jadan; bijedan; **~y** bijeda; nevolja

mis|fire ['mis'faiə] neuspjeh; zatajenje (oružja, motora); **~fortune** nesreća; **~give** ispunjati zlom slutnjom; **~govern** loše vladati; **~guide** zavesti; **~hap** nezgoda; **~interpret** krivo tumačiti (shvatiti); **~judge** krivo (pro)suditi; **~lay** zametnuti; **~lead** zavesti; **~print** pogrešno tiskati; tiskarska greška; **~rule** nered; loše upravljati

miss gospođica; promašaj; promašiti, propustiti

misshapen ['mis'ʃeipən] izobličen

missing ['misiŋ] odsutan; nestao (iz akcije)

mission ['miʃən] misija; zvanje; poziv; **~ary** misionar

mist magla

mistake [mis'teik] pogreška; zabuna; **by ~** greškom; **~n** krivo shvatiti; zamijeniti s kime **(for)**; **be ~n** pogriješiti; varati se

mister ['mistə] = **Mr.** gospodin

mistress ['mistris] gospodarica; domaćica; gospođa = **Mrs.** ['misiz]

mistrust ['mis'trʌst] nemati povjerenja u

misunderstand ['misʌndə'stænd] krivo razumjeti; **~ing** nesporazum

misuse ['mis'ju:z] krivo upotrebiti; zloupotrebiti; ['~'ju:s] zloupotreba

mite [mait] crvić

mitigate ['mitigeit] ublažiti

mitten ['mitn] rukavica s jednim prstom

mix [miks] (po)mijašati; **~ed** marriage mješoviti brak; **be ~ed up** with biti umiješan sa; **~ture** smjesa

moan [moun] stenjanje; stenjati

mob gomila; nasrnuti u gomili

mobil|ity [mou'biliti] pokretnost; **~ize** mobilizirati

mock ruganje; lažni; ismijavati se **(at)**; imitirati; **~er** rugalac; **~ery** ruganje; sprdnja

mode [moud] način

model ['mɔdl] model; modelirati

moderat|e ['mɔdərit] u-

mjeren; blag; osrednji; ['~reit] ublažiti; popustiti; **~ion** umjerenost

modern ['mɔdən] moderan; suvremen; **~ize** modernizirati (se)

modest ['mɔdist] skroman; **~y** skromnost

modification [mɔdifi'keiʃən] preinačenje; **~fy** preinačiti; ublažiti

modulat|e ['mɔdjuleit] modulirati; **~or of tonality** film tonska blenda

moist [mɔist] vlažan; **~en** ['mɔisn] navlažiti (se); **~ure** ['~tʃə] vlaga

molar ['moulə]: **~ tooth** kutnjak

mole [moul] krtica; madež; lukobran

molest [mə'lest] dodijavati; **~ation** dodijavanje

moment ['moumənt] trenutak; važnost; **~ary** trenutačan; **~ous** važan

monarch ['mɔnək] monarh; **~y** monarhija

monastery ['mɔnəstri] samostan

Monday ['mʌndi] ponedjeljak

money ['mʌni] novac; **ready ~** gotovina; **~-changer** mjenjač; **~-order** novčana uputnica

mongrel ['mʌngrəl] križanac, mješanac

monk [mʌŋk] redovnik, monah

monkey ['mʌŋki] majmun; ~ **business** *Am* podvala; glupost, neozbiljnost

mono|gram ['mɔnəgræm] monogram; ~**polize** monopolizirati; ~**poly** monopol (**of**); ~**tonous** jednoličan

monst|er ['mɔnstə] čudovište; ~**rosity** [~'trɔsiti] nakaznost, grozota; ~**rous** nakazan, grozan

month [mʌnθ] mjesec; ~**ly** mjesečni, (-o)

mood [mu:d] raspoloženje; ugođaj

moon [mu:n] mjesec; ~**light** mjesečina; ~**-struck** luckast; smušen

Moor [muə] Maur; Crnac; ~ vriština; ledina

mop otirač, krpa za pranje poda (na dršku); obrisati (pokupiti) krpom

moral ['mɔrəl] ćudoredan; moral; pouka; ~**s** *pl* (društveni) moral; ~**ity** moralnost

morbid ['mɔːbid] morbidan, bolestan

more više; **once** ~ još jednom; **no** ~ ne više; ~**over** [~'rouvə] osim toga

morning ['mɔːniŋ] jutro,

prije podne; **tomorrow** ~ sutra ujutru; **in the** ~ ujutro

morose [mə'rous] mrzovoljan

mor|phia ['mɔːfjə], ~**phine** morfij

morsel ['mɔːsəl] zalogaj; komadić

mortal ['mɔːtl] smrtan; smrtonosan; ~**ity** [~-'tæliti] smrtnost

mortar ['mɔːtə] mužar; *mil* minobacač; malter

mortgag|e ['mɔːgidʒ] hipoteka; založiti; ~**ee** hipotekarni vjerovnik; ~**or** hipotekarni dužnik

mortif|ication [mɔːtifi-'keiʃən] *med* trulenje živog tkiva; trapljenje; poniženje; ~**y** trapiti (se); ponizti; *med* obamirati, raspadati se

mortuary ['mɔːtjuəri] mrtvačnica

Moselle [mə'zel] rijeka M.; ~ francusko vino

mosque [mɔsk] džamija

moss mahovina; tresetište; ~**y** obrastao mahovinom

most [moust] većina; većinom; vrlo; **at (the)** ~ u najboljem slučaju; ~**ly** većinom

moth [mɔθ] moljac; noćni leptir; ~ **eaten** izjeden

od moljaca

mother ['mʌðə] majka; ~hood majčinstvo; ~-in-law svekrva, punica; ~ly majčinski; ~-of-pearl sedef; ~-tongue materinji jezik

motion ['mouʃən] kretanje; hod; *parl* prijedlog; *med* stolica; ~less nepomičan

motive ['moutiv] pokretan; povod

motor ['moutə] motor; voziti automobil; ~ ambulance bolnička kola; ~ boat motorni čamac; ~ bus autobus; ~ car automobil; ~cycle motorkotač; ~ school vozačka škola; ~ing vožnje automobila, vožnja automobilom; automobilizam; ~ist automobilist; ~ization motorizacija; ~launch veliki motorni čamac; ~-truck *Am* kamion

mottled ['mɔtld] išaran; pjegast

mould [mould] zemlja crnica; plijesan; kalup; oblikovati; ~er izradivač kalupa; raspadati se; ~y pljesniv

moult [moult] linjanje; linjati se

mount [maunt] popeti se; uzjahati; montirati

mountain ['mauntin] planina; ~s *pl* brda; ~eer gorštak; planinar; ~ous brdovit, planinski

mourn [mɔːn] oplakivati, žaliti; ~er ucviljenik; osoba na sprovodu; ~ful žalostan; ~ing tugovanje; crnina

mouse, *pl* mice [maus, mais] miš; loviti miševe

moustache [məsˈtaːʃ] brk

mouth [mauθ] usta; njuška; ušće; zalogaj; ~-organ usna harmonika; ~piece pisak; *fig* govornik u ime drugih; ~-wash tekućina za ispiranje usta i zubi

movable ['muːvəbl] pokretan

move [muːv] maknuti se; poticati; ganuti; predložiti; (iz-, pre-)seliti; potez (u šahu i sl.); (pre)seljenje; on the ~ u pokretu; get a ~ on požuriti se; make a ~ krenuti; poduzeti nešto; ~ in useliti; ~ on krenuti dalje; ~ment kretanje; pokret

movies ['muːviz] *pl* kino

moving ['muːvin] koji pokreće; pokretan; ganutljiv

mow [mou] kositi

M. P. = Member of Parliament

Mr(.), Mrs(.) = mister, mistress

MS., pl = **MSS** = manuscript(s)

much [mʌtʃ] mnogo; daleko, neusporedivo; **as ~ as** isto toliko kao; **make ~ of** mnogo se obazirati na; mnogo držati do

mucous ['mju:kəs] **membrane** sluznica

mud [mʌd] blato; prljavština; **~dle** pobrkati; prtljati; zbrka; **~dy** blatan; prljav; (u)prljati; **~guard** blatobran

muffle ['mʌfl] umotati (i up); prigušiti (zvuk i sl.); **~r** šal (oko vrata) boksačka rukavica; mot ispušni lonac

mug [mʌg] vrč; pehar; **~gy** sparan

mulberry ['mʌlbəri] dud, murva

mule [mju:l] mazga; **~teer** mazgar

mulled [mʌld]: **~ale** kuhano pivo; **~ wine** kuhano vino

multipl|e ['mʌltipl] mnogostruk; **~ication** množenje, umnožavanje; **~y** množiti

multitude ['mʌltitju:d] mnoštvo; **the ~** široki slojevi

mumble ['mʌmbl] mrmljati

mummy ['mʌmi] mumija

mumps [mʌmps] med zaušnjaci

Munich ['mju:nik] München

municipal [mju:'nisipəl] gradski; općinski; **~ity** gradska općina (dio grada)

murder ['mə:də] umorstvo; umoriti; **~er** ubojica; **~ess** žena ubojica; **~ous** ubilački; fig krvav

muriatic [mjuəri'ætik] **acid** solna kiselina

murmur ['mə:mə] mrmljanje; žamor; mrmljati; (against, at); žamoriti

musc|le [mʌsl] mišić, mišica; **~ular** ['~kjulə] mišićav

muse [mju:z] razmišljati [(up)on]; **~** muza; **~um** ['~'ziəm] muzej

mushroom ['mʌʃrum] gljiva, šampinjon

music ['mju:zik] glazba, melodija; note; **~al** muzikalan, melodičan; **~-hall** varijete; **~ian**

[~'ziʃən] muzičar; ~-**stand** stalak za note; ~-**stool** stolac za glasovir

muslin ['mʌzlin] muslin

mussel ['mʌsl] dagnja (jestvina školjka)

must [mʌst] mošt; memla; morati; **I ~ not** ne smijem

mustard ['mʌstəd] senf

muster ['mʌstə] smotra; vršiti smotru; skupiti se

musty ['mʌsti] pljesniv, zagušljiv

muta|bility [mju:tə'biliti] promjenljivost: ~**ble** promjenljiv; nestalan; ~**tion** mijenjanje

mute [mju:t] nijem; statist

mutilat|e ['mju:tileit] osakatiti; ~**ion** osakaćenje

mutin|eer [mju:ti'niə] buntovnik; ~**y** pobuna; pobuniti se

mutter ['mʌtə] gunđanje; gunđati, mrmljati

mutton [mʌtn] ovčetina; ~-**chop** kotlet ovčetine

mutual ['mju:tjuəl] uzajaman

muzzle ['mʌzl] njuška; brnjica; staviti brnjicu

my [mai] moj

myrtle ['mə:tl] mirta

myself [mai'self] ja sam; sebi; sebe; meni, mene

myster|ious [mis'tiəriəs] tajanstven; ~**y** tajna; misterij

mysti|fication [mistifi'keiʃən] obmanjivanje; ~**fy** obmanjivati

myth [miθ] mit, legenda

N

N. = north

N. A. = North America(n)

nacelle [nə'sel] trup (aviona)

nacre ['neikə] sedef

nag [næg] zanovijetati (**at a p**)

nail [neil] nokat; pandža; čavao; zabiti; prikovati

naive [na:'i:v] naivan, prostodušan

naked ['neikid] gol; nepokriven; nezaštićen; ~-**ness** golotinja; nezaštićenost

name [neim] ime; glas; **call a p ~s** (iz)grditi koga; imenovati; ~-**less** bezimen; ~**ly** naime = **viz.**; ~-**plate** pločica s imenom, ~**sake** imenjak

nap [næp] kratak san; drijemati

napkin ['næpkin] ubrus (**i** **table-~**); pelenice;

mjesečni uložak

Naples ['neiplz] Napulj

narco|sis [naː'kousis] narkoza; **∼tic** [∼'kotik] narkotičan; narkotik, opojna droga

narrat|e [næ'reit] pripovijedati; **∼ion** pripovijedanje; **∼ive** ['nærətiv] narativan; pripovjetka; **∼or** pripovjedač

narrow ['nærou] uzak, tijesan; ograničen; **∼s** pl tjesnac, klanac; suziti (se) ograničiti; oduzimati (očice); **∼-chested** uskih grudiju; **∼-gauge** uskotračan; **∼-minded** uskogrudan

nasty ['naːsti] gadan, ružan; nepristojan; neugodan (čovjek)

nation ['neiʃən] narod, nacija

national ['næʃnl] narodni; državljanin; državljanka; **∼ity** narodnost; nacionalni osjećaj; **∼ize** nacionalizirati, podržaviti

native ['neitiv] domaći, urođen; prirodan; **∼ country** domovina; **∼ language** materinji jezik; domorodac, urođenik; **a ∼ of** (koji je) rodom iz

natural ['nætʃrəl] naravan, prirodan; **∼ history** prirodopis; **∼ science**

prirodopis; **∼ize** dati građanska prava

nature ['neitʃə] priroda

naught [nɔːt] ništica; **∼y** nepristojan, neodgojen

nause|a ['nɔːsiə] mučnina, gađenje; **∼ous** ogavan

nautical ['nɔːtikəl] pomorski; **∼ mile** nautička milja

naval ['neivəl] pomorski, mornarički; **∼ affairs** pl pomorstvo; **∼ base** mornarička baza; **∼ forces** pomorske snage

nave [neiv] lađa (crkve); glavina (kotača)

navel ['neivəl] pupak

navig|able ['nævigəbl] plovan; **∼ate** ploviti, broditi; upravljati; **∼ation** plovidba, navigacija; **∼ator** moreplovac, navigator

navvy ['nævi] radnik na zemljanim radovima

navy ['neivi] ratna mornarica

naze [neiz] rt

neap [niːp] (**tide**) najniža plima

near [niə] bliz, srodan; blizu; približavati se; **∼ at hand** posve blizu; **∼ly** skoro, gotovo; **∼ness** blizina; tačnost; **∼sighted** kratkovidan

neat [niːt] uredan; skla-

dan; čist; nerazrijeđen
necess|ary ['nesisəri] po-
treban; obavezan; ~ari-
es *pl* of life životne po-
trebe; ~itate učiniti
potrebnim; *Am* prisiliti;
~ity potreba, nužda
neck [nek] vrat, šija;
~erchief šal; ~lace
ogrlica; ~tie kravata
need [ni:d] nužda, potre-
ba; trebati; ~ful potre-
ban
needle ['ni:dl] igla
need|less ['ni:dlis] nepo-
treban; ~s nužno, bez-
uvjetno
negat|ion [ni'geiʃən] ni-
jekanje; ~ive ['negativ]
niječan; *gram* niječan odgo-
vor; *phot* negativ
neglect [ni'glekt] zane-
marivanje, zapuštanje;
zanemarivati; ~ful ne-
maran
negligen|ce ['neglidʒəns]
nemar; ~t of nehajan,
nemaran (prema)
negotia|ble [ni'gouʃiəbl]
prodajan; utrživ; unov-
čiv; ~te [~eit] prego-
varati; ugovarati; pre-
mostiti; ~tion pregova-
ranje
negr|ess ['ni:gris] crnki-
nja; ~o *pl* ~oes ['~
ou(z)] crnac
neigh [nei] rzati; rzanje

neighbour ['neibə] su-
sjed(a); ~hood susjed-
stvo; ~ing susjedan,
koji graniči
neither ['naiðə] nijedan
(od dva); ~ ... nor
niti ... niti
nephew ['nevju:] nećak
nerv|e [nə:v] živac; teti-
va; snaga, hrabrost;
ohrabriti; ~e-racking
koji uzrujava; ~ous
nervozan, razdražljiv
nest [nest] gnijezdo; gni-
jezditi se
nestle ['nesl] (u)gnijezditi
se, priljubiti se (to uz)
net [net] mreža; neto, čist
Netherlands ['neðələndz]
pl: the ~ Nizozemska
nettle ['netl] kopriva;
~-rash urtikarija
network ['netwə:k] mre-
ža; splet
neur|algia [njuə'rældʒə]
neuralgija; ~asthenia
živčana rastrojenost; ~
osis neuroza; ~otic
neurotičan; neurotik
neutral ['nju:trəl] neutra-
lan; ~ity neutralnost;
~ize neutralizirati
never ['nevə] nikada; ~
more nikada više; ~
theless ipak, usprkos
tome
new [nju:] nov; svjež;
moderan; ~ly novo;

nedavno

news [nju:z] *pl i sg* novost(i), vijest(i); **~-agency** novinska agencija; **~-boy** ulični prodavač novina; **~paper** novine; **~print** novinski papir; **~reel** (filmski) žurnal; **~-stall**, *Am* **~stand** kiosk za prodaju novina; **~-vendor** prodavač novina

New Year Nova Godina; **~'s Eve** Stara Godina, Silvestrovo

next [nekst] slijedeći; najbliži; zatim; **~ door** to posve blizu; **what ~?** što još?

nib [nib] pero, šiljak pera

nibble ['nibl] griskati, nagristi

nice [nais] lijep, fin; ugodan; točan; **~ness, ~ty** profinjenost; preciznost; ugodnost

niche [nitʃ] niša

nick [nik] (za)rez; **in the ~ of time** u pravi čas

nickel ['nikl] nikalj; *Am* (kovan novac od) 5 centa; poniklovati

nickname ['nikneim] nadimak

niece [ni:s] nećakinja

niggard ['nigəd] škrtac; **~ly** škrt, oskudan; škrto

night [nait] noć, veče; **by**

~, in the ~, at ~ noću; **~ out** slobodno veče; **~-club** noćni lokal; **~-dress** (ili **~-gown**) spavaćica; **~fall** sumrak; **~ingale** slavuj; **~ly** noću, svake noći; **~mare** (noćna) môra; **~shirt** (muška) noćna košulja

nimble ['nimbl] žustar, okretan

nine [nain] devet; **~tica;** **~fold** deveterostruk; **~pins** *pl* kuglanje s devet čunjeva; **~teen** ['~ti:n] devetnaest; **~tieth** devedeseti; **~ty** devedeset

ninth [nainθ] deveti; devetina; **~ly** deveto

nip [nip] uštip; ugriz; uštinuti; zagristi; ujedati (*o zimi*); **~ in the bud** ugušiti u zametku

nipple ['nipl] bradavica sise; *tech* ispupčina

nitr|e ['naitə] salitra; **~ogen** ['~tridʒən] dušik

no [nou] nikakav; **in ~ time** začas; **~ man's land** ničija zemlja; **~ one** nitko, nijedan; ne, ništa (*pred komparativom*); ne, glas protiv

nobility [nou'biliti] plemstvo

noble ['noubl] plemenit;

otmjen; plemić; **∼man**
plemić

nobody [ˈnoubədi] nitko

nod [nɔd] kimnuti; drije-
mati; (glavom) potvrditi;
kimanje; mig

nois∣e [nɔiz] buka, štro-
pot; **∼eless** tih; **∼y**
bučan, glasan

nominal [ˈnɔminl] nomi-
nalan, po imenu; imenski

nominat∣e [ˈnɔmineit]
imenovati; **∼ion** imeno-
vanje

non [nɔn] ne, ne-
non∣-aggression pact pakt
o nenapadanju; **∼-alco-**
holic bezalkoholni; **∼-**
-creasing koji se ne guž-
va; **∼-intervention** ne-
posredovanje; **∼-party**
vanpartijski; **∼-pay-**
ment neplaćanje

none [nʌn] nitko, nijedan;
ništa; nipošto; **∼ the**
less ipak, usprkos

nonsens∣e [ˈnɔnsəns] bes-
mislica; **∼ical** [∼ˈsensi-
kəl] besmislen, smiješan

non-skid (tyre) (guma)
koja se ne skliže; **∼-**
-smoker nepušač; **∼-**
-stop *rlw* koji se ne za-
ustavlja; *aero* koji ne
sliјеće

nook [nuk] kutić, ugao

noon [nu:n] podne; (*i* **∼-**
day, ∼tide); podnevni

noose [nu:s] petlja

nor [nɔ:] niti, također ne

norm [nɔ:m] pravilo;
∼al normalan

north [nɔ:θ] sjever; sje-
verni; na sjever(u); **∼-**
-east sjeveroistok; · sje-
veroistočni; **∼erly** sje-
verni; **∼ern** sjeverni;
∼ward(s) sjeverni; pre-
ma sjeveru; **∼-west**
sjeverozapad

Norwegian [nɔ:ˈwi:dʒən]
norveški; Norvežanin,
Norvežanka

nose [nouz] nos; njuška;
vršak; njušiti; mirisati;
tragati (**after, for** za);
∼-dive *aero* obrušavanje;
∼gay kita cvijeća

nostril [ˈnɔstril] nosnica,
nozdrva

not [nɔt] ne

notable [ˈnoutəbl] znača-
jan

notary [ˈnoutəri] (javni)
bilježnik

notation [nouˈteiʃən] bi-
lježenje

notch [nɔtʃ] zarez; urezati

note [nout] znak; oznaka;
bilješka; opaska; pisamce;
nota; obratiti pažnju; **∼**
down zabilježiti; **∼d**
slavan; ozloglašen (**for**
zbog); **∼worthy** vrije-
dan pažnje; značajan

nothing ['nʌθiŋ] ništa; nikako; **for ~** zabadava; **good for ~** beskoristan
notice ['noutis] bilješka; obavijest; otkaz; **until further ~** do dalje obavijesti, opaziti; obazirati se; **~able** zamjetljiv, vidljiv; **~board** oglasna ploča
noti|fiable ['noutifaiəbl] koji treba prijaviti; **~fication** obavijest; **~fy** objaviti; obavijestiti; prijaviti; najaviti
notion ['nouʃən] pojam, predodžba; **~s** *pl Am* galanterijska roba
notorious [nou'tɔ:riəs] opće poznat; zloglasan
notwithstanding [nɔt-wiθ'stændiŋ] ipak, usprkos
nought [nɔ:t] ništica
nourish ['nʌriʃ] hraniti; **~ing** hranjiv; **~ment** hrana, ishrana
novel ['nɔvəl] nov; roman; **~ist** romanopisac; **~ty** novost, novotarija
November [nə'vembə] studeni
novice ['nɔvis] početnik; novajlija
now [nau] sada; no; zatim; **by ~** dosada; **just ~** upravo; **~adays** (dan)danas

nowhere ['nouwɛə] nigdje
noxious ['nɔkʃəs] škodljiv; nezdrav
nozzle ['nɔzl] *tech* vršak (cijevi); štrcalo
nude [nju:d] gol; *paint* akt
nuisance ['nju:sns] smetnja, muka; *fig* gnjavator
null [nʌl] ništetan; nevažeći; **~ify** poništiti
numb [nʌm] ukočen; obamro
number ['nʌmbə] broj, brojka; brojiti; **~less** bezbrojan; **~-plate** *mot* registarska tablica
numer|al ['nju:mərəl] brojka; **~ical** brojčan; **~ous** brojan
nun [nʌn] opatica
nuptial ['nʌpʃəl] svadben, vjenčani, bračni; *pl* vjenčanje
nurse [nɔ:s] dadilja; bolničarka; dojiti; njegovati; **~ry** dječja soba; rasadnik
nursing home sanatorij
nut [nʌt] orah; matica vijka; **drive ~s** tjerati u ludilo; **~cracker** kliješta za orahe
nutri|ment ['nju:trimənt] hrana; **~tious**, **~tive** hranjiv
nut-shell: in a ~ jezgrovito, najsažetije

O

o/a = on account (of)

oak [ouk] hrast

oar [ɔː] veslo; veslati; **~sman** veslač

oasis, pl **~es** [ou'eisis, ~iːz] oaza

oat [out] (ugl **~s** pl) zob; **sow one's wild ~s** izludovati se u mladosti

oath [ouθ] prisega, kletva; **~ of manifestation** zakletva očitovanja; **take an ~** zakleti se (on, to na)

obduracy ['ɔbdjurəsi] okorjelost

obedien|ce [ə'biːdjəns] poslušnost; **~t** poslušan

obey [ə'bei] slušati

obituary [ə'bitjuəri] (notice) obavijest o smrti; nekrolog

object ['ɔbdʒikt] predmet; cilj; [əb'dʒekt] prigovarati (to); **~ion** prigovor; **~ionable** komu se može prigovoriti; nevaljan

obligat|ion [ɔbli'geiʃən] obaveza; dužnost; obveznica; **~ory** [ə'bligətɔri] obvezatan

oblig|e [ə'blaidʒ] vezati, obvezati; primorati; **much ~ed** vrlo zahvalan; **~ing** uslužan, lju-

bazan

oblique [ə'bliːk] kos, nagnut; neiskren

obliterate [ə'blitəreit] odstraniti; izbrisati

oblivi|on [ə'bliviən] zaborav, **~ous** zaboravljiv

oblong ['ɔblɔŋ] dugoljast

obnoxious [əb'nɔkʃəs] škodljiv; neugodan; omražen

obscure [əb'skjuə] taman; nepoznat; zamračiti; prikriti

observ|able [əb'zɔːvəbl] vidljiv; jako pažljiv (of); **~ation** opažanje; primjedba; **~atory** zvjezdarnica

observe [əb'zɔːv] promatrati; paziti; čuvati; slaviti (svečanost); držati se (zakona); napomenuti (on)

obsolete ['ɔbsəliːt] zastario

obstacle ['ɔbstəkl] zapreka

obstina|cy ['ɔbstinəsi] tvrdoglavost; **~te** tvrdoglav; svojeglav; tvrdokoran (bolest etc.)

obstruct [əb'strʌkt] začepiti; zakrčiti; sprečavati; **~ive** koji smeta

obtain [əb'tein] postići; ~able koji se može dobiti; ~ment postignuće

obtru|de [əb'tru:d] nametati (se) (on); ~sive nametljiv

obtuse [əb'tju:s] tup; *fig* glup

obviate ['ɔbvieit] predusresti; odstraniti

obvious ['ɔbviəs] očit, jasan

occasion [ə'keiʒən] prilika; povod; prouzročiti; dati povoda; **on the ~ of** prigodom; ~al povremen

occidental [ɔksi'dentl] zapadni

occup|ant ['ɔkjupənt] posjednik; ~ation zauzeće, okupacija; zanimanje; zaposlenje; ~ational disease profesionalna bolest; ~y zaposjesti, zauzimati; vršiti (službu); stanovati; **be ~ied with** (*ili* **in**) biti zaposlen s

occur [ə'kə:] dogoditi se; ~ **to** pasti u pamet; ~rence događaj; zgoda

ocean ['ouʃən] ocean, more

o'clock [ə'klɔk]: **five ~** pet sati

October [ɔk'toubə] listopad

oculist ['ɔkjulist] specija-

lista za oči

odd [ɔd] neparan; prekobrojan; pojedinačan; čudan

odds [ɔdz] razlika; nejednakost; nejednaka oklada; nadmoć; prednost; šansa; **at ~** nesložan

ode [oud] oda

odious ['oudjəs] mrzak, odvratan

odour ['oudə] miris; zadah; *fig* glas

of [ɔv] od, iz; zbog; o; po; na; s obzirom na; **be proud ~** ponositi se; **the city ~ London** grad London

off [ɔ:f] od, iz, odatle; dolje; dalje; izvan; udaljeno od; sporedan; slobodan; desni; 'odlazi! **well ~** imućan; **be ~** otići, morati otići; biti zatvoren (*pipac etc.*)

offal ['ɔfəl] otpaci; smeće

offen|ce ['fens] napad; uvreda; prestupak; smutnja; **no ~!** bez uvrede! ~**d** uvrijediti; povrijediti; razljutiti; pogriješiti; ogriješiti se (**against** o); ~sive uvredljiv; navalni; ofenziva

offer ['ɔfə] ponuda; nuđenje; prijedlog; ponuditi; pružiti (otpor); prinijeti (žrtvu); nuditi se; pokušati; namjeravati; **~ing** ponuda; nuđenje; žrtva

office ['ɔfis] služba, ured, poslovnica; *z* Ministarstvo; **~-appliances** uredske potrepštine; **~r** činovnik; oficir

official [ə'fiʃəl] služben; činovnik; **~ business** službeni posao

officious [ə'fiʃəs] nametljivo uslužan; poluslužben

offspring ['ɔ:fspriŋ] potomak; potomstvo

off-time ['ɔ:ftaim] slobodno vrijeme

often ['ɔ:fn] često

oil [ɔil] ulje; nauljiti; podmazati (*i fig*); **~cloth** voštano platno; **~ gauge** uljomjer; **~-painting** uljena slika; **~-well** izvor nafte; **~y** nauljen; *fig* gladak

ointment ['ɔintmənt] (po)mast

O. K. (okay) ['ou'kei] *Am* u redu, dobro

old [ould] star; **~ age** starost; **~-fashioned** staromodan

olive ['ɔliv] maslina

Olympian [ə'limpiən] olimpijski; **~c games** olimpijske igre

omelet(te) ['ɔmlit] omlet

omen ['oumen] (koban) predznak

ominous ['ɔminəs] zloslutan

omission [ə'miʃən] ispuštanje

omit [ə'mit] izostaviti; propustiti

omnibus ['ɔmnibəs] omnibus; **~ order** skupna narudžba; **~ train** osobni vlak

on [ɔn] na; kod; o; uz; dalje; naprijed; **be ~** biti u toku; biti na redu; *theat* davat ise; biti otvoren (*pipac*); upaljen (*svijetlo*)

once [wʌns] jedamput; jednom; nekada; **at ~** odmah

one [wʌn] jedan; jedini; neki; netko; čovjek; **~ day** jednog dana; **every ~** svatko; **~ another** jedan drugoga, međusobno; **~self** se(be), sâm; **~-way street** jednosmjerna ulica

onion ['ʌnjən] luk

only ['ounli] jedini; samo; **~ yesterday** tek jučer

onward ['ɔnwəd] dalje; naprijed

ooze [u:z] mulj; **~ out** procuriti

opaque [ou'peik] neproziran

open ['oupən] otvoren; slobodan; javan; pristupačan; **in the ~ air** pod vedrim nebom; napojiti; otvoriti (se); **~ing** otvaranje, otvor; prilika; izgled

opera ['ɔpərə] opera; **~-dancer** baletni plesač; **~-glass(es)** kazališni dalekozor; **~-hat** sklopiv cilindar; **~-house** opera (zgrada)

operat|e ['ɔpəreit] djelovati; Am funkcionirati; operirati; Am staviti u pogon; rukovati (strojem); **~ing expenses** pogonski troškovi; **~ion** operacija; djelovanje; **come into ~ion** stupiti na snagu; **~ive** djelotvoran; operativan; tvornički radnik; **~or** operater, kirurg; film operater; telefonist

ophthalmic [ɔf'θælmik] **hospital** očna klinika

opinion [ə'pinjən] mišljenje; nazor; uvjerenje

opponent [ə'pounənt] protivnik

opportun|e ['ɔpətju:n] pravodoban; povoljan; podesan; **~ity** povoljna prilika

oppose [ə'pouz] suprotstaviti se; staviti nasuprot; opirati se

opposit|e ['ɔpəzit] suprotan; oprečan; nasuprot; suprotnost; **~ion** suprotnosti; protivljenje; opozicija

oppress [ə'pres] tlačiti; tištati; **~ion** tlačenje; pritisak; ugnjetavanje; bijeda; **~ive** koji tišti; sparan

optic|ian [ɔp'tiʃən] optičar; **~s** optika

option ['ɔpʃən] slobodan izbor

opulen|ce ['ɔpjuləns] bogatstvo; **~t** vrlo bogat

or [ɔ:] ili; **either . . . ~ ili . . .** ili; **~ else** inače

oral ['ɔ:rəl] usmen

orange ['ɔrindʒ] naranča

orator ['ɔrətə] govornik

orchard ['ɔ:tʃəd] voćnjak

orchestra ['ɔ:kistrə] orkestar

ordain [ɔ:'dein] odrediti; zarediti

order ['ɔ:də] red; poredak; zapovijed, nalog; narudžba; stalež; čin; orden; **alphabetical ~** abecedni red; **put in ~** staviti u red; **in ~ to** (zato) da; **~ on be on ~** biti naručen; **make to ~** izraditi po narudžbi; zapovijediti; odrediti; naručiti; **~ly** uredan; redovit; miran; učtiv; kurir

ordinance ['ɔ:dinəns] naredba

ordinary ['ɔ:dnəri] običan

ore [ɔ:] rudača

organ ['ɔ:gən] orgulje; organ; **~-grinder** ulični svirač na orguljicama; **~ic** organski; **~ism** organizam; **~ist** orguljaš; **~ize** organizirati; **~izer** organizator

orifice ['ɔrifis] otvor

origin ['ɔridʒin] porijeklo; početak; **~al** izvorni; originalan; original; **~ate** proizvesti; vući porijeklo (**from, in**); nastati; **~ator** začetnik

ornament ['ɔ:nəmənt] ukras; ['~mənt] ukrasiti; **~al** ukrasni

orphan ['ɔ:fən] siroče; osiročen

orthography [ɔ:'θɔgrəfi] pravopis

oscillate ['ɔsileit] titrati; **~ion** titranje

ostensible [ɔs'tensəbl] tobožnji; navodni

ostenta|tion [ɔsten'teiʃən] razmetanje; **~tious** hvalisav

ostler ['ɔslə] konjušar

ostrich ['ɔstritʃ] *zool* noj

other ['ʌðə] drugi; dru-

gačije; **the ~ day** neki dan; **each ~** jedan drugoga, međusobno; **~wise** inače; drugačije

ought [ɔ:t] morao bih; **I ~ to do it** trebao bih to učiniti

ounce [auns] jaguar; unča (28,35 g)

our [auə] naš; **~s** *pron* naš; **~selves** mi (sami); se

out [aut] van(i), napolje; izvan; vanjski; **~ of** iz, izvan; **~ voyage** ~ putovanje izvan države; **~ way** ~ izlaz; **~bid** više nuditi; **~board motor** lagani motor na krmi čamca; **~-break, ~-burst** provala; **~cast** izopćenik; **~cry** graja, vika; **~distance** preteći, odmaći; **~do** nadmašiti; **~door dress** sportska odjeća; **~doors** vani, napolju

outer ['autə] vanjski; **~most** krajnji

out|fit ['autfit] oprema; pribor; **~grow** prerasti; **~ing** izlet; **~last** preživjeti; **~lay** izdatak (novca); **~let** izlaz, otvor; *tech* izljev, oduška; **~line** obris, skica; skicirati; izložiti; **~look** izgled; vidik; **~number**

nadmašiti brojem; ~put prirod; utržak; proizvodnja (količina proizvedenog)

outrage ['autreidʒ] nasilje; uvreda; povrijediti; ~ous pretjeran; odvratan

out|right ['aut'rait] izravan; ~run prestići; ~side vanjska strana; vani; ~sider osoba koja sjedi po strani; ~size specijalna veličina; ~skirts pl predgrađe; rub; ~standing koji iskače; izvanredan; ~strip prestići; nadmašiti; ~ward vanjski; van; ~wards prema vani; ~weigh pretegnuti; ~wit nadmudriti; ~worker radnik, koji radi kod kuće za tvornicu

oven ['ʌvn] pećnica

over ['ouvə] preko, nad, iznad; na drugu stranu; više; **(all)** ~ **again** iznova, još jedamput; **all** ~ potpuno, sasvim; **all** ~ **there** tamo preko; ~ **night** preko noći; ~ **a glass of wine** uz čašu vina; **all** ~ **the world,** Am **all the world** ~ po cijelom svijetu; ~ **the way** preko puta; ~**read** pročitati; ~**all** radni kom-

binezon; ~**burden** preopteretiti; ~**cast** prekriven oblacima; ~**charge** el preopteretiti; prejako nabiti; ~**coat** ogrtač; ~**come** svladati; ~**crowd** prenatrpati; ~**do** pretjerati; ~**draft** com prekoračenje bankovnog računa; ~**draw** prekoračiti svoj bankovni račun; ~**due** zakasnio; ~**flow** preplaviti; poplava; ~**grow** prerasti; obrasti; ~**head** wire el nadzemni vod; ~**head(s)** opći, režijski troškovi; ~**heat** pregrijati; ~**lap** preklapati se; ukrštavati se; ~**load** pretovariti, preopteretiti; ~**look** previdjeti; ~**power** nadvladati; ~**production** prevelika proizvodnja; ~**rate** precijeniti; ~**run** prestići; ~**sea(s)** prekomorski; **go** ~**seas** ići preko mora; ~**seer** nadglednik; ~**sight** propust; ~**sleep** predugo spavati; ~**stock** prenatrpati; ~**strain** prenapeti; ~**take** prestići; ~**throw** srušiti; rušenje; ~**time** prekovremen; ~**tired** premoren; ~**train** pretrenirati

overture ['ouvətjuə] uvertira

over|turn [ouvə'tə:n] prevrnuti; **~value** precijeniti; **~weight** prevaga; pretezati težinom; **~whelm** obasuti; **~work** izmoriti (se) radom

owe [ou] dugovati; biti obvezan; *sport* dati prednost

owing [ouiŋ] koji se duguje; **~ to** zbog, radi

owl [aul] sova

own [oun] vlastit; poseban; istinski; **a house of my ~** moja vlastita kuća; posjedovati; priznati; dopuštati; **~ (up) to** otvoreno priznati

owner ['ounə] vlasnik; **~driver** vozač amater; **~ship** vlasništvo

ox, *pl* **oxen** vol; govedo

oxygen ['ɔksidʒən] kisik

oyster ['ɔistə] oštriga

oz. = ounce (*mjera za težinu*) unca

ozone ['ouzoun] ozon

P

pa [pa:] tata

pace [peis] korak; način hoda; stupati; *sport* određivati korak (tempo); **~-maker** određivač koraka (tempa)

Pacific [pə'sifik] **Ocean** Tihi ocean

pacify ['pæsifai] umiriti

pack [pæk] svežanj; bala; "špil" (karata); *med* oblog; **a ~ of lies** hrpa laži; pakovati; **~ up** spakovati; **~age** paket; zamatanje; **~er** zamatač(ica); **~et** paket(ić); **~et-boat** poštanski brod; **~ing** pakovanje, zamatanje

pact [pækt] ugovor

pad [pæd] jastuk; podložiti; tapecirati; **~ded room** soba s meko obloženim zidovima; **~ding** punjenje

paddle ['pædl] kratko veslo; veslati kratkim veslom; **~-steamer** brod na točak

padlock ['pædlɔk] lokot

page [peidʒ] stranica (knjige); paž; paginirati

pail [peil] kabao

pain [pein] bol; *pl* patnja; mučiti; **be in ~** trpjeti; **take ~s** truditi se; **~ful** bolan; mučan

paint [peint] boja; ličilo; šminka; (o)bojiti; slikati; šminkati; **wet ~!** svježe

oličeno!; ~er slikar; li-
čilac; ~ing slikanje; li-
čenje

pair [peə] par; (s)pariti
(se); **a ~ of scissors**
škare

palace ['pælis] palača

palat|able ['pælətəbl] te-
čan; ~e ['~lit] nepce

pale [peil] blijed; svijetao;
probliijediti; kolac; ~-
ness bljedilo

Palestine ['pælistain] Pa-
lestina

palette ['pælit] paleta

palliat|e ['pælieit] ubla-
žiti; ispričati; ~ive lijek
za ublaživanje boli

palm [pa:m] dlan; palma

palpable ['pælpəbl] opip-
ljiv; fig očigledan

palpitat|e ['pælpiteit] ku-
cati (srce); ~ion lupanje
(srca)

paltry ['pɔ:ltri] jadan;
bezvrijedan

pamphlet ['pæmflit] pam-
flet; brošura

pan [pæn] tava; ~**cake**
palačinka

pane [pein] staklo, okno

panel ['pænl] archit ploča;
oplata (zida); tech polje;
umetak; popis porotnika;
popis liječnika socijalnog
osiguranja; ~ **doctor**
liječnik socijalnog osigu-
ranja

pang [pæŋ] oštra bol; fig
tjeskoba, muka

panic ['pænik] paničan;
panika

pansy ['pænzi] bot maćuha-
hica

pant [pænt] dahtati; teško
disati

pant|aloon [pæntə'lu:n]
lakrdijaš; pl (ugl Am) uske
hlače **(a pair of)** ~**ies**
['~iz] Am (ženske) gaćice

pantry ['pæntri] smočnica

pants [pænts] pl Am hlače;
(muške) gaće

pap [pæp] kaša

papal ['peipəl] papinski

paper ['peipə] papir;
(news~) novine; **(wall-
~)** tapete; pl spisi; do-
kumenti; obložiti tape-
tama; ~**-hanger** ljepilac
tapeta; ~**-mill** tvornica
papira; ~**-weight** pritis-
kivač za papire

par [pa:] jednakost; com
temeljna vrijednost

parachute ['pærəʃu:t] pa-
dobran

parade [pə'reid] svečan-
ost, parada; držati pa-
radu; **make a ~ of** hva-
lisati se

paradise ['pærədais] raj

paradoxical [pærə'dɔksi-
kəl] paradoksan

paraly|se ['pærəlaiz] para-
lizirati; ~**sis** uzetost;

~tic uzet čovjek

paramount ['pærəmaunt] vrhovni; važniji (**to**)

parapet ['pærəpit] prsobran; ograda

paraphrase ['pærəfreiz] prepričavanje; prepričavati

para|sol ['pærə'sɔl] suncobran; ~troops pl padobranske jedinice

parboil ['pa:bɔil] napola skuhati

parcel ['pa:sl] paket; parcela; com pošiljka; ~post paketna pošta

parch [pa:tʃ] isušiti (se); ~ment pergament

pardon ['pa:dn] oproštenje; oprost; oprostiti; ~able oprostiv

pare [pɛə] podrezati (nokte); guliti (jabuke etc)

parent|s ['pɛərənts] pl roditelji; ~age podrijetlo; srodstvo; ~al roditeljski

parings ['pɛəriŋz] pl lupine; strugotine; otpaci

parish ['pæriʃ] župa; župni

Parisian [pə'rizjən] Parižanin; pariški

parity ['pæriti] jednakost

park [pa:k] park; nasadi; poređati; parkirati

parliament ['pa:ləmənt] parlament; ~arian [pa:-ləmen'tɛəriən] parlamen-

tarac; ~ary [pa:lə'mentəri] parlamentaran; ~ary train jeftin vlak trećeg razreda

parlour ['pa:lə] soba za primanje; salon; Am lokal; ~-maid služavka, sobarica

parquet ['pa:kei] parket; ~ry parketarija

parrot ['pærət] papiga

parsimonious [pa:si'mounjəs] štedljiv; škrt

parsley ['pa:sli] peršin

parson ['pa:sn] župnik; ~age župni dvor

part [pa:t] komad, dio, udio; svezak; područje; (theat i fig) uloga; mus glas; partitura; ~s pl okolica; **be ~ and parcel of** činiti bitni dio nečega; **for my ~** što se mene tiče; **take ~ in** sudjelovati; rastaviti; dijeliti (kosu); rastati se (**from**) raskinuti (**with**)

partake [pa:'teik] imati udjela; prisustvovati (**in**, **of**)

partial ['pa:ʃəl] djelomičan; pristran; ~ity pristranost

participate [pa:'tisipeit] sudjelovati; imati udjela (**in**)

particle ['pa:tikl] čestica; malen dio

particular [pə'tikjulə] naročit; pojedinačan; neobičan; potanki; lični; izbirljiv (**in, about**); pojedinost; **~s** pl pojedinosti; **~ity** osobitost; potankost

parting ['pa:tiŋ] dijeljenje; rastanak; razdjeljak (kose)

partisan [pa:ti'zæn] pristaša (stranke), partizan

partition [pa:'tiʃən] podjela; pregrada; (po)dijeliti

partly ['pa:tli] djelomice, donekle

partner ['pa:tnə] dionik; partner; sleeping (Am silent) **~** tihi kompanjon; **~ship** udruženost

part-payment djelomična otplata; kapara

partridge ['pa:tridʒ] jarebica

part-time ne puno radno vrijeme; **~ worker** radnik koji ne radi puno radno vrijeme

party ['pa:ti] partija, stranka; društvo; **~boss** stranački vođa; **follow the ~ line** slijediti partijsku liniju

pass [pa:s] klanac; propusnica; proći; prijeći; **~ as** vrijediti, prolaziti; položiti (ispit); desiti se;

prekoračiti; propustiti; **~ one's hand over one's face** prijeći rukom preko lica; dodati; protjecati; provesti (vrijeme); proživjeti; preminuti; trpjeti; **~ away** prolaziti; nestati; umrijeti; **~able** prolazan; podnošljiv

passage ['pæsidʒ] prolaz; prijelaz; hodnik; odlomak

passenger ['pæsindʒə] putnik; **~-train** putnički vlak

passer-by ['pa:sə'bai] prolaznik

passion ['pæʃən] strast; gnjev; **~ate** strastven

passive ['pæsiv] pasivan; koji podnosi; pasiv

pass|-key ['pa:ski:] otpirač; **~port** pasoš; **~word** mil lozinka

past [pa:st] prošli; mimo, kraj; preko; izvan; prošlost; **for some time ~** prije nekog vremena; **half ~ two** pola tri

paste [peist] tijesto; ljepilo; zalijepiti; **~board** ljepenka

pastime ['pa:staim] razonoda

pastry ['peistri] kolači; fino pecivo (tijesto)

pasture ['pa:stʃə] paša; pasti (se)

pat [pæt] tapšanje; tapšati
patch [pætʃ] mrlja; zakrpa; (~ **up**) (za)krpati
(*i fig*); ~**work** krparija
patent ['peitənt] očit; patent; ~ **fastener** „druker"; ~ **leather** lakirana koža; patentirati; ~ **office** patentni ured;
~**ee** vlasnik patenta
patern|al [pə'tə:nl] očinski; ~**ity** očinstvo
path [pa:θ] staza, put;
~**way** put (*i fig*)
pathological [pæθə'lɔdʒikəl] patološki
patien|ce ['peiʃəns] strpljenje; ~**t** strpljiv; pacijent
patriot ['pætriət] rodoljub; ~**ic** rodoljuban;
~**ism** rodoljublje
patrol [pə'troul] patrola; patrolirati
patron ['peitrən] zaštitnik;
~**ize** (pot)pomagati; zaštićivati
pattern ['pætən] uzor; uzorak; model
pause [pɔ:z] stanka; zastati; pauzirati; oklijevati
(**upon**)
pave [peiv] popločiti; *fig* utrti; ~**ment** pločnik
paw [pɔ:] šapa, capa; kopkati
pawn [pɔ:n] zalog; založiti; ~**broker** vlasnik

zalagaonice; ~**shop** zalagaonica
pay [pei] plaća; isplata; platiti; ~ **for** platiti
(*kupljeno*); namiriti; ~
in uplatiti; ~ **off** isplatiti; ~ **out** isplatiti; ~
attention pripaziti na;
~ **a visit** posjetiti; ~**able** plativ; ~**-day** dan
isplate; ~**-envelope** kuverta s plaćom; ~**ing**
koji plaća; unosan; ~**ment** isplata; plaćanje;
plaća
pea [pi:] grašak
peace [pi:s] mir; ~**able** miran; miroljubiv; ~**ful** miran; tih
peach [pi:tʃ] breskva
peacock ['pi:kɔk] paun
peak [pi:k] vrh; vrhunac; zaslon na kapi; ~ **load** najveće opterećenje maksimala; ~**season** glavna sezona;
peal [pi:l] zvonjava; tutnjava; zvoniti; brujiti; oriti se
pear [pɛə] kruška
pearl [pə:l] biser
peasant ['pezənt] seljak; ~**ry** seljaštvo
peat [pi:t] treset; ~**-moss** tresetina
pebble ['pebl] šljunak
peck [pek] jedinica za mjerenje žita (*oko 9 l*);

kljucati; zanovijetati (at)

peculiar [pi'kju:liə] ose-bujan; svojstven; **~ity** [pi-kju:li'æriti] osobujnost

pedal ['pedl] pedal; gaziti pedal; voziti bicikl

pedestal ['pedistl] pod-nožje; pijedestal

pedestrian [pi'destriən] pješak

pedigree ['pedigri:] rodo-slovlje

pedlar ['pedlə] pokućarac

peel [pi:l] lupina, ljuska; guliti; ljuštiti (se)

peep [pi:p] pijukati; kra-domičan pogled; viriti (at)

peer [piə] zuriti; proviriti; per, plemić; **~age** po-ložaj višeg plemića; vi-soko plemstvo; **~less** bez premca

peev|ed [pi:vd] ozloje-den; **~ish** zlovoljan; razdražljiv

peg [peg] kolac; klin; kuka; take a **p down a ~** učiniti poniznijim, skromnijim

pelt [pelt] bacati; obasi-pati; sručiti se

pen [pen] pero

penal ['pi:nl] kazneni; **~ servitude** robija; **~ty** ['penəlti] kazna; *sport* pe-nal

penance ['penəns] pokora

pencil ['pensl] olovka; **~-sharpener** šiljilo

pend|ant ['pendənt] pri-vjesak; naušnica; pandan; **~ing** viseći, još u toku; nekonačan; **~ulum** ['~juləm] njihalo (*ure*)

penetrate ['penitreit] pro-drijeti; doprijeti; spo-znati

penholder ['penhouldə] držalo

peninsula [pi'ninsjulə] po-luotok

penitent ['penitənt] po-kajnički; pokajnik

penniless ['penilis] bez prebite pare; siromašan

penny ['peni] *pl* **pence** (pojedini novčići: **pen-nies**) peni; **~-dreadful** uzbudljiv roman; **~-worth** što se dobije za jedan peni; jeftina ku-povina

pension ['penʃən] penzija; umiroviti

pensive ['pensiv] zamiš-ljen

penthouse ['penthaus] nadstrešnica; dogradnja s kosim krovom

people [pi:pl] narod; ljudi; **my ~** moja obi-telj; napučiti

pep *Am* krepkost; polet; **~per** papar; papriti; **~permint** mentol

perambulator ['præm-
  bjuleitə] dječja kolica
perceive [pə'si:v] opaziti;
  osjetiti; razumjeti
percentage [pə'sentidʒ]
  postotak; provizija
perception [pə'sepʃən]
  zamjećivanje
percussion [pə:'kʌʃən] u-
  darac; potres; ~instru-
  ments udaraljke
peremptory [pə'remptə-
  ri] odlučan; bezuvjetan
perfect [pə:fikt] savršen;
  perfektan; [pə'fekt] usa-
  vršiti; svršiti; ~ion usa-
  vršenost; usavršavanje;
  svršetak
perfidious [pə:'fidiəs] iz-
  dajnički; nevjeran (to)
perforat|e [pə:fəreit]
  probušiti; ~or bušilo
perform [pə'fɔ:m] izvr-
  šiti; obaviti; *theat* pred-
  stavljati; izvoditi; ~ance
  izvođenje; predstava
perfume ['pə:fju:m] mio-
  miris; ~ry parfimerija
perhaps [pə'hæps] možda
peril ['peril] opasnost;
  ~ous opasan
period ['piəriəd] period;
  doba; ~ic(al) periodi-
  čan; ~ical časopis
perish ['periʃ] poginuti;
  propasti; ~able pokvar-
  ljiv
perjur|e ['pə:dʒə] krivo se

zakleti; ~er krivoklet-
  nik; ~y krivokletstvo
perm [pə:m] trajna ondu-
  lacija; **have one's hair
  ~ed** dati učiniti trajnu
  ondulaciju
permanen|ce ['pə:mə-
  nəns] trajnost; ~t trajan;
  stalan; ~t (**wave**) trajna
  ondulacija; *rlw* ~t **way**
  željeznički nasip
permi|ssion [pə'miʃən]
  dozvola; ~t dozvoliti;
  weather ~tting ako
  vremenske prilike budu
  dopuštale; ['pə:mit] doz-
  vola; odobrenje
pernicious [pə:'niʃəs] šte-
  tan
perpendicular [pə:pən-
  'dikjulə] okomit
perpetrate ['pə:pitreit]
  počiniti (nedjelo)
perpetua|l [pə'petjuəl]
  neprekidan; vječan; ~te
  [~eit] ovjekovječiti
perplex [pə'pleks] zbu-
  niti; ~ity zbunjenost
persecut|e ['pə:sikju:t]
  progoniti; dodijavati;
  ~ion proganjanje; ~or
  progonitelj
persever|ance [pə:si'viər-
  əns] ustrajnost; ~e ustra-
  jati (**in, with**); ~ing
  ustrajan
Persia ['pə:ʃə] Perzija
persist [pə'sist] ustrajati

ne popuštati (in); ~ent
ustrajan
person ['pə:sn] osoba; **in
~** osobno; ~**age** (ugledna) ličnost; ~**al** ličan;
uvredljiv; ~**ate** prikazivati; izdavati se za drugoga; ~**ify** personificirati
perspective [pə'spektiv]
perspektiva; vidik; perspektivan
perspir|ation [pə:spə'reiʃən] znoj; ~**e** znojiti se
persua|de [pə'sweid] nagovoriti; uvjeriti; ~**sion**
nagovaranje; uvjeravanje; ~**sive** uvjerljiv
pert [pə:t] drzak, bezobrazan; jezičav
pertinacious [pə:ti'neiʃəs]
tvrdoglav
pertinent ['pə:tinənt] koji
se odnosi na; umjestan;
ispravan
pertness ['pə:tnis] drskost
perturbation [pə:tə:'beiʃən] smetnja; nemir
perus|al [pə'ru:zəl] pomno čitanje; tačan pregled; ~**e** pomno pročitati; ispitati
pervade [pə:'veid] prožimati
pervert [pə'və:t] izopačiti;
pokvariti koga
pervious ['pə:viəs] pristupačan; propustan (to)
pessimis|m ['pesimizəm]

pesimizam; ~**t** pesimist
pest pošast; kuga; ~**er**
dodijavati; mučiti
pet zlovolja; ljubimac (životinja); maza; ~**name**
ime od milja
petition [pi'tiʃən] (pismena) molba; zahtjev;
uputiti molbu (**for**); ~**er**
podnosilac molbe
petrify ['petrifai] okameniti
petrol ['petrəl] *mot* benzin
petticoat ['petikout] podsuknja
pettifogger ['petifɔgə]
nadriodvjetnik
pett|iness ['petinis] sitničavost; ~**ish** osjetljiv;
hirovit; ~**y** malen; sitan
pew [pju:] klupa u crkvi
pewter ['pju:tə] kositar;
kositreno suđe
phantasm ['fæntæzəm]
utvara
phantom ['fæntəm] prikaza, fantom
pheasant ['feznt] fazan
phenomen|on [fi'nɔminɔn], *pl* ~**a** fenomen;
čudo
phial ['faiəl] staklena bočica
philanthropist [fi'lænθrəpist] dobrotvor; filantrop
philatel|ist [fi'lætəlist] sakupljač maraka; ~**y** filatelija

philolog|ical [filə'lɔdʒi-kəl] filološki; **~ist** [fi-'lɔdʒist] filolog; **~y** [fi'lɔdʒi] filologija

philosoph|er [fi'lɔsəfə] filozof; **~ize** filozofirati; **~y** filozofija

phone [foun] telefon; telefonski

phonetic [fə'netik] **spelling** fonetski pravopis

phonograph ['founəgra:f] fonograf; gramofon

photo(graph) ['foutə-(gra:f)] fotografija; **have one's ~ taken** slikati se

photograph ['foutəgra:f] fotografirati; **~er** [fə-'tɔgrəfə] fotograf; **~y** fotografiranje

phrase [freiz] fraza; izraziti se, opisati

physic|s ['fiziks] sg fizika; **~al** fizički; fizikalni; **~ culture** fiskultura; **~ian** lječnik; **~ist** fizičar

piano ['pjænou], **~forte** glasovir; **grand ~** koncertni klavir

pick [pik] pijuk [i **~axe**] kopati; kljuvati; glodati; brati; (out) izvaditi; izabrati; raspoznati; **~ up** pokupiti; podići; prihvatiti; otkriti; uzeti (koga sa sobom); mot povesti (koga)

picket ['pikit] kolac; kol-

cima ograditi

pickle ['pikl] rasol, pl ukiseljeno povrće; ukiseliti; **~d herring** usoljena haringa

pick|pocket ['pikpɔkit] džepar; **~-up** naprava za prenošenje zvuka s električnog gramofona na zvučnik

pictorial [pik'tɔ:riəl] slikovni; ilustriran časopis

picture ['piktʃə] slika; **the ~s** pl kino; slikati; opisivati; **~ (post)card** razglednica; **~book** slikovnica

pie [pai] pašteta; kolač s voćem

piece [pi:s] komad; sastaviti; **~ out** dopuniti; **~ of advice** savjet; **in ~s** razbijen; **~-work** posao plaćen po komadu

pier [piə] stup; mar molo

pierc|e [piəs] probosti; prodrijeti; **~ing** prodoran (i fig)

piety ['paiəti] pobožnost

pig [pig] svinja, prase; **buy a ~ in a poke** kupiti mačka u vreći

pigeon ['pidʒin] golub; **~-hole** pretinac (za pisma i sl.); spremiti u pretinac

pike [paik] šiljak; koplje

pile [pail] hrpa; stup; gomila (*drva*); **~ up (on)** nagomilati; naslagati; natovariti

pilgrim ['pilgrim] hodočasnik; **~age** hodočašće

pill pilula

pillage ['pilidʒ] pljačkanje; pljačkati

pillar ['pilə] stup; **~-box** poštanski sandučić (*u obliku stupa*)

pillion ['piliən] *mot* stražnje sjedalo na motociklu

pillory ['piləri] sramotni stup

pillow ['pilou] jastuk; **~-case**, **~-slip** jastučnica

pilot ['pailət] pilot, kormilar; vodič; pilotirati; voditi

pimple ['pimpl] bubuljica, prištić

pin pribadača; klin(ac); pribosti; iglom pričvrstiti

pincers ['pinsəz] *pl* kliješta

pinch [pintʃ] štipanje; mala količina (*duhana*); koliko se uhvati s dva prsta; štipati; tištiti; *coll* ukrasti; **at a ~** u škripcu

pine [pain] bor; ginuti; venuti (**for**, **after**); **~-apple** ananas

ping-pong ['piŋpɔn] stolni tenis

pink *bot* karanfil; ruži-

časte boje; *mot* lupati; **in the ~** u odličnom stanju

pinnacle ['pinəkl] tornjić; vrhunac (*brda*); *fig* vrh

pint [paint] pinta (*mjera za tekućinu, 0,47 l*)

pin-up girl *Am* slika privlačne djevojke koja se prikuca na zid

pioneer [paiə'niə] pionir

pious ['paiəs] pobožan

pipe [paip] lula; cijev; svirala; zviždati; **~-line** cjevovod; naftovod

pirate ['paiərit] gusar; štampati bez autorova odobrenja

pistol ['pistl] pištolj

piston ['pistən] klip

pit jama; *theat* parket; **~ted** kozičav

pitch [pitʃ] smola; bacanje (*lopte*); stupanj; stepenica; nagib; visina (*glasa*); podići (*šator*); baciti; smjestiti se; mazati smolom; **~fork** vile (*za sijeno ili dubre*)

pitfall ['pitfɔ:l] stupica (*jama*)

pit|iless ['pitilis] nemilosrdan; *pu* samilost; žaliti; **it is a ~y** šteta je

pivot ['pivət] stožer; središnja tačka; vrtjeti se oko nečega

placard ['plækɑ:d] plakat

oglas; oblijepiti plakatima

place [pleis] mjesto; položaj; namještenje; stan, dom; **out of ~** neumjesno, nezgodno; (po)staviti; položiti; smjestiti; namjestiti

placid ['plæsid] blag; miran; **~ity** blagost; mirnoća

plague [pleig] kuga; pošast; nevolja; mučiti

plaice [pleis] list (*riba*)

plaid [plæd] vunen pokrivač

plain [plein] ravan; jasan; jednostavan; otvoren; jednobojan; **~ clothes** civilno odijelo; ravnica; ravna površina; **~ness** jednostavnost; otvorenost

plaint [pleint] tužba; **~ive** tugaljiv

plait [plæt] pletenica; plesti

plan [plæn] plan; nacrt; planirati

plane [plein] ravan; blanjati; voziti se u avionu, jedrilici; ravnica; razina; blanja; avion; platana

planet ['plænit] planet

plank [plæŋk] daska; planka

plant [pla:nt] biljka; pogon; (po)saditi; **~ation**

plantaža; **~er** vlasnik plantaže

plaster ['pla:stə] flaster; žbuka; staviti flaster; žbukati

plate [pleit] ploča; tanjur; oklop; suđe od srebra; prevući metalom; posrebriti

platform ['plætfɔ:m] peron; podij

platinum ['plætinəm] platina

play [plei] igra; *theat* kazališni komad; *tech* polje rada; igrati (se); **~bill** kazališni oglas, program; **~ground** igralište; **~ing card** igraća karta

plea [pli:] obrana; isprika; **~d** zagovarati; **~d guilty** priznati se krivim; **~der** branitelj

pleasant ['pleznt] ugodan

pleas|e [pli:z] svidjeti se; ugoditi; molim; **~ing** prijazan; ugodan; **~ure** ['pleʒə] užitak; veselje; dopadanje

pleat [pli:t] nabor (na haljini), plise

pledge [pledʒ] zalog; svečano obećanje; založiti

plent|iful ['plentiful] obilan; **~y** obilje; mnoštvo; **~ of** mnogo

pleurisy ['pluərisi] upala porebrice

pliable ['plaiəbl] gibak; prilagodljiv

plight [plait] stanje; neugodan položaj

plot urota; radnja (*drame etc*); (of land) parcela; spletkariti; urotiti se

plough [plau] plug; orati

pluck [plʌk] čupanje; odvažnost; trgati, perušati; čupati; ~ **up courage** skupiti hrabrost; ~**y** odvažan, smion

plug [plʌg] klin; čep; *el* utikač; plomba; svjećica (*motora*); ~ **socket** utičnica; začepiti; zatrpati; *el* ~ **in** utaknuti; uštekati

plum [plʌm] šljiva; grožđica

plumage ['plʌmidʒ] perje

plumb [plʌm] okomit; olovo; raditi limarske radove; ~**er** limar, vodoinstalater

plunder ['plʌndə] pljačka; pljačkati

plunge [plʌndʒ] uroniti, zaroniti (**into**)

plural ['pluərəl] množina; ~**ity** brojnost

plush [plʌʃ] pliš

plywood [plaiwud] šperploča

p. m. = post meridiem popodne

pneumatic [nju:'mætik] zračni; tjeran zrakom;

~ **tire** zrakom punjena guma

pneumonia [nju:'mounjə] upala pluća

poach [poutʃ] krasti divljač; ~**er** zvjerokradica; ~**ing** nedozvoljen lov divljači

pocket ['pɔkit] džep; staviti u džep (*i fig*); ~**ful** pun džep nečega; ~**lighter** džepni upaljač

pod komuška, mahuna

poem ['pouim] pjesma

poet ['pouit] pjesnik; ~**ic(al)** pjesnički; ~**ry** pjesništvo

point [pɔint] šiljak; tačka; stupanj; ~ **of view** gledište; stanovište; the ~ **is that** ... stvar je u tome da...; **make a** ~ **of** nastojati; smatrati što za važno; **in** ~ **of** što se tiče; **off the** ~ što ne spada na stvar; **be on the** ~ **of** upravo htjeti; **to the** ~ konkretno; naoštriti; ~ **out** istaknuti (**to**); ~**ed** šiljast; ~**er** pokazivač, kazaljka; prepeličar; ~**sman** skretničar; saobraćajac

poise [pɔiz] ravnoteža; držanje (*tijela*)

poison ['pɔizn] otrov; otrovati; ~**ous** otrovan

poker ['poukə] žarač; po-

ker; ~ **face** *Am coll*
bezizražajno lice
pole [poul] motka; rudo;
pol; ž Poljak; ~**jump**
skok s motkom
police [pə'liːs] policija,
milicija; ~**man** policajac, milicioner; ~**station** policijska (milicijska) stanica
policy ['pɔlisi] politika,
lukavost; polica
poliomyelitis [poliəmaiə'laitis] dječja paraliza
polish ['pɔliʃ] ulaštenost;
sjaj; (u)laštiti
polite [pə'lait] učtiv; ~**ness** uljudnost
politic|al [pə'litikəl] politički; ~**al science** političke nauke; ~**ian** političar; ~**s** ['~iks] *pl* politika; **talk** ~**s** politizirati
pomp raskoš; ~**ous** naduven; pompozan
pond ribnjak
ponder ['pɔndə] duboko
razmišljati (on, over);
~**ous** težak (*fig*)
pontoon-bridge [pɔn-'tuːnbridʒ] pontonski
most
P.O.O. = **post-office
order** poštanska uputnica
poodle ['puːdl] pudl (*vrsta
psa*)
pool [puːl] ribnjak; mla-

ka; ulog (*u igri*); *com*
kartel
poor [puə] siromašan;
oskudan; ~ **health** slabo
zdravlje; ~**ness** siromaštvo; oskudica
pop prasak; koncert popularne glazbe; ~ **the
question** nenadano zaprositi; (*s adverbom*)
šmugnuti; ~ **in** upasti;
svratiti; ~ **up** pojaviti
se, skočiti
pope [poup] papa
poplar ['pɔplə] jablan
poppy ['pɔpi] mak
popular ['pɔpjulə] narodni; popularan; ~**ity**
popularnost; ~**ize** popularizirati; prikazati na
lako shvatljiv način
populat|e ['pɔpjuleit] napučiti; ~**ion** stanovništvo
populous ['pɔpjuləs] jako
napučen
porcelain ['pɔːslin] porculan
porch [pɔːtʃ] trijem; veranda
pore [pɔː] pora; ~ **over**
pohlepno čitati
pork [pɔːk] svinjetina
porous ['pɔːrəs] porozan
porridge ['pɔridʒ] zobena
kaša
port [pɔːt] luka; ~ **of
transhipment** luka za

pretovar; **porto** (crno portugalsko vino)

portable ['pɔ:təbl] prenosiv; ~ **typewriter** portabl pisaći stroj

portal ['pɔ:tl] portal

portentous [pɔ:'tentəs] koban

porter ['pɔ:tə] vratar; nosač; crno pivo

portfolio [pɔ:t'fouljou] mapa; ministarski portfelj (položaj)

portion ['pɔ:ʃən] dio; dio baštine; porcija; miraz; dati miraz

port|liness ['pɔ:tlinis] dostojanstvenost; krupnoća; ~**ly** dostojanstven; krupan

portmanteau [pɔ:t'mæntou] ručni kovčeg (od kože)

portrait ['pɔ:trit] portret; ~**ure** portretiranje

pose [pouz] poza; pozirati

position [pə'ziʃən] položaj; služba; gledište; **be in a ~ to** biti u stanju da

positive ['pɔzitiv] siguran; pozitivan

possess [pə'zes] posjedovati; ~**ed** opsjednut (**with**); ~**ion** vlasništvo; ~**or** posjednik, vlasnik

possib|ility [pɔsə'biliti] mogućnost; ~**le** moguć

~**ly** moguće, možda; **if I** ~**ly can** ako ikako mogu; **I cannot** ~**ly do it** ne mogu to nikako učiniti

post [poust] stup; kolac; služba, namještenje; ured; pošta; poštirati; poslati poštom; ~**age** poštarina; ~**age stamp** poštanska marka; ~**al cheque** poštanski ček; ~**card** dopisnica; ~**date** staviti kasniji datum; ~**er** plakat

posteri|or [pɔs'tiəriə] kasniji; ~**ty** potomstvo

post|man ['poustmən] poštar; ~**mark** poštanski žig; ~**-office** pošta, poštanski ured; ~**-box** poštanski sandučić; ~**-paid** frankirano

postpone [poust'poun] odgoditi; ~**ment** odgoda; zapostavljanje

postscript ['pousskript] dodatak pismu

posture ['pɔstʃə] položaj; držanje (*tijela*); postaviti u izvjestan položaj

post-war ['poust'wɔ:] poslijeratni

pot [pɔt] lonac; staviti u lonac

potato [pə'teitou] *pl* ~**es** krumpir

poten|cy ['poutənsi] jakost; moć; ~**t** moćan

pot-hole *mot* rupa; uleknina

potter ['pɔtə] lončar; ~**y** lončarstvo

pouch [pautʃ] kesa, vrećica

poultice ['poultis] topao oblog

poultry ['poultri] perad

pounce [pauns] zaskočiti; baciti se na ([up-]on); napad; skok

pound [paund] funta; zatvoriti u tor; udarati; tucati

pour [pɔ:] lijevati; sipati; ~ **out** (*piće*) natočiti; izlijevati (*i fig*)

pout [paut] nap"rćiti (*usne*); duriti se

poverty ['pɔvəti] siromaštvo

powder ['paudə] prah; puder; napudrati (se)

power ['pauə] snaga; jakost, moć; *math* potencija; ~**ful** moćan; djelotvoran; ~-**station** električna centrala

practica|ble ['præktikəbl] izvediv; moguć; ~**l** praktičan

practi|ce ['præktis] praksa; vježba; ~**se** vježbati (se); vršiti (*zvanje*), prakticirati

practitioner [præk'tiʃnə] liječnik opće prakse

praise [preiz] pohvala, hvaljenje; ~**worthy** hvalevrijedan

pram [præm] *coll* = **perambulator** dječja kolica

prank [præŋk] obijesna šala; jogunstvo

prattle ['prætl] brbljati

pray [prei] moliti; prositi; ~**er** [preə] molitva; zaklinjanje

preach [pri:tʃ] propovijedati; ~**er** propovjednik

precarious [pri'kɛəriəs] neizvjestan

precaution [pri'kɔ:ʃən] oprez; mjera predostrožnosti

precede [pri'si:d] prethoditi; ~**nce** prednost; prvenstvo; ~**nt** ['president] presedan

precept ['pri:sept] propis

precinct ['pri:siŋkt] kvart, rajon (u gradu)

precious ['preʃəs] dragocjen; plemenit (*kamen etc*)

precipi|ce ['presipis] ponor; ~**tate** strmoglaviti (se); ~**tation** survavanje; ~**tous** strm; nagao

preci|se [pri'sais] tačan; ~**ely!** tačno!; ~**ion** [~'siʒən] tačnost

preconception ['pri:kən-'sepʃən] unaprijed stvoren zaključak

pre|cursor [pri:'kə:sə]

prethodnik, preteča; **~decessor** prethodnik; **~destinate** unaprijed odrediti

predict [pri'dikt] proreći; **~ion** proricanje

pre|dilection [pri:di'lek-ʃən] sklonost (**for**); **~dominant** premoćan; **~eminent** istaknut; **~emption** pravo prve kupnje

preface ['prefis] predgovor; staviti predgovor

prefer [pri'fə:] više voljeti; **~able** (**to**) što se više voli; **~ence** prednost; **~ment** unapređenje

pregnant ['pregnənt] trudna

prejudice ['predʒudis] predrasuda; šteta; **~ial** škodljiv

preliminar|ies [pri'limi-nəriz] pl pripreme; **~y** uvodni, prethodni

prelude ['prelju:d] mus predigra

premature [premə'tjuə] preran

premier ['premjə] ministar predsjednik

premises ['premisiz] pl kuća sa zemljištem; prostorije; **on the ~** u kući (zgradi, prostorijama)

premium ['pri:mjəm] premija

preoccupied [pri:'ɔkju-paid] zaokupljen mišlju

prepar|ation [prepə'rei-ʃən] pripremanje; **~e** [pri'pɛə] pripraviti

pre|pay ['pri:'pei] unaprijed platiti; platiti poštarinu unaprijed; **~ponderate** prevagnuti

prepossess [pri:pə'zes] zaokupiti, obuzeti; **~ion** predrasuda

prescri|be [pris'kraib] propisati (**for** a p); **~ption** [~'kripʃən] propis; pravilo; recept

presen|ce ['prezns] prisutnost; pojava; **~ce of mind** prisutnost duha; **~t** prisutan; sadašnji; koji postoji; sadašnje vrijeme; **at ~t** za sada; ovaj čas; poklon; [pri'zent] predstaviti; pružati; uručiti; prikazati; pokloniti; **~tation** predstavljanje; podnošenje; predočenje; **~timent** predosjećaj, slutnja

preservation [prezə'vei-ʃən] čuvanje; održavanje

preserve [pri'zə:v] (sa)čuvati; obraniti (**from**); (voće) održati; konzervirati; **~s** ukuhano voće ili povrće

preside [pri'zaid] predsjedati

president ['prezidənt] predsjednik

press preša; štampa; gužva; ormar; (pri)tiskati; glačati; gnječiti; ~-button dugme (na stroju, aparatu); ~-gallery galerija za novinare; ~ing hitan; ~-stud dugme (na aparatu); ~ure pritisak; ~ure-gauge sprava za mjerenje tlaka

prestige [pres'ti:ʒ] ugled

presum|e [pri'zju:m] pretstaviti; usuditi se; ~ing drzak

presumpt|ion [pri'zʌmpʃən] pretpostavka; drskost; ~ive vjerojatan; ~uous preuzetan

preten|ce [pri'tens] pretvaranje; izlika; false ~ tobožnji razlog; lažni navod; ~d tvrditi, da to pretvarati se da; zahtijevati; pretendirati (to); ~sion svojatanje (to); pretenzija

pretext ['pri:tekst] izlika

pretty [priti] zgodan; dražestan; prilično; ~ much the same gotovo isto

prevail [pri'veil] prevladati

prevalent ['prevələnt]

nadmoćan

prevent [pri'vent] spriječiti, predusresti (**from**); ~ion sprečavanje; ~ive preventivan; zaštitni; zaštitno sredstvo; ~ive **arrest** pritvor

previous ['pri:vjəs] prijašnji; prethodan; ~ **to** prije; ~ly prije

pre-war ['pri:'wɔ:] predratni

prey [prei] plijen; pljačka; ~ (**up**)**on** vrebati; pljačkati

price [prais] cijena; **com** odrediti cijenu; ~less neprocjenjiv; vrlo vrijedan

prick ubod; (pro)bosti; ~ **up one's ears** naćuliti uši; ~ly bodljikav

pride [praid] ponos

priest [pri:st] svećenik

prim ukočen; uredan

prima|cy ['praiməsi] prvenstvo; primat; ~ry prvobitan; početni

prime [praim] prvi; glavni; napon; zrelost; *fig* cvat; ~r početnica

primitive ['primitiv] primitivan; prvobitan; jednostavan

prim|ness ['primnis] ukočenost; ~rose jaglac

prince [prins] knez; princ, kraljević; ~ly kneževski; ~ss kneginja; kraljevna

principal ['prinsəpəl] glavni; najvažniji; šef; glavnica; kapital; ~ity kneževina

principle ['prinsəpl] princip; **on ~** principijelno

print tisak; *phot* kopija; štampana pamučna tkanina; **out of ~** rasprodan; štampati; tiskati; *phot* kopirati; ~**er** štampar; ~**er's ink** tiskarsko crnilo

printing ['printiŋ] štampanje; ~**-frame** *phot* okvir za kopiranje; ~**-office** *Am* ~**-plant** štamparija

prior ['praiə] prije (**to**); nadstojnik samostana; ~**ity** prioritet; prvenstvo

prism ['prizəm] prizma

prison ['prizn] zatvor; ~**er** zatvorenik

priva|cy ['praivəsi] povučenost; ~**te** [~'vit] privatan; osobni; tajni; redov; **in** ~**te** privatno, u četiri oka; ~**te parts** spolni organi; ~**tion** [~'veiʃən] oskudica

privilege ['prividʒ] povlastica; dati povlasticu

prize [praiz] nagrada; zgoditak; premija; vrlo

cijeniti; (*i* ~ **open**) razvaliti; ~**-winner** dobitnik nagrade

probab|ility [prɔbə'biliti] vjerojatnost; ~**le** vjerojatan

probation [prə'beiʃən] kušnja; pokusni staž; uslovna sloboda

probity ['proubiti] poštenje

problem ['prɔbləm] problem

procedure [prə'si:dʒə] procedura

proceed [prə'si:d] poći dalje; nastaviti (**with**); poticati (**from**); dogadati se; poduzeti sudske korake (**against**); postupati; ~**s** *pl* postupak; izvještaji učenih društava; ~**s** ['prousi:dz] dohodak, prihod

process ['prouses] tok; proces; **in** ~ **of construction** u toku gradnje; ~**ion** povorka

proclaim [prə'kleim] proglasiti; ~**mation** [prɔklə'meiʃən] proklamacija; proglašenje

procur|ation [prɔkjuə'reiʃən] punomoć; ~**e** pribaviti; priskrbiti; ~**ement** nabavljanje; pribavljanje

prodig|ious [prə'didʒəs]

izvanredan; **infant** ~y čudo od djeteta

produce [prə'dju:s] proizvesti; iznijeti; izvaditi; davati ploda; ['prɔ~] proizvod; zemaljske plodine; prinos; ~r proizvođač; producent; režiser

product ['prɔdʌkt] proizvod; ~ion proizvodnja; ~ive produktivan; plodan

profane [prə'fein] svjetovan, profan; obeščastiti; profanirati

profess [prə'fes] ispovijedati (*vjeru*); obavljati (*zvanje*); ~ion ispovijedanje; zanimanje; ~ional profesionalan; stručnjak; profesionalac (*i sport*)

proffer ['prɔfə] (po)nuditi

proficien|cy [prə'fiʃənsi] vještina; stručnost; ~t vješt (**in, at**)

profile ['proufi:l] profil

profit ['prɔfit] korist; dobitak; profit; ~ by koristiti (se); ~able koristan; probitačan; ~ eer nepošteno zarađivati; profiter; ratni dobitnik; ~eering nepošteno zarađivanje

profligate ['prɔfligit] razuzdan

profound [prə'faund] dubok; temeljit

profuse [prə'fju:s] rasipan

prognos|is [prɔg'nousis], pl ~es prognoza; ~ticate [prɔg'nɔstikeit] predskazivati

progress ['prougres] napredak; [prə'~] napredovati; ~ive napredan; progresivan

prohibit [prə'hibit] zabraniti; spriječiti; ~ion zabrana (proizvodnje, prodaje alkoholnih pića)

project ['prɔdʒekt] projekt; [prə'~] (iz)baciti; projicirati; projektirati; planirati; ~ion projekcija; nacrt; izbočina

proletarian [proule'tɛəriən] proleterski; proleter

prologue ['proulɔg] prolog

prolong [prə'lɔŋ] produžiti

prominent ['prɔminənt] istaknut

promis|e ['prɔmis] obećanje; obećati; ~ing koji mnogo obećava; ~sory note obveznica, zadužnica

promot|e [prə'mout] unaprijediti; osnovati; ~ion unapređenje; osnivanje

prompt brz; bez odlaganja; smjesta; *theat* šaptati;

~-box šaptačeva kabina; ~er šaptalac

promulgate ['prɔmǝlgeitl (javno) objaviti

prong [prɔŋ] vile; šiljak

pronounce [prǝ'nauns] izgovoriti; proglasiti

pronunciation [prǝnʌnsi'eiʃǝn] izgovor

proof [pru:f] dokaz; pokus; *phot* negativ; otisak; (~sheet) korektura, otisak za korekturu; čvrst; otporan (**against**); (*u sluož.*) nepromočiv, otporan

prop potporanj; (~ **up**) poduprijeti

propaga|te ['prɔpǝgeit] množiti (se); širiti (se); propagirati; ~**tion** širenje

propeller [prǝ'pelǝ] propeler

proper ['prɔpǝ] vlastit; pravi; prikladan; pristojan; ~**ty** vlasništvo; imanje; nekretnine; svojstvo; imetak; *theat* ~**ties** *pl* rekviziti

prophe|cy ['prɔfisi] proročanstvo; ~**sy** ['~sai] proricati; ~**t** prorok; ~**tess** proročica

prophylactic [prɔfi'læktik] *med* profilaktično sredstvo

propitious [prǝ'piʃǝs] po-voljan

proportion [prǝ'pɔ:ʃǝn] razmjer; omjer; ~**al** razmjeran; ~**ate** razmjeran; prikladan

propos|al [prǝ'pouzǝl] prijedlog; (*bračna*) ponuda; ~**e** predložiti; namjeravati; ~**ition** prijedlog; izjava; *Am* stvar; posao

propriet|ary [prǝ'praiǝtǝri] vlasnički; ~**or** vlasnik; ~**y** ispravnost; pristojnost; **the** ~**ies** pristojnost

prose [prouz] proza; prozaičan

prosecut|e ['prɔsikju:t] progoniti (*i jur*); ~**ion** sudski progon; **witness for the** ~**ion** svjedok optužbe; ~**or** tužitelj; **public** ~**or** javni tužilac

prospect ['prɔspekt] izgled(i); **have in** ~ imati u izgledu; ~**ive** očekivan; budući

prosper ['prɔspǝ] napredovati; uspijevati; ~**ity** uspjeh; blagostanje; ~**ous** uspješan, bogat

prostrate ['prɔstreit] oboren; ispružen; [prɔs'~] srušiti

protect [prǝ'tekt] (za)štititi (**from**); ~**ion** zaštita; ~**ive duty** zaštitna carina; ~or zaštitnik

protest ['proutest] protest; [prə'~] uvjeravati; protestirati; ~ant ['prɔtistənt] protestantski; protestant

protract [prə'trækt] odugovlačiti

proud [praud] ponosan; ~ flesh *med* divlje meso

prov|able ['pru:vəbl] koji se može dokazati; ~e (is)kušati; dokazati; pokazati se (kao)

proverb ['prɔvəb] poslovica; ~ial [prə'və:bjəl] poslovičan

provide [prə'vaid] (po)brinuti se (for); nabaviti; opskrbiti (with); ~d (that) pod uvjetom; ukoliko

providen|ce ['prɔvidəns] predviđanje; providnost; ~t brižljiv; oprezan

province ['prɔvins] pokrajina; *fig* područje

provision [prə'viʒən] nabava; priprema; zaliha; opskrbljivanje; *jur* odredba; ~s *pl* živežne namirnice; ~al privremen; provizoran

provocat|ion [prɔvə'keiʃən] izazivanje; ~ive izazovan

provoke [prə'vouk] izazivati; uzbuditi

prowl [praul] šuljati se (*za plijenom*)

proxim|ate ['prɔksimit] najbliži; ~ity blizina

proxy ['prɔksi] opunomoćenik; punomoć; zastupanje

pruden|ce ['pru:dəns] razboritost; oprez; ~t razborit

prud|ery ['pru:dəri] tobožna stidljivost; ~ish prividno stidljiv

prune [pru:n] suha šljiva; obrezivati; *fig* čistiti

Prussia ['prʌʃə] Prusija; ~n pruski; Prus

prussic ['prʌsik]; ~ acid cianovodična kiselina

P. S. = postscript

psalm [sa:m] psalm

psychiatr|ist [sai'kaiətrist] psihijatar; ~y psihijatrija

psycholog|ical [saikə'lɔdʒikəl] psihološki; ~ist psiholog

psychosis [sai'kousis] psihoza

pub [pʌb] *coll* krčma

puberty ['pju:bəti] pubertet

public ['pʌblik] javni; državni; opći; ~ Health narodno zdravstvo; ~ house krčma; ~ spirit smisao za zajednicu; ~ation objava; izdanje; ~ity publicitet; reklama

publish ['pʌbliʃ] objaviti; objelodaniti; (knjigu) izdati; **~er** izdavač, nakladnik; **~ing-house** izdavačko poduzeće

pudding ['pudiŋ] puding, black **~** krvavica

puddle ['pʌdl] mlaka, bara

puff [pʌf] dašak; jastučić za pudranje; reklama; puhati; otpuhnuti; dahtati; sukljati; preuveličavati; **~er** onaj koji diže cijene (na dražbi)

puff-paste lisnato tijesto

pull vučenje; trzaj; zahvat; (po)vući; trzati; (iš)čupati; veslati; **~ down** srušiti; **~ off** skinuti; odlaziti; **~ through** preboljeti; izvući (se); **~ oneself together** sabrati se; **~ one's leg** zafrkavati

pulley ['puli] tech kolotur

pulp [pʌlp] meso (voća, ploda); kaša (za papir); pretvoriti (se) u kašu

pulpit ['pulpit] propovjedaonica

puls|ate [pʌl'seit] kucati (srce, bilo); **~e** puls, bilo; kucati (srce); udarati

pulverize ['pʌlvəraiz] drobiti (se) u prah; smrviti

pumice(-stone) ['pʌmis-]

kamen plavučac

pump [pʌmp] pumpati; pumpa; cipela (za ples); **~kin** bundeva; **~-room** prostorija toplica, u kojoj se pije mineralna voda

pun [pʌn] igra riječi; igrati se riječima

Punch [pʌntʃ] **and Judy show** ulično kazalište lutaka

punch [pʌntʃ] (pro)bušiti; udarati; udarac (šakom); coll Am snaga; punč; **~ing-ball** kožnata lopta po kojoj boksači udaraju za vježbu

punctual ['pʌŋktjuəl] tačan; **~ity** tačnost

puncture ['pʌŋktʃə] gumidefekt; probušiti (se) (o gumi)

punish ['pʌniʃ] kazniti; **~able** kažnjiv; **~ment** kazna

pupil ['pjuːpl] zjenica; učenik; štićenik

puppy ['pʌpi] štene; fig uobražen mladić, kicoš

purchas|e ['pəːtʃəs] kupnja; kupljena roba; kupiti; nabaviti; **~er** kupac; **~ing power** kupovna moć

pure [pjuə] čist; sam; **~-bred** čistokrvan

purgat|ive ['pəːgətiv]

sredstvo za čišćenje; ∼-ory čistilište

purge [pəːdʒ] *pol* čistka; *pol* provesti čistku; *med* očistiti (*stolica*)

puri∥fy ['pjuərifai] (o)čistiti (se); razbistriti (se); ∼ty čistoća

purple ['pəːpl] ljubičast; ljubičasta boja

purpose ['pəːpəs] svrha; namjera; for the ∼ of u svrhu, radi; on ∼ namjerno; to no ∼ uzalud; bez smisla; play with a ∼ drama s tendencijom; namjeravati; ∼ful svrsishodan; ∼less bezkoristan, bez svrhe; ∼ly namjerno

purr [pəː] presti (*mačka*)

purse [pəːs] novčarka; novčana sredstva; skupiti usta

pursu∥ance [pə'sjuːəns] in ∼ance of slijedeći (nešto); ∼e slijediti; baviti se; ∼it proganjanje; nastojanje

purvey [pəː'vei] opskrbljavati; nabavljati (for); ∼ance snabdijevanje; ∼or nabavljač (živežnih namirnica)

push [puʃ] guranje; udarac; energija; poduzetnost; *sl* get the ∼ dobiti otkaz; give a p the ∼

otpustiti (koga); gurati; tjerati; poticati; ∼-button *el* dugme kojim se pokreće mehanizam; ∼ing nasilan; poduzetan; laktaški

pussy-foot(er) ['pusifut(ə)] *Am* onaj koji se šulja

put staviti, položiti; postaviti (on, to); izreći; ∼ away skloniti; odložiti; ∼ back vratiti natrag (kazalo); ∼ by štedjeti (novac); ∼ down metnuti; položiti; ugušiti; napisati; ∼ in umetnuti; uvrstiti; upasti u riječ; uložiti; ∼ off svući; skinuti (šešir); odgoditi; zavarati (obećanjima); odvratiti (from); ∼ on obući, navući, staviti na sebe; ∼ it on postaviti komad na scenu; ∼ out istjerati, izbaciti; ugasiti; smesti; ∼ through *tel* dati vezu, spojiti; ∼ up postaviti; otvoriti (*kišobran*); podići (*prozor*); ∼ up (at) smjestiti koga; dati komu stan; ∼ up with podnositi

putr∥efaction [pjuːtri'fækʃən] trulež; ∼efy gnjiti; ∼id ['∼id] gnjio

puttee ['pʌti] ovijač
putty ['pʌti] (*i* **glazier's ~**) staklarski kit
put-up job namještena igra
puzzle ['pʌzl] zagonetka; zabuna; zbrka; zbuniti
pyjamas [pə'dʒaːməz] *pl* pidžama

pyramid ['pirəmid] piramida
pyre ['paiə] lomača
Pyrenees [pirə'niːz] *pl* Pirineji
pyrotechnics [pairou'tekniks] *pl* vatromet(i)
python ['paiθən] udav

Q

Q. = Queen
quack [kwæk] gakanje; nadriliječnik; gakati
quadrangle [kwɔ'dræŋgl] četverokut
quadruped ['kwɔdruped] četveronožac; **~le** četverostruk; početverostručiti (se); **~lets** *pl* četvorci
quail [kweil] prepelica; klonuti
quaint [kweint] neobičan
quake [kweik] tresti se **(with, for)**; **♂r** Kveker (vjerska sekta)
quali|fication [kwɔlifi-'keiʃən] kvalifikacija; **~fy** osposobiti (se); kvalificirati (se); ograničiti; ublažiti; razrijediti (piće); **~ty** svojstvo; kvaliteta
quantity ['kwɔntiti] količina
quarantine ['kwɔrəntain] karantena

quarrel ['kwɔrəl] svada; prepirka; svađati se; **~some** svadljiv
quarry ['kwɔri] kamenolom; lomiti (kamen)
quart [kwɔːt] mjera za tekućinu (*1,136 l*)
quarter ['kwɔːtə] četvrtina, (gradska) četvrt; tromjesečje; *pl* stan; nastaniti; **from all ~s** sa svih strana; **~-day** dan u tromjesečju kad se plaća stanarina i sl.; **~ly** tromjesečni
quartz [kwɔːts] kremen
quaver ['kweivə] triler; drhtavo pjevati
quay [kiː] kej, pristanište
queen [kwiːn] kraljica
queer [kwiə] čudan, neobičan; **I feel ~** nije mi dobro
quench [kwentʃ] ugasiti (*ugl žeđ*); zatomiti
question ['kwestʃən] pi-

tanje; ispitivati; sumnjati; **ask a p a ~**, **put a ~ to a p** postaviti nekome pitanje; **the ~ is** radi se o; **the person in ~** čovjek, o kom se radi; **~able** dvojben, prijeporan; **~naire** upitni arak

queue [kju:] red; **~ up** stati u red

quick [kwik] brz; okretan; bistar; oštar (*sluh, etc*); **cut to the ~** pogoditi koga u živo; **~en** oživiti; požuriti; ubrzati; pokrenuti (se); **~ness** živahnost; brzina; oštrina (*sluha, etc*); **~silver** živa; **~-witted** dosjetljiv

quiet ['kwaiət] miran, tih; mir; **~ness**, **~ude** tišina

quill [kwil] pero (iz krila)

quilt [kwilt] poplun; prošiti

quince [kwins] dunja

quinine [kwi'ni:n] kinin

quinsy ['kwinzi] grlobolja; upala krajnika

quintuplets ['kwintjup-lits] *pl* petorci

quit [kwit] ostaviti; otići iz; slobodan (**of**); riješen

quite [kwait] sasvim; potpuno; **~ (so)!** baš tako, zaista; **~ another story** sasvim nešto drugo

quiver ['kwivə] drhtaj; tobolac (*za strijele*); drhtati; treptati

quota ['kwoutə] kvota; (u)dio

quotation [kwou'teiʃən] citat; navedena cijena; **~-marks** *pl* navodnici

quote [kwout] citirati, navoditi; označiti cijene; notirati (**at**)

quotidian [kwɔ'tidiən] svakodnevan

R

R. A. = Royal Academy

rabbet ['ræbit] žljeb; užlijebiti; utoriti

rabbi ['ræbai] rabin

rabbit ['ræbit] kunić

rabble ['ræbl] rulja

rabid ['ræbid] mahnit; bijesan (*životinja*)

race [reis] rod; pleme; rasa; trka; utrkivanje; struja(nje); **~s** *pl* (*konjske etc*) trke; **~-course** trkalište; **~-crew** ekipa veslača; **~r** trkaći konj; trkaći čamac; trkaća kola

racing ['reisiŋ] trkaći sport; **~ car** trkaća kola

rack [ræk] stalak; vješalica za odijela; mučilište; **luggage** ∼ polica za prtljagu; raspinjati; mučiti; ∼ **one's brains** razbijati si glavu

racket [ˈrækit] (tenis) reket; buka; graja; ∼ **eer** Am ucjenjivanje; ∼**eer** Am ucjenjivač

rack-railway zupčana željeznica

racy [ˈreisi] rasan; iskonski; aromatičan; jak

radar [ˈreidaː] radar; ∼ **set** radarski uređaj

radia|nt [ˈreidiənt] sjajan, blistav; ∼**te** isijavati; ∼**tion** zračenje; ∼**tor** radijator; mot hladnjak

radical [ˈrædikəl] korijenski; osnovni; radikal

radio [ˈreidiou] radio; Am radiotelegrafska vijest; rentgenski snimak; rentgensko zračenje; ∼ **drama**, ∼ **play** radio drama; osvijetliti rentgenskim zrakama; zračiti (radijem); ∼**gram** radiogram; rentgenski snimak; ∼**graph** rentgenska slika; načiniti rentgensku sliku; ∼**scopy** zračenje (rentgenskim zrakama); ∼**telegram** radiotelegram

radish [ˈrædiʃ] rotkva

radium [ˈreidiəm] radij(um)

radius [ˈreidiəs] radijus, polumjer; područje

raffle [ˈræfl] (i)ždrijebati

raft [raːft] splav; splavariti

rag [ræg] prnja; krpa; dronjak; sl zlurado se našaliti s kim

rage [reidʒ] bijes; oduševljenje; žudnja (**for**); bjesnjeti; **it is all the** ∼ **now** to je u velikoj modi

ragged [ˈrægid] grub; rutav; nazupčan

rag-time [ˈrægtaim] crnačka glazba

raid [reid] prepad; racija; provaliti

rail [reil] zasun; tračnica; ograditi; **run off the** ∼**s** iskočiti s tračnica; ∼**-car** motorna kola; ∼**ing** ograda, rešetka; ∼**road** Am željeznica; ∼**way** željeznica; ∼**wayman** željezničar

rain [rein] kiša; kišiti; ∼**bow** duga; ∼**coat** kišni kaput; ∼**y** kišovit

raise [reiz] dizati, (po)dignuti; uzvisiti; utjerati novac; uzeti zajam; prouzročiti; uzbuditi; pobuniti; uzgajati; utemeljiti

raisin [ˈreizn] rozina

rake [reik] grablje; nagib; razvratnik; grabljati

rally [ˈræli] okupiti (se)

oporaviti se; skupljanje;
zbor

ram [ræm] ovan; kljun
(za udar pramcem); malj;
nabijati maljem

ramble ['ræmbl] lutati

ramify ['ræmifai] račvati
(se)

ramp [ræmp] rampa

ranch [rænt∫] *Am* ranč,
stočarska farma

rancid ['rænsid] užežen,
pokvaren

rancour ['ræŋkə] pakost

random ['rændəm]: at ~
nasumce, slijepo

range [reindʒ] red; (gor-
ski) lanac; *com* kolekcija;
asortiman; štednjak; po-
dručje; opseg; domet;
redati, svrstati; prostra-
riti; pružati se; tumarati

rank [ræŋk] red; čin,
rang; položaj; (po)redati
se; ubrajati se (**with**,
among); biti u položaju
(**above**); mastan; uže-
žen, pokvaren; odvratan

ransack ['rænsæk] pretra-
žiti

ransom ['rænsəm] otkup-
nina; otkup; otkupiti,
osloboditi

rap [ræp] kucanje; kucati

rapacious [rə'pei∫əs] la-
kom; ~ity grabežljivost

rape [reip] grabež; silo-
vanje; ~ and murder

umorstvo iz pohote

rapid ['ræpid] brz, nagao;
strm; ~s *pl* brzica; ~ity
brzina

rapt [ræpt] zanesen; ushi-
ćen; ~ure ['~t∫ə] zanos

rare [reə] rijedak (*i fig*
dragocjen); *phys* razrije-
đen; ~fy razrijediti (se);
~ness, **rarity** rijetkost;
finoća

rascal ['ra:skəl] lupež

rash [ræ∫] nagao; osip

rasp [ra:sp] turpija; tur-
pijati

raspberry ['ra:zbəri] ma-
lina

rat [ræt] štakor; **smell a**
~ nanjušiti opasnost

rate [reit] omjer; stopa;
cijena; tarifa; (općinski)
porez; brzina; ~ **of ex-**
change devizni tečaj; ~
of interest kamatna sto-
pa; ~ **of wages** plaća,
nagrada; **at any** ~ sva-
kako; (pr)ocijeniti; opo-
rezovati (**at**)

rather ['ra:ðə] radije; pri-
je; prilično

ratification [rætifi'kei-
∫ən] potvrda; ~fy potvr-
diti

ration ['ræ∫ən] obrok;
porcija; racionirati;
~-card karta za racio-
rane živežne namirnice

rational ['ræ∫nl] razuman;

racionalan; ~ization racionalizacija; **~ize** racionalizirati

ratten ['rætn] sabotirati

rattle ['rætl] štropot(anje); čegrtati; štropotati; klepetati; **~snake** (zmija) čegrtuša

ravage ['rævidʒ] (o)pustošiti

rave [reiv] bjesnjeti; bulazniti

raven ['reivn] gavran; **~ous** proždrljiv; izgladnio

ravine [rə'vi:n] usjek; gudura

ravish ['ræviʃ] ushititi; **~ing** koji ushićuje

raw [rɔ:] sirov; ranjav; neiskusan

ray [rei] zraka; **~ treatment** med zračenje

rayon ['reiɔn] umjetna svila

razor ['reizə] britva; **~strop** brijački remen

reach [ri:tʃ] (do)sezanje; domet; opseg; out of **~** nedokučiv; within easy **~** na dohvat, u blizini; posegnuti, dosezati; prispjeti

react [ri'ækt] reagirati

reaction [ri'ækʃən] reakcija, protivno djelovanje; **~ary** reakcionaran

read [ri:d] (pro)čitati; po-

kazati; **~ off** očitati; **~er** čitatelj; predavač; izvanredni profesor; korektor

readi|ly ['redili] spremno; rado; **~ness** spremnost, voljnost

reading ['ri:diŋ] čitanje; predavanje; načitanost; lektira; tumačenje

readjust ['ri:ə'dʒʌst] preudesiti

ready ['redi] gotov; spreman; voljan; sklon (to); brz; pri ruci; get **~** pripremiti (se); **~-made** konfekcijski

real [riəl] stvaran; realan; pravi; **~ property** ili **estate** nekretnina; **~ity** stvarnost

realiz|ation [riəlai'zeiʃən] ostvarenje; predočivanje; **~e** ostvariti; spoznati; uvidjeti; realizirati; unovčiti

really ['riəli] zaista, stvarno

realm [relm] kraljevstvo

realtor ['riəltə] Am posrednik za prodaju nekretnina

reap [ri:p] požeti; požnjeti (i fig); **~er** žetelac; žetelica (mašina)

reappear ['ri:ə'piə] ponovo se pojaviti

rear [riə] uzgojiti, odgo-

jiti; pozadina; ∼**most**
zadnji

rearrange ['ri:ə'reindʒ]
preurediti

reason ['ri:zn] razum;
pravo; razlog; povod;
razumno razmišljati, ra-
suđivati; **by** ∼ **of** zbog;
∼**able** razborit; umje-
ren

reass|emble ['ri:ə'sembl]
ponovo (se) sakupiti;
∼**ure** ponovo osigurati;
umiriti

rebel ['rebl] pobunjenik;
[ri'bel] (po)buniti se;
∼**lion** (po)buna

rebound [ri'baund] od-
skočiti

rebuild [ri:'bild] ponovo
(iz)graditi

rebuke [ri'bju:k] ukor,
prijekor; (u)koriti, kuditi

recall [ri'kɔ:l] opoziv; po-
ricanje; *theat* pozvati na-
trag; opozvati; sjećati se;
otkazati (*kapital*)

recast ['ri:'ka:st] pretopiti

receipt [ri'si:t] priznanica;
primitak; kuhinjski re-
cept; potvrditi primitak

receiv|e [ri'si:v] primiti;
dobiti; uzeti; prihvatiti;
∼**er** primalac (*i radio*);
teleph slušalica; ∼**ing set**
radio-prijemnik

recent ['ri:snt] nov; ne-
davni; ∼**ly** nedavno, u

posljednje vrijeme

receptacle [ri'septəkl] po-
suda

reception [ri'sepʃən] pri-
manje; (radio-)prijem;
∼**ist** činovnik recepcije

receptive [ri'septiv] spo-
soban da prima, receptiv-
van (**of**)

recess [ri'ses] udubina,
niša

reciprocal [ri'siprəkəl] u-
zajaman; obostran

recit|al [ri'saitl] pripovje-
danje; izvještaj; solistički
nastup; ∼**e** predavati;
recitirati

reckless ['reklis] bezobzi-
ran; nesmotren (**of**)

reckon ['rekən] računati s
(**up|on**) (*i fig*); zbrojiti;
(o)cijeniti; smatrati; ∼
up sračunati; **be out in
one's** ∼**ing** prevariti se
u računu

reclaim [ri'kleim] popra-
viti koga; obratiti; tražiti
natrag; meliorirati

recline [ri'klain] nasloniti
se

recogni|tion [rekəg'ni-
ʃən] prepoznavanje; pri-
znanje; ∼**ze** prepoznati;
priznati

recoil [ri'kɔil] odskočiti

recollect [rekə'lekt] sjetiti
se; ∼**ion** sjećanje

recommend [rekə'mend]

preporučiti; ~**ation** preporuka

recompense ['rekəmpens] nagrada; naknada; nagraditi; nadoknaditi (štetu), nadomjestiti

reconcil|e ['rekənsail] pomiriti; uskladiti; ~**iation** pomirenje; poravnanje

reconsider ['ri:kən'sidə] ponovo razmisliti; ~**ation** ponovno razmišljanje

reconstruct ['ri:kən'strʌkt] rekonstruirati; ponovo izgraditi; ~**ion** ponovna izgradnja; rekonstrukcija

reconver|sion ['ri:kən'və:ʃən] preorijentacija na mirnodopsku industriju; ~**t** preorijentirati

record ['rekɔ:d] zapis; bilježenje; protokol; gramofonska ploča; rekord; [ri'~] zabilježiti; registrirati; **beat the** ~ oboriti rekord; ~**er** [ri'kɔ:də] zapisničar; registrator

recourse [ri'kɔ:s] utočište

recover [ri'kʌvə] ponovo steći; nadokaditi; oporaviti se

rectangle ['rektæŋgl] pravokutnik

rectif|ier ['rektifaiə] radio ispravljač; ~**y** ['~fai]

ispraviti; poboljšati

rector ['rektə] župnik; ~**y** župa

recur [ri'kə:] vratiti se (to); ponavljati se; ~ **to a p's mind** vratiti se komu u sjećanje; ~**rence** povratak, vraćanje

red crven; ~ **herring** dimljeni sleđ; ~-**tape** birokracija; ~-**tapism** birokracija; **see** ~ razbjesniti se

redact [ri'dækt] uređivati; izdavati

red|breast crvendać; ~-**den** (po)crveniti; ~**dish** crvenkast

redecorate ['ri:'dekəreit] ponovo ličiti (*sobu*)

redeem [ri'di:m] otkupiti, izbaviti; nadokoditi; ~**able** otkupiv; koji se da popraviti, spasiti; ♃ **er** Spasitelj

redemption [ri'dempʃən] otkupljivanje; spas(enje)

red-hot užaren

redirect ['ri:di'rekt] ponovo adresirati

redress [ri'dres] naknada; nadoknaditi

reduc|e [ri'dju:s] umanjiti; reducirati; snizti (*cijene*); *fig* skinuti; ~**tion** sniženje; ~**tion of 5 per cent** 5 posto popusta

reef [ri:f] greben
reek [ri:k] smrdjeti (of)
reel [ri:l] špula; svitak;
rola (filma); namatati;
okretati se; teturati; za-
njihati se
re-|elect ['ri:i'lekt] po-
novo izabrati; ~engage
ponovo namjestiti koga;
~enter ponovo ući;
~establish ponovo o-
snovati
refer [ri'fə:] uputiti na
(to); odnositi se (to);
~ee arbitar; nogometni
sudac
reference ['refrəns] od-
nos; upućivanje na; pre-
poruka; terms of ~
smjernice; ~book pri-
ručnik; ~ number broj
spisa; make ~ to upući-
vati na
refill ['ri:'fil] uložak; po-
novo napuniti
refine [ri'fain] (pro)čistiti;
oplemeniti (se); ~ment
finoća; dotjeranost; ugla-
đenost; ~ry rafinerija
refit ['ri:'fit] popraviti
reflect [ri'flekt] odraziti
se; razmišljati ([up]on)
~ on nepovoljno se iz-
raziti o; ~ion odraz;
razmišljanje; primjedba;
~or reflektor
reflux [ri:flʌks] otjecanje;
oseka

reform [ri'fɔ:m] pobolj-
šanje; reforma; pobolj-
šati (se); reformirati; pre-
inačiti (ugl re-form);
~ation [refə'meiʃən]
preinačenje; ~er refor-
mator
refract|ion [ri'frækʃən]
prelamanje svjetlosti; ~
ory tvrdoglav; tech va-
trostalan; chem židak
refrain [ri'frein] obuzdati
(se) (from)
refresh [ri'freʃ] osvježiti
(se); ~ment osvježenje
refrigera|te [ri'fridʒəreit]
(ras)hladiti; ~tor hlad-
njak; frižider
refuel [ri:'fjuəl] mot na-
puniti gorivom
refuge ['refju:dʒ] utoči-
šte; zaklonište; ~e izbje-
glica
refund [ri:'fʌnd] nadok-
naditi; refundirati
refurnish ['ri:'fə:niʃ] na-
novo meblirati
refus|al [ri'fju:zəl] odbi-
janje; uskrata; ~e [~z]
odbiti; otkloniti; uskra-
titi; protiviti se; ['refju:s]
otpaci, smeće; izmet
refut|ation [refju'teiʃən]
opovrgavanje; ~e opo-
vrći
regain [ri'gein] opet (za-)
dobiti
regard [ri'ga:d] štovanje;

obzir; **with ~ to** s obzirom na; **with kind ~s** uz srdačne pozdrave; smatrati (as); štovati; **as ~s** što se tiče; **~ing** što se tiče; **~less** bezobziran; bez obzira na (of)

regenerate [ri'dʒenəreit] preporoditi (se)

regent ['ri:dʒənt] namjesnik

regimen ['redʒimen] režim; propisan način ishrane, života; **~t** puk

region ['ri:dʒən] predjel

register ['redʒistə] registar (mus i tech); popis; upisati (se); predati (prtljagu); preporučiti (pismo); **~ed** registriran; preporučen (pismo)

registr|ar [redʒi'stra:] matičar; **~ation fee** pristojba za upisnina; **~y office** prijavni ured; matični ured

regret [ri'gret] žaljenje; žaliti; **~table** vrijedan žaljenja

regular ['regjulə] pravilan; pravi; redovan; tačan; **~ity** pravilnost

regulat|e ['regjuleit] urediti; regulirati; **~ion** uređivanje; uredba; **~ions** pl propisi; **traffic ~ions** saobraćajni propisi

rehears|al [ri'hə:səl] theat pokus, proba; **~e** ponoviti, uvjezbati; theat održavati probu

reign [rein] vladavina; vladati

reimburse [ri:im'bə:s] nadoknaditi, odštetiti; **~ment** naknada

rein [rein] uzda; **~ in** obuzdati; **~deer** sob

reinforce [ri:in'fɔ:s] pojačati; **~d concrete** armirani beton; **~ment** tech pojačanje (i mil)

reinsurance ['ri:in'ʃuərəns] reosiguranje

reiterate [ri:'itəreit] (neprestano) ponavljati

reject [ri'dʒekt] odbaciti; otkloniti; povratiti; **~ion** odbijanje; **~ions** škart roba

rejoic|e [ri'dʒɔis] razveseliti; veseliti se (at, in); **~ing** veselje

rejoin [ri:'dʒɔin] ponovo (se) sjediniti; **~der** odgovor

re|juvenescence [ri:dʒu:vi'nesns] pomlađivanje; **~lapse** povraćaj (u staro stanje, bolesti); ponovo zapasti u staro stanje

relate [ri'leit] izvijestiti; dovesti u vezu (to); **~d** srodan

relation [ri'leiʃən] pripovjetka; rođak; odnos; ~ship srodstvo; odnos

relative ['relətiv] koji se odnosi (to); rođak

relax [ri'læks] olabaviti; ublažiti; otpustiti se; odmoriti se; ~ation odmor

relay [ri'lei] smjena; nova zaprega; ['ri:lei] relej; ~ race štafeta

release [ri'li:s] osloboditi; odriješiti; ustupiti pravo; *film* dopustiti javno prikazivanje; oslobađanje (*fig*) premijera; *phot* okidač

relegate ['religeit] protjerati (to)

relent [ri'lent] umekšati se

relia|bility [rilaiə'biliti] pouzdanost; ~ble [ri'laiəbl] pouzdan; ~nce pouzdanje

relic ['relik] (pre)ostatak; relikvija

relief [ri'li:f] olakšanje; potpora; ~ works *pl* javni radovi

relieve [ri'li:v] ublažiti; podupirati; izdići; ~ nature obaviti nuždu

religi|on [ri'lidʒən] religija; ~ous religiozan; vjerski

relinquish [ri'liŋkwiʃ] napustiti (namisao); odreći se; odstupiti

relish ['reliʃ] okus, tek;

nalaziti slast u

reluctant [ri'lʌktənt] nesklon; koji oklijeva

rely [ri'lai] (on, upon) osloniti se, uzdati se

remain [ri'mein] (pre)ostati; ~s *pl* ostaci; ~der ostatak; neprodano književno izdanje

remark [ri'ma:k] primjedba; primijetiti; ~able značajan

remedy ['remidi] lijek; pomoć; (iz)liječiti; pomoći

rememb|er [ri'membə] sjetiti se; ~er me to him! izruči mu moje pozdrave!; ~rance sjećanje; uspomena

remind [ri'maind] podsjetiti; opomenuti (of); ~er opomena

remit [ri'mit] predati; doznačiti; popustiti; ~tance (novčana) doznaka

remnant ['remnənt] ostatak (*tkanine*)

remonstra|nce [ri'mɔnstrəns] prigovor; ~te prigovarati (on)

remorse [ri'mɔːs] grižnja savjesti; ~ful pokajnički

remote [ri'mout] dalek, udaljen

remov|al [ri'muːvəl] uklanjanje; udaljavanje; otpuštanje; ~e udaljiti;

ukloniti; otpustiti; ~e
furniture (pre)seliti se;
prijelaz u viši razred
(škole)

remunerate [ri'mju:nəreit] nagraditi; platiti

render ['rendə] vratiti;
pružati; izručiti; iskazati
(hvalu); prevoditi; izvoditi; ~ **an account of**
položiti račun o

renew [ri'nju:] obnoviti;
~al obnova

renounce [ri'nauns] okaniti se, odreći se; poricati

renovate ['renəveit] obnoviti

renown [ri'naun] slava;
ugled; ~ed slavan

rent pukotina; najam(nina), zakup(nina); iznajmiti, zakupiti; ~free
koji je slobodan od zakupnine ili stanarine

renunciation [rinʌnsi'eiʃən] odricanje

reopen ['ri:'oupən] ponovo otvoriti

reorganiz|ation ['ri:ɔːgənai'zeiʃən] preuređenje;
~e reorganizirati; sanirati

repair [ri'pɛə] popravak;
popraviti; ~ **to** uputiti
se; **out of** ~ trošan

reparation [repə'reiʃən]
odšteta; nadoknada

repartee [repa:'ti:] brz i

duhovit odgovor

repast [ri'pa:st] obrok

repatriat|e [ri:'pætrieit]
vratiti (se) u domovinu;
[~iit] povratnik; ~ion
povratak u domovinu

repay [ri:'pei] vratiti dug;
~ment otplata

repeat [ri'pi:t] ponoviti;
~ed ponovljen; ~er
ponavljač; ura koja odbija sate; ~-order ponovljena narudžba

repel [ri'pel] odbiti; potisnuti; suzbiti (i fig)

repent [ri'pent] (po)kajati
se; ~ance kajanje

repetition [repi'tiʃən] ponavljanje

replace [ri:'pleis] opet
(po)staviti; nadomjestiti

replenish [ri'pleniʃ] nadopuniti

replete [ri:'pli:t] napunjen, pun

reply [ri'plai] odgovoriti;
odgovor; ~ postcard
dopisnica s odgovorom

report [ri'pɔːt] izvještaj;
glasina; prasak; pucanj;
izvijestiti ([up]on); (pri)javiti se; ~er izvjestitelj

repose [ri'pouz] mir; počinak; odmoriti se

reprehen|d [repri'hend]
koriti; ~sible pokudan;
~sion prijekor

represent [repri'zent]

predstaviti; *theat* prika-
zivati; ~ation predstav-
ljanje; prikazivanje; za-
stupanje; ~ative za-
stupnik; značajan; koji
predstavlja; reprezentati-
van

repress [ri'pres] svladati;
ugušiti; ~ion obuzdava-
nje; zatomljivanje

reprieve [ri'pri:v] odgoda

reprimand ['reprima:nd]
ukor

reprint ['ri:'print] nanovo
štampati; novo nepromi-
jenjeno izdanje

reproach [ri'proutʃ] pred-
bacivanje; predbacivati;
~ful prijekoran

reproduc|e [ri:prə'dju:s]
ponovo proizvesti; re-
producirati; ~tion po-
novo izvođenje; repro-
dukcija; reproduciranje

repro|of [ri'pru:f] pred-
bacivanje; ~ve [~v]
kuditi; koriti

reptile ['reptail] gmizavac

republic [ri'pʌblik] re-
publika; ~an republički;
republikanac

republi|cation ['ri:pʌbli-
'keiʃən] novo izdanje;
~sh ponovo izdati

repugnan|ce [ri'pagnəns]
nesklad (to); ~t protus-
lovan; odvratan

repuls|e [ri'pʌls] odbiti;

~ive odbojan; odvratan

reput|able ['repjutəbl] če-
stit; ugledan; ~ation
(dobar) glas; ugled; ~e
ugled; smatrati za

request [ri'kwest] zahtjev;
molba; potražnja; (za)-
moliti; at a p's ~ na čije
traženje; by ~ na zahtjev

require [ri'kwaiə] tražiti;
zahtjevati; trebati; ~-
ment zahtjev; uvjet; po-
treba

requisite ['rekwizit] po-
treban; zahtjev; potrep-
ština

requite [ri'kwait] naplatiti

rescue ['reskju:] spasenje;
oslobođenje; spasiti; oslo-
boditi

research [ri'sə:tʃ] (na-
učno) istraživanje

resembl|ance [ri'zem-
bləns] sličnost; ~e sličiti,
biti nalik na

resent [ri'zent] zamjerati;
~ful uvredljiv; kivan;
~ment ogorčenost

reservation [rezə'veiʃən]
rezervacija

reserve [ri'zə:v] zaliha
(*i fig*); zadržati; sačuvati;
rezervirati; ~d uzdržljiv;
rezerviran

reshuffle ['ri:'ʃʌfl] pre-
grupirati; promiješati
(*karte*)

reside [ri'zaid] stanovati;

počivati; **~nce** ['rezi-dəns] prebivalište; **~nce permit** dozvola boravka; **~nt** koji stalno boravi, koji stanuje

resign [ri'zain] napustiti; odreći se; dati ostavku; **~ation** [rezig'neiʃən] o-stavka; rezignacija; **~ed** odan, predan

resist [ri'zist] oprijeti se; **~ance** otpor(nost) (*i el*)

resolut|e ['rezəlu:t] odlu-čan; **~eness** odlučnost; **~ion** odluka, odlučnost; *fig* rješenje

resolve [ri'zɔlv] rješiti; rastvoriti

resort [ri'zɔ:t] utočište; **health ~** lječilište; **summer ~** ljetovalište; često pohađati

resound [ri'zaund] odje-kivati

resource [ri'sɔ:s] pomoć-no sredstvo; vrelo; **~ful** snalažljiv

respect [ris'pekt] obzir; poštovanje; **in this ~** u tom pogledu; **pay one's ~s to a p** izraziti poštovanje kome; lijepo pozdraviti koga; (po-)štovati; cijeniti; ticati se; **~able** ugledan; pošto-van; **~ful** pun poštova-nja; uljudan; **~ing** u vezi sa; **~ive** koji se

odnosi na svakog poje-dinog; **~ively** odnosno

respiration [respə'reiʃən] disanje

respite ['respait] odgoda

resplendent [ris'plendənt] sjajan

respond [ris'pɔnd] odgo-voriti; reagirati **(to)**

responsi|bility [rispɔnsə-'biliti] odgovornost; **~ble** odgovoran; **~ve** prijemljiv **(to)**

rest mir; počinak; pauza; **~ cure** liječenje; odma-ranje; odmor; ostatak; ostali; odmarati se; oslo-niti se; **~ (up)on** osni-vati se na; počivati na

restitution [resti'tju:ʃən] uspostavljanje; vraćanje

restless ['restlis] uznemi-ren; nemiran; **~ness** uznemirenost, nemir

restor|ation [restə'reiʃən] obnova; uspostava; **~e** [ris'tɔ:] uspostaviti; vra-titi na prijašnji položaj **(to)**; nadoknaditi; **~e to health** ozdraviti; **hair ~er** sredstvo za porast kose

restrain [ris'trein] zadr-žati; zatomiti; **~t** obuz-davanje; pritvor

restrict [ris'trikt] ograni-čiti; **~ion** ograničenje; restrikcija

result [ri'zʌlt] rezultat; proizlaziti **(from);** ~ **in** imati za posljedicu

resume [ri'zju:m] ponovo dobiti; zauzeti; rezimirati

retail ['ri:teil] trgovina na malo; ~**er** trgovac na malo

retain [ri'tein] zadržati; sačuvati

retard [ri'ta:d] otezati; zakasniti

retch [ri:tʃ] dolaziti na povraćanje, podrigivati se

retire [ri'taiə] povući (se); poći u mirovinu; ~**ment** povlačenje; povučenost; mirovina

retort [ri'tɔ:t] oštar (duhovit) odgovor; odgovoriti; odbrusiti kome

retouch ['ri:'tʌtʃ] preraditi; *phot* retuširati

retrace [ri'treis] vratiti se istim putem

retract [ri'trækt] opozvati; ~**able** koji se može opozvati; uvlačiv

retreat [ri'tri:t] povlačenje; povući se

retribution [retri'bju:ʃən] odmazda

retrieve [ri'tri:v] ponovo dobiti

retro|active [retrou'æktiv] koji djeluje unatrag;

~**spective view** pogled unazad

return [ri'tə:n] povratak; (uz)vraćanje; dobitak; izvještaj; izborni rezultat; vratiti (se); odgovoriti; donijeti prihod; **by** ~ **(of post)** obratnom (prvom) poštom; ~ **ticket** povratna karta; **many happy** ~**s (of the day)** sretan rođendan (doživio još mnogo rođendana)

Rev. = Reverend

reval|orization ['ri:vælərai'zeiʃən], ~**uation** revalorizacija

reveal [ri'vi:l] otkriti; objaviti

revel ['revl] naslađivati se **(in);** ~**ry** bančenje; razuzdana zabava

revenge [ri'vendʒ] osveta; revanš (kod igre); osvetiti (se); ~**ful** osvetljiv

revenue ['revinju:] dohodak

revere [ri'viə] (po)štovati; ~**nce** ['revərəns] (po)štovanje; strahopoštovanje; (po)štovati; ~**nd** častan

rever|se [ri'və:s] protivnost; jučina; poraz; obrnut; ~**se gear** *mot* unazadni hod; obrnuti, okrenuti; ~**sible** koji se može okrenuti; poništiv; ~**t**

okrenuti (se) natrag; vratiti se (to)

review [ri'vju:] ponovo ispitivanje; pregled; napisati prikaz; vršiti smotru; ~er recenzent, kritičar

revis|e [ri'vaiz] revidirati; ponovni pregled; revizija; ~ion [ri'viʒən] revizija; preispitivanje

reviv|al [ri'vaivəl] oživljenje; preporod; ~e oživjeti

revocation [revə'keiʃən] opoziv

revoke [ri'vouk] opozvati

revolt [ri'voult] (po)buna; (po)buniti se

revolution [revə'lu:ʃən] okretanje; prevrat; revolucija; ~ary revolucionaran; ~ist revolucionar; ~ize radikalno izmijeniti, revolucionirati; pobuniti

revolve [ri'vɔlv] okretati se

revulsion [ri'vʌlʃən] preokret (osjećaja)

reward [ri'wɔːd] nagrada; nagraditi

rheumat|ic [ru:'mætik] reumatičan; ~ism ['ru:mətizəm] reumatizam

Rhine [rain] Rajna

rhubarb ['ru:baːb] rabarbara

rhyme [raim] rima; srok; rimovati (se)

rhythm ['riðm] ritam

rib rebro

ribbon ['ribən] vrpca, traka; pruga

rice [rais] riža

rich [ritʃ] bogat (in); skupocjen; pun (glas); mastan, težak (jelo); ~es pl bogatstvo

rickets ['rikits] rahitis

rid osloboditi; get ~ of riješiti se

riddle ['ridl] zagonetka; grubo sito; odgonetati; prosijati

ride [raid] jahanje; vožnja; jahati; voziti se; ~r jahač

ridge [ridʒ] hrbat; lanac brda

ridicul|e ['ridikju:l] ismijavati; ~ous smiješan; ~ousness smiješnost

riding-habit ['raidinhæbit] odijelo za jahanje

rifle ['raifl] puška; opljačkati

rift pukotina; jaz

rigging ['rigin] mar snast

right [rait] pravo; desna strana; ispravan; tačan; desni; be ~ biti u pravu; on the ~ side of 50 još ispod 50 godina; ~ on ravno; ~eous ['~tʃəs] pravedan

rigid ['ridʒid] ukočen; strog

rigo|rous ['rigərəs] strog; **~ur** strogost

rim [rim] rub, ivica

rind [raind] kora; lupina; koža slanine

ring [riŋ] prsten; kolut; krug; boksački ring; zvonjava; **the ~** boksači; zvoniti; zvečati; ~ **the bell** pozvoniti; ~ **off** tel objesiti slušalicu; ~ **up** tel nazvati; ~**leader** kolovođa

rink [riŋk] klizalište (i umjetno)

rinse [rins] ispirati

riot ['raiət] metež; buna; orgijanje; činiti izgrede; ~**er** izgrednik

rip [rip] (raz)derati; ~ **up** rasparati

ripe [raip] zreo; ~**n** (sa)zreti; ~**ness** zrelost

ripple ['ripl] mreškati (se)

rise [raiz] dizanje; povišenje; (po)rast; dizati se; ustati; pobuniti se; izlaziti (sunce); nabujati

rising ['raiziŋ] ustanak

risk [risk] opasnost, rizik; stavljati na kocku; **run the ~** izlagati se opasnosti; riskirati; ~**y** riskantan

rival ['raivəl] suparnik (in); takmičiti se; ~**ry** rivalstvo

river ['rivə] rijeka; potok

rivet ['rivit] zakovica; prikovati

rivulet ['rivjulit] rječica

road [roud] cesta; ~**s** pl sidrište; ~**ster** običan bicikl; otvoren dvosjed (automobil); ~**way** kolnik

roar [rɔ:] rikati; tutnjeti

roast [roust] peći; (is)pržiti; pečen; pržen

rob orobiti; ~**ber** razbojnik; ~**bery** razbojstvo

robe [roub] službena odjeća; talar

robust [rə'bʌst] krepak; snažan

rock [rɔk] hrid, stijena; ljuljati; tresti; ~**bottom** najniži (cijena)

rocket ['rɔkit] raketa; ~**plane** raketni avion; ~ **propulsion** raketni pogon

rocking-chair stolica za ljuljanje

rocky ['rɔki] kamenit; pun pećina

rod [rɔd] prut; šipka

roe [rou] ikra; srna; ~**buck** srndać

rogu|e [roug] lupež; vragoljan; ~**ish** lopovski; vragoljast

roll [roul] smotak; tech valjak; zemička; popis;

valjati; (za)motati; saviti (*cigaretu*); vrtjeti se; talasati se; ~ **up** smotati (se); ~-**call** prozivka; ~**er** valjak; ~**er-skate** koturaljka

rolling|-mill valjaonica; ~-**stock** *rly* vozni park

roll-top desk rolo pisaći stol

Roman ['roumən] rimski; Rimljanin

romantic [rə'mæntik] romantičan

romp nestaško; ludovati; ~**ers** dječja odjeća za igru

röntgeno|gram [rɔnt'genəgræm] rentgenogram; ~**graphy** rentgenografija; ~**scopy** rentgenoskopija

roof [ru:f] krov; pokriti krovom; ~ **of the mouth** nepce; ~**ing felt** krovna ljepenka

room [rum] prostor; soba; mjesto; *pl* stan

root [ru:t] korijen; ukorijeniti; prerovati; ~ **out** iščupati

rope [roup] uže, konop; konopcem svezati; ~-**dancer** plesač na užetu; ~-**ladder** ljestve od užeta

ros|e [rouz] ruža; ~**y** ružičast

rot trulež; trunuti

rotary ['routəri] obrtni; rotacioni

rotate [rou'teit] vrtjeti (se)

rotten ['rɔtn] gnjio, truo; odvratan

rouble ['ru:bl] rubalj

rouge [ru:ʒ] rumenilo; ruž

rough [rʌf] grub; surov; neotesan; ~ **it** mučno se probijati; ~-**neck** *Am sl* sileđzija; ~**ness** surovost; neotesanost

Roumania [ru:'meinjə] Rumanija; ~**n** rumunjski; Rumunj

round [raund] okrugao; pun; okružiti; obilaziti; unaokolo; krug; runda; prečka ljestava; ~ **trip** kružno putovanje; **all the year** ~ kroz cijelu godinu; ~ **off** zaokružiti

roundabout ['raundəbaut]: ~ **way** zaobilazan put; ~ **traffic** kružni saobraćaj

round|-table conference konferencija za okruglim stolom; ~-**up** *Am* racija

rouse [rauz] probuditi; pobuditi

route [ru:t] put; maršruta

rove [rouv] skitati se; švrljati

row [rou] red, niz; veslanje; veslati

row [rau] gungula; svađa;
kick up a ~ dići galamu
rowdy ['raudi] kavgadžija
row|er ['rouǝ] veslač;
~ing-boat čamac na
vesla
royal ['rɔiǝl] kraljevski;
~ty kraljevstvo; kralje-
vska osoba; tantijema,
autorski honorar
rub [rʌb] trljati; **~ in**
utrljati; **~ off** istrti
rubber ['rʌbǝ] guma; gu-
mica; **~s** pl galoše; **~-
neck** Am sl radoznala
osoba
rubbish ['rʌbiʃ] smeće;
besmislica
ruby ['ru:bi] rubin
rudder ['rʌdǝ] kormilo
rude [ru:d] grub; sirov;
neotesan; neizrađen; **~-
ness** grubost
rudiments ['ru:dimǝnts]
pl osnovni elementi
ruff [rʌf] ovratnik
ruffian ['rʌfjǝn] lupež
rug [rʌg] debeo vunen po-
krivač; sag
ruin [ruin] ruševina; ugl
~s ruševine; uništiti;
~ous ruševan; srušen;
štetan
rule [ru:l] pravilo; **as a ~**
u pravilu; propis; **~ of
the road** saobraćajni
propis; vladavina; rav-
nalo; odrediti; vladati;

upravljati; linirati papir;
~r vladar; ravnalo
rumble ['rʌmbl] tutnjeti
ruminant ['ru:minǝnt]
preživač
rumour ['ru:mǝ] glasina
run [rʌn] trčati; juriti;
teći; biti u pogonu; kru-
žiti; theat davati se;
glasiti (tekst); kolati (gla-
sine); voditi (posao); trča-
nje; trka; navala; **the
common ~** prosjek;
običan tip; **~ down**
isteći; prestati ići (ura);
iscrpsti se; grditi koga;
I have ~ out of tobacco
ponestalo mi je duhana;
~ short ostati bez čega;
~ up to popeti se do;
~ about (car) mali auto-
mobil; **~ away** bjegunac;
~ner trkač, teklić; **~-
ner-up** sport onaj koji se
je plasirao na drugo
mjesto; **~ning board**
mot rlw papuča
rupture ['rʌptʃǝ] raskid;
kila
rural ['ruǝrǝl] seoski
rush [rʌʃ] navala; jurnja-
va; **~ hours** satovi naj-
većeg prometa; navaliti;
jurnuti; srljati; **~ at**
nasrnuti na; **~ through**
požurivati
Russia ['rʌʃǝ] Rusija;
~n ruski; Rus

rust [rʌst] rđa; rđati
rustic ['rʌstik] seoski; ladanjski
rustle ['rʌsl] šuštati
rusty ['rʌsti] rđav

rut [rʌt] kolotečina
ruthless ['ru:θlis] nemilosrdan
rutted ['rʌtid] utrt (*put*)
rye [rai] raž

S

S. = Saint; South; **s.** = second(s); shilling(s)
S. A. = South Africa *ili* America; Salvation Army
sable ['seibl] samur(ovina) (krzno)
sabre ['seibə] sablja
sack [sæk] vreća; kratak kaput; pljačka; pljačkati; **give (get) the ~** dati (dobiti) otkaz; **~cloth** tkanina za vreće
sacred ['seikrid] svet
sacri|fice ['sækrifais] žrtva; žrtvovati; **~lege** ['~lidʒ] svetogrđe; **~sty** ['~sti] sakristija
sad [sæd] žalostan; tmuran; **~den** (ra)žalostiti (se)
saddle ['sædl] sedlo; osedlati; **~r** sedlar
sadness ['sædnis] žalost
safe [seif] siguran; zdrav; bezopasan; ormarić za hranu; željezna blagajna; sef (*u banci*)
safety ['seifti] sigurnost;

~-pin pribadača; **~-razor** brijaći aparat
saffron ['sæfrən] šafran
sagacious [sə'geiʃəs] oštrouman
sail [seil] jedro; jedriti, ploviti; **~ing-ship** jedrilica; **~or** mornar; **be a good (bad) ~or** dobro (slabo) podnositi more
saint [seint] svetac
sake [seik]: **for the ~ of** za volju; **for my ~** mene radi
salad ['sæləd] salata
salary ['sæləri] (mjesečna) plaća; davati plaću
sale [seil] (ras)prodaja; prodja; **public ~** dražba; **~able** koji se lako prodaje; **~sman**, **~swoman** prodavač(ica)
salient ['seiljənt] izbočen
saline ['seilain] slan
saliva [sə'laivə] slina
sallow ['sælou] blijed; žućkast
salmon ['sæmən] losos

saloon [sə'lu:n] salon; *Am* krčma

salt [sɔ:lt] sol; slan; (po)soliti; ~-cellar soljenka; ~petre salitra; ~-works solana

salubrious [sə'lu:briəs], **salutary** ['sæljutəri] ljekovit; zdrav

salute [sə'lu:t] pozdrav; počasna paljba; pozdraviti; salutirati

salvage ['sælvidʒ] spasavanje; spasiti

salvation [sæl'veiʃən] spas (*duše*); **S Army** Armija spasa

salve [sælv] spasiti

same [seim]: **the ~** isti; spomenuti; **it is all the ~ to me** svejedno mi je

sample ['sɑ:mpl] uzorak; uzeti *ili* dati uzorak

sanct|ify ['sæŋktifai] proglasiti svecem; posvetiti; ~imonious licemjeran; ~ion sankcija; potvrda; odobriti; ~uary svetište

sand [sænd] pijesak; ~s *pl* pješčani prud; ~-blast pješčani mlaz; ~-glass pješčana ura; ~-shoes cipele za plažu

sandwich ['sænwidʒ] sendvič; ~-man (*ulični*) nosač plakata (*reklama*)

sane [sein] razborit

sanguinary ['sæŋgwinəri] krvoločan

sanitary ['sænitəri] zdravstven; ~ towel mjesečni uložak

sanit|ation [sæni'teiʃən] zdravstvo; sanitarni uređaji; ~y zdrav razum

sap [sæp] sok (*drveća etc*)

sapphire ['sæfaiə] safir

sarcasm ['sɑ:kæzəm] sarkazam

sardine [sɑ:'di:n] sardina

sash [sæʃ] čarapa; ~-window engleski prozor (*za dizanje i spuštanje*)

satchel ['sætʃəl] školska torbica

sateen [sæ'ti:n] atlas (*tkanina*)

sati|ate ['seiʃieit] (pre)zasititi; ~ation prezasićenost; ~ety [sə'taiəti] zasićenost

satin ['sætin] atlas (*tkanina*)

satirist ['sætərist] satiričar

satis|faction [sætis'fækʃən] zadovoljenje; zadovoljstvo; ~factory zadovoljavajući, dovoljan; ~fied zadovoljan; ~fy zadovoljiti; udovoljiti; uvjeriti

saturate ['sætʃəreit] *chem* zasititi

Saturday ['sætədi] subota

sauce [sɔ:s] umak; sok; ~-boat zdjelica za umak; ~r tanjurić

saucy ['sɔːsi] *coll* drzak; obijestan

saunter ['sɔːntə] tumarati; besposličiti

sausage ['sɔsidʒ] kobasica

savage ['sævidʒ] divlji; divljak

save [seiv] spasiti; poštedjeti (**from**); (u)štedjeti; ~ **that** osim ako

saveloy ['sævilɔi] safalada

saving ['seiviŋ] štedljiv; ~s *pl* uštedjevina; ~s--bank štedionica

saviour ['seivjə] spasilac; Ω Spasitelj

savour ['seivə] tek, okus; imati tek, mirisati (**of**); ~y ukusan

savoy [sə'vɔi] *bot* bijela vrzina; Ω Savoja

saw [sɔː] pila; piliti; ~-**dust** pilovina; ~-**mill** pilana

Saxon ['sæksən] (anglo)-saski; Sas; ~y Saska

say [sei] reći; **that is to** ~ to jest; **I** ~! hej! čujte! **you don't** ~ so što govorite! je li moguće? **he is said to be** govori se da je on; **have a** ~ **in** reći što se misli o; ~**ing** govor; izreka

scab [skæb] krasta; svrab; štrajkolomac

scaffold ['skæfəld] skele;

stratište; ~**ing** skele (*za gradnju*)

scald [skɔːld] (po)pariti; prekuhati (*mlijeko*)

scale [skeil] ljuska (*ribe etc.*); korice đepnog noža; zdjelica vage; mjerilo; ljuštiti (se); ostrugati; vagati

scamp [skæmp] protuha

scandal ['skændl] skandal; ~**ize** užasnuti koga; ~**ous** sramotan; sablažnjiv

Scandinavia [skændi'neivjə] Skandinavija; ~**n** skandinavski; Skandinavac

scant|iness ['skæntinis] oskudnost; ~y oskudan

scape|goat ['skeipgout] onaj koji ispašta tuđe grijehe; ~**grace** nitkov

scar [skaː] ožiljak; ljaga; litica; načiniti brazgotinu; zacijeliti

scarc|e [skɛəs] rijedak; oskudan; ~**ely** jedva; ~**ity** oskudnost; nestašica (**of**)

scare [skɛə] (pre)plašiti; ~-**crow** strašilo za ptice (*i fig*); ~**monger** paničar

scarf [skaːf] ešarpa; marama; kravata; *tech* spojnica; ~-**pin** igla za kravatu

scarlet ['skaːlit] grimizan;

~ fever šarlah

scarred ['ska:d] pun brazgotina

scatter ['skætə] rasuti (se); raštrkati

scavenger ['skævindʒə] pometač ulica

scene [si:n] scena; mjesto radnje; pozornica; *pl* kulise; **~ry** krajobraz; dekoracije pozornice

scent [sent] (mio)miris; parfem; njuh; trag; namirisati; nanjušiti

sceptic ['skeptik] skeptik; **~al** skeptičan

sceptre ['septə] žezlo

schedule ['ʃedju:l] tabela; *Am* vozni red; napraviti raspored; odrediti; **~d** *Am* predviđen

scheme [ski:m] shema; plan; planirati

scholar ['skɔlə] učenik; učenjak; **~ship** naobrazba; stipendija

school [sku:l] škola; **at ~** u školi; **~fellow** školski drug; **~ing** školovanje

sciatica [sai'ætikə] išijas

scien|ce ['saiəns] znanost; prirodne nauke; **~tific** [~'tifik] (prirodo)znanstven

scissors ['sizəz] *pl* škare

scoff [skɔf] poruga; rugati se

scold [skould] (iz)grditi; **~ing** grđenje

scoop [sku:p] lopatica; kutljača; **~ out** (iz)grabiti; izdupsti

scooter ['sku:tə] romobil; skuter

scope [skoup] vidokrug; djelokrug

scorch [skɔ:tʃ] opržiti; opaliti; *coll* juriti najvećom brzinom

score [skɔ:] rovaš; račun; dvadeset (*komada*); *sport* bod; partitura; (o)bilježiti rezivoma; *sport* postići bodove; pobijediti

scorn [skɔ:n] prezir; prezirati; **~ful** preziran

Scotch [skɔtʃ] škotski; **the ~** Škoti; **~man** Škot

scot-free ['skɔt'fri:] nekažnjen

Scotland ['skɔtlənd] Škotska; **~ Yard** glavni stan londonske policije

Scot|sman ['skɔtsmən] Škot; **~tish** škotski

scoundrel ['skaundrəl] hulja

scourge [skə:dʒ] bič (*i fig*); bičevati

scout [skaut] izviđati; izviđač; uhoda; **Boy ~s** izviđači

scrabble ['skræbl] (po)šarati; črčkati; škrabati

scramble ['skræmbl] verati se; otimati se (for); ~d eggs kajgana

scrap [skræp] komadić; izrezak (*iz novina*); ~ of paper komad papira; baciti u staro željezo; ~iron staro željezo

scrape [skreip] struganje; grebenje; grepsti; (o)strugati; ~r strugalo

scratch [skrætʃ] ogrebotina; struganje; (iz)grepsti

scrawl [skrɔ:l] črčkati; ~ing črčkanje

scream [skri:m] vrisak; it was a ~ bilo je da prasneš; vrisnuti; ~ing vrištav; vrlo smiješan

screen [skri:n] zaslon; *film* ekran; platno; zaklanjati; zasjeniti; štititi

screw [skru:] vijak; (za)šarafiti; ~-driver odvijač; ~-propeller brodski vijak; ~-steamer parobrod na vijak

scribble ['skribl] črčkanje; (na)črčkati

script [skript] rukopis; pismo; *film* knjiga snimanja; ʑ ure ['~tʃə] Sveto pismo

scrofula ['skrɔfjulə] škrofule

scrounge [skraundʒ] ukrasti; užicati

scrub [skrʌb] šikara; ribati; trljati; ~ber četka za ribanje (od žice)

scruple ['skru:pl] skrupula; dvoumica

scrupulous ['skru:pjuləs] skrupulozan; brižljiv

scrutin|eer [skru:ti'niə] brojitelj glasova; ~ize pomno ispitati

scuffle ['skʌfl] tučnjava; rvanje; tući se

sculp|tor ['skʌlptə] kipar; ~ture kiparstvo

scum [skʌm] pjena; *fig* talog

scurf [skə:f] prhut; perut

scurry ['skʌri] juriti; trčkarati

scurvy ['skə:vi] *med* skorbut

scuttle ['skʌtl] posuda za ugljen

scythe [saið] kosa; (po)kositi

sea [si:] more; veliki val; at ~ na moru

seal [si:l] tuljan; pečat; žig; (za)pečatiti; *tech* zabrtviti; plombirati (i ~ up)

sea-level morska razina

sealing-wax ['si:liŋwæks] pečatni vosak

seam [si:m] šav; porub

seaman ['si:mən] pomorac

seamstress ['semstris] švelja

sea|-piece *paint* morski pejsaž; **~plane** hidroplan

search [sə:tʃ] (pre)tražiti; sondirati; istraživati (**for**) **in ~ of** u potrazi za; **~light** reflektor

seasick ['si:sik] bolestan od morske bolesti

seaside ['si:'said] obalno područje; **~ resort** morsko kupalište

season ['si:zn] godišnje doba; **height of the ~** glavna sezona; **cherries are in ~** sada je vrijeme trešanja; ostaviti da dozrije; odležati; začiniti; prekaliti (**to**); **~able** pravodoban; primjeren; **~ing** začin; **~-ticket** mjesečna (godišnja) karta; pretplatna karta

seat [si:t] sjedalo; sjedište; mjesto; boravište; (po)sjesti; **be ~ed** sjediti; ležati (naselje)

sea|weed ['si:wi:d] morska trava; **~worthy** sposoban za plovidbu morem

seclude [si'klu:d] odijeliti

second ['sekənd] drugi; slijedeći; sekunda; (po)sekundaran; sporedan; **~ary** **~-hand** rabljen; anti-

kvaran; **~-rate** drugorazredan

secre|cy ['si:krisi] tajnovitost; šutnja; **~t** (po)tajan; šutljiv; tajna; **~tary** ['sekrətri] tajnik

secret|e [si'kri:t] izlučivati; **~ion** izlučivanje

sect [sekt] sekta

section ['sekʃən] sekcija; presjek; odio; *Am* **~ manager** šef odjela

secular ['sekjulə] svjetovni; stoljetni

secure [si'kjuə] siguran; osigurati; (za)štititi (**from, against**)

securit|y [si'kjuəriti] sigurnost; bezbrižnost; kaucija; **~ies** *pl* vrijednosni papiri

sedan [si'dæn] nosiljka (*i* **~ chair**); limuzina

sedate [si'deit] staložen

sedative ['sedətiv] sredstvo za umirenje

sedentary ['sedntəri] **life** sjedilački način života

sediment ['sedimənt] talog

seduce [si'dju:s] zavesti; **~r** zavodnik

see [si:] vidjeti; **I ~** razumijem; promatrati; posjećivati; **wish to ~ a p** željeti s nekim razgovarati; **~ a th done** brinuti da se što učini; **~ a p off**

otpratiti koga; **~ out** ispratiti koga; **~ a th through** provesti što do kraja

seed [si:d] sjeme, sjemenka; klica

seeing ['si:iŋ]: **worth ~** vrijedan da se vidi; **~ that** budući da

seek [si:k] tražiti; nastojati (oko)

seem [si:m] činiti se; **~ing** prividan; **~ly** doličan

seesaw ['si:sɔ:] ljuljačka; ljuljati se

seethe [si:ð] kipjeti

segregate ['segrigeit] odijeliti

seiz|e [si:z] zgrabiti; prisvojiti; oteti; **~ure** otimanje

seldom ['seldəm] rijetko

select [si'lekt] odabrati; izabirati; **~ion** selekcija; **~ive** *radio* selektivan; **~ivity** selektivnost

self, *pl* **selves** sam; **~-acting** koji radi sam od sebe; **~-centred** egocentričan; **~-command** samosvladavanje; **~-conceit** uobražavanje; **~-contained** odijeljen; povučen; **~-control** vladanje samim sobom; **~-deception** varanje sama sebe; **~-defense** sa-

moobrana; **~-government** samoupravljanje; **~-interest** koristoljublje; **~-ish** sebičan; **~-preservation** samoodržanje; **~-starter** *mot* elektropokretač; **~-willed** samovoljan

sell [sel] prodavati, prodati; imati prođu (roba); **~ off,** **~ out** (iz)vršiti rasprodaju; **~er** prodavač; **best ~er** bestseler (knjiga); **~ing staff** prodavače; **~ing price** prodajna cijena

seltzer ['seltsə] vrst mineralne vode

semblance ['sembləns] sličnost; lik

semi... ['semi] polu...; **~-final** polufinale; **~-manufactured product** polufinalni proizvod

semolina [semə'li:nə] pšenična krupica

senate ['senit] senat

send (po)slati; otpremiti; **~ word** poručiti; **~ for** poslati po

senile ['si:nail] senilan

senior ['si:njə] stariji; pretpostavljeni

sensation [sen'seiʃən] osjet; dojam; uzbuđenje; senzacija; **~al report** senzacionalan izvještaj

sense [sens] smisao; osjet; razum; značenje; **~less** besmislen; nerazuman; bešćutan

sensi|bility [sensi'biliti] osjećajnost; osjetljivost (to); **~ble** osjetan; razuman; osjetljiv; **be ~ble of** imati osjećaj za; **~tive** osjetljiv; osjećajan

sensual ['sensjuəl] čulni; **~ity** putenost

sentence ['sentəns] jur osuda; gram rečenica; izreći osudu

sentiment ['sentimənt] osjećaj; mišljenje; **~al** sentimentalan, osjećajan

sentinel ['sentinl], **sentry** straža

separat|e ['seprit] poseban; odvojen; ['~reit] odvojiti; rastati se; **~ion** rastava; **~or** separator

September [səp'tembə] rujan, septembar

septic ['septik] septičan

sepulchre ['sepəlkə] grobnica

seque|l ['si:kwəl] nastavak priče; zaključak; **~nce** slijed; tok; sekvenca

sequestrat|e [si'kwestreit] zaplijeniti; **~or** upravljač imovine koja je stavljena pod sekvestar

serene [si'ri:n] vedar; miran; kao naslov ∠ prejasan

seri|al ['siəriəl] serijski; koji izlazi u nastavcima; **~es** pl red, serija; **~es connexion** serijsko povezivanje

serious ['siəriəs] ozbiljan

sermon ['sə:mən] propovijed

serpent ['sə:pənt] zmija

servant ['sə:vənt] sluga, sluškinja; pl služinčad

serve [sə:v] (po)služiti; podvoriti; dobro postupati; postići svrhu; tennis servirati; **(it) ~s him right** pravo mu budi

service ['sə:vis] služba; služba božja; pogon; promet; korist; jedaći pribor; tennis servis; **~able** koristan; uslužan

servi|le ['sə:vail] ropski; servilan; **~tude** ['~vitju:d] ropstvo

session ['seʃən] zasjedanje

set (po)staviti; položiti; namjestiti; udesiti; (po)saditi; zaći (sunce); utvrden; ustaljen; propisan; niz; serija; garnitura; pribor za jelo; tennis set; kroj (odjeće); radio aparat; **~ at ease** umiriti; **~ forth** dokazati; poredati; razložiti; **~ out** krenuti (na put); uputiti (se); **~ up with** obračunati sa; ~back *fig* pogoršanje; ~ting postavljanje; zalazak; usađivanje dragulja; *theat* inscenacija; kompozicija

settle ['setl] ustanoviti; nastaniti (se); smjestiti (se), namjestiti; urediti; zaključiti (*posao*); opskrbiti; riješiti (*pitanje*); namiriti (*račun*); staložiti se; ustaliti se (*vrijeme*); odležati (*pivo,duhan*); ~down smjestiti se; naseliti se; ~d određen; stalan (*vrijeme, etc.*); ~ment osnutak; određenje; naredba; pogodba; zavičajnost; *com* izravnanje; naseljenje; naselje; ~r naseljenik

seven ['sevn] sedam; ~fold sedmerostruk; ~teen(th) sedamnaest(i); ~th sedmi; sedmina; ~tieth sedamdeseti; ~ty sedamdeset

sever ['sevə] odijeliti (se)

several ['sevrəl] nekoliko; različan

severe [si'viə] strog; žestok; oštar; ozbiljan; krut

severity [si'veriti] strogost; žestina

sew [sou] šivati; prošivati (*knjigu*); ~er šivač(ica); ['sjuə] odvodni kanal

sex [seks] spol

sexton ['sekstən] crkvenjak; grobar

sexual ['seksjuəl] spolni; seksualni; ~ desire spolni nagon; ~ intercourse spolno općenje

shabby ['ʃæbi] otrcan

shade [ʃeid] hlad(ovina); sjenilo (*svjetiljke*); zaslon; nijansa; zasjeniti; štititi (*od svjetla*); potamniti; šatirati

shadow ['ʃædou] sjena; sjenka; zasjeniti; ~y hladovit

shady ['ʃeidi] sjenovit; taman; on the ~ side of 40 preko 40 godina star

shaft [ʃa:ft] koplje; motka; *tech* vreteno; os; rudo; *min* rov, šaht

shaggy ['ʃægi] čupav, rutav

shake [ʃeik] (pro)drmati; tresti; drhtati; potresanje; ~ hands rukovati se

shaky ['ʃeiki] klimav; drhtav

shall [ʃæl] treba da; ću, ćemo (za tvorbu futura)

shallow ['ʃælou] plitak; pličak

sham [ʃæm] neprav; lažan; pretvarati se

shame [ʃeim] stid; sramota; posramiti; ~faced stidljiv; ~less besraman shampoo [ʃæmˈpuː] prati glavu

shank [ʃæŋk] goljenica

shape [ʃeip] oblik, lik; **in bad ~** u lošem stanju; oblikovati; **~less** bezobličan; **~ly** skladan; lijep

share [ʃɛə] dio; dionica; dijeliti (**amongst**); **have a ~ in** sudjelovati u; **~holder** dioničar

shark [ʃɑːk] morski pas

sharp [ʃɑːp] oštar; nabrušen; rezak; lukav; **at 10 ~** točno u 10; **look ~** pazi! brzo! **~en** (na)oštriti; **~ener** brus za noževe; šiljilo za olovke; **~ness** oštrina; žestina; oštroumnost; **~shooter** vješt strijelac; **~-sighted** oštrovidan

shatter [ˈʃætə] razmrskati (se); rastrojiti (*živce etc.*)

shav|e [ˈʃeiv] brijati (se); okrenuti; brijanje; **~ing** brijanje; *pl* blanjevina; **~ing-brush** četkica za brijanje

shawl [ʃɔːl] šal, marama

she [ʃiː] ona; žensko; **she-...** ženka životinje

sheaf [ʃiːf] snop, svežanj

shear [ʃiə] šišati; (**a pair of**) **~s** *pl* velike škare

shed [ʃed] (pro)lijevati; bacati (*svijetlo*); širiti;

šupa, suša

sheep [ʃiːp] ovca (*i pl*)

sheer [ʃiə] puki; **~ nonsense** čista glupost

sheet [ʃiːt] ploča; arak (*papira*); plahta; ploha; **~-glass** staklo u pločama; **~-iron** cinčani lim; **~-lighting** bljeskavica

shelf, *pl* **shelves** [ʃelf, ~vz] polica, pretinac; greben u moru; **on the ~** odbačen; **get on the ~** ostati usidjelica

shell [ʃel] ljuska; školjka; granata; ljuštiti; skinuti koru; **~-fish** ljuskar

shelter [ˈʃeltə] nadstrešnica; sklonište; zakloniti (**from**)

shelve [ʃelv] *fig* staviti ad acta

shepherd [ˈʃepəd] pastir

sheriff [ˈʃerif] šerif

sherry [ˈʃeri] šeri (vino)

shield [ʃiːld] štit; štititi (**from**)

shift [ʃift] promjena; lukavština; trik; smjena (radnika); **make ~** snaći se; **make ~ to live** životariti; pomicati; mijenjati položaj; preseliti (se); skretati (*vjetar*); snaći se; **~y** lukav; nepostojan

shilling [ˈʃiliŋ] šiling

shin(-bone) [ˈʃin(boun)] goljenica (kost)

shine [ʃain] sjaj, blistanje; svijetliti; blistati

shingle [ʃiŋgl] šindra; **~d hair** kratka, podrezana ženska kosa

shiny [ʃaini] sjajan

ship [ʃip] brod; ukrcati na brod; **~ment** otprema; pošiljka; **~owner** brodovlasnik; **~ping** otprema; brodovlje; **~wreck** brodolom; **~wright** brodograditelj; **~yard** brodogradilište

shire [ʃaiə] grofovija

shirt [ʃəːt] muška košulja; **~ing** materijal za košulje

shiver [ʃivə] trijeska, krhotina; razbiti (se) u komade; drhtati; **~y** drhtav

shock [ʃɔk] udarac; sukob; duševni potres; **be ~ed at** zgražati se nad; **~absorber** amortizer; **~er** coll jeftin uzbudljivi roman; **~ing** uvredljiv; sablažnjiv; **~troops** udarne trupe

shoddy [ʃɔdi] šund; jeftin; patvoren

shoe [ʃuː] cipela; obuti; okovati; **~blacking** crno laštilo za cipele; **~horn** žlica za cipele; **~maker** postolar; **~string** Am vezica za cipele

shoot [ʃuːt] munjevita kretnja; mladica; oluk; opaliti; pucati; nicati; (**~ forth**) snimati (film); povući zasun

shooting [ʃuːtiŋ] pucanje; koji probada (bol); **go ~** ići u lov; **~star** meteor

shop [ʃɔp] dućan; radionica; pogon; **talk ~** razgovarati o stručnim stvarima, o svom poslu; **go ~ping** ići kupovati; **~keeper** trgovac (na malo); **~lifter** kradljivac po dućanima; **~ping centre** trgovačka četvrt grada; **~walker** nadglednik odjela robne kuće; **~window** izlog

shore [ʃɔː] obala; žal

short [ʃɔːt] kratak; nizak (stas); oskudan, nedovoljan; **~ wave** kratki val; **in ~** ukratko; **~s** pl kratke hlače; **~age** manjak; nestašica; **~coming** nedostatak; mana; nedovoljnost; **~dated** kratkoročan; **~en** skratiti; **~hand** stenografija; **~ly** nedavno; uskoro; **~ness** kratkoća; **~sighted** kratkovidan

shot [ʃɔt] hitac; sačma; strijelac; phot snimak; **within (out of) ~** na domet (izvan dometa)

shoulder ['ʃouldə] rame; (*i fig*) uzeti na se; staviti o rame; **put one's ~ to the wheel** dobro prionuti uz posao

shout [ʃaut] vika; vikati; vrištati

shove [ʃʌv] guranje; gurati

shovel ['ʃʌvl] lopata; lopatom grabiti

show [ʃou] pokazati; izložiti; ukazati; izložba; predstava; **~ off** isticati se; producirati se; **run the ~** *Am* imati glavnu riječ; **~-case** vitrina

shower ['ʃauə] pljusak; tuš; **~-bath** kupaonica s tušem; tuš; pljuštati; politi; obasuti; **~y** kišovit

show|room izložbeni salon; **~-window** izlog; **~y** napadan

shrewd [ʃru:d] oštrouman

shriek [ʃri:k] vrisak; zvižduk; vrištati

shrill [ʃril] vrištav; prodoran

shrimp [ʃrimp] rak; skamp

shrink [ʃriŋk] smanjiti se; skupiti se (*tkanina*); ustuknuti (**from**, **at**)

Shrove|tide ['ʃrouvtaid] poklade; **~ Tuesday**

pokladni utorak

shrub [ʃrʌb] grm

shrug [ʃrʌg] slijeganje ramenima; slegnuti ramenima

shudder ['ʃʌdə] drhtati; protrnuti; drhtaj; trnci

shuffle ['ʃʌfl] gurati; miješati (*karte*); strugati nogama

shun [ʃʌn] izbjegavati

shunt [ʃʌnt] ranžiranje; *el* odvod; ranžirati

shut [ʃʌt] zatvoriti (se); opkoliti; **~ up!** šuti! **~-down** obustava rada; **~-ter** kapak prozora; rolo; *phot* zatvor (blenda)

shuttle ['ʃʌtl] tkalački čunac; čunčić šivaćeg stroja; neprekidan lokalni saobraćaj u oba smjera

shy [ʃai] plah; baciti; **~-ness** plahost

Sicily ['sisili] Sicilija

sick [sik] bolestan (**of**); koji osjeća mučninu; sit (**of**); **~-bed** bolesnički krevet; **~-en** oboljeti; **~-fund** bolesnička blagajna

sickle ['sikl] srp

sick|-leave bolovanje; **~-ly** bolešljiv; slabašan; odvratan; **~-ness** bolest

side [said] strana; obala; stranka; **~-board** kredenc; **~-car** prikolica

motocikla; ~-light bočno svijetlo; fig slučajno objašnjenje; ~-slip mot zanašati se; aero bočno se spuštati; ~-splitting koji tjera na smijeh; ~walk Am pločnik; ~ways, ~wise postrance
siege [si:dʒ] opsada
sieve [siv] sito
sift [sift] prosijati; prorešetati
sigh [sai] uzdah; uzdisati
sight [sait] vid; vidik; pogled; prizor; catch ~ of ugledati; out of ~ izvan vidokruga; ~-seeing razgledavanje znamenitosti
sign [sain] znak; mig; cimer; potpisati
signal ['signəl] signal; osobit; signalizirati; ~-box rail skretničarska kućica
signat|ory ['signətəri] powers pl sile potpisnice; ~ure potpis
signboard ['sainbɔːd] natpis nad dućanom, cimer
significan|ce [sig'nifikəns], ~cy značenje; ~t značajan; karakterističan (of)
signify ['signifai] naznačiti; značiti; it does not ~ to nema nikakve važnosti

signpost ['sainpoust] putokaz
silen|ce ['sailəns] šutnja; ~ce! tišina!; ~cer prigušivač; mot izduvni lonac; ~t tih; šutljiv
Silesia [sai'liːziə] Šlezija
silk [silk] svila; svilen; ~en svilenast; ~y poput svile; svilenast
sill [sil] prag; daska prozora
sill|iness ['silinis] glupost; ~y glup; luckast
silver ['silvə] srebro; srebrni novac; srebrnina; posrebriti
similar ['similə] sličan
simmer ['simə] ključati; pomalo vreti
simple ['simpl] jednostavan; bezazlen
simpli|city [sim'plisiti] jednostavnost; jasnoća; ~fication pojednostavljenje; ~fy pojednostaviti
simply ['simpli] jednostavno; samo
simulate ['simjuleit] hiniti; simulirati
simultaneous [siməl'teinjəs] istodoban
sin [sin] grijeh; (sa)griješiti
since [sins] od; odonda; otkako; budući da; long ~ odavna
sincer|e [sin'siə] iskren;

~ity iskrenost

sinew ['sinjuː] tetiva; *pl* snaga; žilavost; ~y žilav; mišićav; jak

sing [siŋ] pjevati

singe [sindʒ] opržiti

singer ['siŋə] pjevač(ica)

single ['siŋgl] jedan; jedini; pojedinačan; neoženjen, neudata; ~ combat dvoboj; *tennis* igra pojedinaca; ~-breasted jednoredan (*kaput*)

singular ['siŋgjulə] neobičan; osobit; *gram* jednina

sinister ['sinistə] koban; zloslutan

sink [siŋk] (po)tonuti; uleknuti se; spustiti se; izljev, sudoper; ~ing malaksalost; ~ing-fund fond za otplatu dugova

sinner ['sinə] grešnik

sip [sip] gutljaj; pijuckati

siphon ['saifən] sifon(ska) boca

sir [səː] gospodine

siren ['saiərin] sirena

sirloin ['səːlɔin] bubrežnjak

sister ['sistə] sestra; ~-in-law šurjakinja

sit [sit] sjediti; zasjedati; ~ down sjesti; ~ up ostati budan, ne leći; ~-down strike štrajk kod kojeg radnici ne na-

puštaju radno mjesto

site [sait] položaj; gradilište

sitting ['sitiŋ] sjednica; ~-room soba za dnevni boravak

situat|ed ['sitjueitid] smješten; ~ion položaj; služba; situacija

six [siks] šest; šestica; ~fold šesterostruk; ~teen šesnaest; ~teenth šesnaesti; šesnaestina; ~th šesti; šestina; ~thly šesto; ~tieth šezdeseti; ~ty šezdeset, šezdesetica

size [saiz] veličina; obujam; format; broj (*cipela, etc*)

skat|e [skeit] klizaljka; klizati se; ~ing-rink klizalište

skeleton ['skelitn] kostur; trkaće saonice

sketch [sketʃ] skica; skicirati

ski [skiː] skija; skijati se

skid [skid] zavor; kočnica; *aero* saonice aviona; kočiti; *mot* klizati; zanašati

ski|er ['skiːə] skijaš; ~ing skijanje

skilful [skilful] vješt, spretan

skill [skil] vještina; spretnost; ~ed vješt; kvalificiran

skim (off) skidati vrhnje;

obirati (mlijeko); ~
milk obrano mlijeko

skin koža; krzno; ljuska;
oderati kožu; oguliti;
~-deep površan, plitak

skip skok; (pre)skočiti;
~per kapetan (i vlasnik)
broda; *sport* kapetan
momčadi; **~ping-rope**
uže za preskakivanje

skirmish ['skə:miʃ] okr-
šaj; ogledati se u okršaju

skirt [skə:t] suk.ja; (ob)-
rub; obrubiti

skittle ['skitl] čunj; **play
(at) ~s** kuglati se; **~
-alley** kuglana

skulk [skʌlk] skrivati se;
~er kukavica (na frontu)

skull [skʌl] lubanja

sky [skai] nebo; **~light**
prozor na krovu; **~
-line** advertising zračna
reklama; **~-scraper** ne-
boder

slab [slæb] kamena ploča

slack [slæk] labav; nena-
pet; ~ en popustiti; u-
sporiti (se); **~er** zabu-
šant; ljenčina

slag [slæg] šljaka

slake [sleik] gasiti vapno

slam [slæm] zalupiti (vra-
ta); tresnuti

slander ['slɑ:ndə] kleve-
ta(nje); (o)klevetati; **~er**
klevetnik

slang [slæŋ] slang; šatro-

vački jezik

slant [slɑ:nt] kosina; koso
položiti; nakriviti; (**~-
ing**) kos; nakriv

slap [slæp] pljuska; udariti

slash [slæʃ] udarac; (pro)-
rez

slate [sleit] pločica ili cri-
jep od škriljevca; **~-
-pencil** pisaljka od škri-
ljevca; **~r** pokrivač kro-
vova škriljevcem

slattern ['slætə:n] žena
neuredne vanjštine

slaughter ['slɔ:tə] pokolj;
(po)klati; **~-house** kla-
onica

slave [sleiv] rob; **~ry**
ropstvo

sled(ge) [sled(ʒ)] saonice;
sanjkati se

sledge(-hammer) kova-
čki bat

sleek [sli:k] gladak; ugla-
diti

sleep [sli:p] san; spavati;
~ on (*ili* over) prespa-
vati; **~ away** (*vrijeme*)
prespavati; **~ off** odspa-
vati (*mamurluk*); **~**
spavač; *rail* prag; spavaća
kola; **~iness** pospanost

sleeping|-bag vreća za
spavanje; **~-car** spavaća
kola; **~-sickness** bolest
spavanja

sleep|less ['sli:plis] besan;
~lessness besanica; **~**

-**walker** mjesečar; **~y** pospan

sleet [sli:t] solika

sleeve [sli:v] rukav

sleigh [slei] = **sled**

slender ['slendə] vitak; nježan; **~ness** vitkost

slice [slais] kriška; komad

slide [slaid] klizati; sklizati se; **let things ~** ostaviti da stvari idu svojim tokom; tobogan; *tech* šiber; **~-rule** logaritamsko računalo

sliding ['slaidiŋ] klizanje; **~ scale** pomična skrižaljka cijena; **~ seat** pomično sjedalo (*u sportskom čamcu*)

slight [slait] slab(ašan); neznatan; lagan; omalovažavati; omalovažavanje

slim vitak; slabašan

slime [slaim] sluz

sling [sliŋ] omča; petlja; povoj; zavitlati; prebaciti preko

slip (po)skliznuti se; omaknuti se; **~ on (off)** baciti na se (odbaciti) (*odjeću*), *fig* pogriješiti; **~ of paper** ceduljica; kombine; jastučnica; **~ of a girl** slabašno djevojče; **~pet** papuča; **~pery** sklizav; *fig* škakljiv

slit razrez, šlic; rasporiti

slogan ['slougən] lozinka; parola

sloop [slu:p] *mar* šalupa

slop lokva *pl* spirine; proliti; **~-basin** posuda za izlijevanje ostataka čaja

slope [sloup] obronak; padina; nagib; nagnuti; učiniti kosim

slot [slɔt] prorez, otvor za ubacivanje novca na automatu; **~-machine** automat

slouch [slautʃ] (**along**) guravo (mlitavo) hodati; **~ hat** mekan šešir

slovenly ['slʌvnli] prljav, neuredan

slow [slou] polagan, trom; **my watch is ten minutes** moj sat zaostaje 10 minuta; **~-motion picture** *film* usporena snimka

slugg|ard ['slʌgəd] lijenčina; **~ish** trom, lijen

sluice [slu:s] brana

slumber ['slʌmbə] drijem; drijemati

slump [slʌmp] *burza:* (naglo) padati; pad (*tečaja, cijena*)

slums [slʌmz] *pl* prljava gradska četvrt

slush [slʌʃ] bljuzgavica

slut [slʌt] prljava (neuredna) žena

sly [slai] lukav, prepreden; **~-boots** prefriganac

smack [smæk] udarac; okus; imati tek (**of**); pljusnuti; cmoknuti (*usnama*)

small [smɔːl] malen; slab; neznatan; **~arms** *pl* streljačko oružje; **~pox** boginje

smart [smaːt] oštar; žestok; žustar; spretan; pametan; lukav; elegantan; **he shall ~ for it** pokajat će se on za to

smash [smæʃ] smrskati; *fig* uništiti

smattering ['smætəriŋ] površno poznavanje

smear [smiə] (raz)mazati; mrlja

smell miris; mirisati

smelt taliti

smile [smail] smiješak; (na)smiješiti se

smith [smiθ] kovač

smithy ['smiði] kovačnica

smitten ['smitn] **with** pogođen

smoke [smouk] dim; **have a ~** (za)pušiti; (**~s** *pl*) duhan; **~r** pušač *rail* kola (kupe) za pušače

smoking ['smoukiŋ]: **no ~!** pušenje zabranjeno!; **~ carriage** kola za pu-

šače; **~ compartment** kupe za pušače

smoky ['smouki] koji se dimi; zadimljen

smooth [smuːð] gladak; mekan; izgladiti (**~ out**, **down**); **~ a p's path** *fig* utrti kome put; ublažiti (**i ~ down**); **~ away**, **~ over** ukloniti teškoće; **things are going on ~ly with him** sve mu ide glatko

smoulder ['smouldə] tinjati

smuggle ['smʌgl] krijumčariti; **~r** krijumčar

smut [smʌt] prljavština; mrlja (*od čađe*); **talk ~** bestidno govoriti; **~ty** prljav; nepristojan

snack [snæk] zalogaj

snail [sneil] puž

snake [sneik] zmija

snap [snæp] ugriz; škljocaj; **cold ~** val hladnoće; naglo posegnuti (**at**); **~-fastener** druker (*na haljini*); **~-shot** *phot* snimka, fotografija; snimiti

snare [snɛə] zamka

snarl [snaːl] režati

snatch [snætʃ] zgrabiti; nagli zahvat; komadić; čas; **~ at** posegnuti za

sneak [sniːk] (od)šuljati se; ukrasti

sneer [sniə] poruga; podrugivati se

sneeze [sniːz] kihati

sniff [snif] njušiti; frkati nosom **(at)**

snipe [snaip] *zool* šljuka

snob [snɔb] snob; ∼**bish** snobovski; ∼**bery** snobizam

snooze [snuːz] dremuckanje

snor|e [snɔ:] hrkanje; hrkati; ∼**t** dahtati

snout [snaut] njuška

snow [snou] snijeg; snježiti; ∼**drop** visibaba

snub [snʌb] ukoriti; otresti se

snub-nose frntast nos

snuff [snʌf] burmut; šmrkati *(burmut)*

snug [snʌg] udoban; zaklonjen

so [sou] tako; dakle; **you are tired,** ∼ **am I** ti si umoran, i ja također

soak [souk] kvasiti, (na)močiti; prodrijeti **(into)**; namakanje

soap [soup] sapun; (na)sapunati

soar [sɔ:] uzvinuti se

sob [sɔb] jecaj; jecati

sober [soubə] trijezan *(i fig)*; **sleep oneself** ∼ otrijezniti se spavanjem; otrijezniti (se)

sob-stuff [sɔbstʌf] *Am*

coll sentimentalna literatura

so-called [sou kɔːld] takozvan

sociab|ility [souʃə'biliti] društvenost; ∼**le** društven; vrsta kočije

social [souʃəl] društven; socijalan; ∼ **gathering** društvance; ∼ **insurance** socijalno osiguranje; ∼**ism** socijalizam; ∼**ist** socijalist

society [sə'saiəti] društvo

sock [sɔk] kratka čarapa; uložak za cipelu

socket ['sɔkit] tuljac; očna (zubna) šupljina; *tech* naglavak; *el* utikačka kutija

socle ['sɔkl] postolje; sokl

soda ['soudə] soda; **(∼ water)** soda voda

sodden ['sɔdn] promočen; raskvašen

sofa ['soufə] sofa

soft [sɔft] mekan; blag; tih; nježan; ∼**en** umekšati (se); ublažiti; ∼**ness** mekoća; blagost; nježnost

soil [sɔil] tlo; zemlja; uprljati

solder ['souldə] lem; lemiti; ∼**ing iron** iron

soldier ['souldʒə] vojnik; ∼**y** vojska; soldateska

sole [soul] jedini; đon; podoniti; ∼ **agent** isključivi zastupnik; *zool* list

solemn ['sɔləm] svečan; ozbiljan; **~ity** svečanost

solicit [sə'lisit] moliti; nagovarati; tražiti; **~or** odvjetnik

solid ['sɔlid] trajan; masivan; pouzdan; **leather** jedra koža; **~ity** čvrstoća; pouzdanost

solit|ary ['sɔlitəri] osamljen; **~ude** osamljenost

solstice ['sɔlstis] solsticij

solub|ility [sɔlju'biliti] topivost; **~le** topiv

solution [sə'lu:ʃən] otopina; rješenje

solve [sɔlv] (raz)riješiti; **~ncy** sposobnost plaćanja; **~nt** solventan

some [sʌm] neki; nekakav; nešto; **~body** netko; **~how** nekako; **~thing** nešto; **~time** nekad; **~times** katkada; **~what** nešto; prilično; **~where** negdje; bilo kamo

son [sʌn] sin

song [sɔŋ] pjesma; pjev(anje)

son-in-law zet

sonor|ous [sə'nɔ:rəs] zvučan; **~ity** zvučnost

soon [su:n] skoro; (u)brzo; rado; **~er** prije; no **~er** said than done

rečeno, učinjeno

soot [sut] čađa

soothe [su:ð] (u)miriti; ublažiti

sooty ['suti] čađav

sorcer|er ['sɔ:sərə] čarobnjak; **~ess** čarobnica; **~y** čarobnjaštvo

sore [sɔ:] ranjav; bolan; osjetljiv; ranjavo mjesto; **~ throat** grlobolja; **~ness** osjetljivost

sorrow ['sɔrou] žalost;

sorry ['sɔri] žalostan; zabrinut (**I am**) so **~!** žao mi je!; oprostite!; **I am ~ for you** žao mi vas je

sort [sɔ:t] vrsta; kakvoća; način; razvrstati

S. O. S. radiotelegrafski poziv u pomoć brodu (ili avionu) u nevolji

soul [soul] duša; **~less** bezdušan

sound [saund] zdrav; neoštećen; čvrst (*san*); zvuk; glas; sonda; zvučati; ječati; sondirati; *mar* mjeriti dobinu; **~ film** zvučni film; **~ news** zvučne novosti; **~ wave** zvučni val; **~-box** zvučna kutija (*gramofona*); **~(ing)-board** rezonator; **~less** bezvučan; **~-proof**, **~-tight** neprobojan za zvuk

soup [su:p] juha

sour ['sauə] kiseo; ogorčen; ogorčiti

source [sɔ:s] izvor; podrijetlo

souse [saus] (u)soliti

south [sauθ] jug; južni; južno; ~**east** jugoistok

souther|ly ['sʌðəli], ~**n** južni; ~**ner** južnjak; *Am* stanovnik južnih država

south-west jugozapad; jugozapadni

sovereign ['sɔvrin] vrhovni; nenadmašiv; suveren; zlatnik od jedne funte sterlinga

Soviet ['souviət] Sovjet

sow [sau] krmača; [sou] (za)sijati

spa [spa:] ljekovito kupalište

spac|e [speis] prostor; razmak; svemir; ~**ious** prostran

spade [speid] lopata

Spain [spein] Španija

span [spæn] razmak; *archit*, *aero* raspon; luk; premostiti

spangle ['spæŋgl] „fliter"

Spani|ard ['spænjəd] Španjolac; ~**sh** španjolski

spanner ['spænə] ključ za matice

spare [spεə] oskudan; mršav; rezervni; ~**(bed-)room** soba za

gosta; (~ **part**) rezervni dio; ~ **time** slobodno vrijeme; štedjeti; odstupiti; biti bez čega; pregorjeti što; to ~ suvišan

spark [spa:k] bljesak; iskra; iskriti se; ~**ing-**(*Am* ~)**plug** svjećica; ~**le** blistati se; iskriti se; pjenušati se; ~**ling wine** pjenušavo vino

sparrow ['spærou] vrabac

spasm [spæzəm] grč; ~**odic(al)** grčevit

spatter ['spætə] (po)prskati

spatula ['spætjulə] lopatica

speak [spi:k] govoriti (to); ~ **out** glasno govoriti; ~**er** govornik; predsjedatelj

speaking ['spi:kiŋ] koji govori; izražaja; **to be on ~ terms with** imati s kim površno poznanstvo; *tel* Brown ~ ovdje Brown

spear [spiə] koplje; sulica

special ['speʃəl] osobit; poseban; posebno; poseban vlak; ~**ist** stručnjak; specijalist; ~**ize** specijalizirati se (**in**, *Am* **on**)

specif|ic [spi'sifik] specifičan; ~**ication** specifikacija; ~**y** pobliže označiti

specimen ['spesimin] u-
zorak, primjerak

speck [spek] mrlja; posuti
mrljicama

specs [speks] *coll* naočale

spectacle ['spektəkl] pri-
zor; **(a pair of) ~s** *pl*
naočale

spectator [spek'teitə] gle-
dalac

speculate ['spekjuleit]
mozgati ([up]on); spe-
kulirati

speech [spi:tʃ] govor;
~less zanijemio

speed [spi:d] brzina; žur-
ba; *mot* brzina; žuriti se;
~ up ubrzati; **~-limit**
najveća dopuštena brzina;
~ometer *mot* brzino-
mjer; **~y** brz

spell vrijeme (rada); čas-
ak; čarolija; razdoblje;
sricati, izgovarati slovo
po slovo; **~-bound** *fig*
začaran

spelling ['spelin] pravo-
pis; **~-book** početnica

spend (po)trošiti (novac);
provoditi (vrijeme); po-
tratiti; **~thrift** rasipnik

sphere [sfiə] zemaljska
kugla; sfera

spice [spais] mirodija; za-
čin; začiniti

spick and span ['spikən-
'spæn] nov novcat; vrlo
uredan

spider ['spaidə] pauk

spike [spaik] klin; šiljak;
bot klas; pribosti

spill proliti; prosuti

spin presti; vrtjeti; okre-
tati se; *aero* strmoglaviti
se okrećući se oko svoje
osi

spinach ['spinidʒ] špi-
nat

spinal ['spainl] hrptenični;
~ cord (marrow) kič-
mena moždina

spindle ['spindl] vreteno

spine [spain] kičma; trn

spinning|**-mill** predioni-
ca; **~-wheel** kolovrat

spinster ['spinstə] usidje-
lica

spirit ['spirit] duh; duša;
raspoloženje; tempera-
ment; (*motor~*) benzin;
pl alkoholna pića; **in
high (low) ~s** dobro
(loše) raspoložen; **~ed**
živahan; temperamentan;
~ism spiritizam; **~ist**
spiritist; **~ual** duševni;
duhovni; **~ualize** pro-
duhoviti

spirt [spə:t] šiknuti

spit ražanj; pljuvačka;
nabosti na ražanj; plju-
vati; puhati (*mačka*)

spite [spait] pakost; **in ~
of** usprkos; **~ful** zloban;
pakostan

spittle ['spitl] pljuvačka;

~oon [~'tu:n] pljuvač-
nica

splash [splæʃ] štrcaj; mrlja
(od blata etc); (po)prskati;
~-board blatobran

spleen [spli:n] slezena;
sjeta

splend|id ['splendid] sja-
jan, divan; **~our** sjaj;
veličanstvenost

splint *med* šinja; **~er** iver;
krhotina

split pukotina; raskol;
raskoliti (se); odcijepiti;
podijeliti; **~ one's sides**
pucati od smijeha; **~-
ting** jak, žestok

splutter ['splʌtǝ] pljucka-
ti; pištati; *mot* kašljati

spoil [spɔil] plijen; **~s
system** *pol* sistem, po
kojem mjesta u upravi
dobivaju članovi stranke
koja je pobijedila na iz-
borima; (o)pljačkati; po-
robiti; pokvariti, raz-
maziti; **~-sport** kvarilac
raspoloženja

spoke [spouk] žbica

sponge [spʌndʒ] spužva;
(o)čistiti spužvom; muk-
tašiti; **~-cake** meki ko-
lač, biskvit

sponsor ['spɔnsǝ] jamac;
Am pokrovitelj; kumo-
vati; financirati

spontaneous [spǝn'tei-
njǝs] spontan; dobrovo-

ljan

spool [spu:l] kalem; špula;
namatati na kalem

spoon [spu:n] žlica; gra-
biti žlicom; **~ful** žlica,
količina koja stane u
žlicu

sport [spɔ:t] sport; zaba-
va; šala; *(i good ~)*
zgodan momak; igrati
se; **~ing** sportski; **~s-
man** sportaš; lovac; **~s-
wear** sportska odjeća;
~swoman sportašica

spot [spɔt] mrlja; mjesto;
tačka; (za)mrljati; **~ted
fever** pjegavac; **~less**
bez mrlje; **~-light** *theat
mot* reflektor; *fig* in the
~light u središtu pažnje

spout [spaut] njuška; kljun
(posude); briznuti

sprain [sprein] iščašenje;
iščašiti

sprat [spræt] *zool* sledjica

sprawl [sprɔ:l] izvaliti se

spray [sprei] raspršiti;
~er štrcalo; raspršivač

spread [spred] *(i ~ out)*
(ra)širiti; protezati (se);
presvući; prekriti; (na)-
mazati; pružanje; raspon;
jelo za mazanje *(na kruh)*

sprig [sprig] grančica; izdanak;
čavlić; klin

sprightly ['spraitli] živa-
han

spring [spriŋ] (od)skok;

opruga; izvor; proljeće; (po)skočiti; proizlaziti (**from**); **~–board** odskočna daska; **~–mattress** madrac na opruge; **~–tide** plima (*za mlada i uštapa*); proljeće; **~y** *tech* elastičan

sprinkle ['spriŋkl] (po)škropiti; **~r** prskalica; kanta za zalijevanje

sprint sprint; sprintati; **~er** kratkoprugaš

sprout [spraut] nicati; klica

spur [spə:] ostruga; podbosti (*konja*)

spurt [spə:t] napregnuti sve sile; kratak napor; ubrzavanje

spy [spai] špijun; uhoditi, špijunirati; **~–glass** dalekozor

squabble ['skwɔbl] prepirka; prepirati se; **~r** svadljivac

squadron ['skwɔdrɔn] odred; eskadra

squall [skwɔ:l] vrisak; udar vjetra; vrisnuti; **~y** olujan

squander ['skwɔndə] tratiti, rasipati

square [skwɛə] četverokutan; pošten; namiren; koji se uzajamno slaže (**with**); kvadrat, četverokut; trg; izravnati; namiriti; **~–**

built plećat; **~ mile** kvadratna milja

squash [skwɔʃ] kaša; voćni sok; zgnječiti

squat [skwɔt] čučati; koji čuči

squeak [skwi:k] cičati; škripiti

squeeze [skwi:z] stisnuti (se); gnječiti; stisak; stiska

squib [skwib] *vatromet:* žabica; rugalica

squint [skwint] škiljiti

squire ['skwaiə] posjednik

squirrel ['skwirəl] vjeverica

squirt [skwə:t] štrcaljka; mlaz

S. S. = steamship

St. = Saint; street

stab [stæb] (u)bod; (u)bosti

stabili|ty [stə'biliti] stabilnost; **~zation** stabilizacija; **~ze** stabilizirati; **~zer** stabilizator

stabl|e ['steibl] stabilan; postojan; staja; **~ing** smještanje u staju

stack [stæk] stog; hrpa; skladište; složiti u hrpu

staff [sta:f] štap; štab; osoblje

stag [stæg] *zool* jelen

stage [steidʒ] pozornica, mjesto zbivanja; stadij; **~–box** proscenijska loža;

∼-fright trema; **∼-manager** režiser

stagger ['stægə] teturati; posrtati

stagnant ['stægnənt] ustajao; koji stagnira

stag-party muško društvo

stain (stein) mrlja; (za)mrljati; obojiti; **∼less** neokaljan; koji ne rđa (čelik)

stair [stɛə] stepenica; *pl* stube; **∼-case**, *Am* **∼-way** stubište

stake (steik) kolac; uložak (*u igri*); uložiti novac (*u igru*); **be at ∼** biti na kocki

stale (steil) star (*ne svjež*); ustajao; zagušljiv; istrošen

stalk [stɔːk] stabljika; stalak čaše; šepiriti se

stall [stɔːl] štand; sajamski šator; *theat* sjedalo u parketu

stammer ['stæmə] mucati; mucanje

stamp [stæmp] žig; marka; otisak; biljeg; (z)gaziti; tapkati; žigosati; frankirati; **∼-duty** biljegovina

stand [stænd] stajati; nalaziti se; izdržati; zastoj; stajalište; stalak; štand; **it ∼s to reason that** ... logično je da...; **∼ up**

ustati; **∼ up for** zauzeti se za; **∼ one's ground** zadržati svoj stav; **∼ a p a th** častiti koga nečim

standard ['stændəd] stijeg; zastava; valuta; norma; jedinstvena mjera; standard; standardan; **∼ of living** životni standard; **∼ lamp** stojeća lampa; **∼ization** normiranje; **∼ize** normirati

standpoint stajalište

standstill mirovanje

stand-up ['stændʌp]: **∼ collar** uspravan ovratnik; **∼ fight** poštena borba

star [staː] zvijezda; *theat* star; **∼s and stripes** zastava SAD; *theat* igrati glavnu ulogu; gostovati

starboard ['staːbəd] desna strana (*broda*)

starch [staːtʃ] škrob; škrobiti

stare [stɛə] ukočen pogled; buljiti (**at**)

starling ['staːliŋ] *zool* čvorak

start [staːt] polazak; start; početak; prednost; skočiti; krenuti; poći; početi; pokrenuti (*mašinu*); **∼er** *sport* onaj koji daje znak za početak natjecanja; *mot* pokretač; anlaser; **∼ing point** polazna tačka

startl|e ['sta:tl] preplašiti; **~ing** koji zapanjuje

starv|ation [sta:'veiʃən] gladovanje, smrt od gladi; **~e** izgladnjeti

state [steit] stanje; prilike; država; navoditi; ustanoviti; izjaviti; **~liness** dostojanstvo; **~ly** svečan, dostojanstven; **~ment** izjava; prikaz; konstatacija; (**~ment of account**) izvadak (iz računa); **~-room** luksuzna kabina; **~sman** državnik

station ['steiʃən] stajalište; mjesto; stanica; **~ary** nepokretan; stacioniran; **~er** trgovac pisaćim priborom; **~ery** papirnata roba i pisaći pribor; **~-master** šef stanice; **~-waggon** Am mot karavan

statistic|al [stə'tistikəl] statistički; **~s** pl statistika

statue ['stætju:] kip, statua

stature ['stætʃə] stas, uzrast

statute ['stætju:t] statut, zakon

stave [steiv] dužica (bačve); strofa

stay [stei] boravak; (**a pair of**) **~s** pl steznik; ostati; boraviti; **~ away** izostati; **~ing power**

izdržljivost; **~-at-home** čovjek koji stalno sjedi kod kuće; **~er** sport konj, koji izdrži trku do kraja

stead [sted] mjesto; **in his ~** namjesto njega; **~fast** postojan; čvrst; **~iness** stalnost; **~y** stalan; čvrst; stabilan; pouzdan; nepokolebljiv

steak [steik] odrezak; šnicla

steal [sti:l] (u)krasti; šuljati se; **~ into** ušuljati se

stealth [stelθ]: **by ~** kradomice; **~y** kradomičan

steam [sti:m] para; ispustiti paru; pušiti se; **~-boiler** parni kotao; **~-engine** parni stroj; **~er, ~ship** parobrod; **~-tug** parni tegljač

steel [sti:l] čelik; (o)čeličiti; **~ engraving** čeličorez; **~-clad** opkoljen čelikom

steep [sti:p] strm; pretjeran; namakati; močiti; fig zadubiti se

steeple ['sti:pl] (šiljast) toranj; **~chase** utrka sa zaprekama

steepness ['sti:pnis] strmina

steer [stiə] kormilariti; **~able** koji se dade upravljati; **~age** među-

palublje; **~ing (gear)**
uređaj za pokretanje kormila

stem deblo; stabljika;
mar pramac broda; suprostaviti se

stench [stentʃ] smrad

stencil ['stensl] matrica

stenographer [ste'nɔgrəfə] stenograf

step korak; stepenica; stupati; koračiti; **~father**
očuh

stepney ['stepni] *mot* rezervni točak

sterile ['sterail] neplodan,
sterilan

sterling ['stəːliŋ]: **a
pound ~** funta sterlinga

stern [stəːn] ozbiljan;
mrk; krma; **~ness** ozbiljnost; strogost

stevedore ['stiːvidɔː] *mar*
lučki radnik

stew [stjuː] pirjati, dinstati

steward ['stjuəd] upravitelj imanja; konobar;
stjuard; redatelj kod priredbi; **~ess** stjuardesa

stick [stik] štap, palica;
šipka pečatnog voska;
zapeti; zalijepiti (se) (to);
~ing-plaster flaster;
~y ljepljiv; odvratan

stiff [stif] ukočen; krut; naporan; jak (*piće*); **~en** ukočiti (se), ukrutiti (se)

stifle ['staifl] ugušiti (se)

still miran; još (uvijek);
ipak; umiriti; **~ness** tišina

stimul|ant ['stimjulənt]
stimulativan; stimulans;
~ation poticanje; podražaj

sting [stiŋ] žalac; ubod;
ubosti; *fig* zaboljeti

stingy ['stindʒi] škrt; oskudan

stink [stiŋk] smrad; smrdjeti (**of**)

stint ograničenje; škrtariti čime; stegnuti koga

stipulat|e ['stipjuleit] ugovoriti; uglaviti; **~ion**
pogodba; klauzula

stir [stəː] kretanje; *fig* živahnost; (po)kretati (se);
miješati; **~ up** uzbuditi

stirrup ['stirəp] stremen

stitch [stitʃ] (u)bod iglom;
očica; šiti; prošiti

stock panj; deblo; rod;
zaliha; (temeljna) glavnica; *pl* dionice; državni
papiri; **in ~** na zalihi;
na skladištu; **~-breeder**
stočar; **~-broker** burzovni mešetar; **⪼ Exchange** efektna burza;
~holder *Am* dioničar

stockinet ['stɔkinet] triko

stocking ['stɔkiŋ] čarapa;
~-weaver tkalac čarapa

stock-|jobber ['stɔkdʒɔbə] burzovni mešetar; **~-taking** inventura

stoic ['stouik] stoički; stoik

stoke [stouk] poticati vatru; **~r** ložač

stolid ['stɔlid] ravnodušan; tup

stomach ['stʌmək] želudac

stone [stoun] kamen; koštica; kamenovati; vaditi koštice; **~-blind** posve slijep; **~-dead** posve mrtav; **~-mason** klesar

stony ['stouni] kamenit; *fig* od kamena

stool [stu:l] stolac bez naslona; stolica

stoop [stu:p] sagnuti se

stop [stɔp] zapušiti; zaustaviti; zatvoriti; (s)priječiti; obustaviti (*isplatu*); stati; prestati; zastoj; pauza; prestanak; **~-gap** pomoć u nuždi; zakrpa; **~page** začepljenje; zaustavljanje; obustava; zadržavanje; prekid; **~page of current** prekid struje; **~ping** plomba; **~-press news** vijesti ubačene nakon zaključenja redakcije lista; **~-watch** štoperica

storage ['stɔ:ridʒ] pohrana; skladišnina; **~ battery** akumulator

store [stɔ:] zaliha; *i pl*: skladište; žitnica; *Am* dućan; (*pl*) robna kuća; **~ up** nagomilati; **~-house** skladište; **~-keeper** skladištar; *Am* vlasnik dućana; **~room** magazin

storied ['stɔ:rid] s ... katova

stork [stɔ:k] *zool* roda

storm [stɔ:m] oluja; juriš; bjesnjeti; **~y** olujni

story ['stɔ:ri] povijest; pripovijetka; kat, sprat; **short ~** novela; **~-teller** pripovjedač; lažljivac

stout [staut] jak; krupan, debeo; hrabar; **~-hearted** odvažan; **~ness** snaga; *sport* izdržljivost

stove [stouv] peć

stow [stou] tovariti; **~-away** slijepi putnik

straight [streit] ravan; ispravan; **~ on** na ravno naprijed; **put ~** dovesti u red; **~en (out)** izravnati; ispraviti; **~-forward** pošten; izravan

strain [strein] naprezanje; napor; podrijetlo; (pre)napeti; naprezati; *med* iščašiti; procjedivati; **~er** cjedilo; filter

strait [streit] tjesnac; *pl* škripac; **~en** ograničiti; **~-jacket** luđačka košulja; **~-laced** uskogrudan; puritanski

strand [strænd] obala, žal; nasukati se

strange [streindʒ] stran; čudan; **~r** stranac

strangle ['stræŋgl] (za)daviti

strap [stræp] remen; pojas; kožna omča; pričvrstiti remenom; **~-hanger** putnik koji stoji držeći se za remen (u tramvaju etc)

stratagem ['strætidʒəm] (ratna) lukavština

strateg|ic(ally) [strə'tiːdʒik(əli)] strateški; **~y** ['strætidʒi] strategija

straw [strɔː] slama; **~ hat** slamnat šešir; **~berry** jagoda

stray [strei] (za)lutati; zastraniti

streak [striːk] pruga, trak; isprugati; **~y** isprugan mesom (o slanini)

stream [striːm] potok; rječica; rijeka; struja(nje); strujati; teći, curiti; lepršati; **paper ~** papirnata zmija (vrpca); **~-lined** koji ima aerodinamičnu liniju

street [striːt] ulica

strength [streŋθ] snaga, moć; **on the ~ of** na osnovu čega; **~en** (po)-

jačati; (pot)krijepiti

strenuous ['strenjuəs] neumoran; naporan

stress pritisak, naglasak; naglasiti

stretch [stretʃ] ispružiti (se); protezati (se); rastegnuti; rastezanje; komad puta; **~er** rastezalo; nosila

strew [struː] (po)sipati

stricken ['strikən] udaren; pogoden; obolio **(with)**

strict [strikt] strog; tačan

stride [straid] prekoračiti; (dugačak) korak

strike [straik] pogoditi; udariti; tući; spustiti jedro; složiti šator; štrajkati; zapaliti šibicu; pasti u oči; **~ home** pogoditi cilj (i fig); **~ out** precrtati; **~ up** zasvirati; štrajk; **be (go) on ~** štrajkati; **~-breaker** štrajkolomac

striking ['straikiŋ] napadan; izrazit; dojmljiv

string [striŋ] vrpca; uzica; konopac; **the ~s** gudački instrumenti; **pull the ~s** biti nevidljivi pokretač; napeti; (na)nizati (bisere etc); **~-band** gudački orkestar; **~y** vlaknat; žilav

strip svući (se); lišiti **(of)**; tech rastaviti

stripe [straip] pruga; is-
prugati

strive [straiv] težiti **(after,
for)**; truditi se; boriti se
(against)

stroke [strouk] udarac;
kap; hod klipa; potez
(perom, kistom); odbijanje
sata; (po)gladiti

stroll [stroul] lutati; še-
tati; šetnja

strong [strɔŋ] jak; snažan;
energičan; težak; **∼-box**
čelična blagajna; **∼-hold**
tvrđava *fig* uporište

structure ['strʌktʃə] građa; struktura

struggle ['strʌgl] boriti
se; naprezati se; otimati
se; borba; otimanje

strut [strʌt] šepiriti se;
šepirenje; kosi potporanj

stubble ['stʌbl] strn; str-
nište

stubborn ['stʌbən] tvrdo-
glav; nepopustljiv

stuck-up ['stʌk'ʌp] uo-
bražen

stud [stʌd] dugme ovrat-
nika ili manšete

student ['stju:dənt] stu-
dent; **∼ship** stipendija

studied ['stʌdid] usiljen;
promišljen

studio ['stju:diou] atelje

studious ['stju:djəs] mar-
ljiv; brižan; revnosan
(to)

stuff [stʌf] građa; tvar;
sukno; glupa stvar; (na)-
trpati; **∼ing** punjenje;
nadjev; materijal za ta-
peciranje; **∼y** zagušljiv;
sparan

stumble ['stʌmbl] spo-
taknuti se; **∼ upon** na-
basati na

stump [stʌmp] panj; batr-
ljak; *Am* držati prediz-
borne govore; *coll* zbu-
niti; teško gaziti; **∼y**
zdepast; **∼y umbrella**
kratak kišobran (koji se
može složiti)

stun [stʌn] zaglušiti

stunt [stʌnt] *Am* majsto-
rija; ekshibicija; novinska
senzacija; akrobacija

stupe|faction [stju:pi-
'fækʃən] zaprepašćenje;
∼fy zapanjiti; zaglupiti

stupendous [stju:'pendəs]
koji zapanjuje

stupid ['stju:pid] glup;
tup; **∼ity** glupost

sturdy ['stə:di] krepak;
jak; krupan

sturgeon ['stə:dʒən] *zool*
jesetra

stutter ['stʌtə] mucati

sty [stai] svinjac; ječme-
nac na oku

styl|e [stail] stil; način ži-

vota; **under the ~ of**
pod firmom; osloviti;
titulirati; **~ish** stilski;
elegantan

subaltern ['sʌbltən] niži
oficir

sub|committee ['sʌbkə-
miti] pododbor; **~con-
sciousness** podsvijest

subdivi|de [sʌbdi'vaid]
još (se) dalje dijeliti;
~sion podvrsta

subdue [səb'dju:] pod-
vrgnuti; obuzdati; pri-
gušiti (*svijetlo*)

subhead(ing) ['sʌbhed-
(iŋ)] podnaslov

subject ['sʌbdʒikt] poda-
nik; subjekt; sadržaj;
predmet; podložan; **~
to change without no-
tice** pridržano pravo
promjene; [səb'dʒekt]
podvrgnuti; izložiti

sublime [sə'blaim] uzvi-
šen

sub|machine gun [sʌb-
m'ə'ʃi:n gʌn] automat
(ručna strojna puška);
~marine podmorski;
podmornica

submerge [səb'mɔ:dʒ] u-
roniti

submiss|ion [səb'miʃən]
pokornost; podnošenje
na uvid; **~ive** poko-
ran

submit [səb'mit] podvrći

(se) pokoriti se; predlo-
žiti; trpjeti

subordinate [səb'ɔ:dnit]
podređen

subscribe [səb'skraib] pot-
pisati; upisati prilog u
novcu; pretplatiti se
(for); **~r** potpisnik; *tel*
pretplatnik

subscription [səb'skrip-
ʃən] potpis(ivanje); pret-
plata

subsequent ['sʌbsikwənt]
slijedeći; kasniji **(to)**;
~ly kasnije

subsid|e [səb'said] uto-
nuti; spustiti se; staložiti
se; **~iary** dopunski;
pomoćni; **~iary com-
pany** podružnica; **~ize**
subvencionirati; **~y** nov-
čana potpora

subsist [səb'sist] postojati;
živjeti; **~ence** postoja-
nje; sredstva za život

substance ['sʌbstəns] sup-
stanca; bit

substantial [səb'stænʃəl]
bitan; hranjiv; krepak;
znatan

substitute ['sʌbstitju:t]
nadomjestiti **(for)**; za-
mijeniti; nadomjestak;
zamjenik

sub|structure ['sʌbstrʌk-
tʃə] podgradnja; **~ten-
ant** podstanar; **~terfuge**
izlika

subterranean [sʌbtə'rein-jən] podzeman

subtle [sʌtl] fin; nježan

subtract [sʌb'trækt] oduzimati; odbijati

suburb [sʌbə:b] predgrađe; ∼an [sə'bə:bən] predgradski

subversion [sʌb'və:ʃən] prevrat; subvezija

subway [sʌbwei] podvožnjak; Am podzemna željeznica

succeed [sək'si:d] slijediti; uspjeti; poći za rukom

success [sək'ses] uspjeh; ∼ful uspješan; ∼ion slijed; nasljedstvo; ∼ive uzastopan; ∼or nasljednik

succulent ['sʌkjulənt] sočan

succumb [sə'kʌm] podleći

such [sʌtʃ] takav; taj; ∼ a man takav čovjek; no ∼ thing ništa takva; ∼ is life takav je već život

suck [sʌk] (u)sisati; ∼ in usisati; ∼ out isisati; ∼ing pig odojak; ∼le dojiti

suction ['sʌkʃən] pump sisaljka (pumpa za vodu)

sudden ['sʌdn] iznenadan; (all) of a ∼ (sasvim) iznenada

suds [sʌdz] pl sapunica

sue [sju:] tužiti sudu (for); (iz)moliti (for)

suède [sweid] fini antilop

suet [sjuit] loj

suffer ['sʌfə] trpjeti (from); pretrpjeti; podnositi; ∼ance patnja; ∼er patnik; ∼ing patnja

suffice [sə'fais] dostajati

sufficien|cy [sə'fiʃənsi] dostatnost; ∼t dostatan

suffocat|e ['sʌfəkeit] (u)gušiti (se); ∼ive zagušljiv

suffrage ['sʌfridʒ] pravo glasa

sugar ['ʃugə] šećer; (za)šećeriti

suggest [sə'dʒest] predložiti; sugerirati; ∼ion poticaj; prijedlog; savjet; ∼ive koji ukazuje (of); sugestivan; dvomislen (šala)

suicide ['sjuisaid] samoubojstvo; samoubojica

suit [sju:t] odijelo; kostim; parnica; kartanje: boja; pristajati; dobro stajati; ∼ed pogodan; ∼able prikladan (∼ to, for); ∼-case (ručni) kovčeg; ∼e [swi:t] (redo)slijed; ∼e of rooms apartman; ∼or prosac; tužitelj

sulky ['sʌlki] *sport* kola za kasačke trke; mrzovoljan

sullen ['sʌlən] mrk; zlovoljan; prkosan

sulphur ['sʌlfə] sumpor

sult|riness ['sʌltrinis] sparina; ~ry sparan

sum [sʌm] suma, svota; bit; sadržaj; zbrajati

summar|ize ['sʌməraiz] ukratko prikazati; ~y rezime

summer ['sʌmə] ljeto

summit ['sʌmit] vrh(unac)

summon ['sʌmən] pozvati; sazvati; ~s poziv; poziv na sud

sun [sʌn] sunce; sunčati (se); ~beam sunčana zraka; ~burn opeklina od sunca; ~burnt opaljen od sunca; ~ day ['~di] nedjelja; ~-dial sunčana ura; ~-down *Am* zalaz sunca

sundries ['sʌndriz] razna roba; izvanredni izdaci

sun|-glasses naočale protiv sunca; ~-helmet tropski šljem

sunken ['sʌŋkən] uleknut; upao (*obrazi*, *etc.*)

sun|rise ['sʌnraiz] izlazak sunca; ~set zalazak sunca; ~shade suncobran; ~shine sunčev sjaj; ~-

stroke sunčanica; ~-up izlazak sunca

super|abundant [sju:pərə'bʌndənt] preobilan; ~annuation starosna penzija

superb [sju:'pə:b] sjajan

super|ficial [sju:pə'fiʃəl] površan; ~fluous suvišan; ~human nadčovječni; ~intend nadzirati; ~intendence nadziranje

superior [sju:'piəriə] gornji; viši; nadmoćniji; bolji po kakvoći; pretpostavljeni; ~ity nadmoćnost

super|man ['sju:pəmən] nadčovjek; ~numerary prekobrojan; ~scription natpis; naslov; ~stition praznovjerje; ~structure nadgradnja; ~tax dodatni porez (*na dohodak*); ~vision nadzor

supper ['sʌpə] večera; the (Lord's) ~ pričest

supplant [sə'plɑ:nt] istisnuti; izgurati

supple ['sʌpl] gibak; savitljiv; ~ness spisovan

supplement ['sʌpliment] dopuna, dodatak; ~ary dopunski; naknadni; take a ~ary ticket nadoplatiti voznu kartu

suppl|ier [sə'plaiə] opskrbljivač; ~**y** dovoz; zaliha; *com* ponuda; ~**y** opskrbljivati **(with)**; nadoknaditi (*nedostatak*); dobavljati

support [sə'pɔ:t] potpora (*i fig*); *tech* potporanj; uložak (*za cipele*); oslonac; podupirati (*i fig*); uzdržavati; podnositi; ~**able** podnošljiv

suppos|e [sə'pouz] smatrati; pretpostavljati; ~**ition** pretpostavka

suppress [sə'pres] ugušiti; ~**ion** ugušenje

suprem|acy [sju'preməsi] nadmoć; prevlast; ~**e** vrhovni, najviši

surcharge [sə:'tʃa:dʒ] preopteretiti; nadoplata; porto

sure [ʃuə] siguran; pouzdan; **make** ~ uvjeriti se **(of)**; ~**ly** sigurno; ~**ness** sigurnost; ~**ty** jamac

surface ['sə:fis] površina

surge [sə:dʒ] velik talas; talasati se

surge|on ['sə:dʒən] kirurg; ~**ry** kirurgija; ordinacija

surly ['sə:li] mrzovoljan

surmise [sə:'maiz] nagađati; slutiti

surmount [sə:'maunt]

prijeći; svladati

surplus ['sə:pləs] (su)višak

surprise [sə'praiz] iznenađenje; iznenaditi; prepasti

surrender [sə'rendə] predaja; predati (se); izručiti

surround [sə'raund] okruživati; ~**ings** *pl* okolina

surtax ['sə:tæks] dodatni porez (na dohodak)

survey [sə'vei] pregledati; razgledati; izmjeriti (*zemlju*); ['~] pregled; ~**or** nadglednik; geometar

surviv|e [sə'vaiv] preživjeti; ~**or** onaj koji je preživio

susceptibility [səseptə-'biliti] osjetljivost

suspect [səs'pekt] sumnjati; osumnjičiti; slutiti; ['sʌs] sumnjivac

suspend [səs'pend] objesiti; obustaviti isplatu; suspendirati; ~**ers** *pl* podvezice (halteri) za čarape; *Am* naramenice za hlače

suspense [səs'pens] neizvjesnost

suspension [səs'penʃən] vješanje; odgoda; ~ **bridge** viseći most

suspic|ion [səs'piʃən] sumnja; ~**ious** sumnjičav; sumnjiv

sust|ain [səs'tein] podupirati; izdržati; podnositi gubitak; **~enance** ['sʌstinəns] uzdržavanje; hranjenje

swaddling ['swɔdliŋ] **clothes** pl pelene, povoji

swagger ['swægə] šepiriti se; razmetati se; hvalisati se

swallow ['swɔlou] zool lastavica; ždrijelo; gutljaj; (pro)gutati; opozvati izjavu

swamp [swɔmp] močvara

swan [swɔn] zool labud

swarm [swɔːm] roj; vrvjeti (**with**)

sway [swei] njihanje; upliv; (pre)vlast; njihati; (pre)vladati

swear [swɛə] kleti (se); **~ in** zaprisegnuti

sweat [swet] znoj; znojiti se; **~er** džemper; **~ing system** sistem iskorišćavanja (radnika)

Swed|en ['swiːdn] Švedska; **~ish** švedski

sweep [swiːp] (po)mesti; goniti; **make a clean ~ of** potpuno se osloboditi koga ili čega; dimnjačar; **~er** pometač; stroj za metenje ulica; **~ing** dalekosežan; poletan; **~ings** pl smeće

sweet [swiːt] sladak; ugo-dan; ljubak; **have a ~ tooth** biti sladokusac; **~s** pl slastice, bonboni; **~en** zasladiti; **~heart** dragi, draga; **~ish** slatkast; **~ness** slatkoća; dražest; svježina

swell [swel] oticati; elegantan; otmjen; fin; veliki gospodin; dama; **~ing** oteklina

swerve [swɔːv] skrenuti; zastraniti

swift [swift] brz; **~ness** brzina

swim [swim] plivati; **~ming** plivanje; **~ming-pool** bazen za plivanje

swindle ['swindl] prevariti (**out of**); prijevara; **~r** varalica

swine [swain] svinja

swing [swiŋ] njihati (se); visjeti; okretati se; zamah; njihanje; **in full ~** u punom zamahu

swirl [swɔːl] kovitlati se; vrtlog; vir

swish [swiʃ] zvižďati; šibati

Swiss [swis] švicarski; Švicarac, Švicarka; **the ~** pl Švicarci

switch [switʃ] rlw skretnica; el prekidač; rlw skrenuti na drugi kolosijek; el **~ on** uključiti;

~ **off** isključiti; ~ **over**
prebaciti se na; promije-
niti smjer; ~-**board**
razvodna ploča; kućna
telefonska centrala
Switzerland ['switsǝlǝnd]
Švicarska
swoon [swuːn] nesvjesti-
ca; onesvijestiti se
sword [sɔːd] mač
syllable ['silǝbl] slog
symbol ['simbǝl] simbol;
~**ic(al)** simboličan
symmetry [si'mitri] si-
metrija
sympath|etic [simpǝ'θe-
tik] suosjećajan; ~**ize**
suosjećati; slagati se; ~**y**
sućut
symphony ['simfǝni] sim-
fonija

symptom ['simptǝm]
simptom
synagougue ['sinǝgɔg] si-
nagoga
synchronize ['siŋkrǝnaiz]
vremenski uskladiti; sin-
hronizirati
syndicate ['sindikit] sin-
dikat
synonymous [si'nɔnimǝs]
istog značenja, sinoni-
man
synthes|is ['sinθisis] sin-
teza; ~**ize** tech umjetno
proizvesti
syringe [si'rindʒ] štrcalj-
ka; (u)štrcati
syrup ['sirǝp] sirup
system ['sistim] sistem;
~**atic(al)** sistematski;
planski

T

table ['teibl] ploča; stol;
tabela; ~-**cloth** stolnjak;
~-**spoon** velika žlica
tablet ['tæblit] pločica,
tableta; komadić (sapuna)
tacit ['tæsit] šutljiv; ~**urn**
mučaljiv
tack [tæk] klinac; čavlić;
on the wrong ~ na
krivu putu; pribadati;
lavirati
tackle ['tækl] pribor; ko-
loturnik; latiti se

tact [tækt]; obzirnost;
~**ical** taktičan
taffeta ['tæfitǝ] taft
tag [tæg] privjesak; eti-
keta; staviti privjesak;
nadovezati **(to)**
tail [teil] rep; povlaka;
~-**coat** frak
tailor ['teilǝ] krojač; kro-
jiti; ~-**made** načinjen
po mjeri
taint [teint] mrlja; ljaga;
okaljati; med zatrovati

take [teik] uzeti; oduzeti; preuzeti; uhvatiti; odnijeti; odvesti; snimati; trebati; trajati; smatrati **(for);** ~ **the air** izići na svježi zrak; *aero* uzletjeti; ~ **place** dogoditi se; ~ **a drive (a walk)** ići na vožnju (šetnju); ~ **in** uzeti; suziti odjeću; biti pretplaćen na novine; ~ **off** skinuti (*šešir*); svući (*haljinu*); *aero* uzletjeti; ~ **out** izvaditi; odstraniti (*mrlju*); ~ **up** (po)dići; prihvatiti se posla; **be** ~**n ill** oboliti; ~**-off** *aero* uzlijetanje; odskok; karikatura

tale [teil] pripovjetka; bajka

talent ['tælənt] talent; ~**ed** darovit

talk [tɔ:k] razgovor; govoriti; čavrljati; ~**ative** razgovorljiv; ~**ie** *coll* (= ~**ing film**) zvučni film

tall [tɔ:l] visok; velik

tallow ['tælou] loj

tame [teim] pitom; pripitomiti; (u)krotiti; ~**ness** krotkost; ~**r** krotitelj

tan [tæn] trijeslovina; stroj (za učinjanje kože); žutosmeđ; strojiti (*kožu*)

tangible ['tænʤəbl] opip-

ljiv (*i fig*)

tangle ['tæŋgl] zbrka; zamrsiti (se)

tank [tæŋk] cisterna; tank; ~**age** spremanje tekućine u cisternama; ~**ard** vrč; ~**er** tanker

tanner ['tænə] štavljač

tantalize ['tæntɔlaiz] mučiti

tap [tæp] slavina, pipa; (po)tapšati; kuckati; točiti (*iz bačve*); *teleph* prisluškivati

tape [teip] traka, vrpca; *sport* vrpca na cilju; ~**-worm** trakavica

taper ['teipə] zašiljiti

tapestry ['tæpistri] zidni sag, tapiserija

tap-room [ta:ru:m] točionica

tar [ta:] katran; namazati katranom; ~**-board** krovna ljepenka

tardy ['ta:di] spor; zakasnio

tare [teə] *com* tara

target ['ta:git] meta; *fig* cilj

tariff ['tærif] (carinska) tarifa

tarnish ['ta:niʃ] izgubiti sjaj; potamnjeti

tart [ta:t] trpak; kiseo; (voćni) kolač; drolja

tartar ['ta:tə] birsa; zubni kamenac

task [ta:sk] zadaća, zadatak; **take to** ~ pozvati na odgovornost

tassel ['tæsəl] kita, resa

taste [teist] okus; ukus; kušati; imati okus; ~**ful** ukusan; ~**less** neukusan

tatter ['tætə] razderati; ~**s** pl dronjci

tattoo [tə'tu:] mirozov; tetoviranje; tetovirati

taunt [tɔ:nt] podrugivanje

tax [tæks] porez; oporezovati; procijeniti troškove; ~-**collector** poreznik

taxi(-cab) ['tæksi(kæb)] (auto) taksi; voziti se taksijem

tea [ti:] čaj

teach [ti:tʃ] poučavati; ~**er** nastavnik

teagown ['ti:gaun] poslijepodnevna haljina

team [ti:m] zaprega; sport momčad; ~-**spirit** osjećaj solidarnosti

teapot ['ti:pɔt] čajnik

tear [tɛə] (po)derati; razderati; poderotina; [tiə] suza; ~-**gas** plin suzavac

tease [ti:z] grebenati (vunu); zadirkivati

technical ['teknikəl] tehnički

technicolor ['teknikʌlə] film u boji

tedious ['ti:diəs] dosadan; zamoran; razvučen

tee [ti:] cilj; meta

teem [ti:m] vrvjeti (**with**)

teenager ['ti:neidʒə] mladić ili djevojka od 13 do 19 godina

teens [ti:nz] pl godine starosti od 13 do 19

teetotal(l)er [ti:'toutlə] trezvenjak

telegram ['teligræm] telegram, brzojav

telegraph ['teligra:f] telegraf, brzojav; brzojaviti; ~**ist** telegrafist

telephone ['telifoun] telefon; **be on the** ~ imati telefon; telefonirati

tele|printer ['teli'printə] teleprinter; ~**scope** teleskop; sklopiti se; ~**typer** dalekopisač

television ['teli'viʒən] televizija; ~ **set** televizor

tell [tel] reći; izjaviti; raspoznati; **I have been told** rekoše mi; ~ **a p to do a th** naložiti kome da što učini; ~-**tale** izdajnik

temper ['tempə] ublažiti; umanjiti; ćud; raspoloženje; **lose one's** ~ uzrujati se; ~**ance** umjerenost; ~**ature** temperatura; ~**ature-chart** bolesnička tabla s diagramom temperature

tempest ['tempist] oluja;

~uous buran; žestok

temple ['templ] hram; sljepočica

tempor|al ['tempərəl] vremenski; ~**ary** privremen; ~**ary work** prigodan posao; ~**ize** nastojati dobiti na vremenu

tempt iskušavati koga; mamiti; ~**ation** napast

ten deset; desetica

tenac|ious [ti'neiʃəs] uporan; žilav; ~**ity** [~'næsiti] upornost; žilavost

tenant ['tenənt] zakupnik; (pod)stanar

tend smjerati; naginjati; težiti (**to**); njegovati; čuvati; posluživati stroj

tenden|cy ['tendənsi] sklonost, tendencija; namjera, ~**tious** tendenciozan

tender ['tendə] nježan; mek; osjetljiv; škakljiv; slabašan; ponuda; *mar* tender; ~**ness** nježnost

tenement ['tenimənt] nastamba; stan

tenfold ['tenfould] deseterostruk

tennis ['tenis]; ~**court** tenisko igralište

tenor ['tenə] tok; sadržaj; tenor

tens|e [tens] napet; krut; *gram* vrijeme; ~**ion** na-

petost; **high** ~**ion** *el* visoki napon

tent šator

tenth [tenθ] deseti; desetina; ~**ly** deseto

tenu|ity [te'njuiti] rjetkoća; ~**ous** nježan, fin

tepid ['tepid] mlačan

term [təːm] rok, termin; semestar; (stručni) izraz; ~**s** *pl* uvjeti; odnosi; (na)zvati; **be on good (bad)** ~**s with** biti u dobrim (lošim) odnosima sa

termin|al ['təːminl] *el* pol; stega; kraj; ~**ate** svršiti (se); ~**us** krajnja postaja

terrace ['terəs] terasa

terri|ble ['terəbl] strašan; ~**fic** strahovit; ~**fy** (pre)strašiti

territor|ial [teri'tɔːriəl]; ~**ial waters** teritorijalne vode; ~**y** područje

terror ['terə] strava; ~**ize** terorizirati

test pokus; testirati

testator [tes'teitə] oporučitelj

test-case školski primjer

testify ['testifai] (po)svjedočiti

testimon|ial [testi'mounjəl] svjedodžba; ~**y** svjedočanstvo (**to**)

test-paper reagens papir

~-pilot pilot za pokusne letove; **~-tube** epruveta

text [tekst]; **~book** priručnik

textile ['tekstail] tekstilni; *pl* tekstil

texture ['tekstʃə] tkivo

Thames [temz] Temza

than [ðæn] nego, od

thank [θæŋk] zahvaliti; **~s** *pl* hvala; **~s to** zahvaljujući; **~ful** zahvalan; **~less** nezahvalan; **~sgiving (Day)** svetkovina zahvalnosti (*posljednji četvrtak u studenom*)

that [ðæt, ðət] onaj; ona; ono; taj, ta, to; da; usto; pošto; koji, koja, koje

thaw [θɔ:] jugovina; topljenje; topiti (se)

the [ðə] određen član; **~. . .** ~ što . . . to

theatre ['θiətə] kazalište, teatar

theft [θeft] krađa

their [ðeə] njihov, -a, -o; **~s** njihov, -a, -o

them [ðem] njih; njima; **~selves** (oni) sami; sebe, sebi, se

theme [θi:m] tema

then [ðen] onda, tada; dakle; prema tome; tadašnji

theologian [θiə'loudʒiən] teolog

theology [θi'ɔlədʒi] teologija

theory ['θiəri] teorija

there [ðeə] tamo, onamo; u tome; **~ is**, **~ are** ima, nalazi se, nalaze se; **~ you are!** eto vidiš! **there|about(s)** ['ðeərəbauts] tu negdje; **~after** zatim; **~by** uslijed toga; **~fore** zato; **~upon** nato, zatim

thermo|meter [θə'mɔmitə] termometar; **~s flask**, **~s bottle** termos boca

these [ði:z] (*pl od* **this**) ovi, ove, ova

they [ðei] oni, one, ona

thick [θik] debeo; gust; promukao (*glas*); mutan (*tekućina*); **~en** udebeliti; zgusnuti; **~et** guštara; **~ness** debljina; gustoća

thief [θi:f], *pl* **thieves** kradljivac

thieve [θi:v] krasti

thigh [θai] bedro

thimble ['θimbl] naprsnjak

thin [θin] tanak, lagan; mršav; istanjiti; razrjediti

thing [θiŋ] stvar; predmet; biće; stvor; *pl* stvari; roba; odjeća; **~s are going better** stvari su se popravile

think [θiŋk] misliti (of); razmišljati (about, over); vjerovati; smatrati za; ∼ a th over razmisliti

third [θəːd] treći; trećina; ∼ly treće

thirst [θəːst] žeđ; žeđati (for, after); ∼y žedan

thir|teen ['θəː'tiːn] trinaest; ∼teenth trinaesti; ∼tieth trideseti; ∼ty trideset

this [ðis] ovaj, ova, ovo; ∼ day week danas tjedan dana

thistle ['θisl] čičak

thorn [θɔːn] trn; ∼y trnovit

thorough ['θʌrə] potpun; temeljit; ∼bred punokrvan; ∼fare glavna prometna arterija

those [ðouz] oni, one, ona

though [ðou] iako, premda; makar; as ∼ kao da

thought [θɔːt] misao; ∼ful zamišljen; pažljiv (of); ∼fulness zamišljenost; obzirnost; ∼less nepromišljen, lakomislen, bezobziran; ∼reader čitalac misli

thousand ['θauzənd] tisuću; tisuća; ∼th tisući

thrash [θræʃ] (iz)mlatiti; a sound ∼ing poštene batine

thread [θred] konac, nit; loza zavrtnja; provući; ∼bare iznošen

threat [θret] prijetnja; ∼en prijetiti; ugrožavati

three [θriː] tri; trojka; ∼fold trostruk; ∼pence novčić ili svota od 3 penija

thresh [θreʃ] mlatiti žito

threshold ['θreʃould] prag

thrifty ['θrifti] štedljiv

thrill [θril] prodrijeti, prožeti; obuzeti; biti dirnut; ganuće; jeza

thrive [θraiv] uspijevati, napredovati

throat [θrout] ždrijelo, grlo, vrat; clear one's ∼ iskašljati se

throb [θrɔb] kucati, udarati (srce); kucanje; bilo

throne [θroun] prijesto-(lje)

throng [θrɔŋ] vreva; mnoštvo; gurati se

throttle ['θrɔtl] (za)daviti; ∼-valve tech leptirica

through [θruː] kroz; izravan; ∼out kroz sve; diljem; skroz naskroz

throw [θrou] bacanje; baciti; ∼ dust in a p's eyes bacati kome prašinu u oči; ∼ over prebaciti; napustiti; ∼ up one's cards baciti karte (i fig)

thrush [θrʌʃ] *zool* drozd

thrust [θrʌst] udarac; gurati

thumb [θʌm] palac; zaprljati palcem (*knjigu etc*); *Am* ～ **one's nose (to a p)** pokazati kome dugi nos; ～**-print** otisak palca

thump [θʌmp] mukao udarac; tresnuti

thunder ['θʌndə] grmljavina; grmjeti; ～**-storm** oluja s grmljavinom

Thursday ['θə:zdi] četvrtak

thus [ðʌs] tako; prema tome

thyroid ['θairɔid] **gland** štitna žlijezda

tick [tik] inlet presvlaka; *zool* krpelj; kucanje; (*ure*); kuckati

ticket ['tikit] (*vozna, kazališna etc*) karta; ceduljica; *on* ～ **of leave** pod policijskim nadzorom; ～**-inspector** kontrolor vozních karata; ～**-office** blagajna za prodaju vozních karata

ticklish ['tikliʃ] škakljiv

tide [taid] morske mijene; struja

tidings ['taidiŋz] vijesti

tidy ['taidi] uredan; urediti

tie [tai] veza (*i fig*); kra-

vata; čvor; (pri)vezati

tier [tiə] red (*sjedala*)

tiger ['taigə] *zool* tigar

tight [tait] koji ne propušta (*vodu etc*); čvrst; tijesan; napet; nakresan; ～**en** nategnuti, stegnuti; napeti; ～**-fisted** škrt; ～**s** *pl* triko

tigress ['taigris] *zool* tigrica

tile [tail] crijep; pločica za oblaganje zida, etc; pokriti crijepom; opločiti

till [til] dućanska blagajna (ladica); dok, do; obrađivati (*zemlju*); ～**er** rudo kormila

tilt [tilt] platneni krov (*na kolíma etc*); nagib, kosina; nasrtaj; nagnuti se

timber ['timbə] (*gradevno*) drvo

time [taim] vrijeme; puta; takt; **at** ～**s** s vremena na vrijeme; **at the same** ～ istovremeno; **by that** ～ do tog vremena; **in** ～ na vrijeme; **for the** ～ **being** zasada; **have a good** ～ dobro se zabavljati; odrediti vrijeme za; učiniti u pravo vrijeme; ～**keeper** metronom; ～**piece** ura, sat; ～**-signal** *radio* znak tačnog vremena; ～**-table** satnica; vozni red

timid 266 tomb

timid ['timid] plah, bojažljiv

tin kositar; bijeli lim; limenka, konzerva; pokositriti; stavljati u limenke; ~ned meat mesna konzerva

tincture ['tiŋktʃə] boja; primjesa; tinktura; (o)bojiti

tinfoil ['tin'fɔil] staniol

tinge [tindʒ] boja; obojenje; (o)bojiti

tingle ['tiŋgl] zvoniti; brujiti

tin|man ['tinmən] limar; ~ny limen (zvuk); ~-opener otvarač za limenke; ~-plate bijeli lim

tinsel ['tinsəl] šljoka; lažno blistavilo

tint nijansa; osjenjivanje; obojiti; šatirati

tiny [taini] sićušan

tip vrh; usnik cigarete; napojnica; mig; savjet; izvrnuti; dati napojnicu; dati kome mig; ~-off Am mig, savjet; ~sy pripit; on ~ toe na vršcima prstiju

tire [taiə] umoriti (se); guma (na kotaču); ~d umoran; ~some dosadan

tissue ['tisju:] tkivo; ~-paper svileni papir

tit|bit ['titbit] poslastica; ~ for tat milo za drago

title ['taitl] naslov; titula; zahtjev; nasloviti; nazvati; ~d koji ima (plemićki) naslov

to [tu:] u, k, prema, na, za, sve do

toad [toud] zool žaba krastača; ~stool (otrovna) gljiva; ~y ulizica

toast [toust] prepečenac; zdravica; pržiti

tobacco [tə'bækou] duhan; ~nist trafikant

toboggan [tə'bɔgən] sanonice; sanjkati se

today [tə'dei] danas

toe [tou] nožni prst; vrh

together [tə'geðə] zajedno; odjednom

toil [tɔil] težak rad; ~s mreža; mučiti se

toilet ['tɔilit] toaleta (odjeća; zahod); ~-set toaletni pribor

token ['toukən] znak; uspomena; dar

tolera|ble ['tɔlərəbl] snošljiv; podnošljiv; ~nce snošljivost; ~nt tolerantan (of); ~te podnositi; ~tion snošljivost

toll [toul] daća; cestarina; mostarina

tomato [tə'ma:tou], *lp* ~es rajčica

tomb [tu:m] grob(nica)

tomboy ['tɔmbɔi] ne-
stašno djevojče
tomcat ['tɔmkæt] mačak
tomorrow [tə'mɔrou]
sutra
ton [tʌn] tona
tone [toun] ton; zvuk
tongs [tʌŋz] pl (**a pair of**)
~ kliješta
tongue [tʌŋ] jezik; govor
tonic ['tɔnik] tonikum
tonight [tə'nait] večeras
tonnage ['tʌnidʒ] tonaža
tonsil ['tɔnsl] anat krajnik;
~litis upala krajnika
tonsure ['tɔnʃə] tonzura
too [tuː] pre(više); tako-
đer
tool [tuːl] alat; oruđe;
~-kit torba za alat
tooth [tuːθ] pl **teeth** zub;
~ache zubobolja; ~-
-brush četkica za zube
top [tɔp] najgornji dio;
vrh, vršak; krošnja; pro-
čelje; čigra; najgornji;
~-boots pl visoke čizme
sa suvratkom
topic ['tɔpik] predmet,
tema; ~al talk aktuelna
tema
top-notch ['tɔp'nɔtʃ] pr-
voklasan
topography [tə'pɔgrəfi]
topografija
topsyturvy ['tɔpsi'təːvi]
pobrkan, naopak
torch [tɔːtʃ] baklja; elec-

tric ~ depna lampa
torment ['tɔːment] muka;
[tɔː'—] mučiti
torpedo [tɔː'piːdou], pl
~es torpedo; mar mina;
torpedirati; ~(-boat)
-destroyer razarač
torpid ['tɔːpid] ukočen;
apatičan
torrent ['tɔrənt] bujica
(i fig)
torrid ['tɔrid] ispržen;
žarki
tortoise ['tɔːtəs] kornjača;
~-shell kornjačevina,
kornjačin oklop
torture ['tɔːtʃə] mučenje;
mučiti
toss [tɔs] bacanje (uvis);
~ up baciti uvis; ždrije-
bati (**for**)
total ['toutl] cjelokupan;
ukupan; suma; zbrojiti;
(~ up to) iznositi; ~ity
ukupnost
totter ['tɔtə] teturati
touch [tʌtʃ] (do)dirnuti;
~ off tel objesiti (sluša-
licu); dodir; napadaj bo-
lesti; crta; **get in** ~ **with**
stupiti u vezu sa
tough [tʌf] žilav; ~ness
žilavost
tour [tuə] (kružno) puto-
vanje; turneja; (pro)pu-
tovati; ~ing putni
tourist ['tuərist] turist;
~ **agency**, ~ **office**,

~ bureau turistička agencija; **~ industry** turistička industrija; **~ season** turistička sezona

tout [taut] domamljivač mušterija; mamiti mušterije

tow [tou] tegljenje; tegliti; **take in ~** tegliti

toward(s) [tə'wɔ:dz] k, ka, prema; za

towel ['tauəl] ručnik

tower ['tauə] toranj; dizati se (uvis); **~ing** koji se visoko diže

town [taun] grad; **~ council** gradsko vijeće; **~ hall** gradska vijećnica; **~-planning** urbanistika; **~sman** građanin; **~s-woman** građanka

toy [tɔi] igračka

trace [treis] trag; slijediti; (pro)naći; utvrditi; nabaciti

track [træk] trag; kolotečina; *sport* staza; pruga; tragati

tractable ['træktəbl] gibak; povodljiv

tract|ion ['trækʃən] **engine** vučni stroj; **~or** traktor

trade [treid] trgovina; zanat; trgovački; **~-mark** trgovački znak; **~r** trgovac; **~ ship** trgovački brod; **~(s)union** sindikat

tradition [trə'diʃən] tradicija

traffic ['træfik] trgovina; promet; **~ jam** zastoj prometa; trgovati

trag|edy ['trædʒidi] tragedija; **~ic(al)** tragičan

trail [treil] povlačiti; trag; put; povlačiti; **~er** prikolica

train [trein] niz; vlak; pratnja; povlaka (haljine); odgojiti; izobraziti; trenirati; **by ~** vlakom; **~-accident, ~-disaster** željeznička nesreća; **~er** trener; **~ing** vježbanje; trening; **~ing-college** učiteljska (pedagoška) škola

trait [trei] osobina; crta; **~or** izdajica **(to)**; **~orous** izdajnički

trajectory ['trædʒiktəri] putanja

tram(-car) [træm(ka:)] tramvajska kola

tramp [træmp] topot(anje); skitnja; skitnica; (pro)pješačiti

tramway ['træmwei] tramvajska pruga, tramvaj

trance [tra:ns] trans, zanos

tranquil ['træŋkwil] miran

transact [træn'zækt] obavljati, izvesti; **~ion**

(trgovački) posao; tran-
sakcija; ~or ugovarač
trans|cribe [træns'kraib]
prepisati; transkribirati;
~fer [~'fə:] prenijeti;
premjestiti; prenositi;
prelaziti; ['~] prijenos;
transfer doznaka; pre-
mještaj; otisak; prijelazna
karta; ~ferable preno-
siv
transfiguration [trænsfi-
gju'reiʃən] preobražaj
transform [træns'fɔ:m]
preobraziti; preinačiti;
pretvoriti; ~ation pro-
mjena; transformacija;
~er *el* transformator
trans|fuse [træns'fju:z]
pretočiti; izvesti transfu-
ziju; ~gression [~'gre-
ʃən] prekršaj
tranship [træn'ʃip] pre-
krcati
transient ['trænziənt] pro-
lazan; kratkotrajan; *Am*
prolazni putnik
transit ['trænsit] prolaz;
tranzit; ~ion prijelaz
translat|able [træns'leit-
əbl] prevodiv; ~e preve-
sti, prevoditi; ~ion pri-
jevod; ~or prevodilac
transmarine [trænzmə-
'ri:n] prekomorski
transmi|ssion [trænz'mi-
ʃən] *tech, phys, radio* pre-
nošenje; prijenos; ~t

otpremiti, poslati; oda-
šiljati; prenositi; ~tter
odašiljač
trans|parent [træns'pɛə-
rənt] proziran; ~pire
[~'paiə] isparivati se;
pročuti se; ~plant pre-
saditi; ~port ['~'pɔ:t]
(pre)voziti; ['~] prije-
voz; transport; zanos
trap [træp] zamka; ~-
-door poklopna vrata;
theat jama
trapeze [trə'pi:z] trapez
trash [træʃ] smeće; besmi-
slica; ~y bezvrijedan, loš
travel ['trævl] putovati;
putovanje; ~ler putnik;
~ling crane *tech* mosna
dizalica
traverse ['trævə:s] ukr-
stiti; prijeći poprijeko;
ići poprijeko
trawl [trɔ:l] koča (mreža)
tray [trei] poslužavnik,
taca; plitica; umetak
kovčega
treacher|ous ['tretʃərəs]
izdajnički; ~y izdaja
treacle [tri:kl] sirup
tread [tred] stupiti; ga-
ziti; korak; ~le pedal;
gaziti pedal; ~mill to-
čak pokretan gaženjem
treason ['tri:zn] izdaja
treasur|e ['treʒə] blago;
sakupljati; gomilati bla-
go; ~er riznićar; bla-

gajnik; ~y riznica; državna blagajna; ~y bill državna kratkoročna obveznica; ℒℯy **Department** *Am* ministarstvo financija

treat [tri:t] postupati; tretirati; častiti; veliki užitak; ~ **with** ugovarati s; ~**ise** rasprava; ~**ment** postupak; obrada; ~y međunarodni ugovor; be in ~y **with** pregovarati s kim

treble ['trebl] trostruk; sopran, diskant

tree [tri:] drvo

trellis ['trelis] sjenica; rešetka; uzgajati u špaliru

tremble ['trembl] drhtati (at)

tremendous [tri'mendəs] strašan; ogroman

trem|or ['tremə] drhtanje, potres; ~**ulous** drhtav

trench [trentʃ] jarak; izbrazditi; ~-**coat** trenčkot

trend smjer, tok

tress [tres] uvojak kose, pletenica

trial ['traiəl] pokus, ispitivanje; proces; **on** ~ na pokus

triangle ['traiæŋgl] trokut

tribe [traib] pleme, rod

tribunal [tri'bju:nl] sudsko sjedište

tribut|ary ['tribjutəri] podvrgnut porezu; pritoka; ~**e** porez; priznanje

trick [trik] lukavština; trik; prevariti (**out of**)

trickle ['trikl] kapati; prokapljivati

trick(s)y ['trik(s)i] prepreden

triplets ['triplits] *pl* trojci

troop [tru:p] trupa; mnoštvo; jato; *pl* trupe; sakupljati se; sjatiti se

trophy ['troufi] trofej

tropic|al ['trɔpikəl] tropski; ~**s** *pl* tropi

trot [trɔt] kas(anje); kasati; ~**ters** *pl* životinjske noge kao jelo

trouble ['trʌbl] nemir, smetnja; (*i tech*); nevolja; jad; muka, patnja; smetati, uznemirivati; dosađivati; (po)truditi se; ~**some** neugodan, dosadan

trough [trɔf] korito

trousers ['trauzəz] *pl* hlače

trout [traut] pastrva

troy(-weight) [ˈtrɔi-(weit)] težinska mjera za plemenite kovine i dragulje

truant ['truənt] dokon; koji dangubi; **play** ~

markirati; izbivati s obuke

truce [truːs] primirje

truck [trʌk] (ručna) kolica; teretna kola; *Am* kamion

true [truː] istinit; prav; vjeran; ispravan; **come ~ obistiniti se**; **be ~ of** vrijediti za

truffle ['trʌfl] gomoljika

truism ['truizəm] očevidna istina

truly ['truːli] istinito; zaista

trump [trʌmp] kartanje: adut; tući adutom; **~ up** izmisliti

trumpet ['trʌmpit] truba; zvučnik; **~er** trubač

truncheon ['trʌntʃən] (policijska) palica; (maršalski) štap

trunk [trʌŋk] deblo; trup; surla (*slona*); veliki kovčeg; **~ tel** međugradski razgovor

trust [trʌst] povjerenje (**in**); **on ~** na povjerenje; **in ~** u pohrani; polog; trust; vjerovati; povjeriti

trust|ee [trʌs'tiː] upravitelj; skrbnik; **~ful**, **~ing** pun povjerenja

trustworth|iness ['trʌstwəːðinəs] pouzdanost; **~y** pouzdan

truth [truːθ] istina; **~fu** istinit

try [trai] (po)kušati; ispitivati; voditi istragu (**for**); **~ on** probati odjeću; **~ing** naporan; **~-on** proba odjeće

tub [tʌb] bure; kaca; kada; kupelj (*u kadi*); coll želudac

tube [tjuːb] cijev; (*Am katodna*) cijev; tuba; zračnica; podzemna željeznica (*osobito u Londonu*)

tuberculosis [tjuːbəːkjuˈlousis] tuberkuloza

tuck [tʌk] nabor; *sl* poslastice; **~ up** porubiti; (u)turiti

Tuesday ['tjuːzdi] utorak

tug [tʌg] tegljač; trzaj; vuči, potezati (**at**); tegliti

tuition [tjuːˈiʃən] poučavanje, nastava

tulip ['tjuːlip] *bot* tulipan

tumble ['tʌmbl] pasti; prebacivati se; prevrnuti se; ispremiatiti; **~r** čaša za vodu

tumour ['tjuːmə] tumor

tumult ['tjuːmʌlt] buka, metež

tun [tʌn] bačva; sud

tune [tjuːn] melodija; **out of ~** neusklađen; *radio* **~ in** namjestiti na; **~ out** isključiti

tunnel 272 twilight

tunnel ['tʌnl] tunel

turbine ['tə:bin] turbina

turbot ['tə:bət] *zool* bliš, iverak (*riba*)

turbulent ['tə:bjulənt] nemiran; buran

tureen [tə'ri:n] zdjela za juhu

turf [tə:f] tratina; tresetište; trkalište; ~**y** pokriven tratinom; koji se tiče trkačkog sporta

Turkey ['tə:ki] Turska; **z** puran

Turkish ['tə:kiʃ] turski; ~ **towel** frotir ručnik

turmoil ['tə:mɔil] buna; metež

turn [tə:n] vrtjeti; okrenuti (se); usmjeriti; pretvoriti (**into**) svratiti (**from**); tokariti; postati; ~ **a corner** skrenuti iza ugla; ~ **down** zavrnuti (*plin, etc*); otkloniti (*prijedlog*); dati kome košaricu; ~ **off, on** zatvoriti, otvoriti slavinu; ~ **out** proizvoditi robu; otjerati; ispasti; ugasiti (*plin, etc*); ~ **up** dići uvis; zasukati; odvrnuti (*plin, etc*); izroniti; pojaviti se; okret(anje); zavoj; prekretnica; promjena; šetnja; oblik; tačka programa; usluga; **by** (*ili* **in**) ~**s** naizmjen-

ce; **it is my** ~ **na** meni je red; ~**coat** prevrtljivac; ~**-down collar** presavinut ovratnik; ~**er** tokar

turnip ['tə:nip] (bijela) repa

turn|-out ['tə:n'aut] oprema; proizvodnja; ~**over** prodaja; promet; ~**pike** brklja (*na mitnici*); mitnica; ~**-table** *rlw* okretnica; ~**-up** suvratak na hlačama

turpentine ['tə:pəntain] terpentin

turquoise ['tə:kwa:z] tirkiz

turtle ['tə:tl] *zool* kornjača

tusk [tʌsk] kljova; zub derač

tutor ['tju:tə] skrbnik; privatni učitelj

tuxedo [tʌk'si:dou] *Am* smoking

tweezers ['twi:zəz] *pl* pinceta

twelfth [twelfθ] dvanaesti; dvanaestina

twelve [twelv] dvanaest; ~**fold** dvanaesterostruk

twice [twais] dvaput

twig [twig] grančica; *coll* shvatiti

twilight ['twailait] sumrak; ~ **of the gods** suton bogova

twin [twin] dvostruk; blizanac

twine [twain] dretva; konac; (u)sukati; (is)prepletati

twinkl|e ['twiŋkl] svjetlucati; treptati; **in the ~ing of a eye** u tren oka

twirl [twə:l] vitlanje

twist [twist] okretanje, uvijanje; konac; okretati; iskriviti

twitch [twitʃ] trgnuti, trzati; čupkati; trzanje; štipanje

twitter ['twitə] cvrkutati

two [tu:] dva; **~fold** dvostruk; **~pence** ['tʌpəns] (iznos od) dva penija (*2d*)

tycoon [tai'ku:n] *Am coll* industrijski magnat

type [taip] tip; uzor(ak); štamparsko slovo; **~writer** pisaći stroj

typhoon [tai'fu:n] tajfun

typical ['tipikəl] tipičan (**of**)

typist ['taipist] daktilograf

tyranny ['tirəni] tiranija

tyrant ['taiərənt] tiranin

U

udder ['ʌdə] vime

ugl|iness ['ʌglinis] ružnoća; **~y** ružan, gadan

U. K. = United Kingdom

ulcer ['ʌlsə] čir

ulterior [ʌl'tiəriə] onostran; daljnji

ultimate ['ʌltimit] konačan; krajnji

umbrella [ʌm'brelə] kišobran

umpire ['ʌmpaiə] (*arbitražni ili sportski*) sudac

un|abashed ['ʌnə'bæʃt] drzak; smion; **~able** nesposoban; **~abridged**

neskraćen; **~acceptable** neprihvatljiv

unaccustomed ['ʌnə'kʌstəmd] neuobičajen; **~ to** nenavikao na

un|acquainted ['ʌnə'kweintid] neupoznat s; **~affected** nepromijenjen; neizvještačen; **~alterable** nepromjenljiv; **~amiable** neljubazan

unanimity [ju:nə'nimiti] jednodušnost

un|answerable [ʌn'a:nsərəbl] nepobitan; **~appalled** neustrašiv; **~approachable** nepristu-

pačan; **~apt** nesposo-
ban; neprikladan; ~
armed nenaoružan; ~
assuming skroman; ~
attainable nedokučiv;
~attended nepraćen;
~available neraspolo-
živ; neupotrebljiv; bes-
koristan; **~avoidable**
neizbježiv

unaware [ˈʌnəˈwɛə] ne-
svjestan; **~s** nehotice
un|balanced [ˈʌnˈbælənst]
neuravnotežen; **~bar**
otkračunati; **~bearable**
nepodnošljiv; **~becom-
ing** nepristao; **~be-
known** nepoznat; **~be-
lieving** koji ne vje-
ruje; **~bend** olabaviti
(se); **~biassed** nepri-
stran; **~bid(den)** ne-
pozvan; **~bind** odrije-
šiti

unbolt [ˈʌnˈboult] otkra-
čunati; **~ed** otkračunan
unbound [ˈʌnˈbaund] ne-
vezan; **~ed** neograni-
čen; neobuzdan
un|broken [ˈʌnˈbroukən]
neslomljen; **~burden**
oteretiti (*fig*); **~button**
otkopčati; **~ceasing** ne-
prestan; **~certain** nesi-
guran; neizvjestan; **~**
changeable nepromjen-
ljiv; **~checked** nesme-
tan; neispitan; **~civil**

neučtiv; **~claimed** ne-
tražen; nepodignut (*pis-
mo*)
uncle [ˈʌŋkl] ujak
un|comfortable [ʌn-
ˈkʌmfətəbl] neudoban;
~common neobičan; **~**
concerned ravnodu-
šan; nèzainteresiran; **~**
conscientious, **~con-
scionable** nesavjestan
unconscious [ʌnˈkɔnʃəs]
nesvjestan; bez svijesti;
be ~ of ne slutiti
un|contested [ˈʌnkənˈte-
stid] neosporen; **~con-
vinced** neuvjeren; **~**
couple iskopčati; **~**
cover (raz)otkriti; **~**
damaged neoštećen; **~**
daunted neustrašen; **~**
deceive otvoriti kome
oči; objasniti; **~decided**
neodlučan; **~defined**
neodređen; **~deniable**
neosporan
under [ˈʌndə] dolje; is-
pod; niže; pod; **~bid**
(po)nuditi nižu cijenu;
~clothing rublje; **~**
-developed nerazvijen;
nedovoljno razvijen; **~**
done nedopečen; **~ex-
pose** prekratko osvijet-
liti (*film*); **~fed** neishra-
njen; **~go** (pretrpjeti;
~graduate student(ica);
~ground railway pod-

zemna željeznica; **~line** podcrtati; **~-linen** donje rublje; **~mine** minirati; potkopati; **~most** najniži; **~neath** (is)pod; **~pin** poduprijeti (*i fig*); podzidati; **~signed** potpisnik; **~sized** koji je ispod normalne veličine; **~stand** razumjeti; uvidjeti; *fig* čuti; **~take** poduzeti; **~taker** vlasnik pogrebnog zavoda; **~value** podcijeniti; **~-wear** donje rublje

un|deserved ['Andi'zə:vd] nezaslužen; **~desirable** nepoželjan; **~developed** nerazvijen; **~digested** neprobavljen; **~diminished** nesmanjen; **~disturbed** nesmetan; **~do** otvoriti; otkopčati; popraviti učinjeno; **~doubted** nesumnjiv; **~dress** skinuti (se); kućna haljina; **~dutiful** neposlušan; koji zaboravlja na dužnost; **~earthly** nezemaljski; strašno tam; **~easiness** nemir; tjeskoba; **~eatable** nejestiv; **~educated** neobrazovan

unemploy|ed ['Anim'plɔid] nezaposlen; neupotrebljiv; **~ment** benefit potpora za neza-

poslene

un|equal ['An'i:kwəl] nejednak; **~equivocal** nedvomislen; **~essential** nevažan; **~even** nejednak; **~exampled** besprimjeran; **~expected** neočekivan; **~explored** neistražen; **~fading** stalan (*boja*); **~failing** nepogrešiv; **~fair** nepošten; nepravedan; **~faltering** nepokolebljiv; koji ne tetura; **~fashionable** nemoderan; **~fasten** otvoriti; odvezati; **~fathomable** nedokučiv; **~favourable** nepovoljan; **~feeling** bezosjećajan; **~finished** nesvršen; **~fit** nepriklađan; nesposoban; **~fold** razviti (se), otvoriti (se); **~foreseen** nepredviđen; **~forgiving** nepomirljiv; **~forgot(ten)** nezaboravljen; **~fortunate** nesretan; jadan; **~furnished** nemebliran; gentlemanly negospodski; neodgojen; **~graceful** nezgrapan; **~gracious** neprijazan; **~grateful** nezahvalan; **~guarded** neoprezan; nezaštićen; **~happy** nesretan; **~healthy** nezdrav; **~heard-of** nečuven; **~hook** otkvačiti; **~hoped-for** neočekivan; **~hurt** neozlijeden

uniform ['ju:nifɔ:m] jednoličan; ujednačen; **uniforma**

un|impaired ['ʌnim'peəd] neoslabljen; **~injured** neozlijeden; **~insured** neosiguran; **~intelligible** nerazumljiv; **~intentional** nenamjeran

union ['ju:njən] savez; unija; brak; ujedinjenje; sloga; jedinstvo; udruženje; ₤ **Jack** britanska nacionalna zastava; **~suit** Am potkošulja i gaće u jednom komadu; **~ist** sindikalist

unique [ju:'ni:k] jedinstven

unit ['ju:nit] jedinica; **~e** [~'nait] ujediniti (se); ₤ **ed States** Sjedinjene Države Amerike; **~y** ['~niti] jedinica

univers|al [ju:ni'vɔ:səl] (sve)opći; univerzalan; svjetski; **~ality** mnogostranost; **~e** svemir; **~ity** sveučilište, univerzitet

un|just ['ʌn'dʒʌst] nepravedan; **~kind** neljube-

zan; **~known** nepoznat; **~lace** odvezati; **~lady-like** koji ne dolikuje dami; **~lawful** nezakonit; **~learned** neškolovan, neuk

unless [ən'les] ako ne; osim da

un|like ['ʌn'laik] ne nalik; različit; **~limited** neograničen; **~load** istovariti

unlock ['ʌn'lɔk] otključati; **~ed** otključan

un|looked-for neočekivan; **~manageable** neposlušan; nepodatan; teško savladiv; **~manly** nemuževan; **~manner-ly** neodgojen; **~matched** neusporediv; **~meaning** beznačajan; **~mentionable** koji se ne može spomenuti; **~merciful** nemilosrdan; **~mindful** bezobziran; **~mistakable** očevidan

unmoved ['ʌn'mu:vd] nedirnut; nepomičan

un|natural [ʌn'nætʃrəl] neprirodan; **~nerve** oslabiti živce; **~noticed** neprimjećen; **~observant** nepažljiv; **~obtrusive** nenametljiv

unoffending ['ʌnə'fendiŋ] bezazlen; koji ne vrijeđa

un|pack ['ʌn'pæk] ispakovati; ~palatable neukusan; ~perceived neopažen; ~pleasant neugodan; ~popularity neomiljenost; ~practised neuvježban; ~precedented besprimjeran; ~prejudiced nepristran; ~prepared nepripravan; ~pretending, ~pretentious skroman; ~promising koji ne obećava mnogo; ~proved nedokazan; ~provoked bezrazložan; ~questionable neosporan; nesumnjiv; ~ravel razmr(se); riješiti; ~reasonable nerazuman; pretjeran; ~redeemed neotkupljen; neiskupljen

unrefined ['ʌnri'faind] nepročišćen; fig neobrazovan

un|relenting ['ʌnri'lentiŋ] nepopustljiv; ~reliable nepouzdan; ~rewarded nenagrađen; ~rivalled neusporediv; ~ruled neupravljen, neliniran (papir); ~safe nesiguran; ~satisfactory koji ne zadovoljava; ~screw odviti; odšarafiti (se); ~scrupulous besavjestan; neskrupulozan; ~seasonable ne

umjestan; ~seen neviđen; ~selfish nesebičan; ~serviceable neupotrebljiv

unsettle ['ʌn'setl] poremetiti; ~d nesiguran; poremećen; kolebljiv; nesmiren

unshapely ['ʌn'ʃeipli] neskladan; ružan

unshrink|able ['ʌn'ʃrinkəbl] koji se ne skuplja (tkanina); ~ing neustrašiv

un|sightly ['ʌn'saitli] ružan; ~skilled nevješt; nekvalificiran; ~sociable nedruštven; ~sound nezdrav; ~spent nepotrošen; neiscrpljen; ~sportsmanlike nesportski; nelovački; ~steady nestalan; nesiguran; ~studied neupućen; prirodan; ~suitable nepriklandan; ~surpassable nenadmašiv; ~suspicious nesumnjičav; ~sworn nezaprisegnut; nezaklet; ~thinkable nezamisliv; ~tidy neuredan; ~tie odvezati

until [ən'til] (sve) do; dok (ne)

un|timely [ʌn'taimli] prijevremen; nepravodoban; nezgodan; ~tiring

neumoran; ∼touched
netaknut; ∼travelled
koji nije putovao; ne-
proputovan (kraj); ∼-
tried neokušan; neispro-
ban; nepresuđen; ∼true
neistinit; ∼trustworthy
nepouzdan; ∼truth ne-
istina; ∼usual neobičan;
∼utterable neizreciv;
∼varied nepromijenjen;
∼veil skinuti veo; ∼-
versed neupućen; ∼-
warranted neovlašten;
nezajamčen; ∼welcome
koji nije dobro došao; ∼-
wholesome nezdrav;
štetan; ∼wieldy nespre-
tan; nezgrapan; ∼will-
ing nesklon; nerad; ∼-
wise nerazuman; ∼-
womanly neženski; ∼-
wonted nenaviknut
(to); ∼worthy nedo-
stojan; ∼wrap odmo-
tati; razmotati; ∼writ-
ten nepisan; neispisan;
∼yielding nepopustljiv

up [ʌp] gore; naviše;
prema gore; na nogama;
izišao (sunce); istekao
(vrijeme); be hard ∼
biti u teškim prilikama;
∼ to (sve) do; be ∼
to a th biti dorastao
čemu; it's ∼ to me
do na meni je da učinim;
what are you ∼ to

there? što vi tamo ra-
dite? what's ∼? što se
tu zbiva? it's all ∼ with
him s njim je gotovo
up|-country (koji je) u
unutrašnjosti zemlje;
∼hill uzbrdo; ∼hold
držati uspravno; podu-
prijeti

upholster [ʌp'houlstə] ta-
pecirati; ∼er tapetar;
dekorater

upkeep [ʌp'ki:p] troškovi
održavanja; uzdržavanje

upon [ə'pɔn] na

upper ['ʌpə] gornji; the
∼ ten (thousand) gor-
njih deset tisuća; ∼s pl
gornja koža; ∼cut boks
udarac odozdo

upright ['ʌp'rait] uspra-
van (i fig); stup; piani-
no

uproar ['ʌprɔ:] buka; me-
tež

upset [ʌp'set] izvrnuti;
poremetiti

upside ['ʌpsaid]: ∼
down obrnuto; u ne-
redu

upstairs [ʌp'stɛəz] gore;
u gornjem katu

upstart ['ʌpsta:t] skoro-
jević

uptake ['ʌpteik]: be slow
in the ∼ sporo shvaćati

upward ['ʌpwəd] okre-
nut uvis

urge [ə:dʒ] goniti; požurivati; nagovarati; uporno tražiti; **~ncy** hitnost; požurivanje; **~nt** hitan; uporan

urn [ə:n] urna

us [ʌs] nama; nas; sebe; **of ~** naš

U. S. (A.) = **United States (of America)**

usage ['ju:zidʒ] navika; jezični običaj; upotreba (riječi)

use [ju:s] upotreba; primjena; običaj; korisnost; [~z] upotrebljavati; služiti se; primijeniti; **it is (of) no ~** uzaludno je; **I ~d to do** običavao sam činiti; **~d to** naviknut na; **~ up** potrošiti; istrošiti; **~ful** upotrebiv; koristan; **~less**

usher ['ʌʃə] vratar; sudski sluga; (**~ in**) uvesti; najaviti

usual ['ju:ʒuəl] običan; uobičajen

usufruct ['ju:sju:frʌkt] uživanje prava

usur|er ['ju:ʒərə] lihvar; **~y** lihvarstvo

utensil [ju:'tensl] alat

utili|ty [ju:'tiliti] korisnost; **public ~ty** komunalne usluge; **~zation** korišćenje; **~ze** koristiti se; iskoristiti

utmost ['ʌtmoust] krajnji

utter ['ʌtə] fig krajnji; izreći; **~ance** izražavanje; izraz; **~most** krajnji

uvula ['ju:vjulə] anat jezičac, resica

V

vacan|cy ['veikənsi] praznina; nepopunjeno radno mjesto; **gaze into ~cy** buljiti u prazno; **~t** prazan; slobodan

vacation [və'keiʃən] praznici

vaccinate ['væksineit] cijepiti; **~ion** cijepljenje

vacillate ['væsileit] kolebati se; **~ion** kolebanje

vacuum ['vækjuəm] **cleaner** usisivač prašine

vagabond ['vægəbənd] skitnica

vague [veig] neodređen; mutan

vain [vein] tašt (**of**); isprazan; ništav; **in ~** uzalud

valerian [və'liəriən] valerijana

valet ['vælit] sobar

valient ['væljənt] hrabar

valid ['vælid] (puno)valjan; **~ity** pravomoćnost

valley ['væli] dolina

valorize ['vælɔraiz] valorizirati

valu|able ['væljuəbl] vrijedan; **~ables** pl dragocijenosti; **~e** ['~ju:] vrijednost; valuta; (pro)cijeniti

valve [vælv] zalistak; ventil; radio cijev

vamp [væmp] naglavak cipele; zavodnica

van [væn] (zatvorena) kola za prijevoz pokućtva; (zatvoren) teretni vagon

vane [vein] vjetrenica; krilo (vjetrenjače, propelera)

vanilla [vɔ'nilə] vanilija

vanish ['væniʃ] nestati

vanity ['væniti] taština; ispraznost; **~ bag** ručna torbica; **~ case** kutijica za puder s ogledalcem

vapo|rize ['veipɔraiz] isparivati; **~ur** maglica, para; **~ur-bath** parna kupelj

varia|ble ['veɔriɔbl] promjenljiv; **~nce** promjena; neslaganje; **~tion** promjena; kolebanje; varijacija

varicose ['værikous] **vein** proširena vena

variety [vɔ'raiɔti] raznolikost; (pod)vrsta; **~ show** varijetetska predstava

various ['veɔriɔs] različit; raznolik

varnish ['va:niʃ] firnis; lak; lakirati

vary ['veɔri] mijenjati; promijeniti; razlikovati se **(from)**

vase [va:z] vaza

vast [va:st] ogroman; golem; beskrajan

vault [vɔ:lt] svod; trezor; grobnica; skok; nadsvoditi; (pre)skočiti

veal [vi:l] teletina; **roast ~** teleće pečenje

vegeta|ble(s) ['vedʒitɔbl(z)] povrće; **~rian** vegetarijanac; **~tion** vegetacija

vehemen|ce ['vi:imɔns] žestina; **~t** nagao; žestok

vehicle ['vi:ikl] vozilo; sredstvo

veil [veil] veo; zastrti (se) velom

vein [vein] vena; sklonost

velocity [vi'lɔsiti] brzina

velvet ['velvit] baršun; **~een** pamučni baršun

vend prodavati; **~er,** **~or** prodavač; **~ible** koji se može prodati

~ing machine prodajni automat

venerat|e ['venəreit] (po)štovati; ~ion (po)štovanje

venereal [vi'niəriəl] disease spolna bolest

Venetian [vi'ni:ʃən] venecijanski; ~ blind žaluzija

vengeance ['vendʒəns] osveta

Venice ['venis] Venecija

venison ['venizn] divljač; srnetina

vent otvor; ispuh; odvod; give ~ to dati oduška

ventilat|e ['ventileit] ventilirati; ~ion ventilacija; ~or ventilator

ventriloquist [ven'trilǝkwist] trbuhozborac

venture ['ventʃə] smion pothvat; spekulacija; staviti na kocku; usuditi se; at a ~ na sreću; ~some odvažan

veracious [vǝ'reiʃǝs] istinit

verb [vǝ:b] gram glagol; ~al verbalan; usmen; gram glagolski

verdict [vǝ:dikt] pravorijek

verd|igris [vǝ:digris] bakreni acetat; ~ure zelenilo

verge [vǝ:dʒ] rub; naginjati se

verify [verifai] provjeriti; dokazati; potvrditi

vermicelli [vǝ:mi'seli] fidelini (tjestenina)

vermin ['vǝ:min] gamad

vers|e [vǝ:s] stih; ~ed verziran; vješt (in); ~ion ['~ʃǝn] verzija

verve [veǝv] zanos; žar

very ['veri] vrlo; the ~ best (baš) ono najbolje; the ~ same baš taj isti; in the ~ act na samom činu; the ~ thought već i sama pomisao

vessel ['vesl] posuda; brod

vest [vest] potkošulja; maja; prsluk; ~ed rights stečena prava

vestibule ['vestibju:l] predvorje; pretsoblje; trijem; Am ~ train vlak s vagonima spojenim natkritim hodnicima

vestige ['vestidʒ] trag

vestry ['vestri] sakristija

vet [vet] coll veterinar; Am veteran

veteran ['vetǝrǝn] veteran

veterinary ['vetnri] surgeon veterinar

veto ['vi:tou], pl ~es veto

vex [veks] dosađivati mučiti; šikanirati; ~

ation dodijavanje; šikaniranje; ~**atious** neugodan; dosadan

vibrat|e [vai'breit] vibrirati; ~**ion** vibracija

vicar ['vikə] vikar

vice [vais] porok; mana; škrip

vice... ['vais-]: ~**consul** vicekonzul; ~**roy** potkralj

vice versa ['vaisi'və:sə] obrnuto

vicinity [vi'siniti] blizina; susjedstvo

vicious ['viʃəs] pokvaren; opak

victim ['viktim] žrtva

victor ['viktə] pobjednik; ~**ious** pobjednički; ~**y** pobjeda

victuals ['vitlz] pl živežne namirnice

Vienna [vi'enə] Beč

view [vju:] vidik; pogled; prizor; razgledati; motriti; prosuđivati; **in** ~ **of** s obzirom na; **in my** ~ po mom shvaćanju; **with a** ~ **to** u svrhu; s ciljem; **keep (have) in** ~ imati na umu; držati na oku; ~**finder** phot tražilo, vizir; ~**point** gledište, stanovište

vigilance ['vidʒiləns] budnost

vigorous ['vigərəs] snažan

vigour ['vigə] snaga; energija

vile [vail] podao; prost

village ['vilidʒ] selo

villain ['vilən] nitkov; hulja; ~**y** lupeštvo

vindicate ['vindikeit] (o)braniti; opravdati

vine [vain] (vinova) loza

vin|egar ['vinigə] (vinski) ocat; ~**tage** berba

viol|ate ['vaiəleit] povrijediti; prekršiti; silovati; ~**ence** nasilje; silovitost; ~**ent** silovit; žestok

violet ['vaiəlit] ljubičica

violin [vaiə'lin] violina

viper ['vaipə] zmija (o-trovnica)

virgin ['və:dʒin] djevica; ~(**al**) djevičanski; nevin; netaknut

virtue ['və:tju:] vrlina; krepost; **in** ~ **of** pomoću; uslijed

virtuous ['və:tjuəs] krepostan

visa ['vi:zə] viza

viscount ['vaikaunt] vikont (engleski plemićki naslov)

visé ['vi:zei] vidi **visa**

visib|ility [vizi'biliti] vidljivost; ~**le** vidljiv; očit

vision ['viʒən] vid; vizija

visit ['vizit] posjetiti; razgledati; posjet; ~**or** posjetilac; ~**ors' book**

knjiga gostiju

visual ['viʒuəl] vidni, vizuelan

vital ['vaitl] životni; vitalan; ~ity životna snaga; vitalnost

vitamin(e) ['vitəmin] vitamin

vivaci|ous [vi'veiʃəs] živ(ahan); ~ty živahnost

vivid ['vivid] živ(ahan)

vocal ['voukəl] glasovni; zvučan; glasan; ~ chord glasnica

vocation [vou'keiʃən] nutarnji nagon; poziv; zvanje; ~al guidance savjetovanje za izbor zvanja

vogue [voug] omiljelost; moda

voice [vɔis] glas

void [vɔid] prazan; *jur* bez zakonske vrijednosti; praznina; rupa; ~ of koji nema; bez

volcano [vɔl'keinou], *pl* ~es vulkan

volley ['vɔli] salva; *tenis* volej; ispaliti salvu; *tenis* odbiti loptu u zraku; ~-ball odbojka

voltage ['voultidʒ] *el* napon

voluble ['vɔljubl] brbljav; blagoglagoljiv

volume ['vɔljum] svezak knjige; opseg (*glasa*); ~-control, ~ regulator

regulator jakosti glasa

volunt|ary ['vɔləntəri] dobrovoljan; ~eer dobrovoljac; dobrovoljno služiti

voluptuous [və'lʌptjuəs] razbludan; obilan

vomit [vɔmit] povraćati

voracious [və'reiʃəs] proždrljiv

vot|ary ['voutəri] poklonik; ~e glas(anje); pravo glasa; (iz)glasati; ~e of (non-)confidence izglašavanje (ne)povjerenja; ~er glasač, birač

voting-booth glasačka kabina; ~-box glasačka kutija

vouch [vautʃ] (for) jamčiti za; ~er namira; dokaz

vow [vau] zavjet; zavjetovati se

vowel ['vauəl] vokal

voyage [vɔidʒ] dugo putovanje (*morem, zrakom*); putovati

vulcani|te ['vʌlkənait] ebonit (tvrda guma); ~zed fibre vulkanizirano vlakno

vulgar ['vʌlgə] prost; običan; vulgaran; ~ity prostota; ~ize popularizirati

vulnerable ['vʌlnərəbl] ranjiv

W

wadding ['wɔdiŋ] podstava od vate; vata

waddle ['wɔdl] gegati se

wade [weid] gaziti (*vodu*); **~rs** *pl* visoke čizme za vodu

wafer ['weifə] vafli, oblata

wag [wæg] kimati; tresti repom; šaljivčina

wage-earner ['weidʒəːnə] zarađivač

wages ['weidʒiz] *pl* nadnica

wag(g)on ['wægən] (teretna) kola; **~er** vozar

wail [weil] jadikovka; jadikovati

wainscot(ing) ['weinskət(iŋ)] drvena oplata

waist [weist] struk; **~coat** prsluk

wait [weit] čekati (**for**); poslužiti (**on**); **keep ~ing** pustiti koga da čeka; **~er** konobar; **~ing-room** čekaonica; **~ress** konobarica

wake [weik] brazda za brodom; zračni vir; bdjeti; probuditi (se); **~ up** probuditi (se); **~n** (pro)buditi se; *fig* prodrmati

walk [wɔːk] hodati; šetati; obilaziti; voditi šetnja; **~er** pješak; šetač;

sport hodač

walking ['wɔːkiŋ]: **~ tour** pješačenje; **~-stick** štap za šetnju; *Am* **give a p his ~ papers** otpustiti koga

walk|-out ['wɔːkaut] *Am* štrajk; **~-over** laka pobjeda

wall [wɔːl] zid, stijena; obzidati; **~ up** zazidati; **~et** lisnica; **~flower** *bot* šeboj; *fig* djevojka bez plesača

wallow ['wɔlou] valjati se

wall-paper ['wɔːl] (zidna) tapeta; **~-socket** *el* priključnica

walnut ['wɔːlnət] orah(ovina)

waltz [wɔːls] valcer; plesati valcer

wand [wɔnd] (dirigentski, čarobni) štapić

wander ['wɔndə] (za)lutati; udaljiti se (**from**); bulazniti; **~er** putnik

wangle ['wæŋgl] *sl* spletkariti; "udesiti"; **~r** spletkar

want [wɔnt] oskudica; potreba; nedostajati; trebati; tražiti; željeti; **for ~ of u** pomanjkanju

war [wɔː] rat; **⁓ Office** ministarstvo rata

ward [wɔːd] zaštita; starateljstvo; štićenik; odjel (*u bolnici*); gradski kvart; ~ **off** odbiti; ~**er** čuvar; tamničar

wardrobe ['wɔːdroub] garderoba; ormar za odijela; ~**-trunk** kovčeg za odijela

ware [wɛə] roba; **china** ~ porculansko posuđe; ~**house** skladište; robna kuća; uskladištiti

war|like ['wɔːlaik] ratnički; ratoboran; ~**-loan** ratni zajam; ~**-monger** ratni huškač

warm [wɔːm] topao; ugrijati (se); ~**th** toplina

warn [wɔːn] upozoriti **(of, against)** opomenuti **(to do)**; ~**ing** upozorenje; opomena

warp [wɔːp] iskriviti (se); svinuti se (*drvo*)

war-profiteer ['wɔːprɔ-fi'tiə] ratni dobitnik

warrant ['wɔrənt] punomoć; **(dock-, warehouse** ~**)** skladišni list; **(~ of apprehension)** tjeralica; ~ **of arrest** nalog za hapšenje; ovlastiti; jamčiti

warrior ['wɔriə] ratnik

Warsaw ['wɔːsɔː] Varšava

wart [wɔːt] bradavica

war-wedding brak sklopljen za vrijeme rata; ~**-zone** ratna zona

was [wɔz] I. & 3. *lice sg pret. od* **be**

wash [wɔʃ] prati (se); isprati; ~ **up** prati suđe; ~**ed out** ispran; pranje; umivanje; ~**er** stroj za pranje; brtveni prsten; ~**erwoman** pralja; ~**ing** pranje; rublje za pranje, ~**ingpowder** prašak za pranje; ~**-out** neuspjeh; fiasko; ~**-rag** *Am* krpica za pranje; ~**-stand** stalak s umivaonikom

wasp [wɔsp] osa

waste [weist] pust; jalov; neupotrebiv; otpadni; rasipavanje; (o)pustošiti; rasipati; propadati (*bolesnik*); ~**-paper basket** košara za papir

watch [wɔtʃ] straža; džepni ili ručni sat; stražiti; promatrati; ~**-bracelet** narukvica za ručni sat; ~**-case** okućje sata; ~**ful** oprezan; ~**maker** urar; ~**man** (noćni) čuvar

water [wɔːtə] voda; navodnjavati; zalijevati; **high** ~ plima; **low** ~ oseka; **drink the** ~**s** liječiti se mineralnom vodom; **make a p's mouth**

~ učiniti da kome rastu zazubice; **~-cart** kola za polijevanje ceste; **~-colour** akvarel; vodena boja; **~-cooled** hlađen vodom; **~cress** *bot* potočarka; **~-gauge** vodomjer; **~ing-pot** kanta za zalijevanje; **~ing-place** napajalište; toplice; morsko kupalište; **~plane** hidroavion; **~proof** nepromočiv; kišni kaput; **~works** (*i pl*) vodovod; **~y** razvodnjen (*i fig*)

wave [weiv] val; ondulacija; učiniti valovitim; ondulirati; mahati; vitlati; **~-range** *radio* valno područje; **~trap** zaporni krug

waver ['weivə] posrtati; kolebati se

wax [wæks] vosak; navoštiti; rasti (*mjesec*)

way [wei] put; pruga; smjer; kurs; sredstvo; način; stanje; zanimanje; ~ **in** ulaz; ~ **out** izlaz; **by the** ~ usput; **by** ~ **of** kroz; umjesto; **out of the** ~ zabitan; neobičan; **have one's** ~ raditi po svojoj volji; **see one's** ~ **to** (*inf*) znati kako što učiniti; **~lay** dočekati u zasjedi; **~-**

side rub puta, ceste; **~ward** mušičav; samovoljan

we [wi:] mi

weak [wi:k] slab(ašan); nejak; ~**en** (o)slabiti; **~ly** slabunjav; **~ness** slabost

wealth [welθ] blagostanje; bogatstvo; ~**y** bogat

weapon ['wepən] oružje

wear [wɛə] nositi na sebi; držati se dobro; ~ **away (off, out)** istrošiti; iznositi; izmoriti; nošenje; trošenje; **for hard** ~ za štrapac

weariness ['wiərinis] umor

weary ['wiəri] umoran; zamoran

weather ['weðə] vrijeme (*atmosfersko*); **~-beaten** od vremena oštećen; otvrdnuo; **~-bureau** *Am* meteorološki ured; **~-forecast** prognoza vremena; **~-proof**, **~-tight** otporan prema (ne)vremenu; nepropustan za vrijeme; **~-worn** trošan od vremena

weave [wi:v] tkati; isplesti; *fig* snovati; tkanje

web [web] tkivo; paučina

wed [wed] vjenčati (se); *fig* sjediniti

wedding ['wediŋ] vjenčanje; **~-dress** vjenčana haljina; **~-present** svadbeni dar; **~-ring** vjenčani prsten

wedge [wedʒ] klin; pričvrstiti klinom; **~ in** ugurati (*i fig*)

Wednesday ['wenzdi] srijeda

weed [wi:d] korov; pljeviti

week [wi:k] tjedan; **cut working ~** skraćeni radni tjedan; **on ~days** radnim danom; **~-end** vikend; kraj tjedna; provesti vikend; **~-end-ticket** vikend vozna karta

weep [wi:p] plakati

weigh [wei] (iz)vagati; **~ anchor** podići sidro; **~ upon** tištiti koga; **~t** težina; teret; **~ty** težak

welcome ['welkəm] dobrodošao; zaželjeti dobrodošlicu; *fig* pozdraviti

weld [weld] zavarivati

welfare ['welfɛə] dobrobit; **~ centre** ured za socijalno staranje; **~ work** socijalno staranje

well [wel] zdenac; (jamsko) okno; dobro; **as ~ as** tako kao; i ... i; **~ off**, **~-to-do** imućan; **I am not ~** nije

mi dobro; **~-advised** promišljen; **~-bred** dobro odgojen; **~-intentioned** dobronamjeran; **~-known** poznat

Welsh [welʃ] velški; **~man** Velšanin

welter-weight ['weltəweit] *boks* velter kategorija

were [wɜː] *pl pret od* be

west [west] zapad; zapadni; zapadno; **~ern** zapadni; **~ern(er)** zapadnjak; **~ward(s)** prema zapadu

wet [wet] mokar; vlažan; **~ through** promočen; mokrina; smočiti; navlažiti; zaliti; proslaviti pićem

whale [weil] *zool* kit; **~-bone** kitova kost; **~-oil** kitovo ulje

wharf [wɔːf] lučka obala; kej; **~age** pristojba za vezanje broda

what [wɔt] što; koje; kako?; koliko?; koji?; kakav?; **~ about ...?** što je s ...?; **~(so)ever** koji mu drago; svaki koji

wheat [wi:t] pšenica

wheel [wi:l] kotač; kotrljati; gurati; *Am sl* voziti bicikl; **~barrow** tačke; **~wright** kolar

when [wen] kada, čim,

dok; ~ce [wens] odakle; prema tome; ~(so)ever ma kada, bilo kada

where [wɛə] gdje; kuda; ~about(s) gdje otprilike; boravište; ~as međutim; ~upon našto; ~ver gdje god; kud god

whet [wet] brusiti; oštriti

whether ['weðə] da li

which [witʃ] koji, koja, koje; što

whiff [wif] dašak; jedan dim (cigarete)

while [wail] časak; dok; ~ away provoditi (vrijeme)

whim [wim] hir

whimper ['wimpə] cmizdriti; plakati

whimsical ['wimzikəl] hirovit; ekscentričan

whine [wain] cvijeti; cmizdriti

whip [wip] bičevati; tući (vrhnje); bič

whirl [wə:l] vrtjeti; ~pool vrtlog; ~wind vihor; zračni vrtlog

whisk [wisk] peruška; (po)mesti; obrisati; tući snijeg; ~ away obrisati

whisper ['wispə] šaptati; (~ing) šaptanje

whistle [wisl] zviždati; zviždaljka; zvižduk

white [wait] bijel; čist; ~ lie laž iz nužde; ~

-hot usijan; ~n pobijeliti; ~ness bjelina; bljedoća; ~smith limar; ~wash kreč za bijeljenje; krečiti

Whitsuntide ['witsntaid] Duhovi

whiz [wiz] zujati; hujati

who [hu:] tko; koji, koja, koje

whole [houl] cijeli; potpun; zdrav; cjelina; on the ~ u cjelosti; ~-meal bread kruh s mekinjama; ~sale trade trgovina na veliko; ~some zdrav

whoop [hu:p] vikati; urlati; ~ing-cough hripavac

whortleberry ['wɔ:tlberi] borovnica

whose [hu:z] čiji

whosoever [hu:sou'evə] tko god, koji god

why [wai] zašto; čemu

wick [wik] stijenj, fitilj

wicked ['wikid] zločest; zao; ~ness zloća

wicker ['wikə]: ~ basket pletena košara; ~ chair stolica od pletera

wide [waid] širok, prostran; ~ awake sasvim budan; ~n proširiti (se)

widow ['widou] udovica; ~er udovac

width [widθ] širina; daljina

wife [waif] žena, supruga

wig [wig] perika; *sl* ukor; izgrditi

wild [waild] divlji; **run ~** podivljati; **~ cat** divlja mačka; *Am* prijevarno poduzeće; **~erness** ['wildənis] divljina; **like ~fire** munjevito; kao razbuktali požar; **~ness** divljina

wilful ['wilful] svojevoljan

will [wil] volja; oporuka; htjeti; pomoćni glagol za futur; **with a ~** snažno i s poletom

willing ['wiliŋ] voljan, pripravan (**to do**)

willow ['wilou] vrba

win [win] dobiti; postići; pobijediti

wince [wins] trgnuti (se)

wind [wind] vjetar; nadimanje; **be in good ~** imati dobra pluća; **get one's second ~** izduhati se; odahnuti; **there is something in the ~** nešto je u toku, u zraku; *sl* **raise the ~** prikupiti novac; **get the ~ up** prepasti se; [waind] **~ up** namotati; naviti uru; zaključiti posao; **~bag** vjetropir; brbljavac; **~-**

~fall otpalo voće; (neočekivana) sreća

winding ['waindiŋ] ovoj; namatanje; **~ stairs** *pl* zavojite stepenice; **~-up** likvidacija

windlass ['windləs] motovilo; vitlo

window ['windou] prozor; **~dressing** aranžiranje izloga; pokazivanje lijepe strane; obmana; **~-frame** okvir prozora; **~-ledge**, **~-sill** prozorska daska; **~-shutter** prozorski kapak

wind|pipe ['windpaip] *anat* dušnik; **~screen**, *Am* **~shield** *mot* vjetrobran; prednje staklo automobila; **~screen wiper** *mot* brisač vjetrobrana; **~y** vjetrovit (*i fig*)

wine [wain] vino; **~press** preša za vino

wing [wiŋ] krilo; snabdjeti krilima; dati krila

wink [wiŋk] mig; žmirkanje; treptati

winner ['winə] dobitnik; *sport* pobjednik

winning ['winiŋ] koji dobiva; pobjednički; **~post** *sport* cilj

winter ['wintə] zima; prezimiti

wintry ['wintri] zimski

wipe [waip] (o)brisati;

(o)čistiti; ~ **dry** osušiti;
~ **off** otrti; ~ **out**
izbrisati; uništiti

wire [waiə] žica; tele-
gram; pričvrstiti žicom;
brzojaviti

wireless ['waiəlis] beži-
čan; radio; ~ **message**
radiogram; ~ **operator**
radio-telegrafist; ~ **set**
radioaparat; ~ **station**
radio stanica

wire-netting ['waiə'ne-
tiŋ] žičana mreža; ~
-puller pokretač ma-
rioneta

wisdom ['wizdəm] mud-
rost

wise [waiz] mudar; raz-
borit; ~**crack** Am du-
hovita primjedba; Am
put a p ~ uputiti koga
(**about**)

wish [wiʃ] (za)željeti; že-
lja; ~ **for** čeznuti za

wistful ['wistful] zamiš-
ljen; čežnutljiv

wit [wit] duhovitost; **be
at one's** ~**'s end** ne
moći se više snaći

witch [witʃ] vještica; ča-
robnica

with [wið] s, sa; pokraj;
kod; zbog; it **is just so
~ me** meni je upravo
isto tako; ~**draw** po-
vući (se) (**from**); ~
drawal povlačenje

wither ['wiðə] (u)venuti;
usahnuti; osušiti se

with|hold [wið'hould]
zadržati; ~**in** unutra;
iznutra; unutar; ~**in
doors** u kući; ~**out**
izvana; bez; a da ne;
~**stand** odoljeti

witness ['witnis] svjedok;
svjedočiti; ~**-box** mje-
sto (u sudnici) za svjedoke

witty ['witi] duhovit;
šaljiv

wives [waivz] pl od **wife**

wolf [wulf], pl **wolves**
vuk

woman ['wumən], pl
women ['wimin] žena;
ženska; **young** ~ dje-
vojka; ~ **doctor** liječ-
nica; ~ **student** studen-
tica; ~**kind** ženski svi-
jet; ~**like** ženski; ženst-
ven; ~**ly** ženski

wonder ['wʌndə] čudo;
čudesno djelo; čuditi se;
htjeti znati (**whether, if**)

woo [wuː] snubiti (dje-
vojku); zaprositi

wood [wud] šuma; drvo;
~**-cutter** drvosječa; ~**-
ed** pošumljen; šumovit;
~**en** drven; ~**work**
drvena građa; stolarski
radovi

wool [wul] vuna; ~**len**
vunen

word [wəːd] riječ; obavijest; lozinka; **by ~ of mouth** usmeno; **have ~s** posvađati se **(with)**; **~ing** izražavanje; stilizacija

work [wə:k] posao, rad; *pl* pogon; tvornica; **public ~s** javni radovi; **make short ~ of** brzo likvidirati; raditi; djelovati; držati u pogonu *(tvornicu)*; staviti u pokret; uzbuditi *(živce, osjećaje)*; **at ~** pri poslu; u pogonu; **~day** radni dan; **~er** radnik; **~ers** *pl* radni kolektiv; **~house** ubožnica

working ['wə:kiŋ]: **in ~ order** u stanju sposobnom za pogon; **~ association, ~ cooperation** radna zajednica; **~ capital** obrtni, poslovni kapital

workman ['wə:kmən] radnik; obrtnik; **~like** spretan; stručan; **~ship** spretnost; vještina; izradba

work|shop ['wə:kʃɔp] radionica; **~woman** radnica

world [wə:ld] svijet; **~'s championship** svjetsko

prvenstvo; **~ly innocent** koji ne poznaje svijet; neiskusan; **~-power** velesila; **~-renowned firm** svjetska firma; **~-wide** rasprostranjen širom svijeta; svjetski

worm [wə:m] crv; **~-eaten** crvotočan

worn-out ['wɔ:n'aut] istrošen; otrcan

worry ['wʌri] zabrinjavati se; **don't ~ about it!** ne brini o tome

worse [wə:s] gori; lošiji

worship ['wə:ʃip] štovanje; obožavanje; kult; služba božja; obožavati

worst [wə:st] najgori; najlošiji; **get the ~ of it** izvući kraći kraj

worsted ['wustid] kamgarn tkanina

worth [wə:θ] vrijedan; vrijednost; **~-while** vrijedan *(truda)*; koji se isplati; **~y** ['wə:ði] vrijedan; ugledan

would [wud] *pret od* will; **~-be** navodni; takozvani; **~-be politician** politikant

wound [wu:nd] rana; raniti

wrap [ræp] **(up)** zamotati; uplesti; **~ped up in** sasvim zaokupljen čime; ogrtač; plašt; **~per** o-

mot; (ženski) kućni kaput; ovojni list duhana na cigari; **(postal ~per)** unakrsni omot na poštanskoj pošiljci; **~ping- -paper** pâpir za zamatanje; „pakpapir"
wreath [ri:θ] vijenac; girlanda
wreck [rek] olupina (*i fig*); propast; **be ~ed** razbiti se; **~ing service** *Am* služba pomoći i teglenja na cesti
wrench [rentʃ] izvinuti; uganuti
wrest [rest] istrgnuti; iskriviti
wrestle ['resl] hrvati se; **~r** hrvač
wretched ['retʃid] bijedan; nesretan
wriggle ['rigl] koprcati se; vijugati se

wring [riŋ] stiskati; izažimati
wrinkle ['riŋkl] bora; naborati (se)
wrist [rist] ručni zglob; **~(let)-watch** ručni sat
writ [rit] sudbeni nalog; spis; naredba
write [rait] pisati; **~r** pisac; pisar
writing ['raitiŋ] pisanje; rukopis; stil; **~-case** mapa za pisanje
wrong [rɔŋ] neprav; kriv; neispravan; nepravda; učiniti krivo; nanijeti nepravdu; **be ~** biti u krivu; pogrešno ići (*sat*); **there is something ~** nešto nije u redu; **on the ~ side of 60** preko 60 godina star
wry [rai] kriv; nakrivljen

X

X, Xt = Christ
Xmas = Christmas

X-ray ['eks'rei]: **~s** rentgenske zrake; zračiti x-zrakama; rentgenizirati

Y

yacht [jɔt] jahta; sportska jedrilica; voziti se na jahti; **~ing** jedrenje

Yankee ['jæŋki] Jenki (Sjeveroamerikanac)
yard [ja:d] jard (*mjera za*

duljinu = *0,914 m*); dvo-
rište

yarn [jɑːn] pređa; *mar*
uže; uzica

yawn [jɔːn] zijevati

year [jəː] godina; ∼ly
godišnji

yearn [jəːn] čeznuti (*for*)

yeast [jiːst] kvas(ac)

yell [jel] vikati; vrištati;
vrisak

yellow ['jelou] žut; ∼
press senzacionalistička
štampa; ∼ish žućkast

yelp [jelp] štektanje; štek-
tati

yes [jes] da, jest; jesni od-
govor

yesterday ['jestədi] jučer

yet [jet] još; dosad; ipak;
čak; **as** ∼ dosad(a); **not**
∼ još ne

yield [jiːld] donijeti plod
(prihod); dati rezultat;
proizvesti; dopustiti; po-
pustiti; predati se; plod;
prihod; ∼**ing** popustljiv

yoke [jouk] jaram; ujar-
miti

yolk [jouk] žumanjak

you [juː] vi, vas, vam(a);
ti, te(be), tebi; se

young [jʌŋ] mlad (*fig*),
svjež, neiskusan

your [juː] vaš, tvoj; ∼**s**
vaš, tvoj; ∼**self**, *pl* ∼-
selves se, sebe; ti sam

youth [juːθ] mladić; mla-
dost; mladež; ∼**ful** mla-
denački

Yugoslav ['juːgouˈslɑːv]
Jugoslaven; jugoslavenski

Yugoslavia ['juːgouˈslɑː-
viə] Jugoslavija

Z

zeal [ziːl] revnost; ∼**ous**
['zeləs] revan; gorljiv

Zealand ['ziːlənd] Zelan-
dija

zenith ['zeniθ] zenit

zero ['ziərou] ništica;
ništa

zest [zest] začin; polet;
zanos; veselje (**for**) uži-
tak

zigzag ['zigzæg] cikcak

zinc [ziŋk] cink

zip [zip] **fastener** patentni
zatvarač

zone [zoun] zona; zemalj-
ski pojas; *fig* područje

Zoo [zuː] zoološki vrt

zoologist [zouˈɔlədʒist]
zoolog; ∼**y** zoologija

zoom [zuːm] *aero* strmo
i naglo se uspeti

A

a and; ~? what? eh?

abeced|a alphabet, ABC; **po ~i** in alphabetical order; ~**irati** alphabetize

adapt|acija adaptation *(prostorija)*; conversion; ~**irati** adapt; convert

administra|cija administration; ~**tivan** administrative

admiral admiral

adres|a address; ~**ar** address book; directory; ~**irati** address (to)

adut trump (card)

advokat attorney, lawyer; solicitor; barrister

aero|dinamičan streamlined; ~**drom** airfield; *(međunarodni)* airport

afektirati be affected

afinitet affinity

afirmacija recognition; ~**irati se** win recognition

Afri|ka Africa; ~**čki** African

agen|cija agency; ~**t** agent

agit|ator agitator; ~**irati** agitate

agonija agony

agres|ija aggression; ~**ivan** aggressive; ~**or** aggressor

agronom agronomist

ah! oh!

ajde! come on!

akadem|ija academy; ~**ik** academician; ~**ski** academic(al)

akcija action; v. **dionica**

ako if

akroba|cija acrobatics; ~**t** acrobat; ~**tski** acrobatic

akt *(umjetnički)* nude; v. **spis, čin**

aktiv|an active; ~**irati** activate; ~**nost** activity

aktuelan topical, current

akumulator (storage) battery

akustika acoustics *pl*

akutan acute
akuzativ accusative
akvarel water-colour
akvarij aquarium
akviziter *Am* solicitor
alarm, ~irati alarm
alat tool(s); implement(s)
album album
alergi|čan allergic (to); **~ja** allergy (to)
alfabet alphabet
ali but
alimentacija alimony
alkohol alcohol; **~an** alcoholic; **~no piće** alcoholic drink; **~ičar** alcoholic; **~izam** alcoholism
Alpe the Alps
alt *mus* alto
alternativa(n) alternative
aludirati allude to, hint (at)
aluminij aluminium, *Am* aluminum
aluzija allusion (to), hint (at)
amater(ski) amateur(ish)
ambalaža packing, container(s)
ambasad|a embassy; **~or** ambassador
ambici|ja ambition; **~ozan** ambitious
ambijent ambiance, surroundings
ambulanta out-patient department

ameri|čki, ~kanac American; **~ka** America
amnesti|ja, ~rati amnesty
amo here, this way; **~ tamo** back and forth
amonijak *(plin)* ammonia; *(tekućina)* ammonia water
amputirati amputate
analfabet illiterate, analphabete; **~ski** illiterate, analphabetic
anali|tički analytical; **~za** analysis *(pl* **~es)**; **~zator** analyst; **~zirati** analyse
analogija analogy
ananas pine apple
anarhi|ja anarchy; **~st** **(~ički)** anarhist
anatom|ija anatomy; **~ski** anatomic
anđeo angel; **~ čuvar** guardian angel
anemičan an(a)emic; **~ja** an(a)emia
anestezija an(a)esthesia
angaž|irati engage; **~man** engagement
angina tonsillitis; *(gnojna)* quinsy
anket|a poll; **~irati** poll
ansambl troupe, ensemble
antena aerial
antibiotik antibiotic
antifriz anti-freeze

antikvarijat second-hand
  bookshop
antilop suede
antipati|čan unlikable;
  ~ja dislike, antipathy
aparat apparatus; *(za
  kućanstvo)* appliance
apartman suite
aperitiv aperitif
apetit appetite
apoteka chemist's; *Am*
  drug store
april April
apsolutan absolute
Arabija Arabia
arak (double) sheet
Arapin Arab
arhiv archives *pl*
arija tune
arogantan arrogant
asfalt asphalt
asistent assistant
astma asthma
atentat (assassination) at-
  tempt
aterirati land
atlas atlas
atlet|a athlete; **~ika**

athletics; **~ski** athletic
atom atom; **~ski** atomic
august August
Australija Australia
Austrija Austria; **~ski**
  Austrian
auto car, automobile;
  ~bus bus; coach; **~mat**
  automaton; **~mat za
  cigarete** cigarette ma-
  chine; **~matski** auto-
  matic; **~mehaničar** car
  mechanic; **~mobil**
  (moto-)car; **~mobilist**
  motorist; **~put,~stra-
  da** motorway; *Am* super-
  highway
autor author
autostop hitchhiking;
  putovat ~om hitch-
  -hike
avet ghost; spook
avijacija aviation; **~tičar**
  flier, aviator
avion (aero)plane; *Am*
  airplane; **~om** by plane,
  by air
Azija Asia

B

babica midwife
bacati (baciti) throw,
  cast, fling; **~ u zrak**
  blow up
bačva barrel, cask; *(za
  benzin)* drum ; **~r** cooper

badava free (of charge);
  gratis
badem almond
Badnjak Christmans Eve
bager dredger; excavator
bagrem acacia

bahat arrogant
bajka fairy-tale
baka grandmother
bakalar cod (-fish); *(sušen)* stock-fish
bakar copper
baklja torch; ~**da** torch-light parade
bakrorez copperplate; etching
bal ball
bala bale; roll
balast ballast
balavac whipper-snapper
balon baloon
Baltičko more the Baltic
balkon balcony
balvan beam
balzam bal(sa)m; ~**irati** embalm
banana banana
bančiti carouse
banda band, gang
bank|a bank; ~**ovni činovnik** bank clerk;
banknota (bank-)note, *Am* bill
bankrot bankruptcy; ~**irati** become (go) bankrupt
banja = kupka, toplice
bar(em) at least, at any rate, if only
bar night club; bar-(-room), coctail lounge
bara pool, pond
baraka hut, shack, shed
barka boat

barikada barricade
barometar barometer
baršun velvet
barun baron
barut (gun-) powder
bas bass; *(pjevač)* bass(o)
baš just, exactly, quite, precisely
bašti|na inheritance; heritage; ~**ik** heir; ~**iti** inherit
batak leg
baterija battery; (i *mil*)
batin|a club, stick; ~**e** *pl* beating
baviti se occupy oneself with; engage in, deal with
baza base (i *mil*); basis
bazen (swimming) pool
baždariti gauge
bdjeti keep vigil; watch (over)
beba doll; *(dijete)* baby
beda|k fool, ninny, simpleton; ~**st** foolish, silly; ~**stoća** silliness, foolishness
bedem wall, rampart
bedro thigh
bek back
beletristika fiction
Belgija Belgium
benzin petrol; *Am* gas-(oline); ~**ska stanica** filling petrol station
Beograd Belgrade
berba vintage

besanica insomnia
besciljan aimless
beskamatan interest-free
beskarakteran spineless, unprincipled
besklasni classless
beskompromisan uncompromising
beskoris|tan useless; ~**nost** uselessness
beskraj|an endless; ~**nost** endlessness
beskrupulozan unscrupulous
besmisao absurdity, nonsense; ~**len** absurd, nonsensical
besmrt|an immortal; ~**nost** immortality
besperspektivan unpromising
besplat|an, ~**no** free, gratuitous, gratis; ~**na ulaznica** free ticket
besposl|en idle, unemployed; ~**ičiti** loaf, idle
bespravan rightless
besprijekoran impeccable; irreproachable
besprimjeran unexampled, matchless, unprecedented
besprincipijelan unprincipled
besraman shameless
bešćutan callous, emotionless

bešuman noiseless
beton concrete; **armirani** ~ reinforced concrete
bez without
bezazlen artless; harmless; ~**ost** artlessness; harmlessness
bezbojan colourless
bezbolan painless
bezbožan godless
bezbrižan carefree
bezbroj countless number; ~**an** countless
bezdan abyss
bezduš|an heartless; ~**nost** heartlessness
bezobrazan impudent
bezobziran reckless, regardless, inconsiderate; ~**no postupati** be ruthless
bezglav brainless, confused
bezgraničan infinite, boundless
bezimen nameless
bezizražajan lacking expression, expressionless
bezličan lacking individuality; impersonal
beznačajan insignificant
beznadan hopeless
bezopasan harmless
bezuspješan abortive, unsuccessful
bezuvjetan unconditional
bezvoljan apathetic, languid

bezvrijedan worthless, valueless

bežičan wireless

biber pepper

biblija the Bible

biblioteka library; ~r librarian

bicikl bicycle; ~ist cyclist

bič whip; ~evati whip, flog, lash

biće being, creature

bide bidet

bife bar, snack-bar, buffet

bijeda misery, poverty, want; ~n wretched, miserable, poor

bijeg flight, escape

bijel white; ~ac white (man); ~iti bleach; paint white, whitewash

bijes fury, rage; ~an furious; (pas) mad

bik bull; **borbe s ~ovima** bull-fight

bilanca balance (sheet)

bilijun billion; Am milliard

bilo pulse; (gorsko) crest, ridge

biljar billiards pl

biljeg (revenue, duty) stamp; fig mark; ~ovati affix a revenue stamp to

bilješka note; coll memo

bilježiti take notes, note down; record; ~nica exercise book, note book;

~nik (javni ~nik) notary (public); parish clerk; town clerk

bilj|ka plant; ~ni vegetable

bira|č voter; ~n choice, formal; ~ti choose, select; elect

birokra|cija bureaucracy; ~tski bureaucratic

biser pearl; (umjetno uzgojen) cultured pearl; (umjetni) imitation pearl; ~nica pearl-oyster

biskup bishop; ~ija diocese; bishopric

biskvit (sweet) biscuit

bist|ar clear, limpid; ~rina clarity; ~riti clarify; ~riti se clear up

bit essence; ~an essential

bitanga good-for-nothing

biti be; exist; **nije bilo vremena** there was no time

bitka battle

bitno essentially

bivol (water) buffalo

bivši former, one-time

bizon bison

bižuterija costume jewellery

bjegunac fugitive; **vojni** ~ deserter

bjelan|ce white (of egg); ~čevina albumen; protein

bjelilo bleach

bjelina white(ness)
bjelokost ivory
bjelogorica leaf forest
bjeloočnica white (of eye)
bjelouška ring snake
bjes|noća *(kod pasa)* rabies; madness; ~njeti rage; storm
bježati run away, escape
blag mild, gentle
blagajna *(u dućanu)* paying counter; *(ured)* pay-office; *(za ulaznice)* box-office; *(za vozne karte)* booking-office, ticket-office; ~ica, ~ik cashier, booking clerk; *(bankovni)* teller; *(društva)* treasurer
blagdan holiday
blago hoard livestock, animals, cattle; ~ rečeno put it mildly
blagodat boon, advantage, blessing
blagonaklon benevolent
blagoslov blessing; ~iti bless
blagost mildness, gentleness
blagostanje prosperity, welfare; comfort; wealth
blagotvoran beneficial
blagovaonica dining-room
blagovremeno in time
blajhan dyed (blonde)

blam|aža disgrace; ~irati se disgrace oneself
blanja plane; ~ti plane
blat|an muddy; ~o mud; ~obran mudguard; *Am* fender
blaziran blasé
blažen blessed, blissful; beatified; ~stvo bliss, beatitude
blebetati blab, prattle
blef, ~irati bluff
blenuti gape
blesa|n, ~v imbecile
blezgarija drivel
blijed pale
blijes|ak, ~kati flash glare, dazzle
bliskost closeness, nearness
blistati glitter, sparkle, dazzle
blistav glittering dazzling; *fig* brilliant
blitva Swiss chard, mangel
blizak close (to), near
blizanac twin
bliz|ina nearness, closeness; ~u near, close
bliži nearer
bližnji fellow man (creature)
bludnica harlot, strumpet, prostitute
bluza blouse
bljedilo, bljedoća pallor, paleness

bljutav flat, tasteless; *fig* insipid

bljuvati vomit; *coll* throw up; *fig* belch

bljuzgavica slush

bob broad-bean; **~ica** berry

boca bottle; **~čica** vial

bočni lateral

bod stich; *(poen)* point

bodar brisk, spirited

bodež dagger

bodljika prick; spine; **~v** prickly, spiny; **~va žica** barbed wire

bodriti encourage, cheer up

bofl shoddy goods

bog god; hvala **~u!** thank goodness!

bogalj cripple, invalid

bogat rich, wealthy; **~aš** rich man; **~aši** the rich; **~stvo** wealth

boginja goddess; **~e** *med* small-pox

boj battle; **~ište** battle-field; **~ni brod** battle-ship

boja colour; *Am* color; *(ličilačka)* paint; *(za tkanine)* dye; **uljena ~** oil paint

bojadisati paint; dye

bojati se be afraid (of), fear

bojazan fear, apprehesion; anxiety

bojažljiv timid

bojkot, **~irati** boycott

bojler water-heater, geyser

bok side, flank; hip

boks boxing; **~ač** boxer; **~ati** box

bol pain, ache; *(duševni)* anguish; **~an** painful, aching

boles|nik patient; **~t** sickness, illness; disease; *(laka)* indisposition; **~tan** sick, ill

bolešljiv sickly

bolni|ca hospital; **~čar** man-nurse, orderly; **~čarka** nurse; **~čka kola** ambulance

bolova|nje: na ~u at sick-leave; **~ti** be ill with, suffer from

bolje better

boljeti hurt, ache, pain; **boli me glava,** I have a headache; my head hurts

bolji better

bomba bomb; **ručna ~** (hand) grenade; **~rder** bomber; **~rdirati** bomb *(artiljerijski)* shell

bombon sweet; *Am* candy

bor pine

bora wrinkle, line

borac fighter; *fig* champion

borav|ak stay; **~iti** stay,

dwell, reside

borba struggle, fight; *mil* combat

boriti se struggle, fight

borna kola armoured car

borovnica blueberry

bos barefoot(ed)

bosti prick; *(nožem)* stab

botanički vrt botanical garden(s)

božanski divine

božica goddess

Božić Christmas; **~no drvce** Christmas-tree

božji divine

bračni matrimonial, conjugal; **~i par** married couple; **~o putovanje** wedding trip, honeymoon

braća brothers; brethren

brada beard; *(kost)* chin; **~t** bearded

bradavica wart; *(sise)* nipple

bradva broad ax

brak marriage, matrimony, wedlock

brana (high) dam; *(zaustava)* lock; *(drljača)* harrow; **~ti** harrow

branič *sp* back

branik *mot* bumper

branilac defender; *jur* counsel, barrister, attorney

braniti defend (oneself)

brašno flour

brat brother; **~ski** fraternal

brati gather, pick; pluck

bratić cousin

bratstvo fraternity

brav wether

brava lock; patent ~ latch; **obiti ~u** pick a lock; **~r** locksmith

brazda furrow; *(iza broda)* wake

brazgotina scar

brblja|rija idle talk; **~ti** chat, chatter; **~v** chatty, talkative; **~vac** chatterer, chatterbox; **~vost** chattiness

brčići *pl* clipped moustache

brd|o moutain; hill; **~ovit** mountainous, hilly; **~ski** mountain

bređa big with young

breme burden, load, weight

breskva peach

breza birch

brežulj|ak hill, hillock, knoll; **~kast** rolling

brid edge; **~ak** sharp, cutting

briga worry, trouble; care; **nije me ~!** I don't care

brigada brigade

brija|č barber; **~čnica** barber's (shop); **aparat za ~nje** safety razor;

(*električni*) electric razor; ∼ti (give a) shave; ∼ti se (have a) shave

brijeg = **brdo**

briljant brilliant; ∼**an** brilliant

brinuti se worry (about), be worried (about); care (for); be responsible (for)

brisa|**ti** wipe; mop; (*gumicom*) erase; ∼**č** wiper

britva razor

brižljiv attentive, painstaking, careful; ∼**o** carefully, attentively; ∼**ost** care, carefulness

brk moustache

brkati confuse, mix

brklja barrier; toll-bar

brnjica muzzle

brod ship, vessel. *coll* boat; **putnički** ∼ passenger ship, (*veliki*) liner; **teretni** ∼ cargo ship; **ratni** ∼ warship; **na** ∼**u** aboard

brodograd|**ilište** shipyard; ∼**nja** shipbuilding; **inženjer** ∼**nje** naval architect

brodolom shipwreck; ∼**ac** shipwrecked person

brodovlasnik shipowner

brodsk|**i isprave** ship's papers; ∼**a agencija** shipping agency; ∼**i prostor** freight space; ∼**i tovar** cargo; ∼**i**

motor marine engine

broj number; numeral; figure; (*cipela i sl.*) size; **rimski** (**arapski**) ∼ Roman (Arabic) numeral; **označavati** ∼**em** number; **u punom** ∼**u** in full force

brojan numerous

brojčanik (*sata*) face; (*telefona*) dial

brojilo: **električno** (**plinsko**) ∼ electricity (gas) meter

brojiti count

brojka figure; digit

brojnik numerator

brokat brocade

brom bromine

bron|**ca**, ∼**nčan** bronze

bronhitis bronchitis

broš brooch

broš|**iran** paper-bound; ∼**ura** brochure

brstiti browse

bršljan ivy

brtvilo *tech* gasket

brucoš freshman

brujati drone, hum

brundati grumble

brus whetstone; grindstone; ∼**ač** (knife) grinder; ∼**iti** grind; sharpen; (*britvu*) hone

brusnica cranberry

bruto-težina gross weight

brvn|**ara** log-cabin; ∼**o** foot-bridge

brz quick, fast, rapid; *(odgovor)* prompt

brzaci *pl* rapids *pl*

brzina speed, rapidity, quickness; promptness; *(tech)* velocity; ~om od 100 km na sat at a speed *(ili* rate) of sixty miles an hour; najveća ~a top speed; svom ~om at full speed; na ~u in a hurry; *mot* preći iz prve u drugu ~u change over from first to second gear *(ili* speed); *mot* mijenjati ~u shift gear; voziti nedozvoljenom ~om speed

brzinomjer speedometer

brzojav wire, telegram; *(preko mora)* cable; ~iti (send a) wire; cable; ~ni ured telegraph-office

brzoplet hasty, rash

brzovozna roba express goods

brže! hurry up!

bubamara ladybird

bub|anj drum; ~njar drummer; ~njati drum; ~njić ear-drum

bubnuti say something silly; blurt out

bubre|g kidney; ~žnjak loin; *(goveđi)* sirloin, *Am* tenderloin

bubulji|ca pimple; ~čav pimply

bucmast chubby; plump

buča marrow

bučan noisy

bučiti make noise; boom; roar

bućkuriš weak wine; slops *pl*

budala fool, simpleton; ~st foolish, silly; ~ština foolishness, silliness

budan awake; *fig* alert; biti ~ sit up (late)

budilica alarm (clock)

buditi (se) wake up

budnost alertness, vigilance

budući future; ~i da as, since; ~nost future

budžet budget

bugač|a blotting-paper; osušiti ~om blot

Bugar|in Bulgarian; ~ska Bulgaria; ~ski Bulgarian

buha flea

bujan luxuriant, dense, thick; well-developed

bujati swell; *(bilje)* grow luxuriant, spring up

bujica torrent, flood

buka noise, racket

buknuti flare up; break out

buktinja torch

buktjeti blaze, flame

bukva beech

bukvalan = doslovan

buldog bulldog

buldožer bulldozer
bulevar boulevard
buljiti stare, gape, gaze
bumbar bumble-bee
buna rebellion, revolt, uprising; *mil* mutiny
bunar well; ~ **na čabar** draw-well
buncati be delirious; *fig* talk incoherently
bunda sheepskin coat
bundeva pumpkin
bunilo delirium; **u ~u** delirious
buniti stir up; ~ **se** rise, rebel, revolt; grumble
bunker *mil* pill-box
bunovan drowsy
buntov|an rebellious, mutinous; ~**nik** rebel, insurgent; mutineer
bura north-easter; storm; ~**n** stormy
burz|a (stock-) exchange, stock-market; ~**ovni izvještaj** stock-report; ~**a rada** labour exchange, employment office; ~**ijanac** stock-operator; **crna ~** black-market
burž|oazija bourgeoisie; ~**uj(ski)** bourgeois
busen turf, sod
bušil|ica driller; drilling machine; ~**ti** drill, bore; pierce, perforate, punch
but leg, ham; thigh; *(goveđi)* round (of beef)

C

car emperor; ~**evina** empire; ~**ica** empress
carić wren
carin|a customs; *(pristojba)* duty; ~**arnica** custom(s) house; ~**ik** customs officer; ~**ski pregled** customs inspection; **podložan ~i** dutiable
cars|ki imperial; ~**ki rez** Caesarean section; ~**tvo** empire
cedar cedar (-tree)
cedulja note; slip
ceh guild
celer celery
celofan cellophane
celuloid celluloid
celuloza cellulose
cement(irati) cement
centar centre, *Am* center
centarfor Centre Forward
centarhalf Centre Half, Back
centimetar centimetre

central|a heardquarters;
~ električna ~a electric
power station, power
plant; **~izirati** centralize

centrifug|a *(za rublje)*
spind-drier; **sušiti u ~i**
spin-dry

cenzur|a censorship; **~irati** censor

cerada tarpaulin

cerekati se simper

ceremonija ceremony;
~lan ceremonial

ceriti se grimace

cesta road, highway; **~rina** toll

cic printed calico

cičati squeak, squeal

ciferšlus zip fastener

Ciganin gypsy

cigar|a cigar; **~eta** cirette; **~špic** cigarette-holder

cigla brick; **~na** brickyard

cijediti strain, filter; **~se** drip, trickle

cijel|i whole, entire; *math*
2 ~a 3 (2,3) two point
three

cijena price; **nabavna ~**
purchase price; **najviša
~** top price; **proizvodna ~** production price;
tržna ~ market price

cijeniti esteem, appreciate, value

cijepati split; *(drva)* chop

cijepiti graft; *med* vaccinate, inoculate; **~ljenje**
vaccination, inoculation

cijev tube, pipe; *(gumena)*
hose; *(oružja)* barrel;
(radio) valve, *Am* tube

cik-cak zig-zag

cikla red beet, beetroot

ciklama cyclamen

ciklon cyclone

ciklostil cyclostile, duplicator

ciklus cycle

cilindar cylinder; *(šešir)*
top hat

cilj object, aim, purpose;
~ati aim (at); *fig* hint (at)

cimet cinnamon

cini|čan cynical; **~k**
cynic; **~zam** cynicism

cink zinc

cipela shoe; *(niska)* low
shoe; *(visoka)* boot; *(gojzerica)* heavy-duty boot;
(salonka) court shoe, *Am*
pump; **trgovina ~** shoe
shop

cirkul|acija circulation;
~irati circulate

cirkus circus

ciroza cirrhosis

cisterna cistern; *(kamion)*
tank car

cit|at quotation; **~irati**
quote

civil civilian; **u ~u** civilian clothes

civiliz|acija civilisation
cjedilo strainer
cjelina whole, totality;
 u ~i as a whole
cjelokupan total
cjelovit integral, entire
cjenik price-list
cjenkati se haggle
cjepanica (split) log
cjepidla|čiti split hairs;
 ~ka hair-splitter
cjepivo vaccine
cjevanica shin-bone,
 shank
cmizdriti pule, whine
crijep (roofing-) tile
crijevni intestinal
crijevo intestine
crknuti die
crkv|a church; **~en** ec-
 clesiastical; **~njak** sex-
 ton, verger; **~ica** chapel
crn black; **~ac** Negro;
 u ~ini in mourning;
 ~ka brunette; **~kinja**
 negress; **~ogorac**
 Montenegrin; **~ogorica**
 conifers; **~oman jast** dark
 wood; **~omanjast** dark
crpsti draw, pump

crta line; **~č** draughts-
 man; **~čki pribor**
 drawing instruments; **~-
 ti** draw
crtež drawing
crv worm; **~otočan**
 worm-eaten
crven red; **~dać** robin;
 ~ilo red(ness); **~jeti**
 redden; **~kast** reddish
curica little girl
curiti run, flow, trickle
cvasti bloom, flower;
 (drveće) blossom; *fig*
 flourish
cvat bloom; *fig* flowering
cvije|će flowers; **~t**
 flower
cviker pince-nez
cviljeti whine
cvjećarna florist's
cvjetača cauliflower
cvokotati: on ~oće his
 teeth are chattering
cvrčak cicada, cricket
cvrčati *(cvrčak)* chirp; *(na
 vatri)* sizzle
cvrkut(ati) twitter; *(me-
 lodiozno)* warble

Č

čabar pail, bucket
čačka|lica toothpick; **~-
 ti zube** pick one's teeth
čađa soot; **~v** sooty

čahura *mil* case, shell,
 cartridge; *zool* cocoon,
 chrysalis
čaj tea; **~nik** tea-pot;

(samo za vodu) tea-kettle
čak even
čamac (row-) boat; ~ **za spasavanje** life-boat; **motorni** ~ motor-boat
čangrizav peevish, morose
čaplja heron; *(siva)* egret
čar charm; ~**ati** cast spells; ~**oban** magic; *fig* charming; ~**obnjak** magician; ~**olija** sorcery; charm
čarape *pl* socks; *(ženske)* stockings, nylons; *(hulahup)* tights; *(za gojzerice)* oversocks; *(dokoljenke)* knee-socks
čas moment, instant, minute
časni honourable
časopis periodical, journal, magazine
čast honour; ~**an** honourable; *(plaćati)* treat; ~**ohlepan** ambitious
čaša glass
čaška *bot* calix
čavao nail
čavka (jack) daw
čed|an demure, modest; ~**nost** modesty
čega: **iz** ~ out of what; **od** ~ of what
čegrt|uša *zool* rattlesnake; ~**ati** rattle
Čeh Czech; ~**oslovačka**

Czechoslovakia; ~**oslovački** Czechoslovak
ček cheque, *Am* check; ~**ovna knjižica** cheque book; ~**ovni račun** cheque account
čeka|onica waiting-room
čeka|onica waiting-room; ~**ti** wait *(na* for); ~**ti u redu** queue, *Am* line up
čekić hammer
čekinja bristle
čekrk winch
čeli|čan steel; ~**čana** steel plant (works); ~**k** steel; **kaljeni** ~**k** tempered steel; ~ **koji ne rda** stainless steel
čel|o forehead; *fig* front; **biti na** ~**u** (be at the) head; ~**ni** frontal
čeljust jaw
čempres cypress
čemu why? **na** ~ on what; **o** ~ about what
čep stopper; *(od pluta)* cork
čepić *med* suppository
čeprkati scratch; poke about
čerupati pluck
česma fountain, well
čest frequent; ~**o** frequently, often
čestica particle, fragment
čestit honest
čestit|ati congratulate;

~ka greeting card; congratulation

češalj comb

češati (se) scratch (oneself)

ešće pretty often

češer *bot* cone

Češki Czech

češlja|ti (se) comb (one's hair); ~onica hairdresser's (shop)

češljugar goldfinch

češnjak garlic

četa host, troop; *mil* company

četiri four

četka brush; ~ za kosu hairbrush; ~ za odijela clothes-brush; ~ za cipele shoe-brush; ~ti brush

četkica: ~ za zube tooth-brush; ~ za brijanje shaving brush; ~ za nokte nail-brush

četrdeset forty

četrnaest fourteen

četvero four persons; ~kut quadrangle; ~noške on all fours; ~nožac quadruped; ~struk fourfold

četvor|ica four; ~ci *pl* quadruplets

četvorni metar square metre

četvrt (*gradska*) district; ~ sata a quarter of an

hour; ~ina quarter; ~godišnji quarterly

četvrtak Thursday; Veliki ~ Maundy Thursday

četvrti fourth

četvrtinka *mus* crotchet, *Am* quarter note

čeznut|i yearn, long; ~ljiv yearning, longing

čežnja yearning, longing

čičak bur(r)

čiji? whose?

čik (cigarette-) stump

čil healthy, lively; (*starija osoba*) hale

čim as soon as

čime with what?; nad ~ above what

čimpanza chimpanzee

čin act; *mil* rank; *theat* act

čini|ti do, make, perform; ~ se seem, appear, look like

činovnik office worker, clerk, employee

činjeni|ca fact; ~čno stanje the (real) facts

čipka lace; ~st lacy, lace-like

čir boil; ~ na želucu gastric (stomach) ulcer; ~ na dvanaestercu duodenal ulcer

čist clean; *fig* pure; (*olovo*) refined; ~a zarada net profit; ~i prepis fair copy

čistač(ica) cleaner
čistilište Purgatory
čistina clearing
čistionica: kemijska ~ cleaner's
čistiti clean; *fig* purify; *(kemijski)* dry clean; *(luku)* dredge; *(pile)* dress
čistka purge
čistoća cleanness; purity *(fig i o zlatu)*
čistokrvan thoroughbred
čišćenje: dati na ~ have it dry-cleaned
čitak legible; readable
čitalac reader
čitanka reader
čitaonica reading-room
čitati read
čitav intact, safe; complete, entire, whole
čizm|a (high) boot; *(jahača)* riding boot; *(gumena)* wellington, *Am* rubber boot; **~ica** bootee, *Am* lined boot
član member; *gram* article; **~arina** (membership) due; **~stvo** membership
članak article; **uvodni ~** leading article, leader
čoban(in) shepherd, herd
čokolad|a chocolate; **~ni bomboni** chocolates
čopor pack, troop
čorba broth, soup

čovječ|an humane; **~anstvo** mankind; **~ji** human, man's; **~nost** humanity
čovjek man; **~ se umori** one gets tired; **odrastao ~** adult; **poslovan ~** businessman
črčkati scrawl, scribble
čučati squat
čudak eccentric
čudan strange, queer, odd
čudesan miraculous
čuditi se be surprised (at), wonder
čudo wonder, miracle; **~tvoran** miraculous
čudovište monster
čuđenje surprise
čujan audible
čulo sense
čun canoe
čunj skittle, *Am* pin; **~evi kuglane** ninepins
čupa|ti pull, pluck; **~v** shaggy, dishevelled
čuperak tuft; lock
čuti hear; **krivo ~** hear wrongly, misunderstand
čuvanje keeping, preservation, guarding, protection
čuvar keeper; guard; watchman
čuvati keep; protect; take care of; guard, watch; **~ se** take care (of oneself)

čuven renowned, well--known, famous

čuvenje: poznavati po ~u know by reputation

čuvstvo feeling

čvarci pl greaves pl, Am cracklings pl

čvor knot; **željeznički**

~ railway junction

čvorak starling

čvorište rlw junction, railway hub

čvoruga = kvrga

čvrst firm; sturdy; **~oća** firmness; sturdiness; solidity

Ć

ćaskati chatter

ćela bald spot, (potpuna) bald head; **~v** bald; **~vac** baldhead(ed)

ćelija cell

ćilim carpet; rug

ćirilica Cyrillic script

ćorav one-eyed

ćorsokak blind alley

ćosav beardless

ćud temper, disposition

ćudljiv whimsical; capricious; moody

ćuk owl

ćup (earthenware) jar

ćuš|ka, ~nuti slap (in the face)

D

da yes; that; **znam ~ znaš** I know (that) you know; if; **~ znam** if I knew; **želim ~ vidim** I want to see

dabar beaver

dadilja nanny, nurse, governess

dah breath; **bez ~a** breathless, out of breath

dahtati pant, gasp

dakako to be sure; surely, of course, without doubt

dakle well; consequently, therefore, thus

daktilograf typist

dalek distant, remote, far-away; **~o** far (away)

dalekosežan far-reaching

dalekovidan far-sighted (i fig), hyperopic

dalekovod overhead line, long distance power line (pipeline)

dalekozor fieldglass, binoculars; (operni) opera glass

Dalma|cija Dalmatia; **~tinac, ~tinski** Dalmatian

dalje farther; *(ugl fig)* further; **~!** go on!

dalj|ni far; distant; next, further; **~rođak** distant relative; **iz ~ine** at a distance

dan day; daylight; **dobar ~** good morning!. *poslije ručka* good afternoon! **svaki ~** every day

Dan|ac Dane; **~ska** Denmark; **~ski** Danish

danak tribute, tax

dana|s to-day; nowadays; **do ~** to this day; **~ujutro** this morning; **~šnji** present(-day), to-day's

dangubiti loaf, idle, waste time

danju in the daytime, by day, during the day

dapače on the contrary; exactly; even

dar present, gift; **~ežljiv** generous; **~ost** generosity

darovati present (with), make a present (of); donate

darovit gifted, talented; **~ost** gift, talent(s)

daska board; *(debela)* plank

daščara board hut, shed, cabin

daščica thin piece of board; shingle

dati give; provide; supply; **~ na popravak** *(čišćenje)* have it repaired (cleaned); **~ se** na set about . . . ing

datirati date

datula date

datum date; **koji je danas ~?** what's the date today?

davalac giver, donor

daviti choke, strangle; **~ se** choke; *(u vodi)* drown

davni ancient; **~na** ancient times, antiquity

davno long ago

daždevnjak salamander

debat|a, ~irati debate

debe|ljko obese person; *coll* fatty; **~ljuškast** plump, stout; **~o** fat, obese, stout; thick

debil moron

debl *sp* doubles *pl*

deblo (tree) trunk

deblj|ati se fatten; put on weight; **~ina** fatness

decembar December

decenij decade

decentraliz|acija decentralization; **~irati** decentralize

decilitar decilitre

decimal(ni razlomak)

decimal (fraction); **~ni zarez** decimal point

dečko (**»simpatija«**) boy-friend

defekt defect; (*kvar*) breakdown; **~an** defective; (*duševno*) handicapped

defetist(ički) defeatist

deficit deficit

defile *mil* march-past; *aero* fly-past; parade

defini|cija definition; **~rati** define

definitivan definitive; final

deform|acija deformity, deformation; **~iran** deformed; **~irati** deform; **~irati se** become deformed; lose shape

degeneriran degenerate

degradirati degrade; (*oficira*) demote

deka blanket

dekan dean

deklamirati declaim, recite

deklar|acija declaration; (*carinska*) customs declarion; **~irati** declare

dekolt|e low-cut neckline; **~irana** in a low-cut dress

dekoncetrirati distract; **~ se** lose concentration

dekorat|er (interior) decorator; **~ivan** decorative

rative

dekret decree, order; (*o postavljenju*) certificate of appointment

dekubitus *med* bed-sore

dekuraživati discourage

deleg|acija delegation; **~at** delegate; **~irati** delegate, nominate —

delikat|an delicate; **~esa** delicacy; **~esna radnja** delicatessen; **~nost** delicacy

delirij delirium; **u ~u** delirious

demago|g demagogue; **~ija** demagog(uer)y; **~ški** demagogical

demantirati deny, refute; **~ se** contradict oneself

demižon demijohn, wicker flask

demobiliz|acija demobilization; **~irati** demobilize, discharge

demokra|t democrat; **~cija** democracy

demolirati demolish, wreck, tear down; smash

demonstr|ant demonstrator; picket; **~irati** demonstrate

demontirati dismantle, remove, strip, take apart

denunci|jant informer; **~irati** inform (against), denounce

deodorant deodorant

depilator hair-remover
deplasiran out of place, inappropriate
deponirati deposit
deprimira|n depressed; **~ti** depress
deran urchin
der|ati tear, pull apart, rip; **~ se** tear; *(vikati)* yell, scream, bawl, howl; **~njava** yelling
derište brat
desant *mil* landing (operation)
desen pattern, design
desert *Br* sweet, *Am* dessert
deset ten; **~i** tenth; **~ina** onetenth
desetar *mil* corporal; squad leader
desetkovati decimate
desni *pl* gums *pl*
desni right(-hand)
desni|ca the right hand; *pol* the Right; **~čarski** rightist
desno (to the) right
destil|acija distillation; **~erija** distillery; **~irati** distill
destimulirati discourage
dešifrirati decode, decipher
detalj detail; **~an** detailed; **~no** in detail
deterdžent detergent
deva camel

devedeset ninety; **~i** ninetieth
devet nine; **~i** ninth
devetnaest nineteen; **~i** nineteenth
devize *pl* foreign currency; **~ni račun** foreign-exchange account
dezavuirati disown; repudiate, disavow; withdraw support from
dezen = desen
dezert|er deserter; **~irati** desert
dezinfekcija disinfection
dezodorant deodorant
dezorganiz|acija disorganization; **~irati** disorganize; **~irati se** become disorganized
dežur|an on duty, on call; **~stvo** duty
dići = dignuti
diferencijal *mot* differential (gear)
difterija diphtheria
diftong diphthong
dignuti lift, raise, hoist, elevate; pick up; **~ se** rise, get up
dijagonala diagonal
dijagram diagram, chart
dijalekt dialect
dijalog dialogue
dijapozitiv slide
dijeliti divide, separate; *(s drugim)* share; **~ se** divide

dijeljenje division (i *math*)

dijeta diet; **držati ~u** diet

dijete child

dikobraz porcupine

dikt|at dictation; **~irati** dictate

dilema dilemma

dim smoke; **~iti se** smoke; **~ljena riba** smoked fish

dimnja|čar chimney-sweep; **~k** chimney; (*brodski*) funnel, smoke-stack

dinamičnost dynamism

dinamit dynamite

dinamo dynamo

dinastija dynasty

dinja musk melon

dio (*gen.* **dijela**) part, share; **~** spare part; **~ba** division, partition

dioni|ca share; part; **~čar** shareholder, *Am* stockholder; **~čka glavnica** share capital; **~čko društvo** joint-stock company, *Am* stock corporation

diplom|a diploma, certificate; **~irati** graduate, receive (take) a (university) degree

diplomat diplomat; **~ski** diplomatic

dirati touch

direkcija headquarters, head office; management

direkt|an direct; **~no** direct(ly)

direktor manager, director; (*škole*) headmaster, principal

dirig|ent conductor; **~irati** conduct

dir|ljiv touching, moving; **~nuti** touch

disati breathe, respire

disciplin|a discipline; field, branch; **~iran** disciplined; **~irati** discipline

disk discus

diskretan discrete

diskusija discussion

diskutirati discus

diskvalificirati (se) disqualify (oneself)

dispanzer clinic, health centre

dišni respiratory

div giant

divan wonderful, admirable

diverzant commando

dividenda dividend

diviti se admire, wonder

divlj|ač game; **~ak** savage; **~i** wild; **~ina** wilderness

divljenje admiration

divokoza chamois

divota magnificence

dizal|ica crane, hoist; **~o** lift, *Am* elevator
djeca children; **bez djece** childless
dječak boy
dječji childlike
djed grandfather
djelatnost activity
djelo work; deed, act
djelokrug sphere, field; domain
djelomi|ce, ~čno partly, partially
djelotvoran effective, efficient
djelovanje activity
djelovati work, perform, be active; take effect
djeljiv divisible
djetao woodpecker
djetelina clover
djetinj|arija childishness; **~ast** childish; **~stvo** childhood
djevi|ca, ~čanski virgin
djevičanstvo viriginity
djevojčica (little) girl
djevojka girl; *(»simpatija)* girl(-friend); maid
dlaka hair; **~v** hairy; **~vost** hairiness
dlan palm
dlijeto chisel
dnevni daily; **~ca** per diem; **~k** diary
dn|o bottom; **bez ~a** bottomless; **na ~u** at the bottom

do till, up to; *(prostorno)* to, as far as
dob age
doba time, age, era, epoch, period
dobaciti throw (over)
dobar good
dobavljati get, obtain, acquire; supply, procure, provide
dobitak gain, profit
dobiti get, obtain, recive, gain; **~ natrag** recover
dobitnik winner
dobričina good-natured fellow
dobro well; *n* farm; **za tvoje ~** for your own good; **~ opće** common good
dobrobit wellbeing, welfare, benefit
dobročin|itelj benefactor **~stvo** benefaction
dobroćudan good-natured
dobrodoš|ao, ~lica welcome
dobrohotan benevolent
dobronamjeran well-meaning
dobrota goodness
dobrotvor benefactor; **~an** charitable; **~na priredba** charity, benefi(
dobrovolja|c volunteer; **~n** voluntary; **~no** voluntarily; **~no se**

javiti volunteer

docent senior lecturer, *Am* assistant professor

doček reception; ~ati meet; receive

dočepati se get hold of, capture

dočuti hear, learn

doći come, turn up, arrive; **dobro ~** come in handy; **~ po** come for

dodatak addition; appendix; supplement; admixture; *(na plaću)* bonus; = **doplatak**

dodati add; *(rukom)* hand, pass

dodatan additional

dodija|ti be fed up with; **~vati** bother, pester

dodijeliti assign, allocate

dodir touch; **~nuti** touch; **~ivati se** adjoin

dodjela assignment, allocation

doduše to be sure

događaj event; experience; **razvoj ~a** developments

dogled = **dalekozor**; **~ an: u ~no vrijeme** in the near future

dogma dogma; **~tičan** dogmatic

dogoditi se happen, occur, take place

dogorijevati burn down; go out

dogovor arrangement; consultation; **prema ~u** as arranged, as agreed, by appointment

dogovoriti se settle, arrange, fix, agree

dograditi add a wing (a story)

dohodak income

dohvat reach; **na ~** within reach; **~iti** reach; get hold of

doista indeed, really

dojaditi = dojdati

dojam impression; **ostaviti ~** make an impression

dojenče suckling, nurseling

doji|lja wet-nurse; **~ti** breast-feed, nurse

dojka breast; **~inja** wet-nurse

dojm|iti se to be impressed; **~ljiv** impressionable

dok *mar* dock

dokaz proof, evidence; **~ati** prove; **~ivati** try to prove; **~ni materijal** evidence

dokle how long? how far? **~ god** as long as; as far as

dokoli|ca leisure; idleness; **~čar** idler

dokopati se come by; get hold of; reach

dokrajčiti put an end to

doktor doctor; ~ **filozofije** Ph. D.; ~**at** doctorate, doctor's degree; ~**irati** get one's doctor's degree

doktrina doctrine

dokumentirati document

dolar dollar

dolaz|ak arrival; ~**iti** = **doći**

doli|čan fitting; ~**kovati** befit

dolina valley

doliti add, pour some more, fill up

dolje down; downstairs

dom home; club, centre; (studentski) (residence) hall, Am dormitory; (ferijalni) hostel; ~ **zdravlja** health centre; **stanovnik** ~**a** inmate; **Donji** ~ Lower House; (britanski) House of Commons; **Gornji** ~ Upper House

domać|i home, domestic; ~**a hrana** home-cooked food; ~**a životinja** domestic animal

domaći|ca hostess; housewife; **dobra** ~**ca** good housewife; ~**n** master of the house; host

domaćinstvo household; housekeeping

doma|k, ~šaj reach

domet range; **na** ~ within range; **izvan** ~**a** out of range

domin|antan dominant; ~**irati** dominate

domine dominees pl

domišljat inventive; ~**i se** think hard, try to guess; ~**ost** inventiveness

domoći se = **dokopati se**

domovina one's country, homeland

donedavn|i recent; ~**o** until recently

donekle to a degree, in some measure

donijeti bring; fetch; ~ **sa sobom** bring along; ~ **dolje (gore)** bring down (up)

donosilac bearer

donji lower

dopa|dljiv attractive; ~**sti se** like; attract; ~**da mi se vrt** I like the garden

dopirati reach

dopis (official) letter; (novinski) report, story; ~**ivanje** correspondence; ~**ivati se** correspond; ~**nica** postcard, Am postal card; ~**nik** correspondent, reporter

doplat|a additional payment; **~ak** allowance; **~iti** pay the difference

dopodne in the morning

dopratiti escort; see here

doprem|a, ~iti supply; transport

doprijeti reach

doprin|ijeti contribute (to); **~os** contribution (to)

dopun|a, ~iti supplement; **~ski** supplementary

dopust leave; **na ~u** on leave

dopu|stiti allow, permit; (u diskusiji) grant; **~stiv** permissible; **~štenje** permission

doputovati arrive, come

dorastao equal to, up to

doruč|ak, ~kovati breakfast

dosad(a) so far

dosad|a boredom; **~an** boring; **~no mi je** I am bored; **~iti** be fed up

dosadašnji past, last; to date

dosađivati bother, pester; **~ se** be bored

doseg = dohvat

dose|liti se move in; immigrate, settle; **~ljenik** immigrant, settler

dosije file

dosjet|iti se have an idea; understand; **~ka** witty remark, joke; **~ljiv = domišljat**

doskočiti solve; outwit

doskora shortly, soon, before long

doslov|an literal; **~ce** literally

dosljed|an consistent; **~no** consistently; **~nost** consistence

dospje|će (mjenice) maturity, expiration; **~ti** arrive; manage; (mjenica) become due, mature, expire

dosta enough; **~ mi je** I've had enough

dostav|a delivery; **~iti** deliver

dosti|ći catch up with; **~gnuće** achivement; **~žan** achievable

dostojan worthy; **~stven** dignified; **~stvo** dignity

dostup|an accessible; **~nost** accessibility

dosuditi award

došljak new-comer

dotacija grant; subsidy

dotad till then

dotaknuti touch

doticaj = dodir

dotičan concerned, in question

dotirati subsidize

dotjera|n well-groomed; **∼ti** drive (up) to; **∼ se** dress up; tidy oneself up

dotle till then; as far as; during that time

dotrajao finished, worn out

dotući finish (off)

doušnik informer

dovdje this far

dovesti bring (over); **∼ se** come by car, drive over

doviđenja! good by!

doviknuti call to

dovinuti se reach, attain; solve

dovitljiv = **domišljat**

dovle this far

dovod supply (pipe)

dovolj|an sufficient; **∼no** enough

dovoz transport; supply

dovratnik door-post

dovrš|iti finish, complete; **∼enje** completion

dovući drag (up) to; **∼ se** drag oneself (up) to

doz|a dose; **(za cigarete)** cigarette case; **∼iranje** dosage; **∼irati** dose

dozna|čiti (novac) remit; = **dodijeliti**; **∼ka** voucher, coupon

doznati learn, find out, hear, understand

dozreti mature, ripen, grow ripe

dozvati call back; call to; send for

dozvol|a permission; (pismena) permit; **∼iti** = **dopustiti**

doživ|jeti live to see; experience, meet with; **∼ljaj** experience; adventure

doživotan lifelong; **∼ zatvor** life imprisonment

drač weed, thorn-bush(es), bramble(s)

drag dear, sweet; (kovina) precious; **∼ kamen** precious stone

draga, ∼i beloved, sweetheart; (uvala) cove, small bay

drago: ∼ mi je I am glad

dragocjen precious, costly; **∼ost** preciousness

dragulj jewel, precious stone; (brušen) gem; **∼ar** jeweller

dram|a drama, play; **∼atičan** dramatic; **∼atizirati** dramatize; **∼ski** dramatic

drangulije pl odds and ends; gewgaws

drap beige

drap|erije drapery, hangings; **∼irati** drape

drastičan drastic

draškati caress

draž(est) charm; **~estan** charming

dražb|a auction; **iznijeti na ~u** put up for auction; **~ovaonica** auction-room(s); **~ovatelj** auctioneer

dražiti irritate, provoke

dre|čati scream; *(djeca)* howl; **~čav = kričav**; **~ka** howling, outcry; **~knuti** give a yell

dremljiv drowsy, sleepy

dremucka|nje nap; **~ti** take a nap

dren *bot* dogwood(-tree)

dres|irati train; **~irane životinje** performing animals; **~ura** training

dretva twine, pack-thread

drevan ancient

drhta|ti shake, shiver, tremble; **~v** trembling; **~vica** shivers *pl*

dribl|ati *sp* dribble; **~er** dribbler

drijema|nje, **~ti** doze, nap, snooze

drlja|ča, **~ti** harrow

drmati (se) shake, jolt

drndati: **~ po gitari** strum a guitar; **~ se** jolt (along)

drobiti crush; **~ se** crumble, fall to pieces

drog|a drug, *sl* dope; **uzimati ~e** take drugs,

be a drug-addict; **uzimanje ~a** drug-addiction

drogerija chemist's, *Am* drugstore

drolja slut

dronj|ak tatter; **~ci** *pl* rags, tatters

droplja bustard

drops (acid) drop

drozg (song-)thrush

drozga dross, slag

drskost impudence, insolence, impertinence

drug, **~arica** fellow, companion, mate; **~ N.** comrade N.

drugars|ki comradely; **~tvo** companionship, comradeship

drugdje elsewhere; **negdje ~** somewhere else

drug|i another, other; *(po redu)* second; *(sljedeći)* next; **~o** second(ly) **to je nešto ~o** that's something else

drugorazredan second-rate

drukčij|e differently; **~i** different

druker snap-fastener

društven sociable; **~i** social; public, national; **~a igra** party game; **~o veče** social evening; **~ost** sociability

društv|o society; community; *com* company, corporation; **praviti (nekome) ~** keep (one) company; **u ~u** in company; at a party

družiti se keep company, associate

drvarnica wood-shed, coal shed; *(podrum)* wood-cellar, coal-cellar

drv|en (i *fig*), wood, wooden; **~o** tree; wood, timber, *Am* lumber; **ogrevno ~** firewood

drvodjelac carpenter; timberman, *Am* lumberman

drvorez wood-carving; *(grafika)* woodcut; **~ac** wood-carver; *(grafičar)* wood-engraver

drvosječa logger, lumberjack

drzak impudent, insolent, impertinent

držak handle, grip

držalo pen-holder

držanje carriage, bearing; attitude; behaviour

držati hold; *(artikl)* stock, carry; **~ pčele** keep bees; **~ se** hold on to; act; **dobro se ~** hold one's own; bear one's age well; **~ se načela** stick to a principle

država state; country

državljan|in citizen;

subject; **strani ~ni** alien; **~stvo** citizenship; nationality

državni government(al), state, public, national

državni|čki statesmanlike; **~k** statesman

dub|ina depth; **~ok** deep; **~ok 2 m** two metres deep

dubokoum|an profound; **~nost** profundity

dućan shop, *Am* store

dud mulberry (-tree)

duda dummy, comforter, *Am* pacifier; *(na bočici)* teat, *Am* nipple

duet *mus* duet(t)

dug long; **~ 10 m** ten metres long

dûg debt; **u ~u** in debt

duga rainbow

dugme button; **pritisnuti na ~** push a button; **rupica za ~** buttonhole

dugo (for) a long time; long

dugogodišnji long time

dugoročni long-term

dugotrajan long-lasting, durable

dugova|nje indebtedness; **~ i potraživanja** debit and credit; **~ti** owe (i *fig*)

duguljast elongated

duh spirit; *(priviđenje)* ghost; = **duhovitost**

duhan tobacco
Duhovi Whit Sunday
duhovit witty; ~ost wit(tiness)
duhovni spiritual
dukat gold coin
dulji|ti: da ne ~m to make a long story short
Dunav the Danube
dunja quince
duo duo
dubin dolphin
dupkom: ~ **pun** packed
dupli double; ~kat duplicate
duplje burrow, hole
dupsti hollow (out), gouge
dur *mus* major
duriti se sulk
duš|a soul; ~evni mental, spiritual
dušak: na ~ at a gulp
dušek mattres
dušik nitrogen
dušmanin enemy, foe
dušmanski violent(ly), savage(ly)
Dušni dan All Souls' Day
dušnik windpipe, larynx
duvački ~ **orkestar** brass band; ~ **instrument** wind-instrument
duž (all) along
dužan in debt; obliged (to), bound (to)
dužin|a length; po ~i lengthwise

dužnik debtor
dužnost duty; post, office; **po** ~i in the line of duty; **nastupiti** ~ take up a post
dva two
dvadeset twenty; ~i twentieth
dvanaesnik *anat* duodenum; **čir na** ~u duodenal ulcer
dvanaest twelve; ~i twelfth
dvije two
dvjesta two hundred
dvoboj duel; **izazvati na** ~ challenge to duel
dvocijevka double-barreled gun
dvodomni: *parl* ~ **sistem** two-chamber system
dvojak of two kinds
dvojb|a doubt, suspicion; ~en doubtful, uncertain
dvojci *pl* twins *pl*
dvoje two (persons); ~ **u** ~ in a couple
dvojezičan bilingual
dvojica two (male persons)
dvojka (number) two; group of two; *(karte)* deuce
dvojni double; bipartite
dvojnik (one's) double
dvokatnica three-storey house

dvokratan two-time
dvokrilac *aero* biplane
dvokrilna vrata double--door
dvoličan two-faced, false; **∼nost** duplicity; falseness
dvomotorac twin-engine aircraft
dvonožac biped
dvopek biscuit; *mar* hard tack
dvor court; **na ∼u** at court
dvorac country seat, manor house; *(zamak)* castle
dvorana auditorium, hall

dvoredan double-breasted (jacket)
dvorište court yard; **∼na zgrada** back building
dvoriti attend, wait on
dvorkinja charwoman, cleaner, daily help
dvosjed two-seater
dvosjekli two-edged
dvosmislen ambiguous; **∼ost** ambiguity
dvostran two-sided, bilateral
dvostruk double, two--fold
dvotočka colon
dvoumiti se be in a dilemma

DŽ

džamija mosque
džemper sweater, pullover
džep pocket; **∼ar** pickpocket; **∼arac** pocket-money, allowance; **∼na lampa** torch, flashlight
džez jazz
džigerica liver
džungla jungle

Đ

đak pupil, schoolboy
đavao devil
đon sole
đubre*(osoba)* cad; **= gnoj**

đumbir ginger
đurđica lily of the valley
đuture: u ∼ in the lump, indiscriminately

E

ebanovina ebony
efekt effect; ∼**an** striking
efektivan effective; actual
efikas|an efficacious, effective; ∼**nost** efficacy, effectiveness
egzaltiran highly strung; hyper-sensitive
egzist|encija existence; ∼**irati** exist
egzotičan exotic
ej! hej! hello there!
ekcem med eczema
ekipa team
eklatantan glaring, obvious
ekonom steward; ∼**ičan** economical; ∼**ija** (privreda) economy; (nauka) economics pl; (dobro) farm; ∼**ika** economy; ∼**izirati** economize; ∼**ist** economist; ∼**ski** economic
ekran screen
eks: na ∼! bottoms up!
ekscentri|čan, ∼**k** eccentric
eksces outrage, excess
ekshibicija exhibition
ekskurzija excursion, trip; stručna ∼ study tour
ekspeditiv|an prompt; ∼**nost** promptitude

eksperimentalan experimental
ekspert, ∼**an** expert
eksploat|acija exploitation; ∼**ator** exploiter; ∼**irati** exploit
eksplo|dirati explode, go off
eksploziv explosive
eksponat exhibit
ekspon|aža photo exposure; ∼**irati** photo expose
ekspresni: ∼**o pismo** Br express letter, Am special delivery letter
ekstaza ecstasy
ekstra special; extra
ekstravagant|an extravagant; ∼**nost** extravagance
ekstrem extreme; ∼**an** extreme; ∼**ist**, ∼**ištički** extremist
ekvator equator
elaborat survey; development plan; presentation
elan enthusiasm
elastič|an elastic; fig flexible; ∼**nost** elasticity; fig flexibility; = **gumilastika**
elektrana power plant, power station
elektron electron; ∼**ičar** electronics engineer; ∼**i-**

ka electronics *pl*; ∼**ski** electronic

elektrotehnik|a electrical engineering; **inženjer** ∼**e** electrical engineer

elita, ∼**n** elite

emajl enamel; ∼**iran** enamelled

embrio embryo

emigr|acija emigration; émigrés; ∼**ant,** ∼**antski** emigrant, émigré; ∼**i- rati** emigrate

emi|sija broadcast; transmission; ∼**tirati** broadcast; transmit

emocionalan emotional

enciklopedija encyclop(a)edia

Engle|ska Britain, United Kingdom; *(uža)* England; ∼**ski** English; ∼**skinja** Englishwoman; ∼**z** Englishman

eno! there!; look!

ep epic poem; ∼**ski** epic

epilep|tički, ∼**tičar** epileptic

epilog epilogue

epruveta test tube

erotski erotic

eskadra squadron

estetski aesthetic

etapa stage; step; *sport* lap, leg

eter ether; *radio* air

etičan ethical

etiketa label; *(ponašanje)* etiquette

eto! there!

evanđelje Gospel

eventual|an possible; ∼**no** possibly, perhaps

eviden|cija files *pl*, records *pl*; ∼**tirati** keep files (records), register, record

evo! here you are!; there!

Evropa Europe

F

fagot *mus* basson

fakin scamp, rascal

faktičan actual

faktura invoice, *Am* bill

fakultet college, school, faculty

faliti lack, want

fanatičan fanatical

fantazija imagination

farmaceut pharmacist

farovi *pl mot* headlights

fasada front, facade

fascikl folder

faši|st(ički) Fascist; ∼**zam** Fascism

fata morgana mirage

faza stage, step, phase

fazan pheasant

februar February
federativan federative
fen hair-drier
fenjer lantern
ferije *pl* holidays *pl*; vacation
festival festival
figura figure; *derog* figure-head; **~tivan** figurative
fijukati whistle
fik|cija fiction; **~tivan** fictitious
fiksan fixed
filatelist philatelist, stamp collector; **~ičko društvo** stamp club
filc felt
filijala branch
film film; *coll* picture; **kolor ~** colour film; **crtani ~** cartoon (film); **kaubojski ~** western
filozofski philosophical
fin well-bred, good-mannered; fine; **~o** nicely; with good manners; **~o!** fine!; **~oća** good breeding, good manners; refinement
finale *sp* finals *pl*; **polu-~** semi-finals *pl*
fitilj fuse, wick
fizi|ka physics *pl*; **~čar** physicist; **~čki** physical
flaster *med* sticking-plaster
flauta *mus* flute
flegma phlegm; **~tičan** phlegmatic

fleš *photo* flash lamp, flash unit, flash-light
flota *mil* fleet, navy; mercantile marine
foka *zool* seal
folija foil
folklor folklore; **~na grupa** folk dancers
fond fund; pool
forma form; shape
formalan formal
formalnost formality
format size; format
formula formula
formular form
forsirati press, force the issue
fosfat phosphate
fosfor phosphorus
fotelja arm-chair, easy chair
fotograf photographer; **~ija** photograph; *(vještina)* photography; **~ski** photographic
frak evening dress, tails, *coll* white tie; **kaput ~a** tailcoat
frakcija fraction
franak franc
Francu|ska France; **~ski** French; **~z** Frenchman
frap|antan striking; **~irati** amaze
franjeva|c, ~čki Franciscan
fratar monk, friar

fraz|a phrase; idiom; **~er** phrase-monger; **~irati** use empty phrases

frigati fry

friz|er hairdresser; **~erski salon** hairdresser's; **~irati** do one's hair; **~irati se** have one's hair done; **~ura** hair style, hair-do

frižider refrigerator

frotir: **~ ručnik** terry towel; **~ati se** rub oneself with a towel

frula (shepherd's) flute

fuj! shame!; boo!

funkcioner functionary, official

funta pound (novac i težina)

furnir, ~ati veneer

futrola case

fuzi|ja com merger; **~onirati (se)** com merge

G

gać|e pl (under)pants, coll shorts; (duge) long (under)pants; **~ice** pl panties; (kupaće) trunks

gad cad; **~an** disgusting; **~i mi se** it makes me sick (i fig)

gađati aim (at)

gađenje disgust, loathing

gajde pl bagpipes pl

gajiti cherish, nurse; breed

gajtan braid

gakati quack

galam|a noise, racket; **~iti** make a noise

galant|an gallant; open-handed; **~erija** fancy goods pl

galeb (sea) gull

galerija gallery; **~ slika** picture gallery, art gallery

galop, ~irati gallop

galoše galoshes, Am rubbers

gamad vermin

gamaše pl spats pl

gangster gangster

ganu|će emotion; **~ti** move, touch; **~tljiv** moving, touching

garan|cija, ~tirati guarantee

garda Guards pl

garderoba Br cloak-room, Am checkroom; (odjeća) wardrobe

garnitura set

garnizon garrison

garsonijera bachelor flat (Am apartment)

gas: dati ~ step on the gas

gasiti (vatru) extinguish;

(svijetlo) put out; switch off; *(plin)* turn off; *(žeđu)* quench thirst

gasmaska gas-mask

gat pier, wharf

gata|nje fortune-telling; ~**ra** fortune-teller; ~**ti** tell fortunes

gavran raven

gaz ford; *(broda)* draught

gaza gauze

gazda landlord, host; boss; ~**rica** landlady; house-keeper

gaziti tread (on)

gdje where; ~ **gdje** here and there; ~**god** no matter where

generalštab headquarters *pl*

generator *el* generator

geni|jalan: ~ **čovjek** *(ideja)* man (stroke) of genius

geode|t (land) surveyor; ~**zija** (land) surveying

geometrij|a geometry; ~**ski** geometrical

geril|ac guer(r)illa; ~**ski rat** guer(r)illa warfare

geslo motto, slogan

gestikulirati gesture

giba|k flexible, pliant; nimble; ~**nje** motion; ~**ti move**

gimnasti|cirati do gymnastics; ~**čar** gymnast

gimnazija secondary school, grammar school, *Am* high school; ~**lac** secondary-school *(Am* high-school) student

ginekolo|g gyn(a)ecologist; ~**gija** gyn(a)ecology; ~**ški** gyn(a)ecological

ginuti be killed, perish

gipkost flexibility; nimbleness

gips plaster (of Paris); **noga u** ~**u** leg in a cast

gitarist guitarist

glača|lo, ~**ti** iron

glad hunger; *(opća)* famine; ~**an** hungry; ~**ovati** suffer hunger, starve

gladak smooth

gladiti stroke; smooth

glagol verb

glas voice; reputation; vote; **na zlu** ~**u** notorious; having a bad reputation

glasa|č voter; ~**ti** vote; ~**nje** voting; ballot

glas|an loud; ~**no** loudly, aloud

glasiti run, go

glasnice *pl* vocal cords *pl*

glasnik messenger, herald

glasovit famous

glatko smoothly; *(govoriti)* fluently

glav|a head; ~**om** himself, herself; ~**om bez obzira** head over heels

glavar head

glavčina tech (wheel) hub

glavica knoll, mound; (luka) bulb

glavni main, chief, principal; ~ **grad** capital

glavnica capital; principal

glavno the main thing

glavobolja headache

glazba music; vojna ~ military band

gle! look!

gledalac spectator; looker-on

gledati look at, watch; **soba gleda na jug** the room faces south; ~ **ukočeno** stare at

gledište standpoint

gležanj ankle

glib ooze, mud; (nanos) silt

glina clay

glista earth-worm; (crijevna) (intestinal) worm

glob|a, ~iti fine, penalty

globus globe

gloda|lica tech milling-cutter; ~ti gnaw; ~vac zool rodent

glog bot hawthorn

glomazan unwieldy, bulky

gluh deaf; ~oća deafness; ~onijem deaf-and-dumb

glum|a acting; ~ac actor; ~ica actress; ~iti act

glup stupid; foolish; coll dumb, silly; ~an blockhead, fool, simpleton; ~ost nonsense; a foolish thing; stupidity

gljiva mushroom

gm|az zool reptile; ~izati crawl, creep

gnijezd|iti se, ~o nest

gnoj dung, manure; med pus; ~an, ~enje festering; ~iti manure; fertilize; ~iti se fester; ~ivo (stajsko) manure; (umjetno) fertilizer

gnuša|nje loathing; ~ti se loathe

gnjav|ator bore; ~aža nuisance, bore; ~iti bother, pester; make a fuss; ~iti se drudge (at), have a lot of trouble

gnje|c|av sodden, clammy; ~čiti squash, sqeeze

gnjev wrath; ~an wrathful

gnjida nit

gnjil = gnjio

gnjil|o rotten; ~lost, ~ti rot

gnjur|ac zool diver; plunger; ~iti dive; plunge

gnjusan loathsome

go = gol

godina year; koliko mu je ~? how old is he? u ~ma elderly; Nova

~ New Year's Day; **Sretna nova ~!** Happy New Year!

godišnj|i annual; **~e doba** season; **~ca** anniversary

godi|šte year; **~ti** give pleasure, please

gojiti cultivate

gojzerice *pl* heavy boots *pl*

gol naked, nude; bare

golem huge, enormous, immense

golman goalkeeper

golotinja nudity; nakedness

golub pigeon; **~ pismonoša** carrier-pigeon; **~i-ca** dove

goljenica shin-bone

gomila crowd, mob; **~ti (se)** crowd, pile up

gomolj *bot* bulb, tuber

goniti chase, pursue, run after; *(stoku)* drive

gonoreja gonorrhea

gora mountain

gor|ak bitter *(i fig)*; **~čina** bitterness

gore above, up there, overhead; *(lošije)* worse

gorila gorilla

gorivo fuel

gorjeti burn

gorljiv ardent; eager, zealous; **~ost** ardour, eagerness, zeal

gornji upper, top

gor|ovit hilly, mountainous; **~ski lanac** mountain chain; **~štak** mountaineer, highlander

gorući burning *(i fig)*

gorušica mustard

gospod|a gentlemen; fine folks; upper classes; **~in** gentleman (**~in X** Mr. X); **~ine!** Sir!; **~stvo** lordship; power, rule

gospodar lord, master; boss; **~iti** manage; rule, govern; **~ski = (poljo)privredni;** **~stvo** management; farm(ing)

gospod|a lady (**~a X** Mrs. X); **~o!** Madam!; **~ica** young lady, miss; **~ice X!** Miss X!

gost guest; *theat* guest artist; **večeras imamo ~e** we have company (party) tonight

gostioni|ca *Br* public house; *Am* saloon, bar; *(seoska)* inn; **~čar** publican, *Am* saloon-keeper; inn-keeper

gostiti entertain, treat; **~ se** feast (on)

gostoljubiv hospitable; **~ost** hospitality

gostova|nje *theat* guest performance; *theat* **~li su ...** guest artists were...

gošča (lady) guest

got|ica Gothic type; **~i-ka**, **~ski** Gothic

gotov ready, done, finished; **u ~om** in cash; **~ina** cash, ready money; **~o** almost, nearly; **~o odijelo** ready-made suit

goved|o cow, ox; **~a** (bovine) cattle; **~ina**, **~ski** beef

govno shit; turd

govor speech; (pozdravni) address

govoriti speak; talk; **~ loše engleski** speak broken English

govor|ljiv talkative; **~nica** rostrum; lady speaker; teleph call-box, booth; **~nik** speaker; **~nički** rhetorical; **~ništvo** rhetoric

gozba feast, banquet

grab bot hornbeam

graba ditch

grabež robbery; **~ljiv** rapacious; **~ljiva ptica** (životinja) bird (beast) of prey (životinja) predatory; **~ljivost** rapacity

grabilica (ptica) bird of prey

grabiti grab, snatch

grablj|e, **~ati** rake

gracioz|an graceful; **~nost** grace

grad town; (veliki) city;

stari ~ Old Town

grȁd hail(-storm); **zrno ~a** hailstone

gradić small town; market town

gradilište (construction) site; (parcela) plot, Am lot

gradit|elj builder; **~i** build, construct

gradivo material

gradnj|a construction; **na ~i** at the site; **u ~i** under construction

gradonačelnik mayor

gradsk|i town, city, urban, municipal; **~a četvrt** district

građa (building) material; structure; (tjelesna) build; (gradivo) material

građanin, **~ka** citizen; town dweller; townsman

građanski civic; **~ rat** civil war; **~ stalež** middle class

građanstvo citizens; public; townsfolk, townspeople

građen: lijepo **~** well-built; (žena) with a good figure

građev|ina building; **~inar** civil engineer; **~inarstvo** civil engineering; **~insko poduzeće** construction firm; **~ni poduzetnik** building

contractor, builder; ~na
dozvola building permit

grafi|čar typographical
worker; graphic artist;
~čki typographic; ~ka
graphic arts; drawing(s)
and engraving(s); ~kon
graph, chart

grah bean; (jelo) beans

graja hubbub, noise, uproar

graktati croak, caw

gram gram(me)

gramati|čki grammatical; ~čar grammarian;
~ka grammar

gramofon record player;
gramophone, Am phonograph; ~ska ploča record, disc

gramzljiv covetous

gran|a branch; (deblja)
bough; ~čica twig

granata mil shell

grani|ca border(-line),
frontier; fig limit, boundary; ~čar border-guard;
~čiti sa border on; fig
verge on

granit, ~ni granite

grašak pea; (jelo) peas

grav|er engraver; ~irati
engrave; ~ura engraving

grb coat of arms

grba hump, hunch; ~v
humpbacked, hunch-

backed; uneven; ~vac
humpback, hunchback

grč cramp, spasm; convulsion; (u želucu) gripes
pl; ~evit convulsive;
~evito uhvatiti clutch

Grčk|a Greece; ~i Greek

grdi|ti scold; ~nja scolding

grdoba monstrosity

grdosija monster; colossus

greben crag; (morski)
cliff; (podvodni) reef;
(sedlo) ridge

gred|a beam; (krovna)
rafter; ~ica (lijeha) bed

grepsti scratch

greš|an sinful; ~nik sinner

grešk|a mistake; fault,
error; ~om by mistake

grgeč zool perch

grgljati gargle

grickati nibble

grijalica heater; electric
fire

grija|nje: centralno ~
nje central heating; ~ti
warm (up); heat; ~ti se
keep warm

grije|h sin; ~šiti sin;
make mistakes

grimiz crimson

gripa influenza, coll 'flu;
grippe

gristi bite; ~ se fig fret

griva mane

griz semolina, creamed wheat

Grk Greek

grkljan larynx

grliti (se) embrace, hug

grlo throat

grm bush, shrub; **~lje** bushes, shrubs

grm|jeti, ~ljavina thunder

grob grave, tomb; **~ar** grave-digger; **~lje** churchyard, graveyard; (gradsko) cemetery; **~nica** tomb

grof count; (engleski) earl; **~ica** countess (i engleska)

grohotom se smijati roar with laughter

groktati grunt

grom thunder; **~obran** lightning-conductor; lightning-rod

groza horror; **~n** horrible, terrible

grozd bunch (of grapes)

groziti se threaten, menace

grozni|ca fever; **~čav(o)** feverish(ly)

grozota horror

grožđe grapes pl; **suho ~** raisins pl

grožnja threat, menace

grub rude; (na dodir) rough; **~ijan** brute; **~ost** rudeness; roughness

gruda lump; (snijega) snowball; **~ti se** fight with snowballs

grudi pl chest; (ženske) breasts pl

grudica small lump, clot

grudnjak brassière, coll bra

grupa, ~ni, ~irati (se) group

grušati se (krv) clot, coagulate; (mlijeko) curdle

guba med leprosy; **~v** leprous; **~vac** leper

gubica muzzle, nose, snout

gubitak loss; **~ vrijednosti** depreciation

gubi|ti lose; **~ti se** vanish; **~ se!** be off with you!, sl beat it!

guda|lo bow; **~čki orkestar** string orchestra

gudura gorge, ravine

gukati coo

gulaš goulash

guli|koža extortioner; **~ti** peel; kožu skin; fig fleece; **~ti se** peel

gum|a rubber; (na kotaču) tire; (unutrašnja) tube; **kvar na ~i** flat tire; **~a za žvakanje** chewing gum; **~eni** rubber; **~ica za brisanje** rubber

gumb button; **~ašnica** pin

gunđa|lo grumbler; **~ti** grumble; mutter
gungula riot, tumult
gunj blanket
gur|ati push; **~ se** push (through), elbow; **~kati** (laktom) nudge; **~kati se** nudge each other
gurman gourmet, gourmand
gurta webbing (belt)
gusak gander
gusar pirate; **~ski brod** pirate (ship); **~stvo** piracy
gusjeni|ca caterpillar; (tenkovska) caterpillar, track, tread; **~čar** tracked vehicle
guska goose (pl geese); **divlja ~** wild goose
gust thick; dense; **~oća**

thickness; density
guša med goitre; **~v** goitrous
gušiti choke; fig suppress; **~ se** choke, suffocate
guštara thicket, shrubs
gušterača (žlijezda) pancreas
gušter(ica) lizard
gut|ati, ~ljaj swallow; gulp
guvernanta governess
guverner governor
gužva crush; fig trouble; **~ti** crumple; **~ti se** wrinkle, crease
gvozden iron, made of iron
gvožđe iron; **kovano ~** wrought iron; **liveno ~** cast iron; **sirovo ~** pig-iron; **staro ~** scrap-iron

H

hajduk outlaw
hajka (u lovu) battue; chase; fig persecution
halabuka hubbub, uproar, tumult
half sp half back
halo! (na telefonu) hello, hallo
halter (široki) girdle; (uski) suspender belt, Am garter
halucinacija hallucination

haljina dress; frock; (duga) gown
ham (horse) collar
hambar barn, granary
hap|siti, ~šenje arrest
harati devastate; (bolest) rage, be rife
harem harem
harfa harp; **~ist** harpist
haringa herring
harmoni|čan harmonious; **~ja** harmony

harmonika accordion; *(usna)* mouth organ; ~š accordionist

hasura straw-mat, rush-mat

hauba *mot* bonnet, *Am* hood; *(frizerska)* hair drier

hazard *fig* gamble; ~er gambler; ~irati gamble; ~ne igre games of chance

heftati baste

hej! hey!; hello there!

heksnšus stiff back (neck), crick in the back (neck)

helikopter helicopter

heljda buckwheat

hemung inhibition; **imati ~e** be inhibited

here|tički, ~tik heretic; ~za heresy

hermafrodit hermaphrodite

hermetički zatvoren airproof, air-tight; waterproof

hidrauličan hydraulic

hidroavion seaplane; *(bez papuča)* flying boat

hidrocentrala hydro(-electric) power plant (station)

hidrogen hydrogen; ~ska bomba H-bomb

higijen|a hygiene; ~ski hygienic

hihot, ~ati giggle

hijena hyena

hijerarhija hierarchy

hijeroglifi *pl* hierogly-ph(ic)s *pl*

hiljada thousand

himna (national) anthem

hipnotizirati hypnotize

hipodrom racecourse, *Am* racetrack

hipofiza *anat* pituitary gland

hipohondar hypochondriac

hipoteka mortgage

hipoteza hypothesis *(pl -eses)*

hir caprice, whim; ~ovit capricious, whimsical

histeri|čan hysterical; **dobiti ~čan napadaj** go into hysterics; ~ja hysteria; hysterics *pl*

hitac shot

hitan urgent, pressing

hlač|e *pl* trousers *pl*; *(kratke)* shorts *pl*; **crta („bug") na ~ama** crease

hlad shade; ~an cold *(i fig)*; ~an obrok cold fare

hladetina jelly

hladiti cool; ~ se *(jelo)* grow cold

hladnoća cold; *fig* coldness

hladnokrv|an cool; ~nost coolness

hladnjača cold storage, refrigerator
hladnjak *mot* radiator
hlađenje cooling
hlap|iti evaporate; **~ljiv** volatile
hljeb loaf
hmelj hop; *(plod)* hops *pl*
hobi hobby
hobotnica *zool* octopus
hod walk; **način ~a** gait
hodati walk; march; *(vel. koracima)* stride
hodoča|snik pilgrim; **~stiti** go on a pilgrimage
hodža Moslem priest
hohštapl|er elegant fraud; show-off; **~irati** show off
homoseksuala|c, ~n homosexual
honorar fee; **raditi ~no** have a part-time job; work for a fee
horizontala, ~n horizontal
hormon hormone
hostija *eccl* Host; wafer
hotel hotel
hozntregeri *pl Br* braces *pl, Am* suspenders *pl*
hrab|ar courageous, brave; **~renje** encouragement; **~riti** encourage; **~rost** courage, bravery
hram temple
hramati limp, hobble

hrana food; **stan i ~** board and lodgings
hraniti feed; nourish; **~ se** feed *(čime* on); take meals
hranljiv nourishing; **~ost** nutritive value
hrapav rough; **~ost** roughness
hrast oak; **~ovina** oak (wood)
hrbat back; *(brda)* ridge
hrčak *zool* hamster
hren horse-raddish
hridina crag; *(morska)* cliff
hripavac *med* whooping-cough
hrkati snore
hrom lame
hrop|ac death rattle; **~tati** (breathe with a) rattle
hrp|a heap, pile; **na ~i** heaped (up), piled (up)
hrska|ti crunch; **~vica** cartilage; *cul* gristle
hrt greyhound
hrušt *zool* cockchafer, may-bug, may-beetle
Hrvat, ~ica, ⌀ ski Croat(ian); **~ska** Croatia
htjeti want; **htio bih platiti** I would like to pay; **nisam to htio reći** I did not mean that
huckati *fig* egg on; **~ psa na** set a dog on
hučiti roar, boom

hujati sough; whistle
hul|a blasphemy; ~iti blaspheme
hulja scoundrel, villain
humak knoll, hillock; (grobni) mound
humanost humaneness
humanističke znanosti the humanities pl
humor humour (Am -or)
hunjavica head-cold
hura! hurrah!, hurray!
huška|č agitator; **ratni** ~č war-monger; ~nje agitation; ~ti agitate; egg on

hvala thank you pl; ~! thanks!; ~ **lijepa!** thank you very much
hvale vrijedan praiseworthy
hvalisa|ti se boast, bragg; ~v boastful, bragging; ~vost boastfulness, bragging; ~vac boaster, braggart
hvaliti praise; ~ **se** boast, bragg
hvat cord (of wood)
hvatati catch; snatch at, grasp; ~ **se** stick to, cling to

I

i and; **i ... i ...** both ... and
iako although, though
ići go; walk; ~ **po** go for, fetch, collect; **ne ide** it's no good; **to ne ide** it isn't done
ideal ideal; ~**ism** idealism; ~**ist** idealist
ideja idea; pol cause
identitet identity
ideolo|g ideologist; ~**ški** ideological
idiot|izam idiocy; ~**ski** idiotic
idući next, following
igdje anywhere
igla needle

igra play; sp game; ~ **riječima** pun, play on words
igra|č player; ~**čka** toy; ~**lište** playground; sp field, ground, court; ~**rija** child's play; ~**ti** play
ikada ever
ikako at all, in any way
ikra (hard) roe, spawn
ilegal|ac underground fighter; ~**an** underground; illegal; ~**nost** underground; **preći u** ~**nost** go underground
ili or; **ili ... ili** either ... or
ilovača loam; (glina) clay

ilustracija illustration

ilustrator illustrator

ilustrirati illustrate

iluz|ija illusion; **razbiti ~ije** disillusion

imaginaran imaginary

imalo at all

imanje *veliko* estate; *seljačko* farm, holding

imati have; possess, own; **~ na sebi** have on; **ima dva ulaza** there are two entrances; **ima li?** is there?, are there?

ime, name; *(knjige, djela)* title; *(za razliku od prezimena)* first name; **po ~nu** called

imela *bot* mistletoe

imendan name-day, fête-day

imenica noun, substantive

imenik directory; register

imenjak namesake

imenova|nje appointment; **~ti** appoint

imetak fortune, property

imit|acija imitation; **~ator** imitator; artist impersonator; **~irati** imitate; impersonate; *(ropski)* ape

imovina fortune, property; *com* assets *pl*

imperativ *gram* imperative

imperfekt *gram* past tense, preterite

imperijali|st, **~stički** imperialist; **~zam** imperialism

imponirati impress

impoten|cija impotence; **~tan** impotent

impozantan impressive

impregna|n waterproof; **~ti** (water) proof

improviz|acija improvisation; **~ator** improviser; **~irati** improvise; **~iran** improvised, makeshift; impromptu

impulzivan impulsive

imućan well-to-do, well off, rich, wealthy

imunitet *med i pol* immunity

inače otherwise; **i ~** anyway

inauguracija inauguration

inaugurirati inaugurate

indign|irati make indignant; **~irati se** become indignant

Indija India; **~c** Indian; **~nac** (red) Indian

indirekt|an indirect; **~no** indirectly

indisponirati indispose

individua|lizam individuality

indoktrin|acija indoctrination, brainwashing; **~irati** indoctrinate, brainwash

infinitiv *gram* infinitive
inform|ativan informative; **~irati** inform; **~irati se** find out, make inquiries
injekcija injection
inkas|ator collector; **~irati** collect
inkomodirati inconvenience
inozem|ni foreign; **u ~stvu** abroad
inscenirati *fig* stage
insistira|nje insistence; **~ti** insist (on)
instal|acija installation; **~ater** fitter; **~irati** instal, fit
instruk|cija instruction; *daku* private lesson; **~tor** instructor; *daka* tutor
intelektualac educated person; *visoki* intellectual
inteligen|cija intelligence; educated classes, intelligentsia; **~tan** intelligent
interes interest, curiosity
intern|acija internment; **~irati** intern
interpret|acija interpretation; **~irati** interpret
interpunkcija punctuation
interurban *Br* trunk-call, *Am* long-distance call
intiman intimate; **~ prijatelj** close friend

intriga intrigue, plot
intuitivan intuitive
invalid invalid, disabled person; **~itet** disablement; **~nina** disablement allowance
inven|cija inventiveness, imagination; **~tivan** inventive, imaginative
invent|ar inventory; **~ura** stock-taking; **vršiti ~uru** take stock
investi|rati invest; **~cija** investment; **~tor** investor
inžinjer diploma engineer; **~ija** *mil* engineers
inje white frost
ipak nevertheless, however, still, just the same
Ir|ac Irishman; **~ska** Ireland; **~ski** Irish
iritirati irritate
ironi|čki ironical; **~ja** irony
iscijediti squeeze out
iscrp|an exhaustive, thorough, complete; **~ljen** exhausted; **~ljenost** exhaustion; **~sti** exhaust
iscuriti trickle out, leak out
iseliti evacuate; **~ se** emigrate; move out
iselj|avanje emigration; **~enički** emigration; **~enik** emigrant
ishlapiti evaporate

isisati suck out; *fig* bleed white

isjeckati chop (up), shred

iskaliti se take it out (on)

iskapa|nje *(arheološko)* dig; **~ti** dig out, excavate

iskapiti drain

iskaz statement; **~ati** say, express, state; **~ati se** distinguish oneself; **~nica** identity card; membership card

iskidati tear to pieces

iskititi decorate

isklesati chisel out, sculpture

isključ|enje exclusion; expulsion; **~iti** exclude; expel; **mogućnost** rule out; **~iv** exclusive

iskočiti jump out, jump off; *vlak* jump the track, run off the rails, derail

iskop(av)ati dig out, dig up, excavate

iskorijeniti root out

iskoristiti make use of, utilize

iskra spark

iskrca|ti unload; **~ti se** disembark; **~vanje** unloading; disembarkment

iskrčiti clear (land)

iskren sincere, frank, open; **~ost** sincerity, frankness

iskrenuti turn upside down; turn inside out

iskriviti bend out of shape, *(i fig)* twist; **~ se** bend

iskrsnuti crop up

iskrvariti bleed to death; lose much blood

isku|san experienced; **~siti, ~stvo** experience

iskušati try out, test

iskvariti corrupt

ismija|vanje, ~ti ridicule

ispaćen care-worn

ispad excess, outrage

ispaliti fire, discharge

isparava|nje evaporation; **~ti se** evaporate; steam

ispasti come off, fall off; be omitted; **dobro ~** come out well

ispavati se have some sleep; have a good night's rest

ispeći roast

ispijen wasted; *(lice)* haggard

ispira|nje rinse; **~ti** rinse

ispisati se withdraw (from)

ispit examination, *coll* exam; **proći (pasti) na ~u** pass (fail) an examination; **~(iv)ati** examine; investigate; interrogate; test; **~ivač** examiner

ispiti drink (up), drain; waste

isplahnuti rinse

isplat|a payment; ~**iti** pay (off, up); ~**iti se** pay, be worth while

isplaziti (*jezik*) stick out (one's tongue at)

isplivati come up

isploviti sail, leave port

ispljunuti spit out

ispod under, below, underneath

ispoljiti (se) show

isporuč|iti deliver; ~**v** deliverable

isposlovati arrange (for), secure

ispostaviti draw up, make out; ~ **se** turn out

ispovijed confession; ~**ati se** confess

ispovjed|aonica confessional; ~**nik** confessor

ispraćaj seeing off

isprati wash out; rinse; bathe

ispratiti see off

isprava document, papers

isprav|ak correction; emendation; ~**an** right, correct; in working order; ~**iti** correct; emend; ~**iti se** correct oneself

ispraz|an vain, frivolous; ~**niti (se)** empty

ispred before, in front of, ahead of

ispregnuti unharness

isprekidan broken, halting, interrupted

ispričati tell; excuse; ~ **se** apologize; excuse oneself

isprika excuse; apology

isprobati try out, test; *odjeću* try on

ispružiti (se) stretch

isprva at first

ispuca|ti crack; ~**n** cracked, chapped

ispumpati let the air out, deflate; ~ **se** deflate, go down

ispuniti fill (up, out); *životinju* stuff; *obećanje, želju* fulfil; ~ **se** come true

ispustiti drop; let go (of); let out; *zrak* deflate

ispušn|a cijev exhaust pipe; ~**i plin** exhaust gas

istaći emphasize, stress, point out

istaknut prominent, outstanding; ~**i** point out, emphasize; ~**i se** distinguish oneself, become prominent

iste|ći flow out, run out, leak out; *rok* expire; ~**k** expiration

isti the same; ~**o tako** likewise; ~**o toliko** as much

isticanje emphasis

istin|a truth; **~it** true; **~itost** truth(fulness); **~ski** true

istisnuti squeeze out; oust, replace

istjerati drive out; expell

istoimen of the same name

istok east; **na ~u** in the east; **na ~** eastward(s)

istovar unloading; **~i- (va)ti** unload

istovjet|an identical; **~nost** identity

istovremen simultaneous; **~o** at the same time

istraga inquiry, investigation

istraž|ivač explorer; investigator; **~ivanje** investigation; *geogr* exploration; *naučno* research; **~ivati** investigate; explore; research; **~na komisija** commission of inquiry

istrčati run out; **~ se** *fig* stick one's neck out

istresti shake out; dump

istrgnuti snatch away; pull out; **~ se** wrench oneself free

istrijebiti exterminate

istrljati (se) rub (oneself)

istrošiti wear out; **~ se** wear oneself out; spend a lot

istrugati scrape off

istrunuti rot (away), decay

istući beat

istup stand, action; withdrawal (from); **~iti** take a stand; withdraw (from) *(nož)* blunt

isturiti thrust out, protrude

isuš|enje drainage, reclamation; **~iti** drain, reclaim

išarati cover with scrawls *(ili* daubs)

iščaš|enje dislocation, *lakše* sprain; **~iti** dislocate, sprain; **~iti nogu** sprain one's ankle

iščekivanje expectation; suspense

iščetkati brush (off)

iščupati pluck out, pull out

iščuškati slap (repeatedly)

išijas *med* sciatica

išta anything

Italija Italy

itd. etc. (et cetera)

itko anyone

iver chip, splinter

iz out of, from

iza behind, after

izabrati chose, select; *(glasanjem)* elect

izaći = izići

izaslan|ik delegate; emissary; **~stvo** delegation; mission

izaz|ov provocation; challenge; **~ovan** provocative; **~(i)vati** provoke; challenge *(uzrokovati)* cause, bring about

izažeti wring (out)

izbaciti throw out; omit

izbaviti deliver, liberate, relieve

izbezum|iti drive crazy; **~iti se** be beside oneself; **~ljen** beside oneself

izbi(ja)ti drive out, knock out; spring up, break out

izbirljiv hard to please, fastidious; **~ost** fastidiousness

izbje|ći, **~gavati** avoid; **~gavanje** avoidance; **~glica** refugee

izboč|en projecting, sticking out; **~ina** bulge, protruberance, convexity

izbor choice, selection; **~i** election; **~ni** election, electoral

izbrbljati blab out

izbrisati wipe; erase

izbrojati count

izdahnuti exhale; *(umrijeti)* expire

izdaj|a treason; **~ica** traitor

izdaleka from a distance; from far away

izdanak shoot

izdanje edition; *bez promjena* impression, printing; publication

izdašan abundant, economical; sustaining, plentiful

izdatak expense

izdati publish, bring out; *(odati)* betray; **~ se** betray oneself, give oneself away

izdava|č publisher; **~nje** distribution, delivery; letting out; **~ti** give out, distribute, deliver, issue; let out (= *iznajmiti)*; **~ti se za** pose as

izderati wear out

izdisaj: na ~u at one's last gasp

izdržava|nje, **~ti** support; **~ti se sam** make one's own living

izdržati stand, hold out

izdržljiv tough; **~ost** stamina, endurance

izdupsti hollow out

izdvojiti (se) separate

izgarati *mot* i *fig* burn

izgladiti smooth; *fig* iron out

izglad|niti, **~njeti** starve, famish

izglasati vote

izgled appearance; prospect, outlook; **na ~** seemingly; **~ati** seem; look, appear; **kako ~a-**

ju? what do they look like?

izglodati gnaw; wear away

izgon banishment

izgorjeti burn (down, out)

izgovarati se excuse oneself

izgovor pronunciation; (isprika) excuse; ~iti pronounce

izgrad|iti build, construct; develop; ~nja building, construction; development

izgrditi scold

izgred disorderly conduct; ~i riots

izgrepsti scratch out

izgristi bite (several times); chem corrode

izgubiti lose; ~ se lose one's way

izići go out, get out, come out; get off

izigrati outwit

izjaloviti se fall through

izjasniti se declare oneself

izjav|a statement, declaration; ~iti state, declare

izjednačiti equalize; make uniform

izjesti chem corrode; ~ se fret

izjuriti rush out

izlaga|č exhibitor; ~ti exhibit, display; show; expose; ~ti se (opasnosti) expose oneself (to danger)

izlanuti blurt out

izlaz way out, exit; ~ za nuždu emergency exit

izleći se be hatched

izlet outing, excursion; ~ište excursion centre, weekend resort; ~nik excursionist

izletjeti fly out; rush out

izliječiti cure

izlika pretence, excuse

izliti pour out, empty; (kovina) cast; ~ se overflow (rijeka)

izliza|n threadbare; worn out; ~ti se become threadbare; wear out

izlog shop-window; show-window

izlož|ba show, exhibition, ~iti = izlagati, iznijeti

izlječiv curable

izljev outflow, discharge

izmak: na ~u running low; expiring; ~nuti avoid; escape; ~nuti se dodge

izmamiti coax (out)

između between; (više od ovoga) among

izmetina excrement(s), faeces pl

izmijeniti exchange; (di-

jelove) replace; *(promije-niti)* change

izmirenje reconciliation

izmiriti reconcile

izmi|sliti invent, make up; **~šljotina** fabrication, fiction, lie

izmjena exchange; replacement; change

izmjenjivati exchangeable; replaceable; **~ati se** take turns

izmjeriti measure

izmlatiti beat up

izmoriti tire out

izmožden wasted, drained

izmrcvariti mangle (i *fig*)

izmučiti torture, torment; wear out, tire; **~ se** have a lot of trouble; tire oneself out

iznad above; over

iznajmiti *(sam)* rent, hire; *(drugome)* let out

iznemog|ao exhausted; *(od starosti)* feeble; **~lost** exhaustion; feebleness

iznena|da suddenly; **~dan** sudden; **~diti, ~denje** surprise

iznevjer|enje betrayal; **~iti** betray

iznijeti take out; outline, set forth, present; bring up

izniman exceptional

izno|s amount; sum; **~-**

siti amount to, total; *(odijelo)* wear out; **~šen** worn out

iznova anew, afresh

iznu|diti extort; **~đivač** extortioner; **~đivanje** extortion

iznutra (from) inside

izobilje abundance

izoblič|enost distortion, deformity; **~iti** distort, deform; **~iti se** become distorted *(ili* deformed)

izobraz|ba training; **~iti** train

izol|acija isolation; *el* insulation; *el* **~aciona traka** insulating tape; **~irati** isolate; *el* insulate

izopć|enje excommunication; **~iti** excommunicate

izosta|janje non-attendance; **~nak** absence; **~ti** stay away, fail to attend; fail to take place

izostav|ljanje omission; **~iti** omit, leave out, drop

izoštriti sharpen

izrabljiva|č exploiter; **~ti** exploit

izračunati calculate, compute

izrad|a workmanship; **~iti** make, manufacture; draw up, work out

izraniti wound all over

izras|lina excrescence;
~**ti** grow up
izravan direct, straight
izravnati straighten;
(račun) settle
izraz expression; ~**it**
marked, distinct; ~**iti**
express; ~**iti se** express
oneself
izražajan expressive
izre|ći say, utter; ~**ka**
saying
izrešetati riddle
izrez *(dekolte)* low neck;
~**ak** *(novinski)* Br cutting, Am clipping; ~**ati**
cut out, carve out; cut to
pieces
izričit explicit
izrod renegade; *(nakaza)*
freak; ~**iti se** degenerate
izroniti emerge, come
out; *(podmornica)* surface
izrovati root up
izruč|enje delivery; extradition; ~**iti** deliver;
hand over, extradite,
give up
izrugiva|nje, ~**ti se**
ridicule
izubijati se suffer bruises
izuč|en trained, skilled;
~**avati** study; ~**iti** learn
(a trade); undergo training for
izum invention; ~**itelj**
inventor; ~**iti** invent
izum|irati, ~**rijeti** die

out
izuti se take off one's
shoes
izuze|tan exceptional;
~**tak** exception; ~**tno**
exceptionally; ~**ti** except; *(osloboditi)* exempt;
~**vši** except, excluding
izvad|ak extract, excerpt;
~**iti** take out; remove
izvaliti prize out; =
bubnuti; ~ **se** sprawl
izvan out of, outside; ~
sebe beyond oneself; ~**a**
from outside, on the
outside
izvanred|an extraordinary, exceptional; special; ~**no zasjedanje**
emergency session; ~**ni**
troškovi extras
izvedba execution; performance
izvesti take out; deduce;
execute, perform; *(vezom)* embroider; ~ **se**
go out for a ride *(ili*
drive)
izvezen embroidered
izvid|jeti investigate,
find out; ~**nica** reconnaisance party
izviđa|č scout; ~**nje**
reconnaissance; ~**ti** *mil*
reconnoitre
izvijestiti report, inform
izvin|uti twist; ~ **uga-**
nuti; ~**ite!** excuse me!;

~uti se apologize
izvinjenje apology
izvirati spring (i *fig*)
izviždati hiss down; boo
izvjesiti hang out; (*oglas*) put up
izvjestan a certain
izvje|stitelj reporter; ~**štaj** report
izvještačen affected; ~**ost** affectation
izvježba|n practised; trained
izvlačiti (*lutriju*) draw; = **izvući**; ~ **se** = **zabušavati**
izvod certificate; deduction; ~**iti** = **izvesti**
izvođenje deduction; v. **izvedba**
izvojevati win, secure
izvol|jeti deign, please; ~**ite kruha!** have some bread! ~**ite ući!** come

in please!; **što** ~**ite?** what can I do for you?
izvor spring; *fig* source; ~**ni** original
izvoz export(s); ~**iti** export; ~**nik** exporter
izvrgnuti (se) expose (oneself)
izvrnuti (se) overturn; = **iskrenuti, prevrnuti**
izvrstan excellent; (*okus*) delicious
izvrš|an executive; ~**enje** performance, execution, carrying out; ~**itelj** executor; ~**iti** carry out, perform, execute; (*dužnost*) discharge; (*zločin*) commit
izvući draw out, pull out, get out, haul out; extract; (*iz škripca*) get out, extract; ~ **se** get out, extricate oneself

J

ja I
jablan poplar
jabu|čica *anat* Adam's apple; ~**ka** apple; apple-tree; ~**kovača** *vino* cider; *rakija* apple-brandy
jač|anje strengthening; ~**ati** strengthen; intensify; ~**ina** strength, vigour, power

jad grief, distress; ~**an** poor, miserable; ~**ikovati** complain, lament; ~**nik** poor man, wretch
jaglac primrose
jagmiti se scramble for
jagod|a strawberry; ~**ica** *anat* cheek-bone
jaha|č rider; *sp* jockey; ~**čko odijelo** riding

outfit; **∼ći konj** riding horse; **∼nje** (horse) riding, ride; ride (on horseback)

jaje egg; **tvrdo (meko) kuhano ∼** hard-(soft) boiled egg; **∼ na oko** fried egg

jajnik *anat* ovary

jak strong, powerful; **∼o** very; **∼ost** strength, power

jakna jacket; **kućna ∼** smoking jacket

jalov sterile; barren

jama pit, hole

jam|ac guarantee, guarantor; **∼čevina** deposit, security; bail; **∼čiti**, **∼stvo** guarantee

jantar amber

januar January

janje, **∼tina** lamb

jao! oh! ow! ouch!, woe

Japan Japan; **∼ac** Japanese; **≴ ski** Japanese

jarac he-goat

jarak ditch; trench

jaram yoke (i *fig*)

jarbol mast

jare kid

jarebica partridge

jarki bright; *fig* ardent

jaruga gully

jasan clear; obvious, evident

jasen ash-tree

jasika asp(en)

jasle *pl* manger

jasnoća clarity; obviousness

jastog lobster

jastreb hawk

jastu|čnica pillow-case, pillow-slip; **∼k** pillow; cushion

jašenje riding

jašiti ride

jato flock; *riba* school, shoal

jauk cry of pain, yell; **∼ati** cry with pain, yell

jav|an public; **∼na kuća** brothel; **∼nost** public

javiti let know, notify; report; inform

javor maple(-tree)

jaz gulf, gap

jazav|ac badger; **∼čar** dachshund

jazbina lair (i *fig*)

jecati sob

ječam barley

ječmenac sty(e)

jeda|ći ∼ pribor cutlery; **∼a soba** dining room

jedanput once; **na ∼ at** one gulp; at one sitting

jedan one; **∼ drugoga** each other, one another; **∼ do drugoga** side by side; **∼ preko drugoga** over each other; **∼ za drugim** one after another; **∼ po** one by one

jedanaest eleven; **∼i**

eleventh; **~erac** *sp* penalty kick

jedar fresh, vigorous

jedin|ac only child; **~i** the only; **~ica** unity (i *mil*); **~o** only

jedinstv|en unique; unanimous; **~o** unity

jednačiti eqnalize

jednadžba equation

jednak equal; equivalent; alike, similar; **~o** equally; **~ost** equality

jednina *gram* singular

jedno one (thing); *(otprilike)* about, some

jednobrojan plain; self--coloured

jednoduš|an unanimous; **~no** unaninously; **~nost** unanimity, complete agreement, unity

jednoglasno unanimously

jednokatnica two-storey house

jednokratan one-time

jednokrilac *aero* monoplane

jednolič|an monotonous; uniform; **~nost** monotony; uniformity

jednom once; *(jednoč)* once upon a time

jednomotorac *aero* single -engine aircraft

jednoobraz|an uniform; **~nost** uniformity

jednook one-eyed

jednoredan single-breasted (jacket)

jednosmjeran *mot* one--way (street)

jednostav|an simple; **~no** simply; **~nost** simplicity

jednostran one-sided; **~ost** one-sidedness

jednostruk single, one--fold

jednjak gullet, *med* (o)-esophagus

jedrenj|ak sailship, sailing-boat, sailing-ship; **~e** sailing; **ići na ~e** go sailing, go for a sail

jedrili|ca sailboat, sailing-boat; *sp* yacht; *(zračna)* glider, *(visinska)* sailplane; **~čar** *(na vodi)* yachtsman; *(zračni)* glider pilot; v. **modelar**; **~čarstvo** *(zračno)* gliding

jedrina freshness; vigour

jedriti sail; glide

jedro sail

jedva hardly, scarcely, barely

jeftin cheap (i *fig*), inexpensive; **~oća** low prices

jegulja eel

jek; u punom ~u in full swing; at its height, at the height of; **~a** echo

jel|a fir(-tree); **~ovina** deal, fir-wood, fir-timber

jelen deer; *(mužjak)* stag, hart; **obični ~** red deer
jelo dish; food; **~vnik** menu
jenjati abate, go down, slacken
jer because, as, for
jesen autumn, *Am* fall
jesetra sturgeon
jesti eat, take food; take one's meals; **~v** edible, eatable
jetr|a liver; **~ena pašteta** liver sausage, liverwurst
Jevrej|in Jew; **~ski** Jewish
jez|a shudder; **hvata me ~a** *coll* it gives me the creeps; **~iv** ghastly, eerie
jezero lake
jezgra nucleus, core, heart
jezič|ac *(vage)* pointer; **~av** sharp-tongued; **~ni** language, linguistic
jezik language; *u ustima* tongue; *na cipeli* tongue; **~av** *(vage)* pointer;
jež hedgehog; *morski* sea-urchin
jod iodine
jogunast prankish
joha alder(-tree)
jorgan quilt, *Am* comforter
jorgovan lilac
još still; **~ ne radi** he doesn't work yet; **~ jednom** once more; **~**

kruha (some) more bread; **~ jučer** only yesterday; **as late as yesterday; ~ 1900.** as early as 1900; as late as 1900
jubilej jubilee; anniversary
jučer yesterday; **~ujutro** yesterday morning
jug south; **na ~u** in the south; **na ~** southward(s); **~oistok** southeast; **~zapad** south-west; **~ovina** thaw
Jugoslav|en Yugoslav; **~ija** Yugoslavia; **~enski** Yugoslav
juha soup; **~ od povrća** vegetable soup; **kokošja ~** chicken soup
juli July
juna|čki heroic, gallant; brave, bold; **~k** hero; **~kinja** heroine; **~štvo** heroism, gallantry
juni June
juriš *mil* charge; **osvojiti na ~** take by storm; **~ati** charge, storm
juriti rush, dash; *mot* speed
juta jute
jut|arnji, ~ro morning; **dobro ~ro!** good morning!; **~ros** this morning
juli July
južni southern, south
južnjak south wind

K

k(a) to, toward(s)
kabanica coat, overcoat
kabao tub, pail, bucket
kabel *el* cable
kabina *mar* cabin; *aero* (pilot's) cockpit; *(na kupalištu)* cabin, *(na samom žalu)* cabana; *(za probe)* fitting room
kabriolet *mot* convertible
kaca vat; tun, tub
kaciga helmet
kad(a) when; if; **bilo ~** any time, no matter when; **~ bih znao** if I knew
kada bathtub
kad|ar *(filmski)* take; *(stručni)* **~rovi** trained personnel; *adj* able, apt
kadet cadet
kadionica censer
kadulja sage
kaiš belt
kajak *sp* kayak
kaja|nje remorse, repentance; **~ti se** feel remorse; regret
kajgana scrambled eggs
kajsija apricot, apricot-tree
kak|av what kind of; **~va je torta** what's the cake like?

kako how; **~ to?** how come?
kaktus cactus
kakvoća quality
kalaj tin
kalati (se) cleave, split
kalcij calcium
kaldrma cobbles *pl*
kalem spool, reel
kalendar calendar
kalež chalice
kalfa journeyman
kalij *chem* potassium
kaliti temper; *fig* harden; **~ se** harden oneself
kalorifer fan-heater
kaluđer monk; **~ica** nun
kalup *(ljevački)* mould; *(za cipele)* shoe-tree, *(postolarski)* last
kaljače galoshes, *Am* rubbers
kaljav dirty, muddy
kaljuža mud-hole, slush; *fig* quagmire
kamat|e *pl* interest; **~na stopa** rate of interest; **~e na ~e** compound interest
kamelhar camel hair
kameja cameo
kamen stone; rock; boulder; **~ac** *med* calculus, stone(s); **~o doba** Stone Age; **~it** stony,

rocky, craggy; ~olom quarry

kamera *(film)* camera

kamgarn worsted

kamilica c(h)amomile (tea)

kamin fire-place

kamion Br lorry, Am truck

kamo where (to); ~ bilo anywhere; a ~ li let alone

kamp camp, camping site, camp(ing) ground; ~ovati camp

kamufl|aža, ~irati camouflage

Kana|da Canada; ~ski Canadian; ~đanin Canadian

kanafas backing, buckram

kanal *(prirodni)* channel; *(prokopani)* canal; *(kanalizacija)* sewer; **otvori televizor na** ~ 2 tune it to channel 2; ~izacija sewers *pl*; ~izirati *fig* channel

kanape divan

kanarinac canary

kancelar chancellor; ~ija office

kandid|at candidate; applicant; ~atura candidacy; ~irati nominate; ~irati se run

kandža claw

kanonik canon

kanta can; *(za smeće)* (dust-) bin

kantina canteen

kao like, as; ~ da as if

kao|s chaos; ~tičan chaotic

kap drop; *med* stroke; ~ po ~ drop by drop; **udarila ga je** ~ he had a stroke; ~i za nos drops

kapa cap; *(francuska)* beret; bonnet

kapak cover, lid; *(očni)* eye-lid; *(prozorski)* shutter

kapara earnest-money; deposit

kapati drop, drip

kapel|a chapel; band; ~an chaplain; ~nik band-master

kapetan *mil* captain; *mar* master, skipper

kapica *(na tubi)* cap

kapital capital; ~ist capitalist; ~izam capitalism

kapitul|ant defeatist; ~irati surrender

kaplar = desetar

kapric caprice, whim; ~irati se be difficult

kapsla cap

kapuljača hood

kaput coat, overcoat, topcoat; *(prelazni)* light (weight) coat

karakter character; ~an

čovjek man of character; **~istčan, ~istika** characteristic

karamela Br toffee, Am taffy

karanfil carnation

karantena quarantine

karat carat

karavan caravan; (automobil) Br estate car, Am station waggon

karbon-papir carbon paper

karcinom med carcinoma

karfiol cauliflower

karijer|a career; **~ist** careerist

karika link (i fig)

kariran checked

karlica anat pelvis

karneval carnival

karniša curtain rail

karoserija body

karta (igraća) card; (vozna) ticket; (zemljopisna) map; **~ti se** play cards; **~š** card-player

karter mot oil-sump, oil-pan

karton cardboard; (kartoteke) card

kas, ~ati trot

kasa cash-box, money-box; cash-desk, checkout-counter; **registar ~** cash register

kasarna barracks pl

kasni late; **~ije** later,

afterwards; **~iti** be late; **~o** late

kaš|a porridge, gruel; pulp; **~ica** pap

kaš|alj, ~ljati cough; **~ljucati** hack

kat floor, stor(e)y; **drugi ~** Br second floor, Am third floor

katar med catarrh

katastar land office

katastrofa disaster; **~lan** disastrous

katedra teacher's desk; lecture desk; univ chair

kategorija category

katkad sometimes, off and on, now and then

katran tar

kau|cija deposit; **~č** couch; **~č za razvlačenje** sofa-bed; **~čuk** caoutchouc

kava coffee; **crna (turska) ~** black (Turkish) coffee; **~na** café

kavalir (proper) gentleman; **~ski** chivalrous; **~ština** chivalry

kavez cage

kavga fight; brawl

kavijar caviar

kazališ|te theatre (Am theater); **Narodno ~te** National Theatre; **~ni** theatre, theatrical

kazalo index; table of contents

kazaljka (*sata*) hand; (*instrumenta*) pointer; (*velika, mala*) hour (minute) hand ~ **za sekunde** seconds hand
kazan *mil* food-kettle; = **kotao**
kazati say; (*drugome*) tell
kazn|a punishment, penalty; **novčana** ~**a** fine; **smrtna** ~ corporal punishment; ~**eni udarac** (*prostor*) *sp* penalty kick (area); ~**ionica** prison, penintentiary; ~**iti** punish; (*novčano*) fine
kažiprst forcfinger, index-finger
kažnj|avan with a record; ~**avanje** punishment; ~**enik** convict; ~**iv** punishable
kći daughter
kečiga sturgeon
kelj savoy (cabbage), kale
kemi|čar chemist; ~**ja** chemistry; ~**kalija**, ~**j-ski** chemical
kengur cangaroo
kerami|čki ceramical; ~**ka** ceramics *pl*
kesa bag; (*za novac*) purse
kesiti se grin; smirk
kesten chestnut
kicoš dandy; ~**ki** dandyish
kičm|a backbone, spine;

~**enjak** *zool* vertebrate
kiće|n ornate; flowery; ~**nje** decoration
kidati tear (apart); break; rend; ~ **se** tear
kifla croissant
kihati sneeze
kijača cudgel, club
kikiriki peanuts
kikser gaffe
kila *med* hernia; ~**v** *fig* feeble, softy
kimati nod
kiml caraway (seeds)
kinin quinine
kin|o *Br* cinema, pictures; *Am* movies; **ići u** ~ go to the pictures (*Am* movies); **u** ~**u** at the pictures (*Am* movies)
kiosk kiosk
kip statue; ~**ar** sculptor; ~**arski** sculptural; ~**arstvo** sculpture
kip|jeti boil, seethe, (*potiho*) simmer; ~**ući** boiling hot
kirurg surgeon; ~**gija**, ~**ški zahvat** surgery
kise|lina acid; ~**o** acid; ~**lo** *fig* wryly; ~**li krastavci** (**paprike**) pickled gherkins (peppers)
kisik oxygen
kisnuti get drenched
kist brush
kiš|a rain; **pada** ~ it is raining; ~**ica** drizzle

~ni rainy; ~ni ogrtač raincoat; ~nica rain-water; ~obran umbrella; stalak za ~obrane umbrella-stand

kit *zool* whale; lov za ~ove whaling; lovac na ~ove whaler; ~o-lovac (brod) whaler

kit (prozorski) putty; ~ati putty up

kit|a bunch; ~ica small bunch; (pjesme) stanza

kititi decorate, adorn

kivan resentful; grudging

klackalica seesaw

klada log

kladi|onica betting office; igrati (dobiti) na sportskoj ~onici play (win) the pools); ~ti se bet

kladiv|o: bacanje ~a hammer-throwing

klanac (mountain) pass, gorge

klanjati se bow

klanje slaughter (i *fig*), massacre

klaonica slaughter-house, abattoir

klarinet clarinet

klas ear, spike

klatež scum

klati slaughter, kill

klavi|r piano; ~jatura keyboard

klečati kneel; ~knuti kneel (down)

klekovača geneva

klepetati rattle

klerikalac *pol* clerical

klesa|r stone mason; ~ti dress stone

klet|i, ~va curse, swear

kleveta, ~ati slander; ~nik slanderer

klica *fig* germ; *bot* shoot, sprout; ~ti shoot, sprout; (glasom) cheer

kliconoša *med* carrier

klijent client; ~ela clientele

kliješta *pl* pincers (i *fig*); (za žicu) (combination) pliers *pl*; (rakova) claws *pl*

klika clique

kliknuti cheer, yell

klima climate; ~tsko liječenje rest cure; ~ti-zacija air-conditioning; ~tiziran air-conditioned

klimakterij *med* climacterium, *coll* change of life

klima|ti (se) wobble, nod; ~v rickety, wobbly

klimav loose, shaky

klin wedge; peg; *mil* spearhead

klinčić (začin) clove

klip *cob*; *tech* piston; ~an big lout; ~sati trudge

klistir *med* enema; ~ati give an enema

klisura crag, sheer rock; *(morska)* cliff

kliše cliché; *(tiskarski)* block

kliza|č(ica) skater; *(umjetni)* figure skater; **~k** slippery (i *fig*); **~lište** skating rink; **~ljka** skate **~nje na ledu** skating; **~ti** slip; *(vozilo)* skid; *(na ledu)* skate

kliziti glide

klobučar hatter

klokotati gurgle

klonu|lost, ~ti collapse; **~ti duhom** become despondent

klopka trap (i *fig*)

klopotati rattle

klor *chem* chlorine; **~irati** chlorinate

klub club

klupa bench; *(školska)* desk; *(u crkvi)* pew

klupko ball (of wool, string)

kljaštriti prune (i *fig*)

kljenut palsy, paralysis

kljova tusk

kljucati peck

ključ key (i *fig*); *mus* clef; **~ od kuće** street-door key; **pod ~em** *fig* under lock and key; **~anica** keyhole; **~no pitanje** key issue; **francuski ~** *Br* spanner, *Am* wrench

kljukati stuff (i *fig*)

kljun bill; *(grabljivice)* beak

kljuse jade

kljuvati pick (out)

kmet surf; **~stvo** serfdom

kne|ginja duchess; **~z** duke; **~ževina** principality, dukedom

knjiga book; volume; **glavna ~** *com* ledger

knjigoveža book-binder

knjigovo|dstvo book-keeping; **~đa** book-keeper

knjiški bookish

knjižar bookseller; **~a** *Br* bookshop, *Am* book store

književn|i literary; **~ik, ~ica** writer; **~ost** literature

knjiži|ca booklet; **~ti** book, enter; *(u korist)* credit

knjižni|ca library; **~čar** librarian

kob fate, destiny, fortune; **~an** fatal

kobac sparrow-hawk

kobasica sausage

kobila mare

kobilica Keel

kocka cube; *(igraća)* die *(pl* dice); **~r** gambler; **~ti se** play dice; gamble

kočija coach, carriage;

∼š coachman, driver
kočiti brake (i *fig*); **∼ se**
stiffen
kočnica brake
kod at; by; near; **∼ nas**
at our place; with us;
in our case; **∼ toga** at
the same time; in doing
so
kofer suitcase
koješta! nonsense!
koji which, (*osobe*) who;
that
koket|a, ∼irati flirt
kokice popcorn *pl*
kokodakati cackle
kokosov: ∼ orah coco-
nut; **∼a palma** coconut-
-tree
kokoš hen; **∼injac** hen-
-house
koks coke; **∼ara** coke
plant
koktel cocktail
kola cart, wag(g)on; **∼r**
cartwright
kolac pole, stake
kolač cake; tart; (*slasti-
čarski*) pastry; **∼ić** *Br*
(sweet) biscuit, *Am* cooky
kola|nje circulation; **∼ti**
circulate
koleb|anje vacillation;
hesitation; **∼ati se** vacil-
late; waver; hesitate
koleg|a colleague; job-
-mate; (*student*) fel-
low-student; **∼ijalan**

comradely; helpful
kolektiv collective, staff;
∼an collective
kolera *med* cholera
koliba hut
kolica hand-cart; (*dječja*)
perambulator, pram; (*in-
valida*) wheel-clair
količina quantity,
amount
kolijevka cradle, cot
kolik|i how large; what
a; **∼o** how much, how
many; **u ∼o** insofar
kolnik roadway
kolodvor railway station;
(*autobusni*) **∼** bus station
kolona *mil* column
koloni|ja colony; **∼zi-
rati** colonize
kolonjska voda cologne
kolosalan splendid
kolosjek; normalni ∼
rlw standard ga(u)ge
kolotečina rut (i *fig*)
kolovođa ringleader
kolovoz August
koludrica nun
kolumba *mar* drop-keel
kolut ring
koljač cut-throat, mur-
derer
koljeno knee
komad piece; **∼ić** (little)
bit
komand|a, ∼irati com-
mand; **∼ant, ∼ir** com-
mander

komarac gnat, mosquito

kombajn combine harvester

kombinat large plant

kombine slip; **radnički ~zon** overalls *pl*

komedija comedy

komemor|acija commemoration; **~irati** commemorate

koment|ar comment, commentary; **~irati** comment, make comments

komercijalan commercial

komesar commissary; *pol* commissar

komeša|nje commotion; **~ti se** stir

kometa comet

komfor modern conveniences *pl*; comfort; **~an** with modern conveniences

komisija commission

komoda chest of drawers, commode

komor|a *com i tech* chamber; *phot* **tamna ~a** dark room; **~na muzika** chamber music

komotan loose, comfortable; (*čovjek*) easy-going, indolent

kompanjon *com* partner

kompar|ativ *gram* comparative; **~irati** comp-

are (to, whit); collate

kompleks complex; (*psihički*) complex, inhibition; **~aš** inhibited person

komplet set

kompli|kacija complication; **~ciran** complicated

kompon|irati *mus* compose; **~ist** composer

kompot stewed fruit; (*u konzervi*) canned fruit

kompozi|cija composition (i *mus*); *rlw* train **~tor** *mus* composer

kompromis, **~ni** compromise; **učiniti ~** compromise

kompromit|antan compromising; **~irati (se)** compromise (oneself)

komunal|an municipal, public; **~ije** *pl* public services *pl*

komunikacije *pl* communications *pl*; roads *pl*

komuni|st, **~stički** communist; **~zam** communism

konac thread; end

konač|an final, ultimate; **~no** finally

konačište lodgings *pl*; nn

koncept (rough) draft

koncern *com* combine

koncert concert; (*kompozicija*) concerto

koncipirati draft

kondicional, ~**an** *gram* conditional

kondolira|nje condolence, ~**irati** condole, express sympathy (with)

kondukter conductor; *(željeznički) Br* guard, *Am* conductor

konfekcij|a ready-made clothes *pl*; **industrija** ~**e** garment industry

konferansje master of ceremonies

konferencija conference

konjunkt|iv *gram* subjunctive; ~**ura** *com* boom

konkret|an concrete; **govoriti** ~**no** speak to the point

konkuren|cija competition; ~**t** competitor, rival; ~**tan** *com* competitive

konoba wine cellar; ~**r** waiter; ~**rica** waitress

konop rope, line, cord; *(debeli brodski)* hawser; ~**lja** hemp; ~**ljarka** linnet

konspira|cija secrecy; **radi** ~**cije** for security reasons; ~**tivan** secrete

konstat|acija statement, remark, observation; ~**irati** state, remark, observe

konstru|irati design; construct; ~**kcija** design; *gram* construction; ~**ktor** designer; constructor

kontrabas *mus* double bass

kontracepcij|a contraception, birth control; **sredstva za** ~**u** contraceptives

kontrapunkt *mus* counterpoint

kontrarevolucija conter-revolution

kontrašpijunaža counter-espionage

kontrol|a, ~**irati** control check; ~**or** controller; *(voznih karata)* inspector

kontura contour, outline

konvencija convention

konvenirati suit

konzerv|a, ~**irati** *Br* tin, *Am i Br* can; **tvornica** ~**i** cannery

konzul consul, ~**at** consulate

konj horse; *(teretni)* draft-horse; *(trkaći)* race-horse; *(šah)* knight; **na** ~**u** on horseback; ~**anik** horse-rider; *mil* cavalryman; ~**ica** cavalry; ~**ska** *(snaga)* horse-power; ~**ušar** stable-boy; ~**ušnica** stable

konjak cognac, French brandy

koordin|acija co-ordina-

tion; ~irati co-ordinate
kopa|č diger; ~ti dig
kopča clasp, buckle; ~ti
button (up)
kopija copy, duplicate;
(tipkana) carbon; (phot)
print; ~rati copy, du-
plicate; (phot) print; (kroz
papir) trace
kopito hoof
kopkati bother
koplj|e spear; (konjičko)
lance; sport bacanje ~a
javelin-throwing
kopneni land
kopniti thaw, melt
kopno land
koprcati se struggle, kick
koprena veil
kopriva nettle
kora (stabla) bark; (sira)
rind; (kruha) crust;
(krumpira) skin (oguljena
peel)
kora|cati walk, march;
pace; ~čnica march;
~k step, pace
koral, ~ni coral
korekt|an correct; ~or
proof-reader; ~ura
proof
korespondent correspon-
dent
korice pl cover; (noža)
sheath; (sablje) scabbard
korigirati correct
korijen root; iz ~a radi-
cally

koris|nik beneficiary,
user; ~nost usefulness;
~t advantage, benefit;
~tan useful; ~titi be
useful; serve; use; draw
on
korištenje use, utilization
koriti scold; blame
korito trough; (broda)
hull; (rječno) bed
korizma Lent
korjenit radical
kormil|ar helmsman,
steersman; ~ariti steer;
~o helm; (pod vodom)
rudder
kornjača turtle; (morska)
tortoise
korota mourning
korov weed(s)
koru|mpiran corrupt;
~pcija corruption, bri-
bery
kos zool blackbird; ~ina
slope
kos adj slanting, inclined
kos|a scythe; ~ac mow-
er; (srpom) reaper; ~iti
mow
kosati cul chop; (fino)
mince
kosit|er ~ren tin
kosmat hairy
kost bone (i riblja);
~obolja gout; ~ur
skeleton
kostim suit, (klasični)
tailored suit; theat cos-

tume; fancy dress
koš waste-paper basket; ~**ara** basket; ~**arka** *sp* basketball
koščat bony
košnica beehive
koštac: uhvatiti se u ~ *fig* tackle
koštan (of) bone
koštati cost; **šta ~?** how much is this?
koštica stone; *(sitna)* pip
košulja shirt
košuta *zool* hind
kotač wheel
kotao kettle; *tech* boiler
kotar district, county
kotiti se have young
kotlet chop; *cul* cutlet
kotlina *geog* hollow, depression; *(zavalje)* basin
kotrljati (se) roll
koturaljka (i voziti se na ~ma) roller-skate
kova|č blacksmith; ~**č-nica** smithy; forge; ~**k** malleable; ~**ti** forge, hammer; *(novac)* mint
koverta envelope
kovčeg suit-case, trunk; chest, box
kovina metal
kovnica *(novca)* mint
kovrč|ast curly; ~**ica**, ~**ati** curl
koza goat
kozice smallpox
kozmetič|arka beauti-

cian; ~**ki**, ~**ko sredstvo** cosmetic
kozm|ički cosmic; ~**os** cosmos
kož|a leather; *(ljudska)* skin; *(životinjska)* hide; ~**ica** cuticle; membrane
krabuljni ples fancy--dress ball
kradljivac thief; *(u dućanu)* shop-lifter
krađa theft; shop-lifting
krafna doughnut
kraj end, close; *(predio)* country, area; *prep* beside by, next to, near
krajnik *anat* tonsil
krajnji extreme
krajolik landscape
krak leg (i *šestara*)
kralj king (i *šah, karte*); ~**evina** kingdom, monarchy; ~**evski** royal; ~**ica** queen (i *šah, karte*)
kralješ|ak *anat* vertebra; ~**njaci** *pl* vertebrates
kramp pick
krasan wonderful, splendid; beautiful, handsome
krasta *med* scab, crust
krastača *zool* toad
krastavac cucumber; **kiseli ~** pickled gherkin
krasti steal
krat|ak short; *(vremenski)* short, brief; ~**ica** abbreviation; ~**koća** brevity; ~**kotrajan** short-lived;

~kovidan short-sighted (*i fig*)

krater crater

kraul crawl *sp*

krava cow; **~r** cow-boy, cow-herd

kravata necktie, tie; (*leptirka*) bow-tie

krcat *fig* packed; **~i load**

krčag jug, ewer

krčiti clear (land)

krčma *Br* (low) pub; *Am* (low) bar, saloon; **~r = gostioničar**

krdo herd

krea|cija (*modna*) design; **~tor** (*modni*) fashion designer

kreč = vapno; ~iti whitewash

kreda chalk

kredenc kitchen cabinet, cupboard

kreirati design

kreketati croak

krema *cul* filling, cream

kremen flint

krenuti move towards; (*na put*) set off

krepak sturdy; (*starac*) hale; (*obrok*) hearty

krepost virtue; **~an** virtuous

kresati strike (sparks)

kreštati screech

kretanje movement; *med* exercise

kreten *med i fig* cretin

kreton printed cotton

kreveljiti se make faces

krevet bed

krezub toothless; gap-toothed

krh|ak brittle, fragile; **~otina** fragment

kričav (*boja*) loud, gaudy

krigla beer-mug

krijepiti strengthen

krijes bonfire; **~nica** glow-worm

krijumčar smuggler; **~enje** smuggling; **~iti** smuggle; **~ena roba** smuggled goods *pl*

krik, ~nuti scream, shriek

krilo wing (*i zgrade, vrata*); **nekom ~u** in one's lap

krinka mask

kristal, ~an crystal

kriška slice

kriterij criterion

kriti (se) hide

kritičan critical

kriv guilty; (*pogrešan*) wrong; (*nakrivljen*) awry, **~o** wrongly

krivac culprit

kriviti blame

krivnja guilt; fault, blame

krivotvor|en forged, counterfeit; **~ina** forgery; **~itelj** forger, counterfeiter; **~iti** forge, counterfeit

krivovjer|ac heretic; **~je** heresy

krivuda|v winding; **~ti** wind

krivulja curve

kriz|a crisis; **~antema** crysanthemum; **~ma** rel confirmation

križ cross; **~a** pl anat small of the back; **~aljka** crossword (puzzle); **~ar** crusader; **~arski** (pohod) crusade; **~ati** cross through, eliminate; bot zool cross-bread; **~a- ti se** cross oneself

krma mar stern; (stočna) fodder

krnj incomplete

kroj cut; (na papiru) pattern sheet; **~ač** tailor; **~ačica** dressmaker; **~i- ti** cut

krokodil crocodile

krom chromium; **~iran** chromium-plated

kroni|čan chronic; **~ka** chronicle

krošnja (tree) top

krot|ak meek; **~iti** tame

krov roof; **~ne grede** rafters

kroz through

krpa rag; (kuhinjska) dish- -towel, tea-cloth; (za prašinu) duster; **~riti** fig plug holes, improvise, eke out; **~ti** mend, re-

pair; (čarape) darn

krpelj zool tick

krsni list birth certificate

krstari|ca mil cruiser; **~ti** cruise

krstiti baptize, christen; = križati

Krš geog Karst

kršćan|in, ~ski Christian; **~stvo** Christianity

krš|enje violation; **~iti** violate

krštenje baptism, christening

krti|ca mole; **~čnjak** mole-hill

krug circle; ring; (u trci) lap

kruh bread; bijeli (crni) **~** white (brown) bread

kruliti rumble

krumpir potato; (pire) mashed potatoes; (»pom- fri«) Br chips, Am French fries; (pržene ploške) Br crisps, Am chips

krun|a crown (i zuba); **~ica** rel rosary; **~isanje** coronation; **~isati** crown

krup|an big, large; **~ica** groats pl; = **griz**

kruška pear

krut stiff; (ne tekuć) solid; fig rigid, inflexible

kruž|iti circulate, rotate; **~nica** circle

krv blood; **~arenje**

bleeding; ∼ariti bleed;
∼av bloody; ∼avica
black pudding, blood
sausage; ∼nik execu-
tioner; ∼oločan blood-
thirsty; ∼oproliće
bloodshed; ∼otok circu-
lation

krzmati hesitate

krzn|ar furrier; ∼o fur

kržljav stunted; ∼ost
stunted growth

kubi|st, ∼stički cubist;
∼zam cubism

kuca|ti knock; (sat) tick;
(srce) beat; ∼nje srca
heart-beats

kucnuti se clink glasses

kučina oakum

kuć|a house; (velika stam-
bena) Br block of flats,
Am apartment house;
kod ∼e at home; ići ∼i
go home

kućan|ica housewife,
housekeeper; ∼stvo
household; housekeeping

kućevlasnik house-owner

kućica little house; (pu-
ževljeva) shell

kućn|a pomoćnica maid,
help; ∼ni posao house-
work

kuda where; which way

kuditi blame, scold, criti-
cize; coll tell off

kudjelja tow, hemp

kudrav shaggy; curly

kuga plague

kugl|a ball; sp shot; ba-
canje (bacač) ∼e shot-
-putting (shot-putter);
∼anje Br skittles pl, Am
bowling; ∼ana Br skit-
tle-alley, Am bowling
alley; ∼ični ležaj tech
ball-bearing

kuhača ladle

kuhalo cooker

kuhar cook; ∼ica cook;
(knjiga) Br cookery book,
Am cookbook

kuhati cook; (u vodi) boil

kuhinja kitchen

kuja bitch

kuk hip; hip-joint

kuka hook

kukac insect

kukast hooked; ∼i križ
swastika

kukati wail; complain

kukavica coward; (ptica)
cookoo

kukolj bot cockle

kukuljica hood

kukurikati crow

kukuruz Br maize, Am
(Indian) corn; klip ∼a
ear of corn, cob

kula tower; ∼e u obla-
cima castles in the air

kulise pl scenery, sets pl;
iza ∼a fig behind the
scenes

kuljati pour out; gush

kum godfather; (vjenčani)

best man; **~a** godmother; *(vjenčana)* matron of honour *(neudata* maid of honour); **~če** godchild; **~ovati** be godfather; **~ovska slama** Milky Way

kumir idol

kuna *zool* marten

kundak (rifle) stock, butt

kunić rabbit

kunjati be droppy; = **drijemati**

kup heap, pile

kupac buyer, purchaser

kupač bather

kupać|e gaćice *pl* swim(ming) trunks *pl*, bathing trunks *pl*; **~i kostim** swimsuit, bathing costume *(jednodjelni* one--piece swimsuit)

kupalište bathing place; *(mjesto)* seaside resort; *(toplice)* watering-place, spa

kupanje *(u kući)* bath; ići na **~** go to the beach, go for a swim

kupaona bathroom

kupati give (one) a bath; **~ se** have a bath, take one's bath; *(na otvorenom)* bathe, have a swim

kupe *rlw* compartment

kupina blackberry

kupiti buy, purchase; = **skupljati**

kupke *(toplice)* spa

kupnja, kupovina purchase; ići u **~u** go shopping

kupon coupon

kupus cabbage; **kiseli ~** sauerkraut

kura *med* cure

kurir courier

kurje oko corn

kurs course

kurva whore

kurziv italics *pl*

kuš|ati taste; try; **~nja** test; **staviti na ~u** put to the test

kut corner; *geom fig* angle

kuta overalls *pl*

kutija box

kutlača big ladle

kutnjak molar, back tooth

kvačilo *mot* clutch; **ubaciti ~** throw in the clutch

kvadr|at square; **2 na ~ 2** squared, the second power of 2; **~irati** square

kvaka (door-) handle; *(okrugla)* (door) knob

kvalifi|cirani radnik skilled worker; **~cirati** train; qualify; **~kacije** *pl* training

kvalitet quality; **~an** of good quality

kvantitet quantity

kvar breakdown, fault,

(engine) trouble; **biti u ~u** be out of order

kvariti spoil; corrupt; **~ se** (*hrana, roba*) go bad, be perishable

kvartet quartet(te)

kvasac leaven, (*kupovni*) yeast

kvočka brood-hen

kvorum quorum

kvota quota

kvrga bump (*i na glavi*); (*u drvu*) knot; **~st** bumpy; knotty

L

labav loose (*i fig*)

labil|an unstable; **~nost** instability

labirint labyrinth

laboratorij laboratory, *coll* lab

labud swan

ladica drawer

lađa boat; ship, vessel; **~r** boatman

lafeta *mil* gun-carriage

lagan light; easy; **~o** slowly; softly, gently; easy, easily

lagati lie, tell lies

lai|k layman; **~čki** as a layman

laja|ti, ~nje bark; **~v** having a loose tongue

lak *adj* light; (*jednostavan*) easy; **~oća** lightness; facility

lakat elbow

lak *n*, **~irati** lacquer, varnish; **~irane cipele** patent-leather shoes

lakom greedy; **~ost** greediness

lakoum|an light-minded; **~nost** light-mindedness

lakovjeran credulous

lakrdija buffoonery; **~š** buffoon

laktaš pusher; **~ki** pushing

lampa lamp

lampion Chinese lantern

lan flax

lanac chain (*i fig*)

lanč|anik (*bicikla*) chain; **~ić** chain

lane *zool* fawn

lani last year

lansirati launch (*i fig*)

lanjski last-year, last year's

lasica *zool* weasel

laska|nje flattery; **~ti** flatter; **~v** flattering; **~vac** flatterer

lastavica swallow

lastika elastic

lašti|lo polish; **~ti** polish, *coll* shine

latica *bot* petal

latinica Latin characters
latiti se reach for; take up
lav lion; **~ica** lioness
lava (*vulkanska*) lava
lavina avalanche
lavež bark(ing)
lavirati steer a middle
course
lavor (wash) bowl
laž lie, falsehood; **~ac**
liar; **~an** false, fake;
~ljiv lying
lebdjeti hover, float
leća *bot* lentil; *opt* lens
leći (*jaja*) lay; = **legnuti**
led ice; **~ana** ice works;
~en ice-cold, icy; *fig*
frigid; (*piće*) iced; **~eno
doba** Ice Age; **~enjak**
(*glečer*) glacier; **~ište**
freezing point; **~iti (se)**
freeze; **~olomac** ice-
breaker
ledina green; empty field;
geog heath
leđ|a back *sg*; **za ~ima**
behind one's back; **~no
plivanje** *sport* back stroke
legitim|acija card; (*osob-
na*) identity card; **~irati
se** show one's identity
card
legnuti lie down; go to
bed
legura alloy
lekcija *fig* lesson
lektira reading; (*oba-
vezna*) set books

lektor language instruc-
tor; language editor
lem, **~iti** *tech* solder;
~ilo *tech* soldering iron
leopard leopard
lepeza fan
lepršati flutter
leptir butterfly; (*noćni*)
moth
lesonit hardboard
leš: staza od ~a *sport*
cinder-track, = **drozga**
leš, **~ina** corpse, (dead)
body; **~inar** *zool* vul-
ture
let flight; **pokusni ~** test
flight; **u ~u** in flight;
on the wing; **~eći**,
~enje flying; **~jeti** fly
letač flyer, flier; **~ko
osoblje** air crew(s)
letak leaflet
letimi|ce cursorily; **~-
čan** cursory
letlampa *tech* blowlamp
letva lath
lezbijka lesbian
lež|aj bed; *tech* = **ležište**;
~aljka deck-chair; (*za
plažu*) chair-bed; **~ati**
lie
ležećke lying
ležer|an relaxed; **~nost**
relaxed manner
ležište *tech* bearing, sup-
port
li; ideš ~? are you going?
do you go?

libela *zool* dragon-fly; *alat* level

libreto *mus* libretto, book

lice face; person, party; **glavno ~** hero

licemjer hypocrite; **~an** hypocritical; **~je** hypocrisy

licitacija auction

liči|lac (house-) painter; **~ti** paint, varnish

ličinka *zool* larva

ličn|i personal; **~o** personally; **~ost** personality

lift lift

liga league

lignit brown coal, lignite

lignja *zool* cuttle-fish, squid

lihvar usurer; **~enje** usury; **~iti** practise usury; **~ski** usurious

liječ|enje treatment, cure; **~iti** treat, cure; **~iti se (od)** undergo treatment (for); **~nik** doctor, physician; **~nica** lady doctor

lijeha bed

lijek medicine, drug; *fig* remedy; **~ za sve** cure-all

lijen lazy; **~čina** lazy-bones; **~ost** laziness

lijep beautiful, handsome, nice, pretty, attractive; **to je ~o od vas** that is nice of you

lijepiti stick, glue, paste;

~ se stick, be sticky

lijes *Br* coffin, *Am* casket

lijeva|k funnel; *(na posudi)* spout, beak; *(bombe)* crater; **~ti** pour; *(kovinu)* cast; **~no željezo** cast iron

lijevi, **~o** left

lik figure; image; *(romana)* personage, character; **~ovne umjetnosti** visual arts; **~ovni umjetnik** artist

liker liqueur

likvidirati liquidate

lim *(materijal)* sheet metal; *(artikl)* sheet; **~ar** plumber; **~eni** sheet (-metal); **~ena glazba** brass band; **~enka** tin, can; **bijeli ~** tin plate

limun lemon; **~ada** lemonade

limuzina *(zatvorena kola)* *Br* saloon, *Am* sedan; *(luksuzna)* limusine

linčovati lynch

linija line; *(prometna)* line, service

linoleum linoleum

linjati se moult, lose hair; shed one's coat

lipa *bot* lime-tree, linden

lipanj June

lirski lyric

lisica fox

lisičine *pl* handcuffs; **staviti ~** handcuff

lisnica wallet
list *bot* leaf; *(papira)* sheet; *(na nozi)* calf; *(riba)* sole
list|a list; **~ati** turn over leaves; *(stablo)* come out in leaf; **~ovni papir** note-paper
listopad October
lišaj *bot* lichen; *med* eczema
lišće leaves *pl* foliage
liš|en deprived of; **~iti** deprive; **~avanje** deprivation
litica sheer rock, crag
litra litre *(Am* liter)
livada meadow
lizati lick
logor, ~ovati camp; **~ovanje** camping; **~aš** detainee, internee, camp inmate
loj tallow; **kao po ~u** like clockwork
lojal|an loyal; **~nost** loyalty
lokal premises *pl*
lokati *(životinja)* lap (up)
lokomotiva engine, locomotive
lokot padlock
lokva puddle, pool
lom break; *med* fracture; *fig* uproar
lomača *(pogrebna)* pyre; **umrijeti na ~ači** die at the stake

lomiti (se) break
lomljava crash
lon|ac pot; **~čar** potter; **~čarska roba** pottery; **~čić** cup
lopat|a shovel; *(kopača)* spade; **~ica** *anat* shoulder-blade; *(dječja)* spade
lopoč *bot* water-lily
lopov thief; *fig* rascal; **~luk** dirty trick; **~ski** rascally
lopta ball; **~ti se** play with ball
losos *riba* salmon
loš bad, inferior
lotati = lemiti
lotos *bot* lotus
lov hunt, shoot(ing); **ići u ~** go hunting, go shooting; **~ac** hunter; **igrati se ~ice** play tag; **~iti** catch; *lov* hunt, shoot; *(ribu)* fish
lovor laurel; *fig* laurels *pl*
loza *bot* vine
lozinka *mil* password, *fig* motto
loža *theat* box
lož|ač stoker; *rlw* fireman; **~iti** stoke, fire; heat
lubanja skull
lubenica water melon
luckast having a screw loose, crazy
lučki port; **~ grad** port (town); **~ radnik** *Br*

docker, *Am* longshore-man

lud crazy, mad, insane; **~ilo** craziness, madness, insanity; **~nica** lunatic asylum, *(i fig)* madhouse; **~orija** monkey business; **~ost** folly, foolishness; **~ovati** fool; be mad about

luđak madman

lugar *Br* forester, *Am* ranger

luk *bot* onion; *(drobnjak)* chives *pl;* *(bijeli)* garlic

lûk *archit* arch; *(oružje)* bow

luka harbour *(Am* harbor), *(velika)* port

lukav crafty, cunning, sly; **~ost** craftiness, cunning, slyness; **~ština** trick

lukobran break-water

lukovica bulb

luksuz luxury; **~an** luxurious; luxury, de luxe, fancy

lula pipe

lumpati have a spree; *sl* be out on the town

lupa|nje banging; **~ti** bang, knock; *(nogama)* stomp

lupetati talk nonsense

lupina = kora, ljuska

luster light fixture, hanging lamp; *(kristalni)* chandelier

lutati wander, rove, roam

lut|ka doll; **kazalište ~aka** puppet theatre

lutrij|a lottery; **dobiti na ~i** win the lottery

lužina lye *(i chem)*

LJ

ljag|a blemish, blot, spot; **bez ~e** spotless

lječilište sanatorium; *(mjesto)* health-resort

ljekovit healing; **~o bilje** medicinal herbs; **~ost** healing property

ljenčariti loaf, idle

ljepak bird-lime; **ići na ~** *fig* take the bait

ljepenka cardboard

ljep|ilo *(uredsko)* gum, paste; *(stolarsko)* glue; *(univerzalno)* cement, adhesive; **~ljiv** sticky, adhesive; **~ljivost** stickiness

ljep|ota beauty; **~otica** beauty; **~uškast** pretty, charming

ljestv|e ladder *sg;* **~ica** scale

lješnjak hazel-nut

ljetina crops *pl*, harvest

ljetn|i summer; **~a pozornica** open-air stage; **~kovac** summer cottage

ljeto summer; **~valište** summer resort

ljiljan lily

ljubak charming, lovable

ljubav love; **meni za ~** for my sake; **~no pismo** love letter; **~ni par** lovers *pl*; **~nica** lover, mistress; **~nik** lover

ljubaz|an kind, nice; **~nost** kindness

ljubi|ca *bot* violet; **~čast** purple

ljubi|mac favourite; **~telj konja** horse lover

ljubiti love; *(poljubiti)* kiss

ljubomora jealousy; **~n** jealous

ljud|i people; **~ski** *adj* human; *adv* properly, soundly; humanely

ljudožder cannibal;*(životinja)* man-eater; **~stvo** cannibalism

ljulja|ška swing; **~ti (se)** swing, rock, sway

ljupkost charm

ljuska *bot* husk, pod, shell; *(jajeta)* shell; *(riblja)* scale

ljušt|iti husk, shell; peel; **~ura** shell

ljut angry **(na** with); *(okus)* hot, pungent; **~i-na** anger; *(okus)* pungency; **~iti** make angry, annoy; **~iti se** be angry

M

ma but; why!; **~da =** **iako**

maca *bot* catkin

mač sword

mač|ak tom-cat; **~e** kitten; **~ka** cat

mačeva|lac fencer *(i sp)*; **~nje** fencing; **~ti se** fence

maćeha step-mother

maćuhica *bot* pansy

madež mole

madrac mattress; **feder**

~ spring-mattress; **luft ~** air mattress

Mađar, **~ski** Hungarian; **~ska** Hungary

mađioničar conjurer

magarac donkey; *fig* ass

magazin store-room; *(puške)* magazine

magistrala arterial road

magl|a fog; *(nad velikim gradom)* smog; *(jutarnja)* mist; **~ica** haze; **~ovit** foggy; *fig* nebulous

magnet magnet; **mot** magnetto; **~izirati** magnetize; **~ski** magnetic; **~ska igla** magnetic needle

magnetofon tape-recorder; **snimiti na ~** tape-record; **~ska traka** (magnetic) tape

mah; uzeti **~a** gain ground, spread; na **~o-ve** off and on

mahati swing; *(rukom)* wave, be frenzied; **~ost** frenzy

mahnuti beckon, motion

mahovina *bot* moss

mahun|a *bot* pod; **~e** *pl* green beans

maj May

majčin mother's; **~ski** motherly, maternal; **~stvo** motherhood

majica *(kratkih rukava)* T shirt; *(gimnastička)* gym vest; *(potkošulja)* Br vest, singlet, *Am* undershirt

majka mother

majmun monkey; *(čovjekoliki)* ape

majoneza *cul* mayonnaise; salad cream

major *mil* major

majstor master; **~ija** clever trick; **~ski** *adj* masterly; *adv* skilfully; **~stvo** mastery

majur farmstead

mak *bot* poppy; *(sjeme)* poppy-seed

makar = iako, bar; pa ~ even if

Makedon|ac Macedonian; **~ija** Macedonia; **ƶ ski** Macedonian

maketa (scale) model

maknuti (se) move

malaksa|o exhausted; **~ti** become exhausted; **~lost** exhaustion

malari|ja *med* malaria; **~čan** malarial

malen small, little

malenkost trifle, small matter

mali small, little; *mar* cabin-boy

malin|a raspberry; **~o-vac** raspberry juice

mališan little boy; **~i** little children

malo a little; **~ prije** a minute ago; imati **~ novca** *(nešto)* have a little money, *(nedovoljno)* have little money; **com na ~** retail

malodušan fainthearted

malograđan|in, **~ski** petty bourgeois; **~ština** petty bourgeois mentality

maloljet|an under age; **~nik** minor; **~nost** minority

maloposjednik small-holder

malter mortar

maltretirati maltreat

malverzacija malversation

malj sledge

mama mother, mamma, ma

mam|ac bait, lure; ~iti lure, entice

mamlaz clot, slob

mamur|an drowsy; *(od pića)* hung over; ~luk drowsiness; hangover

mamuza spur

man|a fault; flaw, defect; bez ~e faultless, flawless

manastir = samostan

mandarinka *(voće)* tangerine

manekena (fashion) model

mangup scamp, rascal

mansarda *(stan)* attic

manšet|a *(rukava)* cuff; *(hlača)* turn-up; dugme za ~u cuff-link

mantil overalls *pl*

manjak deficit; *(u težini)* short weight

manje less, fewer

manji smaller; *fig* minor; ~na minority

manjka|ti lack; ~v defective, deficient

mapa writing-case; album; *geog* map

maratonac *sp* marathon runner

marcipan *cul* marzipan

marelica apricot

margarin margarine

marionet|a, ~ski puppet

mariti care (for)

marka (postage) stamp; *com* make

markiz marquis; ~a marquise, *Br* marchioness

marljiv diligent, hard-working; ~ost diligence, hard work

marmelada jam; *(od naranče i sl.)* marmalade

marš march

maršal marshal

mart March

masa mass

mas|aža, ~irati massage; ~er masseur; ~erka masseuse

mask|a mask; *(podvodna)* goggles *pl*; = krabuljni ples; ~irati mask; ~irati se disguise oneself

maslac butter; kruh s ~em bread and butter

maslačak *bot* dandelion

maslina olive (-tree)

mas|t (cooking) fat; *(svinjska)* lard; *(biljna)* vegetable fat; *med* ointment; ~tan greasy *(i hrana)*; ~noće fats *pl*

mašin|a machine; ~erija machinery *(i fig)*

mašiti se reach for
mašna bow, ribbon
mašta imagination; **~ti** (day-)dream
mat (*šah*) mate; (*boja*) dull; **~irati, šah ~** checkmate
mater|inski = majčinski; ~nica *anat* uterus, womb
matica queen(-bee); *tech* nut
matineja matinée
matovilac *bot* corn salad
matrica stencil
maza coddle; **mamina ~** mother's pet
mazati smear, coat, spread
mazga mule
maz|ivo lubricant; **~ut** masoot
mažuran *cul* marjoram
mećava snowstorm, blizzard
med honey; **~eni mjesec** honey-moon
medalj|a medal; **~on** locket
meduza *zool* jelly-fish
medvjed bear; (*bijeli*) white bear; (*igračka*) teddy-bear
međa boundary, border, frontier
među between; among
međи|čin entr'acte; **~gradski** interurban; **~igra** intermezzo; **~kat**

mezzanine; ~narodni international; **~narodno pravo** international law; **~palublje** between decks; **~soban** mutual, reciprocal; **~tim** however; meanwhile; **~vrijeme** meantime
mehaničar mechanic, mechanician
mehanizam mechanism
mek soft (*i fig*); (*meso*) tender; **~oća** softness; **~šati** soften
meka bait
meket, ~ati bleat
mekinje bran, pollard
mekušac molly; *zool* molusc
melem balm (*i fig*)
mene, meni me
meniskus *med sp* slipped (knee) cartilage
menstru|acija menstruation; **~irati** menstruate
menza (factory, student) restaurant
mes|ar butcher; **~nat** fleshy; **~nica** butcher's; **~o** meat; (*živo*) flesh; **kosano ~** minced meat; **sušeno ~** smoked meat
mesing = mjed
mesti sweep
meta target
metak cartridge
metal metal
metar metre (*Am* meter)

meter *print* maker-up
metež confusion, chaos
metilj *vet* liver-fluke
metla broom
metnuti place, put, set
metoda method
metrički metric
metropola metropolis, capital
mi we; **meni me**
micati (se) move, stir
mig *fig* hint, wink; **~ati** blink; **~nuti** wink
migoljiti se wiggle
migrena *med* migraine
mijaukati miaow
mijeh bellows *pl*
mijenja|nje change, modification, alteration; **~ti** change, modify, alter; vary; *(novac)* exchange; **~ti se** change; vary
mijesiti knead
miješa|n mixed; **~ti** mix; blend; *(žlicom)* stir; **~ti se** interfere
mikser *cul* mixer
milicija police; militia
milijarda *Br* milliard, *Am* billion
milion million
milina pleasure
milo = **drago**
milosr|dan merciful; **~de** mercy
milost grace, favour *(Am* favor*)*; mercy; **~inja** alms *pl*; **~iv** graceful

merciful
milova|nje caress(es), fondling; **~ti** caress, fondle; **~ti se** caress
milj|a mile; *mar* knot; **~okaz** mile-stone
miljenik favourite *(Am* favorite*)*; *dijete* darling, pet
mimo past; except; **~ići** pass by; overlook, neglect; **~ići se** miss each other
min|a charge; *mil* mine; *(za penkalu)* refill; **~er** dynamiter; **~irati** blast, dynamite; *fig* undermine; *mil* mine; **~obacač** *mil* mortar; **~olovac** *mil* minesweeper; **~onosac** *mil* mine-layer; **~sko polje** minefield
mio = **drag**
mir peace; quiet; calm; **pustiti na ~u** leave alone; **~an** peaceful; quiet; calm; *(nepomičan)* still
miraz dowry
miris smell; *(ugodan)* fragrance; **~an** fragrant; **~ati** smell *(i nosom)*; *(ugodno)* smell sweet *(fine etc.)*
miriti (se) make peace; conciliate
mirodija spice
miroljubiv peaceful

mirova|nje rest; immobility; **~ti** rest; keep still; *tech* be idle

mirovni: ~ **pregovori** peace talks; ~ **ugovor** peace treaty

misa mass; *(protestantska)* service

mis|ao thought; idea; **~liti** think; mean; **nisam to ~lio** I didn't mean that

miš mouse *(pl* mice); **~olovka** mouse-trap

mišić *anat* muscle; **~ćav** muscular

mišljenje opinion, view

mit myth

miteser blackhead

miting *pol* (mass) rally, meeting

mit|o bribe, *Am* graft; **~iti** bribe; corrupt

mitraljez heavy machine-gun

mizeran = bijedan

mjed brass

mjehur bubble; *(mokraćni)* bladder; *(opeklina)* blister; ~ **sapunice** soap bubble

mjenica bill (of exchange), draft

mjenjačnica exchange office

mjera measure; **zapreminska** ~ measure of capacity; ~ **za težinu** measure of weight; **površinska** ~ superficial measure; **po** ~**i** made to measure; **u velikoj** ~**i** to a large extent

mjer|enje measurement; **~ilo** criterion; **~iti** measure; *(težinu)* weigh; **~odavan** competent, authoritative

mjesec month; *(planeta)* moon; **mladi** ~ new moon; **puni** ~ full moon

mjesečar sleep-walker

mjesečina moolight, moonshine

mjesečn|i, ~**o,** ~**ik** monthly

mjesni local

mjestimice in places

mjesto place *(i naselje),* spot; *(sjedalo)* seat

mjesto instead of

mješa|nac half-breed; half-caste; *(pas)* mongrel; ~**vina** mixture

mješina wine-skin

mješovit mixed; **trgovac** ~**om robom** grocer; **trgovina** ~**om robom** *Br* grocer's, *Am* grocery

mještanin townsman *(pl* townspeople); *iz istog mjesta* fellow-townsman

mlad young; ~**i krumpir** new potatoes *pl*

mlada bride

mlade|nački youthful;

~nci bride and bridegroom; newly-weds pl; ~ž young people, the youth

mladi|ca bot shoot; ~ć boy, young man

mlad|o young; imati ~e have young; ~olik youthful; ~ost youth; ~oženja bridegroom

mlak lukewarm (i fig)

mlatiti (žito) thresh; = tući

mlaz jet; ~ svjetlosti beam of light; ~ni avion jet plane

mliječ (riblji) milt; (matični) royal jelly; ~ni milk; ~ni proizvodi dairy products; ~na staza Milky Way

mlijeko milk; (kiselo) sour milk; (mlaćenica) butter-milk

mlin mill; mlinac za kavu coffee grinder; ~ar miller; ~ski kamen millstone

mlitav limp; (fizički) flabby; fig languid

mlohav flabby

mljaskati smack one's lips

mljekar milkman; (proizvođač) dairyman; ~a dairy; ~ica milkmaid; (muzilja) dairymaid; ~stvo dairy, milk-shop; (privreda) dairy farming;

dairy industry

mlje|ti grind; grubo (fino) ~ven rough (fine) ground

mnijenje opinion; javno ~ public opinion

mnog|i many; ~o a lot, a great deal

mnogo|brojan numerous; ~stran fig versatile

mnoštvo (large) crowd

množ|enje multiplication (i razmnožavanje); ~ina plural; ~iti (se) multiply

močiti wet; (namakati) soak

močvara swamp; ~n swampy

moć power, might; ~an powerful, mighty; ~i be able; n pl rel relics pl; mogu I can; ne mogu I cannot, I can't

mod|a fashion, vogue; po ~i fashionable

modar azure, (dark) blue

modelar model-maker; ~stvo model-making

moderan modern, up-to-date; (po modi) fashionable

modistica milliner

modni fashion

modrica bruise

modus way

moguć possible; ~nost possibility

moj my; mine; **~i** my family; **to je ~e** this is mine

mokar wet; damp

mokr|aća urine; **~aćni mjehur** bladder; **~enje** urination; **~iti** urinate

mol *mus* minor

molb|a request; *(jača)* imploration; *(pismena)* application; **podnijeti ~u** apply; **podnosilac ~e** applicant

molećiv pleading

moliti ask, beg, request; *(jače)* implore; *(boga)* pray; **~m!** *(nakon Hvala!)* Br not at all, Am you're welcome; **~m?** (beg your) pardon; **~ vas** please; **~ti se** pray

molitv|a prayer; **~enik** prayer-book

molo *mar* mole, pier

moljac (clothes-) moth; **izjeden od ~a** moth-eaten

moljakati importune

mom|ački bachelor; **~ak lad**; = **mladić**; *(neženja)* bachelor; **~čad** *sport* team; *(veslačka)* crew; **~čić** young lad

monah monk

monden *adj* fashionable; *n* playboy; jet-setter

mont|aža fitting, putting up, instalation; *(filmska)*

editing; **~ažni** prefabricated; **~er** fitter; **~irati** fit (on), put up, instal; edit

moped moped

mora nightmare

morati have to; **moram** I must

mor|e sea; **na ~u** at sea; *(ljetovanje)* at the seaside; **~eplovac** seafarer

mornar sailor; **~ica** *ratna* navy; *trgovačka* merchant navy

morsk|i sea, maritime; **~a bolest** sea-sickness *(bolestan od nje* sea-sick); **~i pas** shark

moruna *riba* sturgeon

morž *zool* walrus

most bridge *(i kapetanski, zubarski)*; **viseći ~** suspension bridge

mostić foot-bridge

mostobran *mil* bridge-head

mošt must

motati wind (up); **~ se** hang about; meddle

motel motel

motika hoe; **kopati ~om** hoe

motka pole

motocikl motorcycle; **prikolica ~a** sidecar; **voziti se na ~u** ride a motocikl; **~ist** motor cyclist

motor engine; **električni** ~ (electric) motor; **vanjski** ~ *(za čamac)* outboard motor (engine); ~**ni čamac** motor-boat; *(s kabinom)* cruiser; ~**na pila** power saw

motriti watch, observe

mozaik mosaic

mozak brain; **mali** ~ cerebellum; **potres mozga** brain concussion

možda perhaps, maybe

moždina; **koštana** ~ bone marrow; **leđna** ~ spinal cord

mračan dark

mrak dark(ness)

mramor, ~**ni** marble

mrav ant; ~**injak** ant-hill

mraz frost; **ofuren od** ~**a** frost-bitten

mrcvariti mangle *(i fig)*, torture

mrena *med* cataract

mreškati (se) ripple

mreža net *(i sport)*; *(za tržnicu)* shopping bag, string bag; *(za ležanje)* hammock; **cestovna** ~ road network

mrežnica *(oka)* retina

mrgoditi se sulk, pout; frown, scowl

mrijest, ~**iti se** spawn

mrk frowning, sullen

mrkva carrot

mrlja, ~**ati** spot, stain; **masna** ~**a** grease spot; **očistiti** ~**u** remove a spot

mrmljati mumble; grumble, mutter

mrsko; ~ **mi je** I hate to...

mršaviti lose weight; ~**v** thin, *coll* skinny; *fig* meagre

mrt|av dead; ~**vi** the dead; ~**vac** dead man; ~**vačka glava** death's head, *(s kostima)* skull and cross bones; ~**vačka kola** hearse; ~**vačnica** mortuary, *(policijska)* morgue; ~**vilo** lethargy; ~**vorođen** still-born; ~**vorođenče** still-born child

mrvi|ca crumb; ~**ce** *cul* bread crumbs; ~**ti (se)** crumble

mrz|ak hateful; ~**iti** hate; ~**ovolja** surliness; ~**ovoljan** surly

mržnja hatred

mucati stutter, *(i fig)* stammer

mučan painful, embarrassing; very hard

muče|nik martyr; ~**nje** torture *(i fig)*

mučiti torture; *fig* torture, torment; ~ **se** suffer; = **gnjaviti se; muči nas**

glad we are suffering from hunger

mučn|ina nausea; **∼o mi je** I feel sick

mućkati shake

mud|ar wise; **∼rac** wise man; **∼rijaš** wiseacre; **∼rolija** smart stuff; **∼rost** wisdom; **∼rovati** speculate

mudo anat testicle

muha fly; (boks) fly weight

muka torture, torment; fig drudgery, nuisance; **staviti na ∼e** (put to the) torture

mukao hollow, dull

mukati low, moo

muktaš sponger, parasite

mulj silt, ooze; mud

mumija mummy

mumljati mumble

municija ammunition

munj|a lightning; **∼evit** quick as lightning; **∼e-vito** with lightning speed

Musliman, **ʒ ski** Moslem, Muslim

musti milk (i fig)

mušica midge; = **hir**

mušk|arac man, male; **∼i** male, masculine; **∼obanja** tomboy

mušterija customer

mut|an turbid, muddy; fig vague; **∼iti** trouble

mutav tongue-tied (i fig)

mutiranje cracking of the voice

muzara milch-cow

muzi|cirati play, perform; **∼čar** musician; **∼kalije** musical supplies pl

muž husband; **∼evan** manly, virile; **∼evnost** virility; **∼jak** male

N

na on; at; **∼ koncertu** at the concert; **dvaput na dan** twice a day; **∼ metre** by the metre; **∼ to** after this; to that

nabaciti throw in; suggest

nabasati run into

nabav|a purchase, acquisition; supply; **∼ljač**

supplier; buyer; **∼ljati** purchase, acquire; supply

nabiti tamp, ram; (oružje) load; el charge; (koljeno) hit, hurt, bruise

nabor fold; **∼ati (se)** wrinkle

nabosti spear; **∼ se prick** oneself

nabra|janje listing; **∼-**

jati list; ~**ti (se)** fold; wrinkle; shrink

nabreknuti swell

nabujati swell; *rijeka, tijesto* rise

nabusit gruff; hot-tempered; surly

nacifran all dressed up

nacigan frilled; shirred

nacija nation; **Ujedinjene nacije** the United Nations

nacional|an national; ~**ist** nationalist; ~**izacija** nationalization; ~**izirati** nationalize

nacrt plan, design; drawing; *(dokumenta)* draft; *(tekst)* draft; ~ **ugovora** draft contract; ~ **zakona** bill

načelnik (department) head; = **gradonačelnik**

načelo = **princip**

načeti cut into; *(i fig)* broach

način way, manner; **na taj** ~ in this way; ~**iti** make; do; commit

načitan well-read

načuti hear; get wind of

naći find; ~ **se** meet; find oneself; ~ **se pred** be faced with

naćuliti uši prick up one's ears *(i fig)*

nad above, over

nada hope; *(izgled)* pros-

pect; ~**ti se** hope

nadahnu|će inspiration; ~**ti** inspire

nadalje further

nadaren gifted, talented

nadasve above all; first of all

nadbiskup archbishop

nadčovje|čan superhuman; ~**k** superman

nadglasati outvote

nadgledati inspect, control, supervise

nadglednik overseer; foreman; inspector

nadgrobni spomenik tombstone

nadimak nickname; *(od milja)* pet name

nadira|nje advance, invasion, penetration; ~**ti** advance, invade, penetrate

nadje|nuti *cul* stuff; ~**v** *cul* stuffing

nadlaktica upper arm

nadlež|an competent; ~**nost** competence

nadmašiti surpass; excel

nadmetati se compete; *(na dražbi)* (out)bid; **javno** ~**nje** invitation of tenders; bidding

nadmoć|an superior; ~**nost** superiority

nadmudri|ti outwit; ~**vati se** quibble

nadnaravan supernatural

nadni|ca (day's) wage;
~čar labourer

nadobudan promising;
ambitious; naive

nadoći rise

nadograd|iti add a wing
(storey etc.); **~nja** wing;
addition

nadoknada compensation

nadovezati tie on; add

nadraž|aj stimulus; irritation; **~iti** chafe, irritate

nadreali|st, **~stički** surrealist; **~zam** surrealism

nadstojnik caretaker

nadu|t bloated, inflated;
fig arrogant; **~ti** inflate,
bloat; **~ti se** become
bloated; **~ost** *med* flatulence; *fig* arrogance

nadvikivati se try to
outshout one another

nadvisiti surpass in
height, be higher

nadvladati overcome

nadvožnjak overpass

nadzirati inspect, control,
supervise

nadzor inspection, control, supervision; **~ni**
supervisory; **~nik** supervisor, inspector

nadživjeti outlive

naft|a petroleum, *coll* oil;
~alin naphthalene,
mothballs *pl*; **~ovod** oil
pipeline

nag naked, nude; bare

nagada|nje guesswork;
~ti guess

nagao sudden; rash; *narav*
short-tempered

nagaziti step on

nagi|b inclination; **~njati** incline; = **nagnuti**

naglas|ak stress; *strani
accent*; **~iti** stress (*i fig*)

naglavce head foremost;
fig headlong; upside
down; **skočiti ~** dive

naglo rashly; **~st** rashness; hot temper

nagluh hard of hearing

nagnut inclined, tilted;
~i incline, tilt; **~i (se)**
incline, tilt; lean over

nagod|ba settlement,
agreement; **~iti se** come
to terms, reach an agreement

nagomila(va)ti (se) accumulate

nagon instinct; impulse;
po ~u instinctively

nagovarati persuade;
urge

nagovijestiti announce;
hint (at); herald

nagovještaj announcement; hint

nagovor persuasion; address; **~iti** persuade;
osloviti address

nagrad|a a reward; (*novčana*) prize; **~iti** reward;

~ni natječaj prize competition

nagrditi make ugly

nagrizati *chem* corrode

nagrnuti crowd into; rush forward

nahoče foundling

nahraniti feed

nahuškati egg on, urge

naići na come accross

naime that is to say; namely

naivan simple-minded, ingenuous; naïve

naivčina *sl* sucker

naizmjence by turns

najam rent; hire; ~**nina** rent(al)

najaviti announce; ~ **se** announce one's visit

najbolj|e best; **sve** ~ **e** best wishes; ~**i** the best

najdalje farthest, furthest

najdraži dearest; favourite

najednom suddenly, at once

najesti se eat one's fill; have enough

najezda invasion

naježiti se get goose-pimples (goose-flesh)

najgor|e worst; ~**i** the worst; ~**nji** the uppermost, the topmost

najkasnije worst; ~ **za tjedan** in a week at the latest

najlon nylon; ~**ke** ny-

lons *pl*

najmanje the least; **at the least**; **ni** ~ not at all

najmiti take on lease; hire, rent

najmodavac lessor

najmoprimac lessee

najniži bottom(most), lowest

najnoviji the latest

najprije first

najradije bih I should like best to

najuriti throw out

najviše most; ~ **sat** one hour at the most

na̍kaz|a monster; freak; ~**an** monstrous; deformed; ~**nost** monstrosity; deformity

nakit jewellery

naklad|a|; u ~**i** published by; ~**nik** publisher

naklapati gossip, tattle

naklon bow; ~**ost** favour; inclination

naknad|a compensation; ~**a štete** indemnity, damages *pl*; ~**iti** compensate, make up for

na̍knadno subsequently, later on

nakon after

nakostriješiti se bristle up

nakovanj anvil

nakrcati load; pack

nakr|enuti, ~**iviti** tilt, cock, set awry

nakup|ac buyer; **∼iti (se)** accummulate, amass

nakupovati buy

nalaz finding; **∼ište** ugljena coal deposit; coal field; **∼iti se** be situated; **∼nik** finder

nalegnuti lean heavily against

nalet onrush; **∼jeti** crash into

naličje reverse (side)

nalijepiti stick on

naliti pour

nalivpero fountain pen

nalo|g, ∼žiti order, decree

naljepnica sticker

nama (to) us

namet rate; **∼nuti** impose; **∼nuti se** intrude; *pitanje* arise; **∼ljiv** intrusive; **∼ljivac** intruder; busybody; **∼nik** parasite

namignuti wink (at)

namijeniti design, intend; set apart

namirisati (se) perfume (oneself)

namiriti settle

namirnice provisions *pl*

namjena purpose

namjer|a intention; **∼avati** intend; **∼no** on purpose

namjestiti set; fix, mount; *(sobu)* furnish; *(zaposliti)*

employ; **∼ se** take a job

namješt|aj furniture; **∼en** employed; = usiljen; sve je to **∼eno** *fig* it's all rigged; **∼enik** employee; **∼enje** employment, job

namočiti dip, wet; soak

namotati wind up

namrgoditi se frown

namrštiti se frown

nanijeti deposit; wash ashore; *(na kartu)* plot

naniže downward(s)

nanos deposit, drift

nanula wooden-soled sandal

nanjušiti smell; *fig* find out

naoblač|en overcast, cloudy; **∼iti se** become overcast (cloudy)

naobra|zba education; schooling; **∼ziti se** educate; **∼žen** educated

naočale glasses *pl*, spectacles *pl*; *za sunce* sun glasses; *(zaštitne)* goggles

naočarka *zool* cobra

naočigled svih in sight of everybody

naoko seemingly

naokolo around; **svuda ∼** all around

naopak(o) upside-down; reverse(ly); wrong; inside-out

naoruža|n armed; **∼nje**

weapons *pl*; armament; ~ti (se) arm

napad attack; *(zračni)* (air) raid; ~ač attacker; aggressor; ~aj *med* attack, seizure; ~an striking, conspicuous; ~ati attack

napakostiti spite

napamet by heart

napast temptation; **dovesti u** ~ tempt; ~ovati molest

napasti attack

napatiti se suffer much

naperiti aim (at)

napet tight; *(puška)* cocked; *(film)* gripping; *(živci)* tense; ~i make tight, tigten; cock; tense; ~i se become tight, become tense; ~o intently; ~ost tightness; tension, suspense

napipati touch; find by groping

napisati write

napit|ak drink; ~i se drink one's fill; get drunk

naplakati se cry one's heart out

naplat|a charge; collection; ~iti charge; collect

napoj (i *fig*) slops *pl*

napoj|iti *(stoku)* water; ~nica tip

napokon finally

napola half

napomen|a, ~uti remark, note

napon *el* tension; **visoki** ~ high tension

napor effort; ~an strenuous, gruelling, exhausting

naprasan *smrt* sudden

naprasit short-tempered, hot-headed

naprašiti powder

naprava device, contraption; = **sprava**

napraviti do, make, commit

naprečac off-hand; at once

napred|ak progress; growth, development; ~an progressive; ~ovanje progress; *mil* advance; *(u službi)* promotion; ~ovati make progress, get on; grow, develop; *mil* advance; *(u službi)* be promoted; *(u rastu)* thrive

naprezati exert, strain; ~ se exert oneself, make efforts, struggle

naprijed forward, ahead; ~! come in!

naprotiv on the contrary

naprstak thimble

napršnjak *(dječji)* bib; *(za jelo)* feeder

naprt|iti burden with

shoulder; **~njača** knap-
sack
napuhati inflate
napuk|ao cracked; **~lina,**
~nuti crack
napumpati pump up
napuniti fill (up); stuff
napu|stiti abandon, give
up, withdraw (from);
~štanje abandonement,
withdrawal
naramenice pl Br braces
pl, Am suspenders pl
naranča, ~st orange
nara|sti grow (up); **~štaj**
generation
narav nature; **u ~i** in
kind; **~an** natural; **~no**
of course
narcisa bot daffodil
nared|ba, ~iti order;
decree; **~nik** sergeant
narezak; hladni ~ cold
meats pl, cold cuts pl
narječje dialect
narko|man drug addict;
~manija drug addic-
tion; **~tizirati** narcotize
naročit special; **~o**
specially
narod people, nation;
~an national; **~ne pje-**
sme folk songs; country
songs; **~nost** nationality
naručaj armful; = **zagr-**
ljaj
naru|čen on order, order-
ed; **~čiti** order; (portre)

commission; **~džba**
order; commission;
otkazati ~džbu cancel
an order; **~džbenica**
order form
narukvica bracelet
narušiti disturb
nas us
nasadi pl floral displays
pl, gardens pl, beds pl;
~ti (kokoš) set; (alat)
helve
nasamariti fool, cheat,
deceive; **~ se** miscalcu-
late, overreach oneself,
be duped
nasamo in private; **go-**
voriti ~ have a word in
private
nase|liti (se) settle; **gusto**
~ljen densely populated;
~lje settlement; (stam-
beno) housing estate,
housing development;
~ljenik settler
nasi|lan violent; **~lnik**
bully; **~lno** by force;
violently; **~lje** violen-
ce
nasip dike, (i rlw) em-
bankment
nasititi se eat enough,
fill one's stomach
nasjesti be duped, take
the bait
naslada, ~đivati se de-
light, relish, thrill (to)
naslaga layer

naslijediti inherit, *(nekoga)* succeed

naslikati paint

naslon back; support; **~niti (se)** lean against; **~njač** arm-chair

naslov title, heading; *(novinski)* headline; **~na strana** title page

naslućivati have a presentiment; *(zlo)* forebode

naslijeđ|e hereditary (i *med)*, inheritable; **~nica** heiress; **~nik** heir, inheritor; *(prijestolja, dužnosti)* successor; **~stvo** inheritance; **ostaviti u ~stvo** leave by will; *fig* bequeathe

nasmij|ati make one laugh; **~ se** laugh; **~ešiti se** smile

nasred in the middle of

nasr|nuti rush (at); **~taj** onrush; **~tljiv** aggressive

nastamba quarters *pl*

nasta|niti accommodate, put up; **~niti se** find quarters; settle; **~njen** occupied; populated; **~njen u** resident of

nasta|ti begin, originate; come, fall, set in; **~nak** beginnings *pl*, origin, rise

nastav|a instruction, teaching; **sutra nema ~e** there are no classes tomorrow

nastav|ak continuation; *(prekinutog)* resumption; *(romana)* instalment; *(produžetak)* extension; *gram* ending, suffix; **~iti** go on, continue carry on, resume; **~it će se** to be continued

nastavn|ik teacher, instructor, tutor; **~o o-soblje** teaching staff

nastoja|nje endeavour *(Am* -vor), effort; **~ti** endeavour, make efforts, try

nastradati have (meet with) an accident

nastran eccentric, peculiar, odd; deviating; **~ost** eccentricity, oddity; deviation

nastup appearance; *(držanje)* bearing, poise; **~ službe** taking up a post; **~ati** appear; bear oneself, come on; take up; *mil* advance; *(noć, razdoblje)* set in

nasukati (se) run aground *i fig* strand

nasumce at random

nasuprot opposite

nasuti lay, cover; fill up *(holes)*

naš our, ours; **~i** our

group; our people; our troups; **to je** ~**e** this is ours

naširoko far and wide; = **opširno**

naškoditi harm, damage, injure; cause (do) harm

nat *(čarapa)* seam; **čarape bez ~a** seamless stockings

nataknuti put on; stick (on); pierce (with)

natalitet birth rate

natapa|nje impregnation; = **navodnjavanje, namakanje;** ~**ti** irrigate

natašte on an empty stomach

nate|čen swollen; ~**ći** swell

nategnuti tighten; *fig* stretch

natenane leisurely; in great detail

natezati se romp, scuffle; *fig* wrangle

natikača mule, scuff

natjeca|nje competition; *sport* contest, event; ~**telj** competitor; contestant; *(za namještenje)* applicant; *com* tenderer; ~**ti se** compete; apply (for a job); *com* tender (for a contract)

natječaj competition; = **nadmetanje; nagradni ~** prize competition;

raspisuje se ~ za applications *(com tenders)* are invited for

natjerati compel, force; ~ **na smijeh** make one laugh

natmur|en sullen, gloomy; *(dan, nebo)* overcast; ~**iti se** become sullen (overcast)

natovariti load; pile high; *fig* burden with

natpis inscription; *(firma)* sign(board)

natprosječan above-the-average

natra|g back, backwards; ~**ške** backwards

natražnja|čki, ~k reactionary

natrij *chem* sodium

natrpati stuff, cram

natucati speak a little

natući = **nabiti**

natuknuti hint (at)

natura; u ~i in kind

nauč|an scientific; research; = **navikut;** ~**enjak** scholar, scientist, learned man; ~**ni rad** research work; ~**ni radnik** research worker; ~**iti** learn; *(drugoga)* teach, instruct; ~**nik** apprentice

nauk apprenticeship; ~**a** science

nauljiti oil

naušnica ear-ring; *(knipsa)* ear-clip

nava|la attack; *fig* crush, rush; **voda ~le** *sp* centre forward; **~ljivati** attack, urge, pester

navečer in the evening; **danas ~** tonight; **sutra ~** tomorrow night

navesti induce, make; list, specify; quote

navija|č *sp* supporter; **~ti** wind (up); *sp* root for, support

navijestiti announce

navik|a habit; custom; **~nuti** accustom; **~nuti se** become accustomed to, get used to **~kao** used to, accustomed (of)

naviše upwards (of)

navlaka cover

navod allegation, statement; quotation; **~iti** quote, state **~ni** alleged; reputed; **~nici** quotation marks; **~no** allegedly; reputedly

navodnjava|nje irrigation; **~ti** irrigate

navođenje inducement; quotation

navoj *el* coil

navorati (se) wrinkle

navratiti drop in, look in

navrat time, occasion; **~ nanos** helter-skelter; **u više ~a** several times

navršiti: ~la je 18 god. she is turned 18

navući pull on, slip over; *fig* incur; *med* catch

nazad|ak, ~ovati decline; **~an** backward; reactionary

nazdrav|iti toast; drink to one's health; **~lje!** here's to you!

nazepsti catch a chill (cold)

naziv name; term; **~ati** name, call, denominate, **~nik** *math* denominator

naznačiti mark, denote

nazoč|an present; **~nost** presence

nazor idea, view, opinion

nazovi would-be, pseudo-

nazvati call, name, term; *(telefonski)* call, ring up

nažalost unfortunately

nažderati se cram oneself

nažuljati make sore, chafe; **~ se** get sores, get blisters

ne no; not; **~ mići se** don't move

neafirmiran unestablished

neaktivan inactive

neartikularan inarticulate

nebes|a heavens *(pl)*; **~ki** heavenly

nebitan unessential

nebo sky; *rel* heaven; **pod vedrim ~m** in the open, open-air, out-door(s);

~der sky-scraper
nebriga lack of care
nebrojen countless
nečastan dishonourable
nečiji someone's
nečist dirty; impure; filthy; ~**oća** dirtiness; impurity; filth
nečitljiv illegible
nečovječan inhuman
nečujan inaudible
nečuven unheard-of, extraordinary
nećak nephew; ~**inja** niece
nećka|nje reluctance; ~**ti se** be reluctant
nedaća set back, adversity, misfortune
nedaleko nearby; ~ **od** not far from
nedarovit untalented
nedav|an recent; ~**no** not long ago; recently
nedisciplina indiscipline
nedjelo misdeed, crime
nedjelj|a Sunday; weekend; week; **dvaput** ~**no** twice a week; ~**om** on Sundays
nedjeljiv indivisible
nedobronamjeran malevolent
nedogledan immense, boundless
nedokučiv *fig* inscrutable, inconceivable
nedolazak failure to come, absence
nedoličan unseemly, indecent
nedonošče abortive child; *fig* understatement
nedopu|stiv inadmissible; ~**šten** prohibited, forbidden
nedorađen lacking finish, unfinished
nedorastao immature
nedorečen under-stated; ~**ost** understatement
nedosljed|an inconsistent; ~**nost** inconsistency
nedosta|jati lack; ~**tak** lack; shortcoming, drawback, defect; **u** ~**tku** for want of
nedostatan insufficient, inadequate
nedostižan unattainable, out of reach; matchless
nedostojan unworthy
nedotjeran badly groomed; unfinished
nedoumica dilemma
nedovoljan insufficient, inadequate
nedovršen unfinished, incomplete
nedozreo immature; unripe
nedozvoljen forbidden, prohibited
nedruštven unsociable
nedužan innocent, guiltless

nedvojben certain, beyond doubt

nega|cija negation; **~tivan** negative

negdje somewhere

negirati negate, negative, reject

nego than; **tko ~ ti?** who but you?

negodova|nje disapproval (of), displeasure (at); **~ti** express one's disapproval

negostoljubiv inhospitable

nehaj indolence, indifference, lack of interest

nehoti|ce by accident; **~čan** unintentional

neimaština want, poverty

neimenovan unnamed

neiscrpan inexhaustible

neishranjen undernourished; **~ost** malnutrition

neiskorišten unused

neiskorjenjiv ineradicable

neiskren insincere, false

neiskusan inexperienced

neispavan in need of sleep

neisplaćen unpaid

neисправ|an faulty, out of order; false, incorrect; improper; **~nost** fault, malfunction

neispunjen unfulfilled; unfilled; blank, unused

neistin|a untruth; **~it** untrue

neistražen unexplored, uninvestigated

neizbjež|an inevitable; **~nost** inevitability

neizbrisiv indelible

neizdržljiv lacking stamina; unbearable, intolerable

neizgrađen fig immature, undeveloped

neizlječiv incurable

neizmijenjen unchanged, unaltered

neizmjeran immense, infinite

neizostavno infallibly

neizgrađen rough, crude, unrefined

neizravan indirect

neizreciv unspeakable, unutterable

neizvediv impracticable, unfeasible

neizvjes|tan dubious, uncertain; **~nost** dubiousness, uncertainty; suspense

neizvježban untrained, unpracticed

nejasan not clear, indistinct; fig vague

nejednak unequal; uneven; **~ost** inequality

neka; ~ **uđu** let them come in

nekada formerly, long ago, in old days, once upon a time; ~**šnji** former; ancient

nekako somehow

nekamo somewhere

nekažnjen unpunished; ~**o** with impunity

neki a, some, a certain, any

neknjiževan non-standard

nekoliko a few, some, any, several

nekorektan incorrect

nekoristan useless

nekretnine real estate, immovable property

nekuda somewhere, anywhere

nekulturan uncultured

nekvalificiran unskilled, unqualified

nekvalitetan inferior

nelagod|an uneasy; ~**nost** uneasiness

nelogič|an illogical; ~**nost** lack of logic

nelojalan disloyal

neljubazan unkind

neljudski inhuman

neman monster

nemar indolence; ~**an** indolent

nem|ati lack; be without; ~**a vode** there is no water; ~**a na čemu** = **molim**

nemilosrdan merciless, pitiless

nemilost disfavour (*Am* -vor); **u** ~**i** out of favour

nemio deplorable

nemir unrest, restlessness; (*duševni*) anxiety; ~**i** riots; ~**an** restless; *fig* troubled

nemoć helplessness; infirmity; ~**an** helpless; feeble

nemoguć impossible

nemoj do not; don't

nemoral immorality; ~**an** immoral

nenadmašiv matchless

nenadoknadiv irretrievable

nenametljiv unobtrusive

nenamjeran unintentional

nenastanjen uninhabited

nenormalan abnormal

neobvezan not obligatory; (*šk. predmet*) *Br* optional, *Am* elective

neobič|an unusual; ~**no brz** remarkably (*ili* very) fast

neobjašnjiv inexplicable

neobljubljen unpopular, disliked

neoboriv irrefutable

neobrađen uncultivated, waste; crude

neobrazovan uneducated

neobuzdan unrestrained

neobziran inconsiderate

neočekivan unexpected

neodgojen ill-mannered, rude; ~ost bad manners

neodgovor|an irresponsible; ~nost irresponsibility

neodložan urgent, pressing

neodluč|an indecisive; ~an rezultat *sport* draw; igrati ~no *sport* draw; ~nost indecision

neodređen indefinite; vague

neodrživ untenable

neograničen unlimited; absolute

neokaljan spotless

neokretan awkward; unresourcefull

neokrnjen whole, intact

neonska reklama neon light

neopasan harmless; safe

neopažen unnoticed

neophodan indispensable

neopisiv indescribable

neopravdan unjustified

neopredijeljen uncommitted

neoprezan incautious

neoprostiv unpardonable, inexcusable

neorganski inorganic

neosiguran uninsured;

not secured

neosjet|an imperceptible; ~ljiv unfeeling; numb; ~ljivost lack of feeling; numbness

neoskvrnjen inviolate

neosnovan groundless

neosporan indisputable

neostvariv unrealizable, impracticable

neosvojiv unconquerable

neotesan boorish, churlish, ill-mannered

neotporan delicate; having low resistance

neotuđiv inalienable

neovlašten unauthorized

neozbilj|an not serious, frivolous; ~nost frivolity, levity

neoženjen single

neparan odd

nepatvoren genuine, true

nepažljiv inattentive; absent-minded; *(neobziran)* inconsiderate; ~ost inattention; absence of mind; lack of consideration

nepce palate

nepismen illiterate (i kao *n*); ~ost illiteracy

neplaćanje non-payment

neplodan fruitless

nepobitan irrefutable

nepobjediv invincible

nepodmitljiv incorruptible

nepodnosiv unbearable, intolerable

nepoduzet|an unenterprising; **~nost** lack of enterprise

nepogoda bad weather, storm; **~n** unsuitable

nepogrešiv infallible

nepokolebljiv unshakable, imperturbable

nepokoran insubordinate, disobedient

nepokretan motionless, still; fixed; *fig* unenterprising

nepomirljiv implacable

nepopravljiv irreparable; *(osoba)* incorrigible

nepopularan unpopular

nepopunjen unfilled, vacant; **~o radno mjesto** vacancy

nepopustljiv unyielding; inexorable; relentless

neposlu|h disobedience; **~šan** disobedient

neposredan direct, immediate

nepostojan inconstant

nepostojeći non-existing

nepošt|en dishonest; unfair; **~enje** dishonesty; **~ivanje** disrespect; disregard

nepotpun incomplete

nepotreban unnecessary

nepouzdan unreliable

nepovjer|enje distrust

~ljiv distrustful

nepovoljan unfavourable

nepovrediv inviolable

nepozna|t unknown; **~vanje** ignorance (of)

nepoželjan undesirable

nepraktičan unpractical

neprav|da injustice; **~edan** unjust

nepravilan irregular (i *gram*); incorrect

nepredviđen unforeseen

nepregledan immense, vast; *(tekst)* badly laid out

neprekidan continuous, incessant, uninterrupted, unbroken

neprelazan *gram* intransitive

neprestano continuously, incessantly

nepresušan ir exhaustible

nepretenciozan unpretentious

neprihvatljiv unacceptable

neprijatan unpleasant, disagreeable; embarassing

neprijatelj enemy; **~ski** hostile, unfriendly, enemy; **~stvo** hostility, enmity

neprijazan unkind, unfriendly

neprikladan unsuitable

neprilika trouble

neprimjetan unobservable, imperceptible

neprirodan unnatural; *(usiljen)* affected

nepristoj|an impolite; indecent, dirty; **~nost** impoliteness; indecency

nepristran impartial

nepristupačan inaccessible; *(osoba)* aloof

neprobojan bullet-proof; *fig* impenetrable

neprocjenjiv priceless; *fig* invaluable

neprohodan impassable, impenetrable, rugged

neprolazan (ever-)lasting, imperishable

neprometan quiet

nepromišljen thoughtless, rash

nepromjenljiv unchangeable, fixed

nepromočiv waterproof

nepropisan irregular, contrary to regulations

nepropustan air-tight, water-tight, hermetic

neprovediv impracticable

neproziran opaque, non-transparent

nepušač non-smoker; **kupe za ~e** non-smoking compartment

nerad idleness; **~o** unwillingly, reluctantly

neranjiv invulnerable

neraspolože|n in a bad mood; **~nje** bad mood

nerast boar

nerastopiv insoluble

neravan uneven

nerazborit unwise

nerazderiv tear-proof

nerazdvojan inseparable

nerazgovjetan unintelligible

nerazjašnjiv inexplicable

nerazoriv indestructible

nerazrješiv insoluble

nerazum|an unreasonable, not sensible; **~ijevanje** lack of understanding; **~ljiv** incomprehensible; unintelligible

nerazvijen undeveloped (i *photo*); **~e zemlje** underdeveloped countries; **~ost** underdevelopment

nerđajući rust-proof; **čelik** stainless steel

nerealan unrealistic

nered disorder; **~i** riots, rioting

neredovit irregular

nerentabilan unprofitable

nerješiv insoluble

nerodica crop failure

nerotkinja barren woman

nerv|čik high-strung person; **~irati** make nervous; annoy; **~oza** nervousness; **~ozan** nervous

nesagoriv incombustible

nesamostalan dependent

on others, lacking independence

nesanica *med* insomnia
nesavjestan unconscientious, perfunctory
nesavladiv unsurmountable; invincible
nesavršen imperfect; **~ost** imperfection
nesebič|an unselfish; **~nost** unselfishness
neseser dressing case
neshva|ćanje lack of understanding; **~ćen** misunderstood; unrecognized; **~tljiv** incomprehensible, inexplicable
nesiguran unsafe; unsteady; uncertain
nesklad disharmony; discrepancy; disproportion; **~an** disharmonious, discrepant; disproportionate
nesklon disinclined, reluctant
neskroman immodest
neslaganje disagreement
neslan unsalted, saltless
neslavan inglorious, infamous
nesloga discord
neslomljiv unbreakable
nesložan discordant
neslućen undreamt of, unsuspected
nesmiljen merciless
nesmisao absurdity
nesmotren = nepažljiv

nesnalažljiv unresourceful
nesnosan unbearable, intolerable
nesnošljiv intolerant
nesolidan unreliable; inferior
nespavanje lack of sleep; insomnia
nespojiv incompatible
nesporazum misunderstanding
nesposob|an incompetent; incapable; *mil* a reject; **proglasiti ~nim** *mil* reject
nespreman unready
nespretan clumsy
nesrazmjer disproportion; **~an** disproportionate
nesre|ća bad luck; unhappiness; **prometna ~ća** road accident; **~tan** unlucky; unhappy; **~ slučaj** accident; **~tnik** poor man, wretch
nesređen unsettled, unstable, unbalanced
nestalan inconstant, unstable, fluctuating
nesta|nak disappearance; **~ti** disappear; **~li** missing
nestaš|an playful; **~luk** prank
nestašica shortage
nesti lay eggs

nestrpljiv impatient; **∼ost** impatience

nestručan inexpert; unskilled; non-technical; **∼njak** non-expert, layman

nesuđen not destined

nesuglasica disagreement

nesumnjiv doubtless, undoubted

nesuvisao incoherent

nesuvremen old-fashioned

nesvijest unconsciousness, swoon; **u ∼i** unconscious; **∼an** unaware

neškodljiv harmless

neškolovan uneducated; untrained

nešto something

netaktičan tactless

netaknut untouched, intact

netko somebody, someone

neto com net

netočan incorrect, inaccurate

netolerantan intolerant

neubrojiv not sound of mind

neučtiv impolite

neudata single

neudoban uncomfortable

neuglađen unpolished, rough-mannered

neugledan plain, drab

neugodan unpleasant, disagreeable; embarassing;

imati ∼nosti have trouble; be embarrassed

neujednačen uneven

neuk uneducated, ignorant

neukrotiv untamable

neukus bad taste; **∼an** tasteless

neuljepšan plain, unvarnished

neuljudan impolite

neumijeće lack of skill

neumjeren immoderate

neumjes|tan, ∼no out of place: **∼nost** impropriety

neumoljiv inexorable, merciless

neumoran tireless, indefatigable

neumrli deathless; immortal

neuništiv indestructible

neunosan unprofitable

neupotrebljiv unserviceable, useless, unsuitable

neupućen uninitiated; uninformed

neuputan inadvisable

neuravnotežen unbalanced; **∼ost** lack of balance

neuredan untidy

neusiljen unaffected

neuslužan unobliging

neuspje|h failure; setback; **∼šan** unsuccessful

neusporediv incomparable

neustrašiv fearless

neutaživ unquenchable

neutješan disconsolate, broken-hearted

neutrt untrodden

neuvažavanje disregard

neuvidavan inconsiderate

nevažeći invalid

neveseo cheerless

nevezan (razgovor) informal

nevidljiv invisible

nevin innocent; virgin; proglasiti ~im jur acquit; ~ost innocence; (spolna) virginity

nevjeran unfaithful

nevjerojat|an incredible; ~no incredibly

nevjesta bride; (snaha) daughter-in-law; (bratova žena) sister-in-law

nevješt unskilled

nevolja trouble

nevrijeme bad weather; storm

nezaboravan unforgettable

nezadovolj|an dissatisfied, discontented; ~nik malcontent; ~stvo dissatisfaction, discontent

nezahval|an ungrateful; fig thankless; ~nost ingratitude

nezainteresiran not interested; ~ost lack of interest

nezakonit illegal; (dijete) illegitimate

nezamjenljiv irreplaceable

nezanimljiv uninteresting

nezapaljiv nonflammable, uninflammable

nezapamćen unprecedented

nezapažen unnoticed

nezaposlen unemployed, out of work; ~ost unemployment

nezasitan insatiable, greedy

nezavidan unenviable

nezavis|an independent; ~nost independence

nezbrinut unprovided (for)

nezdrav unhealthy

nezgoda accident; trouble; ~n inconvenient; embarrassing; (osoba) difficult; dovesti u ~n položaj embarrass

nezgrapan ungainly, awkward

nezna|lica ignorant person, ignoramus; ~nje ignorance

neznatan negligible, insignificant

nezreo unripe; fig immature

neženja bachelor

ni; ~ ... ~ neither ...

nor; ~ ti nisi došao you did not come either

ničice prostrate

ničij|i nobody's, no one's; (anybody's, any one's); ~a zemlja no man's land

nigdje nowhere (anywhere)

nijans|a shade, nuance; ~irati shade

nijedan none, (od dvojice) neither (any, either)

nijednom not once

nijeka|nje denial, mute; ~ti deny; negate

nijem dumb, mute; fig speechless, dumbfounded

Nijema|c German

nikada never (ever)

nikakav no, none, no one (any)

nikako not at all, in no way (at all, in any way)

nikamo, nikuda nowhere (anywhere)

niknuti spring up (i fig)

nilski konj zool hippopotamus, coll hippo

nimalo not a bit (a bit)

niotkuda from nowhere

nipošto = nikako

nisko low; (podlo) basely; ~st low height; baseness

nišan (puške) sight; target; ~iti (take) aim

ništa nothing (anything); ~ za to never mind

~rija good-for-nothing; scoundrel; ~van trifling

nit thread

nitko nobody, no one (anybody, any one)

nitkov scoundrel, villain

nivelirati level

niz row, series; ~ati produce in succession; (bisere) string (up); ~ati se follow each other

nizak low; (osoba) short; (podao) base, mean

nizbrd|ica (downward) slope; ~o downhill

nizina plain, lowlands pl Nizozemsk|a the Netherlands, Holland; ~i Dutch

nizvodno downstream no but; ~? well?

noć night; preko ~i overnight; ~u at night, by night; laku ~! good night!

noć|as this night; ~iti spend the night; ~ni čuvar night watchman; ~ni lokal night spot; night club; ~na košulja night shirt; ~na posuda chamber pot; ~ni ormarić bedside cabinet

noga leg; (stopalo) foot; (stola) leg; s krivim („o") ~ma bow-legged; s „o" ~ma knock-kneed

noga|ri trestle; tripod;

~vica trouser leg

nogomet football, *coll* soccer; ~aš footballer

noj ostrich

nokat (finger) nail

nokaut *sp* knock-out; ~irati *sp* knock out

norm|a norm; *(radna)* quota *(i fig)*; ~irati set quotas; standardize

nos nose

nosač *(prtljage)* porter; *tech* support; *archit* girder; ~ aviona aircraft carrier

nosi|la stretcher; ~lac bearer, *(nagrade)* holder; ~ti carry; *(odjeću)* wear; *tech* support; ~vost carrying capacity

nosorog *zool* rhinoceros

nošnja costume; narodna ~ folk costume

nota *mus pol* note

notes memo-pad

notoran notorious

nov new; *fig* novel; ~ ~cat brand new

novac money; kovani ~ coins

novajlija tiro (tyro), beginner, new hand (at)

novč|an monetary, financial; ~ana uputnica money order; ~anica (bank-)note, *Am* i bill; ~anik purse; wallet; ~ić (small) coin, *fig* penny

novela short story

novembar November

novin|ar journalist; ~arski journalistic; ~arstvo journalism; ~e newspaper, *coll* paper

novitet novelty

novogradnja newly-built house; house under construction; *Br* block of flats, *Am* apartment house

novoizabran newly elected

novorođenče new-born child

novost news *pl*; novelty

novotarija novelty, *derog* new-fangled thing

nozdrva nostril

nož knife; ubosti ~em stab, knife

nudi|st nudist, naturist; ~zam nudism

nuditi offer, bid

nukati encourage, urge

nuklearan nuclear

nula zero; ~e nobody; 10 ispod ~e ten below (zero); *sport* 2 : 0 two to nil

numerirati number

nusprostorije (usual) offices

nusproizvod by-product

nutkati press, urge

nuzzarada incidental earnings on the side

nuž|an necessary; ~da, ~nost necessity

NJ

njakati bray, hee-haw
njedra bosom, breast
njega nursing; care
njegov his; its
njegovat|elj(ica) nurse; **~i** nurse; look after; *fig* cultivate
Njem|ačka Germany; **ž ački** German; **~ica** German
njezin her, hers; **~i** her family; **to je ~o** this is hers
njež|an tender; delicate;

~nost tenderness; delicacy
njiha|lo *phys* pendulum; **~ljka** swing; **~ti (se)** swing, rock, sway
njihov their, theirs; **~i** their family; **to je ~o** this is theirs
njiva (cultivated) field
nju her
njuh sense of smell
njušiti smell, sniff
njuška muzzle, *coll* nose; **~lo** Nosy Parker; **~ti** *fig* nose (after, for)

O

o! oh!
o about
oaza oasis
oba both
obad gad-fly
obal|a (rijeke) bank; (mora) shore; **~ni** coastal
obamr|ijeti become numb, become lethargic; **~lost** numbness, lethargy
obao round; spherical
obara|č trigger; **~ti =** oboriti
obas|ipati, ~uti shower, heap, flood

obasjati light up
obavez|a obligation, engagement; **izvršiti ~u** meet one's obligation; **~an** obliged; **~ati** put under obligation; **~ati se** oblige oneself, commit oneself
obavijati wind round
obavijest information; **~iti** inform, notify, let know
obav|iti, ~ljati do, perform, carry out; see to
obavještaj|ac intelligence officer; **~na služba** in-

telligence service

obaz|irati, ~reti se take into consideration; look around; ne ~irati se na disregard; ~riv considerate

obdanište (day) nursery, kindergarten

obdukcija post mortem

obeća|nje promise; **održati (prekršiti)** ~ keep (break) a promise; ~(va)ti promise; fig show promise; **koji mnogo** ~**va** promising

obeshrabriti discourage

obezbjediti = **osigurati**

obeščastiti dishonour; (djevojku) ravish

običaj custom; = **navika**

običǀan ordinary, common; usual; ~**no** usually

obići = **obilaziti**

obijeliti whitewash

obijest wantonness; ~**an** wanton, spoilt

obilan abundant

obilaz|ak tour, round; ~**iti** go round; look up; make a tour of, tour; make one's rounds

obilovati abound (in)

obilje abundance

obilježiti mark; ~**je** mark, stamp

obim = **opseg, obujam**

obistiniti se = **ostvariti se**

obiti (bravu) pick

obitelj, ~**ski** family

objasniti explain

objašnj|avanje wrangle, scene; ~**avati se** wrangle, make a scene; ~**enje** explanation

objav|ljivanje announcement; proclamation; publication; release; ~**iti** announce; proclaim; (knjigu) publish; (podatke) release

obje both

objekt object (i gram); (građevina) facility, plant, building, project; (plovni) vessel, craft

objektiv opt objective; ~**an** objective; ~**nost** objectivity

objelodaniti make public, disclose

objeručke wholeheartedly, eagerly

objesiti hang (up); (čovjeka) hang; ~ **se** hang oneself

obla|čan cloudy, overcast; ~**k** cloud; olujni ~**k** storm cloud

oblast district

obletjeti fly round

oblijepiti paste over; plaster over; cover, coat

oblik shape, (i gram) form; **poprimiti** ~ take a

form; **~ovati** shape, form

oblin|a roundness

obliz(iv)ati lick; **~ se** *fig* lick one's chops

obližnji surrounding, neighbouring, nearby

oblo|g *med* compress; **staviti ~** apply a compress; **~ga** lining, coat, casing; **~žiti** coat, cover, overlay, line; face

oblutak pebble

objetnica anniversary

obljubljen popular; **~ost** popularity

obman|a delusion; **~uti** delude; **= prevariti**

obnov|a reconstruction; renewal, restoration, revival; **~iti** reconstruct; renew, restore; revive

oboa *mus* oboe, hautboy

obod *(šešira)* brim

obogatiti make rich; **~ se** become rich

obojak foot-rag, foot-cloth

oboj|e, ~ica both

obojen coloured; dyed; painted; stained

obolje|nje = bolest; ~ti become (fall) ill

obor *(ovčji)* (sheep) fold; *(konjski)* paddock; *(transportni)* cattle-pond

oborine *pl* precipitation

oboriti strike down; over-

turn; *(avion)* shoot down, bring down

obostran mutual, reciprocal

obožavat|elj admirer; worshipper; **~i** adore, worship

obožava|nje adoration, worship; admiration; **~telj** worshipper; admirer, fan; **~ti** adore, worship; admire

obračun showdown; *com* settlement; **~ati** calculate; settle; *fig* settle accounts with

obraće|nje *rel* conversion; **~nik** *rel* convert

obrad|a processing; *(teme)* treatment; *(zemlje)* cultivation, tillage; **~iva zemlja** arable land; **~iti** process; treat; cultivate, till

obradovati delight, make happy, please

obramben defensive

obran|a defence *(Am* defense); **~iti** defend (successfully); **= braniti;** **~iti naslov prvaka** *sport* retain championship

obrasti overgrow; be overgrown

obrat|an reverse; contrary; **~no** reversely, the other way round; contrary; **i ~no** and vice versa

obrati *(mlijeko)* skim; *(voćku)* pick

obratiti *rel* convert; **~ se** contact, apply to; *rel* become a convert

obratnik *geog* tropic

obraz cheek; *fig* good name, honour

obrazac form

obrazložiti argument, motivate; explain

obrazova|n educated; **~-nost** education; **~ti** educate; form

obred, **~ni** ritual

obrez|ati trim; *rel* circumcise; **~ivanje** *rel* circumcision

obrijan shaved

obris outline, contour

obrisati = brisati

obrlatiti bring around; get around one

obrnut = obratan; **~i** reverse; *(naglavce)* turn upside-down

obrok meal; **= rata**

obronak hill-side, slope

obrt handicraft; **umjetni ~** applied art; **~nica** trade licence; **~nik** craftsman, artisan

obrub = porub

obruč ring; *(dječji, bačvarski)* hoop; *mil* encirclement, pocket

obrva eyebrow

obučavati train

obučen dressed; trained

obuć|a footwear; **~i (se)** dress

obuhvaćati include, cover

obuj|am circumference; **~miti** clasp, encircle

obuka training

obustav|a suspension; discontinuance; **~iti** suspend; discontinue

obuv|ati se put *(ili* pull) on shoes; **~en** with one's shoes on, in one's shoes

obuzdava|nje restraint, control, curb; **~ti** restrain, (keep under) control, curb; subdue; **~ti se** restrain oneself

obuzeti seize, overcome; *(zaokupiti)* absorb

obveznica *com* bond, obligation

obzir regard, consideration; **~om na** in view of; **bez ~a na** regardless of; **uzeti u ~** take into consideration *(ili* account); make allowances for; **~an** considerate

ocari|niti clear (through the customs); impose *(ili* collect) duty on; **~njenje** (customs-) clearance

ocat vinegar; **vinski ~** wine vinegar

ocijeniti evaluate, assess; *(daka)* mark, grade

ocjena evaluation, assessment; mark, grade

ocrniti defame

ocrta(va)ti outline

ocva|o *bot i fig* run *(ili* gone) to seed; *fig* past its prime; *(žena)* passée, faded; **~sti** run *(ili* go) to seed; be past its prime; *(žena)* fade

očaj, ~avati despair; **~an** desperate

očarati fascinate, enchant, thrill

očekiva|nje expectation; **~ti** expect

očenaš Our Father, Lord's Prayer

očetkati brush (off)

očevida|c eye-witness; **~n = očit**

oči *pl* eyes; **podići ~** raise one's eyes; **oboriti ~** lower *(ili* cast down) one's eyes; **upada u ~** it is noticeable

očica *(na čarapi)* Br ladder, Am run

očigled: **meni na ~** in my sight; **~an = očit**

očijukati ogle (one), make eyes (at)

očins|ki fatherly; **~tvo** paternity

očistiti = čistiti

očit evident, obvious;

~ovati se manifest itself

očnjak canine tooth, eye-tooth

očuh step-father

očuvati = sačuvati

od of; from; **brži ~ mene** quicker than me; **~ danas** from today; **~ 1950** since 1950; **~...do** from... to; **roman of Faulknera** novel by Faulkner

odab(i)rati select, pick out, choose

odahnuti = odlanuti

odakle from where(?); **~ste?** where are you from? **~znate?** how do you know?

odan devoted, loyal; **~ost** devotion, loyalty

odande from there

odapeti squeeze off; *(strijelu)* let fly, shoot

odar; ležati na odru lie in state

odasvud from everywhere, from all sides, *coll* from all over (the place)

odašiljač *(radio)* transmitter

odatle from there

oda|vanje disclosure; betrayal; **~(va)ti tajnu** disclose; *(osobu)* betray; *(umor)* indicate, reveal; **~ti se** betray oneself, *coll* give oneself away

odavde from here

odavna (for) a long time

odaz(i)vati se call back; *fig* respond to

odbaci|ti throw off; *fig* discard, reject; (*optužbu*) repudiate, deny; (*glasanjem*) defeat; **~vanje** rejection; repudiation, denial

odbi|janje refusal, rejection; *math* subtraction; deduction; **~(ja)ti** refuse; turn down; (*prijedlog*) reject, discard; *math* subtract; (*od iznosa*) deduct, take off; (*napad*) repel, beat off; (*svijetlost*) reflect; **~(ja)ti se** lopta rebound, bounce off; (*svijetlost*) reflect

odbitak deduction; **uz ~** deducting

odbojan repulsive

odbojka *sp* volley-ball

odbor committee; **upravni ~** managing board, managing committee; **~nik** committeeman

odbrusiti snap back

odcijep|iti se split off, secede; **~ljenje** split, secession

odčepiti uncork, unstopper

oderati (*kožu*) skin

odgađanje = odgoda

odgod|a delay, postpone-

ment; *mil* deferment; **~iti** put off, delay, postpone

odgoj upbringing; **bez ~a** bad-mannered; **~itelj** (youth) councellor; kindergarten teacher; **~iti** bring up

odgonetnuti decipher, solve

odgovara|jući suitable, adequate; corresponding; **~ti** suit; be adequate; be responsible; = **odgovoriti**

odgovor|(iti) answer, reply; = **odvratiti**; **~an** responsible; **~nost** responsibility

odgristi bite off

odgurnuti push away

odigrati se take place

odijeliti = odvojiti

odijelo (*muško*) suit; (*odjeća*) clothes *pl*

odio department; division, section

odjaviti check out

odjeća clothes *pl*

odjednom suddenly; all at once, at one go

odjedriti sail away

odjek echo, *fig* repercussion; **~nuti** echo, reverberate

odjel = odio

odjuriti rush away

odlagati = odgoditi, odložiti

odlanuti be (*ili* feel) relieved

odlaz|ak departure; **~iti** go away; **~i!** go away!

odlediti defrost

odletjeti fly away

odležati be bedridden; spend

odličan excellent

odlijepiti unstick; pull off

odlik|a distinction, characteristic; **~aš** top-pupil, straight A scholar; **~ovanje** medal; **~ovati** decorate, give a medal; **~ovati se** distinguish oneself

odliti pour off; (*u kalupu*) cast

odlom|ak fragment; (*teksta*) paragraph; **~iti** break off

odložiti = odgoditi; put down; lay aside

odluč|an determined, resolute; **~iti (se)** decide, make up one's mind; **~nost** determination, resolution

odluka decision; (*sudska*) verdict

odlutati wander away

odljev (*za vodu*) sink; (*odljevak*) cast(ing)

odljutiti se cool down

odmah at once, immediately, straight away

odmaknuti (se) move away, move over, shift

odmamiti lure away; head off

odmara|lište (*dom*) holiday home, rest home; (*mjesto*) health resort; **~ti** rest; **~ti se** (take) rest

odmazda retaliation, reprisal

odmet; nije na ~ it can't hurt; **~nik** outlaw; rebel; **~nuti se** become an outlaw; rebel against

odmicati get away; (*vrijeme*) pass; **= odmaknuti**

odmjer|en *fig* deliberate, measured; **~iti** measure; (*pogledom*) look one up and down, give one a mean look

odmoći harm

odmor rest; relaxation; (*pauza*) break; **~an** rested; **~iti** rest; **dobro se ~iti** have a good rest

odmotati unwrap

odmrznuti (se) thaw off

odnekle from somewhere

odnijeti carry away, take away

odnos relation; connection; **~an** in question, particular; **~iti se** apply (to); concern; treat; **~no** or; respectively

odnošaj (sexual) intercourse

odobrava|nje approval; acclamation; **~ti** approve; acclaim; **ne ~ti** disapprove

odobrenje permission; approval

odobriti approve; authorize; grant

odojak suckling pig

odoljeti resist

odostraga from behind

odoz|do from below; **~go** from above

odračunati deduct

odraditi work off

odrast|ao grown up, adult; **~i** grow up

odraz reflection; **~iti** reflect; **~iti se (od)** reflect from; (na) effect, show in

odreći se give up, renounce; resign (from)

odred mil detachment, force

odredba decree, order; (ugovora) provision

odredi|šte destination; **~ti** determine, lay down; fix; assign

određen definite; particular; certain

odreknuće renunciation

odrešenje discharge, acquittal

odreza|k (mesa) steak; (novinski) cutting; **~ti** cut off (i fig)

odricanje renunciation; sacrifice

odriješiti untie; acquit

odrješit bluff

odrod renegade

odron land-slide; **~iti se** slide down, come down

odrpan tattered

odrubiti: **~ glavu** behead one

održa|nje = opstanak; **~vanje** maintenance, upkeep; care; servicing; observance; **~ti** (riječ) keep; (sastanak) hold; **~vati** maintain, keep up; care for; service; observe; **~(va)ti se** hold one's own; survive; take place, be held

odsada from now on

odseliti se move (away), go to live (in)

odsjaj reflection

odsjeći cut off (i fig)

odsjek department; section

odsjesti put up (at), stay (at)

odsjev reflection

odskoč|iti jump back, jump aside; rebound; fig stand out; **~na daska** sp spring-board; fig stepping-stone

odslužiti serve (one's term, one's time)

odspavati (have some) sleep

odstojanje = **daljina, razmak**

odstra|niti remove, clear; get out of the way; **~niti se** withdraw; **~njenje** removal

odstup|anje surrender; skretanje departure; *mil* retreat; **~ati, ~iti** give up, surrender; depart (from); *mil* retreat; **~nina** compensation; (*za stan*) key money

odsukati refloat

odsustvo *mil* leave; **~vati** be absent

odsut|an absent; **~an duhom** absent-minded; **~nost** absence

odsvirati play; finish playing

odsvuda from everywhere

odšarafiti unscrew; **~ se** come loose, come off

odšetati stroll away; **~do** go for a walk to

odškrinuti leave ajar

odštet|a compensation; *jur* damages *pl*; **~iti** compensate

odšuljati se sneak away

odšutjeti hold one's tongue

odučiti = **odviknuti**

odudarati contrast (with), clash (with)

odugovlačiti hesitate, delay

oduljiti se linger, drag on

odumirati wither away; die out

oduprijeti se resist

oduran = **odvratan**

odustati give up, withdraw, decide against

odušak outlet, vent

oduševN|iti make enthusiastic; enrapture; **~ljenje** enthusiasm; rapture; **~ljen** enthusiastic

oduvijek always; from times immemorial

oduz|et paralyzed; **~eti** take away; strip off; *math* subtract; **~imanje** subtraction

odužiti se repay; = **oduljiti se**

odvagnuti weigh (*i fig*)

odvajanje separation; removal; (*sredstava*) appropriation

odvaliti pry loose, prize off; (*svršiti*) get it over with

odvažN|an daring; **~iti se** dare; take courage; take one's chance; **~nost** daring

odverglati rattle off

odvesti take (to); take away; transport, remove; *(autom)* drive, give one a lift; ~ **se** drive (to), ride (to); drive away

odvezati untie, undo; ~ **se** get untied

odvija|č screw-driver; ~**ti** unwind, unroll; reel off; unscrew; ~**ti se** run, take place, be in progress

odviknuti break one of a habit; ~ **se** lose a habit; give up

odviše too much

odvod, ~**đenje** disposal, removal; discharge; drainage; ~**diti** = odvesti; ~**dnjavanje** drainage

odvoj|ak branching place; *rlw* siding; ~**iti** separate; remove; *(sredstva)* appropriate

odvoz transport; removal; ~**iti** transport, remove

odvraćanje dissuasion, discouragement

odvrat|an disgusting, repulsive; ~**ti** dissuade, discourage, warn against, talk out of; ~**nost** disgust

odvrnuti turn off; unscrew

odvući draw away, drag off; ~ **se** drag oneself off

odzdraviti greet in return

odzvanjati reverberate

ofuriti scald; ~ **se** get scalded

ogavan = odvratan

ogladnjeti become hungry

oglas notice; *(novinski)* advertisement, coll ad; ~**na ploča** bulletin-board, notice-board; ~**ni zavod** advertising agency; **mali** ~**nik** classified advertisements; ~**iti** announce; advertise

oglav (horse) collar

ogled inspection; trial; **poslati na** ~ send on approval

ogleda|lo mirror, looking-glass; ~**ti se** look round; be mirrored (in); *fig* be reflected (in); come to grips (with)

ogledni experimental; model

ogluha *jur* default; **iz** ~**e** by default

oglušiti become deaf; ~ **se na** turn a deaf ear to

ognjište fire-place

ogoliti lay bare

ogoljeti become bare

ogorč|en (em)bitter(ed)

~enje bitterness; ~iti embitter

ogovara|nje backbiting; (trač) gossip; ~ti backbite; gossip

ograd|a fence; (željezna) railing; (od žice) wire netting; (od žice) wire netting; ~iti fence in; enclose; ~ se fence oneself (from)

ogranak branch; chapter

ograničlen (duševno) dim-witted; ~enost dim-wittedness; ~enje restriction, limitation; ~iti restrict, limit; ~iti se na restrict oneself to

ogre|botina, ~psti scratch; ~psti se scratch oneself

ogriješiti se sin (against); violate

ogrjev fuel; firewood

ogrlica collar; (nakit) necklace

ogrnuti (se) slip (a coat)on; wrap (in)

ogroman huge; vast

ogrozd gooseberry

ogrtač cloak; = kaput, kuta; kućni ~ (muški i ženski) dressing-gown, Am i (bath) robe; (kraći ženski) house-coat

oguliti peel; (koljeno) graze; ~ se peel

oh! oh!

ohla|diti cool; ~diti se

fig cool off; ~denje fig estrangement

ohol haughty; ~ost haughtiness

ohrabr|enje encouragement; ~iti encourage; ~iti se take courage

ojačati become strong(er); = pojačati

okajati make amends for

okaljati fig dirty, sully

okameniti (se) petrify

okaniti se give up

okapa|nje fig trouble; ~ti bank up

oki|dač trigger; ~nuti pull the trigger

oklad|a bet, wager; ~iti se (make a) bet

oklijeva|nje hesitation; ~ti hesitate

okliznuti se slip

oklop armour; (viteški) suit of armour, plate; ~ni vlak (kola) armoured train (car); ~ne jedinice armour

okno (rudarsko) shaft, pit

oko eye; (mreže) mesh

oko (a)round; ~ 10 sati about 10 o'clock

okoli|ca neighbourhood, surroundings pl; ~na environment

okoliš|a|ti beat abcut the bush; bez ~nja bluntly

okolnost circumstance; olakotna (otežavajuća)

~ extenuating (aggravating) circumstance

okolo around, about

okomi|ca, **~t** vertical

okomit se attack

okončati end, terminate

okorio inveterate

okosnica *fig* skeleton, framework

okov|ati chain; provide with fittings; **~i** *pl* chains, fetters; *(metalni)* fittings

okrajak remnant; stub, end

okrasti steal from; rob

okrečiti whitewash

okre|nuti (se) turn; **~tati se** turn (round), revolve, rotate, spin

okrepa refreshment

okret turn; revolution, rotation; **~an** agile, nimble; **~nost** agility, nimbleness

okrhnuti chip

okrijepiti (se) refresh (oneself)

okrilje shelter; patronage

okriviti blame; accuse

okrnjiti infringe; injure

okrstiti name; dub

okršaj skirmish

okrug district; **~ao** round; **~lica** *cul* dumpling

okruniti (se) crown (oneself)

okrutan cruel; **~nost** cruelty

okružiti surround

okrznuti graze

oktobar October

okupator occupier

okupiti (se) gather

okus, **~iti** taste

okuša|n tried; **~ti se** try one's hand at

okvir frame; *fig* **u ~u** under; as part of

olabaviti slacken, loosen; **~se** relax

olako: uzeti ~ take lightly

olakš|anje relief; **~ati** facilitate; **~ica** privilege

oličenje embodiment

ološ rabble, scum

olov|ka pencil; **kemijska ~** ballpoint; **~an**, **~o** lead

oltar altar

oluj|a storm; **~ni** stormy

oluk gutter; drain-pipe

olupina wreck (*i fig*)

omaknuti se let slip

omalovažava|nje belittling; **s ~njem** slightingly; **~ti** belittle

omam|a daze; **~iti** stun, daze

omaška slip, oversight

omč|a noose; **čvor ~e** slip-knot

omeđiti *fig* delimit

ometati hamper; thwart;

(emisiju) jam
omiljen popular; **~ost** popularity
omjer ratio, proportion
omladina young people, youth
omogućiti make possible
omorika spruce
omot wrapping; cover; *(knjige)* = **ovojnica**; **~ati** wrap
omražen hated
on he; **~ sam** he himself
ona she; **~ sama** she herself; **~j** that; **~j koji** he who
ona|j that; **~j koji** he who; **~kav, ~ko =** takav, tako; **i ~ko** anyway; **~mo =** tamo
onda then; **pa šta ~?** so what?
ondje = tamo
one they; those
onemogućiti make impossible; frustrate; **~ se** disqualify oneself
oneraspoložiti put in a bad mood; depress; **~ se** become depressed
onesposobiti disable; knock out
onesvije|stiti se faint; **~šten** unconscious
oni they; those; that lot
ono it; that thing; **~ što** that which; **~liko =** toliko

onuda there, that way
opačina depravity, black deed, vicious act
opada|nje decrease, decline, falling off; **~ti =** opasti
opak wicked; vicious
opal|iti burn, singe; *(oružje)* fire; *(sunce)* burn, tan; **~jen = preplanuo**
opametiti bring to reason; **~ se** come to reason, learn sense
oparati undo, unstitch
opasač belt
opas|an dangerous; **~ati** girdle, belt; **~ka** note; footnote; **~nost** danger; **~ti** decrease, decline, fall off
opat abbot; **~ica** abbess; nun; **~ija** abbey
opaziti observe, notice
opažanje observation
općenit general; vague; **~o** generally
općenje intercourse *(i spolno)*
opći general; common; underlying
općin|a district; municipality; *(gradska)* borough; *(zgrada)* townhall; **~ski** municipal
općiti have intercourse with *(i spolno)*
opeći (se) burn (oneself)
opeka brick

opeklina burn

opera opera; **~eta** operetta

opera|cija *fig mil* operation; *med* operation, surgery; **~ciona dvorana** (operating) theatre; **~ter** *med* operator; *kino* projectionist

operirati operate (*i fig*)

opet again; **~ovano** repeatedly

opip (sense of) touch; **~ljiv** tangible

opir|anje, **~ati se** = (*pružati*) otpor

opis description; **~(iv)ati** describe

opismeniti make literate

opiti make drunk; **~ se** get drunk

opjevati praise in verse (*ili* song)

opkoliti surround

opkop trench; (*oko zamka s vodom*) moat

oplak(iv)a|ti lament, mourn; (*more*) lap, wash; **~nje** lamentation

oplata board lining, planking; (*sobna*) panelling, wainscot; (*za betoniranje*) forms, form boards

oplemeniti ennoble; refine; improve

opločen (*keram. pločicama*) tiled; (*mramor*) marble-

-faced; (*hrastovom oplatom*) oak-panelled

oplod|iti fertilize; **~nja** fertilization; **umjetna ~nja** artificial insemination

oploviti sail around

opljačkati rob (*i fig*), hold up

opna membrane

opojno sredstvo drug; *med* narcotic

opomen|a a warning; **~u-ti** warn

oponaša|nje imitation; mimicking; **~ti** imitate; mimic

opor (*okus*) tart; (*vino*) dry; *fig* harsh

oporav|ak recovery, convalescence; rest cure; **~i-ti se** get better, convalesce

oporezovati tax

oporuka (last) will, testament

opovrgnu|će refutation; denial; **~ti** refute; deny

opoz|iv, **~vati** recall; repeal; (*narudžbu*) cancel; cancellation

oprašiti dust, powder

oprati wash

opravda|n justified, legitimate; **~nje** justification; **~ti** justify; clear; **~vati se** justify oneself, make excuses

opre|čan contradictory; **~ka** contrast

opredijeliti se take sides, commit oneself

oprem|a equipment; *(knjige)* design, get-up; **~iti** equip; fit (out)

oprez caution; **biti na ~u** be on one's guard; **~an** cautious

oproban tried

oprost *rel* indulgence; *(od poreza)* exemption; **~iti** forgive, pardon; **~iti se** take one's leave, part

oprošt|aj leave-taking, parting, farewell; **~en od poreza** tax exempt, free from taxes

opršnjak bib, feeder

opruga spring

opsada siege, blockade

opseg degree, measure; **= obujam; ~žan** extensive

opsjed|ati besiege *(i fig)*, blockade; **~nut** *fig* possessed

obskrb|a supply, provisioning; **~ljivati** supply, provide, furnish; **~ljivati se** supply oneself, get (in supplies); **~ni centar** shopping centre

opsta|nak existence; survival; **~ti** exist; survive

opšir|an detailed, circum-

stantial; **~no** at length, in detail

opširiti edge; hem

optere|čenje load, strain; *fig* burden, liability; **nasljedno ~čenje** (hereditary) taint; **~titi** load, strain; burden

opticaj circulation

optuž|ba accusation, charge; **~enik** defendant; **~iti** accuse (of), charge (with)

opunomoč|enik authorized person; **~iti** authorize

opustiti relax

opust|jeti become deserted; **~ošiti** devastate

opušak cigarette stub

ora|č ploughman; **~nica** (plough-) field; **~ti** plough, *Am* plow

orah walnut

oranžada *(prirodna) Br* orange squash, *Am* orangeade; *(umjetna)* orange pop, orange soda

ordin|acija *Br* consulting room, *Am* (doctor's) office; **~ira od 3—5** his hours are 3—5

orgija orgy

orgulj|aš organist; **~e** *pl* organ

orhideja orchyd

orijentirati orientate; **~ se** orientate oneself; **~**

se na concentrate on,
adopt the course towards
oriti se resound
orkan hurricane
orkestar orchestra
ormar (za odjeću) ward-
robe; (s policama) cup-
board; (za knjige) book-
-case; (ugrađen) closet;
garderobni ~ić locker;
kuhinjski ~ić kitchen
cabinet, kitchen unit
oronuo decrepit; (zgrada)
dilapidated
orositi se (staklo) fog up;
(zid) sweat
ortak partner; accomplice
oruđe implement(s), (i
fig) tool
oruž|je arms, weapons;
hladno ~je cold steel;
vatreno ~je fire-arms;
bez ~ja unarmed; ~ni
list gun licence, gun
permit
osa wasp
osakatiti cripple
osam eight; ~deset
eighty
osam|a: na ~i secluded;
~ljen lonely; ~ljenost
loneliness
osamnaest eighteen
osamostaliti se become
independent
osebujan peculiar
osedlati saddle
oseka low tide

osigura|č el fuse; pre-
gorio je ~č a fuse has
blown; ~nje insurance;
životno ~nje life in-
surance; ~nje od po-
žara fire insurance; ~
(va)ti insure; fig secure,
make sure, make provi-
sion for; ~(va)ti se
insure; fig provide
against, play safe
osijediti turn grey, get
grey hair
osim besides, except, in
addition to; ~ toga
moreover; apart from
this
osinjak wasp nest
osip rash; eczema
osiromašiti become poor;
impoverish
osjeća|j feeling, emotion;
~jan sensitive, emotion-
al; ~ti feel; **dobro se**
~ti feel well
osjetan marked, substan-
tial
osjet|ilo sense; ~iti feel;
~ljiv susceptible; sensi-
tive; touchy; ~ljivost
susceptibility; sensitive-
ness; touchiness
oskoruša service (berry)
oskud|an scanty, meagre;
~ica scarcity; lack; ~i-
jevati feel lack (of); suf-
fer privation
oskvrnuti desecrate

oslabiti weaken

oslić silver hake

oslijepiti become blind; *(nekoga)* blind

oslobo|diti (make) free, liberate; set free; exempt (from); **~diti se** become free; free oneself; feel more at ease; **~đenje** liberation; exemption

oslon|ac support; **~iti se** lean (on); *fig* rely on

osloviti address

osluškivati eavesdrop; listen

osmi|jeh, **~jehnuti se** smile

osmrtnica notice of death

osniva|č founder; **~nje** foundation; **~ti** base; **~ti se** rest on

osnov|a basis; foundation; *gram* stem; **u ~i** basically, in substance; at the root; **na ~u** on the basis *(ili* strength) of; in terms of; in view of; **~ati** found, establish; **~an** well-grounded; **~ati** found, establish, set up; **~ni** fundamental, basic, elementary, underlying

osoba person

osobi|na characteristic; **~t** special; **~to** particularly, especially

osoblje personnel, staff

osobn|i personal; **~o** personally

osoran harsh, gruff

osovina *tech* axle; *geom* axis

ospice measles *pl*

osporavati dispute, challenge, question, contest

osposob|iti fit; train, qualify; make usable, repair; **~ljavanje** training, qualification; rehabilitation; repair

osramotiti (se) disgrace (oneself)

osrednji average; mediocre

ostali the others; **između ~og** among other things

ostarjeti grow old

ostat|ak remnant; **~i** remain; **~i miran** keep one's temper; **~i bez (soli)** run out of (salt); **~i pri** stick to, insist on

ostava store-room; broom-closet

ostaviti leave; give up; *(u nasljedstvo)* bequeath; *(oporučno)* leave by will; *(momka, djevojku)* throw over

ostavk|a resignation; **dati ~u** resign

ostavština inheritance

osti trident

ostriga oyster

ostruga spur

ostrugati scrape (off); scrape clean

ostvar|enje realization; ~iti realize; ~iti se be realized; ~iv feasible

osud|a *jur* sentence; *fig* condemnation; ~iti sentence; condemn

osujetiti frustrate, thwart

osumnjičiti suspect

osušiti dry (up); mop (up); ~ se dry up; wither

osuti se get (*ili* break out in) a rash

osvaja|č conqueror; (*žena*) lady-killer; ~nje conquest; ~ti conquer

osvet|a, ~iti revenge; ~iti se revenge oneself; ~ljiv vindictive; ~nik avenger

osvjestiti se come to; *fig* come to reason

osvijetliti light up; *fig* shed light on; *phot* expose

osvit daybreak

osvjedočiti = uvjeriti

osvetljenje lighting

osvjež|enje refreshment; (*ponavljanje*) brushing up; ~iti (se) refresh (oneself) brush up

osvojiti conquest; take; win

osvr|nuti se look back; *fip* take into consideration; take note of, deal

with, refer to, review; ~t reference, review

ošamariti slap (one's face)

ošinuti lash (i *fig*)

ošišati cut one's hair, give one a haircut; ~ se have one's hair cut, get a haircut

oštar sharp; *fig* severe, harsh

ošte|ćenje, ~titi damage; ~titi se be (*ili* get damaged)

oštri|ca cutting edge; ~lo (pencil) sharpener; ~na sharpness; *fig* severity, harshness; ~ti sharpen

oštriga oyster

oštrokondža shrew

oštroum|an shrewd; ~nost shrewdness

otac father

otada since (then), from that time

otcijepiti se split off; secede

otčepiti (*bocu*) uncork, unstop(per); (*sudoper*) unstop; ~ se open (up)

oteći run off, drain; *med* swell

otegnuti protract; ~ se drag on

oteklina swelling

oteti grab (*ili* wrench) from, take (away) from, carry off; ~ se break free

otezanje protraction; delay

otežati make more difficult, impede

othraniti raise, bring up

othrvati se withstand

oticanje flow-off, run-off, drain

otići go away; leave, depart

otimačina robbery (i fig)

otipkati type (up)

otirač (za noge) door-mat

otis|ak print(ing), imprint; (prsta) fingerprint; **~nuti** print (off); imprint; **~nuti se** push off

otjerati chase away; send packing

otkad since; **~?** since when? how long?

otkako as long as; since

otkaz notice; **~ati** give notice, quit; **dati ~** (sam) give notice, quit; (drugome) give notice, dismiss; **~ati** cancel, call off; fail

otkinuti break off, tear off, rip away; **~ se** break off, tear loose, come off

otklanjanje elimination, removal; deviation, refusal

otkloniti eliminate, remove; decline; (zlo) ward off

otključati unlock

otkočiti uncock

otkopati dig up; uncover

otkopčati undo, unbutton; **~ se** come unbuttoned

otkriće, **~vanje** discovery; (spomenika) unveiling; **~ti** discover; uncover; unveil; reveal; track down

otkuda from where(?)

otkup ransom; redemption; buying off, purchase; **~iti** ransom; redeem; buy off, purchase; **~nina** ransom

otmi|ca abduction; kidnapping; **~čar** abductor; kidnapper

otmjen distinguished; stylish, elegant; **~ost** distinction; elegance

otok island; med swelling

otopi|na solution; **~ti** (se) melt; thaw

otorinolaringolog ear-nose-throat specialist

otpa|d drop-out rate; wastage; **~dak**, **~ci** waste, refuse, litter; **~danje** falling-off; fig defection, desertion; **~dati**, **~sti** fall off, come off; drop out; defect, desert; 10% **~da na uvoz** imports account for (ili cover) 10%

otpiliti saw off

otpirač skeleton-key

otpisati *fig* write off

otpla|ta payment(s); **na ~tu** *Br* on hire purchase, *Am* on the instalment plan; **~čivati, ~titi** pay off (by instalments)

otploviti sail (off)

otpor resistance, opposition; **pružati ~** resist, oppose; **~an** resistant, hardy, tough; **~an na rđu** rust-resistant, rust-proof; **~nost** resistance

otpratiti see off (to), see (*ili* walk) home

otprem|a shipping, forwarding; **~iti** send off, ship, forward; **~nik** forwarding agent; **~nina** severance pay; **~ništvo** forwarding; forwarding agency

otprije from before

otprilike about, approximately, roughly

otpustiti dismiss; discharge

otpuštanje dismissal; discharge

otputovati leave, depart

otraga behind, at the back

otrca|n shabby; **~ti se** become shabby

otrčati run off, run away

otres|iti bluff, curt; **~ti** shake (down); shake off;

~ti se get rid of; (*na nekoga*) snap at

otrgnuti tear off, break off, wrench loose; **~ se** break away, break loose

otrijezniti (se) sober up

otrov poison; **~an** poisonous; **~anje** poisoning; **~ati** poison; **~ati se** take poison

otrpa(va)ti dig out

otuda from there; *fig* hence

otuditi se grow apart

otup|iti dull; **~jeti** become dull

otvor opening; **~en** open; *fig* frank, outspoken; (*bazen, kino*) outdoor, oper-air; **na ~enom** in the open, out of doors; **~eno** frankly; openly; **~enje** opening, inauguration, dedication; **~iti** open; (*plin, radio*) turn on; (*svečano*) inaugurate, dedicate; **~iti sastanak** call a meeting to order; **~iti se** open

otvrdnuti harden

ovacija ovation

ovaj this (one)

ovak|av such; **~o** like this, this way

ovamo (over) here

ov|an ram; (*uškopljen*) wether; **~ca** sheep; (*ženka*) ewe; **~čar** shepherd;

sheepfarmer; *(pas)* sheep-
-dog *(njemački)* Alsatian,
German shepherd); ~**čarstvo** sheep-farming;
~**čje mlijeko** ewe's
milk

ovdašnji local; of this
town

ovdje here

ovi these, this lot

ovi(ja)ti wind round

ovis|an dependent; ~**iti**
depend (on); ~**nost**
dependence

ovjekovječiti immortal-
ize

ovjer|a notarization; veri-
fication; ~**(ov)iti** no-
tarize; verify

ovladati master

ovlast = **ovlaštenje, pu-
nomoć;** ~**iti** authorize,
empower; license

ovlaštenje authority,
powers *pl*

ovlažiti moisten

ovo this

ovogodišnji this year's

ovoj bandage; ~**nica**
(knjige) dust jacket

ovolik so big; ~**o so**
much

ovratnik collar

ozakoniti legalize

ozbilj|an serious; ~**nost**
seriousness; **misliš li**

~**no?** are you serious?
do you mean it?

ozdrav|iti get well, re-
cover; ~**ljenje** recovery

oze|blina chilblain; ~**p-
sti** freeze; catch a cold

ozlijediti injure, hurt;
~ **se** hurt oneself

ozljeda injury

ozlogla|siti bring into
disrepute; ~**šen** dispreput-
able

ozlojediti exasperate

ozlovoljiti annoy

ozna|čiti mark, designate;
characterize; ~**ka** mark,
designation; characteris-
tic

oznoj|en sweating; ~**iti
se** be sweating; break
into a sweat

ozvučiti wire for a sound;
(prisluškivati) bug

ožalostiti sadden; distress

ožbukati (coat with) plas-
ter

ožednjeti become thirsty

ože|niti (se) marry; get
married; ~**njen** married

ožeti wring out

ožigosati *fig* brand

ožiljak scar

oživ|iti bring to life,
revive; enliven; ~**jeti**
come to life, revive;
become animated

P

pa and; well

pačati se interfere (in); meddle (with)

pače even; moreover; *(mala patka)* duckling

pad fall; tumble; decline; drop; ~**ati** fall; drop; decline; sink; ~**ež** *gram* case; ~**obran** parachute; ~**obranac** parachutist

pahuljica flake, fluff

pak then; again

pak|ao hell; ~**lina** pitch

paket parcel, package

pakirati pack

paklen hellish, infernal

pakost malice; ~**an** malicious, spiteful

pakovati pack

palac thumb

palača palace

palačinka pancake

pal|enje ignition; burning; ~**ikuća** incendiary, arsonist, *coll* fire-bug; ~**iti** burn; ignite; fire (a gun); brand; *med* cauterize

palma palm

paluba deck, board

paljba fire; discharge; volley

pamćenje memory

pamet mind; wits; intel-

ligence; ~**an** sensible; clever; wise

pamtiti remember, memorize

pamuk cotton

pandža claw

panika panic

panj stump; block

papa pope

papak hoof

papar pepper

papiga parrot

papir paper; ~ **za pakovanje** brown (wrapping) paper; ~ **za precrtavanje** tracing paper; ~**nat** novac (bank)notes; *Am* bills; ~**nica** stationer's shop

paprat fern

papr|ena metvica pepper-mint; ~**iti** season with (red) pepper

papuča slipper

par pair; couple

par|a steam, vapour; smallest coin; penny; pun ~**e** vaporous; damp

parati rip, tear open; unstitch

parcov rat

parket parquet; ~**iranje** parqueting; ~**irati** parquet

parkirati park

parn|i, **~o grijanje** steam heating; **~i kotao** steam boiler; **~a kupelj** steam bath

parnica law-suit

parobrod steamboat, steamship

pâs dog; **morski ~** shark

pâs belt; girdle; *(struk)* waist; **~ati** girdle; belt

pasmina breed; stock; race

pasoš passport

pasti = padati

pastir shepherd; herdsman

pastrva trout

pastuh stallion

pasulj beans

paš|a pasture, pasturage; **~njak** common; pasture ground

patisak reprint

patiti suffer

patka duck

patnja suffering; pain; agony

patuljak dwarf

patvor|en counterfeit; false; artificial; **~ina** forgery; counterfeit; **~i-ti** counterfeit; forge

pau|čina (cob)web; **~k** spider

paun peacock

pazikuća caretaker

paziti (keep) watch; take care; be careful; mind;

look out (for)

pazuh armpit

pažljiv careful; attentive; considerate

pažnj|a attention; care; consideration; **~u po-buditi** draw attention (to)

pčela bee

pec|ati angle; fish; **~nuti** prick; sting

pecivo rolls

pečat seal; stamp; signet; **~iti** seal; **~ni vosak** sealing-wax

pečen baked; roast(ed); **~i krumpir** fried potatoes; **~a teletina** roast veal; **~ka** roast meat

pečenje roasting; baking; roast meat

pečurka mushroom

peć stove; oven; **visoka ~** blast furnace; **~i** bake; roast; *(sunce)* burn

pećina cave; cliff; rock

pećnica oven

pedeset fifty

pegla iron; **~ti** iron; press

pehar jug

pekar baker; **~na** bakery

pekmez jam; *(od naranča)* marmelade

pelene diapers *(pl)*

pelivan acrobat; rope-dancer

penja|ti se climb; **~čica**

climbing-plant, creeper
pepe|lnica Ash-Wednesday; **~ljara** ash-tray;
~ljika potash; **~o** ashes
perad poultry; fowls
peraja fin
perčin pig-tail
perec German Brezel
periferija outskirts
perika wig
periš pen-knife; pocket-knife
perivoj park; gardens
perje feathers; plumage
pero feather; *(za pisanje)* pen
peron platform
peršin parsley
perunika iris
perušati pluck
perut dandruff; scurf
pes|t, ~nica fist
pet five
peta heel
petak Friday; **veliki ~** Good Friday
peteljka stalk; stem
petlja loop; noose; **~ti** fumble
petnaest fifteen
petrolej petroleum; kerosene oil
piće drink, beverage
pidžama pyjamas, pajamas *(pl)*
pijan drunk, intoxicated; **~ac, ~ica** drunkard; boozer; **~čevati** drink;

tipple; **~ka** spree; drinking-bout; **~stvo** drunkeness; boozing
pijavica leech; *fig* usurer
pijesak sand
pijetao *Br* cock; *Am* rooster
pijuckati sip
pijukati cheep; chirp
pila saw; **~na** saw-mill
pile chicken; **~tina** chicken
piliti saw
pilot pilot
pilotina = piljevina
piljar fruit-monger; hawker; **~ica** market-woman
piljevina saw-dust
piljiti stare, gaze
pionir pioneer
pipa *Br* tap; *Am* faucet; **~c** tap
pipati feel, touch
pir wedding
pirjati stew
pisac writer; author
pisaći writing; **~ pribor** stationery; **~ stol** desk; **~ stroj** typewriter
pisak mouthpiece
pisaljka pencil; slate-pencil
pisanka copy-book; note-book
pisar scribe; clerk; **~na** office
pisati write

piskati pipe; whistle
piskutati squeak
pism|en written; *(čovjek)* literate; **~o** letter; *(rukopis)* handwriting
pištati fizzle; hiss
pištolj pistol
pita pie
pit|ak drinkable; **~ka voda** drinking water
pita|nje question; **~ti** ask; question
piti drink
pitom tame; **~iti** tame
pivara brewery
pivni|ca (wine) cellar; **~čar** wine cellar keeper
pivo beer; **~vara = pivara**
pizma malice; spite
pjega spot; freckle; **~v** spotty; freckled
pjen|a foam; froth; *(od sapuna)* lather; **~iti se** foam; froth; **~ušac** champagne; **~ušav** foaming; sparkling (wine)
pjesma poem; song; **~rica** song-book
pjesni|k poet; **~štvo** poetry
pješa|čiti go on foot; tramp; **~k** pedestrian
pješadija infantry
pješčan sandy; **~i brijeg** sand dune; **~a ura** sand-glass

pješ|ice, **~ke** on foot
pjeva|č singer; **~čica** (female) singer; **~nje** singing; **~ti** sing
plač weeping; cry(ing)
plaća salary; wages; payment; **~nje** payment, paying; **~ti** pay; reward; *fig* atone for
pladanj plate; dish; *(taca)* tray
plah shy, timid; **~ost** shyness, timidity
plahta sheet
plakati cry, weep
plamen flame; **u ~u** aflame; on fire
plam|sati flare; **~tjeti** flame; blaze
plan plan; **~irati** plan; make plans
plandovati idle; dally; be at leisure
planina mountain; **~r** mountaineer; **~renje** mountain climbing, mountaineering
plantaža plantation
planuti catch fire; *fig* burst out in anger
plaš|iti frighten; scare; alarm; **~ljiv** timid; afraid
plašt mantle; cloak
platina platinum
plati|ti pay; **~v** payable
platno linen
plav blue; fair, blonde

plavac pumice (-stone)
plaviti overflow; flood
plaziti crawl, creep
pleća shoulders; back
pleme tribe; clan; ~**nit**
noble
plem|ić nobleman; aristocrat; ~**stvo** nobility;
aristocracy
ples dance, ball; ~**ač**
dancer; ~**ačica** (girl-)
dancer; ~**ati** dance
plesti knit; braid
pletenica plait; tress
plet|er wicker(work);
hurdle; ~**ivo** knitting;
network
pličina shallow
plijen prey; booty; ~**iti**
plunder
plijesan mould
plima high tide
plin gas; ~**ara** gasworks;
~**omjer** gasmeter; ~**ovod** gas-pipe; ~**ska
glavna cijev** gas main;
~**ska rasvjeta** gas light
plitak shallow
plitica plate; platter
pliva|č swimmer; ~**ti**
swim; ~**ći bazen** swimming pool
ploč|a slab; plate; board;
(*gramofonska*) disc, record; ~**ica** (*za pisanje*)
slate; tile; ~**nik** pavement; *Am* sidewalk
plod fruit; ~**an** fertile;

fruitful; ~**nost** fertility;
fruitfulness
ploha surface
plomb|a filling; ~**irati**
stop
plosnat flat; level
ploška slice
plot fence; enclosure
plov|an navigable; ~**idba** navigation; ~**iti** navigate; sail; float
pluća lungs (*pl*); ~**ni**
pulmonary; lungs
plug *Br* plough, *Am* plow
pluta|ča buoy; ~**ti** float
pluto cork
plužiti plough
pljačka robbery; ~**š** robber; plunderer; ~**ti rob**;
plunder
pljesak applause
pljeska|nje applause; ~**ti**
applaud
pljesniv mouldy; musty;
~**iti** mould; grow musty
pljunuti spit
pljusak shower
pljus|ka slap (in the face);
~**nuti** box one's ears;
slap one's face
plju|vačka spittle; ~**vati**,
~**nuti** spit; ~**vačnica**
spittoon
po about; after; on;
along; during; at; by;
~ **tome** after that
pobacati throw off one
by one

poba|citi miscarry; **~čaj** miscarriage

pobija|nje refutation; **~ti** refute; dispute; argue

pobijediti conquer, defeat; win

pobirati collect; pick up; *(porez)* raise (tax)

pobiti = pobijati; kill off; slaughter

pobjeći run away; flee; escape

pobje|da victory; **~dnik** victor; winner; **~donosan** victorious; triumphant; **~đivati = pobijediti**

pobjesniti become furious; *(pas)* become rabid

poblijediti turn pale

pobliže in detail; closely

pobočnik adjutant

poboljša|nje improvement; **~ti** improve

pobornik defender; advocate

pobož|an religious; pious; **~nost** piety

pobrati = pobirati

pobrinuti se take care of; see to

pobrka|n confused; mixed up; **~ti** mix up; confuse

pobrojiti count up (out)

pobu|da incentive; stimulus; impulse; incitement; **~diti; ~đivati** arouse;

stimulate; incite

pobun|a riot; rebellion; **~iti** stir up mutiny; **~iti se** rebel against

pocrnjeti *(od sunca)* become tanned (sunburnt)

pocrvenjeti blush; turn red

počast honours; homage; **~iti** honour; pay homage; *(pogostiti)* treat one to

počekati wait for

počelo element; rudiments *(pl)*

počešati (se) scratch (oneself)

počešljati comb; **~ se** do one's hair; comb

počet|ak beginning; start; origin; outset; **iz ~ka** anew; over again; **~an** initial; preliminary; **~i** begin, start; commence; **~i parnicu** institute proceedings; **~nik, ~nica** beginner

počevši od beginning with

počinak rest

počinit|elj committer; **~i** commit; do

počinuti se rest; repose

počinjati = početi

počistiti clean up; clear up

počivati = počinuti se

počupati se scuffle

poći set off; ~ **po** fetch
pod under, below; ~ **svaku cijenu** at any price; ~ **izgovorom** under the pretence
pod floor; *(tlo)* ground
podanik subject
podao infamous; wicked
podast|irati, ~**rijeti** submit
podatak datum *(pl* data); piece of information
podatan pliable, flexible
podati se give oneself up to; *(užitku)* indulge in; become addicted to
podb|adati, ~**osti** spur on; instigate
podbočiti prop up; support
podbradak double chin
podc|ijeniti, ~**jenjivati** underrate; undervalue
podcrta|ti, ~**vati** underline; *(fig)* emphasize
podčiniti subordinate; subject to
podera|n torn; ~**ti** tear; rend
podesan suitable; appropriate
podgrijati warm up
podi|ći, ~**gnuti** raise; lift; erect; build; put up (a price); set up; raise (a protest; money); ~**ći oči** raise one's eyes ~**ći se** rise; get up

podijeliti divide; distribute; share
podivljati grow wild; run wild
podiza|nje erection; raising; ~**ti** = **podići**
podjarm|iti, ~**ljivati** subjugate; enslave; ~**ljivanje** subjugation
podje|la division, distribution; ~**ljivati** = **podijeliti**
podlaktica forearm
podleći succumb
podlo|ga base; ground; ~**žan** subject (to)
podlost baseness; vileness
podložan subject to; subordinate
podmazati grease (under)
podmetnuti put under (below)
podmi|ćivati, ~**titi** bribe
podmiri|ti, ~**vati** settle, square
podmladak offsprings; the rising generation
podmor|nica submarine; ~**ski** submarine
podmuk|ao underhand; perfidious; ~**lost** perfidy; foul play
podnajam sub-lease
podne noon, midday; **poslije** ~ (in the) afternoon; **prije** ~ (in the) morning

podn|ijeti, **~ositi** bear, endure, stand; hold out; suffer; **~ošljiv** bearable; tolerable

podnož|je (*planine*) foot; **~nik** footstool

podražaj stimulus, incentive; irritation

podre|diti, **~đivati** subordinate; subject to; **~đen** subordinate; accessory

podrezati trim, cut

podrigivati se belch, retch

podrijetlo origin; descent; stock

podroban minute; detailed; in detail

podrovati undermine

podrtina ruin; wreck

područje territory; province; district

podrug|ivati se mock; ridicule; **~ljiv** mocking; disdainful

podrum (wine-)cellar

podružnica branch(-office)

podsje|ćati, **~titi** remind

podstav|a lining; **~iti** line

podsticat|elj instigator; **~i** instigate, incite; stir up; rouse

podstrići crop, clip

podsvijest subconsciousness

podučavati teach

podudarati se conform; correspond

poduka instruction

podup|irati, **~rijeti** prop up; support; patronize

poduz|eće enterprise; firm; undertaking; **~e-tan** enterprising; **~eti**, **~imati** undertake; venture; **~etnik** contractor

podval|a deception; **~iti** cheat, swindle

podvezica garter; suspender

podviknuti shout

podvlačiti underline

podvodan swampy; marshy

podvor|ba service; **~iti** serve; attend; **~nik** attendant

podvostručiti double; duplicate

podvožnjak underpass; railway bridge

podvr|ći, **~gnuti** subjugate; submit

podvući = podvlačiti

podzem|an underground; **~ne vode** subterranean waters; **~lje** underground

pogađati guess; **~ se** bargain; haggle

pogan foul; excrements (*pl*); **~in** heathen

pogasiti put out fire; extinguish

pogaziti trample down; run down (over); *(riječ)* break one's word

pogibao = **pogibelj**

pogibati perish; die; ~ od gladi starve; ~ od žeđi die with thirst

pogibelj danger; risk; u životnoj ~i in danger of life; ~an dangerous

poginuti = **pogibati**

pogladiti stroke; caress

poglavica chieftain; chief

poglavlje chapter

pogled look; gaze; glance; glimpse; view; u ~u in view of; with regard to; ~ati look at; cast a glance at

pognut bent; stooping; ~i se bend; stoop

pogodan favourable

pogod|ba condition; agreement; ~iti guess; *(cilj)* hit the mark

pogon motive; drive; works; ~sko kolo, ~ski kotač driving wheel; ~ski remen belt; ~ska sila (snaga) motive power; driving power

pogoršati make worse; aggravate

pogostiti entertain; treat a p to

pogovor epilogue

pograbiti seize, grab; snatch

pogrda insult, abuse; ~n abusive, insulting

pogreb funeral; burial

pogreš|an wrong; defective; mistaken; ~ka error; mistake; *(tiskarska)* misprint; ~no by mistake

pogriješiti make a mistake; *(u pravopisu)* misspell

pogub|an perilous, dangerous; ~iti kill; behead; execute

pohaban worn out; shabby

poharati ravage; lay waste

pohlepa greed; avidity; lust; ~n avid; greedy

pohoditi call (up)on; visit

pohota lust; sensuality; ~n lustful; sensual

pohraniti deposit; store for safe-keeping

pohrliti hurry to; run to

pohvala praise; ~n praiseworthy

poimence by name; **pozivati** ~ call the roll

pojača|ti, ~vati reinforce; strengthen; ~lo amplifier

pojam notion; idea; concept

pojas belt, girdle; zone; *(tijela)* waist; ~ **za spasavanje** lifebelt

pojav|a appearance; ~**iti se** appear

pojedin|ac single person; individual; ~**ce** singly; one by one; ~**i,** ~**ačan** single; ~**ost** detail; particular(s)

poje|dnostaviti simplify; ~**ftiniti** become cheaper

pojesti eat up; finish one's meal

poji|lo, ~**šte** watering-place; ~**ti** give drink to; water

pojmiti understand; grasp

pojuriti rush; dash on

pokaj|ati se repent; be sorry for; ~**nički** repentant

pokapati bury

pokaz|ati, ~**ivati** show, demonstrate; display; ~ **ati se tačnim** prove true

pokisnuti get wet

poklade carnival; shrove-tide

poklanjati = pokloniti

poklati slaughter

poklik shout, cry; exclamation

poklisar ambassador; envoy

pokliznuti slip; slide; skid

poklon bow; curtsey;

(dar) gift, present; ~**iti se** bow down (before); *(fig)* pay homage

poklopac lid

pokoj rest, repose; ~ **mu vječni** may he rest in peace

pokojni the late; deceased; dead; ~**k,** ~**ci** the deceased

pokolj slaughter; massacre

pokoljenje generation

pokop burial; ~**ati** bury

pokor|a penitence; ~**an** obedient; submissive; ~**avati,** ~**iti se** obey; ~**enje** subjection; ~**nost** obedience

pokraj beside; close to; by

pokrajina province; country(-side)

pokrasti steal

pokratiti shorten

pokrečiti whitewash

pokrenuti move; set in motion; start (the engine)

pokret movement; motion; ~**an** movable; ~**ni most** swing-bridge; ~**na imovina** movables *(pl)*; ~**na ploča** turn-table; ~**ati = pokrenuti**

pokri|će cover(ing); security; ~**ti,** ~**vati** cover; ~**vač** cover; blanket;

~**vač krova** tiler; slater
pokrovitelj protector;
patron; ~**stvo** patronage
pokrpati mend; darn
pokrstiti christen; baptize
pokucati knock
pokućstvo furniture
pokuditi blame
pokunjen downcast
pokupiti collect; gather;
pick up
poku|s trial; test; ~**šaj**
attempt; ~**sna vožnja**
trial drive; ~**šati** try;
attempt; ~**šati sreću**
take one's chance
pokvar|en (moralno) corrupt; bad; spoiled; (mast)
rancid; ~**enost** corruption; ~**iti** corrupt; spoil;
ruin; ~**ljiv** (hrana) perishable
pokvasiti wet; moisten
pol pole; **Sjeverni (Južni)** ~ North (South) pole
pol(a) half
polag close to; near
polagan slow; ~**o** slowly
polaga|nje, ~**nje temelja** laying the foundations; ~**ti** lay, set, place;
deposit; (zakletvu) take
an oath; (račun) render
account; (ispit) sit for an
examination
polako = **polagano**
polarn|i polar, arctic; ~**a**

zvijezda, ~**ica** polar
star
polaskati flatter
polaz|ak start, departure;
setting out (off); ~**iti**
start, set out (off); depart;
leave
poledica hard frost; ice;
Am glaze
polet dash; animation;
zeal
polica shelf
polic|ajac policeman;
~**ija** police
polijeva|nje watering;
kola za ~**nje** watering
lorry; ~**ti, politi** water;
pour on; sprinkle
polovica half
položaj situation; position; condition; stand
položen laid; placed; situated
pol|ožiti = ~**agati;** ~
ispit pass the exam; ~
oružje lay down arms
polubrat step-brother;
foster-brother
poludjeti go mad (crazy)
poluga lever; (crow-)bar;
~ **mjenjača** mot gear-
lever
polu|krug semicircle; ~
kugla hemisphere; ~
mjer radius; ~**mjesec**
half-moon; crescent; ~
otok peninsula; ~**sestra**
step-sister; foster-sister;

~vrijeme *sport* half-time

poljana pla'n; field

polje field; *fig* range; scope; line

poljepšati embellish, beautify

poljodjel|ac farmer; peasant; **~ski** agricultural; **~stvo** agriculture, farming

poljoprivreda agriculture

Polj|ska Poland; **♂ ski** Polish

poljub|ac kiss; **~iti** kiss

poma|ći = **~knuti**

pomaga|lo help; tool; **~nje** help; assistance; relief; **~ti** = **pomoći**

pomaknuti move; shift; (uru) **~ naprijed** put forward; **~ natrag** put back

pomanjkanje want; lack; shortage

pomast ointment

pomesti sweep up

pom|icati = **~aknuti**, **~aći; ~ičan** mobile; movable

pomilovati caress; stroke; grant an amnesty

pomiriti (se) reconcile; make it up

pomi|sliti, **~šljati** think (of)

pomla|diti, **~đivati** rejuvenate

pomnožiti multiply

pomnj|a care; attention; **~iv** attentive, careful; pedantic

pomoć help, aid, assistance; **~u** by means of

pomoć|i help, aid, assist; **~nik** assistant

pomoliti se appear, crop up; (*moliti*) pray

pomor|ac seaman; **~ska sila** naval power; **~stvo** navigation, seamanship

pomrčina (solar) eclipse

pomrsiti entangle; *fig* confuse

ponajviše mostly, chiefly

ponaša|nje behaviour; manners; conduct; **~ti se** behave, conduct

ponavlja|nje repetition; **~ti** repeat; revise

ponedjeljak Monday

ponekad sometimes; off and on

ponijeti take (along)

poništ|en cancelled; **~enje** annulment; cancellation; **~iti** annul; cancel

poniz|an humble; meek; **~iti** humble; humiliate; **~iti se** humble oneself; **~nost** humility

poniženje humiliation

ponoć midnight

ponor abyss; precipice

ponos pride; **~an** proud; **~iti se** be proud of

ponov|iti = **ponavljati**; ~o again

ponud|a offer; bid; ~**iti** offer; ~**iti se** offer one's services; volunteer

ponjava sheet

pooštriti intensify

pop priest

popaliti burn down

popečak steak

popeti se climb; clamber up

popis list; inventory; ~ **stanovništva** census; ~**ati** make an inventory

popiti drink out (up)

poplašiti frighten; startle

poplav|a flood; overflow; deluge; ~**iti** flood; overflow; submerge

popločiti pave; (drvom) panel

poplun quilt

popodne afternoon

poprav|ak repair; mending; ~**iti**, ~**ljati** repair; mend; improve; reform; (greške) correct

popreč|an oblique; transversal; ~**ni presjek** cross-section

poprijeko across; diagonally

poprilici about; approximately

poprsje bust

poprskati (be)spatter; sprinkle

popular|an popular; ~**nost** popularity

popuniti fill, fill out, complete; replenish

popust reduction; discount; allowance; ~**iti** reduce; yield; give in; give way; ~**ljiv** indulgent; yielding; ~**ljivost** yielding; indulgence

popušiti smoke (out); finish smoking

popuštáti = **popustiti**

poput like; similar; **biti ~** look like

popuznuti slide down

pora pore

poraba use; usage

porast increase; growth; ~**i** grow up; increase

poratni post-war

poravnati level; smoothe; (spor) make up

poraz defeat; overthrow; ~**an** crushing; annihilating; ~**iti** defeat

porazdijeliti distribute

porazgovoriti have a talk

poražen defeated; beaten

porculan porcelain; china

poreći = **poricati**

pored beside; (također) besides; as well

poredak order

poredati put in order; arrange in rows

poremetiti put out of order

porez tax; taxation; ~**ni obaveznik** tax-payer; ~**nik** tax-collector

poricati deny; dispute; revoke

porijeklo = podrijetlo

poriluk leek

porinuće launching

poriv impulse; impetus

porod birth; delivery

porodica family

porođaj = porod

porok vice

porot|a jury; ~**nik** juror; member of the jury; juryman

Portu|gal Portugal; ~**giški** Portuguese

porub hem; border; ~**iti** hem; turn down

poručnik lieutenant

porug|a mockery; scorn; ~**ljiv** mocking; scornful

posada crew

posaditi plant; set

posao work; job; employment; business

posavjetovati se consult (with)

poseb|an special; separate; particular; ~**no** particularly; specially; ~**no izdanje** special edition

poseći, posegnuti reach out (for); seize

posijati sow

posijedjeti grow white

posin|iti adopt (as son);

~**jenje** adoption

posipati strew; sprinkle; ~ **šljunkom** gravel

posjećen visited; frequented

posjeći (*drvo*) fell; cut down; (*šumu*) clear; deforest

posjećivati visit, frequent

posjed property; (*imanje*) estate; landed property; ~**nik** owner; proprietor; ~**ovati** own; possess

posjet visit; call; ~**ilac** visitor; ~**iti = posjećivati**; ~**nica** visiting-card

poskakivati hop; skip

poskupiti become dearer; raise the price

poslagati arrange in order

poslan|ik ambassador; delegate; ~**stvo** embassy; legation

poslastica sweet; delicacy; titbit

poslati send; dispatch; ~ **natrag** return; ~ **po** send for

poslije after; afterwards; ~ **podne** (in the) afternoon

poslodavac employer

poslov|an business; business-like; ~**no pismo** business letter; ~**ni prijatelj** business partner; ~**ni promet** commerce;

trade; **∼no vrijeme** office hours

poslovanje doing business; management

poslovica proverb

poslovnica office; bureau

poslovođa head (chief) clerk; manager

posluga service; attendance

poslu|h obedience; **∼šan** obedient; docile; **∼šati** obey, listen to; **∼šnost** = **posluh**

poslužavnik tray

posluž|iti serve; attend (to); wait upon; **∼iti se** help oneself to; **∼itelj** attendant; porter

posljedica consequence; result; effect

posljednji the last; final

posmatrati watch; observe

posmrtn|i posthumous; **∼o slovo** obituary (notice)

posoliti salt

pospan sleepy; **∼ac** sleepyhead

pospješi|ti, ∼vati hasten; accelerate

posprdan mocking; ironical

pospremati put in order, tidy up; *(sobu)* do the room; *(stol)* clear away

posramiti make ashamed

posrebriti silver; coat with silver; silver-plate

posred in the middle of

posrednik mediator; go-between

posred|ovanje mediation; intervention; **∼o-vati** mediate; intervene

posr|nuti, ∼tati stumble; stagger

postaja station; stop; **krajnja ∼** terminus

posta|jati, ∼ti become; grow; get; originate

postajkivati linger; stop

postanak origin

postar oldish; advanced in years

postarati se take care of; attend to; *(postati star)* age

postav|iti put, place, set

postelj|a bed; **∼ina** bedding; bed-clothes

postepen gradual; progressive

postići attain; achieve

postiti fast

postizati = postići

posto per cent

postojan steady; constant; stable; **∼a boja** fast colour

postoja|nje being; existence; **∼ti** exist; be; live

postojeći existing; present

postola shoe; **~r** shoe-
-maker; **~rska radnja**
shoe-repairs

postolje stand

postotak percentage

postradati suffer injury
(damage; loss)

postrance sideways; aside;
out of the way

postrijeljati shoot down
(off)

postrojenje formation;
(*tvornica*) plant

postup|ak procedure;
proceeding; **~ati**, **~iti**
treat, deal with; behave
towards

posuda vessel; container

posud|bena knjižnica
lending library; **~iti**
(*drugom*) lend; (*od dru-
goga*) borrow

posuđe dishes

posuđivati = posuditi

posumnjati suspect;
doubt

posušiti dry (up)

posuti = posipati

posvaditi se quarrel; fall
out with

posve entirely; fully;
quite

posvećivati consecrate;
devote; dedicate

posvet|a consecration;
dedication; **~iti = po-
svećivati**

posvjedočiti attest; certi-

fy; affirm

posvojiti adopt

posvuda everywhere; all
over

pošast plague; epidemic

pošiljka shipment; parcel

poškakljati tickle

poškropiti sprinkle

pošta post, mail; post-
-office; **glavna ~** Gen-
eral Post-Office

poštansk|i post, postal;
~i brod mail-boat; **~i
činovnik** post-office
clerk; **~i ček** postal
order; **~a kola** mail-car;
~i pretinac post-office
box; **~a pristojba** post-
age; **~i sanduk** letter-
-box; pillar-box; **~a
uputnica** money order;
~i ured post-office

poštar postman; **~ina**
postage

poštedjeti spare

pošte|n honest; fair; just;
upright; **na ~nu riječ**
upon my word; **~nje**
honesty; honour; fairness

poštivati esteem; respect;
estimate

pošto? how much?

pošto after; when

poštova|n respected;
esteemed; honoured; **ž.~-
ni gospodine!** (*u pismu*)
Dear Sir; **~nje** respect;
homage; esteem; **s ~-**

njem respectfully; (*u pismu*) Yours faithfully; Yours truly; ~ti = po-štivati

pošumiti afforest

pota|ći, ~knuti animate; stimulate; inspire

potajno secretly, surreptitiously

potamniti destroy; kill off

potam|niti obscure; darken; ~njeti grow dark

pota|nko in detail; minutely; ~nje more detailed

potapati sink; put under water

potapšati tap

potegnuti pull

potencija power

poteškoća difficulty; trouble

potez line; move; ~ pera stroke; ~ati = potegnuti

pothvat enterprise; undertaking

potica|j impulse; incentive; ~ti = potaći

potiljak nape

potis|kivati, ~nuti press (push) back

potišten depressed; ~ost depression

potjecati originate; be derived from

potjera chase; pursuit;

~ti drive (chase) away

potkapati undermine

potkivati shoe (a horse)

potkopati = potkapati

potkova horse-shoe; ~ti = potkivati

potkresati cut off

potkrijepiti corroborate

potkrovlje loft

potkupiti bribe

potlačiti oppress; press down; crush; subdue

poto|čnica forget-me-not; ~k brook

potom|ak descendant; offspring; ~stvo posterity; descendants (*pl*)

potonuti sink; go down

potonji the latter

potop deluge; flood; ~iti sink

potpaliti set fire to; light

potpetica heel

potpis signature; ~an signed; ~ati sign; ~nik the undersigned; subscriber

potplat sole

potplatiti bribe

potpom|agati, ~oći, ~ognuti support; aid; assist

potpora support; relief; (*dotacija*) subsidy; ~nj prop; pillar

potporučnik sub-lieutenant

potpredsjednik vice-president

potpukovnik lieutenant--colonel

potpun complete; full; ∼iti complete; fill up; ∼ost completeness; integrity

potraga search; pursuit

potrajati last; continue

potratiti waste

potraži|ti look up (for); search; ∼vanje demand; claim; reclamation; ∼vati claim; reclaim

potražnja demand

potrčati run; start running

potreb|a necessity; want; need; u ∼i in case of need; ∼an necessary; needed

potrepštine requirements, accessories

potres earthquake; concussion; ∼ti shake

potrga|n torn; ∼ti tear

potrostručiti treble; triple

potroš|ač consumer; ∼ak consumption; expenditure; expense; ∼iti spend; ∼nja consumption

potruditi se take pains; give oneself the trouble

potucati se live a vagabond's life; wander about

potući se come to blows

potužiti se complain

potvr|da confirmation; certificate; (primitka) receipt; ∼diti confirm; ratify; certify; attest

potvrdni affirmative

poubijati kill off; massacre; slaughter

pouč|avati teach; instruct; coach; ∼an instructive; ∼iti teach; instruct; ∼ljiv teachable; apt to be taught

pouka instruction; tuition

pouzda|n reliable; trustworthy; ∼nik confidant; reliable person; ∼nje confidence; trust; pun ∼nja full of confidence; trusting; ∼ti se rely on; trust; have confidence in

pouzeće cash on delivery

poveća|lo magnifying glass; ∼nje enlargement; increase; growth; ∼ti enlarge, magnify; ∼ti se increase; become enlarged

povelja charter; bull

povenuti wither

povesti take; lead

povez bandage; ∼ati bind; bandage

povi|jati ∼ti bandage; swaddle up

povijest history; ∼an historical

povijuša climbing plant; creeper

povik cry; outcry; exclamation; **∼nuti** exclaim; cry out

povi|siti heighten; *(cijenu)* raise, put up; **∼šenje** increase, rise; elevation; **∼šica** rise

povjeravati se unbosom oneself to; confide in

povjer|enik commissioner; confidant; **∼eništvo** commission; committee; **∼enje** confidence; trust; **∼iti** confide; entrust (with); **∼ljiv** trustful; confidential

povjerovati believe (in)

povjetarac breeze

povlačiti drag along; trail; *(novac)* withdraw; **∼ se** *(vojska)* retreat

povladivati acclaim; applaud; approve

povla|stica privilege; **∼šten** privileged

povod motive; cause

povoda|n swampy; flooded; **∼nj** flood

povoditi se imitate

povodom on the occasion of

povoj bandage; *(djeteta)* diaper, swaddling-clothes

povoljan favourable; propitious; convenient

povorka procession; **svečana ∼** festive procession; parade

povraćati vomit

povratak return

povrat|an, **∼na karta** return ticket; **∼na zamjenica** reflexive pronoun

povratiti return; give back; *(bacati)* vomit, throw up; **∼ se** return; go (come) back

povrće vegetables *(pl)*

povreda violation; offence; *(ozljeda)* injury

povremen periodical

povrh besides; over, above

povrijediti injure, hurt; wrong; *(zakon)* violate, break

površ|an superficial; **∼ina** surface; *(tlo)* area; **∼inski** surface; **∼nost** superficiality

povučen reserved, unsociable; **∼ost** seclusion; privacy

povući = povlačiti

pozabaviti se amuse oneself; have a good time

pozadina background

pozajm|ica loan; **∼iti** *(drugome)* lend, give a loan; *(od drugoga)* borrow

pozdrav greeting; salute; **∼iti** greet; salute

pozelenjeti become (turn) green

pozirati pose

pozitivan positive, definite; affirmative

poziv call; summons; *(zvanje)* vocation; ∼ati invite; summon; call; ∼ati se refer to; ∼ati natrag recall, summon back; ∼ati u pomoć call for help

pozivnica invitation card

pozla|ćen gold-plated, gilt; ∼ćivati, ∼titi gild, plate with gold

pozna|nik acquaintance; ∼nstvo acquaintance; ∼t known, well-known; opće ∼t well-known; ∼ti, ∼vati know, be acquainted with; ∼valac expert, connoisseur; ∼vanje knowledge

pozno late

pozor attention; **stati ∼** stand at attention; ∼an attentive

pozorište = kazalište

pozornica stage

pozornost attention; **privući ∼** draw attention to

pozvati = pozivati

pozvoniti ring

požaliti regret

požar fire; **siguran od ∼a** fireproof

požderati eat up greedily; gobble up

poželj|an desirable; ∼eti wish; crave for

požeti reap

požrtvov|an self-sacrificing; unselfish; ∼nost self-denial, devotion

požuda lust; desire; ∼n greedy; lustful; avid

požuriti hurry, hasten; rush; ∼ se hurry up; make haste

požut|iti make yellow; ∼jeti become (turn) yellow

prababa great-grandmother

praćakati se splash about, *(riba)* thrash

praćka sling

pradjed great-grandfather

prag threshold; door-step; *(pruge)* sleeper

prah dust; powder; **puščani ∼** gun-powder

prak|sa practice; *(rad)* practical work; ∼tičan practical

pralja washerwoman

pramac bow

pramen tuft; lock

pranje washing

praonica wash-room; laundry

praporac (little) bell

pras|ac, ∼e pig; ∼etina pork

pras|ak report, explosion, detonation; ∼kati crack, pop; explode; detonate

prasica sow

praskozorje dawn
praš|ak powder; *(biljke)*
pollen; **∼an** dusty; **∼ina** dust; **brisati ∼inu** dust

prašnik pistil
praštati pardon, forgive
prašuma virgin forest
prati wash; **∼ se** wash (oneself)
prat|ilac escort, companion; **∼iti** *(kući)* see home; *(na vlak itd.)* see off; accompany; **∼nja** escort; suite
praunučad great-grandchildren
praunuk great-grandson; **∼a** great-granddaughter
prav just, right; proper; genuine; real; actual
pravac direction
pravda justice; **∼ti se** quarrel
praved|an just; *(nepristran)* impartial; fair; **∼nost** justice
pravi the right one; true; original; authentic
pravica justice; right
pravič|an right, fair, just; **∼nost** justice, righteousness
pravil|an regular; **∼nost** regularity; **∼o** rule, principle; standard; regulation
praviti make, produce,

manufacture; create; form
pravni legal, judicial; **∼k** lawyer; **∼čki** legal
pravo right; justice; law; **∼doban** opportune; **∼dobno** in (on) time; **∼kut** rectangle; **∼kutan** rectangular; **∼kutnik** rectangle; **∼moćan** valid; **∼pis** spelling; orthography; **∼rijek** verdict; sentence; **∼slavan** Orthodox
praz|an empty, vacant; **∼nik** holiday; **∼nina** emptiness; **∼no mjesto** vacancy; **∼niti (se)** empty
praznovjer|an superstitious; **∼je** superstition
prčkati fumble
prčija dowry
prčiti *(usta)* pout
pre- *(previše)* too
prebaciti overturn; *(preko ramena)* throw over (the shoulder)
prebira|č sorter, picker; **∼ti** select, pick out
prebiva|lište home; residence; **∼ti** live, reside
prebje|ći run over; desert; **∼g(lica)** deserter; runaway
preboljeti get over, get well
prebrojiti count

precijeniti overrate, overestimate

preciz|an precise, accurate; **∼nost** preciseness

precrtati cross out, cancel, (*prerisati*) copy, trace over

prečac short cut

prečaga = prečka

preči more important

prečka rung; bar

prečuti not catch; ignore

pred before; in front of; **∼ 8 dana** eight days ago

preda|ja delivery; (*neprijatelju*) surrender; capitulation; (*usmena*) tradition; **∼ti** deliver; give up; hand over; **∼ti se** surrender, capitulate; **∼telj** deliverer; sender; **∼vač** lecturer; **∼nje** lecture; **∼vati** (*uručiti*) deliver; lecture

predbaci|ti, **∼vati** reproach

predbiljež|ba (advance) subscription; booking; **∼iti** subscribe (register) in advance

predbroj|iti se subscribe (to); **∼ka** subscription

predgovor preface; introduction

predgrađe suburbs; outskirts

predigra prelude

pred|io, **∼jel** region

predi|onica spinning-

mill; cotton-mill; **∼vo** yarn

predlaga|č proposer, promoter; **∼ti** suggest; propose

predložiti = predlagati

predmet object; subject; theme

predmnijevati suppose, presume

prednost preference; advantage; privilege; **dati ∼** favour; prefer

prednjačiti lead the way; *fig* take the lead

prednj|i front; leading; **∼a četa** avantgard; **∼a strana** foreground

predočiti show; produce; **∼ sebi** form an idea; figure oneself; imagine

predodžba idea; notion; conception

predomisliti se change one's mind

predosjećati have a foreboding

predrasuda prejudice; bias

predsjedni|štvo chairmanship; presidentship; **∼k** president, chairman

predsoblje hall

predstav|a performance; show; **∼iti** introduce; **∼ništvo** representation; **∼nik** representative

predstoj|ati be forth-

coming; **~nik** head, principal; manager
predstraža advance--guard
predujam advance
preduslov prerequisite
predusresti prevent; anticipate
preduvjet = preduslov
preduzimati undertake
predvečerje eve
predvesti bring (lead) before; bring in
predvi|djeti foresee; envisage; **~đanje** foreseeing; anticipation; **~đen** foreseen; anticipated
predvoditi lead the way; go ahead
predvorje vestibule; entrance-hall
preda yarn
prefrigan shrewd, clever; cunning
pregača apron; pinafore
pregaziti run down (over); *(vodu)* wade over
pregibati bend
pregled review, survey; synopsis; examination; **~an** synoptic; **~ati** look over; examine; survey; revise; *(ne opaziti)* overlook; **~avač** examiner; inspector; surveyor
pregorjeti *(vatra)* burn through; get over (a loss, etc)

pregovara|č negotiator; mediator; **~nje** negotiations; **~ti** negotiate
pregovori negotiations *(pl)*
pregra|da compartment; partition; *(mar* bulkhead; **~diti** partition off; reconstruct
pregršt handful; armful
prehlad|a cold; **~iti se** catch a cold
preina|čiti alter; remodel; reconstruct; **~ka** alteration; modification
prekapati dig up; rummage
preki|d interruption; break; **~d vatre** cease-fire; **bez ~da** continually; ceaselessly; **na ~de** on and off; **~dati, ~nuti** interrupt; discontinue; disconnect; break off
prekipjeti boil over
prekjuče(r) the day before yesterday
preklani the year before last
preklinjati implore
preklop|iti fold over; **~ni stolac** folding-chair
preko across; over; on the other side; **~ dana** during the day; **~ reda** out of one's turn
prekobaciti se turn a

preko|brojan supernumerary; odd; **~mjeran** immoderate; excessive; **~mjernost** excess; **~morski** oversea(s)

prekopati dig up; turn over the ground

prekoračiti overstep; *(kršiti)* transgress; *(račun)* overdraw; *(nadmašiti)* exceed

prekoriti blame; find fault with; rebuke

prekosutra the day after tomorrow

prekrasan wonderful; magnificent

prekrca|ti trans-ship; **~vanje** trans-shipment

prekretnica turning-point

prekriti cover (with)

prekrižiti se cross oneself

prekrstiti give another name; *(ruke)* cross one's arms

prekrš|aj offence; breach; transgression; **~iti** break; transgress; trespass

preksinoć the evening before yesterday

prekuhati boil (over again)

prekupac middleman

prelaz crossing; transit; *(preko pruge)* level crossing; **~iti** cross; go over;

exceed

preletjeti fly over

prelijevati se overflow; flood

prelomiti break in two

preljub adultery; **~nica** adulteress; **~nik** adulterer

prema toward(s); against; *(nasuprot)* opposite to; **~ tome** consequently; accordingly

premalo too little; **~ plaćen** underpaid

premašiti exceed; surpass

premazati smear; coat (all over)

premda (al)though

premetačin|a search; **nalog za ~u** search-warrant

premijera first-night

preminuti die, pass away

premišljavati consider, think over; hesitate

premjer|avati, *(iti* measure; survey; *(okom)* look one up and down (from top to toe)

premje|stiti remove; transfer; **~štenje** removal; transference

premlatiti beat all over; thrash

premoć predominance; superiority; overweight; **~an** superior; predominant

premor|enost overwork;
~**iti se** get tired; over-
work

premostiti bridge over;
span with a bridge

prenagliti se act rashly

prenap|eti stretch too
tightly; overstrain

prenapuč|iti over-popu-
late; ~**enost** over-popu-
lation

prenatovariti overload

prenatrpan overcrowded

prenemagati se affect

prenera|ziti astound; stu-
pify; stagger; ~**žen**
dumbfounded; staggered

prenijeti bring (carry)
over; convey; *math* carry
forward

prenoćiti spend the night

prenositi = prenijeti

prenosiv transferable

prenuti se wake up

preoblačiti (se) change
clothes

preobući = preoblačiti

preokrenuti turn over;
turn upside down

preokret revolution; sud-
den change

preopteretiti overbur-
den; overload

preorati plough up

preosta|li remaining; left
over; ~**tak** remnant;
remains (pl); ~**ti** remain
over, be left

preoteti snatch away
(from); ~ **maha** gain
ground; spread

prepasti startle; fright-
en

prepatiti suffer; endure
pain

prepečenica double dis-
tilled brandy

prepelica quail

prepeličar spaniel

prepiliti saw through,
saw up (in two)

prepir|ati se quarrel;
argue; ~**ka** quarrel;
dispute

prepis|ati copy; ~**ka**
correspondence

preplanuo suntanned

preplašiti frighten, scare;
~ **se** get frightened
(scared)

preplaviti overflow, flood

preplivati swim across

prepoloviti halve, divide
in two

prepona obstacle; (*utrke*)
hurdle

preporod renaissance, re-
vival

preporu|čen recommen-
ded; (*pismo*) registered;
~**čiti** recommend; (*pi-
smo*) register; ~**ka** rec-
ommendation

prepotentan presumpti-
ous; overbearing

prepoznati recognize

prepreden crafty, cunning

prepreka obstacle

preprijéčiti prevent; obstruct

preproda|ja re-sale; ~vač retailer; huckster; ~vati retail; re-sell

prepun too full; overcrowded; ~iti overfill

prepu|stiti leave (to); cede

preračunati convert

prera|dba remodelling; alteration; manufacture; ~diti re-make; manufacture

preran too early; premature

prerasti outgrow

prerez section; ~ati cut through

prerisati copy a drawing

prerušiti (se) disguise (oneself)

presa|diti transplant

presahnuti dry up

prese|liti move; ~ljenje removal

presene|ćen staggered; surprised; ~titi surprise; stagger

presijecati traverse, cross

presipa|ti shoot into another container

presjeći = presijecati cut

presk|akivati keep jump-

ing (over); ~očiti jump over

presluša|nje (cross-)examination; hearing; trial; ~ti (cross-)examine; interrogate

preso|liti over-salt; ~ljen over-salted

prestan|ak discontinuance; end; **bez** ~ka ceaselessly

prestati cease; stop; finish; ~ **raditi** stop work

presti spin; (mačka) purr

presti|ći, ~**gnuti** overtake; surpass

prestrašiti frighten; scare; startle; ~ **se** get frightened

prestupna godina leap-year

presud|a judgement; sentence; ~**an** decisive; ~iti pass judgement on; judge; bring a verdict

presušiti dry up; run dry

presvijetao too bright; most illustrious

presvlačiti change (clothes)

presvlaka (jastuka) slip

presvući = presvlačiti

preša press; (žurba) hurry; ~n pressed; (hitan) pressing, urgent; ~ti press

preštampati reprint

prešutjeti keep secret; conceal

pretakati pour out into another vessel; (*u boce*) bottle

preteći outrun; overtake; (*nadmašiti*) outdo; surpass

preteg|a overweight; ~**nuti** outweigh

pretek abundance; **imati na** ~ abound in

prete|zati ~ **-gnuti**; predominate; ~**žan** predominant; outweighing; ~**žnost** overweight; predominance

prethodn|an preliminary; previous; ~**iti** precede; lead the way

pretinac pigeon-hole; locker; drawer; **poštanski** ~ post-office box

pretio fat

pretis|ak re-print; ~**kati** reprint

pretjecati overtake

pretjeran exaggerated; ~**anost** extravagance; exaggeration; ~**ati** exaggerate; overdo

pretočiti = **pretakati**

pretovariti overload; transship

pretplaćen subscribed to

pretplat|a subscription; ~**iti se** subscribe to

pretpostav|ka hypothesis; supposition; presumption; ~**iti** suppose, presume; ~**ivši** sup-

posing

pretprodaja advance-sale; advance booking

pretra|ga search; ~**žiti** search

pretrčati run across

pretres|ati, ~ti discuss

pretrpjeti undergo; endure; suffer

pretvarati se pretend, feign, simulate

pretvoriti transform; turn into

preudati remarry

preudesiti alter, change; re-arrange

preuranjen premature

preure|đenje alteration; re-arrangement; ~**diti** alter; re-arrange

preveliča|ti exaggerate

preuzet|an presumptious; assuming; arrogant; ~**nost** presumption; arrogance; ~**i** take over

preuzima|nje taking over; ~**ti** = **preuzeti**

prevađati = **prevoditi**

prevag|a overweight; ~**nuti** turn the scale

prevaliti (*srušiti*) overthrow, overturn; upset; (*put*) cover a distance, travel; ~ **se** topple over (down)

prevar|a fraud; deception; swindle; ~**iti** cheat; deceive; swindle (out of);

∼iti se be mistaken; mistake, be wrong

prevejan cunning, crafty; **∼ac** crafty fellow

preve|sti (∼dem) translate; render into

preve|sti (∼zem) carry over; transfer; take over

previ|jati, ∼ti fold, bend; *(ranu)* dress

previnuti turn down; bend

previše too much

prevlačiti pull over; cover

prevlada|ti prevail, win; overcome

prevlaka slip, case; cover; *(tanka)* film; *geogr* isthmus

prevlast predominance; supremacy

prevodi|lac translator; interpreter; **∼ti** translate; interprete

prevoz transport; freight; **∼iti** transport; transfer

prevrat revolution; subversion

prevr|nuti ∼tati overthrow; overturn; upset; **∼nuti se** tumble (topple) down; **∼tljiv** fickle, inconstant, changeable

prevući = prevlačiti

prezime surname, family name

prezimiti spend the win-

ter; *(životinje u snu)* hibernate

prezir, ∼anje disdain, scorn, contempt; **∼an** contemptible, scornful; **∼ati, prezreti** contempt, scorn, look down upon

preživjeti survive; outlive

prhak crisp; *(zemlja)* loose

prhut dandruff, scurf

pri at, by, near; **∼ svemu tome** for all that

prianjati adhere; cling to; stick to

pribada|ča safety-pin; pin; **∼ti** pin; tack

pribaviti supply (with); provide; obtain

pribi|jati, ∼ti nail (to)

približ|an approximate; **∼avanje** approach(ing); **∼avati (se)** approach; draw near

pribor accessories *(pl)*; outfit; trimings *(pl)*; appliances *(pl)*; **∼ za jelo** cutlery; silverware

pribrajati add up (together); sum up

priča story; tale; **∼ti** tell a story; narrate

pričekati wait for

pričiniti se appear, seem

pričuva reserve; **∼ti** reserve for; save

pričvrstiti fasten; attach

prići come up to; approach

pridavati add; attribute

pridjev adjective

pridobiti win over; talk over

prido|ći, **~laziti** come (arrive) later on; **~šlica** newcomer

pridružiti (se) join

pridržati keep (back); not let go; *(pravo)* reserve (right)

prigibati (se) bend; stoop; bow

prignuti = prigibati

prignječiti press down; crush

prigod|a opportunity; occasion; chance; **~om** on the occasion of

prigovor|arati reproach; blame; find fault with; **~or** objection; criticism

prigrijati warm up; reheat

prigušiti smother; suffocate; *(glas)* subdue

prihod income; revenue; profit

prihvat|iti accept; seize; **~ljiv** acceptable

prijašnji former; previous

prijat|an pleasant; agreeable; **~elj** friend; **~eljski** friendly; **~eljstvo** friendship; **~i** suit; be to one's taste

prijav|a denunciation; report; **~iti** report; denounce; **~ni ured** registry (office); **~nica** registration form

prijaz|an kind, amiable; friendly; **~nost** kindness, amiability

prije before; ago; formerly; previously; **~ ili kasnije** sooner or later; **~ svega** first of all; **što ~ to bolje** the sooner the better

priječiti hinder; prevent, stop (from)

prijeći = prelaziti

prijedlog proposal; suggestion; *gr* preposition

prijekor reproach

prijelaz crossing; passage; *(pruge preko ceste)* level crossing

prijelom break; fracture; rupture

prijem reception; admittance

prijemnik (wireless, television) set

prijenos transfer(ence); transport; *math* carrying over

prijepis copy; transcription

prijeporan disputable; questionable

prijesto, ~lje throne; **~lnica** metropolis, capital

prijet|iti threaten; **∼nja** threat; menace

prijevara fraud, cheat; deception; swindle

prijevod translation

prijevoz transport; *(brodom)* shipping; **∼no sredstvo** vehicle; conveyance

prikaz account; review; **∼ati** represent; present; expose; *theat* perform; **∼ivanje** (re)presentation; show; performance

prikladan suitable, convenient; fit; proper; appropriate

prikloniti se lean to; show inclination for

priključ|ak connection; **∼iti** join to; connect

prikolica *(motocikla)* side car; *(automobila)* caravan; trailer

prikopčati buckle to; button up; fasten

prikovati rivet

prikratiti *(koga)* not give one his due; *(vrijeme)* pass the time

prikriti hide; cover

prikupiti collect

prilago|diti accomodate to; adapt; **∼diti se** get accustomed to; adapt oneself to

prilaz access; way to; **∼iti** approach; draw near

prilič|an fair; considerable; **∼no** rather; fairly; considerably

prilijepiti glue, paste, stick on; **∼ se** adhere; stick; **∼ ćušku** box one's ears

prilik|a opportunity, chance; occasion; **∼e** conditions; circumstances; **od ∼e, po prilici** about, approximately, roughly

priliv inflow; flux

prilog supplement; contribution; *gram* adverb; **u ∼u** enclosed; **govoriti u ∼** speak in favour of

prilož|en enclosed; added; **∼iti** enclose; add

priljepčiv contagious; infectious

priljubiti se cling to; snuggle to

prima|ći (se), ∼knuti (se) draw nearer; move closer

primalac receiver, recipient

primalja midwife

primam|iti lure; attract; tempt; **∼ljiv** attractive; alluring

primanje acceptance; reception; admittance; **soba za ∼** drawing-room

primati accept; receive; *(plaću)* draw

primicati se = primaći se

primijeniti apply (to)

primijetiti notice; observe

primirje armistice

primit|ak receipt; acceptance; ~**i = primati**

primitivan primitive

primjećivati = primijetiti

primjedba remark: comment; note

primje|na application; use; ~**nljiv** applicable; ~**njivati** apply (to)

primjer example, instance; **na** ~ for instance, for example; ~**ak** copy; specimen; sample; ~**an** model; exemplary; ~**en** fair; adequate; appropriate

primjesa mixture; ingredient

primka receipt

primorati force, compel

primorje seaside; littoral; coast

princip principle; **iz** ~**a** on principle

prin|esti, ~ositi contribute; give one's share

prinud|a compulsion; ~**an** compulsory; ~**iti** force; compel

prionuti tackle (work); work hard; *(prilijepiti se)* cling to; adhere

priopć|enje communication; announcement; ~**iti** announce; inform

pripadati belong; appertain to

pripasati girdle on; buckle on

pripasti = pripadati

pripaziti look after; keep an eye on

pripis|ati make a note; *(uzrok)* ascribe to; put down to; *(u zaslugu)* put to one's credit

pripit tipsy

pripitomiti tame

pripoj|enje annexation; ~**iti** annex

pripom|agati, ~oći help, assist, aid; ~**oć** help, aid, assistance

pripov|ijedati tell, narrate; ~**ijetka, ~ijest** story, tale; ~**jedač** story-teller, narrator

priprav|a preparation; ~**an** ready; handy; ~**nost** readiness; ~**iti** prepare; make (get) ready

priprem|a preparation(s); ~**ati** prepare

priprost simple, homely; primitive

pripu|stiti admit; let in;

~štanje admittance, admission

prirast increase; growth; **~i** grow together

prire|dba show; performance; **~diti**, **~divati** prepare, arrange

prirez additional tax, surtax

prirod crop, produce

prirod|a nature; **mrtva ~a** still life; **~opis** natural history (science); **~oslovac**, **~oznanac** naturalist

priruč|ik reference book; textbook; **~a knjižnica** reference library

prise|ći, ~gnuti swear, take an oath; **~ga** oath; (kriva) perjury

prisiliti compel, force

prisizati = priseći

priskrbiti procure; obtain

prisloniti (se) lean to (against)

prisluškiva|č eavesdropper; **~ti** eavesdrop

prispjeti arrive; get to; **~ na vrijeme** arrive in due time

prispodoba comparison

prista|janje fitting, fit; (pristanak) agreement; **~jati** fit; suit; go well with; (brod) land; **~nak** consent; agreement; **~-**

nište quay, pier; (zračno) airport, airfield

pristao handsome; neat

pristaša partisan; follower

pristati = pristajati; agree, consent

pristoja|n decent; proper; polite; courteous; **~ti se** be proper (decent)

pristojba duty; fee(s)

pristojnost decency; propriety; politeness

pristran partial; biassed; **~ost** partiality; bias

pristup admission; access; **~ zabranjen!** no admittance; **~ačan** accessible; within reach; **~iti** approach; come up to; join, enter

prisustvo presence; **~vati** be present; attend

prisutan present; **biti ~** be present at; attend

prisutnost = prisustvo; **~ duha** quick wit

prisvojiti usurp; claim

prišapnuti whisper into one's ear

prišarafiti screw up

prišiti sew on; stitch on

prišt pimple; **~av** pimple

prištedjeti save; economize

pritegnuti tighten

pritis|ak pressure; oppression; **~kati**, **~nuti** press (down); oppress;

weigh heavily on
pritjecati flow into
pritok tributary
pritrčati run up to
prituž|ba complaint; ~-
iti se complain
priuč|iti se get accus-
tomed (used to)
priuštiti *(nekome)* not
grudge one; **ja si to ne
mogu ~** I cannot afford
it
privatan private
privezati fasten, tie; bind;
(psa na lanac) chain
privid|an apparent; ~no
seemingly; apparently;
~nost illusion; pretence;
make-believe
priviđenje hallucination;
apparition
priviknuti se get accus-
tomed (used to)
privilegij privilege
privinuti embrace, hug
privjesak pendant; *(na
kovčegu)* tag
privlačan = privlačiv
privlač|iti attract, draw;
appeal to one; ~iv at-
tractive; ~ivost attrac-
tion
privo|la consent; ~ljeti
give one's consent, con-
sent; agree
privreda economy; ~n
economic; business
privremen temporary;

provisional
privrijediti earn, make
money
privržen attached (de-
voted) to
privući attract, draw
prizemlje ground floor;
Am first floor
priziv appeal
prizna|nje acknowledge-
ment; recognition; con-
fession; ~vati acknow-
ledge, recognize; con-
fess, admit
prizor sight; spectacle;
scene
prizvuk accompanying
sound
prkos spite; obstinacy;
~an obstinate; spiteful;
~iti defy; be obstinate
prlja|v dirty; foul; filthy;
~ti dirty; ~vština dirt;
squalor; filth
prnj|a rag; ~av tattered;
~e rags, tatters *(pl)*
proba trial; test; *theat*
rehearsal
probadati pierce; stitch
probati try; test; *(jelo)*
taste; *theat* rehearse
probav|a digestion; loša
~a indigestion; ~iti
digest; ~ljiv digestible
probijati penetrate; break
through; ~ **se** cut (fight)
one's way (through)
probisvijet vagabond;

good-for-nothing
probita|čan profitable; advantageous; **~k** prof-advantage
probiti = probijati
problem problem; **~ati-čan** problematic
problijediti turn (become) pale
proboj|an piercing; not proof to; **~nost** pene-trability
probosti = probadati
probuditi wake up; awake; **~ se** wake (up)
probušiti pierce; perfo-rate; *(kartu)* punch
procedura procedure
proces process; legal ac-tion
procesija procession
procijediti filter; strain
procijeniti evaluate; es-timate
procje|na estimate; **~njivati = procijeniti**
procuriti leak (out)
procvasti begin to bloom; *fig* flourish
pročelnik head; chief; principal
pročelje façade; front
pročistiti clean; purify; purge
pročitati read (through)
proći go (pass) by; *(ne-stati)* disappear; *(na ispitu)* pass (the exam)

proda|ja sale; **u ~ji** on sale; **~ti, ~vati** sell; vend; **~vač** seller; sales-man; shop-assistant; ven-dor; **~vačica** salesgirl, saleswoman; shop-assist-ant
prod|irati, ~rijeti pene-trate; break in (through)
prodoran piercing
prodrmati shake up
produbiti deepen; hol-low out
produ|cirati produce; manufacture; **~kcija** production; **~kt** prod-uct; **~ktivan** produc-tive; **~ktivnost** pro-ductivity
produ|ljiti, ~žiti length-en; prolong; extend
proda sale
profanirati profane
profesor teacher; *(sve-učilišni)* professor
profil profile
proganjati persecute; chase
proglas proclamation; manifesto; **~iti** pro-claim; issue a manifesto
progna|n exiled; banned; banished; **~nik** exile; expatriate; outlaw; **~ti** exile; banish
prognoza forecast
progon persecution; pur-suit; **~iti = proganja-**

ti; ∼stvo exile; banishment

progovoriti begin to speak; break silence

program program(me)

progres progress; advancement; ∼ivan progressive

progresija progression

progristi bite (gnaw) through

progunđati mutter

progurati push through

progutati swallow

prohodan passable

prohtjeti se have a mind (longing) after

proigrati gamble away

proizaći originate from; result from, follow

proizvađač producer

proizvesti = proizvoditi

proizvod product; produce; ∼iti produce; ∼nja production

projekt project

projicirati project

projuriti rush past; speed by

prokl|et damned; cursed; ∼eti, ∼injati damn, curse

prokopati dig through

prokrčiti clear; ∼ si put force one's way through, break one's way through

prokulica Brussels sprouts (pl)

prolaz passage, thoroughfare; transit; arcade; ∼an passing; transient; transitory; ∼iti pass by, go by; traverse; ∼nik passer-by

proleter proletarian

proli|jevati, ∼**ti** spill; (krv, suze) shed

prolistati put forth leaves; turn (over) the leaves (of a book), skim through

prolom oblaka cloud-burst

proljeće spring

proljev diarrhoea

promaknu|ti promote, advance; ∼će promotion, advancement

promaš|aj failure; ∼iti miss, fail; make a mistake

promatra|č observer; onlooker; ∼ti observe, watch

promećuran enterprising, pushing

promet traffic; (novca) circulation; (poslovanje) trade, business; (robe) turnover; **teretni** ∼ goods traffic; **putnički** ∼ passenger traffic; **zračni** ∼ air traffic; **povući iz** ∼**a** withdraw from circulation; ∼**na nezgoda** road accident

promicati further, promote, advance

promijeniti change, alter; *(novac)* change

promiješati mix (up); stir (up)

promi|sliti consider, think over; **~šljen** deliberate; cautious; **~šljenost** deliberation; consideration

promje|na change; alteration; **~nljiv** changeable; *(vrijeme)* unsettled; *(ćud)* inconstant; unstable

promjer diameter

promjeriti measure; *(koga okom)* look one up and down

promocija conferring of the degree; graduation

promoči|ti soak through; **~v** not waterproof

promrmljati mutter; mumble

promuk|ao hoarse, husky; **~lost** hoarseness, huskiness

pronaći find out; discover; invent

pronevjer|enje embezzlement; **~iti** embezzle

pronicav sharp, keen; clever; **~ost** insight, intuition; sagacity

proniknuti penetrate; see through one

propa|danje decay, decline; *(zgrade)* dilapidation; **~dati**, **~sti** decay,

decline; *(zgrada)* dilapidate; *(tlo)* sink; **~st** decline, ruin, catastrophe

propagirati propagate

propelo crucifix

propeti se rear (rise) on hind legs

propiliti saw through

propinjati se = propeti se

propis rule, regulation; **~ati** regulate; *(lijek)* prescribe

propitkivati se gather information; enquire about

propovijed sermon; **~ati** preach, deliver a sermon; **~aonica** pulpit

propovjednik preacher

propuh draught; **tu je ~** it is draughty here

propusnica pass, permit to pass

propu|st negligence, omission; **~stiti** omit; neglect (fail) to do; miss

proputovati travel all over

proračun estimate; calculation; **~ati** estimate; calculate

proreći foretell, predict, forecast, prophesy

prorez *(rupa)* slot, slit; *(ploha)* section

proricati = proreći

proro|čanstvo prophecy;

~k prophet; ~kovati = proreći

prosac suitor, wooer

prosijati sieve, sift

prosijecati cut through, intersect

prosijed greyish; grizzled

prosinac December

prosipati waste; scatter; spill

prositi ask, beg; *(djevojku)* woo, propose

prosja|čiti beg, live by begging; ~k beggar

prosje|čan average, ordinary; ~k the average; *(ploha)* section

proslav|a celebration, festival, commemoration; ~iti celebrate; ~iti se become famous

proslijediti forward

proso millet

prost rude, vulgar, common; ~ od free from; ~ narod mob; ~ak vulgar (rude) person; boor; ~aštvo, ~ota vulgarity; dirty (foul) speech; obscenity

prostirač mat, doormat; rug

prostirati *(stol)* lay

prostitutka prostitute

prostoduš|an naïve, straightforward; sincere; ~nost artlessness; naïvety; sincerity

prostor space, room; **zrakoprazan** ~ vacuum; ~ija room; *(radna)* premises *(pl)*

prostota vulgarity

prostran spacious, wide

prostrijeliti shoot through

prostrijeti = **prostirati**

prosuditi form a judgement (opinion)

prosuti = **prosipati**

prosvjećivati educate, enlighten

prosvjed protest; objection; ~ovati protest, object

prosvjeta education, enlightment; educational system; ~n educational

prošao past, by-gone; *(zadnji)* last; *(nedavan)* recent

prošetati take a walk, go for a walk

proširiti widen, stretch; expand

prošiti sew through, stitch through

prošli = **prošao**

prošlogodišnji last year's

prošlost past, past time

prošuljati se creep (steal) through

prošupljiti perforate, puncture

proteći flow by; *(vrijeme)* pass by; expire

protegnuti se stretch
proteza artificial limb
protezati se = protegnuti se
protiv against
protiv|an contrary; opposite; (nesklon) opposed; **~no** on the contrary; **~na stranka** the opposition; **~iti se** oppose; object to; **~nik** adversary, antagonist; opponent; **~nost** opposition; the opposite; contrast
protjecati = proteći
protjerati expel; drive away; banish
protkati interweave; streak with
protrčati run by (through)
protrljati rub, massage all over
protumačiti explain
protu|mjera reprisal, counter-measure; **~napad** counter-attack; **~otrov** antidote; **~pravan** unlawful, illegal; **~slovan** contradictory; opposing; **~sloviti** contradict; oppose; **~slovlje** contradiction; **~staviti se** be opposed to; resist; **~teža** counterpoise; counter balance; **~ustavan** unconstitutional; **~vrijednost**

equivalence; **~zakonit** illegal, unlawful
proučavati study, research; investigate
prouzro|čiti, ~kovati cause; bring about
prova bow, prow
proval|a eruption; outburst; (u kuću) breaking in, burglary; **~ija** abyss; **~iti** break in(to); burst into; erupt; **~nik** burglar
provesti (vrijeme) spend; (izvršiti) carry out; **~ se** (vožnja) go for a drive (ride); (zabava) enjoy oneself
providan transparent
providnost providence
provincija province; the provinces
provizija commission
provizoran provisional; temporary
provjeriti examine, check
provjeriti air; ventilate
provocirati provoke
provodadžija matchmaker
provoditi = provesti
proza prose; **~ičan** prosaic
proziran transparent; clear
proziv|anje, ~ka roll-call; **~ati** call the roll
prozor window; **staklo**

~a window-pane; **krilo**
~a casement; **gledati
kroz** ~ look out of the
window
prozračiti = provjetriti
prozreti look through,
see through
proždrljiv greedy, gluttonous; ~**ost** greediness,
gluttony
prožet imbued, permeated; ~**i** imbue, permeate
prsa breast, bust, bosom
prska|lica sprayer; ~**ti**
spray, sprinkle, splash
prsluk waistcoat
prsnuti explode, burst
prst finger; (*nožni*) toe
prste|n ring; ~**njak** ring-
-finger
pršut smoked ham
prtljag|a luggage; *Am*
baggage; **kola (vagon)**
za ~**u** luggage van
prtljati bungle; fumble
prtljažnik *Br* boot; *Am*
trunk
pruće brushwood
prud dune, sandbank
pruga (railway-)line;
stripe, streak; ~**st** striped, streaky
prut twig, rod; thin stick
pruž|ati, ~**iti** offer, hand
to; pass; ~**ati se** stretch;
extend
prvak *sport* champio**n**

prvenstvo priority; *sport*
championship; ~ **svijeta**
world championship
prvi (the) first
prvo first, firstly, in the
first place; ~**bitan** original, primary; ~**razredan** first-class, first-rate
prvorođen first-born
prž|en roasted; (*na roštilju*) grilled; ~**iti** roast,
fry, grill; (*sunce*) burn
pržolica roast beef
pset|ance puppy, doggie;
~**o** dog
psov|ati scold, rebuke;
blame; *coll* tell off; ~**ka**
oath, curse
pšenica wheat
ptica bird; ~ **selica**
migratory bird
publika public, audience
publikacija publication
puca|nj shot; ~**ti** shoot,
fire (a gun); (*staklo*) crack
puce button
pucketati crackle, pop;
(*jezikom*) click (smack)
one's tongue
pucnjava shooting, firing,
explosion
pučanstvo population;
inhabitants
pučina high seas
pučk|i popular; ~**a škola**
elementary (primary)
school
pući = pucati

puhati blow; puff, pant
puk common people; populace
puki mere
puknuti = **pucati**
pukotina crack, fissure, crevice; rift, gap
pukovni|ja regiment; ~k colonel
pumpa pump; ~ti pump
pun full, filled; ~a **žlica (košara)** a spoonful (a basketful)
punica mother-in-law
puniti fill up; stuff
puno much, a lot of, a great deal; ~glavac tadpole; ~ljetan of age; **postati** ~ljetan come of age; ~moć authorization; mandate; *com* procuration
pup bud
pupak navel
pup|ati bud, put forth buds; ~oljak bud
pura turkey-hen; ~n turkey-cock
pust waste; deserted
pusten felt, made of felt
pustinja desert; ~k hermit
pustiti leave, let go; abandon; ~ **na slobodu** set free; ~ **na miru** leave alone; ~ **unutra** admit, let in

pustolov adventurer; ~an adventurous; ~ina adventure
pustoš waste; ~iti devastate, lay waste
puš|ač smoker; ~iti smoke
pušk|a gun, rifle; ~arnica loop-hole; ~omet range
puštati = **pustiti**
put way; path; trail; *(putovanje)* travel, trip, journey, voyage; *(puta)* time; **jedam**~ once; **dva**~ twice; **tri**~ three times
pùt complexion, skin; **tamne** ~**i** dark-coloured; ~**en** sensual, carnal
putanja orbit
putn|i travel, travelling; ~**a karta** ticket; ~**ica** passport; ~**ik** passenger, traveller; **trgovački** ~**ik** commercial traveller, salesman
putokaz sign-post
putopis travel-book; travels *(pl)*
putova|nje travelling, trip, journey; *(morem)* voyage; ~**ti** travel
puzati crawl, creep
puž snail; *(bez kućice)* slug; ~**eva kućica** shell of a snail

R

rabat discount

rabin rabbi

rab|iti use, be used; **~ljen** used, secondhand

racija raid

racionirati ration

račun account, calculation; bill; *com* invoice; **položiti ~** render an account; **otvoriti ~** open an account; **stroj za ~anje** adding-machine, calculating machine; **~ati** calculate, do sums; **~ovodstvo** accountancy; **~ovođa** accountant

račvati se fork, bifurcate

rad work, labour; job

radi because of, on account of; **~ nas** for our sake

radije rather, sooner

radi|n industrious, diligent, hard-working; **~nost** industry, dilligence; **~onica** workshop; **~ti** work; do; labour; **~ se o** it is a question of

radn|i working; **~i dan** work-day, working day; **~a soba** study; **~ik** worker, workman; **~o vrijeme** working hours

radnja action; work; *(dućan)* shop

rado gladly, willingly

radost joy, delight; cheerfulness; **~an** glad, gay, joyful

radovati se be glad (of), rejoice (in); *(unaprijed)* look forward to

radozna|o curious, inquisitive; **~lost** curiosity, inquisitiveness

rađati give birth to, bear

rafin|erija refinery; **~irati** refine

rahitis rickets *(pl)*

raj paradise

rajčica tomato

rak crab; *(slatkovodni)* crayfish; *(bolest)* cancer

raka grave, tomb, sepulchre

raketa rocket

rakija brandy

ralica plough; *(za snijeg)* snowplough

ralje jaws *(pl)*

rame shoulder

ran early; **~ije** earlier; *(prije)* formerly, previously; **~o** early

ran|a wound, sore; injury; **~iti** wound, inflict wound; hurt

ranjav sore; ∼**ost** vulnerability

ranjen wounded; ∼**ik** wounded person

ranjiv vulnerable

rapsodija rhapsody

rasa race

rasadnik nursery(-garden)

rascijepati split, chop

rascvasti se burst into bloom (blossom)

rashla|diti chill; ∼**diti se** cool down (off); ∼**đivanje** cooling, chilling

rashod expenditure, expenses (pl)

rasip|an extravagant, wasteful; ∼**nik** spendthrift; ∼**ati**, waste, squander, be wasteful

rasje|ći cut up; split up; ∼**klina** cleft, fissure, rift

raskalašen dissolute, lascivious; ∼**ost** debauchery; lasciviousness

raski|nuti pull to pieces; tear asunder

raskliman shaky, rickety

raskol split; (politički) secession; (vjerski) schism, heresy

raskomadati break into pieces; ∼ **se** disintegrate, fall to pieces

raskopčati unbutton, undo

raskoračiti se stand astride

raskoš luxury; splendour; pomp; ∼**an** luxurious, sumptuous; profuse

raskrinkati expose, unmask

raskrstiti se break off relations (with)

raskršće cross-roads; crossing; intersection

raskuštrati dishevel, rumple

raskužiti disinfect

raskvašen sodden, soaked through

rasol pickle, brine

raspad crumbling, decay; ∼**ati se** crumble, fall to pieces; dilapidate

raspakovati unpack

raspaliti inflame with passion; stir up flames; make one's blood boil

rasparati unstitch, slit, rip

raspasti se = raspadati se

raspe|će crucifix; ∼**ti** crucify, nail to the cross

raspiriti stir up

raspit|ati se, ∼ivati se make enquiries, inquire after; ∼**ivanje** making enquiries

rasplakati se burst into tears

raspli|nuti fade away, dissolve; ∼**njivač** mot carburettor

rasplod breeding; ∼**iti se**

breed, multiply
raspodjela distribution
raspojasa|n dissipated;
~**ti se** dissipate
raspolagati dispose of,
have at one's disposal
raspoloviti halve, divide
(split) in two
raspolože|n disposed;
(dobre volje) in a good
mood; ~**n** in a bad
mood; ~**nje** temper,
mood; *(dobro)* high
spirits; *(loše)* low spirits
raspoloživ available
raspon span; range
raspored scheme, pro-
gram(me); plan; ~ **sati**
time-table; ~**iti** arrange,
sort out
rasporiti rip open (off);
(šav) unstitch
raspoznati recognize; dis-
cern; tell one from
another; identify
rasprav|a debate, discus-
sion; *(sud)* trial; *(pismena)*
treatise, paper; ~**ljati**
discuss, debate
raspremati clear away;
dismantle
rasproda|ja (clearance)
sale; ~**n** sold out; *(knji-
ga)* out of print; ~**ti** sell
out, sell off; clear out
stock
rasprost|irati se spread,
extend

rasprostra|niti spread out
(far and wide); ~**njen**
wide-spread
rasprsnuti (se) explode,
burst, blow up
raspršiti (se) dissipate,
scatter; disperse
raspu|can cracked, split;
~**cati**, ~**knuti** crack,
split; burst
raspu|stiti dismiss; ~**šten**
dismissed; undisciplined,
wild
rasrditi make angry, an-
ger; ~ **se** get angry
rast growth; ~ **i** grow
rasta|janje parting, taking
leave; ~**jati**, ~**ti se** part
with, take leave
rastaliti melt; *(rudaču)*
smelt; *(snijeg)* thaw
rastanak parting, taking
leave
rastapati melt, dissolve;
(rudaču) smelt; ~ **se od
milja** be in raptures
rastav|a divorce; ~**iti**
take to pieces; dismantle;
separate; ~**iti se** get
(obtain) a divorce; divorce; ~**ljen** divorced
rastegnuti stretch; draw
rasteretiti disburden, dis-
encumber, relieve of
burden
rastez|ati stretch, extend;
~**ljiv** elastic, tensile
rasti grow

rastjerati drive away, scatter, dispel

rastopi|ti dissolve; melt; thaw; ~v soluble

rastovariti unload

rastres|en absent-minded; distracted; ~enost absent-mindedness; ~ti distract; ~ti se amuse oneself, relax

rastrgati tear to pieces

rastrijezniti se sober (down)

rastrojen deranged; shattered

rastrošan extravagant; wasteful

rastužiti sadden, distress

rastv|arati decompose; dissolve

rastvoriti open, push open; gape

rasu|lo dissolution, decadence; falling to pieces; ruin; ~ti scatter, spill; (imetak) squander, waste

rasvijetliti light up, illuminate; brighten up

rasvjeta light(ing), illumination

raščlaniti divide into joints (sections); dismember

raščupati ruffle, dishevel

raširiti widen, broaden; extend, expand

rašlj|ast forked; ~ati se bifurcate; fork; ~e fork;

(vilinske) divining-rod, dowsing-rod

raštrkati scatter, disperse

rat war

rata instalment

ratar farmer; ploughman; tiller; ~ski agricultural; ~stvo agriculture; tillage

ratnik warrior; fighter

ratoboran militant; aggressive

ratova|nje warfare, war campaign; ~ti make war (upon), be at war (with)

ravan level, flat; (smjer) straight, right; (uspravan) upright; njemu ~ his equal

ravan plain, plateau

ravnalo ruler

ravnatelj head-master, director; principal

ravnati straighten, make even; ~ se follow one's example; conform to the rule

ravni|ca plain; ~na plane

ravno straight, direct; ~dušan indifferent, calm, unconcerned; ~dušnost indifference; ~pravan enjoying the same rights; ~teža equilibrium, balance

razab(i)rati discern, make out

razan different, diverse, various

razapet stretched; *(na križ)* crucified; ∼i stretch; *(na križ)* crucify; *(šator)* pitch; *(jedra)* spread

razapinjati = razapeti

razara|č destroyer; ∼nje destruction, devastation; ∼ti destroy, demolish, devastate

razaslati send out

razbac|ati throw (cast) about

razbaštiniti disinherit

razbibriga pastime

razbi|(ja)ti break in pieces, smash, shatter; ∼ti se *(brod)* be shipwrecked, suffer shipwreck

razbjesniti infuriate, madden; ∼ se get mad (enraged)

razbludan lascivious, sensual; immoral

razboj loom

razbojnik robber, bandit

razboljeti se become (fall) ill

razbor common sense, reason; ∼it sensible, reasonable; ∼itost common sense

razdera|n torn; ∼ti tear (to pieces), rend

razdijeliti divide, sepa-

rate; distribute

razdioba distribution, division

razdjeljak *(kose)* parting

razdoblje period, era

razdor dissension, discord; split

razdragan overjoyed; delighted

razdraž|iti irritate, exasperate; provoke; ∼ljiv irritable; ∼ljivost irritability

razdv|ajati, ∼ojiti separate

razglas|iti spread (news); ∼ni uređaj public address system

razgled|ati view, look at; *(grad)* see the sights; ∼avanje sightseeing; ∼nica picture postcard

razgov|arati (se) talk, converse; discuss; ∼or talk, conversation; ∼or-ljiv talkative, communicative

razgranati se ramify, branch out

razgraničiti fix the boundaries

razi|ći se, ∼laziti se disperse, separate; break up

razina level

razjaditi se lose one's temper

razjariti enrage, infuriate;

~ se get enraged (furious); lose one's temper

razja|sniti explain; ~šnjenje explanation

razlaga|nje exposition, explanation; ~ti explain, expound

različak corn-flower

različ|an, ~it different, various; ~itost diversity, variety

razlijegati se resound, re-echo

razli(jeva)ti overflow; brim over

razlik|a difference; ~ovanje distinction, differentiation; ~ovati distinguish, differentiate; ~ovati se differ, vary

razlog reason; ground; cause

razlomak fraction

razl|ožiti = ~agati

razlupati break; crash; smash

razljutiti anger, make angry; annoy; *(jako)* enrage; ~ se get angry

razmak distance; interval

razmatra|ti consider; contemplate; view; ~nje consideration

razmazati spread (on, over)

razma|ziti spoil; ~žen spoiled

razmet|ati se show off,

brag; ~ljiv showing off, bragging

razmijeniti change, exchange

razmirica disagreement, dispute, quarrel

razmi|sliti consider; think over; meditate; ~šljanje consideration; **bez** ~šljanja without hesitation

razmjena exchange

razmjer proportion; ~an proportional, proportionate

razmnožiti se multiply

razmotati unfold, unpack; undo

razm|otriti = ~atrati

razmrsiti disentangle; unravel

razmrskati shatter, smash; fracture

raznolik various, diverse; heterogeneous; ~ost variety, diversity

raznos|iti deliver; run errands; ~ač errand-boy; deliverer

raznježiti se be moved; become effeminate

razočara|n disappointed; ~ti disappoint; ~ti se be disappointed

razonoda pastime; leisure

razoriti destroy, demolish

razoružati disarm

razotkriti disclose; expose; uncover

razraditi work out in detail

razred form; *Am* grade; *(soba)* classroom; *(vlak)* **prvi** ~ first class

razrediti classify, arrange; sort

razrez slit, cut; ~ati cut up, carve

razrijediti dilute

razriješiti unravel, unknot, solve; absolve; acquit

razrok cross-eyed; squint--eyed; ~o **gledati** squint

razrušiti pull down; wreck, demolish

razularen unbridled, unrestrained

razum intellect, reason, sense; **zdrav** ~ common sense; ~**an** reasonable, sensible

razum|jeti understand, comprehend; **krivo** ~**jeti** misunderstand; ~**ijevanje** understanding, comprehension

razuzdan dissipated; unrestrained; ~**ost** dissipation

razvali|na ruin, wreck; ~**ti** wreck, pull down

razvedriti se clear up; brighten up

razveseliti cheer up; give joy; gladden; ~ **se** be glad; cheer up

razvesti se divorce

razvezati untie, unbind, undo

razvi(ja)ti develop

razvlačiti draw out, extend; *(tijesto)* roll out

razvod divorce

razvodniti water, dilute

razvoj development, progress

razvrat corruption, immorality, debauchery; ~**an** rakish, dissipated; ~**nik** rake

razvr|či, ~gnuti dissolve; *(brak)* divorce; *(ugovor)* annul, cancel

razvrstati classify; arrange

razvući draw out, stretch; extend

raž rye

ražalostiti make sad, sadden, afflict; ~ **se** become sad (distressed)

ražanj spit; barbecue

ražar|en red-hot, white--hot; ~**iti se** become red-hot; glow

ražestiti se fly into a rage; lose one's temper

ražnjići slices of meat roasted on a skewer

rđa rust; ~**ti** rust; ~**v** rusty; corroded by rust

realan real; realistic; practical

rebro rib

recenz|ent critic, reviewer;
~ija review, criticism

recept *(za jelo)* recipe;
(liječnički) prescription

recidiva relapse

recipročan reciprocal

recit|acija recitation; **~irati** recite

rečen said, expressed;
~ica sentence; clause

reći say, tell; utter

red order; row; file;
string; range; series; **na
meni je ~** it's my turn;
po ~u by turns; **vozni
~** time-table

redak line; *(stih)* verse

redar keeper of order;
policeman; **~stvo** police

redatelj *(filmski)* director;
(kazališni) producer

redati arrange in rows

rediti put in order; tidy
up

redni broj ordinal number

redom one after another,
successively, by turns

redov|an, **~it** regular,
ordinary; **~no**, **~ito**
regularly, normally; **~itost** regularity

redovni|k monk, friar;
~ca nun

rediti = redati

reflektor spot-light

reform|a reform; **~irati**
reform

regenerirati regenerate

regent regent

regetati *(žaba)* croak

registrirati register

regrut recruit; **~irati**
recruit; enlist recruits

regul|aran regular; **~irati** regulate; control

reklam|a publicity; advertisement; advertising;
praviti ~u advertize

rekonvalescent convalescent

rekord record; **potući ~**
break the record

rektor vice-chancellor;
(počasni) chancellor; *Am
president; (u Škotskoj)*
rector

rekvirirati requisition

rekviziti requisites

relativ|an relative, comparative; **~nost** relativity

religi|ja religion; **~ozan**
religious

relikvija relic

remek-djelo master-
-piece

remen strap; belt; *(za
britvu)* strop

remorker tug(boat)

renesansa renaissance; revival

rentgen *(zrake)* X-rays;

~izirati X-ray; take an X-ray; ~ski X-ray; ~ aparat X-ray (apparatus)

renovirati renovate, restore

rep tail; (povlaka) train; (red ljudi) queue

repa turnip; (šećerna) sugar-beet

repatica comet

repatrirati repatriate

repertoar repertoire, repertory

represalije reprisals

reprezent|acija representation; ~ant representative; ~irati represent

reprodu|cirati reproduce; ~kcija reproduction

republika republic; ~nac republican

reputacija reputation

resa fringe; tassel; tuft

resiti adorn; decorate

restauracija restaurant; (obnova) restoration

restaurirati restore

restri|kcija restriction; ~ngirati restrict

rešet|ati sift; riddle; ~o sieve, riddle

rešetka grate, grating; wire-netting

retуширати retouch

reuma rheumatism

revan eager, keen; dilligent

revati bray

revidirati revise

revija review

revnost eagerness, zeal

revoluci|ja revolution; ~onar revolutionary; ~onaran revolutionary; ~onirati revolutionize

revolver revolver; gun

rez cut, gash, slash; incision

rezak sour, tart, biting

rezati cut, slice; carve

rezbari|ja carving; engraving; ~ti carve; engrave

rezervacija reservation, booking

rezervat reservation

rezervirati reserve; book

rezervni spare; ~ dijelovi spare parts

rezervoar reservoir, water-tank

rezidencija residence

rezign|acija resignation; ~iran resigned

rezolucija resolution

rezultat result; effect; consequence

režati snarl, growl

reži|ja (troškovi) overheads, overhead expenses; (film) directed by; (kazalište) production; ~ser (film) director; (kazalište) producer

riba fish; **~r** fisherman; **~renje** fishing, fishery; **~riti** catch fish, go fishing; **~rstvo** fishing trade

ribati scrub

ribič angler

ribnjak fish-pond

ribolov fishing

ricinus *(ulje)* castor oil

ridati sob

riđ reddish, ginger; **~okos** ginger-haired; red-haired

rigati vomit; belch; *(vulkan)* erupt

riječ word; term; expression; **časna ~** word of honour

rijedak rare, scarce; thin

rijek|a river, stream; **uz ~u** upstream; **niz ~u** downstream

riješiti solve; settle; attend to; **~ se** get rid of, rid oneself of; *(odlučiti)* make up one's mind

rijetko rarely, seldom; **~st** rarity

rikati roar

rilo trunk

rima rhyme

rimokatoli|čki Roman Catholic; **~k** Roman Catholic

rimski Roman

ris lynx

risa|č draftsman, designer;

~ti draw; **~rija** drawing

riskantan risky

ritam rhythm

ritati se kick; struggle

ritmički rhythmical

riziko risk; hazard

rizni|ca treasury; **~čar** treasurer

riža rice

rječit eloquent; fluent; talkative; **~ost** eloquence

rječnik dictionary; vocabulary; lexicon

rješavati = riješiti

rješenje solution; decision

rob slave; **~lje** slaves; **trgovac ~ljem** slave-trader; **~ovanje** slavery; **~ovati** slave

rob|a goods *(pl)*; merchandise; ware; **~na kuća** department store

robija hard labour

robiti rob, plunder, loot

rod *(spol)* sex; *gram* gender; **u ~u** related, akin; **~om** a native of

roda stork

rodan fertile; fruitful

rodbina relations, relatives, kin

rodilište maternity hospital (ward)

roditelj parent; **~i** parents

roditi bear, give birth to

rodni native; **∼ grad** native town; **∼ list** birth certificate

rodoljub patriot; **∼iv** patriotic; **∼lje** patriotism

rodom a native of

rodoslovlje genealogy, family tree; pedigree

rođak relation, relative, kinsman; **∼inja** relative, kinswoman

rođe|n born; **∼ndan** birthday; **∼nje** birth, delivery, childbirth

rog horn; (jelena) antler; **∼at** horned; (jelen) antlered

rogoboriti clamour (against), storm

rogoz bull-rush; **∼ina** rush-mat

roj swarm, flock; **∼iti se** swarm; teem (fig)

rok term, time-limit; **u ∼u od** within

roktati grunt

roman novel; **∼ u nastavcima** serial; **∼tičan** romantic

rominjati (kiša) drizzle; (potok) murmur, babble

roni|lac diver, plunger; **∼ti** dive, plunge

rop|kinja female slave; **∼ski** slavish

ropotar|ija scrap, lumber; **∼nica** lumber-room

rosa dew

roštilj grill, gridiron

rotkv|a (crna) black radish; **∼ica** radish

rov shaft; (rudnik) gallery, pit; **∼ati** dig up, root up, undermine

rovariti plot, scheme, conspire, intrigue

rovaš tally, score

rožnica cornea

rt cape, promantory

rub edge; rim; margin; border; (porub) hem

rubac handkerchief; kerchief, scarf

rubin ruby

rublje underwear; linen; (prljavo) washing; laundry

rubrika section; heading

ruča|k dinner, lunch; **∼ti** dine, have dinner (lunch)

ruč|ica small hand; small handle; **∼ka** handle

ručni manual, hand; **∼ rad** handicraft; needlework; **∼ sat** wristwatch

ručnik towel

ruda, **∼ča** ore, mineral; **∼r** miner; (ugljena) collier, coalminer; **∼rstvo** mining

rudast curly

rudnik mine, pit; (ugljena) colliery

rudo shaft, pole

rudokop mine

rugati se mock, make fun of, scoff
rugoba monster; scarecrow; *(nakaznost)* ugliness, monstrosity
ruho clothes, garments, attire
ruin|a ruin, wreck; ~i-rati ruin, wreck
rujan September
ruka hand; *(do ramena)* arm; *(šaka)* fist
rukav sleeve
rukavica glove
rukomet volley-ball
rukopis handwriting; manuscript
rukovati handle, operate; ~ se shake hands
rukovet handful
rukovodi|ti manage, guide, direct; ~lac manager; high official
rulja mob, rabble
rum rum
rumen red, reddish, flushed; ~ilo blush, flush; red colour; ~iti se blush, get red
rumunjski Roumanian
runo fleece
rup|a hole; gap; puncture; *(na brodu)* scuttle; ~ičav full of holes, perforated
rupčić handkerchief
ruski Russian
ruš|enje pulling down, demolition; ~evan dilapidated; ~evina ruin; ~iti pull down, demolish, destroy; overturn; ~iti se fall down; collapse; tumble down
rutav shaggy; hairy
ruža rose
ružan ugly, plain; nasty
ružičast rosy; pink
ružiti abuse, call names
ružmarin rosemary
rva|č wrestler; ~nje wrestling; ~ti se wrestle
rzati neigh

S

s, sa with
sabira|č collector, gatherer; ~ti collect, gather
sablast ghost, spectre, phantom; spook; ~an ghostly, weird
sabla|zan scandal; blasphemy; ~zniti se be schocked; ~žnjiv shocking, outrageous, scandalous
sablja sabre
sabor parliament, congress; *(crkveni)* synod
sabotira|ti sabotage; ~nje sabotage

sabra|n gathered; *(duhom)* concentrated; **~ti** gather; **~ti se** concentrate

sačinjavati form part of

sačuvati preserve, conserve; keep (from)

saće honey-comb

sad, sada now, at present, at the moment

sadašnj|i present, current, present-day; **~ost** the present time

sad|iti plant; **~nica** seedling

sadr|a plaster; **~eni ovoj** plaster-cast

sadrž|aj contents; substance; summary; **~avati** contain; hold; comprise; include; **~ina** volume

sađenje planting, setting

safir sapphire

sag carpet, rug

sagibati (se) bend

sagnut bent; **~i se** bend

sagnjiti rot, decay

sagraditi build, erect, construct

sagriješiti sin, commit a sin

sahran|a burial; **~iti** bury

saj|am fair, market; **mjesto ~ma** fair grounds; **~amski** fair; of the fair; **~mište** fair grounds

sakat crippled, mutilated;

~iti mutilate, maim

sakriti hide, conceal

saksonski Saxon

sakup|iti, ~ljati gather, assemble, collect

salama salami

salamura pickle

salata salad; *(glavatica)* lettuce

saldo balance

salitra saltpetre

saliven cast

salutirati salute

sam alone; sole; only; **~ac** *(neženja)* bachelor, single man; **~o** only; just; merely; **~oća** solitude, loneliness

samljeti grind

samoglasnik vowel

samo|ljublje egoism, selfishness; **~obrana** self-defence; **~pouzdanje** self-confidence; **~prijegor** self-denial, self-sacrifice; **~pregoran** self-denying, self-sacrificing; **~stalan** independent, emancipated; self-supporting; **~stan** monastery, friery; *(ženski)* nunnery, convent; **~ubojstvo** suicide; **počiniti ~ubojstvo** commit suicide; **~uprava** autonomy, home-rule; **~voljan** arbitrary; self-willed; obstinate

san sleep; slumber; dream

sanatorij sanatorium, *Am* sanitarium

sandala sandal

sanduk trunk, chest, case; **mrtvački** ∼ coffin; **poštanski** ∼ letter-box, pillar-box

sanen sleepy, drowsy

sani|rati sanify, improve; ∼**taran** sanitary

sankcija sanction

santa iceberg

sanjar|enje day-dreaming; ∼**ski** dreaming; ∼**iti** day-dream

sanjati dream

sanjiv sleepy, drowsy

sanjkati se sleigh, sledge

saobraćaj traffic, transportation, communication; intercourse; ∼**ac** traffic policeman

saon|e, ∼**ice** sleigh, sledge; toboggan

saopć|enje communication; announcement; ∼**iti** communicate; announce; make known

sapet tightened; *(svezan)* bound, tied; uncomfortable; ∼**i** tighten; bind, tie

sapun soap; ∼**ati** soap; lather; ∼**ica** soap-suds; lather

sardina sardine

sarka|stičan sarcastic; ∼-

zam sarcasm

sarma rolled leaf of sour cabbage stuffed with minced meat and rice

sasjeći cut up, cut in pieces; chop up

saski Saxon

saslu|šati lend an ear to; listen to; hear; ∼**nje** hearing; audience; trial

sasta|jati se meet regularly; ∼**nak** meeting; appointment; ∼**ti (se)** meet, encounter

sastav composition; structure; ∼**ak** composition; essay; draft, sketch; ∼**iti,** ∼**ljati** compose; construct; put together; join; draw up; ∼**ni** component, integral

sastojati se consist (of)

sastojina ingredient; component part

sasuti shoot out; *(na)* shower upon

sasvim entirely, completely; quite; fully

sašiti sew up (together)

sat clock; *(ručni)* watch, wrist-watch; *(vrijeme)* hour; *(obuka)* lesson, class, period; **svaki** ∼ every hour; ∼ **zaostaje** watch is slow; ∼ **ide naprijed** watch is fast

satelit satellite

satira satire

satnica time-table

satrti crush; break into pieces

saučesnik participant; *(krivac)* accomplice

saučešće condolence; sympathy

sav all, all the..., whole, entire

savez alliance, union; association; confederation; ~ni federal, allied, federative; united; ~nički allied; ~nik ally; ~ništvo alliance, confederacy

savijati bend, curve; roll; fold; wind; ~ se bend

savjest conscience, consciousness; ~an conscientious, scrupulous

savjet piece of advice; *(općenito)* advice, counsel; *(ljudi)* council; ~nik counsellor, member of a council, councillor; adviser; ~ovati advise; give a piece of advice; counsel

savladati conquer, overcome

savršen perfect, matchless; ~stvo perfection

sazidati build, erect, construct

saz(i)vati convene, call together, summon

sazreti ripen, mature

saža|lan pitiful, sympathizing; ~liti pity, have pity on, be sorry for; ~ljenje compassion, pity

sažeti contract; compress; condense; ~ ramenima shrug one's shoulders

scena scene; *(pozornica)* stage

scenarij scenario

se oneself, yourself, himself, herself, itself, ourselves, yourselves, themselves; **oni** ~ **vole** they love each other (one another)

sebe oneself; myself, yourself, himself, herself, itself, ourselves, yourselves, themselves; **on je izvan** ~ he is beside himself (with)

sebeljublje egoism

sebi to oneself; **imati na** ~ wear, have on; **doći k** ~ recover, come to

sebičan selfish; ~nost selfishness, egoism

secirati dissect

sedam seven; ~deset seventy; ~naest seventeen

sedef mother-of-pearls

sedl|ar saddler; ~ati saddle; ~o saddle

sedmi seventh

sedmi|ca week; ~čno weekly

sekcija section
seksual|an sexual; **~nost** sexuality
sekta sect
sekunda second
selica, ptica ~ migratory bird
seli|dba moving, removal; **~ti** move; change one's residence; *(ptica)* migrate
selo village; *(suprotno od grada)* the country
selja|čki peasant, rustic; **~k** peasant, farmer; countryman; **~kinja** peasant-woman, country-woman; **~štvo** peasantry; country people; farmers
semafor traffic lights, semaphore
senat senate
sendvič sandwich
senzaci|ja sensation; **~onalan** sensational
seoba = selidba
seoski village, country; **~ dvor** country-house, country-residence
septembar September
serija series
servil|an servile; **~nost** servility
sestr|a sister **časna ~a** nun; **~ična** cousin; **~ić** cousin; **~inski** sisterly
sezati reach; stretch out

sezon|a season; **~ski** seasonal
sfera sphere
sfinga sphinx
shema scheme; outline; plan
shodan suitable, proper, convenient; appropriate
shrva|n overpowered; crushed; broken; **~ti** overwhelm, overpower, crush
shvaća|nje comprehension, understanding; *(nazor)* view, idea; **krivo ~nje** misunderstanding; **~ti** comprehend, understand
shvatiti = shvaćati
si = sebi
sibirski Siberian
siciljanski Sicilian
sići descend, get down (off)
sićušan tiny, very small, minute
sidro anchor; **pustiti ~** drop anchor
siga stalactite, stalagmite
signal signal; **~izirati** signal, make signals
sigur|an sure, safe, secure; certain; **~nost** safety; certainty
sijalica (electric) bulb
sijamski Siamese
sijati *(svijetlo)* shine, glitter; *(sjeme)* sow; dis-

seminate; spread
siječanj January
sijed grey, grey-haired;
~**jeti** become (grow)
grey
sijelo meeting; *(sjedište)*
seat
sijeno hay
sijevati lighten, flash
siktati hiss
sila force; *(nasilje)* vio-
lence; vehemence;
strength; intensity; **konj-
ska** ~ horse-power; ~**n**
powerful, strong, mighty
silaz|ak descent, coming
down; ~**iti** = **sići**
siledžija tyrant, oppres-
sor, bully
siliti force, compel, make
one do
silnik = **siledžija**
silno powerfully, vio-
lently, tremendously
silom by force
silovati rape, violate
silovit violent, brutal,
tyrannical; ~**ost** vio-
lence, brutality
simbol symbol, sign; ~**i-
čan** symbolical
simetri|čan symmetrical;
~**ja** symmetry
simfonij|a symphony;
~**ski** symphonic
simpati|čan nice, attrac-
tive, likable; ~**ja** liking,
sympathy

simulirati simulate, feign,
pretend
sin son
sindikat syndicate, trade
union
sinoć last night, yesterday
evening
sinovac nephew
sinu|ti shine, flash; ~**lo
mi je** it dawned upon
me; it occured to me
sipa cuttle-fish
sipati strew, litter, spill
sipljiv asthmatic
sir cheese
sirena siren
siroče orphan
siroma|h poor man, beg-
gar; ~**si** the poor; ~**šan**
poor, needy; *(jadan)* mise-
rable, wretched; ~**štvo**
poverty, neediness; mis-
ery
sirot|a, ~**ica** poor wom-
an; ~**ište** orphanage
sirov raw, uncooked;
~**ina** raw material
sirup syrup
sisa breast, bosom, bust;
(vrh) teat, nipple
sisa|ljka sucker; pump,
suction-pump; ~**ti** suck;
~**vac** mammal
sistem system, ~**atičan**
systematic; ~**atizirati**
systematize
sit full; satiated; *(fig)* fed
up with, sick of, tired of

sitan minute, tiny; petty, trivial

sitni|ca trifle; **~čav** pedantic, hair-splitting; **~š** change; petty cash

sito sieve, riddle

sitost satiety, fill

situacija situation

siv grey; **~kast** greyish

sjaj radiance, brilliancy, brightness, shine; splendour; **~an** shining, radiant, brilliant

sjati (se) shine, blaze, beam; glitter

sjecište intersection, junction

sjecka|ti mince; hash; chop; **~no meso** minced meat

sjeća|nje memory; recollection; **~ti se** remember, recall, recollect

sjeći chop; (*rušiti*) fell (down)

sjed|alo seat; **~ište** seat; residence; (*glavno*) headquarters; **~iti** sit, be seated; **~nica** sitting, session; meeting; conference

sjediniti unite, join

sjekira axe, hatchet

sjeme seed; **~nje** seeds

sjemenište seminary

sjemenka grain of seed

sjena (*predmeta*) shadow; (*hladovina*) shade

sjenica (*ptica*) titmouse; (*vrtna*) bower

sjenik hay-loft, hay-barn

sjenilo (*lampe*) lamp-shade

sjenovit shady

sjesti sit down, take a seat, be seated

sjeta melancholy; sadness; low spirits; **~n** melancholic, moping, blue

sjetilo sense

sjetiti remind one of; **~ se** remember

sjetva sowing; sowing-time

sjever the north; **~ni** north, northern, northerly; **~njača** Pole-star; **~njak** north wind; **~oistočan** north-east, north-eastern; **~oistok** north-east; **~ozapad** north-west; **~ozapadan** north-western

skaka|ti jump, spring, leap, hop; **~vac** grasshopper, locust

skakutati hop, skip

skala scale

skameniti se stand petrified; be rooted to the ground

skandal scandal; **~izirati** scandalize; **~izirati se** be shocked; **~ozan** scandalous, shocking

skandinavski Scandinavian

skandirati scan

skanjivati se hesitate

skapavati starve; perish with (cold, hunger, thirst)

skela ferry, ferry-boat

skele scaffolding

skelet skeleton

skeptičan sceptical

skic|a draft, sketch; ∼irati sketch, make a sketch; make a rough draft

ski|dati, ∼nuti take down; (odjeću) take off; remove; (teret) unburden

skij|anje skiing; ∼aš skier; ∼ati (se) ski; ∼e skis (pl)

skit|alac, ∼nica vagabond, tramp; ∼ati se tramp, stroll; (lutati) wander, roam

sklad harmony, proportion; uniformity, concordance; ∼an harmonious; ∼atelj composer; ∼ati compose; ∼ba composition, piece of music

skladište warehouse, store-house; depot

sklanjati decline

sklapati fold; (ruke) clasp; (oči) shut, close; (ugovor) make

skliza|č skater; ∼k slippery, smooth; ∼lište skating-rink; ∼ljka skate; ∼nje skating; ∼ti se skate; slide; ∼v slippery

sklon favourable; (nekome) favouring; well-disposed towards

skloni|šte shelter; ∼ti se shelter; take refuge

sklonost favour; inclination

sklop complex

sklopiti = sklapati

skočiti jump, leap, spring

skok jump, leap; ∼ uvis high jump

skopčati clasp, button, hook

skorbut scurvy

skoro soon, in a short time, in the near future; (prošlost) lately; recently; (gotovo) almost, nearly

skorojević upstart

skoroteča messenger

skorup cream

skrać|enica abbreviation; ∼ivati = skratiti

skratiti shorten; abbreviate

skrb care; worry; ∼iti se take care; look after; worry; ∼nik guardian; tutor; ∼ništvo guardianship, tutorship

skrenuti turn; diverge, deviate

skretnica switch, point

skrivati hide, conceal

skrivi|ti be guilty; cause; **on je to ~o** it is his fault

skrižaljka table; schedule

skrlet scarlet fever

skrojiti cut out

skrom|an modest, humble; **~nost** modesty, humility

skrovi|šte hiding-place; shelter; **~t** hidden, secret

skroz through

skrš|en broken-hearted, heart-broken; **~iti** crush, shatter, overcome

skrupul|a scruple; **~ozan** scrupulous

skrušen penitent, repentant; humble; **~ost** repentance; humility

skrutiti se congeal; coagulate; stiffen

skucati scrape together

skuč|en cramped (up); restrained; restricted; **~iti** cramp up; restrain; restrict

skuhati boil; prepare; make

skulptura sculpture; (kip) statue

skup group; assembly

skup expensive, dear, costly

skupa together; jointly

skupan collective; joint, common

skupina group; cluster

skup|iti, **~ljati** gather, collect; assemble; (novac) raise

skupocjen precious, valuable

skupoća expensiveness, costliness; high cost of living

skupština meeting; assembly; gathering; congregation; convention

skuša mackerel

skvrčiti se shrivel, shrink, wrinkle

slab weak, faint, feeble; **~ašan** weakly; **~ina** flank, loins; **~iti** weaken; grow weak (feeble); **~o** poorly, weakly, badly; slightly; **~okrvan** anaemic; **~okrvnost** anaemia; **~ost** weakness, faintness, frailty; **~ouman** feeble-minded, half-witted, imbecile

slad malt

slad|ak sweet; **~iti** sweeten, sugar; **~okusac** gourmet; **~oled** ice-cream

slaga|r type-setter, compositor; **~rna** printing-house; **~ti** (tisak) set type; (na hrpu) pile (heap) up; (urediti) put in order; (smotati) fold up;

(reći laž) tell a lie; fib; ∼ti se agree with; harmonize; get along with; ne ∼ti se disagree with
slam|a straw; *(na krovu)* thatch; ∼nat straw; ∼nati krov thatched roof; ∼njača straw mattress, pallet
slan salted, salt; ∼a *(mraz)* hoar-frost
slanina bacon
slap waterfall
slast delight; sweet
slastičar confectioner; ∼na confectionery, cake-shop
slati send, dispatch
slatkiš sweet, sweetmeat
slatkovodan fresh-water
slava fame, glory; renown, popularity, reputation; ∼n famous, renowned
slavenski Slavonic, Slavic
slavina tap, cock, *Am* faucet
slav|iti glorify; *(svečanost)* celebrate; ∼lje triumph; festivities *(pl)*
slavo|dobitan triumphant; ∼hlepan ambitious; longing for fame; ∼luk triumphal arch
slavuj nightingale
sle|ći, ∼gnuti ramenima shrug one's shoulders
slediti se freeze

sleđ herring
slezena spleen
slič|an similar, like, alike, resembling; ∼iti resemble, be like (similar); ∼nost similarity, resemblance
slijed sequence, succession, continuity; ∼eći the following; ∼iti follow, come after
slijep blind; ∼i miš bat; ∼ac blind man
slijepiti glue (paste, stick) together
slijevati se flow into
slika picture; image; *(uljena)* painting; *(crtež)* drawing; ∼r painter, artist; ∼rstvo painting; ∼ti paint *(fig)* depict, portray
slikov|it picturesque; figurative; ∼nica picture-book
slina saliva; *(pljuvačka)* spittle; ∼v slobbery
slitina alloy
slobod|a freedom, liberty; ∼an free; ∼ni mislilac free-thinker; ∼no vrijeme spare time, leisure
slog syllable
sloga harmony, concord
sloj layer
slom fracture; break; crash; *(živaca)* breakdown; *(zdravlja)* col-

lapse; ~iti break; fracture; crash

slon elephant; ~ova kost ivory

slovački Slovak

slovenski Slovene

slovo letter; **veliko** ~ capital letter

slož|an harmonious; unanimous; ~iti = **slagati;** ~iti se come to an agreement, come to terms

slučaj chance, case; incident; *(nesretan)* accident; ~an accidental

sluga man-servant, boy; valet

sluh hearing; ear

sluša|č hearer, listener; student; ~lica *(telefona)* receiver; **objesiti** ~licu ring off; ~lice ear-phones, head-phones; ~teljstvo audience, public; ~ti listen to; *(pokoravati se)* obey

sluškinja maid-(servant); woman servant

slut|iti have a presentiment; *(zlo)* forebode; ~nja presentiment, forboding

sluz slime; *(iz nosa)* snot; ~av slimy; snotty

služavka = **sluškinja**

služb|a service; employment; post; situation; *(božja)* service, mass; ~en official; formal; ~enik employee; official; clerk; ~eno putovanje business (official) trip

služinčad servants *(pl)*

služiti serve; attend; wait upon; ~ **se** make use of, use; *(kod stola)* help oneself to

služnik porter

sljedbenik follower

sljepić blind-worm

sljepočica temple

sljepoća blindness

smaknu|će execution; ~ti execute, put to death

smalaksati weaken, lose strength, become exhausted

smanjiti diminish, lessen, reduce; restrict

smaragd emerald

smatrati consider, think, look upon as

smeće rubbish, litter, garbage; **kanta za** ~ dustbin, ashcan; **lopatica za** ~ dust-pan

smeđ brown; *(od sunca)* suntanned, sunburned

smekšati soften, mellow

smesti confuse, bewilder

smet|ati disturb, intrude; be in the way; *(priječiti)* hinder; *(dodijavati)* annoy; *(prekidati)* interrupt;

∼en embarrassed, confused, perplexed; **∼nja** disturbance, interruption, interference; hindrance; *(radio)* atmospherics (pl)

smežura|n wrinkled; shrivelled; **∼ti se** wrinkle; shrivel up

smicalica trick

smijati se laugh; *(grohotom)* roar with laughter

smijeh laughter, laugh; **prasnuti u ∼** burst out laughing

smiješak smile

smiješan funny, ridiculous, comical, amusing; *(glup)* silly, absurd

smiješati mix up

smiješiti se smile

smijuckati se giggle, chuckle

smilovati se feel pity on

smion brave, courageous, daring, bold; **∼ost** courage, bravery

smirak emery-cloth, emery-paper

smir|en appeased, quiet, calm; **∼iti** appease, calm

smisao sense; meaning; *(sklonost)* turn, taste

smjel = smion; ∼ost = smionost

smjena shift

smjer direction; course; trend; **∼ati** trend; tend towards; *(ciljati)* aim at;

∼nica trend; directive

smjesa mixture; blend; alloy

smjesta at once, immediately

smje|stiti lodge, accomodate, house; place; **∼stiti se** settle down; **∼štaj** position, situation; accomodation

smjeti be allowed (permitted), may; *(usuditi se)* dare

smočiti wet, moisten, make wet; drench

smočnica pantry, larder

smokva fig; fig-tree

smola resin; bitumen, pitch; **∼st** resinous; pitchy

smota|k bundle, roll; scroll; **∼ti** fold; roll up (in); wrap up

smotra review, inspection; muster

smračiti se darken, become dark

smrad bad smell (odour); stench

smrdjeti stink, smell badly

smrdljiv stinking, foul-smelling

smrkavati se = smračiti se

smrskati crush, smash

smršati lose weight, slim; grow thin

smrt death; ∼**an** deadly, fatal; ∼**na kazna** capital punishment; ∼**na osuda** death sentence; ∼**ni slučaj** (nesreća) casualty; ∼**nik** mortal; ∼**onosan** lethal, deadly, fatal; ∼**ovnica** death certificate

smrviti pound, crumble; crush

smrzavati se freeze; turn to ice

smrznuti se freeze to death; die by frost

smu|šen muddleheaded, confused; ∼**titi** confuse, bewilder; ∼**tljivac** trouble-maker, intriguer; ∼**tnja** intrigue, mischief, trouble

snabdijevati supply, provide

snaći se find one's way; orientate oneself

snaga strength; power; force

snaha daughter-in-law

snalaziti se = snaći se

snast (broda) rigging

snažan strong, vigorous, powerful

snebivati se be shocked

snesti (jaje) lay (egg)

snijeg snow; ∼ **pada** it snows

snijeti = snesti

snim|ati photograph, take a photograph; (film) shoot; ∼**ka** snapshot; photograph

sni|ziti lower; reduce; cut down; ∼**ženje** reduction

snop sheaf; bundle

snositi bear, stand, suffer, endure

snošljiv tolerant, indulgent; ∼**ost** tolerance

snovati plan; devise; plot, scheme

snovi dreams

snubiti (djevojku) woo; propose; (glasove) canvass, solicit votes

snužd|en depressed, dejected, in low spirits; ∼**iti se** become depressed; brood

sob reindeer

soba room, chamber; ∼ **za goste** spare room; ∼ **za primanje** reception-room, drawing-room; **radna** ∼ study; ∼**rica** chamber-maid

sobica small room, closet

sobovina sable (fur)

socija|lan social; ∼**list** socialist; ∼**listički** socialistic; ∼**lizam** socialism

sociolog sociologist; ∼**ija** sociology

sočan juicy

sok juice; (biljke) sap;

(pečenke) gravy, dripping
soko(l) falcon, hawk
sokoliti encourage
sol salt; ~**ana** *(uz more)*
salt-pan;   salt-works;
~**enka** salt-cellar
solidan real; sound, reliable; *(život)* regular
solidarnost solidarity
solika sleet
soliti salt, add salt
sotona satan, devil
sovjetski Soviet; *Ł* **Savez** the Soviet Union
sova owl
spajati join together, put
together, connect, combine
spaliti burn down; cremate
spar|an close, sultry, oppressive; stuffy; ~**ina**
sultriness, closeness
spas salvation; liberation;
~**avati**, ~**iti** save, rescue, deliver; **pojas za**
~**avanje** lifebelt; ~**itelj**
rescuer; Redeemer; ~**onosan** salutary, beneficial; *Ł* **ovo** the Ascension
spavać|i sleeping; ~**a
kola** sleeping car. sleeper;
~**a soba** bedroom; *(za
više ljudi)* dormitory
spavaćica nightdress
spavati sleep, be asleep;
(zimskim snom) hibernate

speci|fičan specific; ~**jalan** special, particular
spekulirati speculate
spiker announcer; news
reader
spilja cave
spirala spiral; ~**n** spiral
spis document, official
paper; ~**atelj** writer,
author
spiskati squander, waste
splasnuti deflate
splav raft; ~**ar** rafter
splesti knit; plait
spletka intrigue, plot;
~**riti** intrigue, plot
spljoštiti flatten
spočitavati reproach
spodoba figure
spoj combination, joining;
(veza) connection; **kratki** ~ short circuit; ~**iti**
join; connect; combine;
~**ka** tie, copula; ~**nica**
(riječi) hyphen; *(za papir)*
paper clip
spokoj|an calm, tranquil;
~**nost** tranquility, calm
spol sex; ~**ni** sexual;
~**ni organi** genitals
spolja outside, from outside; ~**šnost** the exterior, the outside
spomen *(sjećanje)* remembrance; *(predmet)* souvenir, keepsake; **nije vrijedno** ~**a** not worth
mentioning; ~**-ploča**

memorial tablet; ∼ik monument; ∼ut mentioned, above-mentioned; ∼uti mention

spominjati = spomenuti

spona copula; tie, clasp

spor slow; *(duhom)* slow-witted; ∼ **čovjek** sluggard, slow-coach

spor conflict, disagreement; dispute; ∼**an** controversial, disputable

sporazum agreement, understanding, settlement; ∼**an** agreeing to, consenting; **biti** ∼**an** agree to, consent; ∼**jeti** se come to an agreement, come to terms

spored|an secondary, subordinate; ∼**na ulica** side street

sport sport; ∼**aš** sportsman; ∼**ski** sport(s)

sposob|an capable, fit for, able; ∼**nost** ability, capability; skill; efficiency

spota|či se, ∼**knuti se** trip over, stumble

spozna|ja cognition; awareness; ∼**ti** become aware, comprehend

sprat = kat

sprava apparatus; appliance; gadget

sprd|ati se ridicule, mock, make fun of; ∼**nja**

ridicule, mockery

sprečavati = spriječiti

sprema readiness; *(znanje)* qualification; *(stvari)* equipment; ∼**n** prepared; ready; *(voljan)* willing

sprem|ati prepare, get ready; put in order, tidy; *(sobu)* do the room; ∼**ati se** prepare oneself, get ready; *(na neki čin)* be about to; *(zalihu)* store; ∼**ište** warehouse, store-room; ∼**nost** readiness

spretan skilful, clever

spreza|nje conjugation; ∼**ti** conjugate

sprijateljiti se make friends with

spriječiti prevent, hinder, obstruct

sprijeda in front of, before, ahead

sprov|esti *(vrijeme)* spend, pass; *(pratiti)* accompany, escort; *(život)* lead a life

sprovod funeral; ∼**ni list** bill of lading

sprtljati bungle

sprud sand dune

spržiti broil, roast; *(prejako)* overdo; *(opržiti)* burn; scald

spustiti let down; drop; ∼ **se** come down, descend; sink

spušta|nje sinking, falling, descending; ∼ti = spustiti

sputa|ti, ∼vati bind, fetter, chain

spužv|a sponge; brisati ∼om sponge

sram shame; ∼ežljiv shamefaced; *(plah)* shy, timid; ∼iti se be ashamed, feel ashamed; ∼ota disgrace; scandal; shame; ∼otan shameful, disgraceful; ∼otiti put to shame, disgrace; discredit

srasti se grow together, grow into one

srav|niti make level; *(sa zemljom)* raze; *(uporediti)* compare

sraz collision, crash; ∼iti se collide; clash

Srbi|ja Serbia; ∼janski Serbian; ∼n Serb

src|e heart; lupanje ∼a palpitation

srčan of the heart; heart; *(hrabar)* brave, bold; ∼ost courage, bravery

srdač|an hearty, cordial, affectionate; kind; ∼nost cordiality, amiability

srdit angry, cross; ∼i make angry, annoy; ∼i se be angry, get angry

srdžba, srditost anger

srebro silver

sreć|a *(u duši)* happiness; *(slučaj)* (good) luck; ∼om luckily, fortunately; na ∼u luckily; *(nasumce)* at random; ∼ka lottery-ticket

sred in the middle of

sredi|na middle, centre, *(Am* center) midst; ∼šnji central, middle; ∼šnjica head office; headquarters; ∼šte centre, middle; headquarters

srednji middle; medium; ∼ vijek Middle Ages; ∼ rod neuter

Sredozemno more the Mediterranean

sredst|vo means; medium; instrument; bez ∼ava resourceless, lacking means

sređen *(čovjek)* sedate, serious; *(uređen)* settled; classified

sresti meet, encounter, come across

sret|an happy; lucky, fortunate; ∼no! good luck!

sricati spell

srijeda Wednesday; čista ∼ Ash Wednesday

srkati sip

srn|a doe, roe; ∼dač buck, roe-buck; ∼etina venison

srod|an akin; related;

~nik kinsman, relative; **~nost** relationship, kinship

srok rhyme

srozati se collapse, topple down

srp sickle

srpanj July

srpski Serbian

srušiti pull down, demolish, fell; upset, knock down, overturn; **~ se** fall down; collapse

srž core, pith

stabil|an stable, firm; **~nost** stability

stab|lo tree; (*deblo*) trunk; **~ljika** stalk, stem

stadij stage

stadion stadium

stado (*goveda*) herd; (*ovca, itd.*) flock

staja stable; cowshed; (*svinjac*) pigsty

stajalište stop; station; (*pogled*) view-point, standpoint

stajati stand; (*cijena*) cost

stak|lar glazier; **~en** glass; (*pogled*) glazed; **~enik** greenhouse, hot-house; **~enina** glass-ware; **~o** glass; (*prozora*) window-pane; **~vina** broken glass

stalak stand; (*kipa*) pedestal; (*slikarski*) easel

stal|an stable, steady, permanent; **~ež** estate, order, class; **~nost** stability, permanency, continuity; **biti ~o** care about

staložiti se settle, be deposited

stambeni housing, residential

stan flat; *Am* apartment; lodging; **~ar** tenant, lodger; **~arina** rent

stanica station; **željeznička ~** railway station

staniol tin-foil

stanka pause; interval; break; intermission

stanodavac landlord

stanovati live, reside

stanovište standpoint, point of view

stanovit certain, particular

stanovni|k inhabitant, dweller, resident; **~štvo** population, inhabitants

stanj|e state, condition; situation; **biti u ~u** be able; (*sredstva*) afford to; **ona je u drugom ~u** she is pregnant, she is with child, she is in the family way

stapa|nje amalgamation; merging; **~ti** amalgamate, merge; blend

star old, aged; **~i vijek** antiquity; **~o željezo** scrap iron

star|ac old man; **~ački** of an old man; senile; **~ci** the old

staratelj guardian, tutor, trustee; **~stvo** guardianship, tutorship

starati se take care; attend to; see to; look after

staretinar old-clothes man; junkman; **~na** junkshop

starica old woman

stariti age, get (grow) old

starin|a antique; **~ski** antique; ancient; old-fashioned

starješina superior; senior; chief

staromodan old-fashioned; out of date

staro|sjedilac aboriginal, indigene; **~slavenski** old Slavonic

starost old age

stas stature; **~it** tall

stati stand; (uspravno) stand upright; (prestati) stop, halt; (imati mjesta) hold, have place; u ovu sobu stane 100 ljudi this room seats 100 people

statisti|čki statistical; **~ka** statistics

stativa (nogomet) goal-post

statu|s status, rank; **~t** statute

stav attitude; **~ak** mus movement

staviti put, place; lay; **~ na kocku** risk; **~ u neprilike** embarrass; **na stranu** put aside; **~ na raspoloženje** put at the disposal of; **~ u pokret** set (put) in motion; start

stavljati = **staviti**

stavka item; paragraph

staza path; trail; track

stečaj bankruptcy; insolvency; **pasti pod ~** go bankrupt

steći acquire, win, get, obtain

stega discipline; strictness

stegno thigh

stegnut drawn tight, tightened; **~i** tighten; draw tight; contract; (obuzdati) restrain

stenograf stenographer, shorthand writer; **~ija** shorthand; stenography; **~irati** take down in shorthand

stenjati moan, groan

stepen = **stupanj**

stepeni|ca step; stair; (ljestava) rung; **~ce** stairs, steps; **~šte** staircase, stairway

sterati se stretch; extend

sterilan sterile; barren

stez|anje contraction; tightening; (grčenje) cramp; fig restriction

~ati = stegnuti; **~nik** corset; girdle

stići arrive, come, reach, get to; *(dostići)* catch up with; *(zadesiti)* strike

stid shame; **~ me je** I am ashamed; **~ljiv** bashful; shy; shamefaced

stih verse, line; **~otvorac** versifier; *(podrugljivo)* rhymster

stijeg banner; standard; flag

stijena rock, cliff

stijenj wick

stil style; manner; **~istički** stylistic; **~istika** theory of style (writing), stylistics

stimulirati stimulate, rouse

stipendija scholarship, fellowship; bursary

stis|ak pressure, squeeze; **~ka** crush, press, jam; *(neprilika)* pinch; fix; **~kati** press, squeeze; *(gnječiti)* quash; *(šaku)* clench; **~nut** compressed, pressed, squeezed; **~nuti = ~kati**; **~nuti se** (tkanina) shrink

stišati quiet, calm

stizati = stići

stjeca|nje acquisition; gaining, winning; **~ti** acquire, gain, get, earn

stjenica (bed-)bug

sto a hundred

stô = stol

stočar cattle-breeder; rancher; **~stvo** cattle-breeding

stog stack; *(sijena)* hay-stack

stoga therefore, consequently

stogodišnji centenary; **~ca** hundredth anniversary, centenary

stoječke standing, erect

stoka cattle, live stock

stol table; **~ac**, **~ica** chair; *(bez naslona)* stool; **~ar** joiner, carpenter; *(za pokućstvo)* cabinet-maker; **~arija** joiner's workshop; **~na crkva** cathedral; **~no suđe** crockery; **~njak** table-cloth

stoljeće century

stonoga centipede

stopa *(mjera)* foot; *(trag)* foot-print, trace; **~lo** foot, sole

stopiti se melt; weld; unite

stotina a hundred

stovari|šte = skladište; **~ti** unload; discharge; dump

stožac *(sijena)* rick, stack; *(geom)* cone

stradati suffer

straga behind, at the back

of, in the rear

strah fear, fright; ∼**opočitanje** awe; reverence; respect; ∼**ota** horror, terror; ∼**ovit** dreadful, terrible, horrible, frightful

stramputic|a side-track; wrong way; **poći ∼om** go astray; take to evil courses

stran strange; *(inozeman)* foreign; outlandish

stran|a side; *(knjige)* page; **jaka ∼a** strong point; **slaba ∼a** weak point; **s jedne ∼e** *fig* on one hand; **s druge ∼e** *fig* on the other hand; **s moje ∼e** as to me, on my part; **šalu na ∼u** joking apart; **sa svih ∼a** on all sides, from everywhere; **držati se po ∼i** remain neutral, not take sides

stranac stranger; *(inozemac)* foreigner; alien

stranica page

stranka party; faction; *(na sudu)* party

strast passion; *(spolna)* sensuality; lust; ∼**ven** passionate; lustful, erotic

straš|an terrible, horrible, dreadful, frightful; ∼**ilo** scarecrow; fright; ∼**iti** frighten, scare, alarm; ∼**iti se** be frightened

(scared); ∼**ljiv** timid, fainthearted

strateg strategist; ∼**ija** strategics

stratište scaffold

straž|a watch, guard; *(vojnička)* sentinel, sentry; *(na brodu)* mast-head watch; **izmjena ∼e** changing the guard; ∼**ar** policeman, constable; ∼**arnica** sentry-box; watch-tower; ∼**ariti** keep watch, be on sentry-go

stražnji back, rear; ∼**ca** backside, buttocks, bottom

streha roof; eaves

strel|ica arrow; ∼**ovit** quick as lightning

strelja|na shooting gallery; rifle-range; ∼**ti** shoot; ∼**čka vještina** marksmanship

stremen stirrup

strep|iti be anxious about, fear for; *(drhtati)* tremble; ∼**nja** fear, anxiety, worry

stres|ti, ∼**ati** shake (off); ∼**ti se** shiver, shudder

strg|ati, ∼**nuti** tear (pull) off; *(masku)* unmask

stric uncle

stričak bot thistle

strići shear, clip; crop; ∼ **ušima** prick one's ears

strijel|a arrow; **tobolac za** ~**e** quiver; ~**ac** shooter; archer; **dobar** ~**ac** good marksman, good shot

strijeljati shoot; fire

strina aunt

strka rush; scramble

strm ~**enit** steep; ~**ina** slope

strmoglaviti (se) precipitate (oneself)

strn stubble; ~**ište** stubble-field

strog strict, severe, harsh; ~**ost** severity, strictness

stroj engine; machine; **parni** ~ steam engine; **pisaći** ~ typewriter; ~ **za pranje rublja** washing machine; ~**ar** engineer, machinist; *(kože)* currier; ~**arnica** engine-room; ~**na puška** machine-gun

strojiti *(kožu)* tan; curry

strojnica machine-gun

strojovoda engine-driver; *Am* engineer

strop ceiling

strp|jeti se be patient, have patience; ~**ljiv** patient; ~**ljenje**, ~**ljivost** patience

stršiti protrude, project, stand (jut) out

stručak stalk of flower; sprig

struč|an professional, expert; skilled; ~**njak** specialist, expert; connoisseur

strug lathe; plane; ~**ati** scrape, grate; plane

struja *(vode)* stream; current; ~**ti** stream, circulate, flow

struk waist; = **stručak**

struka line; branch of business (knowledge); profession

struna string; chord; *(konjska)* horse-hair

strunuti rot, decay; putrify

strunjača mattress

strvina carrion; carcass; ~**r** vulture

stub|e stairs; **niz** ~**a** flight of stairs; ~**ište** staircase

stu|cati, ~**ći** pound; ~**ći se** get bruised

studen cold; chill; *(hladan)* cold, chilly; ~**i** November

student student; ~ **medicine** medical student

stup *(drven)* post; *(zgrade)* column, pillar; ~**ac** column; paragraph

stupanj degree, grade

stupati march, pace, stride

stupica trap, pitfall, snare

stupiti make a step, step,

tread; **~ na snagu** become valid, come into force

stupnjevati grade; compare

stvar thing; matter, object; stuff; **~an** real, actual; **~ati** create; form; make; **~no** actually, really, in fact; **~nost** reality, actuality

stvor, ~enje creature, being, man; **~itelj** creator; originator; **~iti** create, form, make; **~ se** appear suddenly

subot|a Saturday; **~om** on Saturdays

subvenci|ja subsidy, grant; **~onirati** subsidize

sučelice facing, opposite to

sućut sympathy; condolence; **izraziti ~** express sympathy, condole

sud law-court, court of justice; tribunal; (nazor) judgement, opinion; (posuda) container; **~ac** judge, justice; magistrate; (nogomet) referee; (tenis) umpire

sudar collision, crash; **~iti se** collide, crash, smash

sudben court, judicial, legal; **~i postupak** legal proceedings

sudbina fate, destiny; fatality

sudbonosan fatal, ominous

sudionik participant; partner

suditi (na sudu) try; sit in court; hear the case; give (pass) judgement; (prosuditi) consider; judge; estimate

sudjelova|nje taking part, participation; **~ti** take part, participate

sudnica courtroom, court

sudnji dan doomsday

sudoper sink

sudsk|i court, judicial, juridical; **~a rasprava** hearing, trial; **~i nalog** warrant; **~i praznici** court vacation

suđe dishes; vessels; kitchen utensils; (porculan) crockery

suđenje trial

suge|rirati suggest; **~stija** suggestion; **~stivan** suggestive

suglas|an agreeing with; agreeable to; **~iti se** agree, be agreeable to; **~nost** agreement, consent, accord

suglasnik consonant

sugrađanin fellow-citizen

suh dry; (uveo) withered, shrivelled; (čovjek) thin,

lean, slender; ~o zlato
pure gold; **~o meso**
smoked meat; **~oparan**
dry, dull; monotonous

sujeta vanity, conceit;
~n vain, conceited

sujevjer|an superstitious;
~je superstition

sukno cloth, woolen fabric

suknja skirt

sukob conflict, clash;
collision; **~iti se** conflict, clash, collide

sukrivac accomplice, accessory

sulica lance, spear

sumnj|a suspicion, doubt;
~ati doubt, suspect;
~ičav suspicious, doubting; **~iv** suspect, suspected; dubious

sumor|an sombre, dull,
gloomy; **~nost** gloom,
depression

sumpor sulphur, brimstone; **~an** sulphuric

sumra|čan dusky; **~k**
twilight, dusk; **~k se**
hvata night falls

sunarodnjak fellow-countryman, compatriot

sunc|e sun; sunshine; **~o-**
bran sunshade; **~okret**
sunflower

sunča|n sun, sunny; **~na**
pjega freckle; **~nica**
sun-stroke; **~nje** sun-

-bathing, lying in the
sun; **~ti se** sunbathe, lie
in the sun

suoč|enje confrontation;
~iti confront, meet
(bring) face to face

suparni|k rival, competitor; (neprijatelj) enemy,
adversory, opponent; **~**
štvo rivalry, antagonism

supotpisati countersign

suprot|an contrary, opposite; **~nost** the opposite, the contrary

suprotstaviti se oppose,
withstand, resist

suprug husband; **~a** wife

suptil|an subtle; **~nost**
subtlety

suputnik fellow-traveller

surad|nik collaborator;
co-operator; **~nja** collaboration

suradivati collaborate,
co-operate

surla trunk

surogat substitute

surov rude, brutal, gross;
~ost brutality

susjed neighbour; **~an**
neighbouring, next-door;
~stvo neighbourhood

susre|sti meet, come across, encounter; **~t**
meeting, encounter; **~**
tljiv obliging, helpful

sustati become tired;
slacken off

sustav system; method;
~**an** systematic, metho-
dical

sustići catch up with

suš|a drought; want of
rain; dryness; (*sjenik*)
shed, barn; ~**en** dried;
(*na dimu*) smoked; ~**ica**
consumption, tuberculos-
is; ~**ičav** consumptive;
~**iti** dry; (*meso*) smoke

suština essence, substance

suton twilight, dusk

sutra tomorrow; ~**dan**
the next day; ~**šnji**
tomorrow's

suvislo coherently; ~**st**
coherence

suviš|ak surplus, excess;
~**an** superfluous; ~**e**
too much, in excess,
excessively; ~**nost** su-
perfluity, excess

suvremen contemporary;
modern, present-day,
current; ~**ik** contempo-
rary

suza tear

suzbi|jati, ~**ti** beat back;
repulse; withstand, resist

suziti shed tears, run with
tears; (*opseg*) make nar-
rower; limit; (*odijelo*)
take in

sužanj captive; prisoner;
slave; ~**stvo** captivity;
slavery

svadb|a wedding; marri-

age; ~**eno putovanje**
honeymoon

svad|iti se quarrel; fall
out; ~**ljiv** quarrelsome

svađa quarrel; dispute;
discord; row; ~**ti se** =
svaditi se

svagda always, ever; **za**
~ for good; ~**šnji** every
day; daily

svagdje everywhere

svakakav all kinds of;
various

svak|ako at any rate; by
all means; (*sigurno*)
certainly; ~**i** every;
each; ~**idašnji** every-
day; **u** ~**o doba** at any
time; ~**odnevni** every-
day, daily; ~**ojaki** of
all kinds, various; ~**uda**
everywhere; in all diren-
tions

sva|liti, ~**ljivati** topple
down; overturn; ~**liti**
krivnju na lay the
blame on

svanu|će dawn; break of
day, daybreak; ~**ti** dawn

svariti stew; brew; (*ko-
vinu*) weld

svašta all kinds

svat wedding guest —

svatko everyone, every-
body

sve all, everything

svečan solemn, festive;
~**ost** festivity; feast;

celebration

svećen|ik priest; clergy-
man; ~**stvo** clergy

svejedno nevertheless; all
the same; still

sve|kar father-in-law; ~-
krva mother-in-law

svemir universe; space

svemoć omnipotence, al-
mightiness; ~**an** omni-
potent, almighty

svemoguć = svemoćan

svesrdan cordial

svesti deduce; attribute

svestran manysided; ver-
satile; universal; ~**ost**
versatility; universality

svet saint, holy, sacred;
~**o pismo** the Bible;
the Scriptures; ~**o troj-
stvo** Holy Trinity; ~**ac**
saint, holy man; (*zaštit-
nik*) patron saint; (*blag-
dan*) holiday; ~**inja**
sacred thing; ~**ište**
shrine, sanctuary; ~**ko-
vati** celebrate; observe
a holiday; ~**kovina**
holiday; ~**ost** sanctity;
holiness

sveučilište university

sveukupan total, entire,
whole

sveza connexion; associa-
tion; ~**k** volume; ~**ti**
bind, tie, fasten

svežanj bundle; parcel

svi all; everbody

svibanj May; ~**sko drvo**
May-pole

sviđati se like; please; **to
mi se sviđa** I like it

svijati bend, ply, curve

svijeć|a candle; ~**njak**
candlestick

svijest consciousness; **iz-
gubiti ~** faint (away);
~**an** conscious, aware

svijet world; the universe;
(*ljudi*) people

svijet|ao bright, light;
~**liti** shine; cast light;
~**lo** light; (*dnevno*) day-
light; **sjeverno ~lo**
Northern lights

svil|a silk; (*umjetna*) ray-
on, artificial silk; (*sirova*)
raw silk; ~**en** silk; silky;
~**ena buba** silk-worm

svinuti = svijati

svinj|a pig, hog, swine;
~**ac** pigsty; ~**arija** filth-
iness, dirty mess; (*riječi*)
obscenity; (*postupak*)
shameless (mean) treat-
ment (trick); ~**etina**
pork

svira|la pipe; flute; ~**ti**
play

Svisveti All Saints' Day

svita suite

svitak roll, coil

svitati dawn

svizac marmot

svjedočiti bear witness
to, give evidence

svjedodžba *(školska)* report; *(isprava)* certificate, testimonial

svjedok witness; *(očevidac)* eye-witness

svjetiljka lamp; lantern; *(džepna)* torch

svjetina mob, populace, rabble

svjetionik lighthouse; beacon

svjetl|ost light; daylight; *(sjaj)* brightness; ~u**cati** glitter, glimmer, sparkle. twinkle

svjetov|an secular, lay, wordly; ~**njak** layman

svjetsk|i world, world-wide; universal; cosmopolitan; on je ~**i čovjek** he is a man of the world; ~**i rat** World War; ~**o prvenstvo** world championship; ~**a trgovina** world trade; ~**o tržište** world market

svjež fresh; new; *(hladan)* cool, chilly; ~**ina** freshness; coolness, chill

svlačiti (se) undress; take off clothes

svladati conquer, vanquish, beat, overcome; ~ **se** keep one's temper

svod vault; *(luk)* arch, arcade

svodnik procurer

svoj one's own

svojatati claim unjustly; usurp

svojeglav obstinate, stubborn, wilful; ~**ost** obstinacy

svojevoljan arbitrary; *(rado)* voluntary

svojina property, possession

svojstv|o characteristic, trait, property, quality; ~**en** characteristic, distinctive, peculiar

svota sum, total; amount; **okrugla ~** lump sum

svrab itch; scab

svraćati divert; *(pozornost)* call (draw) attention; ~ **se** = **svratiti se**

svraka magpie

svratište inn; hotel

svratiti se drop in, come to see; call on (at)

svrbjeti itch

svrdlo bore

svrgnuti *(s prijestolja)* dethrone; depose

svrh|a purpose, aim, object, end; **bez** ~**e** with no purpose; aimless(ly)

svrš|avati, ~**iti** end, finish, complete, conclude; ~**etak** end, finish completion, close

svući = **svlačiti**

svuda everywhere, all over, throughout

svukuda = **svuda**

Š

šablona stencil; model; pattern

šah chess; ~ovska ploča chessboard; ~ovska figura chessman

šaka fist

šakal jackal

šal scarf, shawl

ša|la fun, joke, jest; ~liti se joke, jest, crack jokes; ~ljiv humorous, funny

šalica cup

šampanjac champagne

šampionat championship

šampon shampoo; prati ~om shampoo

šanac trench; (oko utvrde) moat

šapa paw

šap|at whisper; ~nuti whisper; ~tati whisper; theat. prompt; ~tač, ~talac prompter

šara hue, tinge

šaraf screw; ~iti screw

šaran carp

šaren multi-coloured

šarka hinge

šarlah scarlet fever

šaš reed, bulrush

šašav crazy

šator tent

šav seam

ščepati seize, grab, grip, catch hold of

šćućuriti se crouch, squat

šećer sugar; ~na repa sugar-beet; ~na trska sugar-cane; ~ana sugar refinery; ~iti sugar, sweeten

šegrt apprentice; ~ovati be apprenticed to

šenut crazy, mad; ~i go mad, become insane

šepa|ti limp; ~v lame, limping

šepiriti se strut about, swagger

šeprtlja bungler, fumbler

šesnaest sixteen

šest six; ~i the sixth

šest|ar, ~ilo pair of compasses

šešir hat

šet|ač, ~alac walker, stroller; ~alište promenade, walk; ~ati se walk, stroll; ~nja walk, stroll; ići na ~nju go for a walk

ševa (sky-)lark

šezdeset sixty

šib|a rod, birch; ~ati flog, birch; ~ica match; ~lje brushwood; (za pletenje) wicker

šifra code, code-letter; cipher

šija nape

šikara coppice, underwood, thicket

šiknuti gush forth, squirt

šilo awl

šilja|k point, end; peak; ~st pointed

šiljiti sharpen, point

šindra shingle

šinja rail

šipak hip; haw

šipka rod; bar; ingot

šir|enje spreading; expansion; ~ina width, breadth; stretch; ~iti (se) spread, propagate; (proširiti) extend, expand; widen; ~ok wide, broad; ~okogrudan liberal, broad-minded

širom (otvoren) wide open

šiša|nje (kose) hair-cut; (ovaca) shearing; clipping, cropping; ~ti cut hair; crop; shear; clip

šišmiš bat

ši|ti, ~vati sew, stitch; ~vaća igla sewing-needle; ~vaći stroj sewing-machine; ~vanje sewing

škaklj|ati tickle; ~iv ticklish

škare a pair of scissors (shears)

škilj|av squinting, cross-eyed; ~avost squint; ~iti squint, be cross-eyed

škod|a damage, harm; ~iti damage, do harm, be harmful; ~ljiv injurious, harmful

škola school; ~rina tuition fee, school fee

školova|nje schooling; ~ti school, teach; train; ~ti se receive one's education

školjka shell

škopiti castrate, geld

Škot Scot, Scotsman; ~ska Scotland; ~ski Scottish

škrebetaljka rattle

škrga gill

škrgutati grind one's teeth

škriljevac slate

škrinja chest

škripa|c scrape, fix, pinch; **natjerati u** ~c corner, press hard; ~ti creak, crunch; (cipele) squeak

škrlet scarlet fever

škrob starch; ~iti starch

škropi|lo sprinkler; ~ti sprinkle; spray

škrt mean, stingy; miserly; ~ac miser; ~ost stinginess

škulja hole, gap

škver ship-yard, dockyard

šljaka dross, slag

šljem helmet

šljiv|a plum; (suha) prune; (stablo) plum-tree; ~o-

vica plum-brandy
šljuka snipe
šljunak gravel, pebbles (pl)
šminka make-up; ~ti make up
šmrkav snotty
šofer driver, chauffeur
šogor brother-in-law; ~ica sister-in-law
šojka jay
šopati cram, stuff
špaga string
Špan|ija Spain; ~jolac Spaniard; i jolski Spanish
šparga asparagus
šperploča plywood
špijun spy; ~aža espionage
špilja cave, cavern, grotto
špinat spinach
šta = što
štafeta relay race
štagalj barn, shed
štaka crutch; (visoka) stilt
štakor rat
štala stable; cow-shed
štampa press; printing-press; ~r printer; typesetter; ~rija printing-house; ~ti print
štand stand
štap stick; walking-stick; ~ić baton
štaviti tan
šted|ionica savings bank; (kutija) savings-box; ~

jeti save, economize; ~ljiv saving, thrifty, economical; ~ljivost thriftiness, economy; ~nja saving, economy
štednjak kitchen range
štektati yelp
štene puppy, young dog
šteta damage; harm; kakva ~! what a pity! ~n harmful; (po zdravlje) unwholesome
štet|iti damage, harm, hurt; ~ovati suffer damage (loss)
štićenik protégé, favourite
štipati pinch; nip
štirka starch; ~ti starch; stiffen with starch
štit shield; ~iti protect; shield; defend, guard; ~onoša shield-bearer
štivo reading-matter
što what; ~ (prije) to (bolje) the (sooner) the (better); ~god whatever, whatsoever
štoperica stop-watch
štošta all kinds of things
štova|lac admirer; ~n respected, esteemed; ~nje esteem, respect, regard; ~telj = ~lac; ~ti respect, esteem, honour
štrajk strike; walk-out; ~aš striker; ~ati strike

štrca|ljka syringe; sprinkler; atomizer; **~ti** spurt, jet; sprinkle

štropot clatter, noise

štuca|ti hiccup; **~vica** hiccup

štuka pike

štula stilt

šubara fur-hat (cap), busby

šuga mange; scab; **~v** mangy; scabby

šuljati se sneak; slink

šum noise, murmur; rustle

šuma wood(s); (velika) forest; **~r** forester; **~rstvo** forestry

šumjeti make a dull noise; rustle; roar

šumovit wooded, afforested; **~ kraj** woodland

šunka ham

šupa shed

šup|alj hollow; (zub) rotten, decayed; fig empty, shallow; **~ljikav** porous; perforated; **~ljikavost** porosity; **~ljina** hollow, cavity, pit

šurjak brother-in-law; **~inja** sister-in-law

šurovati plot, scheme

šuš|anj rustle, rustling; **~kati** rustle; (šaptati) whisper

šut|jeti be silent, hold one's tongue; **~ljiv** quiet, reserved, taciturn; **~nja** silence

Šve|dska Sweden; **~danin** Swede; **ž dski** Swedish

šve|lo sewing; needlework; **~lja** dressmaker; seamstress

Švicar|ska Switzerland; **~ac** Swiss; **ž ski** Swiss

švrljati loiter, stroll

T

ta well, why, still; this

taban sole

tabela list, tabulated list; schedule

tabl|a board; (školska) blackboard; **~ica** late; **logaritmičke ~i** ε logarithmic tables

tabor camp, encampment

tabu taboo

tačan exact, accurate; punctual, precise

tačk|a stop, full stop; dot; (decimalna) point; **~a i zarez** semicolon; **dvije ~e** colon

tačnost punctuality; exactness; precision

tada then, at that time; in that case; **~šnji** the then, of that time

taj this

taj|an secret; underhand; **~no pismo** code, cipher; **~ni agent** plain-clothes man, secret agent; **~anstven** mysterious

tajfun typhoon

tajiti keep secret; conceal

tajna secret, mystery

tajni|ca, ~k secretary; **~čki** secretarial; **~štvo** secretary's office, secretariate

tajnost secrecy

takav such (a); like that, that sort of

takm|ac rival, competitor; **~ičiti se** compete, contest

taknuti touch, feel

tako so, thus, in this way; **~ da** so that; **~ reći** so to speak

također also, too; besides, in addition to

taksa due; tax; rate

taksi taxi, cab

takt tact; (mus) time, measure; bar; **~ičan** tactful; tactical; **~ika** tactics, strategy, policy

talac hostage

talas wave; billow; surge; **~ati se** wave, undulate; swell

talent talent, gift; **~iran** talented, gifted

Talijan Italian; **ž ski** Italian

tali|onica smelting works, smeltery; **~šte** melting-point; **~ti** melt; (rudaču) smelt

talo|g sediment, grounds, dregs; **~žiti (se)** settle, leave sediment

tama darkness, dusk; night; **~n** dark, obscure, dusky, dim

tamaniti destroy, exterminate

tamjan incense

tamnica prison, jail, gaol, dungeon

tamo there, in that direction; **amo ~** to and fro, back and forth; **~ preko** over there, across; **~šnji** living there, local

tanak thin; slender; slim; frail

tane bullet

tank tank; **~er** tanker

tankoćutan sensitive

tantijema royalty

tanjiti thin, make thin

tanjur plate; **~ić** saucer

tapati grope for (after)

tapeta wall-paper; **~r** upholsterer

tapkati patter

tarac pavement, paved walk; **~ati** pave

tarifa tariff
tast father-in-law
tašt vain, conceited; **~ina** vanity, conceit
tašta mother-in-law
tat thief; *(depar)* pick-pocket
tat|a, **~ica** dad, daddy
tava (frying-)pan
tavan attic; garret; loft; **~ski prozor** dormer-window
te and; besides
tečaj course; circulation; *(novca)* rate of exchange
teč|an savoury, appetizing; **~nost** savouriness, flavour; relish; *(glatkoća)* fluency
teći run, flow, stream
tegl|enje towing, hauling, tugging; **~iti** tow, haul, tug, drag
tegoba difficulty, hardship; toil; **~n** difficult, hard, toilsome
tehni|čar technician; **~čki** technical; **~ka** technology; technique
tek only, not earlier than, not until, as late as
tek appetite; *(okus)* taste, flavour; **bez ~a** tasteless
teklić runner, messenger, courier; errand-boy
tekst text; *(predmet)* subject, theme; words
tekstil textile, fabrics

tekući running; fluent, flowing, current; **~ račun** current account; **~na** liquid
telad calves *(pl)*
tele calf
telefon telephone; **~irati** telephone; ring up; call up; **~ska govornica** telephone booth, call-box
telegraf telegraph; **~irati** send a telegram (a wire), wire
telegram telegram, wire; cable
teletina veal
televiz|ija television, TV; **~or** television set, TV set
teliti se calve
tema theme
temelj foundation, basis, base; substructure; **na ~u** on the ground of, based on, on the basis of; **~an** fundamental, basic; **~it** thorough; fundamental; **~iti** base upon, found on; **~ito** thoroughly; radically, completely
temperament temperament; *(živahnost)* vivacity, animation; **~an** full of temperament
temperatur|a temperature; **mjeriti ~u** take one's temperature

tempo rate; **ovim** ~**m** at this rate

tenda awning

tendencija tendency, trend

tenis tennis

tenk tank

teor|etski theoretical; ~**ija** theory

tepati babble; *(mucati)* stammer

tepih carpet, rug

terasa terrace

teret burden, load; cargo, freight; weight; ~**iti** press heavy upon; weigh down heavily; oppress; ~**ni brod** cargo boat; ~**ni vlak** freight train, goods train; ~**njak** lorry, truck

teritorij territory

termofor hotwater bottle

tesa|r carpenter; ~**ti** hew, trim (a log)

testamenat last will, testament

teško heavily; hard; severely, badly; *(jedva)* hardly, scarcely; ~**ća** difficulty, hardship; **praviti** ~**će** raise difficulties

teta aunt; ~**k** uncle

tetiva tendon; sinew, ligament

tetka = **teta**

tetošiti pamper, coddle, pet

tetrijeb grouse

teturati totter, stagger

teza thesis, dissertation

teža gravitation

težak farm hand, field labourer

težak heavy, weighty; *(naporan)* hard, difficult

teži|na weight; load; ~**ti** weigh; ~**šte** gravity centre

ti you; *(arch)* thou

ticalo feeler, antenna

ti|cati touch, feel; ~**cati se** border on, touch, adjoin; **mene se** ~**če** I am concerned; **što se** ~**če** with regard to, as regards, regarding

tifus typhoid (fever)

tig|ar tiger; ~**rica** tigress

tih still, quiet, silent; ~**o** still, quietly; softly

tijek course, flow; circulation

tijelo body; constitution; **raditi dušom i** ~**m** put his heart and soul into the work

tijesak press

tijesan tight; narrow; close

tijesto dough, pastry

tik close by, next to

tikva pumpkin; gourd; *(glava)* noddle, pate; ~**n** blockhead, imbecile

tili, u ~ **čas** in a jiffy

tim(e) with this, in this way; ~ **više** the more so

tinta ink; ~**rnica** ink--pot, inkstand

tinjati smoulder

tip type, character; ~**ičan** typical, characteristic

tipka key

tipka|č, ~**čica** typist; ~**ti** type

tipograf type-setter

tirani|n tyrant; ~**ja** tyranny

tirkiz turquoise

tisak tipography, print, printing; **kosi** ~ italics; **masni** ~ heavy (bold) type

tiska throng; squeeze; crowd

tiskanica form

tiska|r printer; ~**ra** printing-house; printing--works; ~**ti** print; *(gnječiti)* squeeze, press

tisuća thousand

tišina quiet, silence, stillness

tištati press; pinch; weigh down; oppress

titrati oscillate, vibrate; *(svijetlo)* flicker

titula title

tjed|an week; **dva** ~**na** a fortnight; **dva puta na** ~**an** twice a week; **konac** ~**na** weekend; ~**nik** weekly; ~**no** weekly; a week

tjeles|an bodily, corporal, physical; ~**na kazna** corporal punishment; ~**na straža** bodyguard

tjelovježba gymnastics, physical training

tjeme crown of head, top of head

tjeralica warrant of apprehension

tjerati drive; chase; pursue

tjeskoba anxiety; ~**n** anxious, uneasy

tjesnac strait; gorge; **natjerati u** ~ corner, press hard

tjestenina noodles; pastry

tješiti console, comfort; ~ **se** find comfort in

tkala|c weaver; ~**čki stan** loom

tka|nina fabric, cloth; ~**ti** weave

tkivo tissue; fabric

tko who; ~**god** whoever, whosoever

tlač|enje oppression, pressure; ~**itelj** oppressor, despot; ~**iti** press, squeeze; oppress, tyrannize

tlak pressure; ~**omjer** pressure gauge

tlapnja illusion, delusion, fancy

tlo ground, earth, soil; **plodno ~** rich soil; **gubiti ~** lose ground; **~crt, ~ris** ground-plan

tmina darkness, dusk

tmuran gloomy, dull, sombre, overcast

to this, it, that; **~ jest** that is to say; **k ~me** besides, moreover

toalet|a toilet; *(odjeća)* dress; **~ni stolić** toilet-table, dressing-table; **~ni papir** toilet-paper

tobogan toboggan, slide

tobolac quiver

tobože ostensibly; under the pretence; **~nji** ostensible; quasi, would-be; pretended

točak wheel

točan exact; punctual; accurate, precise

točiti pour out

točk|a (full) stop; dot; point; *(stavka)* item; *(ugovora)* clause; **~a zarez** semicolon; **dvije ~e** colon

točno punctually; exactly; **~st** punctuality; exactness

tok course; flow, stream; **u ~u** in the course of

tokar turner; **~iti** turn (wood)

tolerantan tolerant

tolik such a; of such size;

~o so much, so many

toljaga club, cudgel

ton tone, sound, note; *(boje)* shade, tint

tona ton; **~ža** tonnage

tonuti sink, go to the bottom

top gun, cannon

top|ao warm; **~lo mi je** I am warm

topi|onica smeltery, smelting works; **~ti se** melt; dissolve; **snijeg se ~** it is thawing

toplice watering-place, spa

topl|ina, ~ota warmth; **~omjer** thermometer

topništvo artillery

topola white poplar

toptati tramp, trample, stamp

tor pen; (sheep-)fold; **zatvoriti u ~** pen, fold

toranj tower; *(šiljast)* spire, steeple

torba bag; kitbag; **~r** pedlar; vendor; **~riti** peddle

torbica *(ženska)* handbag, purse

torped|irati torpedo; **~o** torpedo

torpiljarka torpedo-boat

torta cake

tovar load, cargo, freight, shipment; **~iti** load, freight; **~ni list** *(brodski)* bill of lading; *(željez-nički)* way-bill

toviti fatten

trabunjati talk incoherently, drivel

tračak beam, ray

tračati gossip

tračnica rail; track

tradici|ja tradition; ~o-nalan traditional

trafika tobacconist's (shop)

trag track, trace, trail; *(stopa)* footprints; **bez ~a** without a trace; ~**ati** track, follow the track, trace

trag|edija tragedy; ~i-**čan** tragical

traj|an lasting, durable, permanent, continual; ~**anje** duration; ~**ati** last; continue; be permanent; ~**nost** durability, permanence

trak, ~**a** band, strip, ribbon; tape; ~ **svijetla** beam, ray

trakavica tapeworm

traktor tractor

traljav shabby, poor

tralje rags, tatters

tram beam

transmisija transmission

transport transport, transportation; ~**er** conveyor belt; ~**irati** transport

tranzit transit

trapiti se mortify

tratina lawn, turf

tratinčica daisy

tratiti waste, squander, dissipate

trav|a grass; pasture; ~**anj** April; **prvi** ~**nja** All Fool's Day; ~**ka** grass-blade; ~**nik** pasture-land, meadow

traž|en looked for, demanded, asked, applied for; ~**enje** searching, seeking, looking for; ~**ilac** searcher; applicant; ~**iti** look for, seek, search; *(zahtijevati)* claim; *(moliti)* request, apply for

trbuh belly, abdomen

trčati run, race; rush, dash

treba|ti need, be in need of, require; **on** ~ **da to učini** he must do it; ~ **mi 10 minuta da to svršim** it takes me 10 minutes to finish it

treći the third; ~**na** one third

tref club

tren, ~**utak** instant, jiffy, moment; **u** ~ **oka** in a jiffy, in no time; ~**uta-čan,** ~**utan** momentary, instantaneous

tren|er coach, trainer; ~**irati** coach, train

trenuti wink, bat

trenje friction, rubbing
trepavica eye-lash
treperiti flicker, twinkle; flutter
trep|et fright, trepidation, fear, panic; *(svijetla)* twinkle; **~tati** wink, blink; twinkle, quiver
tresak bang, slam, crash
treset peat; **~ište** peat-bog
tres|kati, **~nuti** slam, bang; fall with a thud, thud
tresti shake; agitate; **~** se tremble, shake, shiver
trešnja cherry; *(stablo)* cherry-tree; *(drmanje)* shaking, vibration
trezvenjak abstinent, teetotaller
trg market; square; *(sajam)* fair
trgati tear off, pluck; *(brati)* pick, gather
trgnuti *(mač)* draw the sword; **~** se start, be startled; *(natrag)* recoil, pull back, shrink
trgovac shopkeeper, dealer; *(na malo)* retailer, tradesman; *(na veliko)* merchant, wholesale dealer
trgovačk|i commercial, merchant, trade, mercantile; **~i brod** merchant ship, merchant

man; **~i putnik** commercial traveller; **~i pomoćnik** shop-assistant, salesman; **~i ugovor** trade agreement, contract; **~a komora** chamber of commerce; **~a kuća** firm, business; **~a mornarica** merchant marine
trgovati trade, do business, deal in, bargain
trgovina trade, commerce, traffic; *(na malo)* retail business; *(na veliko)* wholesale trade; *(dućan)* shop, store; **slobodna ~** free trade; **~ mješovitom robom** grocer's (shop), grocery
trgovište market town
tri three; **~ puta** three times
tribina grand stand, platform
trice trifles
tričav petty, insignificant, trivial
trideset thirty
trijem porch; cloister; arcade; portico
trije|ska wooden splinter, chip; **~šće** splinters, chips
trijez|an sober; **~nost** sobriety
trinaest thirteen
triumf triumph; **~alan**

triumphal; triumphant;
~**irati** triumph, exult
over

trivijal|an trivial; ~**nost**
triviality

trka running, race; ~**č**
runner, racer; *(konj)* race-
-horse; ~**lište** race-
-course, race-track

trljati rub, massage

trn thorn

trnci pins and needles;
~ **me prolaze** *(od strave)*
it makes my flesh creep;
it gives me the shivers

trnokop pick(-axe)

trnovit thorny, spiny

trnuti become numb

trnje brambles, thorny
bushes

trofej trophy

trojci triplets

Trojstvo Trinity

trokut triangle; ~**an**
triangular

trolejbus trolley-bus,
trolley-car

trom sluggish, slack, slow

tromjesečni quarterly

tromost slowness, slug-
gishness

tronožac tripod

tronut deeply moved

trop|i tropics *(pl)*; ~**ski**
tropical

troska slag, dross

trostruk threefold, triple

trošak expense, cost, ex-
penditure; **putni** ~ trav-
elling expenses; **na moj**
~ at my expense; **po-**
gonski troškovi over-
head expenses

trošan in bad repair,
dilapidated; shabby

trošiti spend; *(uporabom)*
use, wear out; *(tratiti)*
waste

troškovnik estimate

trošnost dilapidation,
tumbledown state

trouglast three-cornered

trova|nje poisoning; ~**ti**
poison

trpak bitter

trpati cram, stuff, press
into

trpjeti suffer; endure,
stand, bear; *(dopustiti)*
tolerate, put up with

trs (grape-)vine

trsiti se take pains, try
hard

trs|ka reed, cane; ~**tika**
reed

trti rub, chafe; massage

trtica rump

truba trumpet; bugle;
~**č** trumpeter; bugler

trubiti trumpet, blow
trumpet

trud pains; effort, trouble;
dati si ~**a** take pains

trud|an tired; ~**na** preg-
nant, with child; ~**nica**
pregnant woman; ~**no-**

ća pregnancy; **~ovi** childbed pains, throes

truditi se take pains, endeavour, take trouble

trul rotten; **~ež** rot, rotteness, decay

trun bit; mite; grain; mote

trunuti rot, decay; putrify, decompose

trup trunk; stem; *(broda)* hull; **~lo** corpse, dead body; carcass

trza|j jerk, twitch; **~ti** jerk, twitch; **~vica** convulsion; agitation, perturbation

tržište market, trade centre

tržnica market-hall

tu here, in this place

tuberkuloza tuberculosis, consumption; **~n** consumptive

tucati pound, crush

tuce(t) dozen

tuča hail; **~ pada** it hails

tučnjava row, brawl, fight

tući beat, strike; **~ se** fight

tuđ strange, foreign; **~inac** stranger; foreigner; alien

tug|a sorrow, sadness, grief; **~a za zavičajem** homesickness, nostalgia; **~ovati** sorrow, mourn (for over), grieve

tulipan tulip

tuliti howl; hoot, yell, boo

tumač interpreter; **~enje** interpretation, explanation; **~iti** interpret, explain; **krivo ~iti** misinterpret

tumarati roam, ramble, stray

tunel tunnel

tup blunt, dull; *fig* stupid, dense; **~ost** dullness, bluntness

tur buttocks, backside, bottom

tur|ati, **~iti** push, shove

turbina turbine

Turčin Turk

turi|st tourist; **~stički** tourist; **~zam** tourism, tourist trade

turnir tournament, contest

turoban sad, melancholy; gloomy, depressed

turpija file, rasp

Tursk|a Turkey; **ʒ i** Turkish

tuš *(tinta)* Indian ink; shower; **~irati se** take a shower

tut|anj roar, thunder, boom; **~njiti** boom, thunder, roar

tutor guardian, tutor; **~ski** tutorial; **~stvo** tutorship, guardianship

tužan sad, sorrowful

tuž|ba accusation; complaint; prosecution; report; denouncement; **~en** accused; **~ilac**, **~itelj** plaintiff; prosecutor; **javni ~lac** public prosecutor; **~iti** accuse (of); charge (with); sue; prosecute; **~iti se** complain (of)

tvar matter, stuff; substance; material

tvoj your; yours

tvor skunk, polecat

tvor|ac creator, maker; **~ba** formation, creation; **~evina** product; creation; make; **~nica** factory; mill; plant; works; **~nički** manufactured; factory produced

tvrd hard; solid; rigid

tvrd|iti affirm, assert; maintain; **~nja** assertion, affirmation, statement

tvrdoća hardness; firmness; solidity

tvrdoglav obstinate, stubborn, opinionated; **~ost** obstinacy, stubborness

tvrdokor|an obstinate, persistent; hardened; obdurate; **~nost** obstinacy, obduracy

tvrđava fortress, stronghold; citadel

tvrtka firm; house

U

u in, at; by; into; **~ to** at that moment; **~ tom smislu** to this effect; **~ njegovo ime** on his behalf

ubav sweet, pretty, nice, charming

ubica = ubojica

ubi|ti kill, murder, slay; assassinate; **~stvo** murder; assassination

ublaž|enje soothing, alleviation; (kazne) mitigation; **~iti** soothe, alleviate; mitigate

ubod sting, stab; bite

ubog poor, needy; wretched, miserable

uboj|ica murderer, killer; **~it** murderous, deadly; **~stvo = ubistvo**

ubosti sting, prick; bite

ubrajati include, comprise

ubrati pick, gather

ubrojiti = ubrajati

ubrus serviette, napkin

ubrzati accelerate, quicken, speed up, increase speed

ubuduće in future
ucijeniti blackmail
ucjena blackmail
učen learned, erudite, scholarly; **~ica** pupil, schoolgirl; **~ik** pupil, schoolboy; disciple; **~jak** scholar; scientist; learned man; **~ost** erudition, learning
učes|nik participant; **~tvovati** participate, take part in
učešće participation, taking part in
učin|ak effect; **~iti** make, do; commit
učionica schoolroom, classroom
učit|elj teacher, schoolmaster; instructor; **~i** (drugoga) teach; learn, study
učtiv polite, civil, courteous; **~ost** politeness, courtesy, civility
učvrstiti make firm, fix, fasten
ući enter, come in, get in
udahnuti breathe in, inhale
udaja marriage
udaljen far, distant, remote, out-of-the-way; **~ost** distance, remoteness
udalji|ti se go (get) away
udar stroke; coup; dr-

žavni ~ coup d'état
udara|c blow, stroke; (nogom) kick; (lagan) tap, rap; **~ti** keep beating (striking, hitting)
udariti strike, hit, kick, knock; **~ o** hit (strike, bump) against; **~ u oči** strike one; **~ u plač** burst into tears
udarnik shock worker
udati marry; **~ se** get married
udaviti strangle
udebljati se get fat
udes fate, destiny
ude|siti arrange; manage
udic|a angle, fish-hook; **loviti ~om** angle
udijeliti grant, give; confer upon
udio share, allotment
udisati breathe (in), inhale
udjenuti (konac) thread a needle
ud|o limb, member; **spolni ~ovi** privy parts
udob|an comfortable, cosy; **~nost** comfort, cosiness
udomaćiti domesticate; **~ se** feel oneself at home
udomiti se settle down; feel oneself at home
udostojati se condescend
udov|a, ~ica widow; **~ac** widower; **~ištvo** widowhood

udovoljiti satisfy, comply with; fulfil a requirement; *(želji)* humour

udruž|enje association, union; society; **~iti se** unite, enter into partnership; associate

udubina recess, niche

udušiti suffocate, stifle, smother, choke

udvarati court, pay court to

udvor|an polite, courteous; gallant; obliging; **~nost** politeness, courtesy, civility

udžbenik textbook

ufa|nje hope; **~ti se** hope

ugadati *(glazbalo)* tune; humour one, try to please one

ugalj = ugljen

uganuti sprain, dislocate

ugao corner; angle

ugasiti put out, extinguish; *(svijetlo)* turn off; *(žeđ)* quench; **~ se** go out

ugaziti stamp down, tread down, trample down

uglađen refined, courteous, well-mannered; **~ost** politeness, good manners

uglat angular

uglaviti fix, agree to, determine

uglavnom mainly, chiefly

ugled reputation, renown, prestige; **~an** respected, distinguished, eminent

ugledati set eyes upon, see; **~ se** follow somebody's example

ugljen coal; **drveni ~** charcoal; **kameni ~** hard coal, anthracite; **~okop** coal-mine, colliery, coal-pit

ugljič|an carbonic; **~na kiselina** carbonic acid

ugljik carbon

ugnjetavati oppress, tyrannize

ugod|an pleasant, agreeable; **~iti** please

ugojiti fatten; **~ se** get fat, put on weight

ugovarati negotiate

ugovor contract, agreement; *(državni)* treaty, pact; **~iti** make an agreement

ugrabiti snatch, grab, seize; *(dijete)* kidnap

ugraditi build in

ugrijati heat, warm

ugri|sti bite; **~z** bite

ugro|ziti, **~žavati** threaten, jeopardize, imperil

ugušiti suffocate, smother, choke; *(bunu)* put down

uhađati shadow

uhapsiti arrest, apprehend

uho ear; *(igle)* eye of a needle

uhod|a spy; **~iti** shadow; practise espionage

uhvatiti catch, seize, capture, catch hold of

uistinu really, truly

ujak uncle

ujed bite; **~ati** bite; sting

ujedi|niti unite; **~njenje** union

ujedljiv biting, sarcastic, bitter; **~ost** sarcasm

ujesti = **ujedati**

ujna aunt

ujutro in the morning; **sutra ~** tomorrow morning

ukazati point out (at), show

uki|dati, ~nuti cancel, annul; abolish; do away with

ukiseliti pickle; **~ se** turn sour

ukl|anjati, ~oniti remove, do away with; **~oniti se** go out of the way, avoid

uključi|ti include, comprise; **~vo** inclusively, including

uknjižiti register, make an entry, enter in books

ukoč|en stiff, rigid; **~iti** stiffen, make stiff; **~iti se** become stiff, stiffen

ukonačiti accomodate,

put up

ukopati bury

ukor reprimand, blame, rebuke; **~iti** blame, reprimand, scold; tell off

ukorijeniti take root; become rooted

ukosnica hair-pin

ukras ornament, decoration; trimming; **~iti** decorate, ornament; **~ni** ornamental, decorative

ukrasti steal, pilfer

ukratko in short, in a nutshell

ukrca|ti se embark, board, go aboard

ukrotiti tame; *(konja)* break in; bridle, subdue

ukućanin inmate

ukuha|n preserved; **~ti** preserve (fruit)

ukup|an total, whole, entire; **~na svota** sum total; **~no** totally, entirely, wholly, all together

ukus taste; flavour; **bez ~a** tasteless; **~an** tasteful, savoury

ulagati *(novac)* deposit; invest; *(u drvo)* inlay

ulagivati se toady, fawn (up)on

ulaz entrance; admission, entry; **~ak** entry; **~iti** enter; **~nica** ticket, admission-ticket; **~nina**

entrance-fee

uledüti freeze

uleknuti se sag, curve, subside

ulica street; ~ (mala) lane; (slijepa) blind alley

uličnjak ragamuffin, vagabond, bum, loafer

ulijeniti se grow lazy

uli|jevati, ~ti oily, oiled in-(to); fig inspire, instil

ulizi|ca toady; ~vati se = ulagivati se

ulog deposit

uloga role, part

ulomak fragment; passage

uloviti catch, catch hold of; seize

ulozi gout

uložiti = ulagati

uludo in vain; foolishly

ulje oil; ~n oily, oiled

uljepša|ti beautify, embellish, adorn

uljiti oil, lubricate

uljud|an courteous, civil, polite; ~nost courtesy, politeness, civility

uljuljati rock; lull; ~ u san rock to sleep

um reason, intellect; mind; palo mi je na ~ it occured to me; an idea struck me

uma|ći, ~knuti escape

umak sauce; (sok od pečenke) gravy; ~ti dip

(into)

umalo nearly, almost

umanji|ti lessen, diminish, reduce; ~ti se diminish; (zaliha) run short

umarati fatigue, tire, weary, exhaust

umekšati soften, mellow; ~ se soften; relent

umet|ak insert; inset; ~ati, ~nuti insert, set in, interpolate

umijeće skill, art

umijesiti knead (into)

umiješa|ti mix (blend) into; intermingle; involve; biti ~n be involved in

umilja|t sweet, lovable; ~vati se ingratiate oneself with

umirati die slowly, be dying

umiriti calm down; pacify; appease

umiroviti send into retirement; pension off

umišlj|ati si be conceited; fancy; ~en conceited, vain; ~enost conceit, vanity

umi|ti, ~vati se wash; ~vaonik washbasin

umjeren moderate; reasonable; medium; ~ost moderateness, frugality

umjestan appropriate,

suitable, fit; tactful

umjesto instead (of)

umjetan artificial; artistic

umjeti know how to; be skilled; be adept

umjetn|ički artistic(al); ~ičko djelo work of art; ~ik artist; ~ina work (object) of art; ~ost art; artistry

umnož|iti multiply

umobol|an insane, mad; ~nost insanity, madness

umočiti dip into

umor fatigue, exhaustion, weariness; ~an tired, weary, exhausted

umoriti tire, exhaust; (ubiti) murder, kill; ~ se get tired

umorstvo murder, homicide; assassination

umotati wrap up; envelop

umrijeti die, pass away; (od gladi) starve (to death)

umrljati smear, soil, stain

umrtviti deaden, benumb

umuknuti stop speaking, remain speechless; (od zaprepaštenja) be struck dumb

unakrs|t crosswise; ~na vatra cross-fire; ~no ispitivanje cross-examination

unapred|enje advancement; promotion; ~i-

vati = unaprijediti

unaprijed in advance; beforehand; ~iti advance, promote, further

unatoč in spite of; nevertheless

unatrag backwards

unča ounce

unesrećiti make unhappy; ruin; ~ se be hurt (injured)

uniforma uniform

unija union

unijeti carry into; (upisati) enter, make an entry; register, record

uništ|avati, ~iti destroy, demolish, ruin, wreck; ~enje destruction, ruin, demolition

univerzitet university

unosan profitable

unositi = unijeti

unovačiti recruit, enlist

unovčiti convert into money; sell

unu|čad grandchildren; ~če grandchild; ~k grandson; ~ka granddaughter

unutar within; inside; ~nji internal, interior; (zemlja) inland

unutra inside; indoors; ~šnji = unutarnji

uobičajen usual, customary, habitual

uobraž|avati si be conceited; **~en** conceited, vain

uoči on the eve of

uokviriti frame

uopće generally, in general, altogether; **~ ne** not at all

uostalom after all

upada|n conspicuous; **~ti** sink into; *(u riječ)* cut in, interrupt; *(u oči)* strike one's eyes, be conspicuous

upadica incident; interruption

upala inflammation; **~ pluća** pneumonia; **~ slijepog crijeva** appendicitis

upaliti set fire to; light; *(električno svijetlo)* turn on; **~ se** catch fire; become inflamed

upaljač lighter

upaljiv inflammable; **~ost** inflammability

upamtiti remember, memorize; bear (keep) in mind

upasti = upadati

upijati absorb; suck in; soak

upirati se lean against

upis registration, enrolment; *(zapis)* entry, record; **~ati** register, enrol, enlist; record; **~nina** registration-fee

upit inquiry, question; **~ati** ask, question, inquire, make inquiry

upiti = upijati

upitni arak questionnaire

upitnik question mark, mark of interrogation

upla|ćivati, ~titi pay in

uplaš|en frightened, scared; **~iti** frighten, scare; **~iti se** get frightened (scared)

uplat|a payment; *(rata)* instalment; **~iti** pay in

uplesti interweave, intertwine; involve, entangle

uple|tati, ~sti se meddle, interfere

uplitati = upletati

upliv influence; **~isati** influence

upljesniviti se become musty (mouldy), mould

uporab|a use, usage; employment; **~iti** use, employ

uporan persistent; stubborn

upored|an parallel; **~iti** parallel; compare; **~o** by the side of, along with

upoređiva|nje comparison; **~ti = uporediti**

uporište foothold, footing

upornost persistence, stubborness

uposl|en employed; **~iti** employ

upotpuniti complete

upotreb|a use, usage; **~iti, ~ljavati** use; make use of; employ

upoznati get to know, get acquainted with; meet

upozor|enje warning; **~iti, ~avati** warn, caution; draw one's attention to

uprav|a administration, management; **~ni govor** direct speech; **~itelj** manager, director; *(škole)* headmaster; **~ljati** manage; direct; run; operate

upravni administrative; governing, ruling

upravo just, directly; exactly

upregnuti harness

uprijeti *(pogled)* fix one's eyes upon; **~ se** exert oneself; make an effort

uprljati dirty, soil

upropastiti ruin, wreck

uprskati spatter, bespatter

uprtiti *(na se)* shoulder (a burden, etc.)

upu|ćen informed, acquainted with, initiated; **~ćivati, ~titi** instruct, direct; *(na nekoga)* refer to

upu|ta instruction, direction; **~tan** advisable, opportune; **~titi = ~ćivati; ~titi se** start, set off; *(u nešto)* get the knack of, become skilled in

uputnica money-order

ura *(vrijeme)* hour; clock; *(ručna)* (wrist-)watch; **sunčana ~** sun-dial

uračunati take into account; comprise

uraditi do, make; commit

uraniti rise (get up) early

urar watchmaker

ureći *(sastanak)* make (an appointment), fix the time; *(začarati)* cast a spell on

ured office; bureau

uredan tidy, neat, orderly

uredba regulation; act

urediti put in order; arrange; regulate; *(spremiti)* tidy

uredni|k editor; *(glavni)* editor-in-chief; **~čki odbor** editorial board; **~štvo** editor's office; *(služba)* editorship

uredovno vrijeme office-hours, working-hours

ured'aj arrangement, equipment; **~enje** arrangement, putting in order; establishment; *(računa)* settling; **~ivati**

put in order; *(časopis)* edit

ures ornament, decoration; trimming; **~iti** ornament, adorn, decorate; trim; garnish

urezati incise; notch; make a cut; engrave

urlati howl, roar, bellow, yell

urna urn

urnebes uproar, hullabaloo; **~an** uproarious, thundering

urod crop, yield; **~iti** bear (yield) fruit

uroden indigenous, native, aboriginal; inborn; **~ički** aboriginal; **~ik** native, indigene, aboriginal

uroniti dive, plunge

urot|a conspiracy, plot; **~iti se** conspire, plot; **~nik** conspirator

uruč|enje handing in, delivery; **~iti** hand; deliver

usaditi fix into, insert; embed; implant; *fig* instil

usahnuti wither, die, shrivel up

usavrš|avati, ~iti perfect, improve

useknuti se blow one's nose

useliti se move in(to); immigrate

useljenik immigrant, settler, colonist

ushi|ćen enthusiastic, delighted, elated; **~ćenje, ~t** delight, rapture, enthusiasm; **~titi** enrapture, delight

usidjelica spinster, old maid

usidriti anchor; **~ se** cast anchor

usijan red-hot, white-hot; **~a glava** hothead

usiljen constrained, forced, unnatural

usiriti se curdle, set

usis|ati suck in, absorb; **~ivač za prašinu** vacuum cleaner

usitniti chop, hash up

usjeći cut in, incise, indent

usjev crop(s)

uskladiti bring into harmony, harmonize

uskličnik mark of exclamation

usklik exclamation, shout, cry; **~nuti** cry out, exclaim, call out

uskomešati se get agitated, make a fuss, be in a flutter

uskoro soon, before long, shortly

uskotračan narrow-gauge

uskra|ćivati, ~titi refuse, deny; grudge

Uskrs Easter, Easter Sunday; **⁀nuće** resurrection; **⁀nuti** bring (come) back to life; resurrect

uslijed because of, owing to; **~ toga** as a result, because of that, as a consequence

uslišati grant; give ear (audience) to

uslov condition; **pod ~om** on condition that

uslu|ga favour, service, a good turn; **~žan** obliging, kind, helpful; **~žnost** kindness, helpfulness

usmen oral; verbal

usmjeriti aim, head

usmrtiti kill; put to death

usn|a, ~ica lip; **zečja ~a** harelip

usnuti fall asleep, drop off

usoliti put in salt, pickle

usov avalanche

uspava|nka lullaby; **~ti** lull (to sleep)

uspeti se climb; rise

uspijevati succeed; prosper, be successful; thrive

uspinjača funicular

uspinjati se = uspeti se

uspje|h success; **~šan** successful; prosperous; efficient; **~šnost** efficiency; **~ti** succeed, be successful; manage; **ne ~ i** fail

usplahiren agitated, in a flutter; **~ost** agitation, flutter, fluster

uspomena memory, reminiscence; *(predmet)* souvenir

uspon climb; rise; ascent

uspored|an parallel; **~ba** comparison; **~iti** compare; **~o** side by side, along with

usporiti slow down; slacken

uspostav|iti, ~ljati restore, rehabilitate

usprav|an upright, erect, vertical; **~iti** set upright, erect; **~iti se** stand (sit) upright; hold oneself upright

usprkos despite, in spite of, for all

usprotiviti se resist, object to, oppose; be against

usput by the way, on the way

usrećiti make happy

usred amidst, in the middle of, among

usredotočiti (se) concentrate

usta mouth

usta|liti se become settled; **~ljen** settled, established, stable

ustanak uprising, rebellion

ustanov|a institution, establishment; ~iti establish, found, create

ustati rise, get up; stand up; *(buna)* rise up in arms

ustav constitution; ~an constitutional

ustav|a dam; ~iti stop; hold up

ustavotvoran constituent

uste|gnuti, ~zati deduct, take away; ~gnuti se hold back, refrain from, abstain from

ustoličiti install, place in office, inaugurate

ustraj|an persistent, persevering; steadfast; ~ati persevere, persist; ~nost persistence

ustrijeliti shoot, kill

ustrojiti *(kožu)* tan, dress; organize

ustručava|ti se hesitate; shrink from; be reluctant; ~nje hesitation, reluctance

ustuknuti give in, yield

ustup|ak concession; ~a-ti, ~iti concede; give up, cede; renounce

usud fate, destiny

usuditi se dare, venture, have the courage

ususret towards

usvojiti adopt

uš louse

ušančiti se dig oneself in, entrench (oneself)

ušće mouth of river

ušećeriti preserve in syrup (sugar)

ušiti sew in

uškopiti castrate, geld

ušljiv lousy

uštap full moon

ušte|da savings; ~djeti save

uštinuti pinch; nip

uštipak doughnut

uštrcati inject; squirt into

uštrojiti castrate, geld

ušuljati se sneak in, steal in, slip in

ušutjeti stop speaking, become silent

ušutkati silence

utaboriti se encamp, pitch camp

utajiti embezzle; suppress

utakmica match, contest, competition

utaman in vain; ~iti destroy, exterminate

utamničiti imprison

utažiti soothe; *(žeđu)* quench; *(glad)* satisfy

uteći run away, escape, flee

uteg weight

utemelji|ti found, establish; ~telj founder, creator

utihnuti become still (silent)

utirati tread down, stamp, beat

utis|ak impression; **~nuti** impress, stamp, imprint, indent

utišati silence, quiet, appease

utjeca|j influence; impact; **~ti** influence; *(rijeka)* flow into

utjeha consolation, comfort, solace

utjeloviti embody, incorporate

utjer|ati, ~ivati drive into; *(dug)* enforce payment

utješiti comfort, console, give comfort

utkati weave into, interweave

utočište refuge, shelter, recourse

utopiti se be (get) drowned

utorak Tuesday

utovariti load; ship

utrk|a race; **~ivati se** race, run a race; *fig* compete

utrnuti extinguish; go out

utroba intestines *(pl)*; bowels *(pl)*; *(majčina)* womb

utrošiti spend, expend

utrpati cram (squeeze) into

utrt beaten; **~a staza** beaten track; **~i** beat, tread down

utržak proceeds *(pl)*

utvara phantom, spectre, apparition, ghost

utvarati si be conceited

utvr|da fortification, fort, fortress, stronghold; **~diti, ~đivati** fortify, strengthen; *(činjenicu)* establish a fact

uvala bay, gulf; cove; *(dolina)* valley

uvaž|avati, ~iti take into consideration; alow for; appreciate; esteem, respect

uveče in the evening

uveća|ti, ~vati increase, enlarge, magnify

uvenuti fade, wither, droop, wilt

uvesti introduce, let in, bring in; import

uvez binding; **~ati** bind

uvid insight, inspection

uvi|djeti, ~đati realize, comprehend, be aware of; **~đavan** considerate, tolerant, understanding

uvijek always; **za ~** for good, for ever; **još ~** still

uvjer|avanje assurance; **~avati, ~iti** assure, convince, persuade; **~iti se** make sure, convince oneself; **~enje** conviction, persuasion; *(svje-*

dodžba) certificate; **~ljiv** convincing, persuasive

uvjet condition, term; **pod ~om** on condition, provided that; **~an** conditional; **~ovati** condition; stipulate

uvježbati drill, train, practise

uvod introduction; **~iti** introduce; **~nik** editorial, leading article, leader

uvojak lock, curl

uvoz import; **~iti** import

uvred|a offence, insult, outrage; **~ljiv** insulting, abusive

uvrijediti offend, insult, give offence to, hurt; **~ se** take offence

uvrijeđen offended, insulted

uvriježiti se take root

uvrstiti insert, interpolate

uz(a) along with; near, by, beside; **~ to** besides, in addition to, moreover

uzajaman mutual, reciprocal

uzajmiti *(drugome)* lend; *(od drugoga)* borrow

uzak narrow; *(tijesan)* tight

uzalud in vain, uselessly; **~an** useless, futile

uzao knot

uzastopce one after an-

other; at a stretch

uzbrd|ica slope, rise; **~o** uphill

uzbu|diti, ~đivati excite, agitate, thrill; **~đljiv** exciting, thrilling; **~đen** excited; **~đenje** excitement, agitation, thrill

uzbun|a alarm; commotion, disturbance; **dati znak za ~u** sound an alarm; **~iti** alarm, sound an alarm; agitate; cause commotion

uzburkan stormy, rough

uzda rein, bridle

uzdah sigh; **~nuti** sigh

uzdati se rely upon, trust

uzdi|ći, ~gnuti lift up, raise, elevate

uzdisati sigh

uzdizati = uzdići

uzdrmati shake, give a shock

uzdržati se abstain from, restrain oneself

uzdržavanje keep, maintenance; support, alimentation

uzdržavati keep, support; **~ se = uzdržati se**

uzduh air

uzduž along, alongside

uzemlj|enje earthing; **~iti** earth

uzet paralyzed

uzeti take; **~ pod svoje**

adopt; ~ **slobodu** take a liberty; ~ **zajam** raise (take) a loan; ~ **u obzir** take into consideration

uzetost paralysis

uzgajati bring up, rear; (*voćke*) grow; (*stoku*) breed, raise

uzglavlje head of bed; pillow

uzgoj breeding, raising, growing, cultivation

uzgred by the way, incidentally; ~**an** incidental; unimportant

uzica line, string, lead

uzići ascend, rise

uzimati take

uzjahati mount a horse

uzlaz ascent, ascension; ~**an** rising; ~**iti** rise, ascend, climb

uzletjeti take off; rise in the air

uzma|k retreat; ~**knuti**, ~**ći** retreat, withdraw, fall back

uzmanjkati run short of

uzmicati = uzmaknuti

uznemiren alarmed, uneasy, anxious, agitated

uznemiri|ti, ~**vati** disturb, trouble; alarm, worry

uzni|čar gaoler, jailer; ~**k** prisoner

uznojiti se perspire, sweat

uzor model, ideal; ~**ak**

pattern, design; sample; ~**an** ideal, model, perfect

uzrast stature; growth; ~**i** grow up

uzrečica saying, proverb

uzročan causative

uzrok cause, reason, ground; source; ~**ovati** cause, bring about

uzruja|n agitated, excited, nervous; ~**nost** excitement, agitation; ~**ti se** get agitated

uzurpirati usurp

uzvanik guest

uzvik exclamation, cry; ~**nuti**, ~**ivati** shout, exclaim

uzvišen exalted, sublime

uzvra|ćati return, repay; ~**t** return; **za** ~**t** in return

uzvrpoljiti se fidget; get fidgety

užaren red-hot; white-hot, glowing

užas horror, terror; ~**an** horrible, terrible, dreadful; ~**nuti se** be horrified

uže rope, cord

užežen rancid

užina tea, high tea; light meal

uži|tak pleasure, delight, treat; ~**vati** enjoy, find pleasure in

užurban hasty, hurried

V

vabiti allure, entice, tempt, attract

vadičep corkscrew

vaditi take out, pull out, extract

vaga balance, scale; weighing-machine; ∼ti weigh; balance

vagon carriage, coach, car

vajar = **kipar**

vakcina vaccine

val wave; billow, surf; **zvučni** ∼ sound wave; **dužina** ∼**a** wavelength; ∼**ovit** wavy, undulating; ∼**ovit lim** corrugated iron

valuta currency

valjak roller; *(parni)* steam-roller; *(za rublje)* mangle

valjan good; proper; valid; convenient; ∼**ost** validity

valjaonica rolling-mill

valjati *(vrijediti)* be valid; be good; **to ne valja** this is not right; *(željezo, itd.)* roll

valjda perhaps, maybe; probably

valjušak dumpling

vam(a) (to) you

vampir vampire

van out, out of doors

vanbračan illegitimate

vani out, out of doors, outside

vanilija vanilla

vanredan extraordinary

vanjsk|i outside, outdoor, exterior; ∼**a trgovina** foreign trade

vanjština exterior; appearance

vap|aj cry (for help); ∼**iti** cry (for help)

vapnen chalky, chalk; lime; ∼**ac** limestone

vapno lime; **živo** ∼ quicklime; **gašeno** ∼ slaked lime

vara|lica impostor, cheat, swindler; ∼**ti** cheat, swindle; *(obmanuti)* deceive; ∼**ti se** be mistaken, be deceived; ∼**v** = **varljiv**

varijanta variant

variti boil; digest; *(zavarivati)* weld

varivo (boiled) vegetables

varjača ladle

varka deceit, trick, stratagem

varljiv deceitful, misleading

varnica spark

varoš town

vas you

vaš your, yours
vašar fair, market
vatr|a fire; flame; **~en** fiery; ardent, passionate; **~eno oružje** fire-arms; **~enost** ardour; fieriness; **~ogasac** fireman; **~ogasci** fire-brigade; **~ogasna kola** fire-engine; **~omet** fireworks *(pl)*; **~ostalan** fire-proof
vaza vase
vazal vassal
vazduh = zrak
važ|an important; **~iti** be valid, signify, matter, weigh, carry weight; **~nost** importance; significance
veče(r) evening; eve
večera dinner; supper
večeras this evening; tonight
večerati have dinner (supper)
već already
većina majority, the greater part, most
većinom mostly; mainly; *(obično)* usually
vedar serene; clear; *(veseo)* cheerful
vedriti se clear up
vedro pail, bucket
velegrad large town, big city
veleizdaja high treason
velesila great power

veličanstv|en magnificent, grand, glorious, gorgeous, splendid; **~o** majesty
velič|ati extol, exalt; **~ina** magnitude, greatness; size; dimension
velik large, big; great
velikaš aristocrat, lord, peer, nobleman
velikoduš|an generous; **~nost** generosity, magnanimity
velo = veo
veljača February
vena vein
Venecija Venice; **ƶ nski** Venetian
ventil valve; **sigurnosni ~** safety valve
ventil|acija ventilation; **~irati** ventilate
venuti wilt, wither, droop
veo veil
veoma very, very much, greatly
vepar wild boar
veranda veranda
verati se climb
verbalan oral, verbal
veresija credit, loan
verglec barrel-organ
vertikalan vertical, upright
verzija version
verziran versed (in), skilled (in)
vese|liti se be glad, re-

joice; be merry; **~lje** gaiety, joy, delight; (*zabava*) merry-making; (*za**bava*) merry-making; **~o** cheerful, gay, merry

vesl|ati row; paddle; **~o** oar; paddle

vesti embroider

veterina veterinary medicine; **~r** veterinary, veterinarian, vet; **~rski** veterinary

veto veto; **uložiti ~** put a veto

vez embroidery, fancy-work

veza connection; (*odnos*) relation; **~n** bound, tied; **~ti** bind, fasten, tie; (*spajati*) link, connect

vezivo embroidery, fancy-work, needle-work

veznik conjunction

veža doorway, porch

vi you

vibrirati vibrate, oscillate

vičan accustomed, used to

vid (eye-)sight

vidik view; vista

vidjelo: doći na ~ come to light; **iznijeti na ~** bring to light

vidjeti see

vidljiv visible; prominent, conspicuous; **~ost** visibility

vidokrug horizon

vidra otter

viđenje seeing, meeting;

do ~a! see you on ...; see you soon; I'll be seeing you; so long; **po ~u** by sight

vihor whirlwind, gale

vijadukt viaduct

vijak screw

vijavica blizzard, snow-storm

vijeća|nje consultation, conference; **~ti** confer, discuss

vijeć|e council; **~nica** townhall; **~nik** councillor, alderman, senator

vijek century; age; **novi ~** modern times; **srednji ~** the Middle Ages; **stari ~** ancient times

vijenac wreath

vijesnik messenger

vijest news; tidings (*pl*); information

vijoriti se flutter; wave

vijuga|st winding, devious, meandering; **~ti** wind, meander

vika shouts (*pl*), outcry; **~ti** shout, cry; yell, howl

vila fairy, fay, nymph; (*zgrada*) villa; country-house; (*mala*) cottage

vile hay-fork, pitchfork

vil|ica, ~juška fork

vilica (*čeljust*) jaw

vime udder

vin|ara wine-shop; **~o**

wine; **bijelo** ~o white
wine; **crno** ~o red
wine; ~**ograd** vineyard;
~**ogradar** winegrower;
~**ogradarstvo** wine-
-growing; ~**ova loza**
grapevine

vinuti se soar up, fly up
violina violin
vir whirlpool, eddy
viriti stick out; *(gledati)*
peer, peep
virtuoz virtuoso; ~**nost**
virtuosity
viseći most suspension
bridge
visibaba snowdrop
visina height, altitude
visjeti hang (down)
viso|k high, tall; ~**ravan**
plateau, table-land
višak surplus, excess; *(u
težini)* overweight
više more, plus; higher;
~ **manje** more or less;
~ **puta** several times,
repeatedly; **nikad** ~
never more; ~**struk**
manifold
višnja sour cherry
višnji almighty, omnipo-
tent
vitak slim, slender
vitalan vital; active
vitao windlass
vite|ški chivalrous, gal-
lant, knightly; ~**štvo**
chivalry, knighthood;

~**z** knight
viti wind, twist; ~ **se**
twine, intertwine; ~**ca**
lock, curl; *(biljke)* tendril
vitlati brandish, flourish,
swing
viza visa
vizija vision, apparition
vječ|an eternal, ever-
lasting; ~**nost** eternity
vjeđa eyelid
vjenča|n married; ~**ni
list** marriage certificate;
~**ni prsten** wedding
ring; ~**nje** wedding;
~**ti** marry, wed; ~**ti se**
get married
vjera religion, belief, faith
vjeran faithful, loyal, true
vjeren engaged; ~**ik**
fiancé; ~**ica** fiancée
vjeridba engagement; ~-
ti se get engaged
vjernici congregation
vjernost fidelity, loyalty,
faithfulness
vjerodajnica credentials
(pl)
vjerodostojan credible;
authentic; reliable
vjeroispovijest religion,
faith
vjerojat|an probable,
likely; ~**no** probably,
likely; ~**nost** probabili-
ty, likelihood
vjeroloman faithless, dis-
loyal

vjeronauk cathechism
vjerovati believe
vjerovnik creditor
vjerski religious
vješa|la gallows; ∼**lica** hanger; ∼**ti** hang (up)
vješt skilled, skilful, adroit; efficient; ∼**ak** expert; ∼**ina** skill; proficiency
vještica witch
vjet|ar wind; *(lagan)* breeze; ∼**renjača** windmill; ∼**robran** windscreen; ∼**rovit** windy
vjeverica squirrel
vježba exercise, drill, practice; training; ∼**ti** drill, exercise, practise, train
vježbenica exercise-book; textbook
vlada government, rule; *(uprava)* administration; ∼**r** ruler; sovereign; ∼**ti** rule, reign, govern; dominate; ∼**ti se** behave
vlaga humidity, moisture, dampness
vlak train; **brzi** ∼ express; fast train; **direktni** ∼ through train; **putnički** ∼ passenger train; **teretni** ∼ goods (freight) train
vlakn|ast fibrous; ∼**o** fibre
vlakovođa guard, loco-

motive driver; *Am* engineer
vlas hair; *fig* hair's breadth; ∼**i** hair
vlasac *(luk)* chive
vlasni|k owner, proprietor; ∼**štvo** ownership, property, possession
vlast power, might; authorities *(pl)*; command
vlastel|a landed gentry, estate-owners; ∼**in** estate-owner, squire; lord of the manor
vlastit one's own; ∼**o ime** proper name
vlastoručan written in one's own handwritting; autographic
vlasulja wig, periwig; ∼**r** wig-maker, hairdresser
vlat blade
vlažan damp, moist, wet, humid
vô = **vol**
voć|arna fruit-shop; ∼**arstvo** fruit growing; ∼**e** fruit; ∼**ka** fruit-tree; ∼**njak** orchard
vod *el* lead; line; *(ljudi)* squad
vod|a water; **uz** ∼**u** upstream; **niz** ∼**u** downstream
vodeći leading
voden watery; *(razvodnjen)* diluted; ∼**i konj**

hippopotamus; ~a boja water-colour; ~ica water-mill; ~i znak water mark

vodič guide; *(knjiga)* guide-book

vodik hydrogen

voditi guide; lead, take the lead; *(upravljati)* direct; manage, run; *(okolo)* take round, show round; ~ pregovore negotiate, carry on negotiations

vodnik sergeant

vodo|mjer water-gauge; ~pad waterfall; ~ravan horizontal, level; ~skok fountain; ~staj water-level; ~vod water-supply

vodstvo guidance; leadership

vođa leader

voj|arna barracks; ~evati war, carry on war

vojni military, army; ~sud court martial; ~čki military, army; soldier-like, soldierly; ~k soldier; private

vojsk|a army; ~ovođa general, army leader, commander-in-chief

vojvo|da duke; ~dina dukedom; ~tkinja duchess

vokal vowel

vol ox

volonter volunteer

volumen volume

volj|a will; *(raspoloženje)* mood, temper; on je dobre (zle) ~e he is in a good (bad) mood; imati ~e za be in the mood for; po ~i at will; ~an willing; ready

voljeti like, love, be fond of; ~ više prefer, like better

vonj smell, odour; ~ati smell

vosak wax; pečatni ~ sealing-wax

vošt|anica (wax-) candle; ~iti wax, polish with wax

voz train; waggon, cart

voza|č driver; motorist; ~rina fare; freight

vozi|lo vehicle; ~ti (se) drive, ride

vozn|i, ~a cijena fare; ~i red time-table; ~a karta ticket; ~i park rolling stock

vožnja ride, drive

vrabac sparrow

vrača|ra fortune-teller; ~ti tell fortune

vraćati return; give back; restore; ~ se return, come back

vrag devil, satan; ~olija prank, practical joke,

roguery; **~oljan** rogue;
~oljast roguish, mis-
chievous
vrana crow
vrat neck
vrata door; gate; **ulazna**
~ front door; **~r** door-
keeper; *Am* janitor; *sport*
goalkeeper
vratiti se = vraćati se
vratnica door-post
vratobolja sore throat
vratoloman reckless,
foolhardy
vražji devilish, diabolical
vrba willow; *(za pletenje)*
osier; **tužna ~** weeping
willow
vrcati *(med)* extract (hon-
ey); *(iskre)* sparkle; **~ se**
fidget
vrč jug, pitcher; mug,
jar; *(s poklopcem)* tankard
vrebati lurk, spy upon,
lie in ambush; watch for
vreća|sack, bag; **~ica**
paper bag
vrelište boiling-point
vrelo well, spring, source
vremenski time; **~ iz-**
vještaj weather report
vremešan old, aged, ad-
vanced in years
vrenje boiling; fermenta-
tion; seething
vreo boiling, boiling hot
vreti boil; ferment; seethe;
(lagano) simmer

vreva crowd, throng,
crush
vrganj mushroom
vrh top, summit, peak
vrhnje cream; **tučeno ~**
whipped cream
vrhovni supreme; high-
est; **~ zapovjednik**
commander-in-chief
vrhunac = vrh; *fig* cul-
mination
vrijed|**an** worth; worthy;
(marljiv) diligent, in-
dustrious; **~no je** it's
worth while
vrijediti be worth, be
valuable, be of value
vrijednost value, worth;
bez ~i valueless, worth-
less; **gubitak ~i** depre-
ciation
vrijeđati offend, insult,
give offence to, hurt
vrijeme time; *(meteoro-*
loško) weather; *(grama-*
tičko) tense; **na ~** on (in)
time; **krajnje ~** high
time; **cijelo ~** all the
time
vrijesak heather
vriskati scream, shriek
vrištati = vriskati
vrlet crag, cliff; **~an**
craggy, rugged, rocky
vrlina virtue
vrlo very, most
vrpca ribbon, tape, band
vrpoljiti se fidget, be

restless

vrst(a) sort, kind; species; **~an** capable, competent; excellent

vršak tip, point; top; peak

vršenje practice, execution; (*žita*) threshing

vršiti perform, execute, practise; (*žito*) thresh

vršilica threshing-machine

vrt garden; (*povrtnjak*) kitchen-garden; (*cvjetnjak*) flower-garden

vrtati bore, drill

vrtjeti turn (spin) round, rotate, revolve; **vrti mi se u glavi** I feel dizzy

vrtlar gardener; **~ija** nursery

vrtlog whirlpool, eddy

vrtoglav dizzy, giddy; **~ica** dizziness, giddiness

vrtuljak merry-go-round

vruć hot; **~ica** fever; **~ina** heat

vrvjeti teem, swarm

vucibatina vagabond; good-for-nothing

vučjak Alsatian

vući drag, pull, haul; (*tegliti*) tow, tug

vuk wolf; **~odlak** vampire

vulgar|an vulgar; **~nost** vulgarity, coarseness

vulkan volcano; **~ski** volcanic

vun|a wool; **~en** wool, woollen

Z

za for; **dan ~ danom** day after day; **~ čas u a moment**; **~ uvijek** forever, for good

zabaciti reject; dismiss

zabačen rejected; off the map, remote; out-of-the-way

zabadati pin into; (*dražiti*) tease

zabadava free, gratis, free of charge; (*uzalud*) in vain

zabasati lose one's way,

go astray

zabašuriti hush up

zabat gable

zabava (*društvo*) party; merry-making; entertainment, amusement; fun; **~n** amusing, funny, entertaining

zabav|ljati, ~iti amuse, entertain; **~ljati se** have a good time, have fun, amuse oneself; **~iti se** occupy oneself with

zabezeknut dumbfound-

ed, struck dumb; **~i**
strike dumb, dumbfound
zabijati hammer, drive
in(to)
zabilježiti make a note,
jot down; mark
zabitan out-of-the-way,
remote, secluded
zabiti = zabijati
zablatiti soil; muddy;
(odjeću) bedraggle
zablještiti dazzle; flash
zabluda|a delusion, mis-
conception, fallacy; **~iti**
lose one's way, go astray
zaboljeti cause pain, hurt;
grieve
zaborav oblivion; **~an**
forgetful; **~iti** forget
zabran|a prohibition, ban;
~iti, **~jivati** forbid,
prohibit, interdict, ban
zabrinut anxious, wor-
ried, concerned; **~i se**
become anxious, worry;
~ost anxiety, worry,
concern
zabun|a mistake, misun-
derstanding; confusion,
bewilderment; **~iti se**
make a mistake, be mis-
taken; **~om** by mistake
zabušavati shirk
zabušiti se run into, col-
lide with, crash into
zacijeliti heal
zacijelo surely, certainly,
no doubt

zacrvenjeti become red,
redden; **~ se** blush, red-
den
začarati cast a spell on,
bewitch
začepiti stop (up), plug,
cork (up)
začet|i conceive, become
pregnant; **~nik** origina-
tor, creator
začin seasoning, spice,
dressing; **~iti** season,
spice
začuditi surprise, aston-
ish; **~ se** be surprised
(astonished)
začuđen astonished, sur-
prised, amazed
zaći *(sunce)* set
zadaća task; *(domaća)*
homework
zadatak = zadaća; *(ma-
tematički)* problem
zada|ti set (a problem);
~ti bol inflict pain, hurt;
~ti muke cause trouble
zadaviti strangle; choke
zadesiti happen (to); be-
fall
zadiha|n out of breath,
breathless; **~ti se** be out
of breath, gasp
zadijevati tease, annoy
zadim|ljen smoky, filled
with smoke; **~iti** fill
with smoke
zadirkiva|ti tease; **~nje**
teasing

zadnji last, latest, final; terminal

zadnjica buttocks, bottom, backside

zadobiti get, receive

zadovolj|an content, satisfied, happy, pleased; ~**avajući** satisfactory; ~**avati**, ~**iti** satisfy; ~**iti se** be satisfied (with); ~**stvo** satisfaction; ~**ština** satisfaction; amends

zadrijemati drop off, fall asleep, doze

zadruga community; co-operative

zadrža|ti, ~**vati** keep back; retain, hold back; hold up; delay; ~**ti se** be delayed; get held up

zadu|bljen absorbed in (thought); ~**psti se** be absorbed in (thought)

zadušiti se suffocate, choke

zaduž|iti se run into debt; ~**nica** promissory note. I O U (= I owe you)

zaga|diti (zrak) pollute; ~**đen** polluted; ~**đivanje** (zraka) pollution

zaglušiti deafen

zagnjuriti plunge, dive; immerse

zagonet|an puzzling, mysterious; ~**ka** puzzle,

riddle, mystery, enigma

zagorčiti embitter

zagov|arati intercede, plead with a p. for; ~**or** pleading, intercession

zagrad|a bracket, parenthesis; ~**iti** fence in

zagrijati warm (up); ~ **se** fig become enthusiastic about

zagristi bite in(to)

zagrižljiv biting, sarcastic, bitter

zagr|liti embrace, hug; ~**ljaj** embrace, hug

zagroziti se threaten, menace

zagušiti (se) suffocate, choke

zagušljiv stuffy, stifling

zahod lavatory, toilet, water-closet

zahrđati get rusty, rust

zaht|ijevati demand; claim; require; ~**jev** demand, requirement, claim

zahva|la thanks, acknowledgement; ~**lan** grateful, obliged; thankful; ~**liti**, ~**ljivati** thank; ~**lnost** gratitude; ~**ljujući** thanks to, owing to

zahvat hold, grip, clutch; ~**iti** catch hold of; grip, clutch

zainteresiran interested in

zaista really, indeed, truly, of course

zajam loan; advance

zajamčiti guarantee, warrant; vouch for

zajašiti mount a horse

zajedljiv sarcastic, bitter

zajedn|ica community, co-operative; union; ~ički common; joint; ~o together; in common; jointly

zajutrak breakfast

zaka|sniti be late; ~šnjenje coming (being) late; delay

zakazati fix (time)

zaklada foundation

zaklati kill, slaughter, butcher

zaklet sworn; ~i se swear, take an oath; ~va oath; **kriva** ~**va** perjury

zaklinjati implore, beseech; ~ **se** = **zakleti se**

zaklon shelter; screen, shield; ~iti shelter; shield, screen; ~iti se take shelter

zaključ|ak conclusion; resolution; ~an conclusive; final

zaključa lock up

zaključiti conclude, draw a conclusion; resolve

zakon law; act of parliament; ~ik code; ~it lawful, legal; ~ito legal-ly, lawfully; ~itost lawfulness; ~odavac legislator; ~odavan legislative; ~odavstvo legislature; ~ski legal; statutory

zakopati bury

zakopčati button up

zakoračiti step (into)

zakovati rivet

zakrabuljiti se disguise oneself

zakračunati bolt

zakrčiti block the way, obstruct; bar, jam

zakre|nuti, ~**tati** turn; swerve; twist

zakri|lje protection; patronage; ~**liti** shield, protect; patronize

zakrpa patch; ~**ti** darn; patch up; mend

zakržljati stunt; be stunted

zakulisan underhand; secret

zakup lease; rent; ~iti lease, rent; ~nik lease-holder; tenant

zakuska snack

zakvačiti hook up; clasp; fasten

zala|onica pawn-shop; pawnbroker's; ~**ti pawn**; ~**ti se (za)** plead for, speak in favour of

zalajati start barking

zalaz sunset; ~**iti** set;

(nekamo) frequent, haunt
zalediti se freeze up
zaletjeti se dart, rush forward; *(izbrbljati)* blab, go too far
zaliha supply, stock, store
zalijeniti se grow lazy
zalijepiti stick (together), glue, paste
zalijevati water, irrigate
zalisci whiskers
zaliti = zalijevati
zalog pawn, pledge; mortgage
zalogaj morsel, bite, snack
založiti pawn; pledge; mortgage; *(jesti)* have a snack
založnica pawn-ticket
zaludjeti infatuate, fascinate
zalupiti bang; *(vratima)* slam (the door)
zalutati stray, go astray, lose one's way
zaljev bay, gulf
zaljubiti se fall in love with
zamah swing; **u punom ~u** in full swing; **~nuti** swing, brandish
zamak castle
zamalo nearly; *(vremenski)* in a short time
zamamljiv tempting, alluring
zamašnjak fly-wheel
zamatati wrap, envelop

zamaza|n dirty, filthy, grimy; **~ti** dirty, soil
zametak embryo
zametnuti mislay
zamijeniti exchange; *(nekoga s nekim)* mistake for
zami|sao idea; conception; **~sliti** imagine, fancy; conceive; **~šljen** thoughtful
zamjen|a exchange; **~ica** pronoun; **~ik** substitute, deputy, proxy; **zamjenjivati = zamijeniti**
zamjer|avati, **~iti** take offence, resent, bear a grudge
zamka trap, snare, pitfall
zamoliti ask, beg; ask a favour
zamoriti tire, fatigue, exhaust
zamota|k parcel, package, packet; bundle; **~ti** wrap up, do up
zamračiti obscure, dim, darken
zamrljati soil, stain, smear
zamr|siti entangle; *(kosu)* ruffle; **~šen** entangled; intricate; complicated
zamuknuti become silent, be speechless (dumb-founded); *(zvuk)* fade away
zanat trade, craft, handi-

craft; ~lija craftsman, artisan

zanemari|ti, ~**vati** neglect; omit; fail to do

zanese|n carried away; exalted, enthusiastic; ~**njak** fanatic; dreamer

zanijekati deny

zanijemiti remain speechless, be dumb-founded

zanijeti carry away; enrapture; (*žena*) conceive, become pregnant; ~ **se** be carried away; become enraptured

zanima|nje interest; (*zvanje*) profession, vocation, occupation; ~**ti** (**se**) be interested in, take an interest in; (*baviti se*) be engaged in

zanimljiv interesting

zanos enthusiasm; rapture; ecstasy; ~**iti se** = **zanijeti se**

zanovijetati nag, grumble

zao bad, wicked, naughty, evil

zaobi|ći, ~**laziti** go round; *fig* circumvent

zaogrnuti wrap, cloak

zaokrenuti turn (round); swerve

zaokružiti round off; surround

zaokupiti absorb; engage, occupy

zaosta|lost backwardness; ~**o** behindhand; in arrears; (*duševno*) backward; ~**ti** fall (lag) behind; be behindhand with; (*plaćanje*) be in arrears with

zaoštriti sharpen

zaova sister-in-law

zapad west; (*sunca*) sunset; ~**ni** west, western; westerly

zapadati (*sunce*) set, go down; (*trošak*) cost, have to pay

zapad|no west, westward(s); ~**njak** westerner; (*vjetar*) west wind

zapaliti set fire to, set on fire, ignite, light; (*svjetlo*) turn on (the light); ~ **se** catch fire

zapaljenje = **upala**

zapamtiti remember, memorize

zapa|njen astounded, amazed, dumbfounded; ~**njiti** astonish, dumbfound, strike dumb

zapapriti pepper, season with pepper

zapa|sti = ~**dati**

zapaziti = **opaziti**

zapečatiti seal up

zapeti get (be) stuck

zapis note; entry; ~**ati** write (jot) down; make a note; ~**ničar** person taking the minutes; ~**nik** minutes *(pl)*

zapitati ask, question, inquire

zapjevati start singing

zaplakati start crying; burst into tears, burst out crying

zaplašiti frighten, scare, startle

zaplesti entangle; confuse; ~ **se** get involved; *(zbuniti se)* get confused

zaplet, ~**aj** entanglement, complication; plot; ~**ati** = **zaplesti**

zaplijeniti confiscate; capture

zaploviti set sail, start sailing

zapljesniviti become musty (mouldy)

započeti begin, start; initiate

zapomagati cry for help

zapor catch, bar, bolt; ~**ka** bracket

zaposjed|nuti, ~**ati** occupy, take possession of

zapo|sjesti = ~**sjednuti**

zaposliti employ; make busy

zapostav|iti, ~**ljati** neglect, disregard, slight

zapovijed order, command; ~**ati** order, command; rule, give orders

zapovjed|iti = **zapovijedati**; ~**ni način** imperative; ~**nički** commanding; ~**nik** commander, commandant; *(vrhovni)* commander-in-chief; ~**ništvo** command, authority, leadership

zaprašiti cover with dust; powder

zapravo as a matter of fact, in reality

zapreg|a team; ~**nuti** harness

zapreka obstacle, hindrance; **utrka sa** ~**ma** hurdle-race

zaprem|ati, ~**iti** occupy; ~**ina** capacity; *(brodska)* tonnage

zaprepastiti frighten, scare, alarm; ~ **se** be alarmed (scared, panic-stricken)

zaprepašte|n frightened, terrified, panic-stricken; ~**nje** consternation, panic, fright

zapriječiti hinder, prevent from, obstruct

zaprijetiti (se) threaten, menace

zaprlja|n dirty, soiled; ~**ti** soil, dirty, stain

zaprositi ask in marriage

zapt discipline

zapučak button-hole

zapu|stiti, **∼štati** neglect; (*napustiti*) abandon; **∼stiti se** become careless; become slovenly; **∼šten** neglected, uncared-for; deserted, abandoned

zaračunati charge; **∼ previše** overcharge

zara|da earnings (*pl*); (*dohodak*) income; **∼diti** earn, make money

zarasti heal (up)

zaratiti se make war, declare war

zara|za infection, epidemic; **∼zan** infectious, contagious, epidemic, catching; **∼ziti** infect (with)

zarđa|o rusty, corroded by rust; **∼ti** rust, become corroded by rust

zarez cut, incision, score; (*znak*) comma; **∼ati** cut into, incise, notch

zarob|iti capture, make (take) a prisoner, enslave; **∼ljenik** prisoner, captive; **∼ljeništvo** captivity

zaroniti dive, plunge; dip

zaruč|en engaged; **∼nica** fiancée; **∼nik** fiancé; **∼iti se** get engaged

zaruke engagement

zarumenjeti se blush, become red

zasaditi plant

zaseban separate

zaselak hamlet

zasićen saturated, fed up, satiated; **∼ost** saturation, surfeit

zasijati sow (with)

zasipa|ti, **∼vati** fill up holes (ditches)

zasititi se satiate, surfeit, be fed up

zasjati brighten up, emit light; shine

zasjed|a ambush; **biti u ∼i** lie (be) in ambush; **pasti u ∼u** fall into an ambush

zasjeda|nje session, sitting, meeting; **∼ti** be in session, sit

zasjenit shade, screen

zaskočiti take by surprise, take unawares

zasladiti sweeten

zaslijepiti blind, dazzle; (*prevariti*) deceive

zaslon screen; **∼iti** screen, shade

zaslu|ga merit, credit; **∼žan** meritorious, praiseworthy

zasluži|ti, **∼vati** earn; deserve; be worthy of; be entitled to

zasnovati plan, scheme, project

zaspati fall asleep, drop off, go to sleep

zasram|iti shame, make ashamed; **~ljen** ashamed

zastar|io out of date, obsolete; old-fashioned, outmoded; **~jelost** obsoleteness; **~jeti** become obsolete; lose validity

zastati halt, stop

zastav|a flag, banner, colours (*pl*); standard; **~nik** ensign, standard-bearer

zastidjeti se become ashamed; blush

zastirati veil, screen; hide from view

zastoj standstill; jam

zastor curtain; blind

zastra|niti, ~njivati deviate, diverge; wander; digress; **~njivanje** deviation, digression

zastraši|ti, ~vati frighten, scare; alarm; intimidate

zastr|ijeti, ~ti veil, screen, curtain

zastup|ati represent; **~nik** representative, deputy, agent; **~stvo, ~ništvo** representation; agency

zasukati roll up, tuck up; **~ rukave** *fig* set to work

zasun bolt, bar; **~uti** bolt, bar

zasuti fill up (holes); bury

zasušiti (se) dry up

zasvijetliti light up, flash

zašarafiti screw up

zašećeriti sweeten, sugar

zašiljiti sharpen, point

zašiti sew up

zaštedjeti save

zašti|ćivati = ~titi

zaštit|a protection; screen; **~iti** protect, shelter, screen, shield; **~ni znak** trade-mark; **~nik** protector, patron

zašto? why?, what for?; **~ ne?** why not?

zatajiti conceal; keep secret; *(zabašuriti)* hush up

zateći come upon (across); *(na djelu)* catch red-handed

zate|gnuti, ~zati pull tight, tighten; *(odgoditi)* delay

zatiljak nape

zatim then, after that

zatišje lull, quiet period

zato therefore; consequently

zatom|iti, ~ljivati suppress; cork up

zaton bay, gulf

zatražiti demand, ask for, claim; apply for

zatrovati poison, envenom

zatrpati fill (up), stop

zat|rti, ~irati exterminate; destroy; eradicate

zatv|arati, **~oriti** shut, close; (*u zatvor*) imprison; (*pipu*) turn off; **~or** prison, jail, gaol

zaudarati stink

zaustav|iti, **~ljati** stop, put a stop to, halt, check; **~iti se** stop; come to a standstill

zaušnica slap, box on the ears

zauvijek forever, for good

zauzdati bridle, check, curb

zauz|eće capture, conquest, taking possession of; **~eti**, **~imati** capture; take by assault, take possession of; **~eti se** (*za nekoga*) intercede (for, on behalf of), plead

zavad|a dispute, quarrel; **~iti se** quarrel, fall out

zavesti seduce; mislead

zavezati bind, tie (up)

zavežljaj bundle

zavičaj native country (place); **čeznuti za ~em** be homesick; **čežnja za ~em** homesickness

zavi|dan envious, jealous; **~djeti**, **~djati** envy, be envious

zavijati (*zamatati*) wrap up; (*cesta*) wind, curve; (*tuliti*) howl, whine

zaviknuti cry out, shout

zaviri|ti, **~vati** peer, peep (into)

zavis|an dependent; **~iti** depend (on)

zavist envy, jealousy

zaviti wrap up

zavitlati brandish, swing

zavjer|a conspiracy, plot; **~enik** conspirator, plotter; **~iti se** conspire, plot

zavjesa curtain; blind

zavjet vow, pledge; **~o-vati se** make a vow

zavlačiti delay, procrastinate

zavod institution, establishment, institute

zavod|iti = zavesti; **~ljiv** tempting, alluring, seductive; **~nik** seducer

zavoj bend, curve, serpentine; (*povoj*) bandage; **~nica** spiral

zavoljeti grow fond of, take a fancy to; fall in love with

zavor brake

zavrijediti deserve, merit, be worth

zavrnuti roll up, tuck up; twist, turn

završ|an final, last; **~en** finished, completed; **~e-tak** end; **~iti** finish, end, complete

zavrtati = zavrnuti

zavrtje|ti spin, turn

round, revolve; ~lo mi
se I felt giddy
zazidati wall in
zazirati shrink from, have
an aversion to
zazivati invoke; *(pomoć)*
call for help
zazoran objectionable,
shocking, offensive
zazubic|a: rastu mi ~e
my mouth waters
zbaciti throw off, cast off
zbijati jam; compress;
nail together; ~ šalu
make fun of, poke fun at
zbijen compact, packed;
massive, thickset
zbilja reality, actuality;
really, truly, indeed
zbir sum, total
zbirka collection
zbi|ti se, ~vati se happen, take place, occur
zbog because of, owing
to, due to; ~ toga therefore
zbogom goodbye
zbor meeting, gathering,
assembly, convention;
(pjevački) choir; **nastavnički** ~ teaching staff
zbornik miscellany, collection; *(zakona)* code
zbrajati sum up; add
zbrka confusion, mess,
muddle, chaos; ~ti confuse, muddle, make a
mess

zbroj sum, addition, total;
~iti = zbrajati
zbu|niti embarrass, confuse, puzzle, bewilder;
~njen confused, embarrassed, puzzled, bewildered
zdenac well
zdepast thick-set, stocky,
squat, dumpy
zdjela dish, bowl
zdrav healthy, well, in
good health; ~ica toast;
~lje health; u vaše
~lje! to your health!
zdravo! hello!
zdravstven health, sanitary; ~a služba health
service
zdrobiti crush; pound;
crumble
združiti (se) unite, ally
(to)
zdušan conscientious; eager
zdvajati despair, be desperate
zdvoj|an desperate, despairing; ~iti = zdvajati; ~nost despair
zeba finch
zebnja anxiety
zebra zebra
zec hare; *(kunić)* rabbit
zele|n green; ~nilo
greens *(pl)*; greenery,
verdure; ~nje i (se)

become green; **~nkast**
greenish

zelje cabbage

zemaljsk|i earth, earthly;
~a kugla globe

zemlja earth, globe;
(kopno) land; *(tlo)* soil,
ground; *(država)* country

zemljak countryman

zemljan earthen; **~o
posuđe** earthenware

zemljište piece of land;
plot, site

zemljopis geography

zemljoradnik farmer,
agricultural worker

zemljotres earthquake

zemljovid map

zepsti be cold, freeze;
(drhtati) shiver with cold

zet son-in-law

zgaziti crush, trample
down

zglavak = zglob

zglob joint; *(prstiju)*
knuckle

zgnječiti crush, squash,
press

zgoda opportunity,
chance, occasion; event;
~n favourable; suitable;
(zabavan) amusing; *(lijep)* handsome, nice

zgoditak lucky hit; prize

zgoditi se happen

zgotoviti complete, finish

zgrabiti catch, seize, get
hold of, grab

zgrada building

zgražati se be shocked,
be disgusted, feel disgust
at

zgrbljen bent, stooping

zgrčiti *(šaku)* clench;
cramp, contort; **~ se** be
contorted (cramped)

zgrijati warm (up), heat;
~ se get warm, warm
oneself

zgroziti se = zgražati se

zgr|tati, ~nuti shovel
(up); *(novac)* hoard
(up)

zgrušati se curdle, coagu-
late, clot

zgusnuti (se) thicken,
condense

zgužvati (se) crease,
crumple, wrinkle

zibati rock, swing

zid wall; **~ar** bricklayer,
mason, stone-mason; **slo-
bodni ~ar** freemason;
~arska žlica trowel;
~ati build; **~ine** walls

ziherica safety-pin

zijevati yawn

zim|a winter; *(hladnoća)*
cold, chill; **~ski** winter,
wintry

zimzelen evergreen

zjapiti gape

zjenica pupil

zlat|an gold; golden;
~ar goldsmith; **~ica**
buttercup; **~nik** gold

coin; **∼nina** jewelry; **∼o** gold

zlikovac criminal

zlo evil, harm, mischief

zloba malice, spitefulness; **∼n** malicious, spiteful; wicked

zločest naughty, wicked

zločin crime; **∼ac** criminal

zloća wickedness

zlo|ćudan ill-natured, malevolent; **∼duh** evil spirit; **∼glasan** notorious, infamous, scandalous; **∼koban** ominous, ill-omened; **∼namjeran** malicious; **∼tvor = zločinac; ∼rabiti** abuse, misuse; **∼radost = zloba; ∼stavljati** ill-treat, maltreat; abuse; **∼sutan** ominous, foreboding; **∼tvor = zločinac; ∼upotreba** misuse, abuse; **∼volja** ill (bad) temper; sulleness; **∼voljan** bad-tempered, sullen

zmaj dragon; *(dječji)* kite

zmija snake; *(otrovna)* viper

značaj character; **∼an** characteristic; significant, notable; **∼ka** characteristic, trait, feature; **∼nost** significance

znač|enje meaning, sense; significance; **∼iti** mean;

signify; matter; **∼ka** badge

znak sign, symbol, mark; *(zaštitni)* trade-mark

znamen mark, sign; *(na koži)* mole

znamenit famous, well-known, prominent; **∼ost** importance; **∼osti** sights (pl); **razgledavati ∼osti grada** go sightseeing; see the sights

znamenka figure; = **znamen**

znan|ac acquaintance; **∼ica** acquaintance

znanost science; **prirodne ∼i** natural sciences

znanstven scientific; **∼ik** scientist

znanje knowledge; *(učenost)* erudition, learning

znatan considerable, remarkable, substantial

znati know

znatiželja curiosity, inquisitiveness; **∼n** curious, inquisitive

znoj sweat, perspiration; **∼an** perspiring; **∼iti** perspire, sweat

zob oats (pl)

zobati peck

zona zone, belt

zoolo|g zoologist; **∼gija** zoology; **∼ški vrt** zoological garden, zoo

zor|a dawn, daybreak; **u ~u** at dawn

zov call

zrač|an airy, air; **~na pošta** air mail; **~na pruga** airline, airway; **~na sisaljka** air-pump; **~ni napad** air-raid; **~ni ventil** air-valve; **~iti** air; *med* ventilate

zrak air; **nepropustljiv za ~** airtight; **dignuti u ~** blow up

zraka ray; **rentgenske ~e** X-rays

zrakoplovstvo aviation; **(vojno)** air force; **Britansko ~** the Royal Air Force

zrcalo mirror, looking-glass

zrelost maturity, ripeness; **ispit ~i** school leaving examination

zre|o ripe, mature; **~ti** ripen, mature

zrn|ast granular, granulated; **~at** grainy; **~o** grain; **(tane)** bullet

zub tooth (*pl* teeth); **~ac** tooth, cog; **(vilice)** prong; **~alo** set of teeth; **(umjetno)** denture; **~ar** dentist; **~ni kamenac** tartar; **~no meso** gums; **~obolja** toothache; **izvaditi ~** extract (pull out) a tooth

zujati buzz, hum

zumbul hyacinth

zupč|anik cog-wheel; **~ast** indented; **~ati** indent

zvaničan official

zvanje profession, vocation, walk of life

zvati call; **~ se** be called; **kako se on zove?** what is his name?

zveč|ati sound, clink; **~ka** rattle

zveketati = zvečati

zvijer beast

zvijezda star; **~ repatica** comet

zvižd|ati whistle; **~uk** whistle

zvjer|injak zoological garden; **~ski** beastly, brutal; savagely; **~stvo** brutality, atrocity

zvjezdarnica observatory

zvon|ak resonant; **~ar** sexton, sacristan; **~ce** small bell; **~ik** belfry, bell-tower; **~iti** ring (a bell); toll; **~o** bell

zvrk top

zvrkast foolish, crazy

zvuč|an sonorous, resonant; *fig* high-sounding; **~ati** sound, resound; **~nik** loudspeaker; **~nost** sonority

zvuk sound

Ž

žab|a frog; *(krastača)* toad; **∼ica** *(praskavica)* cracker

žacati se be reluctant, shrink from

žal beach, shore

žalac sting

žal|ba complaint; **∼iti** regret, deplore; **∼iti se** complain

žalost sorrow, sadness; **biti u ∼i** be in mourning; **∼an** sad; **∼iti** sadden, distress; **∼iti se** be sad (distressed), grieve at

žalovati mourn, be in mourning

žaljenje regret, grievence, pity

žamor din, murmur

žao harm, wrong; **∼ mi je** I am sorry; **učiniti na ∼** do harm, hurt

žaoka = žalac

žar glow; *(žeravica)* live coal; *fig* ardour, enthusiasm

žara urn; *(izborna)* ballot-box

žar|ač poker; **∼ište** focus; **∼iti (se)** glow; be glowing hot; **∼ki** glowing, red-hot; *fig* ardent

žarulja electric bulb

žbica spoke (of wheel)

žbuka mortar, plaster;

∼ti mortar, plaster

žderati gorge oneself with, eat greedily

ždral crane

ždrijebe foal

ždrijelo throat; gullet; *(ponor)* gorge, chasm

žedan thirsty

žeđa thirst; **∼ti** be thirsty, suffer thirst

žega sweltering heat

želud acorn

želudac stomach

želj|a wish, desire; longing; **∼eti** wish, desire

željez|an iron; **∼arija** hardware shop, ironmongery; **∼ara** ironworks

željezni|ca railway; *Am* railroad; **podzemna ∼ca** underground railway, the Tube; *Am* subway; **∼čar** railwayman; **∼čka nesreća** railway accident; **∼čka pruga** railway line; **∼čka stanica** railway station; **∼čki prag** railway sleeper

željezo iron; **staro ∼** scrap iron; **liveno ∼** cast iron; **kovano ∼** wrought iron

željno eagerly

žemička, žemlja roll

žena woman; *(supruga)* wife

ženi|dba marriage; *(vjenčanje)* wedding; **~ti (se)** marry, get married

ženka female

ženskar lady-killer, womanizer

ženski female; feminine, womanly, women's; **~nje** womenfolk

žeravica live coal

žesta alcohol; spirit

žest|ina violence, vehemence, intensity; **~iti se** be angry, lose one's temper, rage; **~ok** violent, vehement; severe; **~oka pića** spirits

žet|elac reaper; **~i** reap; **~va** harvest

žezlo sceptre; mace

žganci corn mush

žgaravica heartburn

ži|ca wire; *mus* chord, string; **~čan** wire; **~čana mreža** wire-netting; **~čara** cable-railway, cable-car

židak liquid, running

Židov Jew; **~ka** Jewess; **ž ski** Jewish

žig brand; *(na zlatu)* hall-mark; stamp; *(poštanski)* postmark

žigic|a match; **zapaliti ~u** strike a match

žigosati brand, stamp; *(zlato)* hall-mark

žila vein, artery

žilav tough, muscular, sinewy; **~ost** toughness, stamina

žilet razor blade

žir acorn

žir|ant endorser; **~irati** endorse

žitarica cereal

žitelj inhabitant; **~stvo** population, inhabitants; **popis ~stva** census

žitnica granary

žito corn, grain, cereals *(pl)*

živ living, alive, live; *(živahan)* lively

živa quicksilver, mercury

živac nerve

živad poultry, fowls

živah|an lively; **~nost** liveliness, vivacity

živalj = **žiteljstvo**

živčan nerve, nervous; **~i sustav** nervous system; **~i slom** nervous breakdown

živež provision, victuals

živežne namirnice = **živež**

živica hedge

živin|a animal; **~ski** beastly

živio! long live! cheers!

živjeti live, exist, be alive

življenje living, life, existence

život life, existence

životinj|a animal, beast; **~ski** animal, beastly; **~stvo** zoology, fauna

životn|i life; **~a snaga** vital force; **~i standard** standard of life

životopis biography, *(vlastit)* autobiography; **~ac** biographer

žli|ca spoon; **~čica** teaspoon

žlijeb gutter, spout

žlijezda gland

žmiriti blink

žnjeti reap

žohar cockroach

žrtv|a sacrifice; offering; **~ovati** sacrifice; **~ovati se** sacrifice oneself, devote oneself to

žrvanj grindstone

žubor murmur; **~iti** murmur; babble

žuč gall; **~ni kamenac** gall stone

žudjeti long for, yearn after

žulj blister, callus; **~evit** callous; *(ruka)* horny

žuma|nce, **~njak** yolk

žuna woodpecker

žup|a parish; **~nik** vicar, parson

žur|an urgent, hasty, quick, fast; **~ba** haste, hurry, urgency; **~iti se** hurry, make haste, hasten

žurnal *(kino)* newsreel

žustar brisk, lively, agile

žut yellow; **~ica** jaundice; **~jeti** turn (become) yellow

žvaka|ti chew; **~ća guma** chewing-gum

Numerals
Cardinal Numbers

0	ništa *nought, zero, cipher*	51	pedeset i jedan *fifty-one*
1	jedan *one*	60	šezdeset *sixty*
2	dva *two*	61	šezdeset i jedan *sixty-one*
3	tri *three*	70	sedamdeset *seventy*
4	četiri *four*	71	sedamdeset i jedan *seventy-one*
5	pet *five*	80	osamdeset *eighty*
6	šest *six*	81	osamdeset i jedan *eighty-one*
7	sedam *seven*	90	devedeset *ninety*
8	osam *eight*	91	devedeset i jedan *ninety-one*
9	devet *nine*	100	sto a (ili one) *hundred*
10	deset *ten*	101	sto i jedan *hundred and one*
11	jedanaest *eleven*	200	dvjesto *two hundred*
12	dvanaest *twelve*	572	petstosedamdesetdva *five hundred and seventy-two*
13	trinaest *thirteen*	1000	tisuću a (ili one) *thousand*
14	četrnaest *fourteen*	1956	tisućudevetstopedesetšest *nineteen hundred and fifty-six*
15	petnaest *fifteen*	2000	dvije tisuće *two thousand*
16	šesnaest *sixteen*	1 000 000	jedan milion a (ili one) *million*
17	sedamnaest *seventeen*	2 000 000	dva miliona *two million*
18	osamnaest *eighteen*	1 000 000 000	jedna milijarda a (ili one) *milliard*, Am *billion*
19	devetnaest *nineteen*		
20	dvadeset *twenty*		
21	dvadeset i jedan *twenty-one*		
22	dvadeset i dva *twenty-two*		
23	dvadeset i tri *twenty-three*		
30	trideset *thirty*		
31	trideset i jedan *thirty-one*		
40	četrdeset *forty*		
41	četrdeset i jedan *forty-one*		
50	pedeset *fifty*		

Ordinal Numbers

1. prvi *first*
2. drugi *second*
3. treći *third*
4. četvrti *fourth*
5. peti *fifth*
6. šesti *sixth*
7. sedmi *seventh*
8. osmi *eighth*
9. deveti *ninth*
10. deseti *tenth*
11. jedanaesti *eleventh*
12. dvanaesti *twelfth*
13. trinaesti *thirteenth*
14. četrnaesti *fourteenth*
15. petnaesti *fifteenth*
16. šesnaesti *sixteenth*
17. sedamnaesti *seventeenth*
18. osamnaesti *eighteenth*
19. devetnaesti *nineteenth*
20. dvadeseti *twentieth*
21. dvadesetprvi *twenty-first*
22. dvadesetdrugi *twenty-second*
23. dvadesettreći *twenty-third*
30. trideseti *thirtieth*
31. tridesetprvi *thirty-first*
40. četrdeseti *fortieth*
41. četrdesetprvi *forty-first*
50. pedeseti *fiftieth*
51. pedesetprvi *fifty-first*

60. šezdeseti *sixtieth*
61. šezdesetprvi *sixty-first*
70. sedamdeseti *seventieth*
71. sedamdesetprvi *seventy-first*
80. osamdeseti *eightieth*
81. osamdesetprvi *eighty-first*
90. devedeseti *ninetieth*
100. stoti *(one) hundredth*
101. sto i prvi *hundred and first*
200. dvjestoti *two hundredth*
300. tristoti *three hundredth*
572. petstosedamdesetdrugi *five hundred and seventy-second*
1000. tisući *(one) thousandth*
1950. tisućudevetstopedeseti *nineteen hundred and fiftieth*
2000. dvijetisući *two thousandth*
1 000 000. milionti *millionth*
2 000 000. dvamilionti *two millionth*

Fractional Numbers and other Numerical Values

1/2 pola *one (a) half*
1 1/2 jedan i po *one and a half*
2 1/2 dva i po *two and a half*
1/2 milje *half a mile*
1/3 jedna trećina *one (a) third*
2/3 dvije trećine *two thirds*
1/4 jedna četvrtina *one fourth, one (a) quarter*
3/4 tri četvrtine *three fourths, three quarters*
1/4 sat i četvrt *one hour and a quarter*
/5 jedna petina *one (a) fifth*
'5 tri cijela i četiri petine *three and four fifths*
0 dvanaest dvadesetina *twelve twentieths*
00 sedamdesetpet stotina *seventy-five hundredths*
. ništa zarez četiri *point four (. 4)*
dva zarez pet *two point five (2.5)*
ıostruko *single*
dvostruko *double*
trostruko *treble, triple, threefold*
četverostruko *fourfold, quadruple*
peterostruko *fivefold etc.*

Jedamput *once*
dvaput *twice*
triput, četiriput, pet puta itd. *three, four, five times*
dvaput toliko *twice as much (many)*
još jednom *once more*

U prvom redu, u drugom redu, u trećem redu itd. *firstly, secondly, thirdly, in the first (second, third) place*

$2 \times 3 = 6$ dvaput tri je šest *twice three are* (ili *make*) *six*

$7 + 8 = 15$ sedam i osam je petnaest *seven and eight are fifteen*

$10 - 3 = 7$ deset manje tri je sedam *ten less three are seven*

$20 : 5 = 4$ dvadeset podijeljeno sa pet je četiri *twenty divided by five make four*